Romans

로마서와 함께하는
365 가정예배

세움북스는 기독교 가치관으로 교회와 성도를 건강하게 세우는 바른 책을 만들어 갑니다.

로마서와 함께하는
365 가정예배

초판 1쇄 인쇄 2020년 12월 15일
초판 1쇄 발행 2020년 12월 20일

지은이 | 김태희
펴낸이 | 강인구
펴낸곳 | 세움북스

등 록 | 제2014-000144호
주 소 | 서울시 종로구 삼일대로 428(낙원동) 낙원상가 5층 500-8호
전 화 | 02-3144-3500
팩 스 | 02-6008-5712
이메일 | cdgn@daum.net

교 정 | 이윤경
디자인 | 참디자인

ISBN 979-11-87025-81-8 (03230)

로마서와 함께하는
365 가정예배

Romans

김태희 지음

Family Worship with Romans

세움북스

왜
가정예배를
드려야 하나요?

하나님은 우리에게 '부자 부모'가 되라고 요구하신 적이 없습니다. 하나님께서 요구하신 것은 '말씀을 가르치는 부모'가 되는 것입니다.

> "오늘 내가 네게 명하는 이 말씀을 너는 마음에 새기고 네 자녀에게 부지런히 가르치며 집에 앉았을 때에든지 길을 갈 때에든지 누워 있을 때에든지 일어날 때에든지 이 말씀을 강론할 것이며." 신6:6-7
> "마땅히 행할 길을 아이에게 가르치라. 그리하면 늙어도 그것을 떠나지 아니하리라." 잠22:6
> "또 아비들아 너희 자녀를 노엽게 하지 말고 오직 주의 교훈과 훈계로 양육하라." 엡6:4

따라서 가정예배는 선택 사항이 아닙니다. 필수입니다.

왜 부모가 가르쳐야 하나요?

부모만큼 자녀를 사랑하는 사람은 없습니다. 모두가 포기해도 부모만큼은 자기 자녀를 포기하지 않습니다. 사랑하기 때문에, 포기하지 않기 때문에 가장 잘할 수 있습니다. 부모도 힘들어서 못하는 일을 다른 사람은 잘할 거라고 착각하지 마세요. 부모이기 때문에 누구보다 잘할 수 있습니다.

어떤 유익이 있나요?

자녀들이 거룩하게 자라는 것이 최고의 유익입니다. 동시에 부모에게도 유익합니다. 저는 수학 강사로 일한 적이 있습니다. 한 시간을 가르치기 위해 두세 시간을 준비했습니다. 가정예배도 마찬가지입니다. 가르치기 위해서는 공부해야 합니다. 가르치기 위해서는 배워야 합니다. 부모는 가르치면서 성장합니다.

말씀을 가르치는 일은 실천이 병행되어야 합니다. 신앙은 지식과 삶으로 이루어져 있기 때문입니다. 그래서 가정예배를 인도하는 부모는 말과 행동을 함부로 할 수 없습니다. 자녀에게는 성경을 읽으라고 하면서 본인은 성경을 멀리할 수 없습니다. 결론적으로 가정예배는 부모에게도 유익합니다.

교회에서 배우는 것으로 충분하지 않나요?

교회에서 배우는 것으로 충분할 수도 있습니다. 교회 교육만으로 경건하고 거룩하게 자랄 수도 있습니다. 하지만 그렇지 않을 수도 있습니다. 불신자로 자랄 수도 있습니다. 교회를 떠날 수도 있습니다. 무늬만 그리스도인이 될 수도 있습니다. 따라서 될 대로 되라는 식으로 자녀의 신앙교육에 두 손을 놓아서는 안 됩니다. 가정예배는 부모가 자녀에게 줄 수 있는 가장 소중한 선물입니다.

가정에서는 좀 쉬고 싶어요!

한국 교회의 이중성은 심각한 상황입니다. 교회에서는 거룩한 사람이 직장에서는 세속적인 사람으로 변합니다. 교회에서는 경건한 사람이 가정에서는 폭력적인 사람으로 변합니다. 이는 이분법적인 신앙 때문입니다. 하나님이 교회에만 계신 것처럼 생각하기 때문입니다.

하나님은 어디에나 계십니다. 하나님은 직장에도 계시고 가정에도 계십니다. 우리는 가정예배를 통해 가정도 하나님이 함께하시는 곳임을 알 수 있습니다. 가정에서도 하나님이 지켜보신다는 사실을 알 수 있습니다. 가정도 신앙생활의 현장임을 알 수 있습니다. 그래서 힘들어도 가정예배를 드려야 합니다. 힘든 직장 생활을 마친 후에도 가정예배를 드려야 합니다. 반복되는 집안일을 마친 후에도 가정예배를 드려야 합니다.

가정예배를 언제 드리나요?

가족이 다 함께 정한 시간에 드립니다. 하루를 시작하는 시간에 할 수도 있고, 하루를 마무리하는 시간에 할 수도 있습니다. 아침과 저녁 모두 할 수 있다면 하루에 두 번도 좋습니다. 언제라도 좋지만, 개인적으로는 아침에 하는 것을 추천합니다. 저녁에는 돌발적인 일들로 가정예배를 빼먹기가 쉽습니다.

가정예배 시간은 어느 정도가 적당한가요?

정해진 시간은 없습니다. 아이들의 연령에 따라, 가정의 형편에 따라 적당하게 하면 됩니다. 10분을 해도 되고, 한 시간을 해도 됩니다. 대신 꾸준하게 해야 합니다. 일주일에 한 시간을 하기보다, 매일 10분을 하는 것이 더 좋습니다.

순서를 어떻게 할까요?

가정의 형편에 따라 다양하게 할 수 있습니다. 아래의 순서를 모두 해도 되고, 몇 가지를 빼도 됩니다. 순서를 바꿔도 됩니다. 예배라기보다는 성경공부라고 생각하고 인도하면 한결 마음이 편하실 겁니다. 말씀, 기도, 찬송은 필수적으로 들어가는 것이 좋습니다.

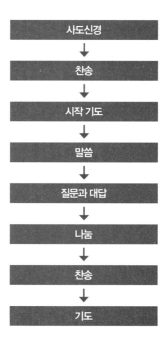

'가정예배'라는 표현을 써도 되나요?

엄밀하게 따지면 '가정예배'보다는 '가정기도회' 또는 '가정성경공부'가 더 적당한 표현입니다. 가정은 교회가 아니기 때문입니다. 그래서 웨스트민스터 예배모범은 주일 공예배오전, 오후를 제외한 일체의 모임을 예배가 아니라 기도회로 칭합니다. 하지만 성경은 거룩한 삶을 "영적 예배"롬12:1라고 말하기도 합니다. 따라서 넓은 의미에서는 가정예배도 예배라고 지칭할 수 있습니다.

가정예배에 있어서 교회의 역할은 무엇인가요?

가정예배는 선택 사항이 아닙니다. 신자의 사명이자 의무입니다. 그래서 웨스트민스터 예배모범 제8장은 다음과 같이 말하고 있습니다. "가정기도회는 신자의 당연한 의무이므로 가정마다 행할 것이니 매일 성경을 읽고, 기도하며, 찬송함으로 행할 것이다." 따라서 가정예배는 교회가 관리하고 감독해야 합니다. 장로직을 맡은 자들은 신자들이 가정예배를 드리고 있는지를 심방을 통해 확인하고 점검해야 합니다.

『로마서와 함께하는 365 가정예배』를 어떻게 사용하나요?

❶ 적당한 찬송을 부릅니다.

❷ 교재의 순서를 따라 그날의 본문을 읽습니다.

❸ 본문 해설을 읽습니다. 아이들이 어려워하면 인도자가 추가 설명을 해주세요. 아이들이 질문하면 최대한 인자하게 대답해 주세요.

❹ 해설을 읽은 후에는 반드시 질문을 해주세요. 그래야 아이들이 내용을 잘 이해했는지 확인할 수 있습니다. 교재에 적힌 질문을 해도 되고, 부모가 임의로 해도 됩니다. 질문은 의도적으로 쉽게 해주세요. 그래야 가정예배에 대한 반감이 생기지 않습니다. 아이들이 가정예배는 행복한 시간이라고 생각하게 해주세요.

❺ 기도로 마무리 해주세요. 그날 배운 말씀의 내용을 따라서 기도하는 것이 좋습니다. 교재에 적힌 기도를 참고해도 좋습니다.

목차

1월

로마서 1장

예수 그리스도의 종 바울은

> **롬 1:1** 예수 그리스도의 종 바울은 사도로 부르심을 받아 하나님의 복음을 위하여 택정함을 입었으니

로마서는 신약의 첫 번째 서신입니다. 왜 로마서가 가장 처음에 있을까요? 바울이 가장 먼저 쓴 서신이기 때문일까요? 그렇지 않습니다. 바울 서신 중 첫 번째는 갈라디아서나 데살로니가전서로 알려져 있습니다. 그렇다면 가장 긴 서신서이기 때문일까요? 그것 역시 아닙니다. 로마서가 가장 첫 자리에 온 것은 교회가 성령을 통해 얻은 지혜로 로마서가 가장 중요함을 인식했기 때문입니다.[1]

로마서가 다른 서신서에 비해서 더 중요하다고 하는 것은, 복음을 설명하는 로마서만의 방식 때문입니다. 고린도교회, 갈라디아교회, 데살로니가교회는 바울이 직접 세운 교회입니다. 따라서 고린도전후서, 갈라디아서, 데살로니가전후서는 바울이 직접 세운 교회에서 발생한 문제를 해결하기 위해 기록한 서신입니다. 로마서는 다릅니다. 로마교회는 바울이 직접 세운 교회가 아닙니다. 그럼에도 바울이 로마교회에 서신을 보낸 것은, 그들에게 복음을 설명하고 싶었기 때문입니다. 롬 1:15

그래서 로마서는 그 어떤 성경보다도 복음을 구체적이고 균형 있게 다루고 있습니다. 로마서는 역사적으로도 중요한 위치를 점하고 있습니다. 로마서는 위대한 사람들의 회심에 영향을 미쳤고, 그 결과 교회사의 물줄기를 바꾸었습니다. 예를 들어, 그 유명한 아우구스티누스를 회심시킨 것은 로마서의 한 문장이었습니다. 방탕한 생활로 인생을 낭비하던 그에게 어느 날 "톨레, 레게"라고 말하는 소리가 들렸습니다. "톨레, 레게"란 "책을 들고 읽으라!"라는 뜻입니다. 그는 곧바로 집으로 돌아가 성경을 읽었습니다. 그때 그의 눈에 들어온 말씀이 로마서 13장 13-14절의 "방탕하거나 술 취하지 말며 음란하거나 호색하지 말며 다투거나 시기하지 말고 오직 주 예수 그리스도로 옷 입고 정욕을 위하여 육신의 일을 도모하지 말라"였습니다. 그때부터 아우구스티누스는 교회사에 중요한 족적을 남긴 지도자가 되었습니다. 로마서는 마틴 루터의 회심에도 중요한 역할을 했습니다. 마틴 루터가 종교개혁의 기수가 된 것은 로마서를 통해 믿음으로만 의롭다 함을 얻는다는 '이신칭의'의 진리를 깨달았기 때문입니다. 그 깨달음은 종교개혁의 시발점이 되었습니다.

로마서의 중요한 교훈 중 하나는 이 성경의 저자가 바울이라는 점입니다. 그는 유대인인 동시에 로마 시민이었습니다. 그는 유대문화와 헬라문화를 동시에 경험한 사람이었습니다. 그래서 기독교를 이단으로 여기던 유대인들뿐만 아니라 다신교적 배경을 가지고 있던 헬라인들에게도 복음을 전할 수 있었습니다. 바울이 로마 시민권을 가진 유대인으로 태어난 것이 하나님의 섭리였음을 알 수 있는 부분입니다. 이처럼 성도의 인생에 우연이란 없습니다. 이유 없는 고통도 없습니다. 삶의 모든 여정에 하나님의 뜻이 있습니다. 슬픈 일은 슬픈 일대로, 기쁜 일은 기쁜 일대로 하나님께서 섭리하신 결과입니다.

묵상과 기도

Q. 기쁜 일만 아니라 슬픈 일도 하나님의 섭리임을 믿습니까?

prayer. 하나님, 바울이 유대인이자 헬라인으로 태어난 것이 하나님의 섭리임을 믿습니다. 하나님께서 세상 모든 일에 간섭하시고 섭리하신다는 사실을 믿고, 항상 하나님만 의지하고 살게 해주세요.

로마서의 수신자

> **롬 1:1** 예수 그리스도의 종 바울은 사도로 부르심을 받아 하나님의 복음을 위하여 택정함을 입었으니

로마서의 저자가 바울이라면, 로마서의 수신자는 누구일까요? 바울은 1장 7절에서 로마에 있는 신자들에게 이 편지를 보낸다고 말합니다. 원래 로마에 속한 사람이었다가, 이제는 하나님께 속하게 된 자들이 로마서의 수신자입니다. 이는 참으로 놀라운 일이 아닐 수 없습니다. 당시 로마는 세계의 수도였습니다. 로마 사람들이 볼 때 기독교란 자신들이 지배하고 있는 작은 식민지의 토속 종교에 지나지 않았습니다. 그런데 어떻게 로마 사람들 중에 기독교로 개종하는 자들이 생겨났을까요?

바울은 1장 16절에서 다음과 같이 말합니다. "복음은 모든 믿는 자에게 구원을 주시는 하나님의 능력이 됨이라." 복음의 능력 때문입니다. 복음의 능력이 제국의 수도라 자부하던 교만한 로마 사람들의 마음을 변화시킨 것입니다.

이제 로마서의 전체 구조를 살펴보겠습니다. 로마서는 크게 두 부분으로 나누어집니다. 1장부터 11장까지는 복음, 즉 하나님의 구원에 대해서 말합니다. 12장부터 16장까지는 실천, 즉 구원받은 자의 삶에 대해서 말합니다. 복음에 대한 부분은 좀 더 상세히 나눌 수 있습니다. 1장에서는 '하나님의 복음'이라는 주제를 도입합니다. 2장부터 4장까지는 하나님의 복음을 좀 더 구체적으로 설명합니다. 특히 믿음으로만 의롭다 함을 얻는다는 '이신칭의' 교리를 강조합니다. 5장부터 8장까지는 '구원의 완전성'에 대해 설명합니다.² 믿음으로 얻은 구원은 절대로 실패하지 않음을 강조합니다.

바울이 제시하는 '구원의 완전성'의 근거는 크게 세 가지입니다. 첫째, 구원이 하나님의 선물이기 때문입니다. 롬5:15 신자의 구원은 하나님께서 이루시는 일이기 때문에 결코 실패할 수 없습니다. 둘째, 하나님께서 신자를 예수님과 연합시키시기 때문입니다. 롬6:3 예수님과 영적으로 한 몸 된 신자가 구원을 빼앗기는 일은 불가능합니다. 셋째, 하나님께서 성령을 보내셨기 때문입니다. 성령님께서 우리의 구원을 도우시므로, 우리가 구원을 얻는 데 실패할 수 없습니다. 이것이 5장부터 8장까지의 주제입니다. 그런 다음 9장부터 11장까지는 하나님께서 유대인을 다루시는 방식에 대해서 설명합니다.

구원은 참으로 놀랍습니다. 만물을 지으신 창조주 하나님께서, 한낱 피조물에 불과한 우리에게 은혜를 베푸신 결과이기 때문입니다. 기적을 기대하는 성도들이 많습니다. 특별한 체험을 추구하는 성도들도 많습니다. 가장 큰 기적은 우리 안에 있습니다. 우리 같은 사람들이 구원받아 하나님의 자녀가 되었다는 것, 이것이 가장 큰 기적입니다. 또한 성령님께서 우리 안에 들어오셔서 우리의 구원을 돕는다는 것, 이것이 가장 큰 체험입니다.

묵상과 기도

Q. 우리의 구원이 실패할 수 없는 세 가지 이유는 무엇입니까?

prayer. 하나님, 자격 없는 저희에게 구원을 선물로 주셔서 감사합니다. 심판받아 마땅한 우리를 위해 예수님을 보내주셔서 감사합니다. 연약한 저희를 도우시려고 성령님을 저희 안에 보내주셔서 감사합니다. 이 은혜를 생각하며, 하나님께만 영광을 돌리는 삶을 살게 해주세요.

예수 그리스도의 종 바울은

롬 1:1 예수 그리스도의 종 바울은 사도로 부르심을 받아 하나님의 복음을 위하여 택정함을 입었으니

바울은 1절에서 자신을 세 가지로 소개합니다. 첫째, "예수 그리스도의 종"입니다. 로마서의 포문을 여는 첫 번째 문상에서, 바울이 자신을 종으로 소개하는 이유는 무엇일까요? 이는 바울에게 가장 중요한 분이 예수님이었기 때문입니다. 예수님을 떠나서는 어떠한 말로도 자신을 설명할 수 없었기 때문입니다. 예수님의 종이라는 신분이 바울에게는 가장 큰 명예였기 때문입니다.

우리는 어떠합니까? 우리 역시 자랑스럽게 "나는 예수님의 종이다!"라고 말할 수 있습니까? 누군가가 우리의 정체성을 물으면, "나는 예수님 없이는 설명이 불가능한 사람이다!"라고 말할 수 있습니까? 그만큼 우리의 삶에 예수님이 중요한 자리를 차지하고 있습니까? 만약 그렇지 않다면, 우리의 신앙을 다시 점검해 보아야 합니다.

누구나 종보다는 자유인으로 살기를 원합니다. 그런데 어떻게 바울은 자신이 예수님의 종이라는 사실을 자랑스럽게 선언할 수 있었을까요? 그 이유는 사실상 모든 사람이 종이기 때문입니다. 모든 사람은 예수님의 종이거나 사탄의 종입니다. 자유인은 없습니다. 따라서 바울이 예수님의 종이라는 신분을 자랑스러워하는 것은, 사탄의 종이라는 신분에서 벗어났다는 감격 때문입니다. 우리도 예수님의 종입니다. 우리 역시 사탄의 속박에서 종살이하다가, 예수님의 보혈로 해방된 사람입니다. 사탄의 종이 아니라 예수님의 종이라는 것, 이것이 우리의 가장 큰 명예입니다.

둘째, "사도"입니다. 사도란 '예수님께서 보내셔서, 예수님을 대신할 권세를 가진 사람'이라고 정의할 수 있습니다. 그래서 가장 중요한 사도의 표시는 부활하신 예수님을 본 것[행1:22]과 사도직을 수행할 권위와 임무를 부여받는 것입니다. [마28:16-20] 그런 점에서 바울은 확실히 사도입니다. 바울은 부활하신 예수님을 보았고, [고전9:1] 예수님께서 직접 바울을 보내셨기 때문입니다. [행9:15] 그리고 가장 중요한 표지는 말씀을 전하는 권위입니다. 이 점에서도 바울은 의심의 여지가 없습니다. 베드로는 바울의 글이 성경이라고 말했고, [벧후3:15-16] 성령님은 초대 교회가 신약 정경을 결정지을 때 다른 사도들의 글과 함께 바울의 글도 포함되도록 섭리하셨습니다.

셋째, "부르심을 받아"입니다. 예수님이 열두 사도를 부르신 것처럼, 바울도 부르셨습니다. 이것은 기독교 역사상 가장 기이한 일 중 하나입니다. 바울은 기독교 신자들을 핍박하고, 교회를 파괴했던 자였습니다. 그런데 어떻게 바울이 부름을 받을 수 있었을까요? 하나님의 부르심은 자격이 아니라 은혜에 근거하기 때문입니다. 우리의 삶이 안전한 이유도 여기에 있습니다. 우리가 하나님의 자녀가 된 것은 어떤 자격이나 조건 때문이 아닙니다. 오직 하나님의 은혜입니다. 그래서 취소되거나 변경되지 않습니다. 불안과 두려움이 우리를 힘들게 할 때마다 이 사실을 생각하기 바랍니다. "하나님께서 나를 사랑하신다. 나는 하나님의 은혜 안에 있다."

묵상과 기도

Q. 바울이 자신을 종으로 소개하는 이유는 무엇입니까?

prayer. 하나님, 세상 사람들은 사탄의 종입니다. 하지만 저희는 사탄이 아니라 하나님의 종입니다. 세상 사람들은 사탄의 종이기에 죄의 지배에서 벗어날 수 없습니다. 하지만 저희는 하나님의 종이기에 은혜의 지배에서 벗어날 수 없습니다. 우리의 삶이 하나님의 은혜 아래 있음을 기억하고, 항상 감사하고 찬양하는 삶을 살게 해주세요.

택정함을 입은 바울

롬 1:1 예수 그리스도의 종 바울은 사도로 부르심을 받아 하나님의 복음을 위하여 택정함을 입었으니

바울이 "사도로 부르심을" 받았다고 말할 수 있는 근거는 크게 세 가지입니다. 첫째, 바울은 부활하신 예수님을 직접 보았습니다. 행26:16-18 둘째, 바울은 예수님께 직접 배웠습니다. 갈1:11-12, 고전11:23 셋째, 예수님이 직접 바울을 파송하셨습니다. 행26:18

여기서 우리가 확인할 수 있는 것은, 사도직을 계승하는 일은 없다는 것입니다. 부활하신 예수님을 직접 목격하는 것은 사도의 표지 가운데 가장 중요한 부분입니다. 오늘날 누가 부활하신 예수님을 직접 목격했다고 말할 수 있겠습니까? 그리고 사도들의 역할 중 하나는 권위 있는 가르침을 주는 일이었습니다. 신약성경이 완성된 후에는 그 권위가 성경에 돌려졌습니다. 그러므로 신약성경이 완성된 후에는 사도가 필요 없다는 것이 너무나 명백합니다.[3]

이제 다음 어구를 살펴보겠습니다. "하나님의 복음을 위하여 택정함을 입었으니." 택정함을 받았다는 것은 구별되었다는 뜻입니다. 갈라디아서 1장 15절이 본문 이해에 도움이 될 것 같습니다. 여기서 바울은 하나님께서 자신을 어머니의 뱃속에서부터 복음의 일꾼으로 택하셨다고 말합니다. 바울이 이방인의 사도가 된 것은, 그가 고민하고 결심한 결과가 아니었습니

다. 우연한 사건들과 상황 때문도 아니었습니다. 하나님께서 영원 전부터 바울을 택하시고 구별하셨기 때문입니다.

그러므로 바울이 유대인의 혈통을 가지고 태어난 것은 우연이 아니었습니다. 로마 제국의 시민으로 태어난 것도 우연이 아니었습니다. 가말리엘 문하에서 수학한 것도 우연이 아니었습니다. 하나님께서 영원 전에 세우신 계획의 일부였습니다.

우리의 구원도 마찬가지입니다. 하나님은 창세 전에 우리의 구원을 계획하셨습니다. 엡1:4 창세 전에 우리를 구별하셨습니다. 이것은 참으로 놀라운 일입니다. 전능하신 하나님께서 창세 전에 우리 한 사람 한 사람을 개인적으로 아셨다는 뜻이기 때문입니다.

바로 이것이 하나님께서 우리를 거룩하게 변화시키시는 방식입니다.[4] 하나님께서 우리를 개인적으로 아시고, 특별한 방식으로 사랑하신다는 사실을 아는 사람은 이렇게 고백할 수밖에 없습니다.

"사람이 무엇이기에 주께서 그를 생각하시며 인자가 무엇이기에 주께서 그를 돌보시나이까…여호와 우리 주여 주의 이름이 온 땅에 어찌 그리 아름다운지요." 시8:4,9

묵상과 기도

Q. 하나님은 언제 바울을 복음의 일꾼으로 구별하셨습니까?

Q. 하나님은 언제 우리를 구원받을 자로 구별하셨습니까?

prayer. 하나님, 선택받을 자격이 없는 저희를 하나님의 사람으로 구별해 주셔서 감사합니다. 사랑받을 자격이 없는 저희를 하나님의 자녀로 구별해 주셔서 감사합니다. 이 은혜를 생각하며 세상 속에서 구별된 사람으로 살 수 있도록 도와주세요. 세상 사람들과 구별된 말과 행동을 할 수 있도록 도와주세요.

하나님의 복음

> **롬 1:1** 예수 그리스도의 종 바울은 사도로 부르심을 받아 하나님의 복음을 위하여 택정함을 입었으니

1장 1절에서 주목할 점은, 바울이 그냥 '복음'이라고 말하지 않고 "하나님의 복음"이라고 말한다는 점입니다. 복음은 문자적으로 "좋은 소식"입니다. 문제는 "그것이 정말 우리에게 좋은 소식인가?" 하는 점입니다.

만약 복음이 우리에 관한 것이라면 복음은 좋은 소식일 수 없습니다. 복음이 좋은 소식인 것은 복음이 하나님에 관한 것이기 때문입니다. 이 사실은 로마서 1장 16절에 잘 나타나 있습니다. "복음은 모든 믿는 자에게 구원을 주시는 하나님의 능력이 됨이라."

복음은 사람의 능력에 관한 것이 아닙니다. 사람들이 자신의 능력으로 자신을 구원하는 것이 아닙니다. 복음은 하나님의 능력이며, 하나님의 능력이 우리를 구원했다는 소식입니다. 바로 이것이 복음이 기쁜 소식인 이유입니다.

이처럼 기쁜 소식이 우리 앞에 있는데도, 복음을 기뻐하지 않고 복음에서 별다른 감흥을 느끼지 못하는 성도들이 많습니다. 거기에는 여러 가지 이유가 있을 수 있지만, 가장 큰 이유는 자신의 처지를 제대로 이해하지 못하기 때문일 것입니다.

쉼 없이 맑은 물이 올라오는 샘물을 가진 사람에게는 "여기 물이 있소"라는 말이 '복음'으로 들리지 않을 것입니다. 반면에 일주일쯤 광야를 헤맨 사람에게는 그만한 '복음'이 없을 것입니다. 때마다 열매를 맺는 넓은 과수원을 가진 사람에게는 "여기 과일이 있소"라는 말이 '복음'으로 들리지 않을 것입니다. 반면에 오랫동안 음식을 먹지 못한 사람에게는 그만한 '복음'이 없을 것입니다.

영적인 측면에서도 마찬가지입니다. 자신이 죄인이라는 것과 그로 인해 하나님께서 자신에게 진노하신다는 사실을 모르는 사람에게는, "하나님께서 우리를 구원하셨다"라는 말이 '복음'으로 들리지 않을 것입니다.

이제 다시 서론에서 제기한 질문으로 돌아가 보겠습니다. 우리는 세상의 복음을 좋아합니까, 아니면 '하나님의 복음'을 좋아합니까? 우리는 성공과 쾌락이라는 복음을 좋아합니까, 아니면 예수님을 좋아합니까? 만약 우리가 죄와 심판에 무감각하다면, 하나님의 복음도 기쁘게 들리지 않을 것입니다.

우리에게 정말 필요한 것은 세상의 복음이 아니라, 하나님의 복음입니다. "여기 성공이 있다! 여기 쾌락이 있다!" 하는 말에 마음을 빼앗겨선 안 됩니다. "여기 유일한 구원의 길이 있다! 바로 여기 우리를 죄와 사망에서 건지는 능력이 있다!" 이 복음에 우리의 눈과 귀를 열어야 합니다.

묵상과 기도

Q. 복음이 좋은 소식인 이유는 무엇입니까?

Q. 복음은 누구의 능력에 관한 것입니까?

prayer. 하나님, 저희의 능력으로는 구원을 이룰 수 없습니다. 저희의 능력으로는 천국에 이를 수 없습니다. 하나님의 은혜만이 저희를 구원할 수 있습니다. 하나님의 능력만이 저희를 천국으로 인도할 수 있습니다. 그러므로 항상 하나님을 의지하고, 언제나 하나님만 바라보며 살게 해주세요.

그의 아들에 관하여 성경에 미리 약속하신 것

> **롬 1:2** 이 복음은 하나님이 선지자들을 통하여 그의 아들에 관하여 성경에 미리 약속하신 것이라

복음은 무엇입니까? 복음의 핵심은 예수님입니다. 그래서 바울은 복음이란 하나님의 아들에 관한 것이라고 말합니다. 그리고 바울은 그 복음이 "성경에 미리 약속"되었다고 말합니다. 여기서 '성경'이란 구약을 의미합니다. 다시 말해서, 신약뿐만 아니라 구약도 예수님에 대해서 말하는 성경입니다. 예수님은 창세기 3장 15절에서 가장 먼저 약속되었습니다. 사탄의 머리를 상하게 할 여자의 후손이 바로 예수님입니다. 여기서 예수님은 사람으로 오실 것이 약속되었습니다. 창세기 22장 18절에서는 아브라함의 자손으로 오실 것이 약속되었습니다. 창세기 49장 10절에서는 유다의 자손으로 오실 것이 약속되었으며, 사무엘하 7장 12절에서는 다윗의 자손으로 오실 것이 약속되었습니다. 이처럼 구약성경은 오실 예수님을 점진적으로 보여주고 있습니다.

구약성경은 예수님이 어떤 분으로 오실지도 예언하고 있습니다. 신명기 18장 15절은 예수님이 선지자로 오실 것이라고 말하고, 이사야 53장은 예수님이 제사장으로 오실 것이라고 말하며, 시편 2편은 예수님이 왕으로 오실 것이라고 말합니다. 이미 구약성경에 예수님께서 선지자, 제사장, 왕으로 오실 것이 다 예언되어 있습니다.[5] 구약성경은 예수님의 삶에 대해서도 예언하고 있습니다. 이사야 53장 3절에는 예수님께서 멸시와 버림을 받을 것이 예언되어 있습니다. 스가랴 9장 9절에는 예수님께서 나귀를 타고 예루살렘에 들어가실 것이 예언되어 있습니다. 스가랴 11장 12절에는 예수님께서 은 삼십 개에 팔릴 것이 예언되어 있습니다. 시편 22편 18절에는 예수님의 옷이 제비 뽑아 나누어질 것이 예언되어 있습니다. 심지어 구약성경은 예수님의 출생 지역까지 예언하고 있습니다. 미가서 5장 2절은 예수님이 베들레헴에서 출생하실 것이라고 말합니다. 우리는 여기서 구원의 주도권이 하나님께 있음을 발견하게 됩니다. 예수님의 오심이 구약성경에 미리 약속되었다는 것은, 하나님께서 주도적으로 구원을 계획하시고 이루신다는 증거입니다.[6]

구원의 주도권을 자신에게 두는 사람들은, 자신의 처지에 따라 넘어지기도 하고 일어서기도 합니다. 자기 기분에 따라 울기도 하고 웃기도 합니다. 하지만 구원이란 우리에게 달린 것이 아닙니다. 구원이란 하나님께서 계획하신 것이고, 하나님께서 약속하신 것입니다. 그래서 우리의 구원은 절대로 변경되거나 실패할 수 없습니다. 바로 이것이 우리의 기쁨이고 소망입니다.

더 놀라운 것은 하나님께서 예수님의 오심을 계획하시고 약속하신 이유입니다. 하나님께서 누구 때문에 이토록 위대한 일을 계획하시고 약속하셨습니까? 바로 우리입니다. 우리의 구원을 위해 그렇게 하셨습니다. 천지를 지으신 하나님께서, 피조물에 불과한 우리를 위해 자기 아들을 희생할 계획을 세우셨습니다. 이것이 우리의 영광입니다. 이것이야말로 영원토록 감사하고 찬양할 제목입니다.

묵상과 기도

Q. 바울은 복음이 누구에 관한 것이라고 말합니까?

Q. 신약의 핵심은 예수님입니다. 그렇다면 구약의 핵심은 무엇입니까?

prayer. 하나님, 저희를 구원하기 위해 예수님을 보내주셔서 감사합니다. 만약 하나님께서 예수님을 보내주지 않았다면, 저희는 하나님의 저주 아래에서 살았을 것입니다. 만약 하나님께서 예수님을 보내주지 않았다면, 저희는 하나님의 심판 아래에서 살았을 것입니다. 이 은혜를 생각하며 작은 일에도 감사하고, 슬플 때도 찬양하며 살게 해주세요.

성경에 미리 약속하신 것

예수님은 갑자기 오시지 않았습니다. 예고 없이 오시지도 않았습니다. 예수님의 오심에 대해 바울은 다음과 같이 말합니다. "이 복음은 하나님이 선지자들을 통하여 그의 아들에 관하여 성경에 미리 약속하신 것이라." 하나님은 예수님을 약속하셨습니다. 이미 구약 성경 안에 예수님이 약속되어 있습니다. 하나님은 에덴에서부터 예수님을 약속하셨습니다.

그런 점에서 구약과 신약을 이분법적으로 구분해서는 안 됩니다. 구약은 율법을 말하고, 신약은 복음을 말하는 것이 아닙니다. 신약이 복음의 성취를 보여준다면, 구약은 복음을 약속하고 있습니다. 신약에 복음의 열매가 있다면, 구약에는 복음의 씨앗이 있습니다.

이 사실은 우리에게 한 가지 의문점을 가지게 합니다. 왜 하나님은 그토록 더디게 역사하셨을까요? 무슨 일이든 단번에 하실 수 있는 하나님께서, 예수님을 약속하신지 상당한 시간이 지난 후에야 예수님을 이 세상에 보내셨을까요? 왜 단번에 복음의 시대로 들어가지 않고 오랫동안 율법의 시대를 보내게 하셨을까요?

물론 정확한 답을 찾는 것은 불가능합니다. 하지만 로마서 8장 3절에서 한 가지 단서를 찾을 수 있습니다. "율법이 육신으로 말미암아 연약하여 할 수 없는 그것을 하나님은 하시나니." 핵심은 사람이 할 수 없는 것을 하나님께서 하신다는 점입니다. 하나님께서 오랜 세월 동안 침묵하신 이유가 바로 여기에 있습니다. 오래도록 구약의 시대를 보내야 했던 이유가 바로 여기에 있습니다.

하나님은 그 길고 긴 시간을 통해 인류가 스스로를 구원할 수 없음을 입증하셨습니다. 그러므로 약속과 성취의 간격은 인간의 무력함을 입증하는 기간입니다. 예수님께서 약속되시고 실제로 오시기까지의 기간은 인간의 한계를 증명하는 기간입니다.[7]

우리는 여기서 하나님의 시간과 인간의 시간이 다르다는 사실을 알 수 있습니다. 하나님은 여자의 후손을 약속하신 때로부터, 무려 천 년의 시간이 지난 후에야 베들레헴에서 아기의 울음소리가 들리게 하셨습니다. 이것이 하나님의 방식입니다.

그러므로 어떤 일이 빨리 일어나지 않는다고 해서 낙심하지 말아야 합니다. 어떤 일이 오랫동안 해결되지 않는다고 해서 절망하지 말아야 합니다. 하나님의 뜻이라면 언젠가는 반드시 해결될 것입니다. 하나님의 뜻이라면 언젠가는 반드시 이루어질 것입니다. 우리의 역할은 하나님께서 침묵을 깨고 일어나실 그때까지 기다리는 것입니다. 인내하며 우리의 자리를 지키는 것입니다.

묵상과 기도

Q. 예수님의 오심은 언제부터 약속되었습니까?

Q. 구약과 신약은 각각 복음의 어떠한 점을 보여줍니까?

prayer. 하나님, 하나님께서 온 세상을 다스리고 계심을 믿습니다. 하나님께서 역사의 주인이심을 믿습니다. 하나님의 뜻은 언젠가는 반드시 이루어진다는 것을 믿습니다. 그러므로 낙심하지 않도록 도와주세요. 절망하지 않도록 도와주세요. 하나님의 뜻이 이루어질 때까지 잠잠히 기다릴 수 있도록 도와주세요.

우리 주 예수 그리스도시니라

롬 1:3-4 3 그의 아들에 관하여 말하면 육신으로는 다윗의 혈통에서 나셨고 4 성결의 영으로는 죽은 자들 가운데서 부활하사 능력으로 하나님의 아들로 선포되셨으니 곧 우리 주 예수 그리스도시니라

바울은 3절과 4절에서 하나님의 복음을 좀 더 구체적으로 설명합니다. 그런데 바울이 소개하는 복음은 어떤 지식이나 내용이 아니라, 한 분의 이름입니다. 하나님의 아들이 육신을 입고 우리에게 오셨으며, 그분의 이름이 예수라는 것이 바울이 소개하는 복음입니다. 이처럼 기독교의 복음은 예수님 그 자체입니다.

예수님이 기독교의 전부라는 것은, 이렇게 생각하면 이해하기 쉽습니다. 부처 없는 불교를 생각할 수 있고, 공자 없는 유교를 생각할 수 있지만, 예수님 없는 기독교는 생각할 수 없습니다.[8] 기독교에서 예수님을 제거하면 아무것도 남지 않습니다. 심지어 모세 없는 기독교, 아브라함 없는 기독교, 다윗 없는 기독교는 가능하지만, 예수님 없는 기독교는 가능하지 않습니다. 기독교의 복음은 예수라는 이름 안에 다 담겨 있습니다. 하나님의 아들이신 예수님께서 이 땅에 오신 것과, 그분이 이 땅에서 행하신 일이 기독교의 복음입니다.

그래서 초대 교회 신자들은 언제나 예수님을 전했습니다. 심지어 예수님을 믿는 믿음 때문에 추방당한 후에도 예수님을 전했습니다. 예루살렘에서 추방된 신자들이 안디옥에서 '그리스도인'이라는 별명을 얻은 것이 그 증거입니다. 행 11:26

그렇다면 바울은 예수님이 어떤 분이라고 말합니까? "하나님의 아들"이라고 말합니다. 4절 이것은 매우 중요한 진리입니다. 만약 예수님이 사람이기만 하다면 우리의 구원자가 되실 수 없습니다. 예수님이 우리의 구원자이신 것은 그분이 사람이신 동시에 하나님이시기 때문입니다. 하나님으로서는 죽을 수 없고, 사람으로서는 죽음을 이길 수 없습니다.[9] 그래서 하나님이신 예수님이 사람이 되어야 했던 것입니다.

그리고 예수님은 "다윗의 혈통에서" 나신 분입니다. 이것은 예수님이 언약의 성취로 오셨다는 뜻입니다. 처음에 하나님은 우리의 구원자가 여자의 후손으로 오실 것이라고 언약하셨습니다. 창 3:15 다음에는 아브라함의 후손으로 오실 것이라고 언약하셨습니다. 창 12:3 다음에는 유다 지파 가운데 오실 것이라고 언약하셨습니다. 창 49:10 다음에는 다윗의 후손으로 오실 것이라고 언약하셨습니다. 삼하 7:12 하나님은 이렇게 약속을 좁혀 나가셨고, 결국 예수님을 보내시는 것으로 모든 언약을 성취하셨습니다.

정리하면 예수님을 믿기로 결정한 우리의 선택이 복음이 아닙니다. 복음이란 우리에 관한 것이 아닙니다. 만약 하나님께서 예수님을 보내시지 않았다면, 우리는 믿을 수조차 없었습니다. 기독교에 대한 수많은 묘사가 있지만, 기독교의 중추는 예수님입니다. 예수님이 복음의 중심입니다.

묵상과 기도

Q. 예수님이 우리의 구원자이신 것은 예수님이 어떤 분이시기 때문입니까?

Q. 예수님이 기독교의 전부인 이유는 무엇입니까?

prayer. 하나님, 저희들이 믿기로 결심해서 구원받은 것이 아님을 압니다. 저희가 구원받은 것은 하나님께서 예수님을 보내주셨기 때문입니다. 하나님이신 예수님이 사람의 모습으로 이 땅에 오셨기 때문입니다. 따라서 저희의 구원은 전적인 은혜입니다. 저희의 구원은 하나님의 선물입니다. 그러므로 항상 겸손하게 살게 해주세요. 항상 하나님만 높이며 살게 해주세요.

1월 9일

하나님의 아들로 선포되셨으니

롬 1:3-4 3 그의 아들에 관하여 말하면 육신으로는 다윗의 혈통에서 나셨고 4 성결의 영으로는 죽은 자들 가운데서 부활하사 능력으로 하나님의 아들로 선포되셨으니 곧 우리 주 예수 그리스도시니라

바울은 3절에서 예수님이 "다윗의 혈통"에서 나셨다고 말합니다. 이것은 예수님이 다윗의 후손으로 태어나신 것, 즉 사람이 되신 것을 의미합니다. 바울은 4절에서 예수님이 "하나님의 아들로 선포되셨"다고 말합니다. 이것은 부활을 통해 예수님이 하나님의 아들이라는 사실이 입증되었다는 의미입니다.

3절과 4절 사이의 대조를 파악하는 것은 중요합니다. 바울은 3절에서는 예수님이 다윗의 혈통에서 '나셨다'라고 말하는 반면, 4절에서는 예수님이 하나님의 아들로 '선포되셨다'라고 말합니다. 예수님은 인간이 되어야 했지만, 하나님이 되어야 하지는 않았습니다. 예수님이 하나님이라는 사실은 선포되어야 했습니다. 예수님은 원래부터 하나님이셨기 때문입니다. 그러므로 예수님도 피조물에 불과하다는 주장이나, 예수님도 원래는 인간이었으나 순종을 통해서 하나님의 아들로 높아졌다는 주장은 성경적이지 않습니다. 예수님은 하나님의 아들이 되신 것이 아니라 "하나님의 아들로 선포"되셨습니다.

그렇다면 무엇을 통해 예수님이 하나님의 아들이심이 선포되었습니까? 부활입니다. 예수님은 부활을 통해 자신이 하나님의 아들임을 입증하셨습니다. 유대인들은 예수님이 하나님의 아들임을 믿지 않았습니다. 예수님의 신성이 육체 안에 감추어져 있었기 때문입니다. 그래서 유대인들은 예수님을 거절했고, 십자가에 못 박기까지 했습니다. 하지만 이제는 아무도 예수님이 하나님의 아들이심을 부인할 수 없습니다. 예수님께서 부활하셨기 때문입니다. 예수님의 신성이 활짝 드러났기 때문입니다.

부활은 복음의 절정입니다. 만약 예수님이 부활하지 않았다면 하나님의 아들일 수 없고, 예수님이 하나님의 아들이 아니라면 우리의 구원자일 수도 없습니다. 그리고 예수님이 부활하신 사실이 없다면, 우리 역시 부활의 소망을 품을 수 없습니다.

복음이란 무엇입니까? 복음은 지식과 이론이 아닙니다. 지식과 이론이 중요하지만 본질은 아닙니다. 복음의 핵심은 우리의 구원을 위해 하나님께서 자기 아들을 보내셨다는 것입니다. 우리의 구원을 위해 하나님의 아들이 사람이 되셨다는 것입니다. 이것이 복음입니다.

그래서 복음을 제대로 이해한 사람은 자존감이 약해지지 않습니다. 하나님의 사랑을 받는 특별한 존재임을 아는 사람이 어떻게 낮은 자존감을 가질 수 있겠습니까? 두려움에 사로잡히지도 않습니다. 하나님께서 자신을 사랑하시기에 언제나 보호해 주실 것을 믿기 때문입니다.

묵상과 기도

Q. 예수님이 다윗의 혈통에서 나신 것은 어떤 뜻입니까?

Q. 예수님이 하나님의 아들로 선포되신 것은 어떤 뜻입니까?

prayer. 하나님, 저희는 세상에서 가장 가치 있는 사람입니다. 하나님께서 저희를 선택해 주셨고, 예수님께서 저희를 위해 대신 죽으셨기 때문입니다. 그러므로 항상 기뻐하고 감사할 수 있도록 도와주세요. 어떤 순간에도 낙심하거나 좌절하지 않도록 도와주세요. 구원받은 기쁨을 늘 찬양하며 살게 해주세요.

우리 주 예수 그리스도

> **롬 1:3-4** 그의 아들에 관하여 말하면 육신으로는 다윗의 혈통에서 나셨고 성결의 영으로는 죽은 자들 가운데서 부활하사 능력으로 하나님의 아들로 선포되셨으니 곧 우리 주 예수 그리스도시니라

바울은 3절에서 예수님이 인간이 되신 것을 말했습니다. 그리고 4절에서는 예수님이 하나님으로 선포되신 것을 말했습니다. 하나님이신 예수님이 우리를 위해 인간이 되신 것, 이것이야말로 복음의 핵심이요 중추입니다. 그런데 바울은 거기서 그치지 않습니다. 바울은 이 중요한 진리를 말한 다음에 곧바로, 하나님이자 인간이신 그분이 "우리 주 예수 그리스도"라고 말합니다.

먼저 '예수'라는 말의 의미를 생각해 보겠습니다. 한 천사가 나타나 이렇게 말했습니다. "아들을 낳으리니 이름을 예수라 하라. 이는 그가 자기 백성을 그들의 죄에서 구원할 자이심이라." 마1:21 '예수'는 하나님의 아들이 취하신 이름인데, 이 이름에는 그분이 우리의 구원자라는 의미가 담겨 있습니다. 예수라는 이름은 구약의 여호수아와 같은 단어입니다. 여호수아가 땅을 정복하는 구원자였다면, 예수님은 죄를 정복하는 구원자라는 의미에서 같은 이름을 취하신 것으로 볼 수 있습니다.

그리스도는 '메시아'라는 히브리어를 헬라어로 옮긴 것으로서, '기름 부음 받은 자'를 뜻합니다. 하나님은 구약 시대에 자기 백성을 구원하기 위해 특별한 직분자들을 세우셨습니다. 선지자, 제사장, 왕입니다. 그리고 그들을 세울 때 기름을 붓도록 하셨습니다. 그래서 그리스도란 선지자, 제사장, 왕을 뜻합니다. 이

것은 예수님이 우리의 구원을 위해 하신 일을 보여줍니다. 예수님은 선지자로서 하나님의 말씀을 전해주셨고, 제사장으로서 자신을 직접 희생 제물로 바치셨고, 왕으로서 온 세상을 통치하고 계십니다. 우리가 구원받은 것은 예수님께서 그리스도의 직분을 수행하신 결과입니다.

이제 가장 핵심이 되는 '주'라는 말의 의미를 생각해 보겠습니다. 예수님이 '주'라는 말의 일차적 의미는 예수님이 '여호와 하나님'이라는 뜻입니다. 신약성경에서 예수님께 사용되는 '주'라는 용어는 구약성경에서 여호와 하나님께 사용된 단어이기 때문입니다.[10] 이차적 의미는 예수님이 모든 만물의 주인이라는 뜻입니다. 빌립보서 2장이 이 사실을 잘 보여줍니다. "하나님이 그를 지극히 높여 모든 이름 위에 뛰어난 이름을 주사 하늘에 있는 자들과 땅에 있는 자들과 땅 아래에 있는 자들로 모든 무릎을 예수의 이름에 꿇게 하시고 모든 입으로 예수 그리스도를 주라 시인하여 하나님 아버지께 영광을 돌리게 하셨느니라" 빌2:9-11

예수님은 우리의 '주인'입니다. 바울이 자신을 예수님의 종으로 소개했던 것처럼 롬1:1 우리 역시 예수님의 종입니다. 만약 우리가 예수님을 '구원자'로 믿으면서 '주인'으로는 여기지 않는다면, 우리는 예수님과 올바른 관계를 가진 것이 아닙니다.

묵상과 기도

Q. '예수'라는 이름의 뜻은 무엇입니까?

Q. 예수님의 세 가지 직분은 무엇입니까?

prayer. 하나님, 예수님이 모든 만물의 주인이심을 믿습니다. 예수님이 저희의 주인이심을 믿습니다. 그러므로 예수님께만 복종하는 삶을 살게 해주세요. 예수님께만 영광을 돌리는 삶을 살게 해주세요. 어떤 일을 하든지 예수님을 위해서만 하게 해주세요.

모든 이방인 중에서 믿어 순종하게 하나니

롬 1:5 그로 말미암아 우리가 은혜와 사도의 직분을 받아 그의 이름을 위하여 모든 이방인 중에서 믿어 순종하게 하나니

바울은 자신이 복음을 전하는 이유를 다음과 같이 말합니다. "모든 이방인 중에서 믿어 순종하게 하나니."5절 바울이 복음을 전하는 목적은 예수님을 믿도록 하는 것만이 아니었습니다. 궁극적인 목적은 예수님께 순종하도록 하는 데 있었습니다. 이처럼 복음이 요구하는 것은 믿음만이 아닙니다. 복음은 우리에게 순종을 요구합니다.

로마서의 중요한 주제가 '이신칭의' 즉, "오직 믿음으로 의롭다 함을 얻는다"임을 생각해 볼 때 '믿음의 순종'이라는 표현은 모순처럼 보입니다. 하지만 믿음은 반드시 순종으로 이어져야 한다는 점에서 "믿음의 순종"은 잘못된 표현이 아닙니다.11

예를 들어, 모든 사람을 죄와 비참의 처지에 빠지게 만든 아담의 죄는 무엇이었습니까? "선악과를 먹지 말라"는 명령에 대한 불순종이었습니다. 이처럼 죄라는 것은 일차적으로 하나님께 불순종하는 것입니다. 우리가 술과 담배를 즐겨하지 않고, 법을 준수하고, 가정과 직장과 교회에서 모범적이고 점잖은 사람이라 할지라도, 하나님의 명령에 하나라도 불순종한다면 우리는 범죄자입니다.약2:10

우리는 뉴스 헤드라인을 장식하는 범죄자들을 보면서 "저 나쁜 놈들"이라고 정죄하기를 좋아합니다. 하지만 우리가 하나님의 말씀을 실천하기 위해 노력하지 않는다면, 우리 역시 그들과 똑같은 범죄자입니다. 하나님의 말씀에 불순종하는 것이 죄이기 때문입니다. 그래서 바울은 믿는 자의 책임, 복음을 들은 자의 역할이 "믿음의 순종"이라고 말합니다.

바로 이것이 예수님께 복종하지 않고도, 예수님을 구원자로 받아들일 수 있다고 주장하는 사람들에 대한 성경의 대답입니다.12 예수님께 복종하지 않으면서, 예수님을 믿을 수는 없습니다. 예수님을 믿는 것에는 예수님께 복종하는 것이 포함되어 있습니다.롬10:3

초대 교회 신자들은 예수님을 믿고 죽을 것인지, 예수님을 부인하고 살 것인지를 선택해야 했습니다. 많은 신자들이 생사의 기로에서 죽음을 선택했습니다. 믿음과 순종이 구분되지 않음을 알았기 때문입니다. 그들은 죽기까지 복종하는 것을 통해, 자신들의 믿음이 참된 것임을 입증했습니다. 따라서 신자는 누구입니까? 예수님을 믿기 때문에, 예수님께 복종하는 자들입니다.

묵상과 기도

Q. 바울은 자신이 복음을 전하는 이유가 무엇이라고 말합니까?

Q. 예수님께 복종하지 않고도, 예수님을 구원자로 믿을 수 있습니까?

prayer. 하나님, 초대 교회 신자들은 자신의 생명보다 예수님을 사랑했습니다. 초대 교회 신자들은 목숨을 바쳐 예수님께 순종했습니다. 저희도 그렇게 살 수 있도록 도와주세요. 그 무엇보다 예수님을 사랑하게 해주세요. 어떤 일이 있어도 예수님께 순종하게 해주세요.

그의 이름을 위하여

> **롬 1:5** 그로 말미암아 우리가 은혜와 사도의 직분을 받아 그의 이름을 위하여 모든 이방인 중에서 믿어 순종하게 하나니

바울은 사도의 직분을 받았습니다. 그 직분을 가지고 모든 이방인 중에서 복음을 전했습니다. 바울은 자신이 복음을 전한 목적을 다음과 같이 말합니다. "그의 이름을 위하여 모든 이방인 중에서 믿어 순종하게 하나니." 바울이 목숨을 걸고 복음을 전한 목적은 예수님의 이름 때문입니다.

하나님의 이름에는 중요한 의미가 있습니다. 하나님께서 이름을 통해 자신을 설명하셨기 때문입니다. 예를 들어, '여호와'라는 이름은 스스로 존재하시는 하나님을, '여호와 이레'라는 이름은 준비하시는 하나님을 나타냅니다. 하나님의 이름은 곧 하나님의 존재 자체입니다.

그러므로 "그의 이름을 위하여"라는 말은, 곧 "예수님을 위하여"라는 뜻입니다. 지금 바울은 "내가 왜 사도의 직분을 수행하고 있는지 아느냐? 내가 왜 이방인들에게 복음을 전하는지 아느냐? 그것은 바로 예수님의 영광 때문이다"라고 말하고 있는 것입니다. 예수님의 이름을 영화롭게 하는 책임은, 바울에게만 주어진 것이 아닙니다. 성경은 다음과 같이 말합니다. "하늘에 있는 자들과 땅에 있는 자들과 땅 아래에 있는 자들로 모든 무릎을 예수의 이름에 꿇게 하시고 모든 입으로 예수 그리스도를 주라 시인하여 하나님 아버지께 영광을 돌리게 하셨느니라." 빌2:10-11

하나님은 모든 사람들이 예수님의 이름 앞에 무릎 꿇기를 원하십니다. 모든 사람들이 예수님의 이름을 높이기 원하십니다. 그러므로 예수님의 이름을 영화롭게 하는 것은 바울만의 사명이 아니라, 우리 모두의 사명입니다.

그렇다면 우리는 어떻게 예수님의 이름을 영화롭게 할 수 있습니까? 첫째, 예수님을 시인해야 합니다. 마10:32 예수님을 부인하는 세상 속에서 예수님을 시인하는 것이야말로 예수님을 영화롭게 하는 첫 걸음입니다. 둘째, 육체의 정욕과 싸워야 합니다. 벧전2:11-12 예수님을 입으로만 시인하는 것은 부족합니다. 삶으로도 시인해야 합니다. 죄에 물든 삶을 살면서, 죄에서 건짐 받았다고 말하는 것은 있을 수 없는 일입니다. 바울은 "내게 사는 것이 그리스도니 죽는 것도 유익"하다고 말했습니다. 빌1:21 바울이 그렇게 말했던 것은, 그가 오직 예수님의 이름만을 위해서 사는 사람이었기 때문입니다. 그가 사는 목적이 오직 예수님의 영광이었기 때문입니다.

생각해 봅시다. 우리는 예수님을 위해 살고 있습니까? 우리는 말뿐만 아니라 행동으로도 예수님을 나타내고 있습니까?

묵상과 기도

Q. '여호와'라는 이름은 하나님이 어떤 분임을 보여줍니까?

Q. '여호와 이레'라는 이름은 하나님이 어떤 분임을 보여줍니까?

prayer. 하나님, 바울은 예수님을 위해 죽을 수도 있다고 말했습니다. 그리고 실제로 예수님을 위해 자신의 생명을 바쳤습니다. 저희도 그렇게 살 수 있도록 도와주세요. 말로만 예수님을 사랑한다고 하는 것이 아니라, 행동으로 예수님을 향한 사랑을 증명할 수 있도록 도와주세요.

예수 그리스도의 것으로 부르심을 받은 자

롬 1:6-7 6 너희도 그들 중에서 예수 그리스도의 것으로 부르심을 받은 자니라 7 로마에서 하나님의 사랑하심을 받고 성도로 부르심을 받은 모든 자에게 하나님 우리 아버지와 주 예수 그리스도로부터 은혜와 평강이 있기를 원하노라

바울은 로마교회 신자들이 올바른 정체성을 갖기 원했습니다. 그래서 바울은 이렇게 말합니다. "너희도 그들 중에서 예수 그리스도의 것으로 부르심을 받은 자니라."6절

로마서의 수신자들, 그리고 우리는 각각 어떤 존재입니까? 예수님의 것, 다시 말해 예수님의 소유입니다. 우리를 부르신 이는 성부 하나님이십니다. 엡1:3-4 성부 하나님은 우리를 예수님의 것으로 부르십니다. 예수님 안에 있는 존재로, 예수님과 연합된 존재로 부르셨다는 뜻입니다.13

그렇다면 우리들이 예수님과 연합되고, 예수님 안에 있고, 예수님의 소유가 된 근거는 무엇입니까? 로마서 1장 7절은 다음과 같이 말합니다. "하나님의 사랑하심을 받고 성도로 부르심을 받은 모든 자에게." 답은 하나밖에 없습니다. "하나님의 사랑"입니다. 로마서 1장 18절 이후를 보십시오. 거기에는 당시 로마가 어떤 죄악들로 가득하였는지 상세하게 기록되어 있습니다. 로마는 심각한 죄로 가득했고, 쾌락과 정욕을 추구함이 극에 달했습니다. 하지만 로마교회 신자들은 그토록 음란하고 더러운 곳을 나와서, 거룩한 공동체를 이루었습니다. 어떻게 그것이 가능했을까요? 역시 답은 하나밖에 없습니다. "하나님의 사랑" 때문입니다. 순서를 제대로 이해하는 것이 중요합니다. 로마교회 신자들이 세상과 구별되었기 때문에 하나님의 사랑을 받은 것이 아닙니다. 하나님의 사랑을 받은 결과, 세상과 구별될 수 있었습니다. 우리도 마찬가지입니다. 우리가 구원받고, 하나님의 자녀가 된 것은 우리에게 그만한 자격이 있었기 때문이 아닙니다. 하나님께서 먼저 우리를 사랑하셨기 때문입니다.

바로 이것이 우리의 정체성입니다. 우리는 누구입니까? 우리는 어떤 사람입니까? 우리는 하나님의 사랑 안에 있는 사람입니다. 하나님은 우리가 태어나기 전에도 우리를 사랑하셨고 지금도 사랑하시며, 앞으로도 영원히 우리를 사랑해 주실 것입니다. 만약 우리를 단 한 문장으로 설명해야 한다면, 우리는 반드시 '하나님의 사랑'이라는 단어를 사용해야 합니다. 하나님의 사랑이 우리를 설명하는 핵심이기 때문입니다.

그렇다면 우리가 겪는 곤경과 고통은 어디서 온 것일까요? 우리가 여러 가지 어려움을 겪는 이유는 무엇일까요? 하나님께서 우리를 사랑하지 않기 때문일까요? 아닙니다. 우리는 하나님의 사랑 안에 있습니다. 우리는 과거와 현재뿐만 아니라 앞으로도 영원히 하나님의 사랑 안에 거할 것입니다. 따라서 우리는 자신 있게 이렇게 말할 수 있고, 또 이렇게 말해야 합니다. 우리가 겪는 어려움조차, 하나님께서 우리를 사랑하신 결과라고 말입니다.

묵상과 기도

Q. 로마교회 신자들이 타락한 세상에서 구별될 수 있었던 근본적인 이유는 무엇입니까?

Q. 하나님이 우리를 사랑하시는데도 우리가 어려움을 겪을 수 있습니까?

prayer. 하나님, 부족한 저희를 사랑해 주셔서 감사합니다. 어리석고 미련하여 사랑받을 자격이 없는 저희를 변함없이 사랑해 주셔서 감사합니다. 힘들고 어려운 순간마다 하나님의 사랑을 생각하게 해주세요. 하나님의 사랑을 생각하며 지금 저희가 겪는 어려움을 극복하고 이겨낼 수 있도록 도와주세요.

내 하나님께 감사함은 너희 믿음이 온 세상에 전파됨이로다

> **롬 1:8** 먼저 내가 예수 그리스도로 말미암아 너희 모든 사람에 관하여 내 하나님께 감사함은 너희 믿음이 온 세상에 전파됨이로다

바울은 하나님께 감사를 표합니다. 그 이유는 다음과 같습니다. "내 하나님께 감사함은 너희 믿음이 온 세상에 전파됨이로다."[8절] 여기서 "온 세상"은 과장법입니다. 아마 바울이 말하는 "온 세상"은 로마 제국을 뜻할 것입니다. 그렇다고 해도 이것은 놀라운 일입니다. 지금이야 방송과 인터넷을 통해 순식간에 뉴스가 전파되지만, 이천 년 전에는 변변찮은 인쇄물 한 장 없었습니다. 그런데 어떻게 로마교회에 관한 소문이 로마 제국 전역에 전파될 수 있었을까요?

초대 교회의 신앙과 믿음이 온 세상에 전파되었던 이유는, 그들의 삶이 특별했기 때문입니다. 초대 교회 신자들은 불신자들과 전혀 다른 삶을 살았습니다. 초대 교회 신자들은 여자와 노예가 차별받던 시대에, 모든 사람이 예수님 안에서 평등하다는 믿음을 실천에 옮겼습니다. 힘의 원리가 지배하던 시대에 사랑과 희생의 정신을 실천에 옮겼습니다. 그 결과 한 사람씩 한 사람씩 교회에 대해 말하기 시작했고, 결국에는 온 세상이 교회에 관해 듣게 되었던 것입니다.

우리는 어떻습니까? 우리가 신자라는 것을 주위 사람들이 알고 있습니까? 우리가 세상과 다르다는 것을 주위 사람들이 이상하게 생각합니까? 바로 이것이 초대 교회가 복음을 전파한 방법이었음을 잊지 말아야 합니다. 초대 교회 신자들은 수많은 비용을 들여 인쇄물과 홍보영상을 제작하지 않았습니다. 그들의 삶이 곧 전도지였기 때문입니다.

그런데 바울이 감사하는 대상은 누구입니까? 바울은 로마에 있는 신자들에게 감사하지 않습니다. "로마교회 신자들이여, 세상과 구별된 삶을 살아주셔서 감사합니다." 이렇게 말하지 않습니다. 이상하게도 바울이 감사하는 대상은 로마교회가 아니라 하나님입니다. 그 이유는 로마교회가 구별될 수 있었던 근본적인 이유가 하나님께 있기 때문입니다. 앞서 7절에서 살펴보았듯이, 로마 사람들이 신자로 거듭나게 된 근거는 '하나님의 사랑'입니다. '하나님의 사랑'이 로마교회 신자들을 세상과 다른 사람으로 변화시켰던 근본 원인입니다. 그래서 바울은 로마교회 신자들이 아니라 하나님께 감사하고 있는 것입니다.

우리 역시 마찬가지입니다. 우리가 다른 사람보다 탁월하고 도덕적이어서 신자가 된 것이 아닙니다. 모든 것은 하나님의 은혜입니다. 그런 점에서 우리 역시 바울처럼 고백해야 마땅합니다. "내가 나 된 것은 하나님의 은혜로 된 것이니."[고전 15:10]

Q. 로마교회에 관한 소문이 온 세상에 전파되었던 이유는 무엇입니까?

Q. 로마 사람들이 신자로 거듭날 수 있었던 근거는 무엇입니까?

prayer. 하나님, 저희가 구원받은 것은 하나님의 은혜입니다. 저희가 신자가 된 것은 하나님의 은혜입니다. 저희가 하나님의 자녀가 된 것도 하나님의 은혜요, 저희가 천국의 시민이 된 것도 하나님의 은혜입니다. 이렇게 놀라운 은혜를 받았으니, 이제는 이 은혜를 나누어 주는 삶을 살게 해주세요. 하나님께 받은 사랑을 이웃들에게 나누어 주는 삶을 살게 해주세요.

내 심령으로 섬기는 하나님

> **롬 1:9** 내가 그의 아들의 복음 안에서 내 심령으로 섬기는 하나님이 나의 증인이 되시거니와 항상 내 기도에 쉬지 않고 너희를 말하며

바울은 자신이 하나님을 섬기되, 심령으로 섬긴다고 말합니다. 여기서 '심령'으로 번역된 헬라어 '프뉴마'는 바람, 생명, 영, 마음 또는 성령을 뜻합니다. 문맥상 여기서는 '영'과 '마음'을 뜻합니다. 그렇다면 '영'과 '마음'으로 하나님을 섬긴다는 것은 어떤 뜻일까요?

첫째, 바울이 위선적으로 섬기지 않았다는 뜻입니다.[14] 마태복음 6장 1절은 다음과 같이 말합니다. "사람에게 보이려고 그들 앞에서 너희 의를 행하지 않도록 주의하라. 그리하지 아니하면 하늘에 계신 너희 아버지께 상을 받지 못하느니라."

예수님이 계시던 당시에는 위선적인 사람들이 많았던 것 같습니다. 겉으로는 하나님께 영광을 돌리면서, 마음으로는 자신의 영광을 추구하는 사람들 말이지요. 하지만 바울은 달랐습니다. 바울은 마음으로도 하나님께 충성된 사람이었습니다. 그는 사람에게 보이려고 선을 행하지 않았습니다.

둘째, 바울이 올바른 목적으로 섬겼다는 뜻입니다. 바울은 '육신'이라는 단어는 부정적인 의미로, '영'이라는 단어는 긍정적인 의미로 사용하곤 했습니다. 로마서 7장 5절과 6절이 대표적입니다. "우리가 육신에 있을 때에는 율법으로 말미암는 죄의 정욕이 우리 지체 중에 역사하여 우리로 사망을 위하여 열매를 맺게 하였더니 이제는 우리가 얽매였던 것에 대하여 죽었으므로 율법에서 벗어났으니 이러므로 우리가 영의 새로운 것으로 섬길 것이요 율법 조문의 묵은 것으로 아니할지니라."

하나님과 교회를 섬기기 위해 열심을 내는 것은 언제나 좋은 일입니다. 하지만 그렇게 열심을 내는 목적이 과연 하나님을 위한 것인지 검증해 보아야 합니다. 만약 조금이라도 나를 드러내고 나를 자랑하고 나를 과시하기 위한 것이라면, 그 섬김은 조금도 하나님을 기쁘시게 할 수 없습니다.

그리고 올바른 목적으로 하나님을 섬기는 자들은, 하나님을 섬기는 것 때문에 겪는 어려움을 손해로 생각하지 않습니다. 그래서 바울은 이렇게 고백할 수 있었습니다.

"내가 달려갈 길과 주 예수께 받은 사명 곧 하나님의 은혜의 복음을 증언하는 일을 마치려 함에는 나의 생명조차 조금도 귀한 것으로 여기지 아니하노라." 행 20:24

묵상과 기도

Q. 하나님을 심령으로 섬긴다는 것은 어떤 뜻입니까?

Q. 우리가 봉사하는 목적은 오직 하나님을 위한 것입니까?

prayer. 하나님, 하나님을 섬기는 삶을 살게 해주세요. 어쩔 수 없이 섬기는 것이 아니라, 자발적으로 섬기게 해주세요. 겉으로만 섬기는 것이 아니라, 마음을 다해 섬기게 해주세요. 사람들의 인정을 받기 위해 섬기는 것이 아니라, 하나님의 기쁨이 되기 위해 섬기게 해주세요.

내 기도에 쉬지 않고 너희를 말하며

롬 1:9 내가 그의 아들의 복음 안에서 내 심령으로 섬기는 하나님께서 나의 증인이 되시거니와 항상 내 기도에 쉬지 않고 너희를 말하며

바울은 매우 바쁘고 힘겨운 일상을 보냈을 것입니다. 그는 로마 제국 전역을 다니며 복음을 전했고, 교회를 세웠으며, 이미 세워진 교회들을 돌보았습니다. 그는 유대인들의 핍박에 저항해야 했고, 이단들의 공격에 맞서야 했습니다. 심지어 고린도에 머무는 동안에는 고린도교회에 재정적인 부담을 주지 않기 위해, 직접 천막을 만들어 선교 비용을 충당했습니다. **행18:3** 그런데 바울은 그토록 바쁜 와중에도 로마교회를 위해 쉬지 않고 기도한다고 말합니다.

우리는 어떻습니까? 바쁘다는 핑계로 기도하지 않을 때가 많지 않습니까? 사는 것이 힘들다는 이유로 자주 기도를 미루지 않습니까? 그나마 시간을 내어 기도할 때도, 자신을 위해서나 또는 가족을 위해서만 기도하지 않습니까? 우리는 정말 그렇게 할 때가 많습니다.

그런데 바울은 어떻습니까? 쉬지 않고 기도하였습니다. 그것도 자신을 위해서가 아니라 로마교회를 위해서 말이지요. 바울은 로마교회를 위해서만 기도한 것이 아닙니다. 바울은 자신이 아는 거의 모든 교회를 위해서 기도했습니다.

"내가 기도할 때에 기억하며 너희로 말미암아 감사하기를 그치지 아니하고."**엡1:16**

"내가 기도하노라. 너희 사랑을 지식과 모든 총명으로 점점 더 풍성하게 하사."**빌1:9**

"우리가 너희를 위하여 기도할 때마다 하나님 곧 우리 주 예수 그리스도의 아버지께 감사하노라."**골1:3**

"우리가 너희 모두로 말미암아 항상 하나님께 감사하며 기도할 때에 너희를 기억함은."**살전1:2**

바울은 로마교회 뿐만 아니라 에베소, 빌립보, 골로새, 데살로니가교회를 위해서도 기도했습니다. 그리고 틀림없이 기록되지 않은 수많은 교회와 성도들을 위해서도 기도했을 것입니다.

이처럼 기도 생활의 핵심은 중보기도입니다. 주기도문의 두 번째 간구가 하나님의 나라를 구하는 것인 것에서 알 수 있듯이, 기도는 개인의 욕망을 이루는 도구가 아니라 하나님의 뜻을 이루는 도구입니다.

그렇다면 우리 역시 다른 사람들을 위해서 기도해야 마땅합니다. 바로 그것이 바울이 다음과 같이 권면한 이유입니다. "모든 기도와 간구를 하되 항상 성령 안에서 기도하고 이를 위하여 깨어 구하기를 항상 힘쓰며 여러 성도를 위하여 구하라."**엡6:18**

묵상과 기도

Q. 기도 생활의 핵심은 무엇입니까?

Q. 우리는 이웃과 교회를 위해서 힘써 기도하고 있습니까?

prayer. 하나님, 저희가 기도할 때 하나님의 능력이 임하는 줄 믿습니다. 저희가 기도할 때 놀라운 일이 일어나는 줄 믿습니다. 어려운 이웃을 위해 기도하고, 교회의 부흥을 위해 기도하게 해주세요. 하나님의 영광을 위해 기도하게 해주세요.

너희를 견고하게 하려 함이니

롬 1:10-11 10 어떻게 하든지 이제 하나님의 뜻 안에서 너희에게로 나아갈 좋은 길 얻기를 구하노라 11 내가 너희 보기를 간절히 원하는 것은 어떤 신령한 은사를 너희에게 나누어 주어 너희를 견고하게 하려 함이니

바울은 로마교회 신자들 보기를 간절히 원했습니다. 오늘 본문에는 그 이유가 다음과 같이 기록되어 있습니다. "어떤 신령한 은사를 너희에게 나누어 주어 너희를 견고하게 하려 함이니." 바울이 그토록 로마교회를 방문하기 원했던 것은, 로마교회 신자들을 더 견고하고 성숙한 사람으로 변화시키고 싶었기 때문입니다.

우리는 여기서 중요한 사실 한 가지를 발견하게 됩니다. 회심은 끝이 아니라 시작이라는 점입니다.[15] 우리는 한 사람이 예수님을 영접하기만 하면 그것으로 모든 것이 끝났고, 이제 그 사람은 모든 것이 충분하게 되었다고 생각해서는 안 됩니다. 로마교회 신자들이 더 견고하게 되어야 했던 것처럼, 신자라면 누구든지 성장을 향해 나아가야 합니다.

바울은 고린도교회 신자들에게 "어린아이"와 같다고 말한 바 있습니다. 고전3:1 이것은 모든 신자들에게 해당되는 표현입니다. 누구나 예수님을 영접했을 때는, 이제 막 태어난 갓난아기와 같습니다. 갓난아기에게 돌봄과 훈련이 필요하듯, 신자들도 돌봄과 훈련이 필요합니다.

신자에게 돌봄과 훈련이 필요한 또 다른 이유는, 마귀가 존재하는 목적 때문입니다. 마귀는 왜 존재할까요? 그는 지금 무엇을 하고 있을까요? 마귀는 오래전에 에덴에서 했던 일을 지금도 매일 반복하고 있습니다. 사실 그가 하는 일은 하나밖에 없습니다. 하나님과 그의 백성을 갈라놓는 일입니다.

그런 점에서 신자가 된다는 것은, 마귀의 공격 대상이 된다는 것과 정확하게 같은 뜻입니다. 그래서 신자들은 돌봄과 훈련을 받아야 합니다. 만약 신자의 삶에서 돌봄과 훈련이 사라진다면, 그는 곧바로 마귀와의 전쟁에서 패배하게 될 것이 틀림없습니다. 마귀에게 신자들의 구원을 좌우할 능력은 없을지라도, 신자들의 삶을 영적으로 피폐하게 만들 능력은 충분하기 때문입니다. 그래서 베드로는 다음과 같이 경고했습니다. "근신하라. 깨어라. 너희 대적 마귀가 우는 사자 같이 두루 다니며 삼킬 자를 찾나니."벧전5:8

신자가 된 것으로 만족해서는 안 됩니다. 교회에 출석하는 것으로 충분하다고 생각해서는 안 됩니다. 우리 모두는 돌봄과 훈련이 필요합니다. 우리는 지금보다 더 견고해져야 합니다. 더 성장해야 합니다.

묵상과 기도

Q. 바울이 로마교회 신자들 보기를 간절히 원했던 이유는 무엇입니까?

Q. 예수님을 영접한 이후에는 어떤 일이 있어야 합니까?

prayer. 하나님, 저희는 어린아이와 같습니다. 저희의 신앙이 어린아이와 같고, 저희의 행실이 어린아이와 같습니다. 저희를 긍휼히 여기시고 은혜 주시기를 원합니다. 그리하여 하나님 보시기에 성숙한 신앙인이 되게 해주세요. 하나님 보시기에 견고한 그리스도인이 되게 해주세요.

하나님의 뜻 안에서

> **롬 1:10-11** 10 어떻게 하든지 이제 하나님의 뜻 안에서 너희에게로 나아갈 좋은 길 얻기를 구하노라 11 내가 너희 보기를 간절히 원하는 것은 어떤 신령한 은사를 너희에게 나누어 주어 너희를 견고하게 하려 함이니

바울이 어떤 사람이었는지 알아보는 것은 어려운 일이 아닙니다. 그는 목표 의식이 분명하고, 한 번 목표한 일은 반드시 이루고야 마는 사람이었을 것입니다. 이것은 그가 유대 사회에서 엘리트 코스를 밟아 왔다는 사실과 대제사장이 교회를 핍박할 권한을 다른 사람이 아니라 바울에게 주었다는 사실을 통해서 알 수 있습니다. ^{행9:1-2}

하지만 바울에게는 목표를 이루고자 하는 마음보다 더 중요한 기준이 있었습니다. 그것은 바로 "하나님의 뜻"입니다. 사실 바울은 오래전부터 로마에 가고 싶었습니다. 당시 로마는 세상의 중심이었습니다. 그런 로마에 교회가 세워졌다는 사실은 바울을 흥분시켰을 것이 분명합니다. 누구라도 그때는 로마에 세워진 교회가 어떤 모습일지 궁금했을 것입니다. 그래서 바울은 다음과 같이 말했습니다.

"내가 너희 보기를 간절히 원하는 것은."^{11절}

"내가 여러 번 너희에게 가고자 한 것을 너희가 모르기를 원하지 아니하노니."^{롬1:13}

"여러 해 전부터 언제든지 서바나로 갈 때에 너희에게 가기를 바라고 있었으니."^{롬15:23}

이처럼 바울은 로마에 가고 싶은 마음뿐만 아니라 구체적인 계획도 있었습니다. 그럼에도 불구하고 바울은 로마에 가지 않았습니다. 그 이유는 무엇일까요? 지금 로마로 가는 것이 하나님의 뜻이라는 확신이 없었기 때문입니다. 오늘 본문이 그 증거입니다. "어떻게 하든지 이제 하나님의 뜻 안에서 너희에게로 나아갈 좋은 길 얻기를 구하노라."^{10절}

바울은 자신의 마음과 소원이 어떠하든지 간에, 그렇게 하는 것이 하나님의 뜻이라는 분명한 답을 얻기 전에는 조금도 움직이지 않았습니다. 그는 하나님의 뜻에 자신의 행동을 철저하게 복종시키고 있었습니다.

하지만 때가 이르자, 바울은 자신이 계획했던 것과는 전혀 다른 방식으로 로마에 가게 됩니다. 유대인들이 바울을 죽이려고 하자, 로마 군인들이 바울을 보호해 주었습니다. 이 일로 재판을 받게 된 바울은 로마 시민권을 근거로 로마에서 황제의 재판을 받게 해 달라고 요청합니다. 결국 바울은 사슬에 묶인 죄수의 신분으로 로마에 가게 됩니다. 바울은 자신이 그런 모습으로 로마에 가게 될 줄은 꿈에도 몰랐을 것입니다. 하지만 바로 그것이 하나님의 뜻이었습니다.

우리는 하나님의 뜻을 얼마나 중요하게 생각합니까? 우리는 하나님의 뜻에 얼마나 복종하고 있습니까? 마지막으로 예수님의 기도를 묵상합시다. "아버지여, 만일 아버지의 뜻이거든 이 잔을 내게서 옮기시옵소서. 그러나 내 원대로 마시옵고 아버지의 원대로 되기를 원하나이다."^{눅22:42}

묵상과 기도

Q. 바울이 로마교회를 방문하지 않았던 이유는 무엇입니까?

Q. 우리는 하나님의 뜻을 무엇보다 소중하게 생각하고 있습니까?

prayer. 하나님, 제가 보기에 좋은 것이 아니라, 하나님 보시기에 좋은 것을 선택하며 살게 해주세요. 제가 원하는 삶이 아니라, 하나님께서 원하시는 삶을 살게 해주세요. 저희의 삶을 통해 하나님의 뜻이 이루어지게 해주세요.

신령한 은사

> **롬 1:10-11** 10 어떻게 하든지 이제 하나님의 뜻 안에서 너희에게로 나아갈 좋은 길 얻기를 구하노라 11 내가 너희 보기를 간절히 원하는 것은 어떤 신령한 은사를 너희에게 나누어 주어 너희를 견고하게 하려 함이니

바울은 로마교회 신자들 보기를 간절히 원했습니다. 그들에게 "신령한 은사를" 나누어 주고 싶었기 때문입니다. 그렇다면 여기서 바울이 언급하는 "신령한 은사"는 과연 무엇일까요? 어떤 사람들은 이렇게 주장합니다. "지금 바울이 나누어 주려고 하는 은사는 고린도전서 12장에 소개되는 은사들이다. 바울은 치유의 은사, 예언의 은사, 영을 분별하는 은사, 방언의 은사, 방언 통역의 은사를 주려고 하는 것이다."

이러한 주장은 여러모로 성경적이지 않습니다. 첫째, 바울은 단 한 번도 자신이 다른 사람에게 특별한 은사를 줄 수 있다고 주장한 적이 없습니다. 대신 은사를 주시는 분은 자신이 아니라 성령님이라고 설명했습니다. "어떤 사람에게는 성령으로 말미암아 지혜의 말씀을, 어떤 사람에게는 같은 성령을 따라 지식의 말씀을, 다른 사람에게는 같은 성령으로 믿음을, 어떤 사람에게는 한 성령으로 병 고치는 은사를." 고전12:8-9

둘째, 문맥적으로도 옳지 않습니다. 본문을 보면 바울이 나누어 주려고 하는 은사는 로마교회 신자들을 견고하게 하는 것임을 알 수 있습니다. 그런데 고린도전서 12장에 소개되는 은사들은 고린도교회 신자들을 견고하게 하지 못했습니다. 오히려 정반대의 결과를 가져왔습니다. 그들이 특별한 은사를 소유함으로써 교만해졌기 때문입니다. 고린도교회의 비극은, 영적인 은사들만 바라보면서 그것들에 관해 논쟁하고, 이야기하고, 자랑했다는 데 있었습니다.[16]

그렇다면 바울이 나누어 주려고 하는 은사는 무엇일까요? 그것을 알기 위해서는 바울이 지금 무엇을 하고 있는지를 보아야 합니다. 바울은 지금 무엇을 하고 있습니까? 바울은 로마교회 신자들에게 편지를 보내고 있습니다. 바울은 기독교의 중추가 되는 교리들을 설명하고 있습니다. 바울은 하나님의 말씀을 가르치고 있습니다. 바로 이것이 바울이 나누어 주려는 은사입니다.[17]

그리고 바울은 하나님의 말씀을 배울 때 어떤 일이 일어난다고 말합니까? 견고하게 된다고 말합니다. "너희를 견고하게 하려 함이니." 11절 이처럼 교회의 부흥은 다른 것으로 말미암지 않습니다. 야유회와 단합회와 회식과 미팅과 스포츠가 교회를 견고하게 만들지 않습니다. 이런 것을 금해야 한다는 것이 아니라, 그것이 교회 사역의 본질이 아니라는 것입니다. 바울은 로마교회를 견고하게 하기 위해 하나님의 말씀을 가르쳤습니다. 우리도 이것을 해야 합니다. 성경을 배워야 합니다. 핵심 교리들을 배워야 합니다.

묵상과 기도

Q. 바울이 전해 주려고 했던 신령한 은사는 무엇입니까?

Q. 교회의 부흥은 어떤 일로부터 시작됩니까?

prayer. 하나님, 하나님의 말씀을 사모하는 마음을 주세요. 하나님의 말씀을 잘 배울 수 있도록 인도해 주세요. 이 땅의 교회가 바른 말씀 안에서 건강하게 성장하게 해주세요. 다음 세대가 하나님의 말씀을 잘 배워서, 거룩한 하나님의 일꾼으로 준비되게 해주세요.

피차 안위함을 얻으려 함이라

롬 1:12 이는 곧 내가 너희 가운데서 너희와 나의 믿음으로 말미암아 피차 안위함을 얻으려 함이라

우리는 사도신경을 통해 "성도가 서로 교통"하는 것을 믿는다고 고백합니다. 여기서 교통은 '교제'를 의미합니다. 성도의 교통을 믿는 것은, '교회가 서로 교제하는 공동체임을 믿는다'는 뜻입니다.

로마서에는 서로 교제하는 교회의 모습이 잘 나타나 있습니다. 바울은 1장 11절에서 "너희 보기를 간절히" 원한다고 말합니다. 그리고 그 이유가 "신령한 은사"를 주기 위해서라고 말합니다. 그런데 바울이 로마교회를 방문하려는 목적은 단순히 주는 데만 있지 않았습니다. 오늘 본문에서 바울은 다음과 같이 말합니다. "피차 안위함을 얻으려 함이라." 바울은 일방적으로 주기만을 원하지 않았습니다. 피차 안위함을 얻기 원했습니다.

여기서 "피차"라고 번역된 헬라어 '알렐론'은 '서로' 또는 '상호간의'를 의미합니다. "안위함"이라고 번역된 헬라어 '쉼파라칼레오'는 '함께 격려하다'를 의미합니다. 종합하면 바울이 로마교회를 방문하려고 했던 것은 일방적으로 '주기' 위해서가 아니라, 서로서로 '주고받기' 위해서였습니다.[18]

바로 이것이 건강한 교회의 모습입니다. 교회는 한 사람이 모든 일을 하는 공동체가 아닙니다. 교회는 한 사람이 일방적으로 주는 공동체가 아닙니다. 교회는 모든 사람이 함께 일하고, 모든 사람이 함께 섬기고, 모든 사람이 함께 가진 것을 나누는 공동체입니다.

그리고 우리는 오늘 본문을 통해 겸손이 무엇인지 발견하게 됩니다.[19] 당시 바울은 이방인 교회의 지도자였습니다. 바울은 이방인 신자들 사이에서 독보적인 위치를 점하고 있었습니다. 그런데도 바울은 다음과 같이 말합니다. "이는 곧 내가 너희 가운데서 너희와 나의 믿음으로 말미암아 피차 안위함을 얻으려 함이라." 12절 이것을 좀 더 쉽게 풀어 쓰면 이런 말입니다. "저는 단지 섬기기 위해서 여러분을 보려는 것이 아닙니다. 저도 여러분의 섬김이 필요합니다. 저에게는 여러분의 도움과 격려가 필요합니다. 저를 만나 주십시오."

이것이 겸손입니다. 바울은 "너희에게 내가 필요하니, 내가 너희를 만나러 가겠다"라고 말하지 않습니다. 바울은 "우리는 꼭 만나야 합니다. 우리는 서로에게 꼭 필요한 존재이기 때문입니다"라고 말합니다. 결과적으로 바울은 자신을 낮추면서, 상대방을 높여 주었습니다. 자신이 사도로 부름 받았음을 강조할 뿐만 아니라, 로마교회 신자들도 소중한 존재임을 일깨워 주었습니다.

우리는 어떠합니까? 혹시 내가 모든 일을 다 하는 것처럼, 내가 없으면 아무 일도 안 되는 것처럼 교만하지는 않습니까? 나는 중요한 존재이고, 상대방은 없어도 상관없는 존재인 것처럼 무례하게 행동하지는 않습니까?

묵상과 기도

Q. 성도가 서로 교통한다는 것은 어떤 뜻입니까?

Q. 바울이 로마교회를 방문하려 한 이유는 무엇입니까?

prayer. 하나님, 바울은 예수님을 닮은 사람이었습니다. 바울은 예수님처럼 겸손한 사람이었습니다. 저희도 바울처럼 예수님을 닮기 원합니다. 저희도 예수님처럼 겸손한 사람이 되기를 원합니다. 저희가 누구와 함께 있든지 항상 상대방을 배려하고, 상대방을 높이는 사람이 되게 해주세요.

내가 빚진 자라

> **롬 1:13-15** 13 형제들아 내가 여러 번 너희에게 가고자 한 것을 너희가 모르기를 원하지 아니하노니 이는 너희 중에서도 다른 이방인 중에서와 같이 열매를 맺게 하려 함이로되 지금까지 길이 막혔도다 14 헬라인이나 야만인이나 지혜 있는 자나 어리석은 자에게 다 내가 빚진 자라 15 그러므로 나는 할 수 있는 대로 로마에 있는 너희에게도 복음 전하기를 원하노라

바울은 여러 번 로마를 방문하고자 했습니다.[13절] 바울이 여러 번 로마를 방문하고자 했던 것은 복음 때문입니다. 바울은 다른 지역에서 복음의 열매를 맺었던 것처럼, 로마에서도 복음의 열매를 맺기 원했습니다.

이러한 바울의 태도는, 우리가 복음에 대해서 가지고 있는 태도와 여러 부분에서 대조적입니다. 우리는 복음을 전하는 일을 선택 사항으로 여길 때가 많습니다. 복음을 전하는 일이 중요할지라도 그것을 반드시 내가 할 필요는 없다고 생각합니다. 그러나 바울은 우리와 달랐습니다. 바울은 복음 전하는 일을 꼭 해야 하는 일로 여겼습니다. 바울은 복음을 세상에 대한 빚으로 생각했기 때문입니다.[20] "헬라인이나 야만인이나 지혜 있는 자나 어리석은 자에게 다 내가 빚진 자라."[14절]

일반적으로 빚진 자가 되는 것에는 두 가지 경로가 있습니다. 첫 번째는 어떤 사람으로부터 무언가를 빌리는 경우입니다. 예를 들어, A가 B로부터 천만 원을 빌리는 경우, A는 B에게 빚진 자가 됩니다. 두 번째는 전달을 요구받았을 경우입니다. 예를 들어, A가 B에게 천만 원을 주면서 C에게 전달할 것을 부탁했다면, B는 C에게 빚진 자가 됩니다.

바울이 자신을 빚진 자로 여겼던 것은, 두 번째 경우입니다. 예수님께서 바울에게 복음을 맡기신 이유는, 잘 간직하고 있으라는 것이 아니었습니다. 예수님은 복음을 전하라고 하셨습니다. 모든 민족에게 전하라고 하셨습니다. 그래서 바울은 자신이 빚진 자라고 말하는 것입니다.

바울이 예수님께 복음을 받은 것과 마찬가지로, 우리도 예수님께 복음을 받았습니다. 따라서 우리도 바울처럼 "빚진 자"입니다. '빚'은 마땅히 갚아야 합니다. 만약 빚을 지고도 갚지 않는다면, 매우 수치스럽고 부끄러운 일입니다. 바울이 복음의 빚을 갚기 위해 열심을 내었던 것처럼, 우리도 복음의 빚을 갚기 위해 최선을 다해야 합니다.[21]

묵상과 기도

Q. 바울은 복음 전파에 대해 어떤 생각을 가지고 있었습니까?

Q. 우리는 복음의 빚을 성실하게 갚고 있습니까?

prayer. 하나님, 저희는 복음에 빚진 사람입니다. 저희는 복음을 전해야 할 사명을 가진 사람입니다. 그러므로 복음을 전하는 일에 게으르지 않도록 도와주세요. 성실하게 복음을 전하게 해주세요. 복음의 열매를 많이 맺어서 하나님을 기쁘시게 하는 삶을 살게 해주세요.

내가 복음을 부끄러워하지 아니하노니

> **롬 1:16-17** 16 내가 복음을 부끄러워하지 아니하노니 이 복음은 모든 믿는 자에게 구원을 주시는 하나님의 능력이 됨이라 먼저는 유대인에게요 그리고 헬라인에게로다 17 복음에는 하나님의 의가 나타나서 믿음으로 믿음에 이르게 하나니 기록된 바 오직 의인은 믿음으로 말미암아 살리라 함과 같으니라

로마서 1장 16절과 17절은 종교개혁자 마틴 루터를 변화시킨 말씀입니다. 그런 점에서 이 말씀은 종교개혁을 일으킨 원동력이었다고도 할 수 있습니다. 로마서를 연구하던 루터는 이 말씀 앞에서 신학적으로 회심했고, 삶의 방향을 바꾸었습니다.

그런데 이 본문은 상당히 특이합니다. 여기서 바울은 "복음을 자랑한다"고 말하지 않고, "복음을 부끄러워하지" 않는다고 말합니다. 왜 바울은 복음을 자랑한다고 말하지 않고, 부끄러워하지 않는다고 말할까요? 그 이유는 복음 안에 우리를 부끄럽게 만들 만한 요소가 내재되어 있기 때문입니다.[22]

만약 우리가 한 영웅의 삶을 생생하게 표현할 수 있다면, 세상은 우리에게 관심을 가질 것입니다. 우리에게 "그 주제를 한 번 더 말해 달라!"고 요청할 것입니다. 그런데 우리가 복음을 전한다면, 예를 들어, "마구간에서 태어나셔서 목수로 사셨다가 십자가에서 죽으신 그분이 사실은 하나님의 아들이며, 우리의 유일한 구원자이다"라고 말한다면, 세상은 우리에게 그 입을 닫으라고 말할 것입니다.

만약 우리가 새로운 철학을 설명할 수 있다면, 세상은 우리에게 호감을 가질 것입니다. 너도나도 우리에게 "그 새로운 철학을 들려 달라!"고 말할 것입니다.

그런데 우리가 복음을 전한다면, 예를 들어, "모든 인간은 죄인이며, 죄의 문제를 해결하지 않는 한 하나님의 진노와 심판을 피할 수 없다"고 말한다면, 세상은 우리에게 당장 여기서 떠나라고 소리칠 것입니다.

만약 우리가 '번영 신학'을 전한다면, 세상은 우리에게 귀를 기울일 것입니다. "질병이 있습니까? 예수님께 오십시오! 마음의 근심이 있습니까? 예수님께 오십시오! 부자가 되고 싶습니까? 예수님께 오십시오!"라고 말한다면, 세상은 우리를 환영할 것입니다. 그런데 우리가 복음을 전한다면, 세상은 우리에게 등을 돌릴 것입니다.

실제로 바울은 그런 일을 많이 겪었습니다. 유대인들이 바울을 죽이려고 했던 것은, 바울이 유대교를 떠나 기독교를 전파했기 때문입니다. 헬라인들이 바울을 조롱했던 것은, 바울이 새로운 철학이 아니라 예수님의 부활에 대해 말했기 때문입니다. ^{행17:32} 바로 이것이 복음을 전할 때 일어나는 일입니다. 하지만 우리는 복음을 부끄러워하지 않습니다. "복음은 모든 믿는 자에게 구원을 주시는 하나님의 능력"이기 때문입니다. 그것만이 영원한 생명과 구원에 이르는 길이기 때문입니다. 거기에만 "하나님의 의"가 있기 때문입니다.

묵상과 기도

Q. 바울이 복음을 부끄러워하지 않는다고 말한 이유는 무엇입니까?

prayer. 하나님, 복음을 전하는 것은 영광스러운 일입니다. 복음을 전하는 것은 하나님께서 기뻐하시는 일입니다. 그러므로 어떤 어려움이 있어도 복음을 전하게 해주세요. 어떤 방해와 핍박이 있어도 부끄러움을 이기고 성실하게 복음을 전하게 해주세요.

믿는 자에게 구원을 주시는 하나님의 능력이 됨이라

롬 1:16-17 16 내가 복음을 부끄러워하지 아니하노니 이 복음은 모든 믿는 자에게 구원을 주시는 하나님의 능력이 됨이라 먼저는 유대인에게요 그리고 헬라인에게로다 17 복음에는 하나님의 의가 나타나서 믿음으로 믿음에 이르게 하나니 기록된 바 오직 의인은 믿음으로 말미암아 살리라 함과 같으니라

로마는 매우 크고 화려한 도시였습니다. 로마는 정치, 군사, 경제의 중심지였습니다. 누구라도 그곳에 들어서는 순간, 위축될 수밖에 없는 곳이 로마였습니다. 그런데 바울은 이렇게 말합니다. "내가 복음을 부끄러워하지 아니하노니." 바울은 세계의 수도인 로마에서 복음을 전할 각오를 하고 있으며, 그것을 조금도 부끄럽게 생각하지 않습니다. 그 이유는 바울이 가지고 있는 복음의 성격 때문입니다. 바울이 전하려고 하는 복음은 "모든 믿는 자에게 구원을 주시는 하나님의 능력"입니다. ^{16절} 복음은 우리를 구원하시는 하나님의 능력입니다. 복음은 결코 실패할 수 없는 하나님의 능력입니다.

그래서 바울은 조금도 위축되지 않고, 담대히 복음을 전하려고 합니다. 그렇다면 복음이 가져다주는 구원은 무엇일까요? 복음이 우리를 어떤 상태에서 구원해 준다는 것일까요? 이 질문의 답을 찾기 위해서는 태초의 아담을 생각해 보아야 합니다. 태초의 아담은 하나님께서 보시기에 매우 좋은 존재였습니다. 하나님과 매우 가까운 관계였으며, 하나님과 매우 친밀한 교제를 나눌 수 있었습니다. 하지만 인류는 죄로 인해 이러한 것들을 대부분 상실했습니다. 이제 인류는 하나님과 단절되어 있으며, 하나님의 진노와 심판의 대상입니다. 복음은 바로 거기서 우리를 구원해 줍니다. 복음은 우리가 죄로 인해 잃어버린 것들을 회복시켜 주고, 우리를 죄의 결과로부터 건져줍니다. 바로 이것

이 구원입니다. 좀 더 구체적으로 말하면 다음과 같습니다.

첫째, 복음은 우리를 죄로부터 구원합니다. 죄인이라는 신분, 죄의 세력^{사탄}, 죄를 지으려는 본성으로부터 구원합니다. 둘째, 복음은 우리를 하나님과 화해하게 합니다. 하나님과의 교제를 회복시켜 줍니다. ²³ 셋째, 복음은 우리에게 영광스런 소망을 회복시켜 줍니다. 우리는 복음 안에서 장차 부활할 것이며, 영화롭게 변할 것이란 소망을 품습니다. 바울이 복음을 부끄러워하지 않는 또 다른 이유가 있습니다.

사실 이것이 가장 중요한 부분입니다. 그것은 바로 복음이 "하나님의 능력"이라는 점입니다. 이 말은 하나님께서 우리를 구원하시는 방식을 나타냅니다. 하나님의 구원은 우리의 능력에 근거하지 않습니다. 복음은 우리의 자격과 조건이 아닙니다. 복음은 하나님의 능력이며, 하나님의 자비이며, 하나님의 행동입니다. 우리의 구원을 계획하신 분도 하나님이시며, ^{엡1:5} 때가 차매 자기 아들을 이 땅에 보내신 분도 하나님이십니다. ^{갈4:4}

그렇다면 우리도 부끄러워하지 말아야 합니다. 바울이 제국의 수도에서 죄인의 신분으로 머무는 동안에도 당당할 수 있었다면, 우리 역시 당당할 수 있어야 합니다. 세상이 우리에게 "나는 돈이 있고, 권세가 있고, 명예가 있다"고 자랑한다면, 우리는 그들에게 "나에게는 복음이 있다"고 자랑할 수 있어야 합니다.

묵상과 기도

Q. 바울이 복음을 부끄러워하지 않은 이유는 무엇입니까?

Q. 복음은 우리를 어떤 상태에서 건져줍니까?

prayer. 하나님, 복음의 능력을 알게 해주세요. 복음의 가치를 알게 해주세요. 복음이 얼마나 귀한 것인지 알게 해주세요. 그래서 복음을 기뻐하고, 자랑하게 해주세요. 복음을 세상에서 가장 소중하게 여기게 해주세요.

모든 믿는 자에게 구원을 주시는 하나님의 능력

> **롬 1:16-17** 16 내가 복음을 부끄러워하지 아니하노니 이 복음은 모든 믿는 자에게 구원을 주시는 하나님의 능력이 됨이라 먼저는 유대인에게요 그리고 헬라인에게로다 17 복음에는 하나님의 의가 나타나서 믿음으로 믿음에 이르게 하나니 기록된 바 오직 의인은 믿음으로 말미암아 살리라 함과 같으니라

구원은 하나님의 능력입니다. 구원은 하나님께서 일하신 결과입니다. 그래서 우리의 구원은 확실합니다. 우리는 구원을 얻는 일에 절대 실패하지 않습니다. 성경은 구원의 확실성을 다음과 같이 말합니다.

"하나님이 미리 아신 자들을 또한 그 아들의 형상을 본받게 하기 위하여 미리 정하셨으니 이는 그로 많은 형제 중에서 맏아들이 되게 하려 하심이니라. 또 미리 정하신 그들을 또한 부르시고 부르신 그들을 또한 의롭다 하시고 의롭다 하신 그들을 또한 영화롭게 하셨느니라."롬8:29-30

하나님께서 미리 정하셨다면 부르실 것입니다. 부르셨다면 의롭다 하실 것입니다. 의롭다 하셨다면 영화롭게 하실 것입니다. 이 일들은 반드시, 확실하게 이루어질 것입니다. 하나님의 능력이 이 일들을 행하기 때문입니다.

바울 당시의 유대인들은 복음을 자랑하지 않았습니다. 그들은 모세를 자랑했고, 율법을 자랑했습니다. 하지만 바울은 예수님을 자랑하고, 복음을 자랑합니다. 율법은 아무도 구원할 수 없는 반면, 복음은 모든 믿는 자에게 구원을 주시는 하나님의 능력이기 때문입니다. 율법은 죄를 깨닫게 할 뿐이지만, 복음은 죄를 해결하기 때문입니다.

"율법이 육신으로 말미암아 연약하여 할 수 없는 그것을 하나님은 하시나니."롬8:3

바울이 복음을 부끄러워하지 않는 또 다른 이유가 있습니다. 복음의 능력이 '모든' 사람에게 미치기 때문입니다. 헬라인이 구원받기 위해서는 복음을 들어야 합니다. 유대인도 마찬가지입니다. 아브라함과 다윗의 후손이라도 복음 없이는 구원받을 수 없습니다. 달리 말하면, 누구라도 복음을 믿으면 구원받을 수 있습니다.

복음의 능력은 가장 악하고, 가장 미련하고, 가장 비참한 사람에게도 효력을 나타냅니다. 복음을 믿는 순간, 그 사람의 죄는 용서됩니다. 예수님을 영접하는 순간, 그는 새로운 피조물이 됩니다. 혈통을 따지지 않으며, 자격과 조선을 묻지 않습니다. 오직 '복음'입니다.

우리에게 이 복음이 있습니다. 하나님께서 우리에게 복음을 주셨습니다. 그렇다면 다른 사람과 우리를 비교하며, 좌절할 필요가 없습니다. 복음은 우리가 하나님의 사람이며, 하나님의 사랑을 받고 있다는 증거이기 때문입니다. 하나님께서 우리를 버리거나 포기하시지 않을까 걱정할 필요도 없습니다. 복음은 하나님의 능력이기에, 결코 실패하지 않을 것이기 때문입니다.

묵상과 기도

Q. 하나님께서 구원하기로 정하신 자들에게는 반드시 어떤 일이 일어납니까?

Q. 부름 받은 자들에게는 반드시 어떤 일이 일어납니까?

Q. 의롭게 된 자들에게는 반드시 어떤 일이 일어납니까?

prayer. 하나님, 세상 사람들은 돈을 자랑하고, 외모를 자랑하고, 성공을 자랑합니다. 하지만 그런 것들은 복음과 비교하면 아무것도 아닙니다. 복음이야말로 세상에서 가장 귀한 것입니다. 복음은 세상에서 가장 소중한 것입니다. 이렇게 좋은 복음을 저희에게 주셔서 감사합니다. 이 은혜를 생각하며 항상 하나님께 영광 돌리게 해주세요.

복음에는 하나님의 의가 나타나서

> **롬 1:16-17** 16 내가 복음을 부끄러워하지 아니하노니 이 복음은 모든 믿는 자에게 구원을 주시는 하나님의 능력이 됨이라 먼저는 유대인에게요 그리고 헬라인에게로다 17 복음에는 하나님의 의가 나타나서 믿음으로 믿음에 이르게 하나니 기록된 바 오직 의인은 믿음으로 말미암아 살리라 함과 같으니라

바울은 1장 16절과 17절에서 자신이 복음을 부끄러워하지 않는 이유를 자랑스럽게 말했습니다. 그리고 이제 또 다른 이유를 말합니다. "복음에는 하나님의 의가 나타나서."17절 복음 안에 '하나님의 의'가 있기 때문에 복음을 부끄러워하지 않고, 오히려 자랑한다는 것입니다.

그렇다면 복음 안에 있는 "하나님의 의"란 무엇일까요? 이 질문의 답을 찾는 데 루터의 체험이 도움이 될 것 같습니다. 루터가 로마서 1장 17절 말씀을 통해 극적으로 회심했기 때문입니다. 원래 루터는 '하나님의 의'가 하나님의 성품이라고 생각했습니다. 그래서 1장 17절을 "하나님처럼 의롭게 되어야만, 하나님께 받아들여질 수 있다"라고 해석했습니다. 그 당시 루터의 고백은 다음과 같습니다.[24]

"복음에는 '하나님의 의'가 나타났다고 말한다. 나는 '하나님의 의'라는 표현 때문에…너무나 근심한 나머지 녹초가 되어 갈피를 잡을 수가 없었다…하나님께서 복음을 알려주지 않았으면 더 좋았겠다고 생각했다. 왜냐하면 하나님의 의가 더 온전히 드러남으로 나에게 있어서는 더 철저하게 절망적이고 소망이 없게 만든 것 같았기 때문이다."

하지만 로마서가 말하는 '하나님의 의'는 '하나님의 성품'이 아닙니다. 하나님께서 인정하실 만한 성품과 자격이 있어야만 하나님께 받아들여진다는 뜻이 아닙니다. 바울은 로마서 3장 21-22절에서 '하나님의 의'를 다음과 같이 말합니다. "이제는 율법 외에 하나님의 한 의가 나타났으니 율법과 선지자들에게 증거를 받은 것이라. 곧 예수 그리스도를 믿음으로 말미암아 모든 믿는 자에게 미치는 하나님의 의니 차별이 없느니라."

바울이 복음을 자랑하는 것은, 선행이 아니라 믿음을 통해 '하나님의 의'를 얻을 수 있기 때문입니다. 예수님은 율법의 요구를 모두 이루셨고, 우리의 모든 죄를 짊어지고 죽으셨습니다. 하나님께서는 예수님을 믿는 자들에게, 예수님의 의를 전가시켜 주십니다. 바로 이것이 성경이 말하는 '하나님의 의'입니다. 이 사실을 알게 된 루터는 비로소 이렇게 고백하였습니다.

"내가 이전에 '하나님의 의'라는 표현을 미워한 것만큼 이제는 그 표현을 내가 가장 사랑하고 위안을 주는 말씀으로 여기기 시작했다. 그래서 바울의 이 표현은 정말 내게 있어선 낙원으로 들어가는 문과 같이 되었다."

묵상과 기도

Q. 로마서가 말하는 하나님의 의가 아닌 것은 무엇입니까?

Q. 어떻게 해야 예수님의 의를 전가받을 수 있습니까?

prayer. 하나님, 저희의 힘으로는 의롭게 될 수 없습니다. 저희의 능력으로는 의인이 될 수 없습니다. 그래서 예수님을 바라봅니다. 예수님을 의지하고, 예수님을 찬양합니다.

믿음으로 믿음에 이르게 하나니

> **롬 1:16-17** 16 내가 복음을 부끄러워하지 아니하노니 이 복음은 모든 믿는 자에게 구원을 주시는 하나님의 능력이 됨이라 먼저는 유대인에게요 그리고 헬라인에게로다 17 복음에는 하나님의 의가 나타나서 믿음으로 믿음에 이르게 하나니 기록된 바 오직 의인은 믿음으로 말미암아 살리라 함과 같으니라

이제 바울은 예수님께서 이루신 의로움이 우리에게 전달되는 방식에 대해서 설명합니다. 그것은 바로 믿음을 통해서입니다. 바울은 본문에서 믿음을 강조합니다. 이 짧은 두 구절 속에 무려 네 번이나 '믿음'이라는 단어가 언급되고 있습니다. 그래서 믿음이 어떤 의미로 사용되고 있는지를 정확하게 이해하고 넘어가야 합니다. 먼저 믿음에 대해 잘못 설명하는 사례들을 살펴보겠습니다. 이렇게 설명하는 경우들이 있습니다. "여러분, 우리의 삶 어디에나 믿음이 있습니다. 버스를 타는 것은, 버스 기사가 우리를 목적지까지 데려다 줄 것이라는 믿음 때문입니다. 식당에서 음식을 먹는 것은, 요리사가 음식에 독을 넣지 않았을 것이라는 믿음 때문입니다." 하지만 성경은 이런 식으로 믿음을 설명하지 않습니다. 우리가 버스를 탈 때, 버스 기사를 믿는 믿음을 행사하는 것이 아닙니다. 식당에서 음식을 먹을 때도 마찬가지입니다. 우리는 다만 '수학적 확률의 법칙'을 실행할 뿐입니다.[25] 수많은 사람들이 버스를 이용하고, 식당에서 음식을 먹지만 크게 잘못되는 경우를 거의 보지 못했기 때문에 무의식적으로 그렇게 행동하는 것에 불과합니다.

바울은 '믿음'이라는 단어를 율법주의에 반대하는 의미로 사용합니다. 율법주의란 자신의 능력으로 의롭게 될 수 있다는 주장입니다. 율법을 지킬 능력이 있는 사람은 하나님께 받아들여진다는 뜻입니다.

믿음은 정반대입니다. "주 예수를 믿으라!"는 말은 자신의 능력으로 의롭게 될 수 없음을 인정하라는 뜻입니다. 자신의 한계를 인정하고 오직 예수님만 바라보라는 뜻입니다. 오직 예수님만 의지하라는 뜻입니다. 그런데 왜 바울은 "믿음으로 믿음에" 이른다고 말했을까요? 믿음조차 하나님의 선물임을 강조하기 위해서입니다. "믿음으로 믿음에"라는 말에서 첫 번째 믿음은, 하나님께서 주시는 선물로써의 믿음입니다. 이것은 씨앗으로서의 믿음이라 할 수 있습니다. 두 번째 믿음은, 우리가 의지적으로 믿는 믿음을 말합니다. 이것은 열매로써의 믿음이라 할 수 있습니다. 하나님께서 우리 마음에 믿음의 씨앗을 심어주신 결과, 지금 우리가 의지적으로 예수님을 믿을 수 있게 된 것입니다. 따라서 믿음은 우리의 자격과 공로가 아닙니다. 믿음조차 하나님의 선물입니다. 고전12:9

그러므로 "다른 사람은 믿지 않았는데, 나는 믿어서 구원받았다"라고 말해서는 안 됩니다. 그것은 믿음을 자신의 공로로 돌리는 것입니다. 우리는 모두 영적으로 죽어 있었습니다. 영적 감각이 마비되어 있었습니다. 예수님을 바라볼 수 없었고, 믿을 수도 없었습니다. 우리가 영적으로 살아날 수 있었던 것, 그리하여 영적 감각이 회복될 수 있었던 것은 하나님의 은혜입니다. 예수님을 바라보고, 예수님을 믿을 수 있었던 것도 하나님의 은혜입니다. 그러므로 모든 공로는 하나님께 돌려야 합니다. 우리의 구원은 진적으로 하나님의 은혜입니다.

묵상과 기도

Q. 예수님께서 이루신 의로움이 우리에게 전달되는 통로는 무엇입니까?

Q. 믿음은 무엇과 반대되는 일입니까?

prayer. 하나님, 저희에게 예수님을 보내주셔서 감사합니다. 저희에게 예수님을 의지하는 믿음을 주셔서 감사합니다. 항상 겸손하게 예수님만 높이며 살게 해주세요.

하나님의 진노(1)

롬 1:18 하나님의 진노가 불의로 진리를 막는 사람들의 모든 경건하지 않음과 불의에 대하여 하늘로부터 나타나나니

이런 식으로 복음을 전하는 사람들이 있습니다. "가난하십니까? 예수님을 믿으십시오!" "질병이 있습니까? 예수님을 믿으십시오!" "문제가 있습니까? 예수님을 믿으십시오!" "행복하기 원합니까? 예수님을 믿으십시오!" 하지만 성경은 이런 식으로 복음을 설명하지 않습니다. 우리가 예수님을 믿어야 하는 이유가 가난이나 질병의 문제가 아니기 때문입니다. 바울은 우리에게 복음이 필요한 이유를 다음과 같이 말합니다. "하나님의 진노가 불의로 진리를 막는 사람들의 모든 경건하지 않음과 불의에 대하여 하늘로부터 나타나나니."18절

바울은 복음을 통해 신비한 체험을 할 수 있다거나, 가난이나 질병의 문제를 해결할 수 있다고 말하지 않습니다. 바울은 그런 식으로 복음을 믿으라고 호소하지 않습니다. 대신 '하나님의 진노'를 말합니다. '하나님의 진노'. 바로 이것이 바울이 복음을 전해야 했던 이유입니다. 하나님께서 진노하신다는 개념을 부인하고 조롱하는 사람들이 있습니다. 첫째, 불신자들이 그러합니다. 그들은 이렇게 말합니다. "나는 하나님을 믿지 않는다. 그러나 만약 하나님께서 계신다면 그 하나님은 사랑의 하나님일 것이다." 둘째, 잘못된 신학을 가진 자들이 그러합니다. 일명 자유주의자로 불리는 자들은 이렇게 말합니다. "하나님의 진노라는 개념은 원시적이다. 진노하시는 하나님은 구약의 하나님이다. 예수님께서 소개해 주신 신약의 하나님은 사랑의 하나님이시다."

물론 하나님께서 사랑이신 것은 사실입니다. 하나님께서 우리의 어려움들을 해결해 주시고, 우리를 더 행복한 삶으로 인도하시는 것도 사실입니다. 그러나 문제는 성경이 그런 식으로 복음을 설명하지 않는다는 점입니다. 성경은 언제나 하나님의 진노라는 개념에서부터 복음을 설명합니다. 예를 들어, 바울은 로마서에서 무려 열 번이나 하나님의 진노라는 개념을 사용합니다. 1:18, 2:5, 2:8, 3:5, 4:15, 5:9, 9:22, 12:19, 13:4, 13:5 다른 성경도 마찬가지입니다. 대표적인 구절은 다음과 같습니다.

"다만 네 고집과 회개하지 아니한 마음을 따라 진노의 날 곧 하나님의 의로우신 심판이 나타나는 그날에 임할 진노를 네게 쌓는도다."롬2:5

"그러면 이제 우리가 그의 피로 말미암아 의롭다 하심을 받았으니 더욱 그로 말미암아 진노하심에서 구원을 받을 것이니."롬5:9

"전에는 우리도 다 그 가운데서 우리 육체의 욕심을 따라 지내며 육체와 마음의 원하는 것을 하여 다른 이들과 같이 본질상 진노의 자녀이었더니"엡2:3

"이것들로 말미암아 하나님의 진노가 임하느니라."골3:6

이처럼 성경은 하나님의 진노에서부터 복음을 설명하기 시작합니다. 구원이란 하나님의 진노에서 벗어나는 것이며, 이것이야말로 가장 중요한 문제이기 때문입니다.

묵상과 기도

Q. 우리에게 복음이 필요한 이유는 무엇입니까?

prayer. 하나님, 저희를 하나님의 진노에서 건져 주셔서 감사합니다. 저희를 영원한 심판에서 구해 주셔서 감사합니다. 하나님께 구원이라는 선물을 받았으니, 다른 것들에 욕심을 내지 않게 해주세요. 하나님께 가장 좋은 것을 받았으니, 세상 것에 미련을 갖지 않게 해주세요.

하나님의 진노(2)

> **롬 1:18** 하나님의 진노가 불의로 진리를 막는 사람들의 모든 경건하지 않음과 불의에 대하여 하늘로부터 나타나나니

하나님께서 진노하신다는 사실을 거부하고, 인정하지 않는 사람들이 많습니다. 그것은 하나님의 진노를 인간적으로 생각하기 때문입니다. 하나님의 진노는 흥분된 감정이 아닙니다. 절제력을 상실하고, 안절부절 못하는 것도 아닙니다. 하나님의 진노는 죄를 미워하시는 하나님의 성품입니다. 죄를 혐오하시는 하나님의 성품이 '하나님의 진노'입니다.

하나님은 사랑이시지만, 모든 것을 사랑하시는 것은 아닙니다. 하나님은 선한 것은 사랑하시지만, 악한 것은 미워하십니다. 하나님은 빛과 선과 하늘나라에 속한 것은 사랑하시지만, 어둠과 죄와 사탄의 나라에 속한 것은 미워하십니다.

하나님께서 진노하신다는 것보다, 진노하시지 않는다는 것이 더 믿기 어려운 일입니다. 이는 하나님께서 죄를 묵과하시고 악에 침묵하신다는 뜻이기 때문입니다. 하나님은 거룩한 분이시기에 죄를 미워하시고, 악한 것에 진노하십니다. 하나님의 진노는 필연적인 일입니다. 사랑이 하나님의 성품인 것처럼, 진노도 하나님의 성품입니다.

하나님의 진노는 역사적으로도 사실입니다. 하나님께서 자기 백성을 온 세상에 흩어버리신 이유가 무엇입니까? 하나님께서 자기 백성을 바벨론의 포로가 되게 하신 이유는 무엇입니까? 그들에게 진노하셨기 때문입니다. 그들의 죄악을 참으실 수 없었기 때문입니다.

어떤 점에서 예언서의 메시지는 '하나님께서 진노하신다'라는 한 문장으로 요약할 수 있습니다. 선지자들의 메시지는 언제나 한결같았습니다. "하나님께서 너희들의 죄에 진노하고 계신다. 회개하는 자는 구원을 얻을 것이지만, 끝까지 죄를 짓는 자는 심판을 받을 것이다."

신약에서도 그러한 실례를 찾을 수 있습니다. 사실 구약의 모든 증거들을 합한 것보다 더 분명한 실례가 신약에 있습니다. 예수님의 십자가입니다. 왜 하나님께서 자기 아들을 십자가에 못 박으셔야 했습니까? 하나님의 진노입니다. 자기 아들에게 전가된 모든 인류의 죄를 하나님께서 미워하셨기 때문입니다.

왜 예수님은 십자가를 앞에 두고, "이 잔을 내게서 지나가게 하옵소서"^{마26:39}라고 기도하셨습니까? 하나님의 진노입니다. 하나님의 진노가 얼마나 크고 두려운지를 아셨기 때문입니다.

사람의 사랑은 선하지 않습니다. 욕망과 탐욕으로 오염되어 있기 때문입니다. 하지만 하나님의 사랑은 절대적으로 선합니다. 악한 것을 미워하시고, 오직 선한 것만을 사랑하시기 때문입니다. 그러므로 사랑의 하나님만 말해서는 안 됩니다. 여호와 하나님은 사랑이신 동시에 진노하시는 분입니다.

묵상과 기도

Q. 하나님의 진노란 무엇입니까?

Q. 예언서의 메시지를 한 문장으로 요약하면 무엇입니까?

prayer. 하나님, 하나님은 죄를 미워하십니다. 하나님은 악한 것에 진노하십니다. 그러므로 저희가 죄를 멀리하고 살게 해주세요. 악한 것들과 구별된 삶을 살게 해주세요. 하나님께서 원하시는 것들을 가까이하고, 하나님께서 미워하는 것들과 구별된 삶을 살게 해주세요.

모든 경건하지 않음과 불의

하나님께서 사람들에게 진노하십니다. "경건하지 않음과 불의" 때문입니다. "경건하지 않음"으로 번역된 헬라어 '아세베이아'는 '하나님에 대한 경외심이 없는 상태'를 의미합니다. "불의"로 번역된 '아디키아'는 '불의한 행위'를 의미합니다. 즉, '경건하지 않음'은 하나님과의 관계에서 실패한 것을, '불의'는 사람과의 관계에서 실패한 것을 뜻합니다.

주목할 부분은 '불경건'이 '불의'보다 앞선다는 점입니다. 성경은 영감 된 하나님의 말씀이기 때문에 단어 하나, 단어의 배열 하나도 그냥 된 것이 아닙니다. 이것은 사람과의 관계보다 하나님의 관계가 중요하며, 하나님과의 관계에 문제가 생길 때 다른 모든 문제들이 따라온다는 사실을 강조하는 표현입니다. 즉, 불의보다 심각한 것은 불경건입니다.

경건은 하나님과의 바른 관계를 의미합니다. 그렇다면 무엇이 하나님과의 바른 관계일까요? 성경은 다음과 같이 말합니다. "너는 마음을 다하고 뜻을 다하고 힘을 다하여 네 하나님 여호와를 사랑하라." 신6:5 이 말씀이 뜻하는 바는 이것입니다. 하나님을 사랑하되, 마음과 뜻과 힘을 다하여 사랑하지 않으면 하나님과 바른 관계가 아니라는 것입니다.

그저 주일에 교회에 출석하는 것만 가지고 자신을 경건하다고 생각해서는 안 됩니다. 경건이란 최선을 다해 하나님을 사랑하는 것이며, 온 마음을 다해 하나님의 영광을 추구하는 것입니다. 하나님을 알아가고, 하나님께 순종하고, 하나님을 기쁘게 하는 것이 최고의 목표가 될 때, 그때 비로소 경건하다고 말할 수 있습니다. 그리고 경건에 실패할 때 다른 모든 것에도 실패하게 됩니다. 결정적인 사례가 창세기 3장에 기록되어 있습니다. 왜 아담과 하와가 선악과를 따 먹었습니까? 그들이 경건하지 않았기 때문입니다. 그들의 마음에는 이미 의심이 싹트고 있었습니다.

대부분의 사람들이 이렇게 말합니다. "나는 술주정뱅이가 아니다. 나는 사기꾼이 아니다. 나는 도둑이 아니다. 나는 거짓말쟁이가 아니다. 나는 살인자가 아니다. 그러므로 나는 죄인이 아니다." 하지만 불의보다 앞에 오는 것은 불경건입니다. 사람과의 관계에서 구체적인 죄를 짓지 않았더라도 하나님과의 관계에 문제가 있다면, 그것 역시 하나님의 진노를 일으키는 범죄입니다. 그리고 하나님과의 관계에 문제가 있다면, 결국 어떤 식으로든 사람과의 관계에도 문제가 나타나게 될 것입니다.

다시 한 번 강조하지만, "마음을 다하고 뜻을 다하고 힘을 다하여" 하나님을 사랑하지 않으면 '불경건'입니다. 불경건은 불의보다 심각한 범죄입니다. 모든 일이 잘되고, 사람과의 관계에서 아무 문제가 없다는 것으로 안심해서는 안 됩니다. 사람들의 칭송을 받는 순간에도 하나님과의 관계에는 금이 가고 있을 수 있습니다.

묵상과 기도

Q. 경건하지 않음은 어떤 상태를 말합니까?

Q. 불경건과 불의가운데 더 심각한 문제는 무엇입니까?

prayer. 하나님, 하나님과의 관계가 가장 중요하다는 것을 믿습니다. 하나님과 가깝게 지내야 사람과도 가깝게 지낼 수 있다는 것을 믿습니다. 하나님과 멀어지면 모든 것을 잃어버린 것임을 믿습니다. 그러므로 하나님이 저희의 일 순위가 되기를 원합니다. 하나님이 저희의 모든 것이 되기를 원합니다. 하나님을 전부로 삼고 살기를 원합니다.

핑계하지 못할지니라

> **롬 1:19-20** 19 이는 하나님을 알 만한 것이 그들 속에 보임이라 하나님께서 이를 그들에게 보이셨느니라 20 창세로부터 그의 보이지 아니하는 것들 곧 그의 영원하신 능력과 신성이 그가 만드신 만물에 분명히 보여 알려졌나니 그러므로 그들이 핑계하지 못할지니라

하나님께서 자신을 알리시는 것을 '계시'라고 하는데, 계시에는 크게 두 가지가 있습니다. '일반계시'와 '특별계시'입니다. 일반계시는 자연만물을 통해 간접적으로 자신을 알리시는 것이고, 특별계시는 말씀을 통해 직접적으로 자신을 알리시는 것입니다. 오늘 본문은 이 가운데 일반계시에 대해 말하고 있습니다.

하나님은 "하나님을 알 만한 것"을 보이셨습니다. 여기서 "하나님을 알 만한 것"이란, 자연만물을 통해 나타나는 하나님의 "영원하신 능력과 신성"을 말합니다. 여기에는 크게 세 가지가 있습니다.

첫째, 하나님은 우주의 질서를 통해 자신의 존재를 드러내십니다. 셀 수 없이 많은 별과 행성들이 조화롭게 자기 자리를 지키는 것은, 하나님께서 그들의 위치와 궤도를 정하셨기 때문입니다. 만약 하나님께서 지구를 조금 더 태양 가까이 두셨거나, 조금 더 태양 멀리 두셨다면 지구는 불의 행성 또는 얼음의 행성이 되었을 것입니다. 지구가 태양으로부터 가장 적절한 위치에 자리 잡은 것은, 하나님께서 우주를 설계하신 결과입니다. 인체와 꽃과 자연의 조화 역시 마찬가지입니다. 만약 만물이 우연히 발생했다면 지금처럼 균형

있는 아름다움을 갖추지 못했을 것입니다.

둘째, 하나님은 역사를 통해 자신의 존재를 드러내십니다. 역사의 흐름 속에서 보편적으로 인권이 증진되고, 과학이 발달하는 것은 하나님께서 역사를 다스리시기 때문입니다. 영원한 제국이 없었던 것과 악한 나라는 반드시 멸망했던 것도 하나님께서 살아 계시다는 증거입니다.

셋째, 하나님은 섭리를 통해 자신의 존재를 드러내십니다. 섭리란 하나님의 간섭과 돌보심을 말합니다. 이토록 많은 생물들이 대를 이어 조화롭게 살아가는 것은 하나님께서 간섭하시고 돌보시기 때문입니다.

물론 우주의 질서와 역사와 섭리를 통해서는 하나님에 관한 충분한 지식을 얻을 수 없습니다. 거기에서는 삼위일체의 신비와 거룩한 성육신과 예수님의 십자가를 발견할 수 없습니다. 하지만 "핑계하지 못할" 정도로는 충분합니다. 우주의 질서와 역사, 그리고 섭리 안에는 하나님의 영원하신 능력과 신성이 담겨 있기 때문입니다. "그의 영원하신 능력과 신성이 그가 만드신 만물에 분명히 보여 알려졌나니 그러므로 그들이 핑계하지 못할지니라."

묵상과 기도

Q. 계시란 무엇입니까?

Q. 일반계시에는 어떤 것들이 있습니까?

prayer. 하나님, 저희가 살아가는 세상은 하나님의 영광을 비추는 거울입니다. 세상 어디에나 하나님의 영광이 담겨 있습니다. 저희의 눈을 열어 주세요. 그래서 하나님의 영광을 더 분명히 보게 해주세요. 자연 속에서 찬란하게 빛나는 하나님의 영광을 보고, 더욱더 하나님께 영광을 돌리게 해주세요.

마음의 정욕대로 더러움에 내버려 두사

롬 1:21-32 21 하나님을 알되 하나님을 영화롭게도 아니하며 감사하지도 아니하고 오히려 그 생각이 허망하여지며 미련한 마음이 어두워졌나니 22 스스로 지혜 있다 하나 어리석게 되어 23 썩어지지 아니하는 하나님의 영광을 썩어질 사람과 새와 짐승과 기어다니는 동물 모양의 우상으로 바꾸었느니라 24 그러므로 하나님께서 그들을 마음의 정욕대로 더러움에 내버려 두사 그들의 몸을 서로 욕되게 하게 하셨으니 … 32 그들이 이같은 일을 행하는 자는 사형에 해당한다고 하나님께서 정하심을 알고도 자기들만 행할 뿐 아니라 또한 그런 일을 행하는 자들을 옳다 하느니라

하나님은 자신의 영광을 위해 천지만물을 지으셨습니다. 계시록 4장 11절은 이렇게 말합니다. "우리 주 하나님이여, 영광과 존귀와 권능을 받으시는 것이 합당하오니 주께서 만물을 지으신지라. 만물이 주의 뜻대로 있었고 또 지으심을 받았나이다 하더라." 실제로 모든 만물이 하나님께 영광을 돌리고 있습니다. 저마다 각자의 자리에서 하나님의 "영원하신 능력과 신성"을 드러내고 있습니다. 롬1:20 하지만 사람은 그렇지 않습니다. 유일하게 사람만 하나님을 영화롭게 하지 않습니다. "하나님을 알되 하나님을 영화롭게도 아니하며." 21절

그것만이 아닙니다. 사람은 하나님의 은혜에 감사하지도 않습니다. 21절 하나님께서 빛을 비추시고, 비를 내리셔서 인류의 생존을 가능하게 하시지만 조금도 감사하지 않습니다. 그것을 당연하게 생각합니다. 더 나아가 하나님을 의지적으로 거부합니다. "또한 그들이 마음에 하나님 두기를 싫어하매." 28절 사람들은 하나님을 영화롭게 아니하고, 감사하지 아니할 뿐 아니라 하나님을 싫어하기까지 합니다.

그 결과가 무엇입니까? 바울은 다음과 같이 말합니다. "스스로 지혜 있다 하나 어리석게 되어." 22절 어리석게 되었습니다. 미련하게 되었습니다. 지성에 있어서 비참한 존재가 되었습니다. 사람들은 돌이나 나무로 우상을 조각하고, 그 앞에 엎드립니다. 그것에게 기도를 드리고 그것을 신이라고 말합니다. 그것들은 얼마 전까지 그저 돌과 나무였는데 말이지요. 어리석게 된 것입니다. 사람들은 창조론을 믿을 수 없다고 말합니다. 우주의 조화와 신비가 하나님의 창조를 강력하게 웅변하고 있는데도 말이지요. 대신 진화론은 믿을 만하다고 말합니다. 온 우주와 만물, 그리고 사람이 우연히 생겼다는 말은 과학적이라고 말합니다. 어리석게 된 것입니다.

그러자 하나님께서 어떻게 하셨습니까? 내버려 두셨습니다. 하나님과 상관없는 존재가 되게 하셨습니다. 하나님은 그들을 "마음의 정욕대로 더러움에 내버려" 두셨습니다. 24절 "부끄러운 욕심에 내버려" 두셨습니다. 26절 "상실한 마음대로 내버려" 두셨습니다. 28절 사람들이 하나님을 버리자, 하나님도 그들을 버리셨습니다. 하나님을 떠난 상태 그대로 내버려 두셨습니다. 이것이 하나님의 진노입니다. 하나님의 심판입니다.

그러므로 하나님께 감사합시다. 우리는 하나님께 내버려진 영적 고아가 아닙니다. 하나님은 우리를 아시고 사랑하십니다. 우리 삶에 관심을 가지시고 간섭하십니다. 자녀라 부르시며 돌보십니다. 우리에게 그럴 만한 자격이 있어서가 아닙니다. 오직 은혜입니다.

묵상과 기도

Q. 사람들이 창조론보다 진화론을 신뢰하는 이유는 무엇입니까?

Q. 하나님은 어리석은 자들을 어떻게 하십니까?

prayer. 하나님, 저희를 내버려 두지 않으셔서 감사합니다. 저희를 선택하여 주시고, 불러 주시고, 자녀 삼아 주셔서 감사합니다. 마음을 다해 이 은혜를 찬양하고, 온 힘을 다해 하나님께 영광을 돌리며 살게 해주세요.

2월

로마서 2장 1절 – 4장 18절

남을 판단하는 사람아

> **롬 2:1** 그러므로 남을 판단하는 사람아, 누구를 막론하고 네가 핑계하지 못할 것은 남을 판단하는 것으로 네가 너를 정죄함이니 판단하는 네가 같은 일을 행함이니라

이제 새로운 장²장이 시작됩니다. 바울은 "남을 판단하는 사람아"라는 말로 새로운 주제를 시작합니다. 바울이 염두에 둔 대상은 유대인입니다.

유대인들이 판단하기를 좋아했기 때문입니다. 당시 유대인들은 세상을 두 부류로 나누었습니다. 유대인과 비유대인, 하나님의 백성과 심판받을 이방인으로 말입니다. 유대인들이 비유대인들을 정죄했던 이유는 단순합니다. 그들이 유대인이 아니기 때문입니다. 당시 유대인들은 "유대인인가 아닌가?" 하는 것을 가장 중요하게 생각했습니다. 그리고 자신들은 유대인이기 때문에, 구원받을 필요가 없을 만큼 충분히 의롭다고 여겼습니다.

유대인들은 바울이 이방인들을 정죄할 때 거기에 동감했습니다. 실로 이방인들은 죄인이며, 하나님의 심판을 받아 마땅하다고 생각했습니다. 하지만 그것을 자신들에게는 적용하지 않았습니다. 이방인들은 죄인이어서 하나님의 진노 아래 있지만, 자신들은 유대인이어서 그렇지 않다고 생각했습니다. 바로 이것이 '죄의 교활성'입니다. 타인의 죄에는 민감하지만, 자신의 죄에는 둔감합니다. 이웃의 죄는 눈을 크게 뜨고 보지만, 자신의 죄에는 눈을 감습니다.

죄의 교활성은 모든 사람에게 있습니다. 사람들은 다른 사람들의 죄를 지적하기를 좋아합니다. 정도의 차이만 있을 뿐 본인도 똑같은 죄를 지으면서 말이지요. 일례로 예배 시간에 이렇게 생각하는 사람들이 많습니다. '저 말씀 참 좋다. 그 사람이 저 설교를 들이야 하는데.'

그래서 바울이 무엇이라고 말합니까? "남을 판단하는 사람아, 누구를 막론하고 네가 핑계하지 못할 것은 남을 판단하는 것으로 네가 너를 정죄함이니 판단하는 네가 같은 일을 행함이니라." 이것은 일차적으로 유대인에게 하는 말이지만, 동시에 모든 사람에게 하는 말입니다. 누구든지 하나님 앞에서 떳떳할 수 없습니다. 다른 사람을 정죄하면서, 동시에 자신도 "같은 일"을 행하기 때문입니다.

본문의 유대인들처럼 되지 말아야 합니다. 그들의 실수를 반복하지 말아야 합니다. 그러기 위해서는 성경을 자신에게 적용할 줄 알아야 합니다. 설교를 들은 다음에는 반드시 이렇게 물어야 합니다. "이 말씀은 나에게 무엇을 말하고 있는가? 이 말씀은 내가 어떻게 되어야 한다고 말하고 있는가? 내가 실천해야 할 것은 무엇인가?"

성경은 학문이 아닙니다. 성경의 주제와 개요를 아는 것으로 만족해서는 안 됩니다. 유대인들은 누구보다 구약성경을 잘 알았지만, 예수님을 십자가에 못 박았습니다. 누구보다 큰 죄를 지었지만, 스스로를 의롭게 여겼습니다. 하나님의 말씀을 자신에게 적용하지 않았기 때문입니다.

묵상과 기도

Q. "남을 판단하는 사람아"는 누구를 염두에 둔 표현입니까?

Q. 죄의 교활성은 무엇입니까?

prayer. 하나님, 쉽게 남을 판단하지 않도록 도와주세요. 남을 정죄하지 않고, 먼저 나를 돌아보게 해주세요. 먼저 나부터 거룩하게 살게 해주세요.

하나님의 심판이 진리대로 되는 줄 우리가 아노라

> **롬 2:2-3** 2 이런 일을 행하는 자에게 하나님의 심판이 진리대로 되는 줄 우리가 아노라 3 이런 일을 행하는 자를 판단하고도 같은 일을 행하는 사람아, 네가 하나님의 심판을 피할 줄로 생각하느냐

유대인들은 하나님의 진노에 대해 그릇된 관점을 가지고 있었습니다. 그들은 이렇게 생각했습니다. '우리는 선택받은 하나님의 백성이기 때문에 자동적으로 구원을 받는다. 자동적으로 구원을 받기 때문에 우리가 무엇을 행하든 상관없다.'

이것은 성경적인 생각이 아닙니다. 성경은 하나님의 진노가 유대인과 비유대인을 구별하지 않는다고 말합니다. "하나님의 진노가 불의로 진리를 막는 사람들의 모든 경건하지 않음과 불의에 대하여 하늘로부터 나타나나니."롬1:18 유대인인지 아닌지가 중요하지 않습니다. 하나님은 모든 경건하지 않음과 불의에 대하여 진노하십니다. 유대인도 경건하지 않으면 하나님께 심판을 받습니다.

어떤 유대인은 이렇게 말할지 모릅니다. "하나님께서 불의한 자들을 심판하신다구요? 그렇군요. 하지만 저는 괜찮습니다. 저는 율법을 모두 지켰으니까요." 실제로 바울이 이렇게 주장했습니다. 바울은 회심하기 전에 자신을 이렇게 생각했습니다. "율법의 의로는 흠이 없는 자라."빌3:6 이것이 당시 유대인들이 가졌던 생각입니다. 유대인들은 자신들이 율법의 의로는 흠이 없다고 생각했습니다.

하지만 예수님은 그들에게 다음과 같이 말씀하셨습니다. "옛사람에게 말한 바 살인하지 말라. 누구든지 살인하면 심판을 받게 되리라 하였다는 것을 너희가 들었으나 나는 너희에게 이르노니 형제에게 노하는 자마다 심판을 받게 되고 형제를 대하여 라가라 하는 자는 공회에 잡혀가게 되고 미련한 놈이라 하는 자는 지옥 불에 들어가게 되리라."마5:21-22 유대인들은 자신들이 8계명을 모두 지키고 있다고 생각했습니다. 하지만 예수님이 보시기에는 그들도 8계명을 어긴 죄인이었습니다.

우리도 유대인들과 같은 실수를 자주 범합니다. 다른 사람의 죄는 그토록 선명하게 보면서도, 자신의 죄는 보지 못합니다. 다른 사람은 쉽게 정죄하면서도, 자신은 의롭게 여깁니다. 하지만 우리가 자신을 어떻게 생각하는지는 중요하지 않습니다. 중요한 것은 하나님의 판단입니다. 오늘 본문은 하나님께서 진리대로 우리를 심판하신다고 말합니다. 우리가 보기에는 의로울지라도 하나님의 진리에 어긋난다면 우리는 아무 말도 할 수 없습니다.

예수님을 믿어도 죄를 지으면 징계를 받습니다. 하나님의 자녀라도 악을 행하면 손해를 당합니다. 구원을 빼앗긴다는 말이 아닙니다. 하나님께서 우리의 행위에 대해 진리대로 판단하신다는 것입니다. 따라서 구원받았다는 생각으로 나태해져서는 안 됩니다. 구원받았어도 하나님께서 우리의 삶을 진리대로 심판하십니다. 하나님께서 진리의 기준을 가지고 늘 우리 삶을 지켜보신다는 사실을 잊어서는 안 됩니다.

묵상과 기도

Q. 유대인들은 하나님의 진노에 대해 어떤 관점을 가지고 있었습니까?

Q. 유대인들은 자신을 어떻게 평가했습니까?

prayer. 하나님, 하나님께서 저희를 늘 지켜보신다는 것을 믿습니다. 아무도 저희를 보지 않을 때도 하나님만은 저희를 보신다는 것을 믿습니다. 그리고 선을 칭찬하시고 악을 징계하신다는 것을 믿습니다. 그러므로 사람들이 보든지 보지 않든지, 항상 경건하게 살게 해주세요. 언제 어디서든지 하나님께 칭찬받을 만한 삶을 살 수 있도록 도와주세요.

인자하심과 용납하심과 길이 참으심이 풍성함을 멸시하느냐

롬 2:4 혹 네가 하나님의 인자하심이 너를 인도하여 회개하게 하심을 알지 못하여 그의 인자하심과 용납하심과 길이 참으심이 풍성함을 멸시하느냐

본문은 일차적으로 유대인을 향한 말씀입니다. 바울은 유대인도 하나님의 진노 아래 있으며, 그들도 예수님을 믿어야만 구원을 받는다고 말합니다. 바울이 이렇게 말하는 이유는, 유대인들이 하나님을 "멸시"하고 있었기 때문입니다. 물론 유대인들은 자신들이 하나님을 멸시한다고 생각하지 않았을 것입니다. 하지만 결과적으로 유대인들의 행동은 하나님을 멸시하는 것이었습니다.

오늘 본문은 그 이유를 세 가지로 말합니다. 첫째, 그들은 하나님의 "인자하심"을 멸시했습니다. 유대인들은 이방인들과 동일한 죄를 지으면서도, 자신들에게는 하나님의 심판이 임하지 않는다고 주장했습니다. 그럼으로써 죄를 짓는 일에 더욱 용기를 내었고, 진심으로 회개하지 않았습니다. 만약 우리 역시 하나님의 인자하심에 기대어 계속해서 죄를 짓는다면, 유대인들과 동일한 정죄를 받을 것입니다.

둘째, 그들은 하나님의 "용납하심"을 멸시했습니다. '용납하심'으로 번역된 헬라어 '아노케'는 '오래 참다'는 뜻으로서, '인내하다'로도 번역할 수 있습니다. 하나님께서 유대인들을 당장 벌하지 않으셨던 것은, 하나님께서 그들을 인내하셨기 때문입니다. 그런데도 유대인들은 자신들의 자격과 공로 때문에 하나님께서 유대인들을 특별 대우하신다고 생각했습니다. 만약 우리 역시 하나님의 인내하심 때문이 아니라, 우리들이 가지고 있는 자격과 공로 때문에 하나님의 사랑을 받는다고 생각한다면 유대인들과 동일한 죄를 짓는 것입니다.

셋째, 그들은 하나님의 "길이 참으심"을 멸시했습니다. 하나님은 유대인들을 용납하시되, 오랫동안 용납하셨습니다. 그들의 죄와 악을 오랫동안 참으셨습니다. 유대인들은 자신들의 혈통과 민족성을 자랑했지만, 사실은 그들 역시 죄인이었고 하나님의 진노 아래 있는 자들에 지나지 않았습니다. 그럼에도 불구하고 유대인들은 하나님의 오래 참으시는 은혜를 감사하게 생각하지 않았습니다. 우리도 마찬가지입니다. 우리가 지금까지 멸망하지 않고 생존한 것은 하나님께서 우리의 죄를 참으시되, 오래 참으셨기 때문입니다.

시편 103편의 고백으로 마무리하겠습니다. "여호와는 긍휼이 많으시고 은혜로우시며 노하기를 더디 하시고 인자하심이 풍부하시도다. 자주 경책하지 아니하시며 노를 영원히 품지 아니하시리로다. 우리의 죄를 따라 우리를 처벌하지는 아니하시며 우리의 죄악을 따라 우리에게 그대로 갚지는 아니하셨으니 이는 하늘이 땅에서 높음 같이 그를 경외하는 자에게 그의 인자하심이 크심이로다."시103:8-11 참으로 우리 하나님은 오래 참으시고, 인자하심이 크신 분입니다. 영원토록 찬양받기에 합당하신 분입니다.

묵상과 기도

Q. 유대인들이 하나님의 인자하심을 멸시했다는 것은 어떤 뜻입니까?

Q. 유대인들이 하나님의 길이 참으심을 멸시했다는 것은 어떤 뜻입니까?

prayer. 하나님, 저희를 항상 인자하게 대해주셔서 감사합니다. 저희의 죄를 용서해 주셔서 감사합니다. 저희가 부족한 모습을 보일 때 오래 참아주셔서 감사합니다. 저희도 다른 사람을 인자하게 대하고 저희도 다른 사람의 죄를 용서하게 해주세요. 저희도 다른 사람을 오래 참게 해주세요.

알지 못하여

롬 2:4 혹 네가 하나님의 인자하심이 너를 인도하여 회개하게 하심을 알지 못하여 그의 인자하심과 용납하심과 길이 참으심이 풍성함을 멸시하느냐

바울은 로마서 1장에서 모든 인류가 처한 비참한 처지에 대해 말했습니다. 하나님께서 모든 인류에게 진노하고 있음을 말했습니다. 그 대목에서 유대인들은 두려워하지 않았을 것입니다. 하나님의 진노는 이 방인들을 향한 것이지, 자신들과는 상관없다고 생각했을 것이기 때문입니다. 이에 바울은 2장의 서두에서 유대인들이 가지고 있는 오해와 착각에 대해 설명합니다. "하나님의 인자하심이 너를 인도하여 회개하게 하심을 알지" 못하느냐! 바울은 유대인들이 하나님의 인자하심을 알지 못한다고 말합니다.

유대인들은 하나님께서 인자하시기에 자신들의 죄를 보시지 않는다고 생각했습니다. 하나님께서 인자하시기에 자신들의 죄를 허용하신다고 생각했습니다. 이것은 완전히 잘못된 생각입니다. 하나님의 성품에서 정의와 공의를 제거해 버렸기 때문입니다.

만약 자녀의 잘못에 침묵하고, 아무리 큰 죄를 지어도 용납해 주는 부모가 있다면 누구도 그런 부모를 향해 존경할 만한 사람이라고 말하지 않을 것입니다. 만약 사람들의 죄에 침묵하고 아무리 큰 범죄를 저질러도 내버려 두는 국가가 있다면, 누구도 그런 국가를 정상적인 국가라고 말하지 않을 것입니다.

하나님의 성품에서 정의와 공의를 제거하는 것이 바로 그와 같습니다. 유대인들은 사랑의 하나님만 지나치게 강조하여 하나님을 평범한 부모나 국가보다 못한 존재로 전락시켰습니다. 그렇게 함으로써 하나님을 멸시했습니다. "그의 인자하심과 용납하심과 길이 참으심이 풍성함을 멸시하느냐." 4절

우리도 유대인들처럼 행할 때가 많습니다. 유대인들이 하나님의 성품에서 정의와 공의를 제거했던 것처럼, 우리 역시 우리에게 유리한 대로 하나님의 성품을 조작하곤 합니다. 예를 들어, "내가 원하는 것을, 하나님도 원하실 것이다! 우리에게 좋은 것이, 하나님께도 좋은 것이다! 결과만 좋으면 하나님도 기뻐하실 것이다!" 이렇게 생각하고 행동할 때 우리는 유대인들과 같은 실수를 범하는 것입니다.

오늘 본문에서 주목해야 할 말씀은 "알지 못하여"입니다. 유대인들은 하나님을 알지 못했습니다. 물론 그들이 하나님을 전혀 몰랐다는 것은 아닙니다. 그들은 하나님을 부족하게 알았습니다. 바로 그것이 문제였습니다. 하나님을 아는 지식이 부족한 데서, 여러 가지 문제가 파생되었습니다.

'삶'이 중요하지 '지식'이 중요하지 않다고 주장하는 자들이 있습니다. 그들이 그렇게 주장하는 것은, 지식이 부족해서 발생하는 문제들을 모르기 때문입니다. 유대인들의 모습이 보여주는 것처럼, 알지 못하는 것은 심각한 문제입니다.

우리는 하나님을 얼마나 알고 있습니까? 하나님을 알기 위해 얼마나 노력하고 있습니까? '삶'이 중요하지만, 바르게 알아야 바르게 살 수 있습니다. "왜 알지 못하느냐?"라는 책망을 듣지 않도록, 하나님을 알아가는 일에 더욱 열심을 내도록 합시다.

묵상과 기도

Q. 유대인들은 하나님의 성품에서 무엇을 제거하였습니까?

Q. 유대인들의 근본적인 문제는 무엇이었습니까?

prayer. 하나님, 하나님을 바르게 알아야 하나님을 바르게 믿을 수 있습니다. 하나님을 올바르게 알아야 하나님 앞에서 올바르게 살 수 있습니다. 그러므로 저희가 하나님을 배우는 일에 열심을 내게 해주세요. 하나님의 말씀을 이해할 수 있는 지혜를 주시고, 하나님에 대한 바른 지식을 가지게 해주세요.

회개하지 아니한 마음을 따라

> **롬 2:5** 다만 네 고집과 회개하지 아니한 마음을 따라 진노의 날 곧 하나님의 의로우신 심판이 나타나는 그날에 임할 진노를 네게 쌓는도다

바울은 계속해서 유대인들에 대해 말합니다. 바울은 유대인들에게 회개하라고 말합니다. 바울이 유대인들에게 회개하라고 말하는 것은, 그들이 회개를 오해하고 있었기 때문입니다. 회개가 무엇인지 가장 잘 보여주는 본문은 아마도 마태복음 21장일 것입니다.[26]

"그러나 너희 생각에는 어떠하냐. 어떤 사람에게 두 아들이 있는데 맏아들에게 가서 이르되 얘 오늘 포도원에 가서 일하라 하니 대답하여 이르되 아버지 가겠나이다 하더니 가지 아니하고, 둘째 아들에게 가서 또 그와 같이 말하니 대답하여 이르되 싫소이다 하였다가 그 후에 뉘우치고 갔으니 그 둘 중의 누가 아버지의 뜻대로 하였느냐. 이르되 둘째 아들이니이다. 예수께서 그들에게 이르시되 내가 진실로 너희에게 이르노니 세리들과 창녀들이 너희보다 먼저 하나님의 나라에 들어가리라." 마21:28-31

우리가 주목해야 할 인물은 둘째 아들입니다. 여기서 참으로 회개한 사람은 첫째 아들이 아니라 둘째 아들이기 때문입니다. 왜 둘째 아들이 참으로 회개한 사람입니까? 첫째 아들은 말만 하고 행동하지 않았습니다. 하지만 둘째 아들은 행동으로 실천했습니다. 이처럼 참된 회개에는 행동이 수반되어야 합니다.

단지 후회하는 것을 두고 회개라고 생각하는 사람들이 있습니다. 회개는 후회가 아닙니다. 마음으로만 슬퍼하는 것은 회개가 아닙니다. 회개란 행동을 바꾸는 것입니다. 이전과는 다르게 행동하는 것입니다.

그렇다면 어떻게 행동을 바꾸어야 할까요? 하나님에 대해 행동을 바꾸어야 합니다. 하나님 앞에서 다르게 살아야 합니다. 이전에는 내 뜻대로, 내가 하고 싶은 대로 행동했다면, 이제부터는 하나님의 뜻대로, 하나님께서 원하시는 대로 행동해야 합니다. 그런 점에서 회개란 일시적인 행동의 변화가 아닙니다. 삶의 방향과 습관을 바꾸는 것입니다. 지금까지 나를 위해 살았다면, 이제부터 하나님을 위해 살기 시작하는 것이 참된 회개입니다.

따라서 행동의 변화만을 참된 회개로 여겨서도 안 됩니다. 예를 들어, 술과 담배를 즐기던 사람이 건강의 문제 때문에 술과 담배를 끊었다면, 그것도 참된 회개일까요? 그렇지 않습니다. 목적이 중요합니다. 하나님의 영광을 추구하기 위해 일어난 변화만이 참된 회개입니다. 참된 회개란 삶의 유일한 목적을 하나님의 영광에 두는 것입니다. 하나님의 영광과 상관없는 것들을 버리고 돌이키는 것입니다.

우리는 어떠합니까? 신앙의 연륜이 쌓일수록 행동의 변화가 일어나고 있습니까? 하나님의 영광을 위해서만 살고 있습니까? 매일 매순간 이렇게 질문하며 사는 것이 참된 회개입니다.

묵상과 기도

Q. 왜 둘째 아들이 참으로 회개한 사람입니까?

Q. 회개와 후회는 어떤 점에서 다릅니까?

prayer. 하나님, 진정한 회개를 할 수 있도록 도와주세요. 입으로만 회개하지 않게 해주시고, 행동을 바꾸는 회개를 하게 해주세요. 한두 가지 잘못만 고치는 회개가 아니라, 삶의 방향을 바꾸는 참된 회개를 하게 해주세요.

각 사람에게 그 행한 대로 보응하시되

> **롬 2:6-10** 6 하나님께서 각 사람에게 그 행한 대로 보응하시되 7 참고 선을 행하여 영광과 존귀와 썩지 아니함을 구하는 자에게는 영생으로 하시고 8 오직 당을 지어 진리를 따르지 아니하고 불의를 따르는 자에게는 진노와 분노로 하시리라 9 악을 행하는 각 사람의 영에는 환난과 곤고가 있으리니 먼저는 유대인에게요 그리고 헬라인에게며 10 선을 행하는 각 사람에게는 영광과 존귀와 평강이 있으리니 먼저는 유대인에게요 그리고 헬라인에게라

유대인들은 자기 민족을 자랑했습니다. 민족의 조상들을 자랑했습니다. 아브라함을 자랑했고, 모세를 자랑했습니다. 그토록 영광스러운 유대민족의 일원이기 때문에, 구원은 당연하다고 생각했습니다. 이에 바울은 다음과 같이 말합니다. "하나님께서 각 사람에게 그 행한 대로 보응하시되."^{6절}

하나님께서 "각 사람"을 심판하실 것이라고 말합니다. 하나님의 심판은 개인적인 심판이라는 뜻입니다. 하나님의 심판대 앞에 민족별로, 또는 가족별로 서지 않는다는 것입니다. 그런데도 유대인들처럼 이 부분을 오해하는 사람들이 많습니다.

어떤 사람들은 이렇게 생각합니다. "나의 부모님은 매우 신실한 신자다. 그러니 나도 그들과 함께 천국에 갈 수 있을 것이다." 오늘 본문은 이런 생각을 정면으로 반박합니다. 하나님은 "각 사람"별로 심판하실 것입니다. 민족이나 가족별로 심판하시지 않을 것입니다.

바울은 '민족적 특권'을 자랑했던 유대인들에게, 회심의 일격을 날립니다. "악을 행하는 각 사람의 영에는 환난과 곤고가 있으리니 먼저는 유대인에게요 그리고 헬라인에게며."^{9절} 바울의 요지는 분명합니다. 유대인들은 하나님의 심판을 피하지 못할 뿐만 아니라, 오히려 유대인이기 때문에 더 엄격한 심판을 받는

다는 것입니다.²⁷ 바로 그것이 "먼저는 유대인에게요"라는 말씀의 의미입니다.

하나님은 유대인들을 자기 백성으로 선택하셨습니다. 하나님은 유대인들을 자기 뜻을 이루는 도구로 사용하셨습니다. 하나님은 유대인들에게 선지자와 제사장과 왕을 주셨습니다. 결정적으로 예수님이 유대인 가운데 태어나게 하셨습니다. 유대인들은 이런 여러 가지 특권에도 불구하고 하나님께 불순종했고 예수님을 영접하지 않았습니다. 그로인해 유대인들은 더 혹독한 심판을 받을 것입니다.

이것이 일반적인 원칙입니다. 예수님은 이렇게 말씀하셨습니다. "주인의 뜻을 알고도 준비하지 아니하고 그 뜻대로 행하지 아니한 종은 많이 맞을 것이요 알지 못하고 맞을 일을 행한 종은 적게 맞으리라. 무릇 많이 받은 자에게는 많이 요구할 것이요 많이 맡은 자에게는 많이 달라 할 것이니라."^{눅12:47-48}

우리는 의심할 것 없이 "많이 받은 자"입니다. 신앙의 자유를 가지고 있고, 마음만 먹으면 쉽게 말씀을 들을 수 있으며, 성경을 구하는 것도 어렵지 않습니다. 그렇다면 우리에게 맡겨진 책임은, 적어도 신앙의 자유가 허락되지 않은 북한이나 중국의 신자들과는 다를 것입니다. 이 책임을 생각하며, 하루하루를 더 성실하게 살아가도록 합시다.

묵상과 기도

Q. 부모님의 신앙 때문에 구원받을 수 있습니까?

Q. 많이 받은 자답게 하나님께 많은 것을 드리고 있습니까?

prayer. 하나님, 종교의 자유가 없는 나라에서는 목숨을 걸고 예수님을 믿고 있습니다. 거기에도 어서 빨리 종교의 자유가 회복되게 해주세요. 어려운 상황에서 예수님을 믿는 자들의 생명과 신앙을 지켜주세요. 그들에 비하면 저희는 많이 받은 자입니다. 그러므로 하나님께 더 많이 드리게 해주세요. 더 많은 순종과 더 많은 헌신을 드리게 해주세요.

참고 선을 행하여

> **롬 2:6-10** 6 하나님께서 각 사람에게 그 행한 대로 보응하시되 7 참고 선을 행하여 영광과 존귀와 썩지 아니함을 구하는 자에게는 영생으로 하시고 8 오직 당을 지어 진리를 따르지 아니하고 불의를 따르는 자에게는 진노와 분노로 하시리라 9 악을 행하는 각 사람의 영에는 환난과 곤고가 있으리니 먼저는 유대인에게요 그리고 헬라인에게며 10 선을 행하는 각 사람에게는 영광과 존귀와 평강이 있으리니 먼저는 유대인에게요 그리고 헬라인에게라

어떤 사람들은 오늘 본문이 행위로 말미암아 의롭다 함을 받는다는 사실을 보여준다고 주장합니다. "하나님께서 각 사람에게 그 행한 대로 보응하시되"라는 말씀 때문입니다. 이것은 잘못된 주장입니다. 문맥과 상관없이 한 구절만 따로 떼어서 해석한 것이기 때문입니다. 문맥과 상관없는 해석은 언제나 오류의 위험성이 있습니다.

그래서 '말씀 뽑기'와 같은 것을 피해야 합니다. 하나님께서 우리에게 주신 것은 육십육 권 성경 전체이지, 한 구절이 아닙니다. 아무리 듣기 좋은 해석이라도 성경의 문맥과 괴리되어 있다면 올바른 해석이 아닙니다. 성경 해석에 있어서 가장 중심이 되는 원리는 '문맥'입니다. 헬라어나 히브리어를 알아도, 문맥을 모르면 성경을 잘못 해석할 수 있습니다. 성경의 저자들은 성령의 조명 속에서 매우 논리적으로 성경을 기록했기 때문입니다. 지혜로운 사람일수록 논리적인데, 성령의 조명을 받았던 사람들이 아무렇게나 성경을 썼을 리는 없습니다. 따라서 우리는 한 구절만 따로 떼어서 생각할 것이 아니라, 이 구절이 어떤 문맥 속에 있는지를 생각해야 합니다.

"하나님께서 각 사람에게 그 행한 대로 보응하시되"라는 문장은 어떻게 의롭게 되는지를 설명하는 문맥 속에 있지 않습니다. 왜 유대인도 심판을 받는지를 설명하는 문맥 속에 있습니다. 지금 바울은 '구원의 근거'가 아니라, '심판의 근거'를 말하고 있습니다. 따라서 궁극적인 강조점은 유대인도 예수님을 믿지 않고서는 의롭다 함을 받을 수 없다는 것입니다. 하지만 행위에 대한 본문의 강조점을 완전히 지워버려서는 안 됩니다. 하나님은 "참고 선을 행하여 영광과 존귀와 썩지 아니함을 구하는 자에게" 영생을 주십니다. 이 말은 참으로 구원받은 자라면, 반드시 구원의 증거가 나타난다는 뜻입니다. 그러므로 아무도 "나는 이미 구원받았기 때문에, 어떻게 살든 아무 상관없다!"고 주장할 수 없습니다. 그런 점에서 바울이 믿음을 강조하는 것과 야고보가 행위를 강조하는 것은 전혀 모순되지 않습니다.

물론 구원받은 사람도 죄를 지을 수 있고, 넘어질 수 있습니다. 하지만 그의 삶은 하나님의 영광을 향해야 합니다. 참고 선을 행하는 방향으로 변해야 합니다. 만약 그런 것이 전혀 없다면 자신의 구원을 점검하고, 의심해 보아야 합니다.

"만일 우리가 하나님과 사귐이 있다 하고 어둠에 행하면 거짓말을 하고 진리를 행하지 아니함이거니와."요일1:6

"그를 아노라 하고 그의 계명을 지키지 아니하는 자는 거짓말하는 자요 진리가 그 속에 있지 아니하되."요일2:4

묵상과 기도

Q. 성경해석의 중심 되는 원리는 무엇입니까?

Q. 구원받은 사람이라면 반드시 어떤 증거가 나타나야 합니까?

prayer. 하나님, 아무 자격 없는 저희를 구원해 주셔서 감사합니다. 아무 조건 없이 오직 은혜로 구원해 주셔서 감사합니다. 오직 은혜로 구원받았으니 그 은혜에 합당하게 살게 해주세요. 참고 선을 행하는 삶을 살게 해주세요.

외모로 사람을 취하지 아니하심이라

롬 2:11-12 11 이는 하나님께서 외모로 사람을 취하지 아니하심이라 12 무릇 율법 없이 범죄한 자는 또한 율법 없이 망하고 무릇 율법이 있고 범죄한 자는 율법으로 말미암아 심판을 받으리라

바울은 계속해서 유대인들의 잘못된 생각을 책망합니다. 당시 유대인들은 이렇게 말하곤 했습니다. "우리는 특별한 민족이다. 하나님께서 우리에게 율법을 주셨기 때문이다. 우리는 율법을 가지고 있으므로, 하나님의 심판과 상관없다. 하나님의 심판을 두려워할 필요가 없다."

하나님은 모세를 통해 율법을 주셨습니다. 유대인들은 수천 년 동안 율법을 보존해 왔습니다. 유대인은 율법을 소유한 민족이었습니다. 그래서 유대인들은 자신들의 구원을 의심하지 않았습니다. 자신들은 당연히 하나님의 심판에서 제외된다고 믿었습니다.

그래서 바울은 11절에서 다음과 같이 말합니다. "이는 하나님께서 외모로 사람을 취하지 아니하심이라." 하나님께서 외모로 사람을 취하지 않으신다는 말은, 하나님께서 자격과 조건을 따지지 않으신다는 뜻입니다. 유대인이라고 해서 무조건 구원을 받고, 이방인이라고 해서 무조건 심판을 받는 것이 아니라는 뜻입니다.

바로 여기에서 하나님의 공평성이 드러납니다.[28] 유대인들이 율법을 소유하고 있다고 해서, 하나님의 심판을 면할 수는 없습니다. 하나님은 마지막 날에 율법을 간직했는지를 물어보지 않으시고 율법을 지켰는지를 물어보실 것입니다. 만약 유대인이라 할지라도 율법을 어겼다면, 그들도 영원한 심판을 받을 것입니다.

그렇다면 한 번도 율법을 들어보지 못한 사람들은 무엇을 기준으로 심판을 받을까요? 이에 대해 바울은 12절에서 다음과 같이 말합니다. "무릇 율법 없이 범죄한 자는 또한 율법 없이 망하고 무릇 율법이 있고 범죄한 자는 율법으로 말미암아 심판을 받으리라." 유대인처럼 율법을 아는 자들은 율법을 기준으로 심판하시고, 율법을 전혀 모르는 자들은 다른 기준으로 심판하신다는 뜻입니다. 자세한 내용은 다음 시간에 살펴보겠습니다.

우리가 생각해야 할 것은 자격과 조건은 구원에 아무런 영향을 미치지 못한다는 점입니다. 우리가 기독교 국가에서 태어난 것이 우리의 구원에 아무런 영향을 미치지 못합니다. 우리가 신실한 가정에서 태어난 것이 우리의 구원에 아무런 영향을 미치지 못합니다. 하나님은 우리에게 어떤 국가 출신인지를 묻지 않으십니다. 하나님은 우리에게 어떤 가문 출신인지를 묻지 않으십니다. 하나님은 외모로 사람을 취하지 않으십니다.

대신 하나님은 우리에게 "네가 예수 그리스도를 믿느냐?"라고 물으십니다. 기독교 국가, 기독교 가문, 이런 것들은 구원과 아무 상관이 없습니다. 우리 개개인이 믿어야 합니다. 우리 자신의 신앙고백이 있어야 합니다.

묵상과 기도

Q. 하나님께서 외모로 사람을 취하지 않으신다는 것은 어떤 뜻입니까?

prayer. 하나님, 만약 하나님께서 자격을 따지셨다면 저희는 구원받지 못했을 것입니다. 만약 하나님께서 조건을 따지신다면 저희는 심판밖에 받을 것이 없습니다. 저희를 외모로 취하지 않으시고, 믿음을 통해 구원해 주셔서 감사합니다. 이 믿음조차도 하나님의 선물이오니 더욱더 감사합니다.

그 양심이 증거가 되어

롬 2:13-16 13 하나님 앞에서는 율법을 듣는 자가 의인이 아니요 오직 율법을 행하는 자라야 의롭다 하심을 얻으리니 14 (율법 없는 이방인이 본성으로 율법의 일을 행할 때에는 이 사람은 율법이 없어도 자기가 자기에게 율법이 되나니 15 이런 이들은 그 양심이 증거가 되어 그 생각들이 서로 혹은 고발하며 혹은 변명하여 그 마음에 새긴 율법의 행위를 나타내느니라) 16 곧 나의 복음에 이른 바와 같이 하나님이 예수 그리스도로 말미암아 사람들의 은밀한 것을 심판하시는 그날이라

로마서 1장 18절부터 로마서 3장 20절까지의 주제는, 어떤 사람도 자신의 자격과 조건으로는 하나님 앞에서 의롭다 함을 받을 수 없다는 것입니다. 유대인이든 이방인이든 결국에는 하나님 앞에서 진노의 대상이라는 것이 본문의 주제입니다.

바울은 먼저 유대인들에게 경고합니다. 당시 유대인들은 율법을 자랑했습니다. 자신들은 율법을 가지고 있기 때문에 하나님의 진노와 아무 상관이 없다고 생각했습니다. 이미 하나님과 바른 관계를 맺고 있기 때문에, 예수님을 중보자로 믿을 필요가 없다고 생각했습니다.

그래서 바울은 다음과 같이 말합니다. "하나님 앞에서는 율법을 듣는 자가 의인이 아니요 오직 율법을 행하는 자라야 의롭다 하심을 얻으리니."13절 율법을 가지고 있는 것 자체로는 아무 소용이 없습니다. 하나님 앞에서 의롭다 함을 받으려면, 율법을 행해야 합니다. 이것은 마치 경찰의 과속 단속에 적발된 사람이, "저는 과속이 나쁘다는 것을 알고 있었어요!"라고 말한들 아무 소용이 없는 것과 마찬가지 원리입니다.

그렇다면 이방인들은 어떠합니까? 그들은 율법을 듣지 못했으니 하나님의 진노와 아무 상관이 없을까요? 바울은 이방인들 역시 하나님의 진노 아래 있다고 말합니다. 하나님께서 유대인들과는 다른 방식으로 이방인들에게도 '법'을 주셨기 때문입니다. 그것은 바로 '양심의 법'입니다. 바울은 이방인들을 향해 다음과 같이 말합니다. "이런 이들은 그 양심이 증거가 되어."15절

예를 들어, 불신자들도 불효, 살인, 간음, 도둑질, 거짓말이 나쁘다는 것을 압니다. 기독교 국가가 아니더라도, 살인과 도둑질을 법으로 처벌합니다. 왜 그렇습니까? 양심이 증거가 되기 때문입니다. 하나님께서 유대인들에게 율법을 주신 것과 마찬가지로, 이방인들에게는 양심을 주셨습니다. 그러므로 마지막 날에 이방인들도 아무런 변명을 할 수 없습니다. 하나님께서 이방인들은 양심을 근거로 심판하실 것이기 때문입니다.

주의할 점은 하나님께서 양심을 근거로 이방인들을 심판하시지만, 양심으로는 구원받을 수 없다는 점입니다. 어떤 사람도 양심에 한 점 거리낌 없이 살기란 불가능하기 때문입니다. "하나님은 한 분이시요 또 하나님과 사람 사이에 중보자도 한 분이시니 곧 사람이신 그리스도 예수라."딤전2:5 양심은 심판의 기준일 뿐 구원의 도구가 될 수는 없습니다. 아무도 예수님 없이는 하나님께로 갈 수 없습니다.

묵상과 기도

Q. 율법을 들은 자들은 무엇을 기준으로 심판을 받습니까?

Q. 율법을 듣지 못한 자들은 무엇을 기준으로 심판을 받습니까?

prayer. 하나님, 하나님의 말씀을 실천하게 해주세요. 하나님의 말씀을 행동으로 옮기며, 하나님께 순종하는 일에 최선을 다하게 해주세요. 하나님께서 양심을 통해서 말씀하실 때, 양심의 소리에 귀를 기울이게 해주세요.

스스로 믿으니

롬 2:17-20 17 유대인이라 불리는 네가 율법을 의지하며 하나님을 자랑하며 18 율법의 교훈을 받아 하나님의 뜻을 알고 지극히 선한 것을 분간하며 19 맹인의 길을 인도하는 자요 어둠에 있는 자의 빛이요 20 율법에 있는 지식과 진리의 모본을 가진 자로서 어리석은 자의 교사요 어린아이의 선생이라고 스스로 믿으니

대부분의 사람들은 자신이 의롭다고 생각합니다. 가장 추악한 범죄자도 마찬가지입니다. 그렇게 생각하는 이유는 한 가지입니다. 기준이 자신에게 있기 때문입니다. "내가 생각하기에 나는 의로운 사람이다." 이것이 보편적인 생각입니다. 하지만 사람은 선과 악의 기준을 스스로 정할 수 없습니다. 누구도 자신의 의로움을 스스로 보증할 수 없습니다. 사람은 피조물이기 때문입니다.

공산품의 등급을 누가 결정합니까? 만들어진 제품이 스스로 결정하지 않습니다. 그것을 만든 사람들이 합니다. 마찬가지로 사람의 의로움을 판단할 수 있는 권한은 창조주에게만 있습니다. 평생 자신을 의롭게 생각했던 사람도, 하나님의 심판대 앞에서 죄인이라는 선고를 받으면 그것으로 끝입니다. 변론의 여지는 없습니다. 동일한 오류를 바울 시대의 유대인들이 범했습니다. 그들은 자신들이 특별한 존재라고 생각했고, 하나님과 바른 관계에 있다고 여겼습니다. 바울은 유대인들이 그렇게 믿었던 이유를 자세하게 기록해 놓았습니다.

첫째, 율법을 가지고 있었기 때문입니다. 17절 둘째, 하나님을 유일신으로 믿었기 때문입니다. 17절 셋째, 지극히 선한 것을 분간할 수 있었기 때문입니다. 18절 넷째, 율법의 선생 역할을 할 수 있었기 때문입니다. 20절

하지만 중요한 반전이 있습니다. "스스로 믿으니" 20절라는 말씀입니다. 그것은 모두 유대인들 스스로 내린 결론이었습니다. "우리는 율법을 가지고 있고, 하나님을 유일신으로 믿고 있고, 지극히 선한 것을 분간할 수 있고, 율법의 선생 역할을 할 수 있기 때문에 하나님 앞에서 의로운 존재다." 이것은 유대인들이 스스로 내린 결정이지, 하나님께서 내린 결정이 아니었습니다.

우리는 여기서 자기 검증의 중요성을 깨닫게 됩니다. 대부분의 사람들이 확신에 빠져 있습니다. "나는 의로운 사람이다. 나는 좋은 이웃이다. 나는 괜찮은 신자다. 나는 멋진 부모다. 나는 선한 배우자다. 나는 존경받는 지도자다." 하지만 하나님 앞에서 검증받지 않았을 가능성이 큽니다. 대부분 자기가 스스로 내린 결론에 불과합니다. 말씀을 지식적으로만 공부하고, 마음으로 적용하지 않을 때 이런 지경에 이르기 쉽습니다. 설교를 한 귀로 듣고, 한 귀로 흘려보낼 때 이런 결과가 발생합니다. 그래서 우리는 끊임없이 하나님 앞에서 스스로를 검증해야 합니다. 매일 매일, 말씀 앞에서 자신의 삶을 돌아보아야 합니다. 그리고 하나님 앞에서 내가 어떤 존재인지를 진지하게 생각해 보아야 합니다.

묵상과 기도

Q. 추악한 범죄자도 자신을 의롭게 생각하는 이유는 무엇입니까?

Q. 왜 사람은 선과 악의 기준을 스스로 정할 수 없습니까?

prayer. 하나님, 하나님 앞에서 저희를 돌아보게 해주세요. 하나님의 말씀으로 저희의 말과 행동을 검증하게 해주세요. 하나님의 말씀이 하라고 하는 것은 더욱더 행하게 하시고, 하나님의 말씀이 금지하는 것은 더욱더 멀리하게 해주세요. 그리하여 말씀의 사람이 되게 해주세요.

2월 11일

너희 때문에 모독을 받는도다

롬 2:21-29 21 그러면 다른 사람을 가르치는 네가 네 자신은 가르치지 아니하느냐 도둑질하지 말라 선포하는 네가 도둑질하느냐 22 간음하지 말라 말하는 네가 간음하느냐 우상을 가증히 여기는 네가 신전 물건을 도둑질하느냐 23 율법을 자랑하는 네가 율법을 범함으로 하나님을 욕되게 하느냐 24 기록된 바와 같이 하나님의 이름이 너희 때문에 이방인 중에서 모독을 받는도다 25 네가 율법을 행하면 할례가 유익하나 만일 율법을 범하면 네 할례는 무할례가 되느니라 26 그런즉 무할례자가 율법의 규례를 지키면 그 무할례를 할례와 같이 여길 것이 아니냐 27 또한 본래 무할례자가 율법을 온전히 지키면 율법 조문과 할례를 가지고 율법을 범하는 너를 정죄하지 아니하겠느냐 28 무릇 표면적 유대인이 유대인이 아니요 표면적 육신의 할례가 할례가 아니니라 29 오직 이면적 유대인이 유대인이며 할례는 마음에 할지니 영에 있고 율법 조문에 있지 아니한 것이라 그 칭찬이 사람에게서가 아니요 다만 하나님에게서니라

유대인들의 잘못된 생각을 고발해 온 바울은, 이제 2장 마지막 부분에 이르러 결정적인 타격을 가하고자 합니다. 바울은 크게 네 가지를 강조합니다.

첫째, 유대인들은 다른 사람은 가르치면서도 자기 자신은 가르치지 않았습니다.[21절] 둘째, 유대인들은 자신들이 가르쳤던 것을 스스로 어겼습니다.[21-22절] 도둑질, 간음, 우상 숭배와 같은 죄들을 은밀히 지었습니다. 셋째, 유대인들은 율법을 자랑하기만 하고 지키지 않았습니다.[23절] 그리하여 율법을 주신 하나님께서 모독을 받게 하였습니다.

이제 유대인들은 아무런 말도 할 수 없을 것 같습니다. 이제는 자신들의 한계와 부족함을 인정하고, 예수님 앞에 나와야 할 것 같습니다. 하지만 바울은 유대인들이 최후의 보루로 삼고 있는 한 가지가 있음을 알았습니다. 바울이 네 번째로 말하는 것은 "할례"입니다. 할례는 모세보다 훨씬 이전에 살았던 아브라함에게 주신 것입니다. 할례는 모세 율법보다 오래된 것입니다. 할례는 이스라엘 민족의 시작부터 함께한 것입니다. 유대인들은 할례야말로 유대인을 세상과 구별시키는 것이고, 유대인과 하나님 사이에 아무런 문제가 없다는 증거라고 믿었습니다.

그래서 바울은 25절부터 할례에 대해 말하기 시작합니다. 결정적인 논증은 이것입니다. "네가 율법을 행하면 할례가 유익하나 만일 율법을 범하면 네 할례는 무할례가 되느니라."[25절] 이것은 할례 자체에는 고유한 가치가 없다는 뜻입니다.[29] 율법을 지키지 않으면 할례를 받지 않은 것과 똑같다는 뜻입니다. 세례를 받기만 하면 자동으로 구원을 받는 것이 아니라, 참된 믿음과 선한 행실이 뒤따라야 하는 것과 마찬가지입니다.

우리는 유대인들의 잘못된 믿음이 어떤 결과를 가져왔는지를 기억해야 합니다. 그들의 잘못된 믿음은 하나님의 이름이 이방인 중에서 모독을 받는 결과를 가져왔습니다.[24절] 우리도 마찬가지입니다. 우리에게는 '그리스도인'이라는 이름이 붙어 있습니다. 우리가 그에 합당한 삶을 살지 않으면, 우리 때문에 예수님의 이름이 세상에서 모독을 받게 될 것입니다.

묵상과 기도

Q. 유대인들이 최후의 보루로 삼았던 것은 무엇입니까?

Q. 할례를 받기만 하면 자동으로 구원을 받습니까?

prayer. 하나님, 저희는 그리스도인입니다. 저희는 그리스도의 이름으로 불리는 자들입니다. 저희가 선을 행하면 그리스도께서 영광을 받고, 저희가 악을 행하면 그리스도께서 모욕을 받습니다. 그러므로 힘써 선을 행하고, 힘써 죄와 싸우게 해주세요.

하나님의 말씀을 맡았음이니라

> **롬 3:1-2** 1 그런즉 유대인의 나음이 무엇이며 할례의 유익이 무엇이냐 2 범사에 많으니 우선은 그들이 하나님의 말씀을 맡았음이니라

이제 우리는 로마서 3장에 이르렀습니다. 3장을 살펴보기 전에 1장부터 3장까지의 문맥을 살펴보는 것이 유익하리라 생각됩니다. 바울은 1장 18절에서 이렇게 말했습니다. "하나님의 진노가 불의로 진리를 막는 사람들의 모든 경건하지 않음과 불의에 대하여 하늘로부터 나타나나니."롬1:18

하나님은 모든 사람에게 진노하고 계십니다. 이 말은 하나님께서 이방인뿐만 아니라 유대인에게도 진노하고 계신다는 뜻입니다. 그래서 바울은 1장에서는 이방인이 하나님의 진노 아래 있음을, 2장에서는 유대인이 하나님의 진노 아래 있음을 설명했습니다. 하지만 유대인들은 선택받은 민족이라는 자부심을 가지고 있었습니다. 바울이 2장에서 충분히 설명했을지라도 유대인 중에는 이렇게 묻는 자들이 있을 수 있었습니다. "그렇다면 우리가 유대인으로 태어난 것이 아무런 장점도 없다는 말입니까? 아브라함과 모세의 후손으로 태어난 것이 어떠한 유익도 없다는 말입니까?"

그래서 바울은 3장으로 들어가자마자, 유대인으로 태어난 것의 장점을 설명합니다. 바울은 유대인으로 태어난 것의 이점을 다음과 같이 말합니다. "범사에 많으니 우선은 그들이 하나님의 말씀을 맡았음이니라."2절

바울은 유대인이 가지고 있는 최고의 특권을 하나님의 말씀을 받은 것이라고 말합니다. 왜 하나님의 말씀을 받은 것이 최고의 유익인지는 그렇지 않은 이방인과 구별할 때 분명하게 드러납니다. 이방인들은 어둠 속에서 살았습니다. 돌과 나무로 만든 우상을 섬기고, 죽음이라는 미지의 세계를 두려워했습니다. 그러나 유대인들은 달랐습니다. 그들에게는 하나님의 말씀이 있었기 때문입니다. 유대인들은 하나님께서 한 분이라는 것을 알았습니다. 언젠가 메시아가 오실 것을 알았습니다. 죽음이 새로운 시작임을 알았습니다. 이방인들은 몰랐지만, 유대인들은 알았습니다. 바로 이것이 유대인들의 특권이었습니다. 그런 점에서 우리가 성경을 가지고 있다는 것은 그 자체로 큰 특권입니다. 성경은 하나님의 말씀이기 때문입니다. 불신자들은 성경을 가지고 있지 않고, 가지고 있다 해도 해석할 능력이 없습니다. 하지만 우리는 성경을 가지고 있고, 성경을 이해할 수도 있습니다. 진리의 영이신 성령님이 우리 안에 계시기 때문입니다. 유대인의 특권이 말씀을 맡은 것이듯, 우리의 특권도 성경을 가진 것입니다. 성공과 부와 명예가 특권이 아닙니다. 성경을 읽을 수 있다는 것이 진정한 특권입니다.

그렇다면 우리는 어떤 자세로 성경을 대해야 할까요? 성경이 하나님의 말씀임을 인식해야 합니다. 하나님께서 성경을 통해 우리에게 말씀하심을 믿어야 합니다. 성경을 힘써 배우고 연구해야 합니다. 그러면 성경을 통해 하나님을 알게 될 것입니다. 하나님을 아는 지식이 우리의 마음과 삶을 바꿀 것입니다. 우리의 환경과 상황은 그대로일지라도, 새로운 시각으로 세상을 바라보게 될 것입니다. 바로 이곳에 이미 하나님의 나라가 임했음을 알게 될 것입니다.

묵상과 기도

Q. 유대인으로 태어난 것의 이점은 무엇입니까?

Q. 우리가 가진 최고의 특권은 무엇입니까?

prayer. 하나님, 저희에게 성경을 주셔서 감사합니다. 성경을 이해하고 믿게 하시며, 성경대로 살고자 하는 마음을 주셔서 감사합니다. 앞으로도 계속해서 성경을 소중하게 여기며, 성경을 실천하며 살게 해주세요.

그들은 정죄 받는 것이 마땅하니라

롬 3:3-8 3 어떤 자들이 믿지 아니하였으면 어찌하리요 그 믿지 아니함이 하나님의 미쁘심을 폐하겠느냐 4 그럴 수 없느니라 사람은 다 거짓되되 오직 하나님은 참되시다 할지어다 기록된 바 주께서 주의 말씀에 의롭다 함을 얻으시고 판단 받으실 때에 이기려 하심이라 함과 같으니라 5 그러나 우리 불의가 하나님의 의를 드러나게 하면 무슨 말 하리요 [내가 사람의 말하는 대로 말하노니] 진노를 내리시는 하나님이 불의하시냐 6 결코 그렇지 아니하니라 만일 그러하면 하나님께서 어찌 세상을 심판하시리요 7 그러나 나의 거짓말로 하나님의 참되심이 더 풍성하여 그의 영광이 되었다면 어찌 내가 죄인처럼 심판을 받으리요 8 또는 그러면 선을 이루기 위하여 악을 행하자 하지 않겠느냐 어떤 이들이 이렇게 비방하여 우리가 이런 말을 한다고 하니 그들은 정죄 받는 것이 마땅하니라

바울은 3장 1절과 2절을 통해 유대인의 특권을 설명했습니다. 유대인으로 태어난 것이 결코 무가치한 일이 아님을 입증했습니다. 하지만 바울은 또 다른 반론이 제기될 수 있음을 알았습니다.

그래서 그는 예상되는 반론을 하나하나 자문자답自問自答하기 시작합니다. 이 내용을 정리해서 표로 나타내면 아래와 같습니다.

본문이 우리에게 주는 교훈은 다음과 같습니다.

첫째, 유대인들이 바울에게 무가치한 의문을 제기했던 것처럼, 세상은 끊임없이 우리를 공격할 것입니다. 그것은 불신자들의 특징입니다. 우리는 그런 현상에 낙담하지 말아야 합니다.

둘째, "정죄 받는 것이 마땅하니라"는 말씀처럼, 하나님께 무가치한 질문을 던지는 자들은 심판을 받아야 마땅합니다. 하나님은 경외의 대상이지, 호기심의 대상이 아닙니다. 하나님의 전능하심과 의로우심을 부정하는 호기심을 가져서는 안 됩니다.

	반대자들의 질문 (가상의 질문)		바울의 대답
3절	유대인들 가운데 상당수가 예수님을 믿지 않았다. 그래도 유대인에게 특권이 있다고 말할 수 있는가? 이로써 하나님의 신실하심은 폐하여진 것 아닌가?	4절	그럴 수 없다. 시편 51편 4절에 기록되어 있듯이, 사람의 실패는 하나님의 신실하심에 아무런 영향을 미칠 수 없다.
5절	하나님께서 그토록 은혜로운 분이라면, 하나님의 심판이 가능한가?	6절	그런 질문을 해서는 안 된다. 하나님의 심판은 명백하다.
7절	나의 실패가 하나님의 신실하심을 드러낸다면, 어떻게 내가 죄인처럼 심판을 받을 수 있는가?	8절	그런 질문을 하는 자들은 정죄를 받는 것이 마땅하다.

묵상과 기도

Q. 하나님께 무가치한 질문을 던지는 자들은 어떻게 되어야 마땅합니까?

Q. 하나님을 호기심의 대상으로 여기고 있지는 않습니까?

prayer. 하나님, 하나님은 세상의 창조주요 만물의 주인이십니다. 그러므로 항상 하나님을 경외하며 하나님을 함부로 대하지 않게 해주세요. 하나님께 무가치한 질문을 던지지 않으며 하나님을 호기심의 대상으로 여기지 않게 해주세요.

의인은 없나니 하나도 없으며(1)

> **롬 3:9-12** 9 그러면 어떠하냐 우리는 나으냐 결코 아니라 유대인이나 헬라인이나 다 죄 아래에 있다고 우리가 이미 선언하였느니라 10 기록된 바 의인은 없나니 하나도 없으며 11 깨닫는 자도 없고 하나님을 찾는 자도 없고 12 다 치우쳐 함께 무익하게 되고 선을 행하는 자는 없나니 하나도 없도다

유대인들은 하나님의 말씀을 맡았음에도 불구하고, 예수님을 영접하지 않았습니다. 오히려 예수님을 대적하고 십자가에 못 박았습니다. 이 비극적인 사실은 그들이 성경의 요점을 알지 못한 데 있었습니다.

성경의 요점 중 하나는 모든 사람이 죄인이라는 사실입니다. 의인은 아무도 없다는 것입니다. 유대인들은 이것을 몰랐습니다. 자신들을 의롭게 여겼고, 자신들과 하나님 사이에 아무런 문제도 없다고 여겼습니다.

그래서 바울은 구약성경을 통해 모든 사람이 죄인이며, 의인은 아무도 없다는 사실을 입증합니다.

이 단락에서 바울이 인용한 구약성경은 아래의 표와 같습니다.

바울은 어떤 식으로 모든 사람이 하나님의 진노 아래 있음을 입증하고 있습니까? 성경을 통해서입니다. 바울은 구약성경을 열어, "이것을 보라!"라고 말하고 있습니다. 바울은 대단한 지식인이지만, 자신의 지성을 자랑하지 않습니다. 대신 성경을 가리킵니다. 우리도 마찬가지입니다. 우리가 대단한 지식인이 아니어도 괜찮습니다. 성경을 열어 보여주는 것, 성경을 가리키는 것, 이것이 복음을 전하는 가장 효과적인 방식입니다.

구약성경	신약성경
여호와께서 하늘에서 인생을 굽어살피사 지각이 있어 하나님을 찾는 자가 있는가 보려 하신즉 다 치우쳐 함께 더러운 자가 되고 선을 행하는 자가 없으니 하나도 없도다(시14:2-3)	기록된 바 의인은 없나니 하나도 없으며 깨닫는 자도 없고 하나님을 찾는 자도 없고 다 치우쳐 함께 무익하게 되고 선을 행하는 자는 없나니 하나도 없도다(롬3:10-12)
그들의 입에 신실함이 없고 그들의 심중이 심히 악하며 그들의 목구멍은 열린 무덤 같고 그들의 혀로는 아첨하나이다(시5:9)	그들의 목구멍은 열린 무덤이요 그 혀로는 속임을 일삼으며 그 입술에는 독사의 독이 있고(롬3:13)
그의 입에는 저주와 거짓과 포악이 충만하며 그의 혀 밑에는 잔해와 죄악이 있나이다(시10:7)	그 입에는 저주와 악독이 가득하고(롬3:14)
그 발은 행악하기에 빠르고 무죄한 피를 흘리기에 신속하며 그 생각은 악한 생각이라 황폐와 파멸이 그 길에 있으며 그들은 평강의 길을 알지 못하며 그들이 행하는 곳에는 정의가 없으며 굽은 길을 스스로 만드나니 무릇 이 길을 밟는 자는 평강을 알지 못하느니라(시59:7-8)	그 발은 피 흘리는 데 빠른지라 파멸과 고생이 그 길에 있어 평강의 길을 알지 못하였고(롬3:15-17)

묵상과 기도

Q. 유대인으로 태어난 것의 보편적인 의미는 무엇입니까?

Q. 유대인으로 태어난 것의 특별한 의미는 무엇입니까?

prayer. 하나님, 모든 사람은 죄인입니다. 모든 사람이 심판을 받아야 합니다. 하지만 하나님은 저희를 구원해 주셨습니다. 죄인이 아니라 의인으로 여겨주셨고, 심판이 아니라 영생을 선물로 주셨습니다. 이토록 놀라운 은혜를 받았으니, 영원토록 하나님만 찬양하게 해주세요.

의인은 없나니 하나도 없으며(2)

롬 3:13-18 13 그들의 목구멍은 열린 무덤이요 그 혀로는 속임을 일삼으며 그 입술에는 독사의 독이 있고 14 그 입에는 저주와 악독이 가득하고 15 그 발은 피 흘리는 데 빠른지라 16 파멸과 고생이 그 길에 있어 17 평강의 길을 알지 못하였고 18 그들의 눈 앞에 하나님을 두려워함이 없느니라 함과 같으니라

우리는 로마서를 통해 복음을 전하는 바른 방식을 알 수 있습니다. 바울은 "행복해지기를 원하십니까? 예수를 믿으십시오." "문제를 해결하기 원하십니까? 예수를 믿으십시오." "병 고침을 원하십니까? 예수를 믿으십시오." 이런 식으로 복음을 전하지 않습니다. 그것이 근본적으로 잘못되었다는 것이 아닙니다. 다만, 바울은 그와 같은 식으로 시작하지 않았다는 것입니다. 바울이 복음을 전하기 위해 가장 먼저 한 일은 인간이 처한 비참한 상태를 설명하는 것입니다. 1장 18절이 가장 핵심적인 진술입니다. "하나님의 진노가 불의로 진리를 막는 사람들의 모든 경건하지 않음과 불의에 대하여 하늘로부터 나타나나니." 바울은 왜 예수님을 믿어야 한다고 말합니까? 왜 예수님을 구원자로 영접하라고 외칩니까? 하나님의 진노 때문입니다. 하나님께서 우리의 죄를 심판하시기 때문입니다. 이것이 결정적으로 중요하기 때문에, 바울은 1장 18절의 주제를 좀 더 구체적으로 설명하고 있습니다. 사실상 1장 19절부터 3장 20절까지는 1장 18절의 확장입니다. 바울은 이 단락을 통해 모든 사람이 죄인이며, 모든 사람이 하나님의 진노 아래 있음을 철저하게 논증했습니다. 오늘 본문도 동일한 문맥 속에 포함되어 있습니다. 바울은 사람들이 온 힘을 다해 하나님께 저항하고, 하나님 앞에서 죄를 짓고 있다고 말합니다. 주목할 것은 특정한 사람들만 하나님께 불순종하고, 하나님께 죄를 짓는 것이 아니라는 점입니다. 바울이 고발하는 대상은 모든 사람입니다. 의인은 단 한 사람도 없습니다. 롬3:10 하나님을 찾는 자와, 선을 행하는 자도 마찬가지입니다. 롬3:11-12 아무도 없습니다.

우리는 여기서 중요한 사실 몇 가지를 알게 됩니다. 첫째, 우리는 상대방이 죄인인지 아닌지를 고민할 필요가 없습니다. 복음을 전해야 할지 침묵해야 할지 고민할 필요가 없습니다. 성경은 모든 사람이 죄인이고, 하나님의 진노의 대상이라고 말합니다. 그래서 모든 사람이 복음을 들어야 합니다. 복음을 듣지 않아도 되는 의인은 아무도 없습니다.

둘째, 세상에서는 의인이라 할지라도, 하나님 앞에서는 죄인에 불과하다는 점입니다. 세상의 기준과 하나님의 기준이 각각 다르기 때문입니다. 세상에서 큰 공로를 세웠을지라도, 그것이 하나님의 영광을 위한 것이 아니라면 헛되고 무익할 뿐입니다.

셋째, 어떤 사람도 스스로의 힘으로는 하나님을 찾을 수 없다는 점입니다. 만약 우리가 하나님을 찾았다면, 그것은 하나님께서 먼저 우리를 찾아와주신 결과입니다. 성경은 이렇게 말합니다. "우리도 전에는 어리석은 자요 순종하지 아니한 자요 속은 자요 여러 가지 정욕과 행락에 종노릇한 자요 악독과 투기를 일삼은 자요 가증스러운 자요 피차 미워한 자였으나." 딛3:3 우리는 이런 존재였습니다. 그런 우리에게 하나님께서 먼저 찾아오셨습니다. 우리가 먼저 하나님을 찾은 것이 아닙니다. 이것이 복음이고 은혜입니다.

묵상과 기도

Q. 바울이 복음을 전하기 위해 가장 먼저 한 일은 무엇입니까?

prayer. 하나님, 아무도 스스로의 능력으로 하나님을 찾을 수 없습니다. 아무도 스스로의 능력으로 복음을 믿을 수 없습니다. 하나님께서 찾아오셔야 하고, 믿음을 주셔야 합니다. 이런 은혜를 저희에게 베풀어 주셔서 감사합니다. 저희를 찾아오시고, 저희에게 믿음을 주셔서 감사합니다.

2월 16일

모든 입을 막고

> **롬 3:19-20** 19 우리가 알거니와 무릇 율법이 말하는 바는 율법 아래에 있는 자들에게 말하는 것이니 이는 모든 입을 막고 온 세상으로 하나님의 심판 아래에 있게 하려 함이라 20 그러므로 율법의 행위로 그의 앞에 의롭다 하심을 얻을 육체가 없나니 율법으로는 죄를 깨달음이니라

오늘 본문은 모든 사람이 하나님의 진노 아래 있음을 설명하는 단락롬1:18-3:20 의 결론입니다. 바울은 1장 18절에서 다음과 같이 선언했습니다. "하나님의 진노가 불의로 진리를 막는 사람들의 모든 경건하지 않음과 불의에 대하여 하늘로부터 나타나나니." 하지만 이러한 바울의 선언에 동의하지 않는 자들이 있었습니다. 바로 유대인들입니다. 그들은 자신들이 하나님의 진노와 상관없다고 믿었습니다. 자신들은 하나님께 선택된 민족이기 때문에 이미 의롭다고 생각했습니다. 자신들은 아브라함의 후손으로서 하나님과 바른 관계에 있다고 여겼습니다.

그래서 바울은 2장 전체를 통해 유대인들이 가진 잘못된 생각을 지적했습니다. 유대인들의 믿음이 잘못되었다는 것을 세세하게 설명했습니다. 하나님의 진노에 있어서 유대인과 이방인의 차이가 없음을 철저하게 논증했습니다. 그리고 추가적으로 유대인들이 그토록 중요하게 생각하는 구약을 인용했습니다. 롬3:1-18 모든 사람이 죄인이라고 말하고 있는 구약의 중요한 구절들을 근거로 들었습니다.

바울이 이렇게까지 하는 이유는 무엇일까요? "모든 입을" 막기 위해서입니다. 자신의 의로움을 주장하는 입, 자신은 다른 사람과 다르다고 말하는 입, 자신은 하나님의 진노 아래 있지 않다고 말하는 입, 자신은 흠 없는 삶을 살아왔다고 말하는 입들을 막기 위해서입니다.

예수님도 이러한 일을 하셨습니다. 예수님은 누가복음 18장에서 기도하는 두 사람의 비유를 말씀하셨습니다. 한 사람은 바리새인이었고, 한 사람은 세리였습니다. 바리새인은 자신의 의로움을 자랑했고, 세리는 감히 눈을 들어 하늘을 쳐다보지도 못했습니다. 이에 예수님은 하나님 앞에서 진정으로 의롭다 함을 받은 자는 바리새인이 아니라 세리라는 말씀으로, 교만한 바리새인들의 입을 막으셨습니다.

마태복음 19장에 기록된 부자 청년 이야기도 마찬가지입니다. 부자 청년은 자신의 의로움을 자랑하면서 "이 모든 것을 내가 지키었사온대 아직도 무엇이 부족하니이까"라고 힘주어 말했습니다. 이에 예수님은 "네 소유를 팔아 가난한 자들에게 주라"고 말씀하심으로 실제로는 하나님보다 돈을 더 사랑하고 있음을 알게 하셨습니다. 그렇게 부자 청년의 교만한 입을 막으셨습니다.

우리는 어떠합니까? 혹시 다른 사람보다 자신이 더 낫다고 생각하지 않습니까? 다른 사람들은 구원받을 만한 사람이 아니지만, 나는 구원받을 만한 사람이라고 생각하지 않습니까? 그런 자들에게 우리 하나님께서 이렇게 말씀하십니다.

"율법의 행위로 그의 앞에 의롭다 하심을 얻을 육체가 없나니."20절

"의인은 없나니 하나도 없으며."롬3:10

묵상과 기도

Q. 바울이 막으려 했던 입은 어떤 말을 하는 입을 의미합니까?

prayer. 하나님, 행위로 의로움을 얻을 수 없습니다. 하나님 앞에서 의인은 아무도 없습니다. 하지만 저희는 예수님 때문에 의롭게 되었습니다. 예수님을 믿는 믿음을 통해 하나님 앞에서 의로운 자가 되었습니다. 항상 이 은혜를 찬양하게 해주세요. 언제나 이 은혜를 고백하게 해주세요. 교만한 말이 아니라, 하나님의 은혜를 찬양하는 말을 하며 살게 해주세요.

57

(그러나) 이제는

롬 3:21-23 21 (그러나) 이제는 율법 외에 하나님의 한 의가 나타났으니 율법과 선지자들에게 증거를 받은 것이라 22 곧 예수 그리스도를 믿음으로 말미암아 모든 믿는 자에게 미치는 하나님의 의니 차별이 없느니라 23 모든 사람이 죄를 범하였으매 하나님의 영광에 이르지 못하더니

3장 21절은 로마서의 중요한 분기점입니다. 1장 18절부터 시작된 '하나님의 진노'라는 주제가 3장 20절에서 마무리되고, 21절부터 새로운 주제가 시작되기 때문입니다. 바울은 모든 사람이 하나님의 진노 아래 있다고 선언한 후에, ^{롬1:18} 아무도 율법으로는 의롭다 함을 얻을 수 없다는 말씀으로 이 단락을 마무리합니다. ^{롬3:20} 그리하여 어떤 사람도 스스로의 능력으로는 하나님 앞에서 의롭다 함을 얻을 수 없음을 확실하게 못박습니다.

이쯤 되면 누구나 절망적인 마음을 가지게 됩니다. 아무도 자신의 능력으로 의롭게 될 수 없다는 말은, 아무도 하나님의 진노를 피할 수 없다는 말이기 때문입니다. 바로 이것이 바울의 의도입니다. 자신에게 소망을 두고서는 예수님을 찾을 수 없습니다. 우리가 진실로 예수님을 바라보게 되는 것은, 자기 자신에게 전적으로 절망할 때입니다. 그래서 바울은 예상 가능한 모든 반론들을 2장과 3장에서 미리 논증했던 것입니다. 바울은 우리를 철저하게 무력하게 만든 후에, 참으로 중요한 한 단어를 제시합니다. 그것은 바로 "이제는"이라는 단어입니다. 그런데 "이제는" 보다는 "그러나 이제는"이라고 하는 것이 훨씬 더 원문의 의미를 잘 살리는 번역입니다. 3장 21절부터 새로운 주제가 시작되기 때문입니다.

로이드 존스 목사님은 "그러나 이제는"이라는 말이 신자의 시금석이요, 모든 복의 절정이라고 말했습니다. 이것은 전혀 과장된 표현이 아닙니다. 우리를 시험하고 공격하는 사탄과 세상 앞에서, "그러나 이제는"이라는 말처럼 강력한 방어 무기는 없기 때문입니다. 사탄은 우리에게 이렇게 말합니다. "너 같은 것이 하나님의 자녀라고?" 그때 우리는 이렇게 반박할 수 있습니다. "그렇다. 과거에는 사탄의 자녀였고, 죄와 사망에 속한 자였다. 그러나 이제는 새로운 시대가 도래했다. 이제 나는 하나님의 자녀다. 예수님께서 나를 의롭게 하셨기 때문이다."

때로는 우리의 연약한 마음으로부터 이런 의심이 생겨나기도 합니다. "과연 나 같은 사람이 구원을 받을 수 있을까?" 그때도 우리는 이 위대한 말씀을 떠올려야 합니다. "과거의 나는 구원과는 전혀 상관없는 사람이었다. 그러나 이제는 완전하고 확실한 구원이 나에게 있다. 예수님께서 나를 대신하여 죽으셨기 때문이다."

우리는 "그러나 이제는"이라는 말씀을 항상 기억해야 합니다. 그리고 믿어야 합니다. 비록 우리가 과거에는 죄인이요, 철저하게 무익한 자요, 하나님의 진노의 대상이었을지라도 이제는 예수님의 십자가와 부활을 통해 전혀 새로운 존재가 되었다는 사실을 말입니다.

묵상과 기도

Q. 우리가 진실로 예수님을 바라보게 되는 때는 언제입니까?

Q. 우리가 새로운 존재가 되었음을 가장 잘 보여주는 표현은 무엇입니까?

prayer. 하나님, 저희는 과거에 죄인이었습니다. 과거에 하나님과 상관없는 사람이었습니다. 그러나 이제는 의인이 되었고, 하나님의 자녀가 되었습니다. 이제 아무도 우리의 구원을 방해할 수 없습니다. 아무도 하나님과 우리를 갈라놓을 수 없습니다. 이 사실을 굳게 믿게 해주세요. 이 진리를 의심하지 않게 해주세요.

율법 외에 하나님의 한 의가 나타났으니

롬 3:21-23 21 (그러나) 이제는 율법 외에 하나님의 한 의가 나타났으니 율법과 선지자들에게 증거를 받은 것이라 22 곧 예수 그리스도를 믿음으로 말미암아 모든 믿는 자에게 미치는 하나님의 의니 차별이 없느니라 23 모든 사람이 죄를 범하였으매 하나님의 영광에 이르지 못하더니

우리는 벅찬 감격을 표현할 때 "그러나 이제는"이라는 단어를 사용합니다. 예를 들어, "지난날 우리는 몹시도 가난했다. 그러나 이제는 상당히 부유하게 되었다." "과거에 나는 너무나 허약했다. 그러나 이제는 튼튼한 신체를 가지게 되었다." "예전에 우리 아이는 글도 읽지 못했다. 그러나 이제는 어엿한 대학생이 되었다." 이런 식으로 말이지요.

바울도 마찬가지입니다. 그도 동일하게 "그러나 이제는"이라는 단어를 통해 자신이 느끼는 감격을 표현합니다. 바울이 감격하는 이유는 "율법 외에" 새로운 구원의 길이 열렸기 때문입니다. 사실상 율법으로는 아무도 구원을 얻을 수 없습니다. 그래서 모든 사람이 하나님의 진노와 심판의 대상이었습니다. 그러나 이제는 새로운 시대가 시작되었습니다. 새로운 전환점이 시작된 것입니다. 바로 이것이 바울이 감격하는 이유입니다.

그렇다면 하나님은 어떤 방식으로 새로운 시대를 여셨습니까? 율법을 지킴으로써가 아니라 예수님을 믿는 자를 의롭다 하시는 방식입니다. 22절 율법이 아니라 믿음으로 구원을 얻는 새로운 시대를 시작하신 것입니다.

하지만 이 대목에서 율법이 전혀 쓸모없는 것이라고 오해해서는 안 됩니다. 우리가 구원을 얻기 위해서는 반드시 율법이 필요합니다. 하지만 우리의 능력으로는 율법을 다 지킬 수 없기 때문에, 다른 누군가가 우리 대신 율법을 지켜야 합니다. 그리고 그분의 의를 전가 받아야 합니다.

바로 이것이 "율법 외에 하나님의 한 의가 나타"났다는 말의 진정한 의미입니다. 우리가 예수님을 믿을 때, 하나님은 예수님의 의를 우리의 의로 간주해 주십니다. 예수님의 순종을 우리의 순종으로 여겨주십니다. 그러므로 예수님이 오심으로 율법이 폐지되었고, 율법은 아무 쓸모가 없게 되었다는 것은 잘못된 주장입니다. 우리가 구원을 얻는 것은 예수님이 율법을 완전히 지키신 결과이기 때문입니다. 그래서 바울은 3장 31절에서 이렇게 말합니다. "그런즉 우리가 믿음으로 말미암아 율법을 파기하느냐. 그럴 수 없느니라. 도리어 율법을 굳게 세우느니라."

결론적으로 우리의 구원은 율법이 폐기되었기 때문이 아닙니다. "율법은 폐기되었으므로 믿기만 하면 된다"는 것은 비성경적입니다. 우리가 구원을 얻는 것은 예수님께서 우리 대신 율법에 완전히 순종하셨기 때문입니다.

묵상과 기도

Q. 바울이 감격하는 이유는 무엇입니까?

Q. 하나님은 어떤 방식으로 우리가 의롭게 되도록 하셨습니까?

prayer. 하나님, 저희에게 예수님을 보내주셔서 감사합니다. 예수님이 저희 대신 모든 율법을 지키게 하신 것을 감사합니다. 저희가 예수님을 믿을 때 예수님의 의로움이 저희에게 전가되게 하신 것을 감사합니다. 저희는 예수님 때문에 의롭게 되었습니다. 그러므로 앞으로는 오직 예수님을 위해서만 살아가게 해주세요.

값없이 의롭다 하심을 얻은 자 되었느니라

롬 3:24 그리스도 예수 안에 있는 속량으로 말미암아 하나님의 은혜로 값없이 의롭다 하심을 얻은 자 되었느니라

로마서 3장 24절은 신자의 믿음을 완벽하게 요약하는 말씀입니다. 그런 점에서 이 본문은 요한복음 3장 16절만큼 중요합니다. 본문의 내용은 크게 세 가지로 나누어집니다. 첫째, 구원이란 무엇인가? 둘째, 우리가 어떻게 구원을 받는가? 셋째, 우리의 구원이 가능한 근거는 무엇인가? 이 세 가지 주제를 하나씩 차례대로 살펴보겠습니다. 첫째, 구원이란 무엇입니까? 바울은 그것을 "의롭다 하심을 얻는" 것이라고 말합니다. 흔히 '칭의'라고 하는 것이지요. 하나님께서 우리에게 "너는 의롭다"라고 선포하시는 것, 하나님에 의해 우리의 의로움이 선포되는 것이 바로 구원입니다. 따라서 칭의는 하늘 법정에서 일어나는 일입니다. 최고의 재판장이신 하나님께서 우리가 의롭다고 선고해 주시는 것이 칭의입니다. 칭의는 오랫동안 논쟁이 되어 왔습니다. 성도들이 여전히 죄를 짓고 있으니, 이미 의롭다 함을 얻었을 리가 없다는 것이지요. 이것은 칭의를 오해한 결과입니다. 칭의는 실제적인 변화가 아닙니다. 칭의는 하나님의 선포입니다. 실제로는 의롭지 않은 자들을 의롭다고 간주해 주시는 하나님의 은혜로운 행위입니다. 또한 우리는 "되었느니라"는 표현에 주목해야 합니다. 이것은 명백히 현재 일어난 일을 나타내는 표현입니다. 믿음으로 의롭다 함을 얻는 일은 미래에 일어나는 일이 아니라, 지금 이미 이루어진 일입니다. 따라서 우리의 구원은 생의 마지막에 가서야 결정되는 일이 아닙니다. 우리는 지금 이미 의로우며, 지금 이미 하나님께 속한 자입니다. 둘째, 우리가 어떻게 구원을 받습니까? "하나님의 은혜로 값없이" 받습니다. 구원은 자격과 조건을 따라 받는 것이 아닙니다. 구원은 하나님께서 은혜로 주시는 선물입니다. 구원은 받을 자격이 없는 자들에게 주어지는 값없는 선물입니다. 구원은 심판을 받아야 하는 자들에게, 그와 정반대되는 것을 주시는 하나님의 놀라운 선물입니다. 셋째, 우리의 구원이 가능한 근거는 무엇입니까? "예수 안에 있는 속량"입니다. 속량으로 번역된 헬라어 '아폴뤼트로시스'는, 노예를 해방시키기 위해 지불하는 몸값을 의미합니다. 노예에게 자유를 주기 위해 지불하는 대가가 '속량'입니다. 하나님께서 우리를 의롭다 하실 수 있는 근거가 바로 여기에 있습니다. 구원을 위해 우리가 한 것은 아무것도 없습니다. 하지만 하나님은 커다란 희생을 치르셨습니다. 하나님은 자기 아들에게 진노와 저주를 부으셨습니다. 예수님은 우리 대신 십자가에서 죽으셨습니다. 이런 일이 있었기에 우리의 구원이 가능했던 것입니다. 결론적으로 유일한 구원의 길은 예수님입니다. 이 모든 것을 가능하게 한 것은 예수님의 죽음과 부활입니다. 우리가 스스로를 바라볼 때, 탄식과 후회밖에 할 것이 없습니다. 하지만 예수님을 바라볼 때, 구원에 필요한 모든 것이 거기에 있음을 확인하게 됩니다. 그래서 우리는 예수님밖에 자랑할 이가 없습니다. "너희는 하나님으로부터 나서 그리스도 예수 안에 있고 예수는 하나님으로부터 나와서 우리에게 지혜와 의로움과 거룩함과 구원함이 되셨으니 기록된 바 자랑하는 자는 주 안에서 자랑하라 함과 같게 하려 함이라." _고전1:30-31_

묵상과 기도

Q. 칭의란 무엇입니까?

Q. 우리의 구원이 지금 이미 결정되었음을 믿습니까?

prayer. 하나님, 저희의 과거를 생각하면 후회밖에 할 것이 없습니다. 저희의 행위를 볼 때는 탄식밖에 나오지 않습니다. 하지만 예수님을 볼 때 찬양과 감사밖에 할 것이 없습니다. 예수님 때문에 자격 없는 저희가 구원을 얻었기 때문입니다. 그러므로 예수님을 주님으로 모시게 해주세요. 예수님을 위해서만 살아가게 해주세요.

그의 피로써

> **롬 3:25** 이 예수를 하나님이 그의 피로써 믿음으로 말미암는 화목제물로 세우셨으니 이는 하나님께서 길이 참으시는 중에 전에 지은 죄를 간과하심으로 자기의 의로우심을 나타내려 하심이니

예수님이 우리의 구원을 위해 무엇을 하셨습니까? 바울은 "그의 피로써"라는 말을 통해 예수님이 우리의 구원을 위해 자신을 희생하셨음을 강조합니다. 예수님의 피가 우리의 구원에 결정적인 근거가 된다는 것은 성경 전체에서 확인할 수 있는 사실입니다.

"그러면 이제 우리가 그의 피로 말미암아 의롭다 하심을 받았으니 더욱 그로 말미암아 진노하심에서 구원을 받을 것이니."롬5:9

"우리는 그리스도 안에서 그의 은혜의 풍성함을 따라 그의 피로 말미암아 속량 곧 죄 사함을 받았느니라."엡1:7

"염소와 송아지의 피로 하지 아니하고 오직 자기의 피로 영원한 속죄를 이루사 단번에 성소에 들어가셨느니라."히9:12

"오직 흠 없고 점 없는 어린양 같은 그리스도의 보배로운 피로 된 것이니라."벧전1:19

"그가 빛 가운데 계신 것 같이 우리도 빛 가운데 행하면 우리가 서로 사귐이 있고 그 아들 예수의 피가 우리를 모든 죄에서 깨끗하게 하실 것이요."요일1:7

성경이 예수님의 피를 이토록 강조하는 이유는 무엇일까요? 예수님이 우리를 위한 화목제물임을 나타내기 위해서입니다. 바로 이것이 "그의 피로써 믿음으로 말미암는 화목제물로 세우셨으니"라는 말씀의 의미입니다.

성경에서 화목제물의 기능은 크게 네 가지입니다.³⁰ 첫째, 하나님과 화목하기 위한 것입니다. 둘째, 죄를 씻기 위한 것입니다. 셋째, 사람의 죄를 제물에게 전가시키기 위한 것입니다. 넷째, 하나님의 은총을 회복시키기 위한 것입니다.

그렇다면 예수님이 화목제물이 되셔서 우리 대신 죽으셔야 했던 이유는 무엇일까요? 죄의 대가가 죽음이기 때문입니다. "선악을 알게 하는 나무의 열매는 먹지 말라. 네가 먹는 날에는 반드시 죽으리라."창2:17 따라서 예수님의 죽음은 일반적인 죽음이 아닙니다. 우리의 죄 사함을 위한 죽음입니다. "피로써 정결하게 되나니 피흘림이 없은즉 사함이 없느니라."히9:22

이것은 참으로 놀라운 일입니다. 하나님께서 우리의 죄를 해결하시기 위해, 자기 아들을 대신 죽이셨으니 말입니다. 하나님께서 우리의 구원을 위해 하신 일들은 하나같이 신비롭고 기이합니다. 그리고 이 신비한 일은 오직 예수님을 믿는 자들에게만 적용됩니다. 따라서 우리는 오직 예수님만을 바라보아야 합니다. 오직 예수님만을 의지해야 합니다. 예수님이 우리의 전부이자, 모든 것이 되어야 합니다.

묵상과 기도

Q. 성경이 예수님의 피를 강조하는 이유는 무엇입니까?

Q. 예수님이 화목제물이 되신 이유는 무엇입니까?

prayer. 하나님, 저희의 죄를 해결하기 위해 독생자를 보내주셔서 감사합니다. 저희를 죽음에서 건지시기 위해 예수님을 화목제물로 삼아 주셔서 감사합니다. 그러므로 앞으로 영원토록 예수님만 바라보게 해주세요. 예수님이 저희의 전부이자 모든 것이 되게 해주세요.

자기의 의로우심을 나타내사

롬 3:26 곧 이때에 자기의 의로우심을 나타내사 자기도 의로우시며 또한 예수 믿는 자를 의롭다 하려 하심이라

십자가는 우리의 의로움만 위한 것이 아닙니다. 하나님은 십자가를 통해 자신의 의로움을 나타내셨습니다. 이것이 무슨 뜻인지 예를 들어, 설명해 보겠습니다. 아버지가 아이에게 말합니다. "네 방을 청소하면 천 원을 주겠다." 아이는 알겠다고 대답하고 자신의 방으로 돌아갔습니다. 하지만 아이는 아버지의 말을 듣지 않았습니다. 아이의 방은 원래대로 어질러져 있었습니다. 그런데도 아버지가 아이에게 천 원을 준다면, 그 아버지는 의로운 아버지가 아닙니다. 약속을 어긴 불의한 아버지입니다.

하나님을 향해서도 동일한 비판이 가해질 수 있습니다. 하나님은 죄를 미워한다고 말씀하셨습니다. 죄를 지으면 심판할 것이며, 죄의 삯은 사망이라고 말씀하셨습니다. 그런데 하나님의 행동은 구약 시대 내내, 자신의 말과 배치되어 있었습니다.[31] 하나님은 자기 백성들의 죄를 간과하셨습니다.

하지만 하나님께서 아무것도 하시지 않은 것이 아닙니다. 하나님은 자신의 의로움을 나타내기 위한 준비를 하고 계셨습니다. 바로 갈보리 언덕의 십자가입니다. 그곳에서 하나님은 지금까지 간과하셨던 죄에 대한 진노를 자신의 아들에게 쏟아부으셨습니다. 지금껏 참으셨던 죄에 대한 분노를 자신의 아들에게 내리셨습니다. 그리하여 하나님은 자신이 죄를 미워한다는 사실과, 자신은 반드시 죄를 심판한다는 사실을 천명하셨습니다. 바로 이것이 본문의 의미입니다. 하나님은 이런 방식으로 자신의 의로움을 나타내셨습니다.

그렇다면 예수님의 십자가는 과거의 죄만 해결할까요? 그렇지 않습니다. 성경은 이렇게 말합니다. "그는 우리 죄를 위한 화목제물이니 우리만 위할 뿐 아니요 온 세상의 죄를 위하심이라."요일2:2 여기서 "온 세상의 죄"는 모든 죄를 의미합니다. 예수님은 십자가의 죽음을 통해 우리가 과거에 지은 죄뿐만 아니라, 미래에 지을 죄까지도 해결하셨습니다. 예수님은 우리의 모든 죄를 해결하셨습니다.

결론적으로 하나님께서 자격 없는 우리를 의롭다 하신 것은 불의한 행동이 아닙니다. 우리의 죄를 자신의 아들 안에서 대신 심판하셨기 때문입니다. 하나님은 자기 아들을 대신 벌하심으로 우리를 값없이 용서하실 수 있었고, 그러면서도 하나님의 의로움은 손상되지 않았습니다.

묵상과 기도

Q. 하나님은 오랫동안 간과하셨던 죄를 누구에게 쏟아부으셨습니까?

Q. 예수님이 해결하신 "온 세상의 죄"는 무엇을 의미합니까?

prayer. 하나님, 저희가 받아야 할 심판을 예수님이 대신 받으신 것을 믿습니다. 저희가 당해야 할 죽음의 벌을 예수님이 대신 받으신 것을 믿습니다. 이토록 놀라운 은혜를 받았으니, 이제는 하나님의 영광만을 위해 살게 해주세요. 무슨 일을 하든지 하나님의 영광을 위해 행하게 해주세요.

자랑할 데가 어디냐 있을 수가 없느니라

롬 3:27-28 27 그런즉 자랑할 데가 어디냐 있을 수가 없느니라 무슨 법으로냐 행위로냐 아니라 오직 믿음의 법으로니라 28 그러므로 사람이 의롭다 하심을 얻는 것은 율법의 행위에 있지 않고 믿음으로 되는 줄 우리가 인정하노라

하나님께서 친히 우리를 위해 '하나님의 의'를 준비하셨습니다. 믿는 자들에게 값없이 '하나님의 의'를 주셨습니다. 아무 자격이 없는 자들을 오직 은혜로 의롭게 하셨습니다. 바울은 하나님께서 하신 일에 대한 우리의 마땅한 반응을 다음과 같이 말합니다. "자랑할 데가 어디냐. 있을 수가 없느니라."27절

구원받기 위해 우리가 한 일은 아무것도 없습니다. 우리는 구원에 있어서 전적으로 무력했습니다. 모든 것이 하나님의 은혜요 선물이었습니다. 바로 이것이 하나님께서 우리를 구원하시는 방식입니다. 하나님의 구원은 자랑할 여지를 전적으로 차단합니다. 그런데 많은 신자들이 자신을 자랑합니다. 아주 은밀한 방식으로 말이지요. 예를 들어, 매우 성숙한 신자들도 이렇게 말하곤 합니다. "다른 사람들은 믿지 않았지만, 나는 믿었다. 내가 구원받은 것은 다른 사람들과 다르게 믿음을 가진 결과다." 이렇게 말하는 사람들은 자신을 자랑하는 것입니다. 자신의 믿음을 자랑하고, 자신의 행위를 자랑하는 것입니다. 이것은 "자랑할 데가 어디냐. 있을 수가 없느니라"는 말씀에 정면으로 위배됩니다. 이들은 믿음에 대해, 믿음이 하는 일에 대해 너무나도 큰 오해를 하고 있습니다. 이들이 자신을 자랑하는 것은 믿음에 대해 잘못된 지식을 가진 결과입니다. 믿음이 하는 일은 무엇일까요? 믿음은 구원의 '매개체'에 불과합니다.32 성경 어디에도 믿음 때문에 의롭다 함을 얻을 수 있다고 말하는 구절은 없습니다. 성경은 믿음으로 by faith 또는 믿음을 통해서 through faith 의롭다 함을 받는다고 말합니다. 믿음은 '하나님의 의'가 우리에게 전달되는 통로에 불과합니다. 그렇다면 우리는 왜 구원을 받습니까? 예수님 때문입니다. 예수님이 하나님의 뜻에 전적으로 순종하셨기 때문에 구원을 받습니다. 예수님이 우리 대신 하나님의 진노와 심판을 받으셨기 때문에 구원을 받습니다. 예수님은 유일하게 모든 율법에 순종하신 분입니다. 예수님은 유일하게 하나님의 뜻에 순종하신 분입니다. 예수님은 유일하게 죄가 없으신 분입니다. 그래서 우리가 의롭게 되는 방법은 예수님의 의를 전가 받는 것밖에 없습니다. 예수님은 하나님께서 우리를 위해 친히 준비하신 '하나님의 의'가 되십니다. 우리는 믿음을 통해 '예수님의 의'를 전가 받습니다. 믿음은 예수님의 의를 전가 받는 도구입니다. 따라서 믿음은 그 자체로 우리의 의가 되거나 우리의 자랑이 될 수 없습니다. 믿음은 우리의 업적이나 공로가 될 수 없습니다.

나아가 믿음은 홀로 의미를 가질 수 없습니다. 믿음은 믿음의 대상이 있을 때만 존재합니다. 우리가 믿을 수 있었던 것은, 믿음의 대상이신 예수님이 계셨기 때문입니다. 예수님이 우리 대신 죽으시고 부활하시지 않았다면, 우리의 믿음은 애초에 불가능했습니다. 그러므로 믿음은 우리의 공로가 될 수 없습니다. 믿음은 우리와 예수님을 연결해 주는 통로에 불과합니다. 다시 한 번 이 중요한 진리를 되새겨야 합니다. "그런즉 자랑할 데가 어디냐. 있을 수가 없느니라!"

묵상과 기도

Q. 우리에게 자신을 자랑할 자격이 있습니까?

Q. 우리가 의롭게 되는 유일한 방법은 무엇입니까?

prayer. 하나님, 저희는 오직 은혜로 구원을 받았습니다. 저희는 오직 예수님 때문에 의롭게 되었습니다. 그러므로 저희는 오직 하나님만 자랑해야 합니다. 오직 예수님만 높여야 합니다. 저희가 그렇게 살아가게 해주세요. 겸손하게 살아가게 해주세요.

할례자도 무할례자도 믿음으로 말미암아

롬 3:29-30 29 하나님은 다만 유대인의 하나님이시냐 또한 이방인의 하나님은 아니시냐 진실로 이방인의 하나님도 되시느니라 30 할례자도 믿음으로 말미암아 또한 무할례자도 믿음으로 말미암아 의롭다 하실 하나님은 한 분이시니라

바울은 1장 18절에서 3장 20절에 이르는 전 과정을 통해 유대인과 이방인 사이에 어떤 차이도 없음을 입증했습니다. 어떤 면에서 오늘 본문은 그 주제의 반복입니다. 이전 본문에서는 유대인과 이방인 모두가 죄인이자 하나님의 진노 아래 있는 존재임을 증명했다면, 오늘 본문에서는 유대인과 이방인 모두가 오직 믿음으로만 구원에 이를 수 있음을 말하고 있습니다. 구원에 이르는 길은 할례자^{유대인}에게도 믿음이요, 무할례자^{이방인}에게도 믿음입니다. 이로써 바울은 구원에 이르는 유일한 길이 예수님의 십자가뿐임을 더욱 확고히 합니다.

바울은 에베소서 2장에서 이 주제를 더욱 구체적으로 말합니다. "이제는 전에 멀리 있던 너희가 그리스도 예수 안에서 그리스도의 피로 가까워졌느니라. 그는 우리의 화평이신지라, 둘로 하나를 만드사 원수 된 것 곧 중간에 막힌 담을 자기 육체로 허시고."^{엡2:13-14} 유대인과 이방인을 가로막고 있던 담은 허물어졌습니다. 유대인과 이방인의 구별은 사라졌습니다. 유대인이든 이방인이든 모두 다 예수님의 피로써만 구원을 얻습니다. 구원에 이르는 과정에 있어서 유대인의 특권은 전혀 없습니다. 여기서 알 수 있는 것은 하나님께서 죄인을 구원하실 때, 오직 하나의 방법만을 사용하신다는 점입니다. 예수님을 믿는 것, 그 하나의 방법밖에 없습니다.

하나님은 예수님 외의 다른 길을 예비하신 적이 없습니다. 이것은 성경 어디서나 발견할 수 있는 중차대한 진리입니다.

"예수께서 이르시되 내가 곧 길이요 진리요 생명이니 나로 말미암지 않고는 아버지께로 올 자가 없느니라."^{요14:6}

"하나님은 한 분이시요 또 하나님과 사람 사이에 중보자도 한 분이시니 곧 사람이신 그리스도 예수라."^{딤전2:5}

예수님으로 말미암지 않고는 하나님 나라로 갈 수 있는 길이 없습니다. 하나님과 사람 사이의 중보자는 오직 예수님뿐입니다.

그런 점에서 다른 종교에도 구원이 있다고 주장하는 것은 비성경적입니다. "우리는 모두 하나의 정상을 향해 올라가고 있다. 기독교는 동쪽에서, 불교는 서쪽에서, 힌두교는 남쪽에서, 이슬람은 북쪽에서. 결국 우리는 정상에서 만나게 될 것이다." 이런 주장은 성경의 가르침이 아닙니다. 기독교 안에서도 마찬가지입니다. 자신이 기독교인이라 주장할지라도 믿음을 통해서만 구원에 이를 수 있음을 부정한다면, 그는 참된 신자가 아닙니다. 우리는 그런 사람과는 온전한 성도의 교제를 나눌 수 없습니다.

묵상과 기도

Q. 이방인은 믿음을 통해서 의롭다 함을 얻을 수 있습니다. 그렇다면 유대인은 무엇을 통해서 의롭다 함을 얻을 수 있습니까?

Q. 다른 종교에도 구원이 있습니까?

prayer. 하나님, 구원을 얻는 길은 예수님을 믿는 것밖에 없습니다. 세상에 수많은 우상이 있고 수많은 이단이 있지만, 거기에는 구원이 없습니다. 그러므로 저희가 한눈팔지 않도록 도와주세요. 저희가 잘못된 길에 들어서지 않도록 도와주세요. 구원에 이르는 좁은 길을 성실히 걸어가게 해주세요.

율법을 굳게 세우느니라

롬 3:31 그런즉 우리가 믿음으로 말미암아 율법을 파기하느냐 그럴 수 없느니라 도리어 율법을 굳게 세우느니라

지금까지 살펴본 바에 따르면 하나님의 구원 방식에는 크게 세 가지 특징이 있습니다. 첫째, 우리가 자랑하지 못하게 만듭니다. 롬3:27 둘째, 차별이 없습니다. 롬3:30 셋째, 율법을 굳게 세웁니다. 31절

바울은 세 번째 특징을 특별한 방법으로 설명합니다. 그는 먼저 질문을 던집니다. "믿음으로 말미암아 율법을 파기하느냐?" 믿음으로 구원을 얻는다면 율법은 무용지물이 된 것이 아니냐고 묻는 것입니다. 그리고 곧바로 이렇게 대답합니다. "그럴 수 없느니라. 도리어 율법을 굳게 세우느니라." 하나님의 구원 방식은 율법을 폐기하는 것이 아니라, 도리어 율법의 중요성을 부각시킨다는 것입니다. 따라서 "이제는 율법을 지킬 필요가 없다. 우리는 예수님을 믿기만 하면 된다"라고 말해서는 안 된다는 것입니다. 그 이유는 다음과 같습니다.

첫째, 예수님이 자발적인 순종을 통해 율법을 존귀하게 하셨기 때문입니다. 33 갈라디아서 4장 4절은 다음과 같이 말합니다. "때가 차매 하나님이 그 아들을 보내사 여자에게서 나게 하시고 율법 아래에 나게 하신 것은." 하나님은 예수님이 "율법 아래에" 나게 하셨습니다. 예수님은 율법의 작은 부분도 어기지 않으셨습니다. 철저하고 완벽하게 순종하셨습니다. 이처럼 예수님은 율법에 복종하는 삶을 통해 율법의 중요성을 강조하셨습니다. 율법을 굳게 세우셨습니다.

둘째, 예수님이 율법이 요구하는 형벌을 모두 받으셨기 때문입니다. 34 율법은 순종을 요구할 뿐만 아니라, 어겼을 경우에는 심판을 선언합니다. 그런데 모든 인류는 율법을 어겼습니다. 만약 불순종에 대한 심판 없이 하나님의 구원이 행해진다면, 이것은 율법을 세우는 것이 아닙니다. 이에 하나님은 갈보리의 십자가를 통해 율법의 중요성을 더욱 확고하게 하셨습니다. 예수님은 우리 대신 율법이 요구하는 형벌을 모두 받으심으로써 율법을 세우셨습니다. 이로써 율법을 지킬 필요가 없다고 주장하는 자들의 입을 막으셨습니다.

셋째, 예수님의 십자가를 통해 죄를 향한 하나님의 혐오가 명백하게 드러났기 때문입니다. 하나님은 자신의 독생자에게 진노를 쏟아부으셨습니다. 왜 그렇게 하셨습니까? 죄를 미워하시기 때문입니다. 예수님에게 우리의 죄가 전가되어 있으므로, 우리에게 향해야 할 하나님의 진노가 예수님에게 대신 향했던 것입니다. 이처럼 하나님은 죄를 그냥 덮어두시지 않습니다. 어떻게든 죄를 처리하십니다. 이 사실을 가장 명백하게 보여주는 것이 예수님의 십자가입니다.

예수님은 율법에 철저하게 복종하셨습니다. 율법이 요구하는 형벌을 받으셨습니다. 하나님은 율법을 어긴 것을 매우 혐오하십니다. 이 세 가지 사실이 성경에 명백하게 기록되어 있습니다. 그렇다면 율법을 대하는 우리의 태도는 어떠해야 할까요? "율법은 구약의 전유물이다. 이제 새 시대가 되었으므로 율법을 지키지 않아도 된다"라고 주장해서는 안 됩니다. 하나님께서 율법을 굳게 세우셨으므로, 우리 역시 율법에 철저하게 순종해야 합니다.

묵상과 기도

Q. 하나님의 구원에는 어떤 특징이 있습니까?

Q. 우리는 왜 율법을 힘써 지켜야 합니까?

prayer. 하나님, 예수님이 힘써 율법을 지키셨으니 저희도 힘써 율법을 지키게 해주세요. 하나님이 죄를 미워하시니 저희도 죄를 미워하게 해주세요. 저희가 좋아하는 일이라도 하나님이 싫어하시면 미워하게 하시고, 저희가 싫어하는 일이라도 하나님이 좋아하시면 열심히 행하게 해주세요.

아브라함이 하나님을 믿으매

> **롬 4:1-3** 1 그런즉 육신으로 우리 조상인 아브라함이 무엇을 얻었다 하리요 2 만일 아브라함이 행위로써 의롭다 하심을 받았으면 자랑할 것이 있으려니와 하나님 앞에서는 없느니라 3 성경이 무엇을 말하느냐 아브라함이 하나님을 믿으매 그것이 그에게 의로 여겨진 바 되었느니라

오직 믿음으로만 의롭다 함을 받을 수 있습니다. 바울은 다양한 방식으로 이 사실을 논증해 왔습니다. 예상 가능한 반론들을 미리 제기하고 반박해 왔습니다. 바울이 4장에서 하고자 하는 일도 동일합니다. 바울은 또 하나의 반론을 제기하고, 합당한 답을 제시합니다. 바울이 예상한 질문은 다음과 같습니다. "믿음으로 의롭다 함을 받는 것은 구약에서는 전혀 알려지지 않았던 새로운 것이다. 그런데 어떻게 모든 사람이 오직 믿음으로만 의롭다 함을 받는다고 주장하는가?"라는 것입니다. 이에 바울은 아브라함의 사례를 통해, 구약 시대에도 믿음으로 의롭다 함을 받는 것이 하나님께서 자기 백성들을 구원하시는 방식이었음을 설명합니다. 바울은 1절에서 "육신으로 우리 조상인 아브라함이 무엇을 얻었다 하리요?"라고 묻습니다. 이것은 다음과 같이 번역할 수도 있으며, 이 번역이 좀 더 나은 번역이라고 생각합니다. [35] "우리 조상된 아브라함이 육신으로 말미암아 무엇을 얻었다 하리요?" 여기서 육신이란 사람의 능력과 자격을 말합니다. 따라서 바울은 아브라함이 의롭다 함을 얻은 것이 자신의 능력과 자격, 즉 행위 때문이었냐고 묻는 것입니다. 그리고 바울은 단호하게 말합니다. "성경이 무엇을 말하느냐?" [3절] 성경은 신자가 제기할 수 있는 가장 권위 있는 기준입니다. 성경은 어떤 사상과 철학보다도 위에 있습니다. 바울이 답변의 근거로 제시하는 성경은 창세기 15장 6절입니다. "아브람이 여호와를 믿으니 여호와께서 이를 그의 의로 여기시고." 창세기 15장 6절은 성경에서 가장 먼저 믿음으로 의롭다 함을 받는 이신칭의 교리가 소개되는 말씀입니다. 지금 바울은 "이신칭의 교리가 완전히 새로운 것이며, 오직 신약에서만 발견되는 것이라고 생각하느냐? 전혀 그렇지 않다. 하나님은 구약의 백성들도 이신칭의의 방식을 따라 구원하셨다"라고 말하는 것입니다. 이미 하나님은 창세기 3장 15절에서 우리의 구원자가 "여자의 후손"으로 오실 것을 약속하셨습니다. 아브라함에게는 더욱 구체적으로, 여자의 후손이 아브라함의 후손으로 오실 것을 약속하셨습니다. 창12:3, 18:18, 22:18 그러므로 아브라함은 자신의 능력과 자격이 아니라, 약속하신 구속자를 통해 의롭다 함을 얻을 것을 믿을 수 있었습니다. 이것은 예수님의 가르침과도 일맥상통합니다. "너희 조상 아브라함은 나의 때 볼 것을 즐거워하다가 보고 기뻐하였느니라." 요8:56

물론 아브라함은 예수님에 대해 지금 우리처럼 구체적이고 분명하게 알지는 못했습니다. 하지만 그는 오실 예수님을 멀리서 희미하게 바라보았습니다. 그리고 믿었습니다. 아브라함 역시 우리와 동일한 방식으로 구원을 얻었습니다. 이처럼 하나님의 구원 방식은 하나밖에 없습니다. 신약뿐만 아니라 구약에서도 하나님의 구원은 예수님 때문에 임합니다. 아무도 자신의 능력과 자격으로는 구원을 얻을 수 없습니다.

묵상과 기도

Q. 구약의 신자들은 무엇으로 의롭다 함을 받았습니까?

prayer. 하나님, 오직 믿음으로만 의롭다 함을 받을 수 있음을 믿습니다. 아무도 스스로의 능력으로는 구원을 얻을 수 없음을 믿습니다. 그러므로 겸손하게 해주세요. 저희를 자랑하지 않게 해주세요. 마치 저희의 능력으로 구원을 얻은 것처럼 교만하지 않게 해주세요.

하나님께 의로 여기심을 받는 사람의 복

롬 4:4-8   4 일하는 자에게는 그 삯이 은혜로 여겨지지 아니하고 보수로 여겨지거니와 5 일을 아니할지라도 경건하지 아니한 자를 의롭다 하시는 이를 믿는 자에게는 그의 믿음을 의로 여기시나니 6 일한 것이 없이 하나님께 의로 여기심을 받는 사람의 복에 대하여 다윗이 말한 바 7 불법이 사함을 받고 죄가 가리어짐을 받는 사람들은 복이 있고 8 주께서 그 죄를 인정하지 아니하실 사람은 복이 있도다 함과 같으니라

앞에서 바울은 성도의 구원이 전적으로 하나님의 은혜임을 아브라함의 사례를 통해 설명했습니다. 그러나 바울은 그것만으로 충분하지 않다는 것을 알았습니다. 그래서 바울은 누구나 이해할 수 있는 사례를 통해 은혜로 임하는 구원을 설명하기 시작합니다. 만약 우리가 일한 대가로 보수를 받는다면 그것은 은혜가 아닙니다. 우리가 다른 사람을 위해 일하는 순간, 그 사람은 우리에게 빚을 지게 됩니다. 그는 반드시 빚을 갚아야 합니다. 그는 우리에게 빚을 갚는 것이지, 은혜를 베푸는 것이 아닙니다. 마찬가지로 우리의 구원이 행위에 따른 결과라면, 우리의 구원은 복이 아닙니다. 그것은 일종의 대가이며 보상입니다. 우리의 구원이 전적으로 은혜에 근거한 것일 때, 우리가 받은 구원을 복이라고 정의할 수 있습니다.

그래서 바울은 다윗의 고백을 인용합니다. 여기서 바울이 다윗의 고백을 인용하는 것은 상당히 의미심장한 일입니다. 이미 앞에서 아브라함의 사례를 예로 제시했기 때문입니다. 지금 바울은 유대인들이 가장 중요하게 여기는 두 사람을 언급하고 있는 것입니다. 아브라함은 유대인들의 시조였고, 다윗은 유대인들이 가장 존경하는 왕이었습니다.

바울이 인용한 다윗의 시편은 다음과 같습니다. "허물의 사함을 받고 자신의 죄가 가려진 자는 복이 있도다 마음에 간사함이 없고 여호와께 정죄를 당하지 아니하는 자는 복이 있도다." 시32:1-2 다윗의 고백은 전적으로 바울의 주장을 뒷받침합니다. 다윗이 소개하는 복 있는 사람은 스스로의 능력으로 죄를 해결한 사람이 아닙니다. 그는 하나님께 보상과 대가를 제공받은 사람이 아닙니다. 죄가 있음에도 불구하고 "죄가 가려진 자"입니다. 그런 점에서 그는 은혜받은 자이고, 복 있는 사람입니다.

어떻게 이런 일이 가능할 수 있을까요? 어떻게 공의로우신 하나님께서 죄 있는 자를 죄 없다고 하실 수 있을까요? 고린도후서 5장 21절은 이 질문에 대한 가장 확실한 대답입니다. "하나님이 죄를 알지도 못하신 이를 우리를 대신하여 죄로 삼으신 것은 우리로 하여금 그 안에서 하나님의 의가 되게 하려 하심이라."

하나님은 우리의 죄를 우리에게 돌리지 않으셨습니다. 우리 대신 자기 아들에게 지우셨습니다. 죄를 알지도 못하신 이를 우리를 대신하여 죄로 삼으셨습니다. 그 결과 우리의 죄는 가리어졌고, 하나님께 정죄를 당하지 않을 수 있었습니다.

따라서 구원에 이르는 길은 하나밖에 없습니다. 예수님을 믿는 것입니다. 그때 하나님은 우리의 죄는 예수님께 전가하시고, 예수님의 의는 우리에게 전가하십니다. 바로 이것이 우리가 받은 복입니다. 그래서 우리는 다윗의 고백처럼 복 있는 사람입니다.

묵상과 기도

Q. 우리가 받은 구원은 보수입니까, 은혜입니까?

Q. 하나님은 우리의 죄를 누구에게 대신 돌리셨습니까?

prayer. 하나님, 저희는 죄인입니다. 하지만 예수님 때문에 의인이 되었습니다. 세상 모든 사람은 하나님께 심판을 받습니다. 하지만 저희는 예수님 때문에 영생을 얻습니다. 그러므로 저희는 복 있는 사람입니다. 저희는 가장 좋은 복을 받은 사람입니다. 이 사실을 생각하며 늘 감사하고 찬양하게 해주세요.

할례시가 아니요 무할례시니라

롬 4:9-12 9 그런즉 이 복이 할례자에게냐 혹은 무할례자에게도냐 무릇 우리가 말하기를 아브라함에게는 그 믿음이 의로 여겨졌다 하노라 10 그런즉 그것이 어떻게 여겨졌느냐 할례시냐 무할례시냐 할례시가 아니요 무할례시니라 11 그가 할례의 표를 받은 것은 무할례시에 믿음으로 된 의를 인친 것이니 이는 무할례자로서 믿는 모든 자의 조상이 되어 그들도 의로 여기심을 얻게 하려 하심이라 12 또한 할례자의 조상이 되었나니 곧 할례 받을 자에게뿐 아니라 우리 조상 아브라함이 무할례시에 가졌던 믿음의 자취를 따르는 자들에게도 그러하니라

지금까지 바울은 믿음으로만 의롭다 함을 받는다는 교리를 설명하기 위해, 예상 가능한 반론들을 하나씩 제기하였습니다. 이제 바울은 할례에 대해 설명하기 시작합니다. 당시 유대인들은 할례가 구원의 필수 요소라고 주장했기 때문입니다.

바울은 할례가 구원의 필수 요소가 아니라는 점을 설명하기 위해 아브라함의 사례를 근거로 제시합니다. 바울은 9절에서 한 가지 질문을 던집니다. "이 복이 누구의 것이냐?"라는 질문입니다. 여기서 말하는 복은 '예수님 때문에 오직 믿음으로 얻는 구원'을 말합니다.

그리고 10절에서 이렇게 답합니다. "할례시가 아니요 무할례시니라." 아브라함이 하나님께 의롭다 함을 받은 것은 할례를 받기 훨씬 이전이었다는 것입니다. 실제로 바울은 하나님께 의롭다는 말을 들은 때로부터, 14년이 지나서야 할례를 받았습니다.

그렇다면 하나님께서 아브라함에게 할례를 명하신 이유는 무엇일까요? 바울은 11절에서 그 이유를 다음과 같이 설명합니다. "그가 할례의 표를 받은 것은 무할례시에 믿음으로 된 의를 인친 것이니." 여기서 '인침'은 확실하게 보증한다는 뜻입니다. 하나님은 아브라함이 이미 14년 전에 믿음으로 의롭다 함을 받은 것이 확실함을 보증하기 위해 할례를 명하셨던 것

입니다.

그러므로 할례는 아브라함이 구원을 받는 데 있어서 아무 역할도 하지 못했음이 분명합니다. 아브라함은 할례를 받았기 때문에 의롭다 함을 받은 것이 아니라, 이미 의롭다 함을 받았기 때문에 할례를 받았습니다.

이어서 바울은 아브라함이 누구의 조상인지를 설명합니다. 당시 유대인들은 아브라함이 할례 받은 자들의 조상, 즉 유대인들의 조상이라고 주장했습니다. 하지만 바울은 아브라함이 믿음을 가진 자들의 조상이라고 말합니다. "무할례자로서 믿는 모든 자의 조상이 되어 그들도 의로 여기심을 얻게 하려 하심이라."11절 따라서 하나님의 백성을 나누는 기준은 할례가 아니라 믿음입니다. 이 점은 갈라디아서 5장 6절에도 분명하게 진술되어 있습니다. "그리스도 예수 안에서는 할례나 무할례나 효력이 없으되 사랑으로써 역사하는 믿음뿐이니라."

유대인들의 비참함은 할례를 근거로 하나님 앞에 나아가려 했던 데 있었습니다. 할례를 통해서는 하나님 앞에 나아갈 수 없습니다. 우리가 하나님 앞에 나아갈 수 있는 유일한 근거는 예수님을 믿는 믿음뿐입니다. 믿음을 통해서 예수님의 의로움을 전가 받아야만 하나님 앞에서 의롭다는 인정을 받을 수 있습니다.

묵상과 기도

Q. 하나님께서 아브라함에게 할례를 명하신 이유는 무엇입니까?

Q. 아브라함은 누구의 조상입니까?

prayer. 하나님, 저희의 능력으로는 의롭다 함을 얻을 수 없습니다. 저희의 자격으로는 하나님 앞에 나아갈 수 없습니다. 저희가 의롭다 함을 얻을 수 있는 유일한 근거는 예수님입니다. 저희가 하나님 앞에 나아갈 수 있는 유일한 자격은 예수님입니다. 이 사실을 기억하며 항상 겸손하게 해주세요. 항상 예수님께 감사하게 해주세요.

은혜에 속하기 위하여 믿음으로 되나니

> **롬 4:13-17** 13 아브라함이나 그 후손에게 세상의 상속자가 되리라고 하신 언약은 율법으로 말미암은 것이 아니요 오직 믿음의 의로 말미암은 것이니라 14 만일 율법에 속한 자들이 상속자이면 믿음은 헛것이 되고 약속은 파기되었느니라 15 율법은 진노를 이루게 하나니 율법이 없는 곳에는 범법도 없느니라 16 그러므로 상속자가 되는 그것이 은혜에 속하기 위하여 믿음으로 되나니 이는 그 약속을 그 모든 후손에게 굳게 하려 하심이라 율법에 속한 자에게뿐만 아니라 아브라함의 믿음에 속한 자에게도 그러하니 아브라함은 우리 모든 사람의 조상이라 17 기록된 바 내가 너를 많은 민족의 조상으로 세웠다 하심과 같으니 그가 믿은 바 하나님은 죽은 자를 살리시며 없는 것을 있는 것으로 부르시는 이시니라

하나님은 아브라함이 복의 근원이 될 것을 약속하셨습니다. ^{창12:2-3} 바울은 그것을 "세상의 상속자가 되리라고 하신 언약"으로 표현합니다. ^{13절} 여기서 '세상'이란 앞으로 신자들이 들어갈 세상, 영원한 세상을 말합니다. 즉, 최종적인 구원입니다. ³⁶

이때 하나님은 어떤 조건도 제시하지 않으셨습니다. 예를 들어, "네가 율법을 모두 지키면, 나도 너와 맺은 언약을 지키겠다"라고 말씀하시지 않았습니다. 하나님께서 그렇게 하신 이유는 14절에 잘 나타나 있습니다. "만일 율법에 속한 자들이 상속자이면 믿음은 헛것이 되고 약속은 파기되었느니라" 만약 하나님께서 율법을 지키는 것을 언약의 조건으로 제시하셨다면, 하나님의 언약은 결코 성취될 수 없다는 뜻입니다.

그 이유는 다음과 같습니다. "율법은 진노를 이루"는 것이기 때문입니다. ^{15절} 아무도 율법을 다 지킬 수 없습니다. 율법은 구원의 도구가 아닙니다. 율법은 우리가 죄인임을 드러낼 뿐입니다. "율법의 행위로 그의 앞에 의롭다 하심을 얻을 육체가 없나니 율법으로는 죄를 깨달음이니라." ^{롬3:20}

그렇다면 하나님의 언약은 무엇을 통해 성취될까요? 율법을 통해 언약의 성취가 임하지 않는다면 무엇을 통해 언약이 성취될까요? 바울은 16절에서 다음과 같이 말합니다. "그러므로 상속자가 되는 그것이 은혜에 속하기 위하여 믿음으로 되나니." 하나님의 언약은 믿음을 통해 성취됩니다. 율법이 아니라 믿음입니다. 그렇다면 하나님께서 율법이 아니라 믿음으로 언약을 성취하시는 이유는 무엇일까요? "은혜에 속하기 위하여"입니다.

에베소서는 이 주제를 좀 더 구체적으로 설명합니다. "이는 그가 사랑하시는 자 안에서 우리에게 거저 주시는 바 그의 은혜의 영광을 찬송하게 하려는 것이라." ^{엡1:6} 하나님은 거저 주신 은혜를 찬송하게 하려고 오직 믿음으로 우리를 구원하십니다.

만약 율법과 행위로 구원을 이루어야 한다면, 우리는 탄식과 절망밖에 할 말이 없습니다. 율법을 모두 지킬 수 있는 사람은 아무도 없으니까요. ^{롬3:20} 하지만 하나님은 율법과 행위가 아니라 믿음과 은혜로 우리를 구원하셨습니다. 그러므로 이제 우리가 해야 할 것은 감사와 찬양입니다. 탄식과 절망은 우리와 상관없고, 불평과 불만도 우리와 어울리지 않습니다.

묵상과 기도

Q. 하나님이 구원 얻을 자격으로 율법을 요구하시면 어떤 일이 일어날까요?

Q. 하나님이 율법이 아니라 믿음을 통해 구원하시는 방법은 무엇입니까?

prayer. 하나님, 저희에게 율법을 요구하지 않고, 믿음을 요구해 주셔서 감사합니다. 율법으로는 심판밖에 받을 것이 없는 저희들을 믿음을 통해 구원해 주셔서 감사합니다. 이런 은혜를 베풀어 주셨으니, 항상 감사하고 찬양하며 살게 해주세요.

3월

로마서 4장 18절 – 6장 2절

바랄 수 없는 중에 바라고 믿었으니

> **롬 4:18** 아브라함이 바랄 수 없는 중에 바라고 믿었으니 이는 네 후손이 이같으리라 하신 말씀대로 많은 민족의 조상이 되게 하려 하심이라

지금까지 바울은 믿음으로 얻는 구원을 설명하면서, 제기될 가능성이 있는 대부분의 반론들을 다루었습니다. 그리고 다시 한 번 믿음의 중요성을 강조합니다. "그러므로 상속자가 되는 그것이 은혜에 속하기 위하여 믿음으로 되나니 이는 그 약속을 그 모든 후손에게 굳게 하려 하심이라."롬4:16

세상의 상속자가 되리라는 언약, 즉 영원한 다음 세상에 들어가리라는 언약은 믿음을 통해서 이루어집니다. 율법이나 할례가 아니라 믿음입니다. 율법으로는 죄를 깨달을 뿐입니다. 롬3:20

그렇다면 믿음은 무엇입니까? 아브라함은 어떤 믿음을 가지고 있었습니까? 그는 "바랄 수 없는 중에 바라고" 믿었습니다. 도저히 믿을 수 없는 상황에서도 믿었습니다. 당시 아브라함은 100살에 가까운 노인이었습니다. 아내 사라 역시 90살이 넘었습니다. 하나님의 약속이 성취되리라고는 상상도 할 수 없는 처지였습니다. 그런데도 아브라함은 믿었습니다.

이처럼 아브라함의 믿음은 비현실적이었고, 초자연적이었습니다. 아브라함과 사라 두 사람이 자녀를 가진다는 것은 현실적으로 불가능한 일이었고, 자연적으로는 일어날 수 없는 일이었습니다. 그럼에도 불구하고 아브라함은 믿었습니다.

바로 이것이 참된 믿음의 특징입니다. 순수한 믿음에는 언제나 이와 같은 비현실적인 요소가 있습니다. 상황과 환경을 따지지 않는 것, 하나님께서 말씀하신 것을 단순하게 받아들이는 것, 증거를 요구하지 않는 것, 바로 이것이 하나님께서 인정하신 아브라함의 믿음입니다.

따라서 믿음을 지식과 동의어로 생각해서는 안 됩니다. 믿음은 단순히 구원에 관한 지식을 소유하는 것 정도가 아닙니다. 지식과 더불어 강한 확신이 있어야 합니다. 바랄 수 없는 중에도 바라고 믿어야 합니다. 은근히 기대하는 것이 아니라 완전히 확신해야 합니다.

이런 믿음을 가진 자들은 의심하지 않습니다. 흔들리지 않으며 약해지지 않습니다. 망설이지 않습니다. 우리는 어떠합니까? 자주 의심하고 약해진다면, 쉽게 흔들리고 망설인다면, 우리의 믿음을 돌아보아야 합니다. 그리고 참된 믿음을 소유하기를, 더 성숙한 신자로 거듭나기를 간구해야 합니다.

묵상과 기도

Q. 아브라함은 어떤 믿음을 가지고 있었습니까?

Q. 참된 믿음에는 지식과 함께 어떤 요소가 있어야 합니까?

prayer. 하나님, 하나님이 세상의 창조주이심을 의심하지 않게 해주세요. 구원의 확신이 흔들리지 않고 힘든 상황에서도 하나님을 향한 신뢰가 약해지지 않게 해주세요. 망설이지 않고 하나님의 말씀에 순종하게 해주세요.

믿음으로 견고하여져서 하나님께 영광을 돌리며

> **롬 4:19-22** 19 그가 백 세나 되어 자기 몸이 죽은 것 같고 사라의 태가 죽은 것 같음을 알고도 믿음이 약하여지지 아니하고 20 믿음이 없어 하나님의 약속을 의심하지 않고 믿음으로 견고하여져서 하나님께 영광을 돌리며 21 약속하신 그것을 또한 능히 이루실 줄을 확신하였으니 22 그러므로 그것이 그에게 의로 여겨졌느니라

하나님은 아브라함에게 "내가 너로 큰 민족을 이루겠다"고 말씀하셨습니다. ^{창12:2} 아브라함은 이 언약을 성취하기에 적합하지 않았습니다. 그에게는 약점이 많았습니다. 우선 그는 나이가 많았습니다. 심지어 그의 아내는 불임이었습니다. 아브라함에게는 낙담할 만한 요소가 충분했습니다.

하지만 아브라함은 약해지지 않았습니다. 오히려 그는 점점 더 강해졌습니다. 성경은 이렇게 말합니다. "믿음이 없어 하나님의 약속을 의심하지 않고 믿음으로 견고하여져서." ^{20절} 아브라함은 믿음이 없음으로 약해지는 대신, 믿음으로 견고하여졌습니다.

아브라함은 현실만 보지 않았습니다. 자신과 아내의 연약함만 보지 않았습니다. 대신 하나님을 보았습니다. 하나님의 약속을 보았습니다. 이것은 참으로 중요한 진리입니다. 우리가 일상에서 자주 넘어지는 것은 아브라함처럼 믿지 않기 때문입니다. 우리가 실패하고 주저하고 낙담했던 경우를 떠올려 보십시오. 우리의 시선을 하나님께 돌리지 않고, 하나님의 말씀에 우리의 시선을 고정하지 않았던 때가 대부분일 것입니다. 어떤 사람은 이런 의문을 품을 수도 있습니다. "과연 그것이 칭송받을 태도인가? 하나님만 바라보는 것이 본받을 만한 것인가? 그런 연약한 사람보다는 주도적으로 문제를 해결하는 강인한 사람이 되어야 하는 것 아닌가?" 하고 말입니다. 실제로 독일의 철학자 니체가 그런 류의 주장을 한 적이 있습니다. 그는 기독교의 가르침이 인간을 연약하게 만든다고 생각했습니다. 그래서 그는 기독교적 인간이 되기보다는, 철인이 되어야 한다고 가르쳤습니다. 하나님을 의지하는 약한 사람보다는, 스스로 문제를 해결하는 강한 사람이 되어야 한다고 말이지요. 하지만 성경은 다음과 같이 말합니다. "믿음으로 견고하여져서 하나님께 영광을 돌리며." 오직 하나님만 바라보았던 아브라함의 태도가, 오히려 하나님께 영광이 되었습니다.

따라서 진정으로 하나님을 영화롭게 하는 삶은 철인의 삶이 아닙니다. 우리가 참으로 하나님을 높이기 원한다면, 우리는 삶의 모든 부분에서 오직 하나님만 의지하는 사람이 되어야 합니다. 다시 한 번 아브라함의 믿음을 생각해 봅시다. 그는 자신의 한계와 연약함을 알고 있었습니다. 하지만 그는 자신을 보는 대신 하나님을 보았고, 하나님의 지혜와 능력을 생각했습니다. 그 결과 그에게는 이런 확신이 생겼습니다. "나는 아무것도 할 수 없다. 하지만 하나님은 하실 수 있다. 비록 내 나이가 이렇게 많지만, 나는 언젠가 아이를 가지게 될 것이다. 땅의 모든 족속이 나로 말미암아 복을 얻을 것이다. 이 얼마나 놀라운 은혜인가!"

우리 역시 아브라함처럼 생각할 수 있어야 합니다. 아브라함처럼 견고해져야 하고, 아브라함처럼 하나님을 영화롭게 해야 합니다. 그러면 우리 역시 "이 얼마나 놀라운 은혜인가" 하고 감탄하게 될 것입니다.

묵상과 기도

Q. 아브라함은 현실을 보는 대신 무엇을 보았습니까?

Q. 사람이나 돈이 아니라 하나님을 의지하고 있습니까?

prayer. 하나님, 세상은 힘있는 사람들을 의지합니다. 돈을 의지합니다. 하지만 저희는 하나님만 의지하며 살게 해주세요. 사람이나 돈이 아니라 하나님만 의지하며 어떤 상황에서든 하나님만 바라보게 해주세요.

의로 여기심을 받을 우리도 위함이니

> **롬 4:23-25** 23 그에게 의로 여겨졌다 기록된 것은 아브라함만 위한 것이 아니요 24 의로 여기심을 받을 우리도 위함이니 곧 예수 우리 주를 죽은 자 가운데서 살리신 이를 믿는 자니라 25 예수는 우리가 범죄한 것 때문에 내줌이 되고 또한 우리를 의롭다 하시기 위하여 살아나셨느니라

바울은 지금까지 아브라함이 의롭다 함을 얻은 방식에 대해서 설명했습니다. 아브라함은 하나님께서 말씀하신 것을 다 믿었고, 그 믿음을 통해서 의롭다 함을 얻었다고 말이지요. 하지만 어떤 사람은 이런 의문을 제기할 수도 있습니다. 아브라함은 특수한 경우이며, 일반화시킬 수 없다고 말입니다. 그래서 바울은 아브라함의 믿음이 우리와 어떤 관련이 있는지를 다음과 같이 설명합니다.

"그에게 의로 여겨졌다 기록된 것은 아브라함만 위한 것이 아니요 의로 여기심을 받을 우리도 위함이니." 23-24절

이 말씀은 아브라함이 하나님께 의롭다 하심을 얻었던 방식이 지금 우리에게도 동일하다는 뜻입니다. 아브라함이 믿음을 통해서 의롭다 함을 얻었다면, 우리 역시 믿음을 통해서 의롭다 함을 얻을 수 있다는 것입니다.

그런데 믿음에는 내용이 있어야 합니다. 내용이 없는데 무작정 믿을 수는 없습니다. 그래서 바울은 우리가 무엇을 믿어야 하는지를 다음과 같이 설명합니다. 첫째, 하나님께서 예수님을 살리셨음을 믿어야 합니다. 24절 둘째, 예수님이 죽으신 이유가 우리의 범죄함 때문임을 믿어야 합니다. 25절 셋째, 예수님이 다시 살아나신 목적이 우리를 의롭다 하시기 위함임을 믿어야 합니다. 25절

바로 여기에 기독교 신앙의 정수가 담겨 있습니다. 왜 하나님은 예수님을 죽이셔야 했습니까? 우리가 하나님께 범죄했기 때문입니다. 왜 하나님은 예수님을 다시 살리셨습니까? 우리를 의롭다 하시기 위해서입니다.

바로 이것이 하나님께서 우리를 구원하시는 방식입니다. 우리는 이 진리를 믿음으로써 의롭다 함을 얻을 수 있습니다. 그러므로 우리는 이것을 믿어야 합니다. 하나님께서 말씀하셨던 것을 아브라함이 다 믿었던 것처럼, 우리도 이것을 다 믿어야 합니다. 그러면 하나님께서 아브라함을 의롭다 하신 것처럼, 우리도 의롭다고 하실 것입니다.

우리를 구원에 이르게 하는 것은 우리의 자격과 조건이 아닙니다. 믿음입니다. 그래서 진정한 신자는 의롭다 함을 얻기 위해 자기 자신을 바라보지 않습니다. 대신 하나님을 바라봅니다. 하나님께서 예수님 안에서 하신 일을 바라봅니다. 그런 사람은 결코 교만할 수 없습니다. 자신을 자랑할 수 없습니다. 겸손히 하나님께만 영광을 돌릴 뿐입니다.

묵상과 기도

Q. 믿음에는 내용이 있어야 합니다. 우리는 무엇을 믿어야 합니까?

prayer. 하나님, 예수님이 죽음을 이기신 것을 믿습니다. 예수님의 죽음이 저희의 죄 때문임을 믿습니다. 그리고 예수님이 부활하신 것처럼 저희도 부활할 것을 믿습니다. 앞으로도 계속해서 예수님을 바르게 믿을 수 있도록 도와주세요. 바른 믿음을 가지고 바르게 살아갈 수 있도록 도와주세요.

하나님과 화평을 누리자(1)

롬 5:1-2 1 그러므로 우리가 믿음으로 의롭다 하심을 받았으니 우리 주 예수 그리스도로 말미암아 하나님과 화평을 누리자 2 또한 그로 말미암아 우리가 믿음으로 서 있는 이 은혜에 들어감을 얻었으며 하나님의 영광을 바라고 즐거워하느니라

이제 우리는 새로운 단락에 들어서게 되었습니다. 새로운 단락의 첫 번째 단어는 '그러므로'입니다. 따라서 우리는 이어지는 단락의 주제가 '이신칭의'의 결과임을 알 수 있습니다. 바울이 지금까지 설명한 주제가 이신칭의였기 때문입니다.

바울은 오늘 본문에서 이신칭의의 결과, 즉 믿음으로 의롭다 함을 얻은 첫 번째 결과가 하나님과 화평을 누리는 것이라고 말합니다. "우리가 믿음으로 의롭다 하심을 받았으니 우리 주 예수 그리스도로 말미암아 하나님과 화평을 누리자."1절 우리는 바울이 하나님과의 화평을 강조하는 것을 주목해야 합니다. 현대인들은 하나님과의 화평을 별로 중요하게 생각하지 않기 때문입니다. 현대인들은 경제적인 문제, 관계의 문제, 질병의 문제, 성공의 문제를 하나님과 화평을 누리는 것보다 더 중요하게 생각합니다.

그래서 복음을 전할 때도, "부자 되기 원하십니까? 예수님을 믿으시오!" "건강을 원하십니까? 예수님을 믿으시오!" "성공을 원하십니까? 예수님을 믿으십시오!"라고 말합니다. 그래서 우리는 오늘 본문의 메시지에 주목해야 합니다. 우리가 예수님을 믿어야 할 가장 근본적인 이유가 하나님과 화평을 누리는 것임을 잘 보여주기 때문입니다. 하나님과 화평을 누리는 것이 가장 근본적인 축복인 이유는, 하나님과 올바른 관계 안에 있을 때만 하나님께서 주시는 모든 좋은 것들을 누릴 수 있기 때문입니다. 예를 들어, 어떤 마트에서 물건값을 99% 할인하는 행사를 한다고 해도, 줄이 너무 길어 그 마트 안에 들어갈 수조차 없다면 필요한 것은 하나도 살 수 없습니다. 이때 근본적인 문제는 "어떻게 마트에 들어가는가?"입니다. 마찬가지로 하나님께서 모든 좋은 것의 원천일지라도 하나님 앞에 나아갈 수조차 없다면, 하나님의 복은 우리와 아무 상관이 없습니다.

왜 사람들이 알콜 중독자, 마약 중독자, 게임 중독자가 될까요? 그들은 중독자가 되는 것이 아니라 단지 기쁨을 얻고자 했을 뿐입니다. 문제는 무엇입니까? 참된 기쁨을 얻을 수 없는 곳에서 기쁨을 찾았다는 것입니다. 그렇다면 우리가 진정한 기쁨을 찾는 길은 무엇일까요? 예수님을 믿는 믿음을 통해 하나님께 의롭다 함을 얻는 것입니다. 예수님 안에서 하나님과 화평을 누리는 것입니다. 그러면 비로소 모든 좋은 것들의 원천이신 하나님으로부터 우리에게 꼭 필요한 것들을 공급받게 됩니다.

전에는 하나님과 우리 사이에 장벽이 있었습니다. 죄라는 장벽이 하나님과 우리 사이를 가로막고 있었습니다. 그 장벽은 인간의 어떠한 노력으로도 허물 수 없었습니다. 그런데 예수님이 우리를 대신해서 죽으셨습니다. 그 결과 하나님과 우리 사이의 장벽이 허물어졌습니다. 그러므로 우리는 더 이상 하나님의 진노의 대상이 아닙니다. 이제 우리는 의로운 자이며, 하나님과 화평을 누리는 자이고, 따라서 하나님께 모든 좋은 것을 받아 누릴 수 있는 자입니다.

묵상과 기도

Q. 이신칭의의 결과는 무엇입니까?

Q. 하나님과 우리 사이의 장벽은 허물어진 이유는 무엇입니까?

prayer. 하나님, 하나님과 저희 사이를 가로막고 있던 죄라는 장벽을 허물어 주셔서 감사합니다. 심판받을 대상에서 자비와 긍휼의 대상이 되게 해주셔서 감사합니다. 이제 하나님과 화평을 누릴 수 있게 되었으니, 하나님과 교제하는 일에 최선을 다하고 하나님을 성실히 예배하게 해주세요.

하나님과 화평을 누리자(2)

> **롬 5:1-2** 1 그러므로 우리가 믿음으로 의롭다 하심을 받았으니 우리 주 예수 그리스도로 말미암아 하나님과 화평을 누리자 2 또한 그로 말미암아 우리가 믿음으로 서 있는 이 은혜에 들어감을 얻었으며 하나님의 영광을 바라고 즐거워하느니라

지난 시간에는 이신칭의의 중추적인 결과가 하나님과 화평을 누리는 것임을 살펴보았습니다. 하지만 우리 안에서 한 가지 문제가 해결되지 않고서는, 하나님과의 화평이 주는 혜택을 누릴 수 없습니다. 한 가지 예로 청교도의 황태자라고 불리는 존 번연은 그의 책 〈하나님의 넘치는 은혜〉에서 말하기를, 자신은 무려 18개월 동안 죄가 주는 두려움에 빠져 있었다고 하였습니다. 하나님과의 화평이 주는 혜택을 누리기 위해서는, 먼저 자신의 구원을 확신해야 합니다. 어떤 사람들은 구원의 결과가 마지막 순간까지 미확정된 상태로 남아 있다고 주장합니다. 그들은 예수님을 믿는 믿음이, 하나님 앞에서 의롭게 되는 충분한 조건이 아니라고 말합니다. 이런 주장에 미혹된 사람들은 자신의 구원을 확신할 수 없고, 하나님과의 화평이 주는 혜택을 누릴 수 없습니다. 하지만 성경은 우리가 믿음을 통해서 이미 의롭다 하심을 받았고,[1절] 이미 하나님과 화평을 누리고 있다고 말합니다.[2절] 다시 말해서, 예수님을 믿는 사람은 구원을 기대하는 사람이 아닙니다. 하나님과 화평하게 되기를 소망하는 사람도 아닙니다. 예수님을 믿고 있다면 이미 의롭게 된 사람이고 이미 구원을 받은 사람이며, 이미 하나님과 화평을 누리는 사람입니다. 그럼에도 불구하고 우리 안에 하나님과의 화평이 주는 혜택이 전혀 없다면, 그것은 아마 마귀의 유혹 때문일 것입니다. 마귀는 송사하기를 좋아합니다. 우리 안에 의심의 씨앗을 심고, 그 의심이 뿌리내리는 것을 보면서 기뻐합니다. 마귀는 우리 마음속에서 이렇게 외치곤 합니다. "네가 하나님과 화평을 누리는 것은 불가능하다. 너의 지나온 삶을 돌아보아라. 네가 지은 죄들을 생각해 보아라. 네가 저지른 일들을 기억해 보아라. 현실이 이러함에도 불구하고 네가 하나님과 화평을 누린다고? 그것은 있을 수 없는 일이다!" 누구나 이런 시험을 받습니다. 특히 죄를 지은 직후에는 이런 마귀의 유혹이 더욱 강력하게 다가옵니다. 그러면 우리 안에 작게나마 남아 있던 화평의 열매가 온데간데없이 사라집니다. 구원의 확신이 흔들리고, 비참한 생각이 마음을 지배합니다. 그때 우리는 이신칭의 교리를 떠올려야 합니다. 우리가 의롭다 함을 받은 것은 믿음 때문입니다.[1절] 우리가 하나님과 올바른 관계 안에 들어가게 된 것 역시 믿음 때문입니다.[1절] 하나님은 우리에게 다른 것을 요구하지 않습니다. 그러므로 우리에게 어떤 일이 일어났더라도, 다시 원점으로 돌아가서는 안 됩니다. 우리가 이미 의롭게 되었다는 것과, 이미 하나님과 화평한 관계 안에 있다는 것을 의심하지 말아야 합니다. 만약 죄를 지을 때마다 원점으로 돌아가서 자신의 구원을 의심하는 사람이 있다면, 그 사람은 "나는 죄를 짓지 않았기 때문에 의롭게 되었다"고 말하는 셈입니다. 그것은 성경과 일치하지 않습니다. 성경은 오직 믿음으로 의롭다 함을 받았으며, 오직 믿음으로 하나님과 화평을 누린다고 말합니다.[1-2절] 만약 우리가 죄를 지었다면, 그때 우리가 해야 할 일은 원점으로 돌아가는 것이 아니라 하나님께로 돌아가는 것입니다.

묵상과 기도

Q. 하나님과 화평을 누리기 위해서는 무엇을 확신해야 합니까?

Q. 죄를 지을 때마다 우리의 구원이 취소될까요?

prayer. 하나님, 취소되지 않는 구원을 선물로 주셔서 감사합니다. 중단되지 않는 은혜를 베풀어 주셔서 감사합니다. 이제 하나님께 받은 사랑을 세상에 전하게 해주세요. 가난한 사람들과 소외된 사람들에게 하나님의 사랑을 전하게 해주세요.

이 은혜에 들어감을 얻었으며

롬 5:1-2 1 그러므로 우리가 믿음으로 의롭다 하심을 받았으니 우리 주 예수 그리스도로 말미암아 하나님과 화평을 누리자 2 또한 그로 말미암아 우리가 믿음으로 서 있는 이 은혜에 들어감을 얻었으며 하나님의 영광을 바라고 즐거워하느니라

예수님을 믿을 때 일어나는 가장 중추적인 변화는 하나님과 화평을 누리는 것입니다. 따라서 우리는 장차 하나님과 화평을 누리게 될 존재가 아닙니다. 우리는 하나님과 화평하게 될 것을 기대하고 소망하는 자가 아닙니다. 우리는 지금 이미 하나님과 화평을 누리고 있습니다.

본문이 소개하는 두 번째 변화는 은혜 안으로 들어가는 것입니다. 2절 여기서 '들어감'으로 번역된 헬라어는 '프로사고게'입니다. '프로사고게'는 '들어감' 또는 '나아감'을 의미합니다. 하지만 여기서는 의미상 '소개함'으로 번역하는 것이 더 적절하다는 의견이 지배적입니다.37 예를 들면 다음과 같습니다. 원래 우리는 성밖에 살고 있던 걸인과 같았습니다. 우리는 더러운 누더기를 입고 먹을 것이 없어 굶주리고 있었습니다. 반면 왕이 있는 성 안에서는 날마다 잔치가 벌어지고 있었습니다. 부족한 것이 없었습니다. 왕은 성문을 통해 자신에게 들어오는 자들에게 먹을 것과 선물을 넘치도록 나누어 주었습니다. 하지만 우리는 왕에게 나아갈 수 없었습니다. 누더기를 걸친 우리는 성문을 통과하는 것 자체가 불가능했기 때문입니다.

그런데 놀라운 일이 일어났습니다. 왕의 아들이 직접 우리에게 성 안으로 들어갈 수 있는 권리를 부여한 것입니다. 왕의 아들이 직접 우리의 더러운 옷을 벗기고, 자신이 입고 있던 옷을 입혀 준 것입니다. 왕의 아늘이 직접 우리에게 소개상을 써 준 섯입니다. 그리하여 우리는 왕의 아들이 써 준 소개장과 왕의 아들의 옷을 입고, 당당하게 성문을 통과하여 왕 앞으로 나아가게 되었습니다. 바로 이것이 우리에게 일어난 일입니다. 원래 우리는 하나님과 상관없는 존재였습니다. 원래 우리는 하나님 앞에서 죄인이었고 하나님께 진노의 대상이었습니다. 그런데 예수님이 우리에게 자신의 의를 옷 입혀 주셨습니다. 예수님이 직접 우리에게 하나님께 곧바로 나아갈 수 있는 권리를 제공해 주었습니다. 따라서 이제 우리는 하나님과 상관없는 존재가 아닙니다. 이제 우리는 죄인이 아니고, 진노의 대상이 아닙니다. 우리는 예수님의 의로 옷 입은 존재이고, 하나님의 양자이며, 하나님의 총애를 받는 대상이고, 하나님의 사랑의 대상입니다. 바로 이것이 예수님을 믿을 때 일어나는 일입니다. 바로 이것이 신자가 누리는 경이로운 혜택입니다.

주목할 것은 우리가 이미 이 은혜에 들어가 있다는 점입니다. 성경은 우리가 "이 은혜에 들어갈 수도 있다"라고 말하지 않습니다. "이 은혜에 들어감을 얻었으며"2절라고 말합니다. 그러므로 하나님과 우리의 관계가 변화될까 봐 두려워해서는 안 됩니다. 어제까지는 화평을 누리는 관계였고 하나님께 얼마든지 나아갈 수 있는 존재였는데, 지금은 그런 혜택이 사라졌을까 봐 두려워하지 말아야 합니다. 우리는 의심을 버리고 확신을 가져야 합니다. 우리는 이미 하나님과 화평을 누리고 있으며, 하나님 앞에 있습니다.

묵상과 기도

Q. 우리는 누구 때문에 하나님께 당당히 나아갈 수 있습니까?

prayer. 하나님, 하나님께서 저희를 창조하셨습니다. 하나님은 창조주이시고, 저희는 피조물입니다. 따라서 저희는 하나님의 뜻대로 살 때만 참된 행복을 누릴 수 있습니다. 하나님 안에서만 참된 기쁨을 누릴 수 있습니다. 그러므로 하나님의 뜻대로 살게 해주세요. 하나님을 떠나지 않게 해주세요.

하나님의 영광을 바라고 즐거워하느니라

> **롬 5:1-2** 1 그러므로 우리가 믿음으로 의롭다 하심을 받았으니 우리 주 예수 그리스도로 말미암아 하나님과 화평을 누리자 2 또한 그로 말미암아 우리가 믿음으로 서 있는 이 은혜에 들어감을 얻었으며 하나님의 영광을 바라고 즐거워하느니라

이신칭의의 세 번째 결과는 2절 끝부분에 있는 "하나님의 영광을 바라고 즐거워"하는 것입니다. 여기서 하나님의 영광을 바란다는 것은, 영화의 상태에 들어가는 것을 의미합니다.[38] 일반적으로 영화는 구원의 여정에서 가장 마지막에 위치합니다. 예수님을 믿어 신분적으로 의롭게 되는 것을 '칭의'라 하고, 믿음의 삶을 살면서 실제로 의롭게 변화되는 것을 '성화'라 하며, 완전히 의로운 몸으로 부활하는 것을 '영화'라고 합니다. 본문에서 "즐거워하느니라"는 표현은 약간 부족한 번역입니다. "즐거워하느니라"로 번역된 헬라어 '카우카오마이'의 본뜻은 '자랑하다'입니다. 실제로 동일한 단어가 고린도전서 1장 31절에서는 '자랑하다'로 번역되었습니다. '즐거워하다'로 번역한 것을 두고 부족하다고 말하는 이유는, 자랑하는 것이 즐거워하는 것보다 더 고차원적인 기쁨을 나타내기 때문입니다. 저의 경우를 예로 들어보겠습니다. 저의 셋째 아들이 책상 모서리에 이마를 부딪쳐서, 피를 흘리며 병원 응급실에 실려 갔던 적이 있습니다. 많이 놀랐지만 생각보다 상처가 깊지 않아서 몇 주 만에 깨끗하게 나았습니다. 참 기뻤습니다. 하지만 그 일을 자랑하지는 않았습니다. 하지만 첫째 아들이 교통사고를 당했을 때는 달랐습니다. 첫째 아이는 소형 승용차와 정면으로 부딪쳤습니다. 그 충격으로 멀리 날아가기까지 했습니다. 그 당시 너무 놀라 숨도 잘 쉬어지지 않았습니다. 떨리는 손으로 아이를 안고 병원 응급실로 갔습니다. 부러진 곳이 없는지 확인하기 위해 x-ray를 찍

었고, 혹시 뇌에 손상이 갔을까 봐 MRI 촬영도 했습니다. 그런데 놀랍게도 아무 이상이 없었습니다. 뼈와 머리뿐만 아니라, 작게나마 찢어진 곳도 없었습니다. 참으로 하나님의 은혜요 기적이었습니다. 저는 참을 수 없었습니다. 그래서 저희 가정에서 일어난 놀라운 사건을 여기저기 자랑했습니다. 하나님께서 저의 아이를 지켜주셨음을 기회가 있을 때마다 자랑했습니다. 바로 이것이 기뻐하는 것과 자랑하는 것의 차이입니다. 따라서 로마서 5장 2절의 '카우카오마이'는 원래 의미를 따라 '자랑하다'로 번역하는 것이 마땅합니다. 그렇다면 사도 바울이 '영화'를 자랑한 이유는 무엇일까요? 만약 영화에 이르는 것이 우리의 노력에 달린 문제라면, 그래서 우리가 영화에 도달하는 것이 실패할 수도 있다면 그래도 바울이 이처럼 기뻐하고 자랑했을까요? 그렇지 않습니다. 바울이 영화를 자랑했던 것은, 영화도 칭의처럼 하나님의 은혜요 선물이기 때문입니다. 우리가 예수님을 믿을 때, 우리는 칭의만 보장받는 것이 아니라 영화도 보장받습니다. 로마서 8장 30절은 이 사실을 더욱 확실하게 보여줍니다. "미리 정하신 그들을 또한 부르시고 부르신 그들을 또한 의롭다 하시고 의롭다 하신 그들을 또한 영화롭게 하셨느니라." 이처럼 칭의된 자는 반드시 영화됩니다. 칭의뿐만 아니라 영화도 하나님의 은혜요 선물입니다. 따라서 우리 역시 자랑해야 합니다. 하나님께서 우리에게 '영화'를 선물로 주셨음을, 우리가 '영화'될 것이 확실함을 자랑해야 합니다.

묵상과 기도

Q. 하나님의 영광을 바란다는 것은 어떤 뜻입니까?

Q. 바울이 '영화'를 자랑한 이유는 무엇입니까?

prayer. 하나님, 저희에게 영화를 약속해 주셔서 감사합니다. 영원한 영광을 약속해 주셔서 감사합니다. 영원한 천국에 들어갈 것을 보장해 주셔서 감사합니다. 이 은혜를 기뻐할 뿐만 아니라 자랑하며 살게 해주세요.

3월 8일

환난 중에도 즐거워하나니

롬 5:3-4 3 다만 이뿐 아니라 우리가 환난 중에도 즐거워하나니 이는 환난은 인내를 4 인내는 연단을, 연단은 소망을 이루는 줄 앎이로다

신자는 어떤 사람입니까? 오늘 본문은 그가 "환난 중에도 즐거워"하는 사람이라고 말합니다. 먼저 알아야 할 것은, 신자에게도 환난이 찾아온다는 사실입니다. 사이비 종교는 이렇게 말합니다. "이 종교를 믿으라. 그러면 당신은 어떤 어려움도 당하지 않게 될 것이다." 건강하지 않은 교회는 이렇게 말합니다. "이 방법대로 하나님을 믿으라. 그러면 당신의 모든 문제는 해결될 것이고, 당신의 삶은 점점 나아질 것이다." 하지만 성경은 정반대의 사실을 말합니다.

"이것을 너희에게 이르는 것은 너희로 내 안에서 평안을 누리게 하려 함이라. 세상에서는 너희가 환난을 당하나 담대하라. 내가 세상을 이기었노라."요16:33

"제자들의 마음을 굳게 하여 이 믿음에 머물러 있으라 권하고 또 우리가 하나님의 나라에 들어가려면 많은 환난을 겪어야 할 것이라 하고."행14:22

예수님은 "세상에서는 너희가 환난을" 당한다고 말씀하셨습니다. 바울은 "하나님 나라에 들어가려면 많은 환난을 겪어야" 한다고 가르쳤습니다. 이처럼 신자에게 환난은 필수입니다. 신자의 삶에서 환난을 분리할 수 없습니다.

그런데 신자는 단순히 환난을 견디기만 하는 사람이 아닙니다. 도리어 "환난 중에도 즐거워"하는 사람입니다. 예수님은 환난을 대하는 태도에 대해 다음과 같이 말씀하셨습니다. "나로 말미암아 너희를 욕하고 박해하고 거짓으로 너희를 거슬러 모든 악한 말을 할 때에는 너희에게 복이 있나니 기뻐하고 즐거워하라. 하늘에서 너희의 상이 큼이라 너희 전에 있던 선지자들도 이같이 박해하였느니라."마5:11-12

신자는 환난 중에도 기뻐하고 즐거워하는 사람입니다. 어떻게 이런 일이 가능할까요? 이것은 환난이 가져다주는 열매 때문입니다. 오늘 본문은 "환난은 인내를, 인내는 연단을, 연단은 소망을" 이룬다고 말합니다. 하나님은 환난을 겪는 신자를 그냥 내버려 두지 않으십니다. 환난을 극복할 수 있도록 도우십니다. 그 결과 우리는 인내를 배우게 됩니다. 그리고 인내는 우리를 연단하여 더욱 성숙한 신자가 되게 합니다. 바로 이것이 환난의 열매입니다.

환난의 열매는 이뿐만이 아닙니다. 환난은 우리를 겸손하게 합니다. "그러므로 내가 그리스도를 위하여 약한 것들과 능욕과 궁핍과 박해와 곤고를 기뻐하노니 이는 내가 약한 그때에 강함이라."고후12:10 바울이 강했던 것은 겸손했기 때문입니다. 그리고 겸손했던 것은 환난을 겪었기 때문입니다. 이처럼 환난은 우리의 부족과 한계를 깨닫게 하여 하나님만 바라보게 합니다. 우리는 환난을 통해 겸손하게 되고, 겸손을 통해 하나님의 능력을 덧입게 됩니다. 그래서 우리는 환난 중에도 믿음을 버리지 않습니다. 오히려 즐거워합니다. 환난이 가져올 열매를 믿기 때문입니다.

묵상과 기도

Q. 예수님을 믿기만 하면 아무런 어려움을 겪지 않습니까?

Q. 우리가 환난 중에 기뻐할 수 있는 이유는 무엇입니까?

prayer. 하나님, 어려움을 겪을 때 인내하게 해주세요. 인내하고 원망하지 않게 해주세요. 인내를 통해 성장하고, 더 성숙한 사람이 되게 해주세요. 성장을 통해 하나님만 바라보게 해주세요. 하나님을 더 사랑하는 성숙한 사람이 되게 해주세요.

소망이 우리를 부끄럽게 하지 아니함은

롬 5:5 소망이 우리를 부끄럽게 하지 아니함은 우리에게 주신 성령으로 말미암아 하나님의 사랑이 우리 마음에 부은 바 됨이니

우리는 앞에서 신자가 어떤 사람인지를 살펴보았습니다. 신자는 환난 중에도 즐거워하는 사람입니다. **롬5:3** 고난 중에 슬퍼하는 것이 아니라 오히려 기뻐하는 사람입니다. 고통 중에 넘어지는 것이 아니라, 극복하고 이겨내는 사람입니다. 이것이 가능한 것은 환난은 인내를, 인내는 연단을, 연단은 소망을 이루기 때문입니다. **롬5:3-4** 고난을 통해 성숙하게 되고, 고통을 통해 겸손을 배우기 때문입니다. 하지만 이것이 전부가 아닙니다. 우리가 환난 중에도 즐거워할 수 있는 또 다른 요소가 있습니다. 바로 그것이 오늘 본문의 요지입니다.

바울은 소망이 우리를 부끄럽게 하지 않는다고 말합니다. 우리가 환난 중에도 즐거워할 수 있는 것은 소망이 있기 때문입니다. 그리고 소망의 근거는 하나님의 사랑입니다. 주목할 것은 소망의 근거가 우리가 아니라 하나님께 있다는 것입니다. 하나님의 사랑이 소망의 근거입니다. 우리가 환난을 이겨낼 수 있는 근거는 우리 안에 있지 않습니다. 우리가 애써 하나님을 사랑해야만 고난을 극복할 수 있는 것이 아닙니다. 만약 우리의 힘만으로 고통을 극복해야 한다면, 누구도 환난 중에 즐거워하지 못할 것입니다. 우리가 어려움 속에서 소망을 가질 수 있는 것은, 하나님께서 우리를 사랑하시기 때문입니다. 하나님의 사랑이 우리 마음에 부어지기 때문입니다.

그렇다면 하나님의 사랑이 우리 마음에 부어진다는 것은 어떤 뜻일까요? 이것은 하나님의 사랑이 우리 마음속에서 이해되고, 느껴지고, 체험된다는 뜻입니다. 하나님의 사랑이 강력한 실체로써 우리 마음속에 자리를 잡는다는 뜻입니다. 우리가 환난 중에도 즐거워할 수 있는 근거가 바로 여기에 있습니다. 하나님께서 직접, 하나님께 사랑받고 있다는 강한 확신을 우리 마음에 부어 주시기 때문입니다.

대표적인 예로 스데반 집사의 순교 장면을 꼽을 수 있습니다. 유대인들이 스데반 집사를 향해 살기를 내뿜고 있을 때, 스데반 집사는 죽음을 두려워하며 뒤로 물러서지 않았습니다. 오히려 그는 성령으로 충만하였습니다. **행7:55** 바로 이것이 우리의 소망입니다. 하나님의 사랑은 애써 믿고 찾아야 하는 것이 아닙니다. 하나님의 사랑은 분명한 실체입니다. 하나님의 사랑은 부인할 수 없는 사실입니다. 우리가 환난을 겪고 있을 때, 하나님은 이 사실을 깨닫게 하십니다. 그래서 우리는 즐거워합니다. 모든 상황과 환경이 순조로울 때만이 아니라 환난 중에도 즐거워합니다.

우리는 하나님의 사랑을 확신하고 있습니까? 하나님의 사랑이 도저히 부인할 수 없는 분명한 실체로 우리의 마음속에 자리 잡고 있습니까? 그렇지 않다면, 하나님께 간절히 구해야 합니다. 하나님의 사랑을 부어 달라고 기도해야 합니다. 그러면 우리는 최고의 소망을 가지게 될 것이고, 어떤 상황에서도 부끄러워하지 않게 될 것입니다.

묵상과 기도

Q. 어려움 속에서도 소망을 가질 수 있는 이유는 무엇입니까?

Q. 하나님의 사랑을 확신하고 있습니까?

prayer. 하나님, 부족한 저희를 사랑해 주셔서 감사합니다. 어리석은 저희를 사랑해 주셔서 감사합니다. 사랑받을 자격이라곤 조금도 없는 저희를 사랑해 주셔서 감사합니다. 하나님께서 저희를 조건 없이 사랑해 주셨으니, 저희도 이웃을 조건 없이 사랑하게 해주세요. 하나님께 받은 사랑을 세상에 나누며 살게 해주세요.

우리에게 주신 성령으로 말미암아

> **롬 5:5** 소망이 우리를 부끄럽게 하지 아니함은 우리에게 주신 성령으로 말미암아 하나님의 사랑이 우리 마음에 부은 바 됨이니

오늘 본문에서 바울은 "우리에게 주신 성령으로 말미암아"라고 말합니다. 바울은 성령님이 특별한 사람에게만 임재한다고 말하지 않습니다. 바울은 어떠한 구별도 없이 단순히 '우리'라고만 말합니다. 따라서 우리는 성령님이 모든 신자들에게 예외 없이 임재한다고 믿어야 합니다. 이것은 성경의 일관된 증언입니다. 로마서 8장 9절은 다음과 같이 말합니다. "만일 너희 속에 하나님의 영이 거하시면 너희가 육신에 있지 아니하고 영에 있나니 누구든지 그리스도의 영이 없으면 그리스도의 사람이 아니라."

"그리스도의 영이 없으면 그리스도의 사람이 아니라"고 말합니다. 성령님이 임재하지 않으면 신자가 될 수 없다는 말입니다. 신자이면서 성령님이 함께하지 않는 사람은 있을 수 없다는 뜻이기도 합니다.

그렇다면 성령님이 우리에게 임재하셨다는 사실, 성령님이 우리 안에 거하신다는 사실이 우리에게 주는 교훈은 무엇일까요? 성령님 때문에 우리의 구원이 확실하게 보장된다는 것입니다. 하나님께서 우리의 구원을 방관자적 위치에서 지켜보기만 하시는 것이 아니라, 우리 안에서 적극적으로 일하신다는 것입니다. 빌립보서 1장 6절이 이 주제를 좀 더 자세하게 설명하고 있습니다. "너희 안에서 착한 일을 시작하신 이가 그리스도 예수의 날까지 이루실 줄을 우리는 확신하노라."

하나님은 우리의 구원을 시작하기만 하신 것이 아닙니다. 시작하실 뿐만 아니라 이루기도 하십니다. 성령님이 우리 안에 거하시는 것이 그 증거입니다. 성령님이 우리의 구원을 위해 우리 안에 거하십니다. 성령님이 우리의 구원을 위해 우리 안에서 일하십니다. 그런데 하나님은 어떤 일을 시작했다가 중도에 그만두시는 경우가 없습니다. 하나님은 목표하신 일을 실패하실 수 없습니다.

그러므로 구원을 잃어버릴 수도 있다는 생각 때문에 두려워하는 것은 어리석은 일입니다. 어제까지는 하나님의 사람이고 천국의 백성이었으나 내일은 하나님께 버림받고 세상에 속하는 일은 없습니다.

물론 신자도 죄를 지을 수 있습니다. 타락할 수 있습니다. 그러나 그 순간에도 그는 여전히 신자입니다. 여전히 성령님이 그 사람 안에 거하십니다. 성령님이 여전히 그 안에서 일하십니다. 그래서 죄를 짓되 죽기까지 죄를 지을 수는 없습니다. 타락하되 하나님께 버림받기까지 타락할 수는 없습니다.

구원이란 우리가 하나님을 간신히 붙드는 것이 아니라 하나님께서 우리를 강하게 붙드는 것입니다. 우리의 자격으로 시작하는 것이 아니라 하나님의 은혜로 시작하는 것입니다. 우리의 능력으로 이루는 것이 아니라 하나님의 능력으로 이루는 것입니다.

묵상과 기도

Q. 성령님은 어떤 사람에게 임재하십니까?

Q. 성령님이 우리 안에 계시기 때문에, 우리에게 어떤 일이 일어납니까?

prayer. 하나님, 저희에게 성령님을 보내 주셔서 감사합니다. 천국으로 이어진 길을 혼자서 걷지 않고, 성령님과 함께 걷게 하셔서 감사합니다. 성령님의 능력으로 저희를 강하게 붙들어 주셔서 감사합니다. 언제든지 하나님을 의지하여 믿음의 길을 잘 걸어가게 해주세요.

자기의 사랑을 확증하셨느니라

> **롬 5:6-8** 6 우리가 아직 연약할 때에 기약대로 그리스도께서 경건하지 않은 자를 위하여 죽으셨도다 7 의인을 위하여 죽는 자가 쉽지 않고 선인을 위하여 용감히 죽는 자가 혹 있거니와 8 우리가 아직 죄인 되었을 때에 그리스도께서 우리를 위하여 죽으심으로 하나님께서 우리에 대한 자기의 사랑을 확증하셨느니라

이 단락의 핵심은 우리의 구원이 전적으로 하나님의 사랑에 근거하고 있다는 것입니다. 우리의 구원은 하나님께서 우리를 사랑하신 결과라는 것입니다. 이것은 본문에서 세 가지 형태로 강조되고 있습니다.

첫 번째는 '기약대로'라는 말씀입니다. '기약대로'라는 것은, '약속하신 시간', '계획된 시간'을 의미합니다. 예수님이 오신 것, 예수님이 우리를 위해 죽으신 것은 우발적인 사건이 아닙니다. 우연한 사건도 아닙니다. 하나님께서 계획하신 일이고, 하나님께서 계획을 이루신 결과입니다. 에베소서 1장 4절은 다음과 같이 말합니다. "곧 창세 전에 그리스도 안에서 우리를 택하사 우리로 사랑 안에서 그 앞에 거룩하고 흠이 없게 하시려고." 하나님은 창세 전에 우리를 택하셨습니다. 창세 전에 우리를 구별하셨습니다. 창세 전에 우리를 구원할 계획을 세우셨습니다. 이보다 더 큰 사랑의 증거는 없습니다.

두 번째는 '죽으셨도다'라는 말씀입니다. 우리를 구원에 이르게 하는 것은 예수님의 가르침이 아닙니다. 예수님의 생애도 아닙니다. 물론 예수님의 가르침과 생애가 우리의 구원에 영향을 미치는 것은 사실입니다. 하지만 결정적인 것은 예수님의 죽음입니다. 예수님의 죽음이 없었다면, 예수님의 가르침과 생애는 우리에게 아무런 영향을 미칠 수 없었을 것입니다. 그래서 히브리서 2장 9절은 다음과 같이 말합니다. "죽음의 고난받으심으로 말미암아 영광과 존귀로 관을 쓰신 예수를 보니 이를 행하심은 하나님의 은혜로 말미암아 모든 사람을 위하여 죽음을 맛보려 하심이라." 예수님이 사람이 되신 것은 우리를 사랑하셨기 때문입니다. 예수님이 비참한 처지에서 태어나고 자라나신 것도 우리를 사랑하셨기 때문입니다. 그러나 하나님의 사랑이 가장 놀랍게 드러난 것은 예수님의 죽음입니다. 예수님은 우리를 위해 죽으시되, 수치스럽고 부끄러운 십자가의 죽음으로 죽으시기까지 우리를 사랑하셨습니다.

세 번째는 "연약할 때"입니다. 예수님은 대단한 사람들을 대신해서 죽으시지 않았습니다. 경건한 자들을 대신해서 죽으시지도 않았습니다. 예수님은 우리처럼 '연약한' 자들을 대신해서 죽으셨습니다. 우리처럼 "경건하지 않은 자를" 대신해서 죽으셨습니다.6절 우리가 아직 죄인 되었을 때에, 우리를 대신해서 죽으셨습니다.8절 따라서 우리의 구원은 우리 각자가 가지고 있는 자격과 조건에 근거한 것이 아닙니다. 오직 하나님의 사랑입니다.

그래서 바울은 다음과 같이 단언합니다. "우리가 아직 죄인 되었을 때에 그리스도께서 우리를 위하여 죽으심으로 하나님께서 우리에 대한 자기의 사랑을 확증하셨느니라."8절 이로써 하나님의 사랑은 확실하게 입증되었고, 아무도 부인할 수 없습니다.

묵상과 기도

Q. 예수님의 오심은 누가 계획한 일입니까?

Q. 하나님의 사랑이 가장 놀랍게 드러난 사건은 무엇입니까?

prayer. 하나님, 하나님은 저희가 연약할 때부터 저희를 사랑해 주셨습니다. 하나님은 저희가 아직 죄인일 때부터 저희를 사랑해 주셨습니다. 따라서 하나님은 영원토록 저희를 버리지 않으실 것입니다. 하나님은 영원토록 저희를 사랑해 주실 것입니다. 그 사랑을 의심하지 않게 해주요. 그 사랑을 신뢰하게 해주세요. 언제든지 그 사랑을 생각하며 힘을 내게 해주세요.

우리가 아직 죄인 되었을 때에

롬 5:6-8 6 우리가 아직 연약할 때에 기약대로 그리스도께서 경건하지 않은 자를 위하여 죽으셨도다 7 의인을 위하여 죽는 자가 쉽지 않고 선인을 위하여 용감히 죽는 자가 혹 있거니와 8 우리가 아직 죄인 되었을 때에 그리스도께서 우리를 위하여 죽으심으로 하나님께서 우리에 대한 자기의 사랑을 확증하셨느니라

〈하나님의 크신 사랑〉이라는 찬송이 있습니다. 이 찬송은 다음과 같이 시작합니다. "하나님의 크신 사랑 하늘에서 내리사." 〈주 예수 크신 사랑〉이라는 찬송이 있습니다. 이 찬송은 이렇게 시작합니다. "주 예수 크신 사랑 늘 말해 주시오." 다음으로 〈주 십자가를 지심으로〉라는 찬송이 있습니다. 이 찬송의 제4절은 "구주의 사랑 크신 은혜"라는 가사로 시작합니다. 세 찬송가의 공통점은, 하나님의 사랑을 '크다'라는 형용사로 표현하고 있다는 점입니다. 한글사전은 '크다'라는 형용사의 의미를 '규모나 범위, 정도가 대단하거나 심하다' 또는 '훌륭하거나 대단한, 중요하거나 의미 있는'을 의미한다고 설명합니다.

우리가 하나님의 사랑을 '크다'라는 형용사를 통해 설명하는 이유는 무엇일까요? 무수히 많은 사람들이 하나님의 사랑을 '크다'라고 노래하는 이유는 무엇일까요? 하나님의 사랑은 인간 세상에서는 발견하기 어려운, 아니 발견하기가 전혀 불가능한 것이기 때문입니다. 인간 세상에서도 다른 사람을 위해 희생하는 경우를 볼 수 있습니다. 의인을 위하여 죽는 자가 있을 수 있고, 선인을 위하여 용감히 죽는 자가 혹 있을 수 있습니다. 7절 하지만 자신의 원수를 위해 희생하고, 원수를 대신하여 자발적으로 죽는 경우는 없습니다. 하나님의 사랑을 크다고 말하는 이유가 바로 여기에

있습니다. 지금 하나님께 속해 있는 우리는, 원래 불경건한 자들이었습니다. 하나님께 관심이 없고 하나님께 반응하지 않으며, 오히려 하나님께 적대감을 가진 자들이었습니다. 에베소서 2장 3절은 다음과 같이 말합니다. "전에는 우리도 다 그 가운데서 우리 육체의 욕심을 따라 지내며 육체와 마음의 원하는 것을 하여 다른 이들과 같이 본질상 진노의 자녀이었더니."

우리가 지금은 하나님의 자녀이며 예수님께 속한 자일지라도, 원래 우리의 신분은 하나님의 원수였습니다. 우리는 육체의 욕심을 따라 지내며 육체와 마음의 원하는 것을 하여 "본질상 진노의 자녀"였습니다. 그럼에도 불구하고 성부 하나님은 자신의 아들이신 예수님을 우리를 위해 내어주셨고 예수님은 우리를 위해 십자가에 달리셨습니다. 우리가 대단히 고결한 삶을 살고 있을 때, 하나님께서 자신의 아들을 내어주신 것이 아닙니다. 우리가 대단히 거룩한 삶을 살고 있을 때, 예수님이 자신을 희생하신 것도 아닙니다. "우리가 아직 죄인 되었을 때에" 그렇게 하셨습니다. 우리가 하나님을 반대하고 하나님께 불순종할 때, 이 모든 일을 행하셨습니다. 그래서 우리는 하나님의 사랑을 의심할 수 없습니다. 그저 마음을 다해 "크신 사랑"이라고 노래할 수밖에 없습니다.

묵상과 기도

Q. 흔히 하나님의 사랑을 '크다'라고 표현하는 이유는 무엇입니까?

Q. 우리는 하나님의 사랑을 '크신 사랑'이라고 생각하고 있습니까?

prayer. 하나님, 하나님의 크신 사랑을 찬양합니다. 세상에서 볼 수 없는 하나님의 놀라운 사랑을 찬양합니다. 아들을 주시기까지 저희를 사랑하신 기이한 사랑을 찬양합니다. 평생토록 마음을 다해 하나님을 찬양하며 살게 해주세요.

더욱(1)

롬 5:9 그러면 이제 우리가 그의 피로 말미암아 의롭다 하심을 받았으니 더욱 그로 말미암아 진노하심에서 구원을 받을 것이니

구원에는 크게 세 가지 종류가 있습니다. 과거적 구원, 현재적 구원, 미래적 구원입니다. 과거적 구원은 '칭의'라고 하고, 현재적 구원은 '성화'라고 하며, 미래적 구원은 '영화'라고 합니다. 칭의는 이미 구원받은 것을, 성화는 지금 구원받고 있는 것을, 영화는 미래에 구원받을 것을 의미합니다. 좀 더 자세히 설명하면 다음과 같습니다.

칭의는 법적인 의미의 구원입니다. 재판장이신 하나님께서 우리를 의롭다고 선언해 주시는 것이 칭의입니다. 칭의는 하나님께서 우리를 죄의 책임과 결과로부터 구원해 주시는 것으로서, 이미 과거에 완료된 사건입니다. 그런 의미에서 칭의는 이미 얻은 구원입니다. 하지만 우리는 여전히 죄의 세력에 오염되어 있습니다. 우리의 본성은 여전히 악합니다. 그래서 하나님은 지금도 우리를 구원하십니다. 우리를 죄의 유혹에서 지키시고 건지십니다. 이것을 성화라고 합니다. 따라서 성화는 현재 진행형인 구원입니다. 영화는 최종적이고 확실한 구원입니다. 영화는 부활을 통해 이루어집니다. 장차 우리는 죄를 지을 수 없는 영광스러운 몸으로 부활하게 될 것입니다. 죄의 세력과 지배로부터 완전히 해방될 것입니다. 그래서 영화는 앞으로 얻을 구원입니다.

오늘 본문에서 "우리가 그의 피로 말미암아 의롭다 하심을 받았으니"라는 표현은 칭의를 말합니다. 그리고 "그로 말미암아 진노하심에서 구원을 받을 것이니"라는 표현은 영화를 말합니다. 그런데 본문을 주의 깊게 보면, 칭의와 영화를 표현하는 말 사이에 '더욱'이라는 단어가 있는 것을 확인할 수 있습니다. 본문에서 '더욱'이라는 단어는 논리적인 확실함을 강조하는 용도로 사용되고 있습니다. 하나님께서 우리에게 칭의의 은혜를 베푸셨다면, 영화의 은혜를 베푸는 것은 당연하다는 것입니다. 하나님께서 칭의의 은혜는 베푸셨지만, 영화의 은혜는 거두는 경우는 없다는 것입니다. 예수님도 동일하게 말씀하셨습니다.

"내가 진실로 진실로 너희에게 이르노니 내 말을 듣고 또 나 보내신 이를 믿는 자는 영생을 얻었고 심판에 이르지 아니하나니 사망에서 생명으로 옮겼느니라."요5:24

"내가 그들에게 영생을 주노니 영원히 멸망하지 아니할 것이요 또 그들을 내 손에서 빼앗을 자가 없느니라."요10:28

칭의 된 사람은 이미 영생을 얻은 사람입니다. 칭의 된 사람은 이미 사망에서 생명으로 옮겨진 사람입니다. 칭의 된 사람은 예수님 안에 있는 사람이며, 그래서 아무도 그의 구원을 흔들 수 없습니다.

그래서 칭의와 영화는 논리적으로 연결되어 있습니다. '칭의'되었으나 '영화'되지 못한다는 것은 논리적인 모순입니다. 하나님께서 우리의 칭의를 위해 자기 아들을 십자가에서 죽이셨다면, 우리의 영화를 위해 못하실 일은 전혀 없기 때문입니다. 따라서 칭의 된 사람은 영원한 구원을 받은 사람입니다. 칭의 된 사람은 이미 안전한 위치에 있는 사람입니다.

묵상과 기도

Q. 과거적 구원, 현재적 구원, 미래적 구원을 각각 무엇이라고 합니까?

prayer. 하나님, 저희를 의롭다고 해주셔서 감사합니다. 저희에게 칭의의 은혜를 베풀어 주셔서 감사합니다. 하나님께서 저희를 의롭다 하셨으니, 저희를 영화롭게 하실 것을 믿습니다. 저희가 반드시 영화로운 자리에 서게 될 것을 믿습니다.

더욱(2)

> **롬 5:10** 곧 우리가 원수 되었을 때에 그의 아들의 죽으심으로 말미암아 하나님과 화목하게 되었은즉 화목하게 된 자로서는 더욱 그의 살아나심으로 말미암아 구원을 받을 것이니라

'역도'라는 경기가 있습니다. 누가 더 무거운 무게를 들 수 있는지를 겨루는 운동입니다. 만약 한 역도 선수가 100kg을 들었다고 가정해 봅시다. 그렇다면 그 선수가 50kg을 드는 것은 더욱 쉬운 일일 것입니다. 따라서 그 선수에 대해서 그가 100kg은 들었지만 50kg은 들지 못할 것이라고 생각하는 사람은 없을 것입니다.

바울이 본문에서 주장하는 요지도 동일합니다. 하나님은 우리가 원수 되었을 때 우리를 구원하시기 위해 자기 아들을 죽이셨습니다. 우리가 하나님을 부인하고 하나님에 대해 적대감을 가지고 있을 때 우리의 구원을 위해 일하셨습니다. 그렇다면 이제 하나님과 화목한 상태에 있는 우리를 위해서는 더욱더 많은 일을 하실 것이 당연합니다.[39] 바로 이것이 바울의 논리입니다. 또 다른 예를 들어보겠습니다. 한 거지 아이가 있었습니다. 누구도 그 아이를 거들떠보지 않았습니다. 그런데 한 부부가 그 아이를 궁휼히 여겨 입양하여 사랑으로 돌보았습니다. 그 결과 한때 거지였던 아이는 교양 있고 성숙한 청년이 되었습니다. 그렇다면 아이를 입양한 부부는 더욱 그 아이를 사랑할 것입니다. 거지였을 때는 사랑했는데, 자녀가 된 후에는 사랑하지 않는다는 것은 말이 되지 않습니다.

우리에게 일어난 일도 동일합니다. 원래 우리는 하나님과 상관없는 존재였습니다. 죄로 인해 하나님과 멀어진 존재였습니다. 하지만 지금은 하나님의 자녀입니다. 예수님을 믿는 믿음 안에서 우리는 하나님의 자녀로 입양되었습니다. 그렇다면 하나님께서 더욱 우리를 사랑하셔야 마땅합니다. 죄로 인해 멀어져 있을 때는 사랑하셨는데, 자녀가 된 후에는 사랑하지 않는다는 것은 논리적으로 말이 되지 않습니다. 우리의 구원은 크게 세 부분으로 나눌 수 있습니다. 칭의, 성화, 영화입니다. 이 세 가지 가운데 하나님께 가장 힘든 일은 무엇일까요? 하나님은 전능하셔서 힘든 일이 있을 수 없지만, 꼭 따지자면 칭의입니다. 우리의 칭의를 위해서 자기 아들을 죽이셔야 했기 때문입니다. 따라서 하나님께 이보다 더 큰 일은 없습니다.[40]

하나님께서 우리의 칭의를 이루셨다면, 성화와 영화를 이루시는 것은 당연합니다. 하나님께서 우리를 위해 가장 큰 일을 이루셨는데, 작은 일은 못하실 리 없습니다. 따라서 우리의 구원은 확실합니다. 우리가 예수님을 믿고 칭의 되었다면, 우리는 반드시 영화에도 이를 것입니다. 우리의 칭의를 이루신 하나님께서 영화를 이루지 못할 리가 없기 때문입니다. 죄인일 때도 우리를 사랑하신 하나님께서 이제 예수님의 의를 덧입은 우리를 사랑하지 않을 리가 없기 때문입니다. 원수일 때도 우리를 사랑하신 하나님께서 양자 된 우리를 사랑하지 않을 리가 없기 때문입니다.

묵상과 기도

Q. 하나님은 우리가 원수같을 때도 사랑해 주셨습니다. 그렇다면 자녀가 된 지금은 얼마나 더 사랑해 주실까요?

prayer. 하나님, 하나님은 저희가 원수 되었을 때도 사랑해 주셨습니다. 따라서 하나님의 자녀로 입양된 지금은 더욱더 사랑해 주실 줄 믿습니다. 힘든 세상에서 마음이 지칠 때마다 하나님의 사랑을 생각하게 해주세요. 하나님의 사랑을 생각하며 다시 일어서게 해주세요.

즐거워하느니라

롬 5:11 그뿐 아니라 이제 우리로 화목하게 하신 우리 주 예수 그리스도로 말미암아 하나님 안에서 또한 즐거워하느니라

로마서는 "복음이란 무엇인가?"라는 질문에 이렇게 대답합니다. 복음이란 "예수 그리스도"라고 말입니다. 그렇다면 예수님을 믿으면 어떤 일이 일어납니까? 예수님을 믿는 자에게 나타나는 변화는 무엇입니까? 오늘 본문은 바로 그 질문에 답하고 있습니다.

바울은 다음과 같이 말합니다. "하나님 안에서 또한 즐거워하느니라." 복음이 우리 삶에 가져오는 열매, 예수님을 믿는 것이 우리 안에 가져오는 변화는 '즐거움'입니다. 복음을 믿는 사람, 예수님을 믿는 사람에게는 반드시 즐거움이라는 열매가 생겨납니다. 이것은 성경 전체에서 발견할 수 있는 중요한 교리이지만, 특별히 빌립보서에 잘 나타나 있습니다. 빌립보서는 이 주제를 다음과 같이 말합니다.

"끝으로 나의 형제들아, 주 안에서 기뻐하라. 너희에게 같은 말을 쓰는 것이 내게는 수고로움이 없고 너희에게는 안전하니라." 빌3:1

"주 안에서 항상 기뻐하라 내가 다시 말하노니 기뻐하라." 빌4:4

바울은 빌립보서에서 기뻐할 것을 명령형으로 말하고 있습니다. 따라서 하나님 안에서 즐거워하는 것은 선택 사항이 아닙니다. 하나님 안에서 즐거워하는 것은 신자라면 누구나 추구해야 할 목표입니다.⁴¹ 하나님께서 "주 안에서 기뻐하라"고 명령하셨으므로 기뻐하지 않는 것은 죄를 짓는 일이라고까지 말할 수 있습니다.

그러면 많은 사람들이 이렇게 말할 것입니다. "기쁨은 저와 상관없는 일입니다. 저에게는 기뻐할 만한 아무런 근거가 없습니다. 기쁨은 돈과 명예와 권력을 가진 자들의 것이 아닌가요? 저는 그런 것을 조금도 가지고 있지 않습니다."

이렇게 말하는 사람들은 커다란 착각을 하고 있습니다. 오늘 본문은 기쁨의 근거를 돈과 명예와 권력에 두고 있지 않습니다. 대신 "우리 주 예수 그리스도로 말미암아 하나님 안에서 또한 즐거워하느니라"라고 말하고 있습니다. 예수님을 믿고 예수님을 아는 사람이라면, 누구나 기뻐할 수 있다는 것입니다.

그렇다면 예수님은 우리에게 어떤 존재입니까? 예수님은 우리에게 무엇을 주었습니까? 예수님은 우리의 의로움이 되십니다. 우리는 예수님을 통해서 하나님 앞에서 의로운 자로 받아들여집니다. 바울은 이 사실을 제대로 알기만 하면, 누구나 즐거워할 수 있다고 말하는 것입니다. 그리고 즐거워해야 마땅하다고 권면하는 것입니다.

흔히 믿음과 감정을 배치되는 것으로 여기기 쉽습니다. 하지만 믿음과 감정은 상반되는 것이 아닙니다. 참된 믿음은 참된 기쁨을 가져오기 때문입니다. 그래서 시편 기자는 다음과 같이 노래했습니다. "너희는 여호와의 선하심을 맛보아 알지어다." 시34:8

예수님을 묵상하십시오. 예수님이 가져다주신 구원을 깊이 생각해 보십시오. 그러면 복음의 열매인 기쁨을 맛보게 될 것입니다. 예수님 안에서 즐거워하게 될 것입니다.

묵상과 기도

Q. 복음이 우리 삶에 가져오는 열매는 무엇입니까?

prayer. 하나님, 저희는 복음을 가진 사람입니다. 세상에서 가장 좋은 것을 가진 사람입니다. 그러므로 항상 행복하게 해주세요. 항상 기쁘게 해주세요. 다른 것 때문이 아니라 예수님 때문에 항상 행복하고, 예수님 때문에 항상 기쁘게 해주세요.

한 사람으로 말미암아

롬 5:12 그러므로 한 사람으로 말미암아 죄가 세상에 들어오고 죄로 말미암아 사망이 들어왔나니 이와 같이 모든 사람이 죄를 지었으므로 사망이 모든 사람에게 이르렀느니라

본문의 "한 사람"은 아담을 말합니다. 바울이 아담에 대해서 말하는 것은, 그가 예수님의 모형이기 때문입니다. 예수님을 이해하기 위해서는 먼저 아담을 알아야 하기 때문입니다. 이는 고린도전서 15장 45절에서 바울이 예수님을 '마지막 아담'이라고 부르는 점에서 명백한 사실입니다.

그렇다면 아담은 어떤 측면에서 예수님의 모형이자 그림자가 됩니까? 아담은 모든 인류의 대표라는 점에서 예수님의 모형이자 그림자입니다. 본문에서 바울은 아담 한 사람의 범죄가 곧 모든 사람의 범죄라고 말합니다. 어떻게 아담 한 사람의 범죄가 모든 사람의 범죄가 될 수 있습니까? 그 이유는 아담이 모든 인류의 대표이기 때문입니다.

대표란 무엇입니까? 대표란 한 사람의 행동과 그 결과가 모든 사람에게 영향을 미치는 존재를 말합니다. 예를 들어, A라는 육상 선수가 우리나라를 대표해서 올림픽 경기에 나갔다고 가정해 봅시다. 만약 A가 육상 경기에서 금메달을 따면, 올림픽 위원회에서는 우리나라가 금메달을 땄다고 공식적으로 기록할 것입니다. 그 이유는 A가 대표이기 때문입니다.

아담의 행동과 결과도 마찬가지입니다. 아담은 모든 인류의 대표입니다. 그래서 아담이 선악과를 따 먹는 죄를 범할 때, 모든 인류도 선악과를 따 먹은 것입니다. 아담이 하나님 앞에서 죄인이 될 때, 모든 인류도 죄인이 된 것입니다.

바로 이런 측면에서 아담은 예수님의 그림자이자 모형입니다. 하지만 그 결과는 전혀 다릅니다. 아담은 죄와 사망을 가져온 대표인 반면, 예수님은 의와 생명을 가져온 대표이기 때문입니다.

그래서 구원이란 누구에게 속했는가에 달린 문제입니다. 아담을 대표로 하며 아담에게 속한 자들은, 아담 안에서 영원한 사망이 이르게 됩니다. 반대로 예수님을 대표로 하며 예수님께 속한 자들은, 예수님 안에서 영원한 생명에 이르게 됩니다. 그런 점에서 우리의 구원이 확실한 것은 우리가 이미 예수님 안에 속했으며, 예수님은 절대 우리를 버리거나 포기하지 않으시기 때문입니다. "내가 그들에게 영생을 주노니 영원히 멸망하지 아니할 것이요 또 그들을 내 손에서 빼앗을 자가 없느니라." 요10:28

정리하자면 아담은 예수님의 모형이자 그림자입니다. 우리는 아담을 통해 하나님께서 어떤 방식으로 우리를 구원하시는지를 깨닫게 됩니다. 하나님은 언약을 통해, 특별히 대표자를 세우는 언약을 통해 우리를 구원하십니다.

그런 점에서 구원은 하나님의 능력에 달린 일입니다. 구원은 하나님의 계획에 근거한 일입니다. 만약 구원이 우리의 능력에 달린 일이거나, 상황과 환경에 따라 변경되는 일이라면 우리는 절대 안전하지 않습니다. 우리는 결코 구원을 확신할 수 없습니다. 그런 점에서 예수님이 우리의 대표가 되신다는 것은 복음 중에 복음입니다. 우리는 이 복음 안에서 구원을 얻으며, 결코 이 영광을 빼앗기지 않을 것입니다.

묵상과 기도

Q. 아담은 어떤 측면에서 예수님의 모형이자 그림자입니까?

Q. 아담과 예수님은 어떤 점에서 다릅니까?

prayer. 하나님, 원래 저희의 대표는 아담이었습니다. 그래서 저희에게는 아담의 원죄가 전가되어 있었습니다. 이제 저희의 대표는 예수님입니다. 그래서 저희에게는 예수님의 의가 전가되어 있습니다. 예수님이 저희의 대표이기에 저희의 구원은 취소될 수 없습니다. 저희는 반드시 영화롭게 될 것입니다. 이 은혜를 늘 생각하고 감사하며, 찬양하게 해주세요.

죄가 세상에 들어오고

> **롬 5:12** 그러므로 한 사람으로 말미암아 죄가 세상에 들어오고 죄로 말미암아 사망이 들어왔나니 이와 같이 모든 사람이 죄를 지었으므로 사망이 모든 사람에게 이르렀느니라

바울은 죄를 의인화하여 표현합니다. "죄가 세상에 들어오고"라는 표현이 바로 그것입니다. 바울은 '죄'라는 인물이 문을 열고 세상에 들어온 것처럼 말하고 있습니다. 바울이 죄를 이런 식으로 묘사하는 이유는 무엇일까요?

이것은 바울이 죄의 적극성을 묘사하는 방식입니다.[42] 죄는 절대로 수동적이지 않습니다. 죄는 결코 소극적이지 않습니다. 죄는 적극적이고 활동적입니다. 죄는 아무것도 하지 않는 것이 아니라, 적극적으로 무언가를 합니다. 죄는 어떤 일이 일어나기를 기다리는 것이 아니라, 활동적으로 어떤 일을 만들어 냅니다.

성경이 죄를 의인화하여 표현하는 것은, 죄가 마귀의 활동이기 때문입니다.[43] 현대인들은 마귀의 존재를 믿지 않습니다. 마귀에 관한 생각을 어리석고 미신적인 것으로 여깁니다. 하지만 마귀는 분명히 존재합니다. 성경은 마귀의 활동에 대해 다음과 같이 말합니다.

"그때에 너희는 그 가운데서 행하여 이 세상 풍조를 따르고 공중의 권세 잡은 자를 따랐으니 곧 지금 불순종의 아들들 가운데서 역사하는 영이라." 엡2:2

"죄를 짓는 자는 마귀에게 속하나니." 요일3:8

"예수를 시인하지 아니하는 영마다 하나님께 속한 것이 아니니." 요일4:3

"마귀를 대적하라. 그리하면 너희를 피하리라." 약4:7

"근신하라. 깨어라. 너희 대적 마귀가 우는 사자 같이 두루 다니며 삼킬 자를 찾나니." 벧전5:8

"마귀의 간계를 능히 대적하기 위하여 하나님의 전신 갑주를 입으라." 엡6:11

"믿는 자들에게는 이런 표적이 따르리니 곧 그들이 내 이름으로 귀신을 쫓아내며 새 방언을 말하며." 막16:17

이렇게 말하는 사람들이 있습니다. "아직도 귀신을 믿어?" 하지만 우리는 믿어야 합니다. 성경이 명백하게 악한 영의 존재를 증명하고 있기 때문입니다. 하지만 세상 사람들처럼 믿어서는 안 됩니다. 세상 사람들은 마귀를 무섭고, 때로는 어리석은 존재로 생각합니다. 하지만 마귀는 하와의 주의를 끌만큼 매력적이고, 아담을 타락시킬 만큼 지혜로운 존재입니다.

마귀는 영적인 존재로서 우리 눈에 보이지 않습니다. 대신 우리 마음속에서 적극적으로 활동합니다. 그래서 우리는 마귀의 존재를 늘 인식하고 살아야 합니다. 죄에 대한 욕구가 치솟을 때는 이것이 마귀의 유혹이라는 것을 분별할 수 있어야 합니다. 그래야만 마귀를 대적할 수 있습니다.

묵상과 기도

Q. 바울이 죄를 의인화하여 표현한 이유는 무엇입니까?

Q. 마귀의 존재를 늘 인식하고 있습니까?

prayer. 하나님, 지금도 마귀는 저희를 유혹하려고 기회를 노리고 있습니다. 저희를 넘어뜨리려고 기회를 엿보고 있습니다. 저희의 힘으로는 마귀를 이길 수 없습니다. 마귀의 유혹에서 저희를 지켜주세요. 마귀의 시험에서 저희를 지켜주세요.

모든 사람이 죄를 지었으므로

롬 5:12 그러므로 한 사람으로 말미암아 죄가 세상에 들어오고 죄로 말미암아 사망이 들어왔나니 이와 같이 모든 사람이 죄를 지었으므로 사망이 모든 사람에게 이르렀느니라

오늘 본문은 모든 사람이 죄를 지었기 때문에, 사망이 모든 사람에게 이르렀다고 말합니다. 사망은 죄의 결과이며, 죄는 사망의 원인입니다. 그런데 이해하기 어려운 사례가 있습니다. 영아들의 죽음입니다. 영아들은 실제로 죄를 지은 적이 없습니다. 따라서 영아들은 죽지 말아야 합니다. 영아 때 죽는 사람은 없어야 합니다. 그런데 영아들도 죽음을 맞이합니다. 왜 영아들은 죄를 지은 적이 없는데도 죽을까요? 이 질문에 답하기 위해서는 "모든 사람이 죄를 지었으므로"라는 말씀의 의미를 바르게 이해해야 합니다. 어떤 사람들은 모든 사람이 죄를 지었다는 것을 '모방'의 차원에서 생각합니다. 모든 인류가 아담의 죄를 모방하고 있다는 것입니다. 그래서 아담의 죄가 모든 인류에게 전가된다는 것입니다. 하지만 이런 주장은 영아의 죽음을 설명하지 못합니다. 영아들은 아담의 죄를 모방한 적이 없습니다.

또 어떤 이들은 모든 사람이 죄를 지었다는 것을 '본성'의 차원에서 생각합니다. 모든 인류는 죄인의 본성을 가지고 태어나며, 그로 인해 죄를 짓고 사망에 이른다는 것입니다. 그런데 이것 역시 태어나자마자 죽는 영아들의 경우를 설명하지 못합니다.[44] 태어나자마자 죽은 영아들은 죄를 지을 의지를 가지지 못했으며, 그럴 능력도 없었습니다. 그럼에도 그들은 죽었습니다.

그러므로 "모든 사람이 죄를 지었으므로"라는 말씀은 실제로 모든 사람이 악을 행했다는 뜻이 아닙니다. 그렇게 해석한다면 구원을 얻는 자들은 실제로 선을 행해야만 구원을 받는다고 해야 합니다. 이것은 바울이 줄기차게 주장한 이신칭의 교리와 모순됩니다. 그렇다면 "모든 사람이 죄를 지었으므로"라는 말씀의 올바른 해석은 무엇일까요? 이 말씀은 모든 사람이 아담이 범한 죄의 책임을 함께 진다는 의미로 해석해야 합니다.[45] 예를 들어, 영아들은 개인적이고 실제적으로 죄를 지은 적이 없습니다. 하지만 그들은 아담이 지은 죄의 책임을 함께 지고 있습니다. 그래서 그들도 죽음을 맞이하는 것입니다.

영아들이 아담이 범한 죄의 책임을 함께 지는 이유는 아담이 모든 인류의 대표이기 때문입니다. 모든 인류가 아담 안에 있기 때문입니다. 따라서 근본적인 문제는 아담이 범한 죄에 있습니다. 모든 사람에게 죄와 죽음을 가져온 것은 아담이 범한 죄입니다. 모든 사람은 인류의 대표인 아담 안에 있었으므로, 아담과 함께 죄를 지은 것이나 마찬가지입니다.

마찬가지로 우리가 영생을 얻는 것은 우리의 대표가 예수님이기 때문입니다. 모든 신자는 예수님 안에 있기 때문입니다. 엡1:3 모든 인류가 아담 안에서 죄인으로 여겨지는 것처럼, 우리는 예수님 안에서 의인으로 여겨집니다. 엡1:4 아담 안에서는 죄가 전가되고, 예수님 안에서는 의가 전가됩니다. 바로 이것이 우리가 구원을 얻는 근본적인 이유입니다.

묵상과 기도

Q. "모든 사람이 죄를 지었으므로"라는 말씀은 어떤 뜻입니까?

Q. 영아들이 아담이 범한 죄의 책임을 함께 지는 이유는 무엇입니까?

prayer. 하나님, 세상 사람들은 아담 안에 있습니다. 그래서 아담이 지은 죄의 책임을 함께 지고 있습니다. 하지만 저희는 예수님 안에 있습니다. 그래서 저희는 예수님의 공로를 함께 지니고 있습니다. 예수님 때문에 구원을 받았으니, 예수님을 위해 살게 해주세요. 예수님 때문에 의롭게 되었으니, 실제 말과 행동도 의롭게 행하게 해주세요.

한 사람으로 말미암아 죄가 세상에 들어오고

> **롬 5:12** 그러므로 한 사람으로 말미암아 죄가 세상에 들어오고 죄로 말미암아 사망이 들어왔나니 이와 같이 모든 사람이 죄를 지었으므로 사망이 모든 사람에게 이르렀느니라

"한 사람으로 말미암아 죄가 세상에 들어오고"라는 말씀은 원죄 교리의 정수가 되는 말씀입니다. 원죄 교리의 핵심은 아담 한 사람의 죄가 세상 모든 사람에게 전가된다는 것입니다. 아담의 죄가 모든 인류에게 전가되는 이유는 아담이 모든 인류의 대표이기 때문입니다. 따라서 하나님은 아담을 지으신 후에 이렇게 말씀하신 것이나 마찬가지입니다. "아담아 나는 너를 첫 번째 사람으로 지었을 뿐만 아니라, 앞으로 태어날 모든 사람들의 머리이자 대표로 세웠다. 나는 너와 언약을 맺을 것이고, 그 언약의 결과는 너뿐만 아니라 모든 인류에게 미칠 것이다. 너는 모든 인류의 대표이기 때문이다. 네가 언약을 지킴으로써 누리는 복은 너의 자손들에게도 미칠 것이며, 반대로 네가 언약을 어김으로써 받게 될 심판도 너의 자손들에게 미칠 것이다. 네가 어떤 행동을 할 때, 그것이 너 혼자만의 행동이 아니라는 것을 유념하길 바란다."⁴⁶ 이것은 우리가 일상에서 흔히 찾아볼 수 있는 원리입니다. 예를 들어, 우리나라 국민이지만 다른 나라에서 공직을 수행하는 외교관은 그곳에서 우리 모두를 대표합니다. 그가 공적으로 하는 말과 행동은 모든 국민을 대표해서, 모든 국민의 입장에서 말하고 행동하는 것입니다. 이 외에도 어떤 사람을 대표로 세워 그에게 모두의 권한을 위임하는 사례는 수없이 많습니다.

아담의 범죄로 말미암아 모든 인류가 타락했다는 원죄 교리에 대해 크게 두 가지 정도의 반론이 있습니다. 첫 번째는 하나님께서 아담 같은 사람을 전 인류의 대표로 세우신 것은 불의하다는 주장입니다. 고작 선악과도 참지 못했던 사람이 어떻게 모든 인류의 대표가 될 수 있냐는 것입니다. 하지만 아담은 평범한 사람이 아닙니다. 타락하기 이전의 아담은 가장 지혜롭고 거룩했던 사람입니다. 그는 하나님의 형상을 손상되지 않은 형태로 소유하고 있었습니다. 따라서 하나님께서 아담을 대표로 세우신 것은 불의한 일이 아닙니다. 두 번째는 우리가 아담에게 대표가 되어 달라고 요구한 적이 없으므로, 아담에게는 대표의 자격이 없다는 주장입니다. 이것은 인간의 위치를 벗어난 요구입니다. 피조물에 불과한 인간에게는 이런 것을 요구할 자격이 없습니다. 전능하신 창조주 하나님께서 아담을 대표자로 삼고자 하신다면, 그렇게 하시지 말아야 할 하등의 이유가 없습니다.

만약 대표성의 원리를 부정하면 심각한 문제가 발생합니다. 아담이 전 인류의 대표이듯이, 예수님은 모든 신자의 대표이기 때문입니다. 만약 아담이 전 인류의 대표가 될 수 없다면, 예수님도 모든 신자의 대표가 될 수 없습니다. 만약 아담의 죄가 전 인류에게 전가된 것이 사실이 아니라면, 예수님의 의가 모든 신자에게 전가된 것도 사실일 수 없습니다. 그러면 우리의 구원 자체가 흔들리게 됩니다. 우리의 구원은 어디에도 근거를 둘 수 없게 됩니다. 예수님이 모든 믿는 자의 대표라는 원리가 성립하기 위해서는, 그 역이 되는 원리도 성립해야 합니다.

묵상과 기도

Q. 하나님께서 아담을 인류의 대표로 세우신 것은 불의한 일입니까?

Q. 대표성의 원리를 부정하면 어떤 문제가 발생합니까?

prayer. 하나님, 예수님을 저희의 대표로 세워 주셔서 감사합니다. 예수님의 의를 전가 받게 해주셔서 감사합니다. 저희의 구원이 오직 예수님 때문임을 기억하고, 어디서 무엇을 하든지 예수님을 위해 살아가게 해주세요.

그러나 이 은사는 그 범죄와 같지 아니하니

> **롬 5:13-15** 13 죄가 율법 있기 전에도 세상에 있었으나 율법이 없었을 때에는 죄를 죄로 여기지 아니하였느니라 14 그러나 아담으로부터 모세까지 아담의 범죄와 같은 죄를 짓지 아니한 자들까지도 사망이 왕 노릇 하였나니 아담은 오실 자의 모형이라 15 그러나 이 은사는 그 범죄와 같지 아니하니 곧 한 사람의 범죄를 인하여 많은 사람이 죽었은즉 더욱 하나님의 은혜와 또한 한 사람 예수 그리스도의 은혜로 말미암은 선물은 많은 사람에게 넘쳤느니라

바울은 왜 갑자기 아담에 대해 말하기 시작했을까요? 그 이유는 "아담은 오실 자의 모형"이기 때문입니다.[14절] 예수님이 어떤 분인지 알려면, 먼저 아담이 어떤 존재인지를 알아야 하기 때문입니다.

이미 우리는 아담과 예수님 사이에 어떤 공통점이 있는지를 살펴보았습니다. 아담과 예수님은 모두 한 족속의 머리입니다. 아담은 세상의 머리이고, 예수님은 교회의 머리입니다. 또 아담과 예수님은 모두 언약의 중보자입니다. 아담은 행위 언약의 중보자이고, 예수님은 은혜 언약의 중보자입니다. 그리고 아담과 예수님 모두 행위의 결과를 자기 자손들에게 미쳤습니다. 그런 점에서 아담은 예수님의 모형입니다. 아담과 예수님 사이에는 뚜렷한 차이점도 있습니다. 아담은 범죄를 가져왔지만, 예수님은 은사를 가져왔습니다.[15절] 여기서 범죄란 아담이 행한 범법을 말합니다. 아담이 하나님의 언약에 불순종한 것을 뜻합니다. 그리고 아담의 범죄는 단지 자신이 범법자가 되는 것으로 끝나지 않았습니다. 그는 사망을 가져왔습니다.[14절] 사망이 왕 노릇 하게 된 것은 아담의 불순종 때문입니다. 아담의 범죄 때문입니다. 하지만 예수님은 다릅니다. 바울은 '그러나'라는 접속사를 통해 아담과 예수님 사이에 뚜렷한 차이점이 있음을 강조합니다. "그러나 이 은사는 그 범죄와 같지 아니하니."[15절] 바울은 아담이 가져온 것보다, 예수님이 가져온 것이 더 크다는 것을 '더욱'이라는 단어를 통해 강조합니다. 여기서 바울이 '더욱'이라는 단어를 사용한 것은, 다음과 같은 주제를 강조하기 위함입니다. 아담 때문에 모든 인류가 하나님의 저주 아래 놓이게 되었다면, 예수님 때문에 모든 신자들이 하나님의 사랑 안에 있는 것은 '더욱' 확실합니다. 아담 때문에 모든 인류가 사탄의 자식이 되었다면, 예수님 때문에 모든 신자들이 하나님의 자녀가 된 것은 '더욱' 확실합니다. 아담 때문에 모든 인류가 죽을 것이 확실하다면, 예수님 때문에 모든 신자들이 살아날 것은 '더욱' 확실합니다. 아담 때문에 하나님께서 모든 인류를 심판하실 것이라면, 예수님 때문에 하나님께서 모든 믿는 자들을 구원하실 것은 '더욱' 확실합니다. 이처럼 아담은 예수님의 모형입니다. 하지만 정반대되는 모형입니다. 아담과 예수님 모두 한 무리를 대표한다는 점에서는 동일하지만, 그 행위의 결과는 정반대입니다. "이 은사는 그 범죄와 같지 아니하니"라는 말씀처럼, 예수님은 아담과 같지 않습니다. 따라서 가장 큰 은혜, 가장 큰 복은 누구에게 속해 있는가, 누구를 대표로 하는가에 달려 있습니다. 감사하게도 우리는 아담에게 속해 있지 않습니다. 우리는 예수님에게 속해 있습니다. 이것은 우리가 선택한 일이 아닙니다. 전적으로 하나님의 섭리이며, 하나님의 선물입니다. 바로 이것이 복음이며, 바로 이것이 은혜입니다.

묵상과 기도

Q. 아담과 예수님은 어떤 점에서 비슷합니까?

Q. 아담과 예수님은 어떤 점에서 정반대됩니까?

prayer. 하나님, 예수님 안에서 저희를 선택해 주셔서 감사합니다. 예수님 안에서 저희를 사랑해 주시고 자녀 삼아 주셔서 감사합니다. 예수님 안에서 죽음을 이기게 하셔서 감사합니다.

많은 사람에게 넘쳤느니라

> **롬 5:15** 그러나 이 은사는 그 범죄와 같지 아니하니 곧 한 사람의 범죄를 인하여 많은 사람이 죽었은즉 더욱 하나님의 은혜와 또한 한 사람 예수 그리스도의 은혜로 말미암은 선물은 많은 사람에게 넘쳤느니라

바울은 아담과 예수님을 대조하고 있습니다. 아담과 예수님의 공통점을 설명할 뿐만 아니라, 둘 사이의 차이점도 진술하고 있습니다. 아담과 예수님 사이의 중대한 차이점 중 하나는, 아담은 모든 인류를 대표하는 데 반해 예수님은 오직 믿는 자들만을 대표한다는 점입니다. 그런데 성경을 문자적으로 해석하는 이들은, 이러한 해석을 반대합니다. 그들은 아담으로 인해 모든 사람이 죄인이 되었으므로, 예수님으로 인해 모든 사람이 의인이 되어야 한다고 주장합니다. 아담으로 인해 모든 사람이 하나님과 단절되었으므로, 예수님으로 인해 모든 사람이 하나님과 가까워져야 한다고 주장합니다. 그것이 오늘 본문의 의미라고 주장합니다.

그들이 근거로 삼는 것은 "많은 사람"이라는 표현입니다. 5장 15절은 아담으로 인해 "많은 사람"이 죽었고, 예수님으로 인해 "많은 사람"이 살아났다고 말합니다. 그래서 그들은 앞의 "많은 사람"이 모든 사람을 의미하기 때문에, 뒤에 있는 "많은 사람"도 모든 사람을 의미한다고 주장합니다.

이것은 성경의 통일성을 무시한 어리석은 주장입니다. 모든 사람이 구원을 얻는다는 것은 성경 전체에서 얻을 수 있는 교훈이 아닙니다. 성경은 여러 부분에서 구원 얻을 자와 심판받을 자를 확실하게 구분합니다.

"손에 키를 들고 자기의 타작 마당을 정하게 하사 알곡은 모아 곳간에 들이고 쭉정이는 꺼지지 않는 불에 태우시리라."마3:12

"그를 믿는 자는 심판을 받지 아니하는 것이요 믿지 아니하는 자는 하나님의 독생자의 이름을 믿지 아니하므로 벌써 심판을 받은 것이니라."요3:18

"선한 일을 행한 자는 생명의 부활로, 악한 일을 행한 자는 심판의 부활로 나오리라."요5:29

"인자가 자기 영광으로 모든 천사와 함께 올 때에 자기 영광의 보좌에 앉으리니…양은 그 오른편에 염소는 왼편에 두리라."마25:31-33

성경을 보면 '모든'이라는 말이 문자적인 '모든'을 의미하지 않는 경우가 허다합니다. 예를 들어, 누가복음 2장 3절은 '모든' 사람이 호적하러 각각 고향으로 갔다고 말합니다. 여기서 '모든'은 세상 모든 사람들을 뜻하는 것이 아닙니다. 사도행전 3장 9절은 '모든' 백성이 하나님을 찬양했다고 말하지만, 여기서도 '모든'은 세상 모든 사람들을 뜻하는 것이 아닙니다. 성경에서 '모든'이라는 단어는 문맥을 따라 해석해야 합니다. 오늘 본문도 마찬가지입니다. 예수님의 은혜가 많은 사람에게 넘쳤다는 표현은, 모든 사람이 구원을 얻는다는 뜻이 아닙니다. 성경 전체의 문맥을 따라서 보면 여기서 사용된 '모든'이라는 단어는 '모든 믿는 사람'을 의미합니다.

묵상과 기도

Q. 아담은 모든 인류의 대표입니다. 반면 예수님은 누구의 대표입니까?

prayer. 하나님, 마지막 날 세상은 두 부류로 나누어질 것입니다. 아담에게 속한 자와 예수님께 속한 자, 세상에 속한 자와 하나님께 속한 자, 영원히 심판받을 자와 영원한 생명을 누릴 자로 나누어질 것입니다. 그때 저희는 하나님 곁에 서게 될 것이고, 영원한 생명으로 들어갈 것입니다. 저희에게 이런 은혜를 베풀어 주셔서 감사합니다.

3월 22일

은사는 많은 범죄로 말미암아 의롭다 하심에 이름이니라

> **롬 5:16-17** 16 또 이 선물은 범죄한 한 사람으로 말미암은 것과 같지 아니하니 심판은 한 사람으로 말미암아 정죄에 이르렀으나 은사는 많은 범죄로 말미암아 의롭다 하심에 이름이니라 17 한 사람의 범죄로 말미암아 사망이 그 한 사람을 통하여 왕 노릇 하였은즉 더욱 은혜와 의의 선물을 넘치게 받는 자들은 한 분 예수 그리스도를 통하여 생명 안에서 왕 노릇 하리로다

바울의 진술을 요약하면 다음과 같습니다. 원래 우리는 아담 안에 있었습니다. 하지만 지금은 예수님 안에 있습니다. 그 차이는 엄청납니다. 모든 인류는 아담에게서 원죄, 즉 부패한 본성을 물려받습니다. 부패한 본성을 물려받은 인간은 자범죄, 즉 구체적인 악을 행합니다. 원죄와 자범죄를 가진 인간은 하나님의 심판을 피할 수 없습니다. 따라서 아담은 심판을 가져온 대표입니다. 유일한 희망은 하나님의 선물입니다. "이 선물은 범죄한 한 사람으로 말미암은 것과 같지 아니하니." 16절

하나님은 신자들에게 선물을 주셨습니다. 이 선물은 예수님을 믿는 믿음과 믿음을 통해서 얻는 구원입니다. 이 선물로 인해 이제 우리는 아담 안에 있지 않습니다. 이제 우리의 소속은 아담이 아닙니다. 우리는 믿음을 통해 예수님과 연합되어 있으며, 예수님 안에 있습니다.

바울은 우리가 예수님을 믿은 결과를 다음과 같이 말합니다. "은사는 많은 범죄로 말미암아 의롭다 하심에 이름이니라." 16절 예수님과 연합된 자는 한 가지 범죄가 아니라 "많은 범죄"에서 의롭다 함을 얻습니다. "많은 범죄"는 모든 종류의 죄를 의미합니다. 롬8:1-2 신자들은 예수님을 믿기 이전에 지었던 죄만이 아니라,

날마다 새롭게 범하는 죄들도 용서받습니다. 47 신자들은 예수님 안에서 모든 죄를 용서받습니다. 그러므로 16절은 칭의에 대한 완벽한 해설입니다. 우리는 행위와 공로를 통해 의롭다 함을 얻지 않습니다. 우리는 예수님 때문에 의롭다 함을 얻으며, 그것은 오직 믿음을 통해서 이루어집니다.

이어지는 17절은 칭의의 결과입니다. 우리는 여기서 "믿는 자는 장차 어떻게 됩니까?"라는 질문의 답을 발견합니다. 그 답은 다음과 같습니다. "예수 그리스도를 통하여 생명 안에서 왕 노릇 하리로다." 17절

아담으로 인해 세상에 사망이 들어왔습니다. 아담의 범죄로 인해 사망은 모든 사람들에게 왕 노릇 하였습니다. 모든 인류는 사망의 종이 되었고, 사망에게 굴복하였습니다. 하지만 믿음으로 칭의를 얻은 자들은 더 이상 사망의 종이 아닙니다. 그들의 왕은 사망이 아니라 예수님입니다.

예수님을 주인으로 하는 자들은 장차 영원한 생명을 얻습니다. 히브리서 2장 15절은 다음과 같이 말합니다. "또 죽기를 무서워하므로 한평생 매여 종노릇하는 모든 자들을 놓아 주려 하심이니." 이것이 예수님 안에 있는 자들의 미래입니다. 우리는 장차 사망에서 완전히 해방될 것입니다.

묵상과 기도

Q. 사망은 누구에게 왕 노릇 하고 있습니까?

Q. 사망의 종에서 해방된 것을 진심으로 감사하고 기뻐합니까?

prayer. 하나님, 마지막 날에 세상은 정죄를 받고 영원한 심판을 받게 될 것입니다. 하지만 저희는 의롭다는 인정을 받고 영원한 복락을 누리게 될 것입니다. 힘들고 어려운 순간마다 마지막 날을 생각하게 해주세요. 죄가 저희를 유혹할 때, 최후의 심판을 생각하며 죄와 싸워 이기게 해주세요.

한 사람이 순종하심으로 많은 사람이 의인이 되리라

롬 5:18-19 18 그런즉 한 범죄로 많은 사람이 정죄에 이른 것 같이 한 의로운 행위로 말미암아 많은 사람이 의롭다 하심을 받아 생명에 이르렀느니라 19 한 사람이 순종하지 아니함으로 많은 사람이 죄인 된 것 같이 한 사람이 순종하심으로 많은 사람이 의인이 되리라

바울은 18절과 19절에서 지금까지 해왔던 말들을 요약하고 있습니다. 요약할 뿐만 아니라 더 강조하고 있습니다. 이 두 절은 12절부터 시작된 중요한 논증의 요약이며 확증입니다. 바울은 "그러므로 한 사람으로 말미암아 죄가 세상에 들어오고"롬5:12라는 말로 이 단락을 시작했습니다. 그리고 18절에서 그 주제를 한 번 더 반복합니다. "그런즉 한 범죄로 많은 사람이 정죄에 이른 것 같이." 바울이 반복해서 말하는 이유는 이 주제가 중요하기 때문입니다. 또 사람들이 이 주제를 오해하는 경우가 많기 때문입니다.

많은 사람들이 구원을 개인적인 문제라고만 생각합니다. 각 개인의 자격과 조건에 달린 문제라고만 생각합니다. 하지만 성경은 다르게 말합니다. 하나님은 구원의 문제를 개인적으로만 다루지 않고, 연대적으로도 다루십니다.[48] 바울은 이 주제를 계속해서 말해 왔고, 오늘 본문에서 더욱더 강조하고 있습니다. 18절과 19절이 이 주제를 어떻게 강조하는지 보십시오. 여기서 바울은 아담 안에서 일어난 일과 예수님 안에서 일어난 일을 대조하고 있습니다. 그러면서 하나님께서 예수님을 통해 얼마나 큰 일을 이루셨는지를 말하고 있습니다.

"그런즉 한 범죄로 많은 사람이 정죄에 이른 것 같이 한 의로운 행위로 말미암아 많은 사람이 의롭다 하심을 받아 생명에 이르렀느니라."18절

이 말씀은 이런 뜻입니다. 아담으로 인해 아담 안에 속한 모든 사람들이 죄인이 된 것이 사실이듯, 예수님으로 인해 예수님 안에 속한 모든 사람들이 의인이 된 것도 사실이라는 것입니다. 어느 하나만 사실일 수가 없다는 것입니다. 아담을 통해 일어난 일이 현실이고 사실이라면, 예수님을 통해 일어난 일도 현실이고 사실일 수밖에 없습니다.

"한 사람이 순종하지 아니함으로 많은 사람이 죄인 된 것 같이 한 사람이 순종하심으로 많은 사람이 의인이 되리라."19절 이 말씀은 이런 뜻입니다. 아담에게 속한 사람들은 아무것도 하지 않은 상태에서도, 아담의 불순종으로 인해 죄인이 되었습니다. 마찬가지로 예수님께 속한 사람들은 아무것도 하지 않은 상태에서도, 예수님의 순종으로 인해 의인이 되었습니다.

따라서 객관적인 사실, 성경이 확실하게 말하는 것은 다음과 같습니다. 구원이란 우리가 누구에게 속했는가 하는 문제입니다. 우리가 누구와 연대하고 있느냐의 문제입니다. 그래서 하나님께서 우리의 구원을 위해 하신 일은 우리를 예수님 안으로 옮기는 일이었습니다. 우리를 예수님과 연대하게 하는 일이었습니다. "그가 우리를 흑암의 권세에서 건져내사 그의 사랑의 아들의 나라로 옮기셨으니."골1:13

우리가 아무것도 하지 않았음에도, 하나님은 우리를 예수님처럼 여기십니다. 우리는 전혀 의롭지 않음에도, 하나님은 우리를 예수님처럼 의롭다 하십니다. 바로 이것이 복음입니다.

묵상과 기도

Q. 구원이 개인적인 문제만이 아니라는 것은 어떤 뜻입니까?

prayer. 하나님, 저희는 구원을 위해 아무것도 하지 않았습니다. 저희는 구원을 위해 아무것도 할 수 없었습니다. 저희가 구원받은 것은 오직 예수님 때문입니다. 그러므로 항상 겸손하게 해주세요. 항상 예수님만 높이게 해주세요.

율법이 들어온 것은 범죄를 더하게 하려 함이라

> **롬 5:20-21** 20 율법이 들어온 것은 범죄를 더하게 하려 함이라 그러나 죄가 더한 곳에 은혜가 더욱 넘쳤나니 21 이는 죄가 사망 안에서 왕 노릇 한 것 같이 은혜도 또한 의로 말미암아 왕 노릇 하여 우리 주 예수 그리스도로 말미암아 영생에 이르게 하려 함이라

지금까지 바울은 구원의 원리를 설명했습니다. 우리는 예수님 안에 있으며, 예수님과 우리는 영적으로 한 몸입니다. 그래서 예수님이 하신 일은 곧 우리가 한 일이요, 예수님이 당하신 일은 곧 우리도 당한 일입니다. 그래서 예수님의 의가 우리의 의가 될 수 있고, 예수님의 죽음이 곧 우리의 죽음이 될 수 있습니다. 하지만 바울은 이것으로 충분하지 않음을 알았습니다. 유대인들 때문입니다. 바울은 유대인들이 문제를 제기할 것을 알았습니다. 바울이 여기까지 설명하면, 유대인들은 분명히 이렇게 물을 것입니다. "그렇다면 율법의 역할은 무엇입니까? 오직 예수님 때문에, 예수님을 믿음으로, 예수님 안에서 구원을 얻는다면 율법의 역할은 무엇입니까?" 그래서 바울은 율법의 기능을 설명하는 것으로 로마서 5장을 마무리하고자 합니다. 다시 말하자면, 6장으로 넘어가기 전에 율법의 기능을 확실히 정의하려고 하는 것입니다.

바울은 율법의 기능을 다음과 같이 설명합니다. "율법이 들어온 것은 범죄를 더하게 하려 함이라."20절 율법은 구원을 위해 의도된 것이 아닙니다. 율법은 죄를 더하게 하려고 주어진 것입니다. 이미 바울은 3장 20절에서 이 주제를 명확히 설명한 바 있습니다. "율법의 행위로 그의 앞에 의롭다 하심을 얻을 육체가 없나니 율법으로는 죄를 깨달음이니라." 따라서 우리는 율법에 복종하는 것으로 구원을 얻을 수 있다는 생각을 완전히 제거해 버려야 합니다.[49]

율법이 들어온 것은 범죄를 더하기 위해서입니다. 여기에는 크게 세 가지 의미가 있습니다. 첫째, 율법은 죄에 대한 지식을 증가시킵니다. 사람들은 죄를 지으면서도 자신이 죄를 짓고 있다는 것을 알지 못합니다. 율법을 알게 될 때, 비로소 자신의 행동이 심히 악한 일이었음을 알게 됩니다. 로마서 7장 7절은 다음과 같이 말합니다. "율법이 탐내지 말라 하지 아니하였더라면 내가 탐심을 알지 못하였으리라." 둘째, 율법은 죄의 힘과 영향력을 알게 합니다. 우리는 율법을 통해 죄가 무엇인지와 우리가 실제로 죄를 짓고 있다는 사실을 알게 됩니다. 그런데 무엇이 죄인지를 알고 난 이후에도 우리는 계속해서 죄를 짓습니다. 죄를 끊어버리지 못합니다. 그때 우리는 비로소 죄의 강력한 힘과 영향력을 알게 됩니다. 우리가 죄의 지배를 받고 있으며, 죄의 종이라는 것을 알게 됩니다. 셋째, 율법은 우리를 예수님께로 인도합니다. 자신이 죄의 지배를 받고 있으며, 죄의 종이라는 것을 알지 못하는 사람은 예수님을 온전히 바라보지 못합니다. 그런 사람들은 예수님만이 유일한 구원자요, 소망이라는 것을 알지 못합니다. 율법을 통해 자신의 죄와 비참함을 깨달은 사람만이 마음을 다해 예수님께로 나아갑니다. 바로 이것이 갈라디아서 3장 24절의 진정한 의미입니다. "율법이 우리를 그리스도께로 인도하는 초등교사가 되어 우리로 하여금 믿음으로 말미암아 의롭다 함을 얻게 하려 함이라."

묵상과 기도

Q. 율법이 범죄를 더한다는 것은 어떤 뜻입니까?

prayer. 하나님, 말씀을 보아야만 저희의 죄를 올바르게 볼 수 있습니다. 말씀을 보아야만 저희가 얼마나 큰 죄인인지 알 수 있습니다. 그러므로 저희가 성경을 가까이하게 해주세요. 성경을 통해 저희의 부족함을 깨닫게 해주세요.

죄가 더한 곳에 은혜가 더욱 넘쳤나니

롬 5:20-21 20 율법이 들어온 것은 범죄를 더하게 하려 함이라 그러나 죄가 더한 곳에 은혜가 더욱 넘쳤나니 21 이는 죄가 사망 안에서 왕 노릇 한 것 같이 은혜도 또한 의로 말미암아 왕 노릇 하여 우리 주 예수 그리스도로 말미암아 영생에 이르게 하려 함이라

"죄가 더한 곳에 은혜가 더욱 넘쳤나니."20절 바울은 죄와 은혜를 대조합니다. 하지만 죄와 은혜는 대등한 관계가 아닙니다. 죄보다 은혜가 더 강력합니다. 이 주제를 강조하는 표현이 '더욱'이라는 단어입니다. 죄는 강력합니다. 하지만 은혜는 '더욱' 강력합니다. 죄는 우리를 비참하게 만들었습니다. 하지만 은혜는 '더욱' 우리를 존귀하게 만들었습니다. 죄는 우리를 죽였습니다. 하지만 은혜는 '더욱' 우리를 살렸습니다.

죄는 우리에게서 소망을 앗아갔습니다. 하지만 은혜는 '더욱' 큰 소망을 주었습니다. 이처럼 은혜는 죄보다 강력합니다. 죄는 은혜와 대등하지 않습니다.

그렇다면 죄는 무엇입니까? 어떤 사람들은 죄라는 것에 대해 잘못된 행동 정도로 생각합니다. 해서는 안 될 일을 하는 것을 죄라고 생각합니다. 하지만 이것은 죄에 대한 부분적이고 소극적인 이해에 불과합니다. 로마서 5장 21절은 죄를 이렇게 정의합니다. "죄가 사망 안에서 왕 노릇 한 것 같이." 이처럼 죄는 하나의 왕입니다. 죄인의 근본 문제는 그가 죄의 지배를 받는 노예라는 점입니다.[50] 아담이 타락한 이후로 진정한 의미에서 자유인은 없습니다. 모든 사람은 죄의 노예로 태어납니다. 다윗은 이 사실을 다음과 같이 고백했습니다. "내가 죄악 중에서 출생하였음이여 어머니가 죄 중에서 나를 잉태하였나이다."시51:5 어떤 사람도 선하게 살겠다고 결심하는 것으로 선한 삶을 살 수 없습니다. 어떤 국가도 법과 제도를 정비하는 것으로 선한 국가가 될 수 없습니다. 그들 모두가 죄의 노예이기 때문입니다. 그들의 생각과 사고와 의지를 죄가 지배하고 있기 때문입니다. 선하게 살겠다고 결심하는 순간, 죄는 그들의 마음을 돌려놓습니다. 법과 제도를 정비하는 순간, 죄는 사람들이 그 법을 악용하게 만듭니다. 이렇게 얘기하면 "그게 무슨 말이냐!"고 따질 사람들이 많을 것입니다. 바리새인들의 반응도 동일했습니다. 예수님이 "진리가 너희를 자유롭게 하리라"고 말씀하시자,요8:32 그들은 이렇게 말했습니다. "우리가 아브라함의 자손이라. 남의 종이 된 적이 없거늘 어찌하여 우리가 자유롭게 되리라 하느냐."요8:33 그러자 예수님은 다음과 같이 말씀하셨습니다. "진실로 진실로 너희에게 이르노니 죄를 범하는 자마다 죄의 종이라."요8:34 이처럼 누구도 선과 악의 중간 지대에 있지 않습니다. 예수님의 종 아니면 죄의 종입니다.

바로 이것이 은혜가 필요한 이유입니다. 아무도 스스로의 능력으로 자신을 구원할 수 없습니다. 모든 사람은 죄의 노예이기 때문입니다. 더욱 큰 은혜가 임하기 전에는 죄의 영향력에서 벗어날 수 없습니다. 더욱 강력한 왕이 임하기 전에는 죄의 노예 상태에서 벗어날 수 없습니다. 그리고 이런 은혜가 우리에게 임했습니다. 죄보다 강력한 은혜가 임했습니다. 죄보다 강력한 왕이 우리를 찾아왔습니다. 바로 이것이 복음입니다. 그래서 우리는 영원토록 예수님을 위해 살아야 하며, 일평생 예수님만을 찬양해야 합니다.

묵상과 기도

Q. 모든 사람은 누구의 종으로 태어납니까?

prayer. 하나님, 저희는 죄의 종이었습니다. 죄의 지배를 받는 존재였습니다. 하지만 이제는 예수님의 종입니다. 예수님의 인도와 보호를 받는 종입니다. 그러므로 저희가 일평생 예수님을 위해서만 살게 해주세요. 항상 예수님을 찬양하게 해주세요.

은혜도 또한 의로 말미암아 왕 노릇 하여(1)

롬 5:20-21 20 율법이 들어온 것은 범죄를 더하게 하려 함이라 그러나 죄가 더한 곳에 은혜가 더욱 넘쳤나니 21 이는 죄가 사망 안에서 왕 노릇 한 것 같이 은혜도 또한 의로 말미암아 왕 노릇 하여 우리 주 예수 그리스도로 말미암아 영생에 이르게 하려 함이라

세상에는 두 종류의 사람이 있습니다. 죄가 왕 노릇 하는 사람과 은혜가 왕 노릇 하는 사람입니다. 한편은 죄의 노예이고, 또 한편은 은혜의 노예입니다. 먼저 죄가 왕 노릇 하는 사람, 즉 죄의 종노릇하는 사람에 대해 살펴보겠습니다.

지난 시간에 알아보았듯이 죄란 나쁜 일을 하는 것 정도가 아닙니다. 불신자들이 비참한 처지에 있는 것은, 그들이 해서는 안 될 일을 하기 때문이 아니라 죄가 그들에게 왕 노릇 하고 있기 때문입니다. 그들의 비극은 술과 마약, 도박과 사기, 탐욕과 허영이 아닙니다. 진정한 비극은 죄가 그들에게 왕 노릇 하고 있어서, 스스로의 힘으로는 비참한 처지에서 전혀 벗어날 수 없다는 데 있습니다.

동일한 원리가 은혜의 지배에서도 나타납니다. 죄가 불신자들에게 왕처럼 통치권을 행사하듯이, 은혜도 신자들에게 왕처럼 통치권을 행사합니다. 불신자들이 스스로의 힘으로는 죄의 지배를 벗어날 수 없듯이, 신자들도 은혜의 지배에서 떨어지지 않습니다. 은혜란 우리의 구원을 도와주는 조력자 정도가 아니라, 우리에게 강력한 통치권을 행사하는 왕이기 때문입니다. 그런 점에서 신자들의 구원은 하나의 가능성이 아닙니다. 하나님의 은혜는 구원의 가능성이 아니라, 구원 그 자체입니다. 은혜를 받았으나 구원에서 실패할 수 없습니다. 실패할 수도 있는 은혜란 없습니다. 죄가 불신자들에게 불가항력적인 통치권을 행사하는 것처럼, 은혜도 신자들에게 불가항력적인 통치권을 행사합니다. 바로 이것이 "죄가 사망 안에서 왕 노릇 한 것 같이 은혜도 또한 의로 말미암아 왕 노릇" 한다는 말씀의 진정한 의미입니다. 21절.

죄는 죄를 지을 가능성을 제공하는 것이 아닙니다. 마찬가지로 은혜도 구원의 가능성을 제공하는 것이 아닙니다. 죄는 하나의 세력과 힘으로 작용합니다. 마찬가지로 은혜도 세력과 힘으로 작용합니다. 죄와 마찬가지로 은혜도 능동적이고 적극적입니다. 죄가 확실하게 사망을 산출하듯이, 은혜도 확실하게 구원을 산출합니다.

만약 은혜가 구원의 가능성만을 제공한다면, 은혜가 단지 우리의 조력자에 불과하다면 우리는 구원을 얻는 데 실패할 것입니다. 하나님께서 우리를 지켜보기만 하신다면, 우리를 관망하신다면 우리는 구원을 얻는 데 실패할 것입니다. 하지만 하나님의 은혜는 그저 지켜보는 데서 멈추지 않습니다. 하나님의 사랑은 그저 관망하는 정도가 아닙니다. 하나님의 은혜는 우리의 구원을 위해 적극적으로 일하시는 은혜입니다. 하나님의 사랑은 우리를 절대 포기하지 않는 은혜입니다. 바로 이것이 우리가 구원의 확신을 갖는 근거입니다. 구원의 확신 가운데 기뻐하고 감사하는 이유입니다.

묵상과 기도

Q. 왜 불신자들은 스스로의 노력으로 선한 삶을 살 수 없습니까?

Q. 왜 신자들의 구원은 실패로 끝날 수 없습니까?

prayer. 하나님, 저희에게 은혜를 베풀어 주셔서 감사합니다. 거부할 수 없는 은혜를 베풀어 주셔서 감사합니다. 하나님의 강력한 은혜가 함께하기에, 저희의 구원은 실패할 수 없음을 믿습니다. 하나님께서 저희를 포기하지 않으시고, 천국으로 인도해주실 것을 믿습니다. 그러므로 항상 기뻐하고 감사하게 해주세요.

은혜도 또한 의로 말미암아 왕 노릇 하여(2)

> **롬 5:20-21** 20 율법이 들어온 것은 범죄를 더하게 하려 함이라 그러나 죄가 더한 곳에 은혜가 더욱 넘쳤나니 21 이는 죄가 사망 안에서 왕 노릇 한 것 같이 은혜도 또한 의로 말미암아 왕 노릇 하여 우리 주 예수 그리스도로 말미암아 영생에 이르게 하려 함이라

두 부류의 지도자가 있습니다. 한 부류의 지도자는 계획 없이 그때그때 상황에 따라 결정하고 행동하는 지도자입니다. 그들은 한 가지 일을 끝내고 나면, 그때 비로소 자신이 다음으로 해야 할 일이 무엇인지를 고민합니다. 그들이 일을 진행하는 방식에는 연속성이 없습니다. 계획적이지 않습니다. 그래서 그들이 하는 일은 결과를 장담할 수 없습니다.

또 다른 부류의 지도자는 계획을 세우고, 그 계획을 따라 결정하고 행동하는 지도자입니다. 그들은 한 가지 일을 끝내고 나면, 곧이어서 계획해 두었던 또 다른 일을 시작합니다. 그들이 일을 진행하는 방식에는 연속성이 있습니다. 계획적입니다. 그래서 그들이 하는 일은 결과가 보장됩니다.

하나님께서 일하시는 방식은 후자입니다. 하나님은 창세 전에 모든 것을 계획하셨습니다. 하나님께서 창조보다 먼저 하신 일은 계획을 세우는 일이었습니다. "모든 일을 그의 뜻의 결정대로 일하시는 이의 계획을 따라 우리가 예정을 입어 그 안에서 기업이 되었으니." 엡1:11

에베소서 1장 11절 말씀처럼 하나님의 계획에는 중요한 몇 가지만 포함되는 것이 아닙니다. 하나님은 "모든 일을" 계획하셨습니다. 심지어 성경은 예수님이 십자가에서 죽으신 일도 하나님의 계획에 포함되었던 것이라고 말합니다. "그가 하나님께서 정하신 뜻과 미리 아신 대로 내준 바 되었거늘 너희가 법 없는 자들의 손을 빌려 못 박아 죽였으나." 행2:23

바로 이것이 은혜가 왕 노릇 한다는 말씀의 의미입니다. 은혜는 약하지 않습니다. 은혜는 강합니다. 은혜는 강력한 군주처럼 우리를 통치합니다. 그리고 은혜의 강함은, 그것이 하나님의 계획에 근거하고 있다는 데 있습니다. 하나님은 우리의 구원을 계획하셨습니다. 그 계획을 따라 하나님의 독생자가 이 땅에 오셨고 십자가에서 죽으셨으며, 능력으로 부활하셨습니다. 그 계획을 따라 우리가 태어나고 믿었으며, 살아가고 있습니다. 우리의 모든 것, 특별히 우리의 구원은 하나님의 계획에 근거하고 있습니다.

그래서 은혜는 강합니다. 한 번 은혜를 받았지만, 거기서 떨어져 나가는 일은 없습니다. 어떤 사람들은 믿음으로 칭의에 이르는 것은 모두에게 해당하지만, 성화와 영화에 이르는 것은 특별한 자들에게만 해당한다고 주장합니다. 그들은 은혜의 능력을 모르기 때문에 그렇게 주장하는 것입니다. 그들은 은혜가 약하다고 생각합니다. 은혜가 매우 허약한 기반 위에 세워져 있다고 생각합니다. 하지만 은혜는 강합니다. 은혜는 하나님의 계획이라는 견고한 기초 위에 세워져 있습니다. 그래서 은혜에서 떨어져 나가는 일은 없습니다. "내가 그들에게 영생을 주노니 영원히 멸망하지 아니할 것이요 또 그들을 내 손에서 빼앗을 자가 없느니라." 요10:28

묵상과 기도

Q. 하나님은 무엇을 계획하셨습니까?

Q. 칭의만 은혜로 얻고, 성화와 영화는 노력으로 얻는 것입니까?

prayer. 하나님, 하나님의 은혜는 강력합니다. 하나님의 은혜는 힘이 있습니다. 그래서 저희는 안전합니다. 그래서 저희의 구원은 완전합니다. 그러므로 저희의 구원을 의심하지 않게 해주세요. 하나님을 항상 신뢰하게 해주세요.

은혜도 또한 의로 말미암아 왕 노릇 하여(3)

> **롬 5:20-21** 20 율법이 들어온 것은 범죄를 더하게 하려 함이라 그러나 죄가 더한 곳에 은혜가 더욱 넘쳤나니 21 이는 죄가 사망 안에서 왕 노릇 한 것 같이 은혜도 또한 의로 말미암아 왕 노릇 하여 우리 주 예수 그리스도로 말미암아 영생에 이르게 하려 함이라

죄는 왕처럼 사람들 위에 군림하고 있습니다. 죄는 마치 왕처럼 사람들의 마음과 의지를 조종합니다. 어떤 사람도 선하게 살겠다는 결심만으로 선하게 살 수 없습니다. 모든 사람은 죄의 노예입니다. 하지만 우리는 다릅니다. 우리는 죄의 노예 상태에서 해방되었습니다. 우리는 죄의 종이 아니라 은혜의 종입니다.

그렇다면 우리는 어떻게 죄에게 종노릇하는 인생에서 해방되어 은혜의 통치 아래로 들어오게 되었을까요? 성경은 여러 부분에서 이 주제를 설명합니다. 중요하기 때문입니다. 먼저 에베소서 2장 1절을 보겠습니다. "그는 허물과 죄로 죽었던 너희를 살리셨도다." 우리는 죽어 있었습니다. 살아 있으나 사실은 죽은 상태였습니다. 죄로 인해 하나님과 단절되어 있었을 뿐 아니라, 하나님을 향해 적대감을 가지고 있었기 때문입니다.

이때 우리의 상태에 대해 고린도전서 2장 14절은 다음과 같이 말합니다. "육에 속한 사람은 하나님의 성령의 일들을 받지 아니하나니." "육에 속한 사람"이란 육체로는 살아 있으나, 영적으로는 죽어 있는 사람을 말합니다. 모든 자연인이 이러한 상태에 있으며, 우리 역시 과거에는 이런 상태에 있었습니다.

원래 우리는 하나님께서 하시는 일들을 이해할 수 없었고, 복음을 믿을 수 없었습니다. 그런데 어떻게 지금은 복음을 믿을 수 있을까요? 어떻게 지금은 하나님께서 하시는 일들을 이해할 수 있을까요? 우리 안에 중차대한 변화가 일어났기 때문입니다.

흔히 이것을 '외적인 부르심'과 구분해서 '내적인 부르심'이라고 말합니다. 예를 들어, 두 사람이 거리를 지나갑니다. 두 사람 모두 똑같이 전도자에게 복음을 듣습니다. 이때 두 사람은 모두 '외적인 부르심'을 받은 것입니다. 그런데 한 사람은 복음을 거부하고, 한 사람은 복음을 받아들입니다. 이러한 차이를 만드는 것은 '내적인 부르심'입니다.

내적인 부르심이란 성령님의 역사입니다. 성령님이 자연인의 마음속에서 일하신 결과, 죽었던 영혼이 살아나는 것을 내적인 부르심이라고 합니다. 내적인 부르심을 받은 사람은 하나님에 대한 적대감이 사라집니다. 죄를 미워하고 슬퍼하게 됩니다. 자신이 죄로 인하여 얼마나 비참한 처지에 놓였는지를 알게 됩니다. 그리하여 예수님께로 인도되고, 예수님을 믿게 됩니다.

바로 이것이 은혜의 왕 노릇입니다. 은혜는 절대군주처럼 강력한 힘을 가지고 있습니다. 은혜는 성령의 역사를 통해 거부할 수 없는 힘으로 우리를 지배합니다. 그래서 하나님의 은혜를 불가항력적 은혜, 즉, 거부할 수 없는 은혜라고 합니다.

묵상과 기도

Q. 내적인 부르심은 누가 하시는 일입니까?

Q. 왜 하나님의 은혜를 불가항력적인 은혜라고 합니까?

prayer. 하나님, 성령님을 통해 저희를 불러주셔서 감사합니다. 성령님의 능력으로 저희를 인도해 주셔서 감사합니다. 날마다 성령님을 의지하게 해주세요. 성령님을 의지하여 더욱더 거룩하게 살게 해주세요.

은혜도 또한 의로 말미암아 왕 노릇 하여(4)

롬 5:20-21 20 율법이 들어온 것은 범죄를 더하게 하려 함이라 그러나 죄가 더한 곳에 은혜가 더욱 넘쳤나니 21 이는 죄가 사망 안에서 왕 노릇 한 것 같이 은혜도 또한 의로 말미암아 왕 노릇 하여 우리 주 예수 그리스도로 말미암아 영생에 이르게 하려 함이라

세상이 신자를 보는 시각은 어떠할까요? 세상은 우리를 어떤 시각으로 바라볼까요? 일반적으로 세상은 신자를 많은 것을 포기하고, 고되고 어려운 길을 무거운 발걸음으로 걸어가는 사람으로 생각합니다.[51] 우리 역시 스스로에 대해 그렇게 생각할 때가 많습니다. 하지만 이것은 마귀의 속임수입니다. 신자는 모든 기쁨을 빼앗기고, 쓸쓸히 터벅터벅 걸어가는 나그네가 아닙니다. 신자는 많은 것을 가진 사람이며, 충만한 은혜를 받은 사람이며, 감사의 제목이 넘치는 사람입니다. 성경이 신자를 어떻게 묘사하는지 보십시오.

"우리가 다 그의 충만한 데서 받으니 은혜 위에 은혜러라."요1:16

"예수께서 이르시되 나는 생명의 떡이니 내게 오는 자는 결코 주리지 아니할 터이요 나를 믿는 자는 영원히 목마르지 아니하리라."요6:35

"하나님이 능히 모든 은혜를 너희에게 넘치게 하시나니 이는 너희로 모든 일에 항상 모든 것이 넉넉하여 모든 착한 일을 넘치게 하려 하심이라."고후9:8

"우리는 그리스도 안에서 그의 은혜의 풍성함을 따라 그의 피로 말미암아 속량 곧 죄 사함을 받았느니라."엡1:7

은혜의 특징은 주는 것입니다. 주되 충만하게 주는 것이고, 넘치게 주는 것이고, 풍성히 주는 것입니다. 신자의 특징도 마찬가지입니다. 충만한 은혜, 넘치는 은혜, 풍성한 은혜를 받았으므로, 주리지 않으며 목마르지 않습니다.

이 주제에 대한 가장 완벽한 정의가 고린도후서 6장에 기록되어 있습니다. "무명한 자 같으나 유명한 자요 죽은 자 같으나 보라 우리가 살아 있고 징계를 받는 자 같으나 죽임을 당하지 아니하고 근심하는 자 같으나 항상 기뻐하고 가난한 자 같으나 많은 사람을 부요하게 하고 아무것도 없는 자 같으나 모든 것을 가진 자로다."고후6:9-10

세상은 우리를 모릅니다. 세상에서 우리는 무명한 자입니다. 하지만 하나님께서 우리를 아시기에 우리는 유명한 자입니다. 우리는 점점 죽음을 향해 나아갑니다. 하지만 죽음을 통해 영생으로 들어가니 우리는 살아 있는 자입니다. 우리에겐 많은 근심이 있습니다. 하지만 구원을 생각하면 감사가 절로 나옵니다. 그래서 우리는 항상 기뻐하는 자입니다. 우리는 가난합니다. 우리는 아무것도 없는 자 같습니다. 하지만 천지의 창조주가 우리의 아버지이시니 우리는 모든 것을 가진 자입니다.

죄의 특징은 빼앗는 것이지만 은혜의 특징은 주는 것입니다.[52] 주되 왕처럼 줍니다. 은혜는 인색하게 주지 않습니다. 미약한 것이나 보잘것없는 것을 주지 않습니다. 바로 이것이 은혜입니다. 하나님께서 이처럼 놀라운 은혜를 우리에게 주셨습니다.

묵상과 기도

Q. 우리는 어떤 점에서 유명한 사람입니까?

Q. 우리는 왜 항상 기뻐할 수 있습니까?

prayer. 하나님, 저희에게 은혜를 베풀어 주셔서 감사합니다. 약한 은혜가 아니라 강력한 은혜를 베풀어 주셔서 감사합니다. 부족한 은혜가 아니라 넘치는 은혜를 베풀어 주셔서 감사합니다.

그런즉 우리가 무슨 말을 하리요

> **롬 6:1-2** 1 그런즉 우리가 무슨 말을 하리요 은혜를 더하게 하려고 죄에 거하겠느냐 2 그럴 수 없느니라 죄에 대하여 죽은 우리가 어찌 그 가운데 더 살리요

이제 우리는 6장이라는 새로운 장에 들어서게 되었습니다. 하지만 6장은 새로운 주제에 대해서 말하는 단락이 아닙니다. 6장은 5장의 연장입니다. 바울은 6장에서도 여전히 5장에서 말했던 주제를 설명합니다. 그 증거는 6장 1절입니다. "그런즉 우리가 무슨 말을 하리요." 여기서 '그런즉'이라는 단어는 앞부분의 내용으로 미루어 뒷부분의 내용을 짐작할 때 사용하는 접속사입니다. 따라서 바울은 지금까지 말해왔던 것을 계속해서 말하고자 하는 것입니다.

그러므로 우리는 5장의 주제가 무엇이었는지를 다시 한 번 생각해 보아야 합니다. 그래야만 6장의 주제를 정확하게 이해할 수 있습니다. 바울은 1장부터 4장까지 오직 믿음으로만 의롭다 함을 받는다는 사실을 설명했습니다. 그리고 5장에서는 믿음으로 의롭다 함을 받은 결과에 대해서 설명했습니다. 이 주제는 특히 5장 1절과 2절에 잘 나타나 있습니다. "그러므로 우리가 믿음으로 의롭다 하심을 받았으니 우리 주 예수 그리스도로 말미암아 하나님과 화평을 누리자. 또한 그로 말미암아 우리가 믿음으로 서 있는 이 은혜에 들어감을 얻었으며 하나님의 영광을 바라고 즐거워하느니라."

우리는 예수님을 믿은 결과, 의롭다 함을 받았고 하나님과 화평을 누리게 되었으며, 하나님의 영광을 바라고 즐거워하게 되었습니다. 여기서 의롭다 함을 받았다는 것은 칭의를 말하고, 영광을 바라고 즐거워한다는 것은 영화를 말합니다. 따라서 칭의는 영화와 연결되어 있습니다. 칭의는 영화를 보증합니다. 칭의 되었으나 영화되지 않는 신자는 없습니다. 칭의 된 신자는 반드시 영화의 상태에 도달합니다. 로마서 8장 30절은 이 주제를 좀 더 분명하게 말합니다. "또 미리 정하신 그들을 또한 부르시고 부르신 그들을 또한 의롭다 하시고 의롭다 하신 그들을 또한 영화롭게 하셨느니라."

바로 이것이 로마서 5장의 주제입니다. 예수님을 믿는 자는 의롭다 함을 얻습니다. 의롭다 함을 얻은 사람은 반드시 영화롭게 됩니다. 칭의된 신자는 절대로 구원의 여정에서 이탈하지 않습니다. 칭의된 신자에게는 구원의 완성이 보장되어 있습니다. 그런데 이와 같은 5장의 주제는 필연적으로 두 가지 의문을 불러옵니다. 첫 번째는 "오직 믿음으로만 구원을 얻는다면, 사람들이 죄를 짓는 일에 더욱 용기를 내지 않을까?" 하는 것이고, 두 번째는 "그렇다면 이제 율법은 전혀 쓸모없는 것이 되었는가?" 하는 것입니다. 그래서 바울은 6장과 7장에서 이 두 가지 질문에 답합니다. 따라서 6장과 7장은 5장과 8장 사이에 들어가는 삽입구입니다.[53] 실제로 5장 마지막 절과 8장 첫 번째 절은 매끄럽게 연결됩니다. 다음 시간부터 바울이 이 두 가지 질문에 대해 어떻게 답하는지를 살펴보도록 하겠습니다.

묵상과 기도

Q. 칭의된 신자가 구원의 여정에서 이탈할 수 있습니까?

prayer. 하나님, 저희에게 칭의의 은혜를 베풀어 주셔서 감사합니다. 저희가 구원의 여정에서 이탈하지 않도록 항상 지켜주셔서 감사합니다. 저희의 구원이 확실하게 해주셔서 감사합니다.

죄에 대하여 죽은 우리

> **롬 6:1-2** 1 그런즉 우리가 무슨 말을 하리요 은혜를 더하게 하려고 죄에 거하겠느냐 2 그럴 수 없느니라 죄에 대하여 죽은 우리가 어찌 그 가운데 더 살리요

바울은 5장에서 놀라운 진리를 선포했습니다. 우리는 믿음으로 의롭다 함을 받았으며,^{1절} 또한 믿음으로 말미암아 하나님의 영광, 즉 구원의 완성에 도달하게 된다는 것입니다.^{2절} 그런데 이러한 진리는 반드시 두 가지 의문을 가져오게 마련입니다. 첫 번째는 "그렇다면 마음껏 죄를 지어도 되는가?" 하는 것이고, 두 번째는 "그렇다면 율법이 주어진 이유는 무엇인가?" 하는 것입니다. 그래서 바울은 다음 주제로 넘어가기 전에 6장과 7장을 통해 이 두 가지 질문에 대해 답하고 있습니다. 먼저 6장 1절을 보겠습니다. "그런즉 우리가 무슨 말을 하리요 은혜를 더하게 하려고 죄에 거하겠느냐." 1절에서 제기하는 의문은 5장 20절에 근거한 것입니다. 바울은 여기서 "죄가 더한 곳에 은혜가 더욱 넘쳤나니"라고 말했습니다. 따라서 어떤 사람들은 "그렇다면 죄를 더 많이 지을수록 은혜도 더 많이 받는 것 아닙니까?"라고 물을 수 있었습니다. 6장 2절은 그 질문에 대한 답변입니다. 바울은 다음과 같이 대응합니다. "그럴 수 없느니라. 죄에 대하여 죽은 우리가 어찌 그 가운데 더 살리요."

바울의 답변은 분명합니다. 그럴 수 없다는 것입니다. 그 근거가 무엇입니까? 우리가 죄에 대하여 죽어 있기 때문입니다.^{2절} 그런데 우리가 죄에 대하여 죽어 있다는 것은 우리가 죄와 전혀 상관없다, 우리는 죄를 전혀 짓지 않는다, 우리는 죄의 유혹을 전혀 받지 않는다는 의미가 아닙니다. 이것은 우리의 신분을 말합니다. 지금 바울은 "우리가 어떤 신분인지 아느냐? 만약 너희가 우리의 신분을 조금이라도 진지하게 생각해 보았다면 그런 어리석은 질문은 하지 않았을 것이다"라고 말하는 것입니다.

그렇다면 지금 우리는 어떤 신분을 가지고 있습니까? 지금 우리의 위치는 어떠합니까? 원래 우리는 죄에게 종노릇하는 존재였습니다.^{롬5:21} 죄가 우리의 운명을 좌우하던 처지에 있었습니다. 하지만 우리가 죄의 영향과 간섭으로부터 완전히 벗어난 것은 아닙니다. 우리는 여전히 죄짓기를 좋아하고, 실제로 죄를 짓습니다. 우리의 마음과 생각은 여전히 세상에 물들어 있습니다. 그러나 한 가지 분명한 사실은 죄는 우리의 운명을 좌우할 수 없습니다. 죄는 우리의 구원을 뒤흔들 수 없습니다. 죄는 하나님과 우리의 관계를 갈라놓을 수 없습니다.

이렇게 생각하면 이해하기 좋을 것 같습니다. 과거에는 죄가 우리의 주인이었습니다. 그래서 우리는 죄가 조종하는 대로 이끌려갔습니다. 하지만 이제는 죄에서 해방되었습니다. 죄는 우리를 마음대로 조종하지 못합니다. 하지만 죄는 여전히 우리에게 영향을 미칩니다. 대신 주인이 아니라 손님으로 영향을 미칩니다. 우리를 유혹하고, 우리의 마음을 빼앗고, 우리가 잠시 길을 잃게 만듭니다. 하지만 거기까지입니다. 죄는 우리에게 손님으로서만 영향을 미칠 뿐, 절대적인 영향을 끼칠 수는 없습니다. 이제 우리의 주인은 죄가 아니라 은혜이며, 우리는 죄의 지배가 아니라 은혜의 지배를 받고 있기 때문입니다.

묵상과 기도

Q. 죄가 우리의 운명을 좌우할 수 있습니까?

Q. 이제 죄는 우리의 주인이 아닙니다. 그런데도 죄의 종처럼 살고 있지 않습니까?

prayer. 하나님, 하나님께서 저희를 죄의 종노릇에서 해방시켜 주셨습니다. 그러므로 죄의 종처럼 살지 않게 해주세요. 죄를 사랑하지 않고, 악을 좋아하지 않게 해주세요. 선한 것을 사랑하고, 거룩한 것을 좋아하게 해주세요.

4월

로마서 6장 3절 – 7장 8절

그리스도 예수와 합하여 세례를 받은 우리

롬 6:3 무릇 그리스도 예수와 합하여 세례를 받은 우리는 그의 죽으심과 합하여 세례를 받은 줄을 알지 못하느냐

바울은 6장 2절에서 엄청난 진술을 했습니다. 우리가 죄에 대하여 죽었다는 것입니다. 이것은 쉽게 이해할 수 있는 진리가 아닙니다. 그래서 바울은 3절부터 11절까지 우리가 죄에 대하여 죽었다는 것이 어떤 의미인지를 설명합니다.

바울은 누군가가 이렇게 물을 것을 예상했습니다. "우리가 죄에 대하여 죽었다고? 하지만 우리는 여전히 죄를 사랑하고, 죄를 행하지 않는가? 그런데도 어떻게 우리가 죄에 대하여 죽었다고 할 수 있는가?" 이 질문에 대한 바울의 대답은, "우리는 예수님과 연합되어 있기 때문이다"입니다.

바울은 우리가 "그리스도 예수와 합하여 세례"를 받았다고 말합니다. [3절] 여기서 사용된 세례라는 말은 일반적인 세례를 말하는 것이 아닙니다. 여기서 세례는 연합, 또는 접붙임을 의미합니다. [54] 동일한 용례를 고린도전서 12장에서 발견할 수 있습니다. "우리가 유대인이나 헬라인이나 종이나 자유인이나 다 한 성령으로 세례를 받아 한 몸이 되었고 또 다 한 성령을 마시게 하셨느니라." [고전12:13]

"한 성령으로 세례를 받아 한 몸이" 되었다고 말합니다. 따라서 여기 사용된 세례는 명백히 연합을 의미합니다. 로마서 6장 3절의 "세례"도 마찬가지입니다. 성령님은 우리가 예수님과 연합되게 하십니다. 그런데 물질적인 연합이 아니라 영적인 연합입니다. 그래서 흔히 이것을 '예수님과의 영적 연합'이라고 합니다.

바로 이것이 우리가 죄에 대하여 죽은 이유입니다. 과거에 우리가 죄에 대하여 살아 있었던 것은 우리가 아담과 연합하여 있었기 때문입니다. 아담이 한 일이 곧 우리가 한 일이었고, 아담의 죄가 곧 우리의 죄였기 때문입니다. 이제는 다릅니다. 우리는 아담이 아니라 예수님과 연합하여 있습니다. 성령님이 우리를 예수님께 세례[연합]시키셨기 때문입니다.

바로 이것이 우리의 구원에 있어서 가장 영광스러운 국면입니다. 우리가 받은 구원은 평범하거나 하찮은 것이 아닙니다. 우리는 예수님과 영적으로 연합하여 있습니다. 우리는 예수님 안에 있고, 예수님은 우리 안에 계십니다. 그 결과 예수님의 모든 공로가 우리의 것이 됩니다. 예수님의 모든 은덕이 우리에게 전달됩니다. 예수님의 죽으심이 우리의 죽음이 되고, 예수님의 부활이 우리의 생명이 됩니다.

구원이란 단순히 죄에서 용서받고, 의롭다 함을 받는 것만이 아닙니다. 구원이란 존재 자체가 변화되는 것을 뜻합니다. 아담에게 속한 존재에서 예수님께 속한 존재가 되는 것이요, 세상 나라에서 하나님 나라로 옮겨지는 것을 뜻합니다. 사탄의 수하에서 하나님의 가족이 되는 것을 뜻합니다.

우리가 예수님과의 영적 연합 교리를 강하게 붙잡는다면, 어떤 상황에서든 흔들리지 않을 것입니다. 이것은 참으로 기독교의 진수가 되는 교리입니다.

묵상과 기도

Q. 본문에서 '세례'라는 단어는 무엇을 의미합니까?

Q. 우리가 죄에 대하여 죽었다고 말할 수 있는 근거는 무엇입니까?

prayer. 하나님, 예수님과 저희가 연합되게 해주셔서 감사합니다. 예수님과 저희가 영적으로 한 몸이 되게 해주셔서 감사합니다. 이제 저희는 예수님께 속한 자이오니, 세상에서 거룩하게 구별된 삶을 살게 해주세요. 예수님처럼 다른 사람을 위해 희생하는 삶을 살게 해주세요. 세상의 빛과 소금이 되게 해주세요.

죽으심, 장사, 살리심

> **롬 6:4** 그러므로 우리가 그의 죽으심과 합하여 세례를 받음으로 그와 함께 장사되었나니 이는 아버지의 영광으로 말미암아 그리스도를 죽은 자 가운데서 살리심과 같이 우리로 또한 새 생명 가운데서 행하게 하려 함이라

우리는 예수님과 연합하여 있습니다. 우리는 예수님과 영적으로 한 몸입니다. 그래서 예수님이 행하신 것은 곧 우리도 행한 것이요, 예수님께 일어난 일은 곧 우리에게도 일어난 일입니다. 이것은 영적인 차원의 일이기 때문에 느끼거나 체험할 수 없습니다. 하지만 느낄 수 없고 체험할 수 없어도, 분명한 사실입니다. 아담 안에서 모든 사람이 타락한 것이 분명한 사실이듯, 예수님 안에서 믿는 자들이 의롭게 된 것도 분명한 사실입니다.

그렇다면 예수님이 행하신 일, 예수님께 일어난 일은 무엇입니까? 크게 세 가지입니다. 첫 번째는 '죽음'입니다. 예수님은 죽으셨습니다. 따라서 우리도 죽었습니다. 알다시피 죽음은 죄의 결과이며, 하나님께서 죄인에게 내리는 형벌입니다. 그러므로 더 이상 우리에게는 죄인으로서 받는 형벌이 없습니다. 예수님이 이미 죽으셨으므로, 우리도 이미 죽은 것입니다. 예수님 안에서 우리는 이미 형벌을 받은 것이나 마찬가지입니다. 죄인들이 받게 될 영원한 형벌은 이제 우리와 아무 상관이 없습니다. 두 번째는 장사되신 것입니다. 예수님은 무덤에 묻히셨습니다. 무덤에 묻힌다는 것은 이 세상에서의 삶이 완전히 끝났다는 것을 의미합니다. 이 세상에서의 삶을 끝내고, 다음 세상으로 들어가는 것을 의미합니다. 원래 예수님은 땅에 속한 존재가 아닙니다. 예수님은 삼위 하나님 가운데 제2위 하나님으로서, 만물을 지으신 창조주입니다. 그런 예수님이 우리를 위해 사람이 되셨습니다. 하늘에 계셨던 분이 땅으로 내려오셨습니다. 율법을 지으신 분께서 율법 아래 들어오셨습니다. 죄와 상관없으신 분이 죄의 권세 아래 들어오셨습니다. 하지만 예수님은 장사되심을 통해 이 세상에서 일시적으로 맺었던 관계들을 모두 청산하셨습니다. ⁵⁵ 장사되심을 통해 율법과의 관계를 끊었고, 죄와의 관계를 끊으셨습니다. 따라서 우리도 세상의 체제와 권세로부터 완전히 벗어났습니다. 이제 우리는 율법의 체제와 죄의 체제에서 완전히 벗어났습니다. 우리는 땅에 속한 자가 아니라 하늘에 속한 자입니다. 엡2:6, 빌3:20 세 번째는 부활입니다. 예수님은 부활하셨습니다. 부활은 죽음을 이긴 사건입니다. 따라서 부활은 예수님이 죄와의 싸움에서 승리하셨다는 증거입니다. 부활은 전투가 완전히 끝났다는 승리의 나팔소리입니다. 그러므로 우리도 죽음을 이겼습니다. 우리도 죄와의 싸움에서 승리했습니다. 이제 우리는 죄의 권세를 벗어난 새로운 피조물입니다. 고후5:17

그러므로 우리는 죄에 대하여 점차 죽어 가고 있는 존재가 아닙니다. 우리는 죄에 대하여 완전히 죽은 존재입니다. 롬6:2 이제 사탄은 우리의 지위에 아무런 영향을 끼치지 못합니다. 사탄은 우리가 죄에게 종노릇하게 만들 수 없습니다. 사탄은 우리를 만질 수도 없습니다. 요일5:18 우리는 이토록 영광스러운 지위를 획득한 사람입니다. 그러면 거기에 어울리는 삶을 살아야 합니다. 다시 죄를 짓는 것은, 자발적으로 사탄의 종노릇 안으로 들어가는 일입니다.

묵상과 기도

Q. 신자는 이미 죽은 자입니다. 그 이유는 무엇입니까?

Q. 우리는 죄의 권세 아래 있지 않습니다. 그런데도 죄의 종처럼 살고 있지는 않습니까?

prayer. 하나님, 예수님이 죽으셨으니, 우리도 죽은 것입니다. 예수님이 다시 사셨으니, 우리도 다시 산 것입니다. 이제 우리는 죄의 권세를 완전히 벗어 버렸습니다. 그러므로 저희가 죄의 종처럼 살지 않도록 도와주세요. 죄의 지배를 받는 세상 사람처럼 살지 않도록 도와주세요.

그의 부활과 같은 모양으로 연합한 자

롬 6:5-7 5 만일 우리가 그의 죽으심과 같은 모양으로 연합한 자가 되었으면 또한 그의 부활과 같은 모양으로 연합한 자도 되리라 6 우리가 알거니와 우리의 옛사람이 예수와 함께 십자가에 못 박힌 것은 죄의 몸이 죽어 다시는 우리가 죄에게 종 노릇하지 아니하려 함이니 7 이는 죽은 자가 죄에서 벗어나 의롭다 하심을 얻었음이라

바울은 5절 앞부분에서 우리가 예수님의 죽음에 연합하여 있다고 말합니다. 우리가 예수님과 영적으로 연합한 존재이기 때문에, 예수님이 죽으신 것은 우리가 죽은 것이나 마찬가지라는 말입니다. 5절 뒷부분에서는 우리가 예수님의 부활에 연합하여 있다고 말합니다. 마찬가지 원리로 예수님의 부활은 곧 우리의 부활이라는 말입니다.

흔히 우리는 부활을 미래에 일어날 일로만 생각합니다. 하지만 부활에는 현재적 의미도 있습니다. 5절에서 사용된 부활이 바로 그런 의미입니다.[56] 5절에서 말하는 부활은, 우리가 예수님과 연합하여 과거와는 전혀 다른 새로운 존재가 되는 것을 말합니다.

원래 우리는 아담에게 속해 있었습니다. 우리는 죄라는 폭군의 지배를 받고 있었고, 죄에게 종노릇하고 있었습니다. 죄는 강력한 힘과 권세로 우리를 죽음으로 내몰고 있었습니다. 우리는 죄에게 저항할 수 없었습니다. 죄가 우리보다 훨씬 더 강했기 때문입니다.

하지만 은혜가 우리에게 임했습니다. 죄보다 강한 권세가 우리에게 임했습니다. 그리하여 우리는 예수님께 속한 자가 되었고, 새 생명을 얻은 자가 되었습니다. 결과적으로 우리는 과거와는 전혀 다른 새로운 존재가 되었습니다. 이런 측면에서 우리는 이미 부활을 경험한 존재입니다.

6절의 주제도 동일합니다. 바울은 6절에서 "우리의 옛사람이 예수와 함께 십자가에 못" 박혔다고 말합니다. 여기서 말하는 '옛사람'은 타락한 본성과 기질을 의미하지 않습니다. 회심하기 이전의 습관과 태도를 의미하지 않습니다. 만약 그러하다면 지금 우리는 죄를 전혀 짓지 않아야 합니다. 옛사람이 이미 죽었기 때문입니다. 여기서 말하는 '옛사람'은 '아담 안에 있었던 우리'를 뜻합니다. 바로 이것이 6장 1절에서 제기되었던 질문에 대한 바울의 대답입니다. "오직 믿음으로, 오직 은혜로만 구원을 얻는다면 마음껏 죄를 지어도 괜찮습니까?"라는 질문에 대한 바울의 대답입니다. 바울은 그처럼 어리석게 질문하는 자들을 향하여 "우리가 누구인지를 생각하라!"고 답변합니다.

우리의 옛사람은 죽었습니다. 죄에게 종노릇하고 자주 죄를 지으며, 죄를 좋아하던 옛사람은 죽었습니다. 그런 사람은 이제 아무데도 존재하지 않습니다. 이제는 예수님 안에 속한 사람, 예수님 안에서 새 생명을 얻은 사람, 예수님 안에서 새롭게 된 사람만 있을 뿐입니다.

이것이 성경이 말하는 성화입니다. 성경적인 성화의 방식은 우리의 옛사람이 더 이상 존재하지 않음을 믿는 것입니다.[57] 아담에게 속했던 사람은 이제 실재하지 않음을 믿는 것입니다. 그리고 그 믿음을 따라 사는 것입니다. "옛사람은 죽었다. 나는 예수님 안에서 새롭게 된 새 생명이다"라고 다짐하며 사는 것입니다. 넘어지고 또 넘어져도 그 다짐을 되새기며 다시 새 생명에 합당한 삶을 시작하는 것입니다.

묵상과 기도

Q. 본문의 "옛사람"은 무엇을 의미합니까?

Q. 죄의 종이었던 우리는 죽고 없습니다. 우리는 새로운 사람입니다. 새로운 사람처럼 살고 있습니까?

prayer. 하나님, 아담에게 속했던 저희는 죽었습니다. 죄의 종이었던 저희는 죽었습니다. 이제 저희는 예수님께 속한 새로운 사람입니다. 은혜의 지배를 받는 새로운 사람입니다. 그러므로 새로운 삶을 살게 해주세요. 하나님의 영광을 위해 살면서 예수님을 전하는 삶을 살게 해주세요.

죄의 몸이 죽어

롬 6:5-7 5 만일 우리가 그의 죽으심과 같은 모양으로 연합한 자가 되었으면 또한 그의 부활과 같은 모양으로 연합한 자도 되리라 6 우리가 알거니와 우리의 옛사람이 예수와 함께 십자가에 못 박힌 것은 죄의 몸이 죽어 다시는 우리가 죄에게 종 노릇하지 아니하려 함이니 7 이는 죽은 자가 죄에서 벗어나 의롭다 하심을 얻었음이라

우리는 종종 "옛사람을 죽여야 한다"고 말하곤 합니다. 여기서 말하는 '옛사람'은 회심하기 이전의 습관과 태도를 말합니다. 하나님의 뜻과 상관없이 살았던 우리의 지난날을 말합니다. 하지만 '옛사람'이라는 단어를 그런 식으로 사용하는 것은 올바르지 않습니다. 우리는 옛사람을 죽여야 하는 처지에 있지 않기 때문입니다.

로마서 6장 6절은 "우리의 옛사람이 예수와 함께 십자가에" 못 박혔다고 말합니다. 따라서 우리의 옛사람은 더 이상 존재하지 않습니다. 이미 죽었기 때문입니다. 그러므로 옛사람을 죽여야 한다고 말해서는 안 됩니다. 이미 죽은 존재를 다시 죽일 수는 없습니다. 여러 차례 설명하였지만, 옛사람이란 아담 안에 있는 존재를 말합니다. 아담을 머리로 하는 사람을 말합니다. 아담이 지은 죄에 대해 공동책임을 지고 있으며, 아담으로부터 타락한 본성을 물려받은 사람을 말합니다.

과거에는 우리도 아담 안에 있었습니다. 우리의 머리는 아담이었습니다. 하지만 이제는 아닙니다. 이제 우리는 예수님 안에 있으며, 우리의 머리는 아담이 아니라 예수님입니다. 그러므로 우리는 옛사람을 죽여야 한다고 말해서는 안 됩니다. 이제 우리는 예수님 안에서 새사람입니다. 로마서 6장 6절에는 '옛사람'이라는 말에 이어서, '죄의 몸'이라는 표현이 등장합니다. 어떤 사람들은 '옛사람'이라는 말과 '죄의 몸'이라는 말이 완전히 동일한 의미라고 주장합니다. 이것은

올바르지 않습니다. 옛사람은 이미 죽은 것이지만, 죄의 몸은 점점 죽어 가는 것입니다. 옛사람은 아담 안에 있는 사람을 말합니다. 죄의 노예 된 사람을 말하며, 죄로 인해 반드시 죽음에 이르게 될 사람을 말합니다. 그런 점에서 우리는 옛사람과 아무 상관이 없습니다. 이제 우리는 죄의 노예가 아니며, 죄는 절대로 우리를 사망으로 인도할 수 없습니다.

하지만 여전히 죄는 우리에게 영향을 미칩니다. 죄는 우리의 본성에 영향을 미치고, 우리의 생각과 말과 태도에 영향을 미칩니다. 우리의 옛사람이 이미 죽었을지라도, 우리는 여전히 죄를 행합니다. 바울은 이런 측면에서 '죄의 몸'이라는 용어를 사용하고 있습니다. 따라서 '옛사람'과 '죄의 몸'은 다릅니다. 옛사람은 이미 죽었고, 죄의 몸은 계속해서 죽여야 합니다.

바로 이것이 6장 1절에서 제기되었던 질문에 대한 바울의 대답입니다. "오직 믿음으로, 오직 은혜로만 구원을 얻는다면 마음껏 죄를 지어도 괜찮습니까?"라는 질문에 대한 바울의 대답입니다. 하나님은 우리의 옛사람을 죽이셨습니다. 우리가 새사람으로 살기를 원하셨기 때문입니다. 죄의 노예 된 삶을 벗어 버리고, 예수님의 노예로서 새로운 삶을 살기를 원하셨기 때문입니다. 따라서 우리는 힘써 죄와 싸워야 합니다. 죄의 몸을 죽여야 합니다. 우리는 이미 새롭게 되었으므로, 새로운 사람답게 살아야 합니다.

묵상과 기도

Q. 세상 사람들의 머리는 아담입니다. 신자들의 머리는 누구입니까?

Q. 우리는 죄의 노예가 아니라 예수님의 노예입니다. 예수님께 절대적으로 복종하고 있습니까?

prayer. 하나님, 세상 사람들은 죄의 지배를 받고 있습니다. 그래서 죄를 행할 수밖에 없습니다. 하지만 저희는 은혜의 지배를 받고 있습니다. 그러므로 죄와 싸울 수 있도록 또한 죄를 이길 수 있도록 도와주세요. 세상 사람들과 다르게 살 수 있도록 도와주세요.

죄에서 벗어나 의롭다 하심을 얻었음이라

> **롬 6:5-7** 5 만일 우리가 그의 죽으심과 같은 모양으로 연합한 자가 되었으면 또한 그의 부활과 같은 모양으로 연합한 자도 되리라 6 우리가 알거니와 우리의 옛사람이 예수와 함께 십자가에 못 박힌 것은 죄의 몸이 죽어 다시는 우리가 죄에게 종 노릇하지 아니하려 함이니 7 이는 죽은 자가 죄에서 벗어나 의롭다 하심을 얻었음이라

우리는 6절 말씀을 통해 우리의 옛사람은 더 이상 존재하지 않는다는 사실을 알게 되었습니다. 그 사실을 아는 것이야말로 거룩한 삶의 기초라는 것을 알게 되었습니다. 그런데 에베소서 4장에는 이와 상반되는 것처럼 보이는 내용이 있습니다. "너희는 유혹의 욕심을 따라 썩어져 가는 구습을 따르는 옛사람을 벗어 버리고."엡4:22 어째서 바울은 로마서 6장 6절에서는 옛사람이 이미 죽었다고 말하고, 에베소서 4장 22절에서는 옛사람을 벗어 버리라고 말하는 것일까요? 이것은 상반된 내용이 아닙니다. 바울이 '옛사람'이라는 용어를 각각 다른 의미로 사용하고 있기 때문입니다.

에베소서의 '옛사람'은 회심하기 이전의 생각과 말과 행동을 의미합니다. 따라서 바울은 옛사람 자체를 벗어 버리라고 말하는 것이 아닙니다. 옛사람의 흔적들을 벗어 버리라고 말하는 것입니다. 사실상 바울은 다음과 같이 말하는 것이나 마찬가지입니다. "너희들은 새사람이 되었다. 너희들의 옛사람은 예수님과 함께 십자가에서 죽었다. 그러므로 옛사람이 아직 살아 있는 것처럼 살지 마라. 이미 죽은 옛사람처럼 살지 말고, 새사람답게, 너희답게 살아라."

그러므로 로마서 6장 6절과 에베소서 4장 22절 사이에는 아무런 모순이 없습니다. 문맥이 그 사실을 정확하게 나타냅니다. 로마서 6장 6절은 옛사람 그 자체에 대해서 말하고, 에베소서 4장 22절은 행동과 윤리에 대해서 말하고 있기 때문입니다.[58] 이제 6절과 7

절의 관계에 대해 살펴보겠습니다. 6절은 하나님께서 예수님의 십자가를 통해 우리에게 하신 일입니다. 하나님은 예수님의 십자가를 통해 우리의 옛사람을 죽이셨습니다. 7절은 하나님께서 그렇게 하신 이유입니다. 하나님께서 우리의 옛사람을 죽이신 이유는, 죽음이 가지고 있는 종결적인 의미 때문입니다. 예를 들어, 한 범죄자가 있다고 가정해 봅시다. 그는 살아 있는 동안에는 사법체제의 영역 안에 있습니다. 조사를 받아야 하고 재판을 받아야 하며, 형벌도 받아야 합니다. 그런데 만약 그가 죽어버린다면, 그는 사법체제의 영역을 완전히 벗어나 버립니다. 죽었다는 바로 그 사실이 그로 하여금 사법체제와 완전히 단절되게 합니다. 사법체제는 더 이상 그를 정죄하거나, 형벌에 이르게 할 수 없습니다.

바로 이것이 우리에게 일어난 일입니다. "이는 죽은 자가 죄에서 벗어나 의롭다 하심을 얻었음이라."7절 이제 우리는 죄의 영역을 완전히 벗어났습니다. 우리는 율법을 기준으로 판단 받는 체제에서 완전히 해방되었습니다. 우리의 옛사람이 죽었기 때문입니다. 이제 우리는 죄의 체제가 아니라 은혜의 체제 안에 있습니다. 우리는 율법으로 의롭다 함을 받는 체제가 아니라, 예수님을 믿음으로서 의롭다 함을 받는 체제 안에 있습니다. "죄가 너희를 주장하지 못하리니 이는 너희가 법 아래에 있지 아니하고 은혜 아래에 있음이라."롬6:14

묵상과 기도

Q. '옛사람'을 벗는 것은 어떤 의미입니까?

Q. 우리가 벗어야 할 옛사람의 모습에는 어떤 것들이 있습니까?

prayer. 하나님, 저희의 옛사람을 죽여 주셔서 감사합니다. 저희를 새사람 되게 해주셔서 감사합니다. 이제부터 새사람답게 살게 해주세요. 세상 사람들과 다르게 생각하고, 다르게 말하고, 다르게 행동하게 해주세요.

4월 6일

그와 함께 살 줄을 믿노니

롬 6:8-9 8 만일 우리가 그리스도와 함께 죽었으면 또한 그와 함께 살 줄을 믿노니 9 이는 그리스도께서 죽은 자 가운데서 살아나셨으매 다시 죽지 아니하시고 사망이 다시 그를 주장하지 못할 줄을 앎이로라

우리는 예수님과 영적으로 연합하여 있습니다. 예수님이 하신 일은 곧 우리가 한 일이요, 예수님께 일어난 일은 곧 우리에게도 일어난 일입니다. 바울은 8절에서 다음과 같이 말합니다. "만일 우리가 그리스도와 함께 죽었으면 또한 그와 함께 살 줄을 믿노니."

이 말은 다음과 같은 뜻입니다. 예수님이 죽으셨으므로 우리도 죽은 것이요, 예수님이 살아나셨으므로 우리도 살아났다는 것입니다. 다시 말해서, 우리가 예수님과 함께 죽은 것이 사실이라면, 우리가 예수님과 함께 살아난 것도 명백히 사실이라는 점입니다. 따라서 부활을 미래에 일어날 일로만 생각해서는 안 됩니다. 분명 부활은 미래에 일어날 일이지만, 부활에는 현재적 의미도 있습니다. 특히 오늘 본문에서는 현재적 의미가 더 강합니다.[59] 부활의 현재적 의미는 성경 전체에서 찾을 수 있습니다.

"그는 허물과 죄로 죽었던 너희를 살리셨도다."[엡2:1]

"긍휼이 풍성하신 하나님이 우리를 사랑하신 그 큰 사랑을 인하여 허물로 죽은 우리를 그리스도와 함께 살리셨고."[엡2:4-5]

"내가 율법으로 말미암아 율법에 대하여 죽었나니 이는 하나님에 대하여 살려 함이라."[갈2:19]

우리는 먼 미래에 가서야 새로운 존재로 부활하는 것이 아닙니다. 우리는 이미 새로운 존재입니다. 물론 완전한 부활은 예수님의 재림 때에 일어날 것입니다. 하지만 우리는 이미 죄의 노예에서 예수님의 노예로 새롭게 태어났습니다. 아담 안에 있던 존재에서, 예수님 안에 있는 존재로 새롭게 태어났습니다. 율법의 체계에 속한 사람에서, 은혜의 체계에 속한 사람으로 새롭게 태어났습니다. 그런 점에서 우리는 이미 부활한 것이요, 이미 새로운 존재입니다.

물론 이것을 믿기란 쉬운 일이 아닙니다. 여전히 우리는 죄의 영향을 강하게 받고 있기 때문입니다. 우리의 생각과 말과 행동은, 여전히 옛사람의 흔적을 드러냅니다. 하지만 우리는 이 진리를 믿어야 합니다. 우리가 새사람이 된 근거는 우리 자신에게 있지 않습니다. 우리가 새사람이 된 근거는 오직 예수님께 있습니다. 바울이 8절에서 논증하고 있듯이 예수님이 죽었기 때문에 우리도 죽은 것이요, 예수님이 살아나셨기 때문에 우리도 살아난 것입니다. 따라서 우리는 우리 자신이 아니라 예수님을 바라보아야 합니다. 우리의 능력이 아니라 예수님의 능력을 의지해야 합니다. 우리의 자격이 아니라 예수님의 자격을 믿어야 합니다. 구원은 우리가 누구냐에 달린 것이 아니라, 예수님이 누구냐에 달린 문제이기 때문입니다.

묵상과 기도

Q. 우리가 이미 부활한 존재라는 것은 어떤 뜻입니까?

Q. 부활한 새사람으로 살기 위해 고쳐야 할 점이 무엇인지 생각해 봅시다.

prayer. 하나님, 저희의 옛사람을 죽여 주셔서 감사합니다. 예수님 안에서 새사람으로 바꾸어 주셔서 감사합니다. 날마다 옛사람의 흔적을 지워나가고 날마다 새사람으로 거듭나게 해주세요.

109

살아 있는 자로 여길지어다(1)

롬 6:10-11 10 그가 죽으심은 죄에 대하여 단번에 죽으심이요 그가 살아 계심은 하나님께 대하여 살아 계심이니 11 이와 같이 너희도 너희 자신을 죄에 대하여는 죽은 자요 그리스도 예수 안에서 하나님께 대하여는 살아 있는 자로 여길지어다

예수님은 베들레헴의 아기로 오셨습니다. 예수님은 율법 아래로 오셨습니다. ^{갈4:4} 예수님은 죄에게 유혹받을 수 있는 곳으로 오셨습니다. ^{히4:15} 하지만 지금은 아닙니다. 예수님은 죽으셨고 부활하셨으며, 승천하셨습니다. 이것이 10절의 의미입니다. "그가 죽으심은 죄에 대하여 단번에 죽으심이요 그가 살아 계심은 하나님께 대하여 살아 계심이니." 예수님이 "죄에 대하여 단번에 죽으"셨다는 것은, 이제 더 이상 죄와 사망의 체제에 계시지 않는다는 의미입니다. [60] 사탄이 예수님을 유혹할 수 없고 정죄할 수 없으며, 사망에 이르게 할 수 없다는 뜻입니다. 한때 예수님은 사탄에게 시험을 받으셨습니다. 죽기도 하셨습니다. 이는 예수님이 자신을 지극히 낮추셨기 때문입니다. 예수님이 자발적으로 인간의 몸을 입고 세상에 오셨기 때문입니다. 하지만 지금은 시험을 받으실 수도, 죽으실 수도 없습니다. 예수님은 죄에 대하여 단번에 죽으셨습니다. 죄와 사망의 체제에서 완전히 벗어나셨습니다. 바울은 "이와 같이"라는 말씀으로 10절과 11절을 연결합니다. 10절에서 일어난 일이 11절에서도 일어났다는 뜻입니다. 10절의 주인공은 예수님이고, 11절의 주인공은 우리들입니다. 예수님에게 일어난 일은 우리에게도 일어난 일입니다. 예수님은 죄와 사망의 체제에서 벗어나셨습니다. 따라서 우리도 죄와 사망의 제체에서 벗어났습니다. 예수님이 사망에 이를 수 없듯, 우리도 영원한 사망에 이를 수 없습니다. 예수님이 심판을 받으실 수 없듯, 우리도 정죄의 심판을 받을 수 없습니다. 이유는 분명합니다. 예수님과 우리는 영적으로 연합되어 있기 때문입니다. 예수님과 우리는 한 운명 공동체이기 때문입니다. 그것이 "이와 같이"라는 말씀이 뜻하는 바입니다. 11절에는 의미심장한 표현이 있습니다. 마지막 부분에 있는 "여길지어다"라는 말씀입니다. 바울은 우리에게 "느끼라!" 또는 "경험하라!"고 말하지 않습니다. "여기라!"라고 말합니다. 그 이유는 분명합니다. 우리가 예수님과 영적으로 연합한 것은 느끼거나 체험할 수 있는 일이 아니기 때문입니다. 우리가 죄와 사망의 체제에서 벗어난 것은 눈으로 보거나, 경험할 수 있는 일이 아닙니다. 그래서 우리는 여겨야 하고, 믿어야 합니다. 예수님이 죄와 사망의 체제에서 벗어난 것처럼, 우리도 죄와 사망의 체제에서 벗어났습니다. 우리가 전혀 죄를 짓지 않는다는 말이 아닙니다. 죄가 우리에게 상전 노릇을 할 수 없고, 우리의 지배자가 될 수 없다는 뜻입니다. 죄가 우리를 조종하여 영원한 사망에 이르게 할 수 없다는 뜻입니다. 바로 이것이 '우리'이고, '우리 자신'입니다. 우리는 이런 사람이며, 이런 존재입니다. 경찰은 범인을 잡습니다. 경찰이기 때문입니다. 소방관은 불을 끕니다. 소방관이기 때문입니다. 교사는 가르칩니다. 교사이기 때문입니다. 군인은 전쟁터로 나갑니다. 군인이기 때문입니다. 마찬가지로 신자는 죄와 싸웁니다. 신자이기 때문입니다. 신자는 죄를 멀리합니다. 신자이기 때문입니다. 우리가 누구인지를 생각하는 것이, 우리가 죄와 싸워 이기는 방법입니다.

묵상과 기도

Q. 우리가 죄와 싸워 이기는 방법은 무엇입니까?

prayer. 하나님, 저희는 죄를 지어도 되는 존재가 아닙니다. 죄를 가까이 해도 되는 존재가 아닙니다. 저희는 새사람입니다. 새로운 피조물이며, 죄에 대하여 죽은 사람입니다. 그러므로 죄를 미워하고 죄를 멀리하게 해주세요. 죄와 구별되게 해주세요.

살아 있는 자로 여길지어다(2)

롬 6:10-11 10 그가 죽으심은 죄에 대하여 단번에 죽으심이요 그가 살아 계심은 하나님께 대하여 살아 계심이니 11 이와 같이 너희도 너희 자신을 죄에 대하여는 죽은 자요 그리스도 예수 안에서 하나님께 대하여는 살아 있는 자로 여길지어다

로마서 6장을 묵상하고 이해함에 있어서 '예수님과의 영적 연합 교리'를 기억하는 것은 매우 중요합니다. 사실상 이 교리를 생각하지 않고서는 6장을 조금도 이해할 수 없습니다. 예수님과의 영적 연합 교리는, 우리가 예수님과 영적으로 연합하여 있다는 것입니다. 이 원리를 따라서 예수님이 겪으신 일은 우리도 겪은 일이요, 예수님이 하신 일은 우리도 한 일이 됩니다. 예를 들어, 우리는 십자가에서 죽은 적이 없습니다. 하지만 영적 연합 교리를 따라 우리도 십자가에서 죽은 것이나 마찬가지입니다. 우리는 하나님 보시기에 의롭지 않습니다. 그러나 예수님이 의로우시므로 우리도 하나님 보시기에 의롭습니다.

오늘 본문도 이 원리 안에서만 제대로 이해할 수 있습니다. 바울은 예수님이 살아 계시므로, 10절 우리 역시 살아 있다고 말합니다. 11절 예수님께 일어난 일은 우리에게도 일어난 일이므로 우리 역시 예수님처럼 죽음을 이겼다는 뜻입니다. 예수님이 살아 계시듯이 우리 역시 죽지 않고, 계속하여 살 것이라는 뜻입니다. 이것은 성경의 일반적인 진술입니다. 성경은 여러 부분에서 우리가 다시 죽지 않는다고 말합니다.

"내가 진실로 진실로 너희에게 이르노니 내 말을 듣고 또 나 보내신 이를 믿는 자는 영생을 얻었고 심판에 이르지 아니하나니 사망에서 생명으로 옮겼느니라"요 5:24

"예수께서 이르시되 나는 부활이요 생명이니 나를 믿는 자는 죽어도 살겠고 무릇 살아서 나를 믿는 자는 영원히 죽지 아니하리니 이것을 네가 믿느냐"요11:25-26

하지만 우리는 죽음을 맞이한 신자들을 알고 있습니다. 지금도 많은 신자들이 죽어 가고 있습니다. 그런데 어째서 성경은 우리가 죽음의 권세를 이겼다고 말하는 것일까요? 그 이유는 다음과 같습니다. 우리는 죽는 것이 아니라, 죽음을 통과하는 것입니다.[61] 우리는 죽음으로 들어가는 것이 아니라, 죽음을 지나가는 것입니다. 따라서 죽음은 우리에게 아무런 통치권을 행사하지 못합니다. 죽음은 우리를 지배하지 못합니다.

불신자들은 죽습니다. 그들은 죽음 안으로 들어갑니다. 그리고 다시는 벗어나지 못합니다. 그들은 죄와 사망의 노예이기 때문입니다. 죽음은 절대로 그들을 놓아주지 않습니다.

우리는 다릅니다. 우리는 죽음의 영역에서 생명의 영역으로 옮겨졌습니다. 요5:24 우리는 영원히 죽지 않는 신분으로 변화되었습니다. 요11:26 죄와 사망의 힘이 아무리 강하다 할지라도, 하나님의 은혜보다 강하지 않습니다. 죄와 사망은 우리를 주장하지 못합니다. 그들은 우리의 주인이 될 수 없습니다.

따라서 죽음을 두려워하지 말아야 합니다. 죽음은 우리에게 통치권을 행사할 수 없습니다. 우리는 죽음을 지나갈 뿐입니다. 우리는 죽음의 단계를 통과할 뿐입니다. 우리는 예수님 안에 있고, 예수님과 영적으로 한 몸이기 때문입니다.

묵상과 기도

Q. 우리의 옛사람이 이미 십자가에서 죽었다고 말할 수 있는 근거는 무엇입니까?

Q. 우리는 죽음과 어떤 관계에 있습니까?

prayer. 하나님, 세상 사람들은 죽음을 두려워하고 일평생 죽음의 권세 아래 있습니다. 하지만 저희는 죽음의 권세 아래 있지 않습니다. 죽음의 지배를 받지 않습니다. 하나님께서 저희를 죽음에서 생명으로 옮겨주셨기 때문입니다. 이 은혜를 날마다 되새기고, 날마다 찬양하게 해주세요.

하나님께 대하여는 살아 있는 자로 여길지어다

롬 6:10-11 10 그가 죽으심은 죄에 대하여 단번에 죽으심이요 그가 살아 계심은 하나님께 대하여 살아 계심이니 11 이와 같이 너희도 너희 자신을 죄에 대하여는 죽은 자요 그리스도 예수 안에서 하나님께 대하여는 살아 있는 자로 여길지어다

우리는 예수님 안에서 하나님께 대하여 살아 있는 존재입니다. ^{11절} 우리가 하나님께 대하여 살아 있다는 것은 크게 세 가지 의미를 가집니다.

첫째, 우리는 하나님과의 관계 속에서 살아 있습니다. 원래 우리는 하나님의 진노의 대상이었습니다. ^{롬 1:18} 하지만 이제는 진노가 아니라 사랑의 대상입니다. 원래 우리는 하나님께 나아갈 수 없었습니다. 하지만 이제는 예수님을 힘입어 담대히 나아갈 수 있습니다. ^{히4:16} 원래 우리는 하나님께 아무것도 구할 수 없는 존재였습니다. ^{슥7:13} 하지만 이제는 예수님 안에서 담대히 구할 수 있습니다. ^{요16:24} 우리는 하나님께 대하여 죽은 자가 아닙니다. 하나님과 단절된 존재가 아닙니다. 하나님의 진노와 심판의 존재가 아닙니다. 우리는 하나님께 대하여 살아 있는 존재입니다. 하나님의 백성이며, 사랑받는 자녀입니다. 이것이 우리가 하나님께 대하여 살아 있다는 말의 첫 번째 의미입니다.

둘째, 우리는 하나님의 목적 속에서 살아 있습니다. 우리는 하나님의 영원한 목적에 동참한 자가 되었습니다. 성경은 우리를 향한 하나님의 영원한 목적을 다음과 같이 말합니다. "곧 창세 전에 그리스도 안에서 우리를 택하사 우리로 사랑 안에서 그 앞에 거룩하고 흠이 없게 하시려고." ^{엡1:4} 하나님의 목적은 우리가 "거룩하고 흠이" 없는 존재가 되는 것입니다. 하나님은 이 목적을 이루기 위해 영원 전에 우리를 선택하셨고 예수님을 구원자로 보내셨으며, 성령님을 통해 믿음을 주셨습니다.

셋째, 우리는 하나님의 능력 안에서 살아 있습니다. 세상 사람들은 죄의 통치를 받고 있지만, 우리는 은혜의 통치를 받고 있습니다. 세상 사람들은 죄의 세력이 주장하지만, 신자의 삶은 하나님의 은혜가 주장합니다. 그리고 두말할 필요 없이 죄의 세력보다 은혜의 세력이 강합니다. 죄의 세력이 우리의 운명을 주장할 수 없습니다. 아무도 우리를 하나님의 은혜에서 끊을 수 없습니다. 이것은 로마서 8장의 결론입니다. "내가 확신하노니 사망이나 생명이나 천사들이나 권세자들이나 현재 일이나 장래 일이나 능력이나 높음이나 깊음이나 다른 어떤 피조물이라도 우리를 우리 주 그리스도 예수 안에 있는 하나님의 사랑에서 끊을 수 없으리라." ^{롬8:38-39}

그렇다면 우리는 어떻게 살아야 할까요? 첫째, 우리는 하나님께 사랑받는 존재이므로, 하나님께 사랑받는 사람처럼 살아야 합니다. 우리는 슬퍼하거나 절망하지 말아야 합니다. 모든 것을 잃어버린 사람처럼 낙심하지 말아야 합니다. 실제로 모든 것을 잃어버린 것처럼 보이는 상황에서도 말입니다. 둘째, 하나님께서 우리를 거룩하게 하시므로 우리도 거룩한 사람이 되기 위해 노력해야 합니다. 은혜 안에 있으니 죄를 지어도 괜찮다고 생각하지 말아야 합니다. 셋째, 우리 안에 하나님의 능력이 있으니, 절대로 우리의 구원을 의심하지 말아야 합니다. 구원은 우리의 능력이 아니라 하나님의 능력에 달린 문제입니다. 그 능력 때문에 우리의 구원은 실패하지 않을 것입니다.

묵상과 기도

Q. 우리가 하나님과의 관계 속에서 살아 있다는 것은 어떤 뜻입니까?

Q. 우리가 하나님의 능력 안에서 살아 있다는 것은 어떤 뜻입니까?

prayer. 하나님, 하나님의 사랑을 생각하며 슬픔을 극복하게 해주세요. 하나님의 거룩하심을 생각하며 저희에게 주어진 하루하루를 거룩하게 살게 해주세요. 하나님의 능력을 생각하며 저희의 구원을 확신하게 해주세요.

몸의 사욕에 순종하지 말고

롬 6:12 그러므로 너희는 죄가 너희 죽을 몸을 지배하지 못하게 하여 몸의 사욕에 순종하지 말고

지금까지 바울은 6장 1절에서 제기된 질문에 답하여 왔습니다. "은혜를 더하게 하려고 죄에 거하겠느냐?"라는 질문에 대해 결코 그럴 수 없음을 성실하게 답하여 왔습니다. 그것이 6장 1절부터 11절까지의 내용입니다. 그리고 바울은 "그러므로"라는 접속사를 통해 다음 단락을 시작합니다. 우리는 바울이 "그러므로"라는 말로써 무엇을 시도하고 있는지를 주의 깊게 보아야 합니다. 간단히 말해 1절부터 11절까지의 내용은 교리이자 이론입니다. 그리고 12절부터 14절까지의 내용은 적용이자 실천입니다. 바울은 교리와 실천을 '그러므로'라는 단어로 연결하고 있습니다. 여기서 짚고 넘어가야 할 사실은 교리와 적용, 이론과 실천은 분리될 수 없다는 점입니다. 우리가 교리를 배우는 것은 삶에 적용하기 위해서요, 이론을 배우는 것은 실천하기 위해서입니다. 그 사실을 '그러므로'라는 접속사에서 발견할 수 있습니다. 예수님의 가르침에서도 동일한 사실을 발견할 수 있습니다. "너희가 이것을 알고 행하면 복이 있으리라."요13:17 아는 것으로 끝나서는 안 됩니다. 행해야 합니다. 우리의 신앙이 단순히 지적이고, 신학적이고, 학문적인 데만 머무는 것은 상당히 위험한 일입니다. 우리는 6장 앞부분에서 우리가 죄에 대하여 죽은 존재임을 배웠습니다. "죄에 대하여 죽은 우리가"2절, "그의 죽으심과 합하여"3절, "그의 죽으심과 같은 모양으로"5절, "죄의 몸이 죽어"6절, "죽은 자가 죄에서 벗어나"7절, "그리스도와 함께 죽었으면"8절, "너희 자신을 죄에 대하여는 죽은 자요"11절 이처럼 우리는 죄에 대하여 죽은 존재입니다.

하지만 죄가 우리를 완전히 떠난 것은 아닙니다. 우리가 죄에 대하여 죽었다는 것은, 죄의 노예 상태에서 벗어났다는 말이지 죄가 우리 안에서 아무것도 하지 않는다는 말이 아닙니다. 죄는 여전히 우리 안에 남아 있습니다. 죄는 주인의 지위는 아니지만, 손님의 위치로 남아 있습니다. 죄는 여전히 우리를 유혹하고, 과거의 지위를 회복하려고 노력합니다. 다시 우리를 정복하고, 지배하고, 우리의 주인이 되려고 애쓰고 있습니다. 그러므로 우리는 어떻게 살아야 합니까? "그러므로 너희는 죄가 너희 죽을 몸을 지배하지 못하게 하여 몸의 사욕에 순종하지 말고."12절 우리는 죄와 싸워야 합니다. 우리를 다시 지배하려고 하는 죄와 싸워야 합니다. 그리고 우리는 이런 가르침에 미혹되지 말아야 합니다. "하나님께서 모든 것을 하시게 하십시오. 여러분이 무언가를 하려고 하지 말고, 하나님께서 하시게 하십시오." 이런 것은 성경적인 권면이 아닙니다. 성경이 우리에게 구체적인 행동을 요구하고 있기 때문입니다. 우리는 실천해야 합니다. 행동해야 합니다. 몸의 사욕과 싸워야 합니다. 12절 죄는 우리의 주인이 될 수 없습니다. 죄는 우리의 마음을 조종할 수 없습니다. 하지만 죄는 강력한 무기를 가지고 있습니다. '사욕'입니다. 사욕이란 욕심과 욕망, 그리고 갈망을 의미합니다. 우리가 욕심의 지배를 받을 때, 우리는 마치 죄가 우리의 지배자인 것처럼 행동하게 됩니다. 우리가 욕망의 노예가 될 때, 우리는 마치 죄의 종처럼 살게 됩니다. 그러므로 우리는 싸워야 합니다. 욕심과 싸우고 죄와 싸워야 합니다.

묵상과 기도

Q. 우리가 죄에 대하여 죽었는데도 계속해서 죄와 싸워야 하는 이유는 무엇입니까?

Q. 욕심의 지배를 받고 있지 않습니까? 욕망이 이끄는대로 살고 있지는 않습니까?

prayer. 하나님, 저희의 주인은 죄가 아닙니다. 저희의 목표는 욕심을 이루는 것이 아닙니다. 저희의 주인은 하나님이시고, 저희의 목표는 하나님의 뜻을 이루는 것입니다. 그렇게 살 수 있도록 도와주세요.

너희 지체를 의의 무기로 하나님께 드리라

롬 6:13 또한 너희 지체를 불의의 무기로 죄에게 내주지 말고 오직 너희 자신을 죽은 자 가운데서 다시 살아난 자 같이 하나님께 드리며 너희 지체를 의의 무기로 하나님께 드리라

이제 죄는 우리의 주인이 아닙니다. 우리는 죄의 노예가 아닙니다. 하지만 죄가 완전히 후퇴한 것은 아닙니다. 죄는 여전히 기회를 노리고 있습니다. 죄는 쉬지 않고 우리를 유혹합니다. 그래서 바울은 다음과 같이 말합니다. "너희 지체를 불의의 무기로 죄에게 내주지 말고." 바울이 이렇게 말한다는 것 자체가 우리가 여전히 죄에게 노출되어 있음을 입증합니다.

그러므로 이러한 관점은 성경적이지 않습니다. "성화는 하나님께서 하시는 것이다. 우리는 하나님께 모든 것을 맡겨야 한다. 우리가 무언가를 하려고 시도해서는 안 된다." 이처럼 죄와 싸우기를 포기하게 만드는 주장은 올바르지 않습니다. "너희 지체를 불의의 무기로 죄에게 내주지 말고"라는 권면이 우리 자신에게 주어지고 있기 때문입니다. 우리는 여전히 죄와 투쟁하고, 싸워야 합니다.

우리가 죄와 싸우기를 중단하거나, 죄의 유혹에 넘어가면 어떤 일이 일어날까요? 우리는 죄의 도구가 됩니다. 좀 더 구체적으로 말하자면 죄의 무기가 됩니다. 바로 그것이 "너희 지체를 불의의 무기로 죄에게 내주지 말고"라는 말씀의 의미입니다.

이것은 실로 엄청난 일이며, 그 의미를 알면 알수록 끔찍한 일입니다. 죄가 우리를 자신의 무기로 삼는다고 할 때, 죄가 이 무기를 가지고 싸우는 대상은 누구일까요? 궁극적으로 하나님입니다. 우리가 죄와 싸우기를 중단할 때, 우리는 하나님을 대적하게 됩니다.

따라서 우리는 우리가 누구인지, 우리가 어떤 지위와 위치에 있는지를 정확하게 이해해야 합니다. 구원받은 신자들의 위치는 정확하게 이러합니다.

"이에 예수께서 제자들에게 이르시되 누구든지 나를 따라오려거든 자기를 부인하고 자기 십자가를 지고 나를 따를 것이니라."마16:24

"너희 몸은 너희가 하나님께로부터 받은 바 너희 가운데 계신 성령의 전인 줄을 알지 못하느냐. 너희는 너희 자신의 것이 아니라."고전6:19

"그가 모든 사람을 대신하여 죽으심은 살아 있는 자들로 하여금 다시는 그들 자신을 위하여 살지 않고 오직 그들을 대신하여 죽었다가 다시 살아나신 이를 위하여 살게 하려 함이라."고후5:15

우리는 자기 자신을 위해 살 수 없습니다. 하나님께서 우리를 그런 지위와 위치에 두셨습니다. 그런데 아직도 자신을 위해서 죄를 짓는다면, 자신의 기쁨을 위해서 죄와 싸우기를 포기한다면, 자신의 성공을 위해 죄에게 자신을 내준다면, 이것은 실로 악한 일입니다.

우리는 죄가 우리를 도구로 사용하도록 내버려두지 말아야 합니다. 우리가 죄의 무기가 되도록 허용하지 말아야 합니다. 우리는 싸워야 합니다. 여전히 우리의 주인이 되려고 발악하고 있는 죄와 싸워야 합니다. 그것이 우리의 신분에 합당합니다. 그것이 하나님께서 우리를 두신 지위와 위치입니다.

묵상과 기도

Q. 자신의 기쁨을 위해 죄와 싸우기를 포기하고 있지 않습니까?

Q. 우리는 하나님의 도구입니까, 죄의 도구입니까?

prayer. 하나님, 하나님이 저희의 주인이십니다. 그러므로 저희가 하나님의 도구, 하나님의 일꾼으로 살게 해주세요. 하나님의 뜻을 이루는 삶을 살게 해주세요.

은혜 아래에 있음이라

> **롬 6:14** 죄가 너희를 주장하지 못하리니 이는 너희가 법 아래에 있지 아니하고 은혜 아래에 있음이라

우리는 믿음의 선한 싸움을 싸워야 합니다. 하나님께서 능력을 주셨기 때문입니다. 예수님이 우리와 연합하여 계시고, 성령님이 우리 안에 거하시기 때문입니다. 하나님께서 우리를 죄의 지배와 통치에서 해방시키셨고, 은혜로 통치하여 주시기 때문입니다. 이제 우리는 죄의 노예가 아니라 예수님의 종이기 때문입니다.

그래서 바울은 단호하게 말합니다. "죄가 너희 몸을 지배하게 하지 마라!" 롬6:12 "몸의 사욕에 순종하지 마라!" 롬6:12 "너희 자체를 불의의 무기로 죄에게 내주지 마라" 롬6:13 "너희 자신을 하나님께 드리라!" 롬6:13 "너희 몸을 의의 무기로 하나님께 드리라." 롬6:13 바울은 우리를 향해서 "하라!" 또는 "하지 마라!"라고 단호하게 말합니다. 저절로 되기를 기다리지 말고, 지금 우리가 해야 한다고 말합니다.

그리고 바울은 우리가 죄와 싸워야 하는 또 다른 이유를 설명합니다. 원래 14절 앞에는 '왜냐하면'이라는 단어가 있습니다. 따라서 14절은 죄와 싸워야 하는 이유입니다. 그 이유는 다음과 같습니다. "너희가 법 아래에 있지 아니하고 은혜 아래에 있음이라." 우리가 죄와 싸워야 하는 이유, 우리가 죄의 종이 되지 말아야 할 이유, 죄가 우리 몸을 불의의 도구로 사용하게 내버려 두지 말아야 할 이유는, 우리가 은혜 아래 있기 때문입니다. 그렇다면 우리가 은혜 아래 있는 것과 우리가 거룩하고 성결한 삶을 위해 힘쓰는 것 사이에는 어떤 관련이 있을까요?

예를 들어, 전투에 참전한 군인이 있다고 가정해 봅시다. 이 군인은 자신의 조국이 이미 멸망했으며, 자신의 부대가 이미 전멸했다는 소식을 들었습니다. 그러면 이 군인이 힘을 내어 싸울 수 있을까요? 아마 백기를 들고 투항할 것입니다. 이제 그 반대의 상황을 가정해 봅시다. 한 군인이 있는데, 이미 적국이 멸망했고 적군의 부대가 거의 전멸했다는 소식을 들었습니다. 그러면 이 군인은 백기를 들고 투항하지 않을 것입니다. 포기하지 않을 것입니다. 승리가 확실하기 때문입니다. 우리도 마찬가지입니다. 우리는 이미 승리한 싸움을 싸우고 있습니다. "죄가 너희를 주장하지 못하리니." 14절 우리는 이미 죄에게 승리했습니다. 비록 죄가 여전히 남아 있지만, 그들은 패잔병에 불과합니다. "너희가 법 아래에 있지 아니하고 은혜 아래에 있음이라." 14절 이제 우리는 죄의 지배가 아니라 하나님의 통치, 은혜의 지배 아래 있습니다. 그래서 우리의 승리는 확실하고, 우리의 구원도 확실합니다. 우리는 반드시 영화의 상태에 도달하게 될 것입니다. 우리는 반드시 저 천국에 이를 것이고, 반드시 하나님의 영광을 볼 것입니다.

"내가 그들에게 영생을 주노니 영원히 멸망하지 아니할 것이요 또 그들을 내 손에서 빼앗을 자가 없느니라." 요10:28 아무도 우리를 예수님에게서 빼앗을 수 없습니다. 우리의 승리는 확실합니다. 우리는 이미 승리한 싸움을 싸우고 있습니다. 그래서 우리는 죄와 싸우기를 포기하지 말아야 합니다. 끝까지 죄와 싸워야 합니다. 바로 이것이 우리가 죄를 지을 수 없는 이유입니다.

묵상과 기도

Q. 죄가 우리를 주장하지 못한다는 것은 어떤 뜻입니까?

prayer. 하나님, 저희는 죄와의 싸움에서 이미 승리했습니다. 저희는 이미 영생을 얻었습니다. 마귀가 저희의 구원을 취소할 수 없고, 죄가 저희의 구원을 방해할 수 없습니다. 그러므로 죄와 싸우려는 노력을 중단하지 않도록 도와주세요. 이미 승리한 싸움인 줄 믿고, 계속해서 용기를 내어 죄와 싸우게 해주세요.

그럴 수 없느니라

> **롬 6:15-16** 15 그런즉 어찌하리요 우리가 법 아래에 있지 아니하고 은혜 아래에 있으니 죄를 지으리요 그럴 수 없느니라 16 너희 자신을 종으로 내주어 누구에게 순종하든지 그 순종함을 받는 자의 종이 되는 줄을 너희가 알지 못하느냐 혹은 죄의 종으로 사망에 이르고 혹은 순종의 종으로 의에 이르느니라

지금까지 바울의 논증은 다음과 같습니다. 우리는 믿음으로 의롭다 함을 받았으므로 예수님 안에 있는 사람이고, 예수님 안에 있으므로 죄의 통치에서 해방된 사람이고, 죄의 통치에서 해방되었으므로 최종적인 영화가 보증된 사람입니다. 이것을 로마서 8장 30절은 다음과 같이 말합니다. "또 미리 정하신 그들을 또한 부르시고 부르신 그들을 또한 의롭다 하시고 의롭다 하신 그들을 또한 영화롭게 하셨느니라."

바울은 이러한 주장에 대해 다음과 같은 반대가 있을 것을 알았습니다. "우리가 법 아래에 있지 아니하고 은혜 아래에 있으니 죄를 지으리요?"15절 이것은 이런 뜻입니다. "오직 은혜로 구원을 얻는다면 죄를 지어도 괜찮다는 말입니까?"

사실상 15절은 1절의 반복입니다. 1절과 15절은 명백하게 대응을 이룹니다. 바울은 두 구절에서 똑같은 질문을 던지고 있습니다.[62] 두 경우 모두 바울의 대답은 동일합니다. "그럴 수 없느니라."15절

이제 바울은 새로운 견지에서 우리가 계속해서 죄를 지을 수 없는 이유를 설명합니다. 그것이 앞으로 살펴볼 본문의 내용입니다. 먼저 16절을 보겠습니다. "너희 자신을 종으로 내주어 누구에게 순종하든지 그 순종함을 받는 자의 종이 되는 줄을 너희가 알지 못하느냐. 혹은 죄의 종으로 사망에 이르고 혹은 순종의 종으로 의에 이르느니라."

16절의 의미는 다음과 같습니다. 우리의 행동이 우리의 주인이 누구인지를 나타낸다는 것입니다. 우리가 계속해서 죄를 짓는다면 우리의 주인이 죄라는 것을 나타내는 것이고, 반대로 죄와 싸우며 선을 행한다면 우리의 주인이 하나님께서라는 것을 나타낸다는 것입니다.

사실상 이것은 완곡하게 표현된 질책입니다. 바울의 표현은 "만약 우리가 구원받은 하나님의 백성이라면 죄와 치열하게 싸우는 것이 당연하다. 만약 그럴 마음이 전혀 없다면 그에게는 구원이 없는 것이요, 그는 죄와 사망의 종이다"라고 말하는 것이나 마찬가지입니다.

이것은 예수님의 가르침과도 동일합니다. 예수님은 "그들의 열매로 그들을 알지니"마7:16 라고 말씀하셨습니다. 요한도 마찬가지입니다. "만일 우리가 하나님과 사귐이 있다 하고 어둠에 행하면 거짓말을 하고 진리를 행하지 아니함이거니와."요일1:6

묵상과 기도

Q. 우리는 선을 행함으로써 우리의 주인이 하나님이라는 것을 나타내고 있습니까?

prayer. 하나님, 세상 사람들은 계속해서 죄를 짓습니다. 그들의 주인이 죄이기 때문입니다. 하지만 저희의 주인은 하나님입니다. 그러므로 힘을 다해 죄와 싸우게 해주세요. 최선을 다해 선을 행하게 해주세요. 그리하여 저희의 주인이 하나님이신 것을 온 세상에 드러내게 해주세요.

하나님께 감사하리로다

롬 6:17 하나님께 감사하리로다 너희가 본래 죄의 종이더니 너희에게 전하여 준 바 교훈의 본을 마음으로 순종하여

세상에는 단 두 부류의 사람들만 있습니다. 로마서 6장 16절은 이렇게 구분합니다. "혹은 죄의 종으로 사망에 이르고 혹은 순종의 종으로 의에 이르느니라." 세상 모든 사람은 죄의 종이든지 순종의 종이든지 둘 중의 하나입니다. 그 외의 경우는 없습니다.

그리고 세상에는 단 두 가지 결과만 있습니다. 로마서 6장 16절은 다음과 같이 말합니다. "혹은 죄의 종으로 사망에 이르고 혹은 순종의 종으로 의에 이르느니라." '사망'이냐 '의'냐, 둘 중에 하나입니다. 죄의 종으로 살다가 영원한 죽음에 이르든지, 혹은 의롭게 되어 영원한 생명에 이르든지 둘 중에 하나밖에 없습니다.

그러므로 누구든지 죄의 종이 아니라, 순종의 종이 되고자 할 것입니다. 누구든지 죽음에 이르는 길이 아니라, 의롭게 되어 영원한 생명에 이르는 길에 서고자 할 것입니다. 만약 누구든지 정상적인 지식과 의지가 있다면 죄의 권세에서 벗어나서 하나님의 종이 되고자 할 것입니다.

중요한 것은 사람이 스스로의 힘으로 죄의 지배에서 벗어날 수 없다는 점입니다. 사람은 전적으로 부패한 존재입니다. 사람의 지성과 의지는 죄에 물들어 있습니다. 만약 사람이 스스로의 힘으로 죄에서 벗어날 수 있었다면, 성부께서 성자를 보내시지 않았을 것입니다. 성자께서 우리 대신 십자가에서 죽으시지 않았을 것입니다. 성자께서 우리에게 성령을 보내시지 않았을 것입니다. 그런데 이 모든 일이 일어났습니다. 사람이 스스로의 힘으로 죄에서 벗어날 수 없기 때문입니다.

바울이 "하나님께 감사하리로다"라는 말씀으로 6장 17절을 시작하는 이유가 바로 여기에 있습니다. 우리가 사망의 길을 벗어나 생명의 길에 들어선 것은 하나님께서 하신 일입니다. 우리가 하나님을 대적하던 인생에서 하나님께 순종하는 인생으로 변화된 것은 하나님께서 하신 일입니다. 우리가 죄의 권세에서 해방되어 하나님께 사랑받는 자녀가 된 것은 하나님께서 하신 일입니다. 이것은 성경 전체의 교훈입니다.

"너희는 그 은혜에 의하여 믿음으로 말미암아 구원을 받았으니 이것은 너희에게서 난 것이 아니요 하나님의 선물이라."엡2:8

"우리는 그가 만드신 바라. 그리스도 예수 안에서 선한 일을 위하여 지으심을 받은 자니."엡2:10

"그가 우리를 흑암의 권세에서 건져내사 그의 사랑의 아들의 나라로 옮기셨으니."골1:13

구원은 하나님의 선물입니다.엡2:8 하나님께서 우리를 새로운 존재로 만드셨습니다.엡2:10 하나님께서 우리를 건지셨습니다.골1:13 그러므로 우리는 감사해야 합니다. 오직 하나님께만 감사해야 합니다. 오직 하나님만 자랑하고, 오직 하나님만 사랑해야 합니다. 바로 이것이 "우리는 은혜 아래 있으니 죄를 지어도 괜찮지 않느냐?"롬6:15 라고 묻는 자들을 향한 바울의 대답입니다. 우리는 마음껏 죄를 지을 수 있는 사람이 아닙니다. 우리의 사명은 하나님께만 감사하며, 하나님만 자랑하며, 하나님만 사랑하는 것입니다. 온 마음을 다해 순종하는 것이 우리의 본분이지, 은혜를 빌미로 불순종하는 것이 아닙니다.

묵상과 기도

Q. 우리가 사는 목적은 하나님의 영광입니다. 그런데도 죄를 지으면서 하나님을 슬프게 하고 있지 않습니까?

prayer. 하나님, 힘써 선을 행하며 살게 해주세요. 구원을 받기 위해서가 아니라, 하나님께 영광을 돌리기 위해 선을 행하게 해주세요. 그리하여 하나님을 기쁘시게 하는 저희의 삶이 되게 해주세요.

죄로부터 해방되어 의에게 종이 되었느니라

롬 6:18 죄로부터 해방되어 의에게 종이 되었느니라

바울은 자문자답自問自答의 형식으로 논지를 진행하고 있습니다. 바울은 15절에서 다음과 같이 물었습니다. "우리가 법 아래에 있지 아니하고 은혜 아래에 있으니 죄를 지으리요?" 그리고 18절에서 다음과 같이 대답합니다. "죄로부터 해방되어 의에게 종이 되었느니라."

바울은 신자의 신분을 통해서 15절의 질문에 대답하고 있습니다. 18절은 신자가 어떤 사람인지를 보여줍니다. 신자는 "죄로부터 해방되어 의에게 종이" 된 사람입니다. 신자가 "죄로부터 해방"되었다는 것은 모든 점에서 죄와 구별되었다는 말이 아닙니다. 우리 안에 죄가 전혀 남아 있지 않다는 말도 아닙니다. 더 이상 죄가 우리를 시험하지 않고 유혹하지 않는다는 말도 아닙니다. 우리는 여전히 죄를 짓습니다. 우리 안에는 여전히 죄의 잔재가 남아 있습니다. 우리는 여전히 죄의 시험과 유혹을 받습니다. 우리가 "죄로부터 해방"되었다는 말은, 죄의 주인 노릇에서 해방되었다는 말입니다. 죄가 우리를 통치하고, 지배하는 위치에서 벗어났다는 말입니다. 죄의 노예 상태에서 자유를 얻었다는 말입니다.

우리는 단순히 죄로부터 해방되기만 한 것이 아닙니다. 그다음이 더 중요합니다. 죄의 지배에서 해방된 우리는 새로운 주인을 만나게 되었습니다. 죄와 정반대되는 지배자를 만나게 되었습니다. 바로 그것이 18절의 의미입니다. "죄로부터 해방되어 의에게 종이 되었느니라." 죄의 노예 상태에서 해방된 우리가, 의의 노예 상태로 들어가게 되었다는 말입니다. 따라서 오직 죄의 지배만을 받는 불신자들과는 달리, 신자 안에는 두 개의 세력이 잔존합니다. 갈라디아서 5장 17절은 다음과 같이 말합니다.

"육체의 소욕은 성령을 거스르고 성령은 육체를 거스르나니 이 둘이 서로 대적함으로 너희가 원하는 것을 하지 못하게 하려 함이니라."

죄의 세력과 의의 세력이 신자 안에서 싸우고 있습니다. 육체의 소욕과 성령의 소욕이 서로 싸움을 벌이고 있습니다. 하지만 두 세력이 대등한 것은 아닙니다. 이 싸움은 이미 승패가 결정된 싸움입니다. 하나님은 이미 승리하셨고, 또 장차 완전히 승리하실 것입니다. 이것이 신자가 의로운 삶을 살 수 있는 근거입니다. 또 거룩한 삶을 살 수밖에 없는 이유입니다. 성령님이 신자 안에서 일하십니다. 성령님이 우리의 삶을 거룩하고 선하게 인도하십니다. 성령님이 시작하시고, 성령님이 이루십니다.

결정적으로 성령님의 역사는 사랑과 감사의 마음을 산출해 냅니다. 성령님은 우리의 구원이 전적으로 하나님의 은혜인 것을 알게 하십니다. 이것은 우리가 선한 삶을 살게 하는 강력한 동기가 됩니다. 하나님을 기쁘시게 하려는 욕망이야 말로 거룩한 삶의 진정한 원동력입니다. 따라서 오직 은혜로 구원을 받는다는 교리는 무책임하고 게으른 신자를 만들어 내지 않습니다. 오히려 반대입니다. 칭의 교리는 하나님을 기뻐하는 자들을 만들어 냅니다. 강제가 아니라 자발적으로 순종하는 자들을 만들어 냅니다.

Q. 우리가 "죄로부터 해방"되었다는 말은 어떤 의미입니까?

Q. 우리가 선한 삶을 살아야 하는 가장 근본적인 이유는 무엇입니까?

prayer. 하나님, 저희를 죄로부터 해방시켜 주셔서 감사합니다. 저희를 사망에서 건져주셔서 감사합니다. 이제는 하나님의 영광을 위해 살기 원합니다. 하나님의 기쁨이 되는 삶을 살기 원합니다. 선하고 거룩한 삶으로 저희를 인도해 주세요.

의에게 종으로 내주어 거룩함에 이르라

> **롬 6:19** 너희 육신이 연약하므로 내가 사람의 예로 말하노니 전에 너희가 너희 지체를 부정과 불법에 내주어 불법에 이른 것 같이 이제는 너희 지체를 의에게 종으로 내주어 거룩함에 이르라

바울은 죄의 노예 됨과 의의 노예 됨에 관하여 반복적으로 설명하고 있습니다. 이는 불필요한 반복이 아니라, 더 깊은 진리로 나아가는 과정입니다. 따라서 우리는 오늘 본문에서 동일한 주제가 또다시 등장했다고 해서 지루하게 생각해서는 안 됩니다.

바울은 우리가 죄의 노예였던 시절을 다음과 같이 말합니다. "너희 지체를 부정과 불법에 내주어 불법에 이른 것 같이."19절 죄가 우리를 지배하던 시절에, 우리는 불법을 산출하는 죄의 도구에 불과했습니다. 그런데 우리는 그렇게 할 수밖에 없었습니다. 죄의 힘이 너무나 강력했기 때문입니다. 죄가 우리의 전 인격을 지배하고 있었기 때문입니다. 우리는 악한 것만 생각하고 악한 것만 말하고 악한 행동만 할 수밖에 없었습니다.

하지만 놀라운 역전이 일어났습니다. 바울은 성도의 삶에 일어난 커다란 반전에 대해 다음과 같이 말합니다. "너희 지체를 의에게 종으로 내주어 거룩함에 이르라."19절 이제 신자는 죄의 노예가 아닙니다. 이제 신자는 의의 노예입니다. 하나님의 종입니다.

따라서 우리는 죄가 우리에게 했던 것과 동일한 일을 하나님께서 우리에게 하신다고 믿어야 합니다. 죄는 우리의 전 인격을 지배했습니다. 이제는 하나님께서 우리의 전 인격을 지배합니다. 죄는 우리의 삶을 불법의 통로로 만들었습니다. 이제는 하나님께서 우리의 삶을 의의 통로로 만드십니다. 과거에 죄가 거대한 힘으로 우리를 통제했던 것처럼, 이제는 하나님께서 거대한 힘으로 우리의 삶을 통제하십니다.

하지만 중요한 차이점이 있습니다. 죄는 악한 지배자로서 우리를 무자비하게 통치했지만, 하나님은 인자한 지배자로서 우리를 인격적으로 통치하십니다. 하나님은 우리가 기계적으로 순종하도록 강제하시지 않습니다. 기다리시고, 참아 주시고, 인내하십니다.

어떤 신자들은 하나님의 인격적인 통치를 악용합니다. 그러면서 말하기를 "구원은 은혜로 받는 것이니, 마음껏 죄를 짓자!"라고 합니다. 이것은 너무나 어리석은 일입니다. 하나님의 사랑을 죄를 짓는 기회로 삼았으니 말입니다.

자상한 엄마가 병든 아이의 손을 잡고 병원으로 가고 있다고 가정해 봅시다. 아이가 해야 할 일은 무엇이겠습니까? 묵묵히 엄마가 이끄는 대로 따라가는 것입니다. 그런데 거칠게 반항하며, 다른 곳으로 가려 한다면 엄마는 어떤 선택을 할까요? 아이를 사랑하지 않는다면 내버려 두겠지만, 아이를 사랑한다면 반드시 병원으로 이끌 것입니다. 아이를 병원으로 데려가기 위해 벌을 주기도 할 것입니다. 하나님도 마찬가지입니다. 하나님은 우리가 거룩하게 살기를 원하시고, 반드시 그 뜻을 이루실 것입니다. 따라서 우리의 선택은 둘 중에 하나밖에 없습니다. 맞으면서 거룩하게 변하든지, 아니면 자발적으로 거룩하게 사는 것입니다.

묵상과 기도

Q. 죄의 통치와 하나님의 통치는 어떤 차이가 있습니까?

Q. 거룩하게 살기를 원하시는 하나님의 마음을 생각하고 있습니까?

prayer. 하나님, 하나님께서 원하시는 삶을 살게 해주세요. 하나님께서 원하시는 말과 행동을 하게 해주세요. 저희의 인생이 하나님의 뜻을 이루는 삶이 되게 해주세요.

4월 17일

너희 지체를... 너희 지체를

롬 6:19 너희 육신이 연약하므로 내가 사람의 예대로 말하노니 전에 너희가 너희 지체를 부정과 불법에 내주어 불법에 이른 것 같이 이제는 너희 지체를 의에게 종으로 내주어 거룩함에 이르라

여기서 바울은 성화에 대한 일종의 지침을 주고 있습니다. 점점 거룩해지는 것과 점점 순결한 삶을 사는 것에 대해 설명하고 있습니다. 바울은 두 종류의 삶을 비교하는 것을 통해 이 일을 하고 있습니다.

본문에는 '지체'라는 용어가 두 번 등장합니다. 처음 등장하는 지체는 죄의 노예였던 지체이고, 그다음 등장하는 지체는 하나님의 노예가 된 지체입니다. 그런데 바울은 지체라는 단어를 사용하면서, 특별한 미사여구를 붙이지 않습니다. 첫 번째도 "너희 지체"이고, 두 번째도 "너희 지체"입니다. 죄의 노예에서 하나님의 노예로 변화되면서 우리 지체에 특별한 변화가 생기지 않았기 때문입니다.

우리는 이 사실을 경험적으로도 알고 있습니다. 예를 들어, 우리가 회심하기 전에 음악적인 재능이 없었다면 회심한 이후에도 없을 것입니다. 우리가 회심하기 전에 미술과 체육에 재능이 없었다면 회심한 이후에도 없을 것입니다.

이것을 오해하는 사람들 때문에 이 점을 짚고 넘어가는 것은 중요합니다. 어떤 사람들은 회심하면 특별한 재능과 능력이 생긴다고 생각합니다. 지적으로 부족했던 사람이 회심하면 천재가 된다거나, 능력과 역량이 부족했던 사람이 회심하면 다재다능한 사람이 된다고 생각합니다. 이것은 사실이 아닙니다. 우리의 몸은 회심한 이후에도 회심하기 전과 변함이 없습니다.

그렇다면 회심한 이후에도 회심하기 전과 동일한 삶을 살아도 될까요? 그건 아닙니다. 중요한 것은 능력의 변화가 아니라 방향과 목적의 변화입니다. 바울은 다음과 같이 말합니다. "전에 너희가 너희 지체를 부정과 불법에 내주어 불법에 이른 것 같이 이제는 너희 지체를 의에게 종으로 내주어 거룩함에 이르라."19절 요지는 이러합니다. 과거에 너희들의 몸을 죄를 짓는 데 사용했듯이 이제는 너희들의 몸을 거룩한 일을 하는 데 사용하라는 것입니다.

예를 들어, 회심하기 전에 영화와 드라마를 보기 위해 밤을 새는 열정을 보였다면, 똑같은 열정을 하나님의 말씀을 보는 데도 사용하라는 것입니다. 회심하기 전에 사람들의 호감을 얻으려고 외모를 아름답게 치장하기 위해 최선을 다했다면, 이제는 하나님의 마음을 얻기 위해 영혼을 아름답게 가꾸는 데 최선을 다하라는 것입니다.

성경은 우리의 재능과 역량이 회심을 통해 변화된다고 말하지 않습니다. 하나님께서 우리에게 주신 은사와 재능은 회심하기 전이나 후나 동일합니다. 하지만 큰 차이가 있습니다. 똑같은 재능과 힘을 가지고 과거에는 죄를 짓는 데 사용했다면, 이제는 하나님을 기쁘게 하는 데 사용해야 합니다. 하나님은 우리에게 다른 능력과 다른 재능을 가진 사람이 되라고 말씀하지 않습니다. 대신 네가 원래 가지고 있던 재능, 내가 너에게 처음부터 주었던 능력을 가지고 하나님을 영광스럽게 하는 데 사용하라고 말씀하십니다. 이것이 진정한 성화입니다.

묵상과 기도

Q. 우리의 재능을 하나님의 영광을 위해 사용하고 있습니까?

prayer. 하나님, 하나님께서 주신 재능과 은사를 하나님을 위해 사용하게 해주세요. 하나님께서 주신 시간과 물질을 하나님을 위해 사용하게 해주세요.

너희가 그때에 무슨 열매를 얻었느냐

롬 6:20-21 20 너희가 죄의 종이 되었을 때에는 의에 대하여 자유로웠느니라 21 너희가 그때에 무슨 열매를 얻었느냐 이제는 너희가 그 일을 부끄러워하나니 이는 그 마지막이 사망임이라

우리가 살펴보고 있는 본문은, 두 질문의 연장선에 있습니다. 하나는 6장 1절이고, 또 하나는 6장 15절입니다.

"은혜를 더하게 하려고 죄에 거하겠느냐?" **롬6:1**

"우리가 법 아래에 있지 아니하고 은혜 아래에 있으니 죄를 지으리요?" **롬6:15**

두 질문 모두 동일한 생각에 기초하고 있습니다. 우리가 오직 은혜로 구원을 얻는다면, 순종할 이유가 어디에 있냐는 것입니다. 오직 은혜로 구원을 얻는다면, 이 세상이 주는 기쁨과 즐거움을 최대한 누려도 되지 않겠냐는 것입니다. 오직 은혜로 구원을 얻는다면, 우리의 욕망을 억제하고 하나님께 순종하는 힘든 삶을 살아갈 이유가 어디에 있냐는 것입니다.

이에 바울은 다음과 같이 되묻습니다. "너희가 그때에 무슨 열매를 얻었느냐?" **21절** 너희가 하나님께 순종하지 않고 육신의 욕망을 따라서 살았을 때 무슨 열매를 얻었느냐는 것입니다. 마음이 원하는 대로 살았을 때 어떤 열매가 있었느냐는 것입니다. 세상의 유행과 흐름을 따라 살았을 때 어떤 열매가 있었느냐는 것입니다.

답은 분명합니다. 바울은 다음과 같이 말합니다. "이제는 너희가 그 일을 부끄러워하나니." **21절** 욕망을 따라 살 때 어떤 열매가 맺힙니까? 부끄러움의 열매가 열립니다. 마음이 원하는 대로 살 때, 세상의 유행과 흐름을 따라 살 때, 결국 우리를 찾아오는 것은 '부끄러움'입니다. 흥미롭고 가치 있어 보이던 것들이 모두 다 사라지고, 결국 부끄러움 하나가 남습니다.

그래서 전도서 기자는 다음과 같이 말했습니다. "무엇이든지 내 눈이 원하는 것을 내가 금하지 아니하며 무엇이든지 내 마음이 즐거워하는 것을 내가 막지 아니하였으니 이는 나의 모든 수고를 내 마음이 기뻐하였음이라. 이것이 나의 모든 수고로 말미암아 얻은 몫이로다. 그 후에 내가 생각해 본즉 내 손으로 한 모든 일과 내가 수고한 모든 것이 다 헛되어 바람을 잡는 것이며 해 아래에서 무익한 것이로다." **전2:10-11**

전도서 기자가 누구인지는 확실하지 않지만, 솔로몬일 가능성이 큽니다. **전1:1** 만약 전도서 기자가 솔로몬이라면, 그는 하고 싶은 모든 것을 했던 사람이요 사람으로서 누릴 수 있는 거의 모든 것을 누렸던 사람입니다. 그런데 그의 인생 마지막에 무엇이 남았습니까? 부끄러움만 남았습니다. "내가 왜 이렇게 살았을까?" 하는 후회만 남았습니다.

지금 우리는 어떻게 살고 있습니까? 지금 우리가 시간과 열정을 쏟는 것들은 진정 하나님의 영광을 위한 것입니까, 아니면 우리의 욕망에 근거한 것입니까? 만약 하나님의 영광을 위해 살고 있다면, 그 길 끝에는 하나님께서 주시는 은혜와 기쁨이 있을 것입니다. 만약 그렇지 않다면, 그 길 끝에는 "헛되고 헛되며 헛되고 헛되니 모든 것이 헛되도다" **전1:2** 라는 후회와 부끄러움만 남을 것입니다.

묵상과 기도

Q. 욕망을 따라 살 때 어떤 열매가 맺힙니까?

Q. 지금 우리는 어떤 열매를 맺고 있습니까?

prayer. 하나님, 부끄러운 열매를 맺지 않게 해주세요. 선한 열매, 거룩한 열매를 맺게 해주세요. 저희의 삶에 하나님께서 기뻐하실 열매가 많이 맺히게 해주세요.

거룩함에 이르는 열매를 맺었으니

롬 6:22 그러나 이제는 너희가 죄로부터 해방되고 하나님께 종이 되어 거룩함에 이르는 열매를 맺었으니 그 마지막은 영생이라

신자는 어떤 사람입니까? 신자는 변화된 사람입니다. 아니, 변화를 겪은 사람입니다. 바울은 6장 22절을 "그러나 이제는"이라는 말로써 시작합니다. 신자는 과거와 현재가 다른 사람입니다. "과거에는 이러했으나, 이제는 이러하다!"라고 말할 수 있는 사람입니다. 그 이유는 하나님께서 우리에게 어떤 일을 하셨기 때문입니다. 바울은 하나님께서 우리에게 하신 일을 다음과 같이 말합니다. "죄로부터 해방되고 하나님께 종이 되어."22절

하나님께서 우리를 죄의 노예 상태에서 해방시켜 주셨습니다. 죄의 노예가 아니라 하나님의 노예가 되게 하셨습니다. 이것은 우리가 가장 기뻐하고 감사할 일입니다. 불신자들은 여전히 과거에 갇혀 살아갑니다. 그들은 과거에도 죄의 노예였고, 지금도 죄의 노예입니다. 그들에게는 "그러나 이제는"이 없습니다. 하지만 우리는 다릅니다. 과거에는 죄의 노예였을지라도, 지금은 하나님의 노예입니다.

불신자들은 죄의 노예로서, 죄의 지배를 받습니다. 죄는 불신자들의 삶을 조종합니다. 불신자들은 죄의 통치를 벗어날 수 없습니다. 하지만 우리는 다릅니다. 우리에게는 "그러나 이제는"이 있습니다. 죄는 우리를 조종하지 못합니다. 죄는 우리를 통치할 수 없습니다.

죄가 우리를 완전히 떠난 것은 아닙니다. 죄는 여전히 우리 안에 있습니다. 하지만 과거처럼 우리에게 영향을 미치지는 못합니다. 과거에는 죄가 우리의 주인이었으나 이제는 손님일 뿐입니다. 죄는 우리의 지배자가 아니라 우리를 귀찮게 하는 성가신 손님에 불과합니다. 우리를 찾아와 우리에게 영향을 끼치지만, 우리의 운명을 바꾸지는 못합니다. 죄는 우리 위에 있는 것이 아니라, 우리 밑에 있습니다. 우리 밑에서 우리를 끌어내리려고 노력할 뿐, 우리 위에서 우리를 지배하지는 못합니다.[63]

바울은 우리가 하나님의 노예가 된 결과를 거룩한 열매를 맺는 것이라고 말합니다. 22절 그렇다면 거룩한 열매는 무엇입니까? 성경은 신자가 맺어야 할 열매를 다음과 같이 말합니다. "오직 성령의 열매는 사랑과 희락과 화평과 오래 참음과 자비와 양선과 충성과 온유와 절제니 이같은 것을 금지할 법이 없느니라."갈 5:22-23

따라서 우리는 사랑하며 살아야 합니다. 사랑 하나님을 무엇보다 기뻐하며 살아야 합니다. 희락 이웃과 좋은 관계를 가지며 살아야 합니다. 화평 죄가 우리를 유혹할 때 인내해야 합니다. 오래 참음 다른 사람에게 친절해야 합니다. 자비 도덕적으로 선한 사람이 되어야 합니다. 양선 하나님을 끝까지 신뢰해야 합니다. 충성 화를 내지 말아야 합니다. 온유 너무 많이 가지려고 하지 말아야 합니다. 절제

묵상과 기도

Q. 바울은 우리가 하나님의 노예가 된 결과가 무엇이라고 말합니까?

Q. 선한 열매를 맺기 위해 하나님을 의지하고 있습니까?

prayer. 하나님, 저희는 하나님의 백성입니다. 그러므로 하나님을 가장 사랑하고, 하나님께 항상 순종하게 해주세요. 하나님을 위해 열매를 맺게 해주세요.

죄의 삯은 사망이요 하나님의 은사는… 영생이니라

> **롬 6:23** 죄의 삯은 사망이요 하나님의 은사는 그리스도 예수 우리 주 안에 있는 영생이니라

6장의 주제는 '해방'입니다. 바울은 6장에서 우리가 죄의 노예 상태에서 해방되었다고 말합니다. 23절은 6장의 결론입니다. 우리는 23절을 통해 죄의 노예 상태에서 해방되는 것이 얼마나 큰 은혜인지를 알 수 있습니다.

먼저 바울은 우리가 죄의 노예 상태에서 해방되지 않았더라면, 우리에게 어떤 일이 있었을지를 다음과 같이 말합니다.

"죄의 삯은 사망이요."²³절

성경은 이 사망을 "둘째 사망"이라고 말합니다.

"이 첫째 부활에 참여하는 자들은 복이 있고 거룩하도다. 둘째 사망이 그들을 다스리는 권세가 없고 도리어 그들이 하나님과 그리스도의 제사장이 되어 천 년 동안 그리스도와 더불어 왕 노릇 하리라."계20:6

불신자들은 "둘째 사망"을 당합니다. 둘째 사망은 '하나님의 사랑'으로부터 최종적이고 돌이킬 수 없도록 완전히 분리되는 것입니다. 하나님의 은총으로부터 영원히 멀어지고 하나님의 생명에서 영원토록 단절되는 것입니다. 이것이 죄의 노예들이 겪는 마지막입니다.

하나님의 노예들은 정반대의 결과를 맞이합니다. 죄의 삯은 사망이지만, 하나님의 은사는 영원한 생명입니다.

"하나님의 은사는 그리스도 예수 우리 주 안에 있는 영생이니라."²³절

영생이란 단순히 오래 사는 것, 또는 끝없이 사는 것만을 의미하지 않습니다. 성경은 영생을 다음과 같이 말합니다.

"영생은 곧 유일하신 참 하나님과 그가 보내신 자 예수 그리스도를 아는 것이니이다."요17:3

영생이란 하나님을 아는 것입니다. 지금처럼 하나님에 관하여 조금만 아는 것이 아니라, 충분히 아는 것입니다. 따라서 이것은 하나님과 영원토록 함께하며, 계속해서 교제하는 것을 의미합니다.⁶⁴ 하나님을 알기 위해서는, 함께하는 것과 교제하는 것이 필수이기 때문입니다.

그렇다면 무엇이 우리를 영생으로 인도할까요? 우리가 영생의 상태에 들어가게 될 확실한 근거는 무엇일까요? 하나님의 사랑입니다. 하나님의 은혜입니다. 하나님께서 우리를 죄의 노예 상태에서 해방하시고 자신의 노예로 삼으셨기 때문입니다. 자기 백성으로, 자기 자녀로 삼으셨기 때문입니다. 따라서 우리가 존재하는 목적은 하나밖에 없습니다. 하나님의 영광입니다.

묵상과 기도

Q. 우리가 죄의 노예 상태에서 해방되지 않았더라면, 우리에게 어떤 일이 일어났을까요?

Q. 둘째 사망은 무엇입니까?

prayer. 하나님, 저희를 죄의 노예 상태에서 건져 주셔서 감사합니다. 저희를 하나님의 백성으로 불러주셔서 감사합니다. 그러므로 죄의 노예가 아니라, 하나님의 백성답게 살게 해주세요. 하나님의 말씀에 순종하며 살게 해주세요.

남편이 죽으면 남편의 법에서 벗어나느니라(1)

롬 7:1-2 1 형제들아 내가 법 아는 자들에게 말하노니 너희는 그 법이 사람이 살 동안만 그를 주관하는 줄 알지 못하느냐 2 남편 있는 여인이 그 남편 생전에는 법으로 그에게 매인 바 되나 만일 그 남편이 죽으면 남편의 법에서 벗어나느니라

오늘부터 로마서 7장을 보게 됩니다. 먼저 7장의 위치와 구조에 대해 알아보도록 하겠습니다. 먼저 7장의 위치를 살펴봅시다.

7장은 6장과 함께 일종의 '삽입 구절'입니다. 6장과 7장이 없어도 로마서의 문맥과 흐름에는 큰 문제가 없습니다. 5장 마지막 절과 8장 첫 번째 절은 자연스럽게 연결됩니다.

그렇다면 6장과 7장이, 5장과 8장 사이에 삽입된 이유는 무엇일까요? 1장부터 5장까지를 읽은 신자들이 가질 수 있는 질문과 오해에 대답하기 위해서입니다. 바울은 5장까지의 내용을 통해 오직 은혜로 구원 얻는 진리를 선포하였습니다. 중추적인 구절은 5장 20절입니다. "율법이 들어온 것은 범죄를 더하게 하려 함이라. 그러나 죄가 더한 곳에 은혜가 더욱 넘쳤나니."

이 위대한 진리는 두 가지 질문을 가져올 것이 분명했습니다. 예를 들어, "죄가 더한 곳에 은혜가 더욱 넘쳤나니"라는 말씀은 '선행'에 대한 오해를 불러올 수 있었습니다. 누군가는 "오직 은혜로 구원을 얻는다면, 마음껏 죄를 지어도 되지 않습니까?"라고 질문할 가능성이 있었습니다. 또 "율법이 들어온 것은 범죄를 더하게 하려 함이라"라는 말씀은 '율법'에 대한 오해를 불러올 수 있었습니다. 어떤 사람들이 "그렇다면 율법은 악한 것입니까?"라고 질문할 가능성이 있었습니다. 그래서 바울은 6장에서 은혜에 대한 오해에 대답하고, 7장에서 율법에 대한 오해에 대답합니다. 바로 이것이 5장과 8장 사이에 6장과 7장이 삽입되어 있는 이유입니다.

이제 7장의 구조를 살펴보겠습니다. 7장은 크게 세 부분으로 이루어져 있습니다. 첫 번째 부분은 1절부터 6절까지입니다. 여기서 바울은 신자가 율법과 맺고 있는 관계에 있어서 혁신적인 변화가 일어났음을 말합니다. 두 번째 부분은 7절부터 12절까지입니다. 여기서 바울은 율법 자체에는 아무런 문제가 없음을 말합니다. 문제는 율법이 아니라, 타락한 사람이라고 말합니다. 세 번째 부분은 13절부터 25절까지입니다. 여기서 바울은 만약 우리가 율법과 새로운 관계를 맺지 않고 이전의 관계에 그대로 머물러 있었다면, 우리의 삶이 얼마나 비참하고 끔찍했을지를 말합니다.

묵상과 기도

Q. 7장은 어떤 오해에 대답하기 위해서 기록되었습니까?

prayer. 하나님, 저희를 죽음의 권세에서 건져주셔서 감사합니다. 저희를 죄의 노예에서 건져주셔서 감사합니다. 율법에 순종하는 삶으로, 그 은혜에 보답하게 해주세요.

남편이 죽으면 남편의 법에서 벗어나느니라(2)

롬 7:1-2 1 형제들아 내가 법 아는 자들에게 말하노니 너희는 그 법이 사람이 살 동안만 그를 주관하는 줄 알지 못하느냐 2 남편 있는 여인이 그 남편 생전에는 법으로 그에게 매인 바 되나 만일 그 남편이 죽으면 남편의 법에서 벗어나느니라

바울은 "형제들아"[1절]라는 말로써 7장을 시작합니다. 여기서 말하는 형제들은 1차적으로는 로마교회의 신자들을, 2차적으로는 예수님을 믿는 모든 사람들을 말합니다. 바울은 이어서 "내가 법 아는 자들에게 말하노니"[1절]라고 말합니다. 여기서 말하는 법은 율법이 아니라 일반적인 의미의 법을 말합니다.

당시 로마 사회는 법과 제도가 잘 정비되어 있었습니다. 지금도 고대 역사를 연구하는 사람들은 로마의 법규가 상당히 치밀하고 합리적이었음을 인정합니다. 그래서 바울은 사람들이 잘 알고 있었던 '법'이라는 사례를 통해 '율법'의 의미와 역할을 설명하고자 합니다.

다음으로 바울은 이렇게 말합니다. "너희는 그 법이 사람이 살 동안만 그를 주관하는 줄 알지 못하느냐."[1절] 이것은 이런 의미입니다. 우리는 법의 영향을 받습니다. 만약 우리가 한국에 살고 있다면 한국 법의 영향을 받고 미국에 살고 있다면 미국 법의 영향을 받습니다. 우리가 어딘가에서 살아가는 동안에는 반드시 그 지역 법의 영향을 받습니다. 하지만 죽는 순간 그 영향은 일순간에 사라집니다. 한국 법이든 미국 법이든 상관없습니다. 이미 죽은 사람을 고소하거나 고발할 수 없습니다. 이미 죽은 사람을 체포하고, 구금하고, 재판하고, 수감할 수 없습니다.

바울은 이어서 말합니다. "남편이 죽으면 남편의 법에서 벗어나느니라."[2절] 만약 한 남자와 한 여자가 결혼을 했다면, 그들은 서로에 대한 책임을 다해야 합니다. 만약 결혼한 남자가 자신의 배우자를 두고 다른 여성과 재혼을 한다면, 그는 법을 어긴 것이므로 처벌을 받아야 마땅합니다. 하지만 배우자가 죽으면 이야기가 달라집니다. 아내가 먼저 죽었다면 남편은 재혼할 수 있고, 남편이 먼저 죽었다면 아내는 재혼할 수 있습니다. 이것은 아무런 문제가 되지 않습니다.

바울이 이 사례에서 말하고자 하는 것은, 예수님을 믿는 사람은 율법에 대하여 죽었다는 것입니다. 남편을 먼저 떠나보낸 여인이 이전 남편과의 관계에서 자유로운 것처럼, 예수님을 믿는 신자는 율법과의 관계에서 자유롭다는 것입니다.

이것을 무율법주의, 또는 무도덕주의로 생각해서는 안 됩니다. 신자가 율법과의 관계에서 자유롭다는 것은, 율법을 무시해도 된다는 의미가 아닙니다. 그렇다면 신자가 율법과의 관계에서 자유롭다는 것은 어떤 뜻일까요? 남편을 먼저 떠나보낸 여인이 이전 남편과의 관계에 매이지 않는 것처럼, 신자가 율법에 매이지 않는다는 것은 어떤 뜻일까요? 다음 장에서 살펴보도록 하겠습니다.

묵상과 기도

Q. 죽은 사람이 법의 영향을 받을 수 있습니까?

prayer. 하나님, 저희는 율법에 대하여 죽은 사람입니다. 저희는 율법을 어겼다고 해서 구원을 잃어버리지 않습니다. 저희는 율법이 아니라 예수님 때문에 구원을 얻기 때문입니다. 이 은혜에 감사하는 삶을 살게 해주세요. 이 은혜를 찬양하는 삶을 살게 해주세요.

그리스도의 몸으로 말미암아

> **롬 7:3-4** 3 그러므로 만일 그 남편 생전에 다른 남자에게 가면 음녀라 그러나 만일 남편이 죽으면 그 법에서 자유롭게 되나니 다른 남자에게 갈지라도 음녀가 되지 아니하느니라 4 그러므로 내 형제들아 너희도 그리스도의 몸으로 말미암아 율법에 대하여 죽임을 당하였으니 이는 다른 이 곧 죽은 자 가운데서 살아나신 이에게 가서 우리가 하나님을 위하여 열매를 맺게 하려 함이라

불신자들은 율법을 통해 하나님과 관계를 맺습니다. 하나님은 율법을 준수한 여부를 두고, 그들을 심판하십니다. 하지만 신자들은 율법이 아니라 예수님을 통해 하나님과 관계를 맺습니다. 하나님은 신자들이 율법을 준수했기 때문이 아니라, 예수님 안에 있기 때문에 그들을 구원하십니다.

바울이 결혼에 관한 법을 사례로 들었던 것은, 이러한 진리를 설명하기 위함입니다. 불신자들의 남편은 율법입니다. 불신자들은 율법의 영향 아래 있습니다. 불신자들은 율법을 통해서 하나님께 나아가고, 율법을 지켜야만 구원을 얻습니다. 그런데 아무도 율법을 다 지킬 수 없습니다. 그래서 율법을 남편으로 두고 있다는 것은, 그 자체가 이미 심판입니다.

신자들은 율법에서 해방되었습니다. 신자들에게 율법은 이미 죽은 옛 남편입니다. 신자들은 율법을 통해서 하나님께 나아가지 않습니다. 율법을 지켜야만 구원을 얻을 수 있는 것도 아닙니다. 신자들에게 새로운 남편이 생겼기 때문입니다.

신자들의 새로운 남편은 예수님입니다. 신자들은 예수님의 영향 안에 있습니다. 신자들은 예수님을 통해서 하나님께 나아가고, 예수님을 믿음으로써 구원을 얻습니다.

이런 변화가 가능한 것은, 우리가 받아야 할 율법의 저주를 예수님이 대신 받으셨기 때문입니다. 예수님이 사람이 되신 이유 중 하나는 율법을 지키기 위함입니다. 갈라디아서 4장 4절은 다음과 같이 말합니다. "때가 차매 하나님이 그 아들을 보내사 여자에게서 나게 하시고 율법 아래에 나게 하신 것은." 예수님은 율법 아래 나셨습니다. 율법을 지키기 위해 나셨습니다. 그리고 하나님은 예수님을 믿는 자들에게, 예수님이 율법에 순종하신 공로를 전가해 주십니다. 예수님을 믿는 자들이, 율법을 다 지킨 것처럼 여겨주십니다.

예수님이 죽으신 이유도 마찬가지입니다. 로마서 7장 4절은 예수님이 "율법에 대하여 죽임을 당하"셨다고 말합니다. 예수님은 율법의 저주를 받고 죽으셨습니다. 우리가 율법을 지키지 않아서 당해야 했던 죽음을, 예수님이 대신 당하셨습니다. 그리고 하나님은 예수님을 믿는 자들에게 예수님이 율법에 대하여 죽으신 공로를 전가해 주십니다. 이로써 우리는 이미 율법의 저주를 다 받은 것이나 마찬가지입니다.

따라서 우리는 율법으로부터 해방되었습니다. 우리는 율법을 통해서 하나님께 나아가거나, 율법을 지킴으로써 구원을 얻지 않습니다. 우리는 예수님을 통해서 하나님께 나아가고, 예수님을 믿음으로써 구원을 얻습니다.

묵상과 기도

Q. 불신자들은 무엇을 통해 하나님과 관계를 맺습니까?

Q. 신자들은 누구를 통해 하나님과 관계를 맺습니까?

prayer. 하나님, 하나님과 저희 사이에 예수님이 있음을 믿습니다. 예수님 때문에 담대하게 하나님께 나아갈 수 있음을 믿습니다. 예수님만이 저희의 구원자이심을 믿습니다. 예수님을 보내주셔서 감사합니다.

율법에 대하여 죽임을 당하였으니

롬 7:3-4 3 그러므로 만일 그 남편 생전에 다른 남자에게 가면 음녀라 그러나 만일 남편이 죽으면 그 법에서 자유롭게 되나니 다른 남자에게 갈지라도 음녀가 되지 아니하느니라 4 그러므로 내 형제들아 너희도 그리스도의 몸으로 말미암아 율법에 대하여 죽임을 당하였으니 이는 다른 이 곧 죽은 자 가운데서 살아나신 이에게 가서 우리가 하나님을 위하여 열매를 맺게 하려 함이라

재판관은 죄인에게 무언가를 요구할 수 있습니다. 지은 죄의 경중에 따라서 중형을 내릴 수도 있고, 심지어 사형을 내릴 수도 있습니다. 죄인은 재판관의 요구를 거부할 수 없습니다. 율법도 마찬가지입니다. 율법의 창시자는 하나님입니다. 율법은 하나님의 권위를 입고 있으며 사람은 율법에 순종해야 합니다. 그런데 율법이 사람들에게 무엇이라고 말합니까?

"그들은 내 명령을 지킬 것이니라. 그것을 속되게 하면 그로 말미암아 죄를 짓고 그 가운데에서 죽을까 하노라. 나는 그들을 거룩하게 하는 여호와이니라." 레 22:9

"이후로는 이스라엘 자손이 회막에 가까이 하지 말 것이라 죄값으로 죽을까 하노라." 민18:22

"죄의 삯은 사망이요 하나님의 은사는 그리스도 예수 우리 주 안에 있는 영생이니라." 롬6:23

율법은 모든 사람들을 향하여 다음과 같이 말합니다. "너는 율법을 어겼다. 그 대가는 죽음이다." 하지만 율법은 신자들에게만은 죽음을 요구할 수 없습니다. 율법은 신자들에게 영원한 형벌을 언도할 수 없습니다. 신자들은 예수님과 연합되어 있기 때문입니다. 신자들은 예수님과 한 몸이기 때문입니다.

우리는 이미 여러 차례 예수님과의 연합 교리를 살펴보았습니다. 그때의 초점은 죄와 사망에서 해방되는 데 있었습니다. 예수님이 이미 죽으셨으므로, 우리 역시 이미 죽은 것이나 마찬가지라는 점을 알아보았습니다.

7장의 강조점은 조금 다릅니다. 7장 4절의 초점은 율법에서 해방되는 데 있습니다. 예수님이 우리 대신 율법을 다 지키셨으므로 우리 역시 율법을 다 지킨 것이나 마찬가지입니다. 예수님이 우리 대신 율법의 저주를 받으셨으므로, 우리 역시 율법의 저주를 받은 것이나 마찬가지입니다. 이는 우리가 예수님과 연합되어 있기 때문이며, 우리가 예수님과 한 몸이기 때문입니다. 율법은 더 이상 우리에게 할 말이 없습니다. 율법은 더 이상 우리에게 사법적 권리를 가지고 있지 않습니다.[65]

묵상과 기도

Q. 율법은 불신자들에게 무엇을 요구할 수 있습니까??

Q. 왜 율법은 신자들에게 죽음을 요구할 수 없습니까??

prayer. 하나님, 예수님을 보내주셔서 감사합니다. 예수님 때문에 구원을 얻게 하셔서 감사합니다. 예수님 때문에 율법의 저주를 벗어나게 해주셔서 감사합니다. 이제는 구원을 얻기 위해서가 아니라, 하나님의 은혜에 감사하기 위하여 성실하게 율법을 지키게 해주세요.

하나님을 위하여 열매를 맺게 하려 함이라

> **롬 7:3-4** 3 그러므로 만일 그 남편 생전에 다른 남자에게 가면 음녀라 그러나 만일 남편이 죽으면 그 법에서 자유롭게 되나니 다른 남자에게 갈지라도 음녀가 되지 아니하느니라 4 그러므로 내 형제들아 너희도 그리스도의 몸으로 말미암아 율법에 대하여 죽임을 당하였으니 이는 다른 이 곧 죽은 자 가운데서 살아나신 이에게 가서 우리가 하나님을 위하여 열매를 맺게 하려 함이라

상대방은 전혀 생각하지 않고, 오직 자신의 행복을 위해서만 결혼하는 두 남녀가 있다고 가정해 봅시다. 두 사람은 행복할 수 있을까요? 아닙니다. 두 사람은 불행한 삶을 살게 될 것이 분명합니다.

로마서 7장은 예수님과 신자의 관계를 혼인한 부부로 묘사합니다. 성경이 예수님과 신자의 관계를 혼인한 부부로 묘사하는 이유는, 예수님과 신자가 영적으로 연합하여 있기 때문입니다. 혼인한 남녀가 한 몸인 것처럼, 예수님과 신자 역시 한 몸이기 때문입니다.

"이러므로 남자가 부모를 떠나 그의 아내와 합하여 둘이 한 몸을 이룰지로다."창2:24

"무릇 그리스도 예수와 합하여 세례를 받은 우리는 그의 죽으심과 합하여 세례를 받은 줄을 알지 못하느냐."롬6:3

여기서 주목해야 할 부분은 예수님과 신자의 결혼, 예수님과 신자의 연합을 이기적인 관점에서 생각해서는 안 된다는 점입니다. [66] 예수님을 믿는 자에게는 많은 유익이 있습니다. 예수님과 연합한 자는 많은 복을 받습니다. 하지만 예수님을 믿음으로써 받게 되는 유익, 예수님과 연합함으로써 얻게 되는 복에만 관심을

갖는 것은 매우 이기적인 태도입니다.

하나님의 입장에서 이 신령한 혼인을 생각해 봅시다. 하나님께서 예수님의 십자가를 통해 우리를 구원하신 이유는 무엇일까요? 하나님께서 자신의 독생자와 교회를 혼인하게 하신 목적은 무엇일까요? 그 이유와 목적을 로마서 7장 4절은 다음과 같이 말합니다. "우리가 하나님을 위하여 열매를 맺게 하려 함이라."

율법과 혼인한 사람은 하나님을 위해 열매를 맺을 수 없습니다. 그는 죄의 노예이기 때문입니다. 하나님을 위하여 열매를 맺을 수 있는 사람은, 예수님과 혼인한 사람입니다. 그는 하나님의 의로운 통치를 받고 있으며, 하나님의 신령한 도움 안에 있기 때문입니다.

따라서 우리는 이기적인 삶을 살아서는 안 됩니다. 우리의 삶은 온전히 하나님 중심적이어야 합니다. 그것이 죄와 사망의 길에서 우리를 건지신 하나님의 목적입니다. 하나님을 위해 열매를 맺는 것, 하나님의 영광을 위해 사는 것, 세상과 구별된 거룩한 사람이 되는 것은 선택 사항이 아닙니다. 그것은 실로 우리가 존재하는 목적이며, 인생의 가치를 결정짓는 유일한 기준입니다.

묵상과 기도

Q. 하나님께서 예수님의 십자가를 통해 우리를 구원하신 이유는 무엇입니까?

Q. 열매 맺는 삶을 살기 위해 노력하고 있습니까?

prayer. 하나님, 이기적인 삶을 살지 않도록 도와주세요. 욕심과 욕망에 물들어 살지 않도록 도와주세요. 하나님을 사랑하고 이웃을 사랑하며 사랑의 열매, 복음의 열매를 맺는 삶을 살게 해주세요.

우리가 육신에 있을 때에는

> **롬 7:5** 우리가 육신에 있을 때에는 율법으로 말미암는 죄의 정욕이 우리 지체 중에 역사하여 우리로 사망을 위하여 열매를 맺게 하였더니

7장 5절에서 사용된 '육신'이라는 단어가 어떤 의미인지에 관해 열띤 논쟁이 있었습니다. 어떤 사람은 이 단어가 말 그대로 사람의 육신을 의미한다고 보았고, 또 어떤 사람은 이 단어가 사람의 감정을 의미한다고 보았습니다. 하지만 로마서의 문맥을 고려할 때 여기서 사용된 '육신'이라는 단어는 율법의 지배 아래 놓여 있던 상태, 하나님께서 자기 백성에게 주시는 특별한 은혜를 받기 이전의 상태를 말합니다.[67] 실제로 바울은 그런 식으로 '육신'이라는 단어를 자주 사용했습니다.

"육신을 따르지 않고 그 영을 따라 행하는 우리에게 율법의 요구가 이루어지게 하려 하심이니라."롬8:4

"만일 너희 속에 하나님의 영이 거하시면 너희가 육신에 있지 아니하고 영에 있나니 누구든지 그리스도의 영이 없으면 그리스도의 사람이 아니라."롬8:9

바울은 육신과 영을 대비합니다. '육신을' 따른다는 표현은 구원 이전의 상태를, '영을' 따른다는 표현은 구원 이후의 상태를 말합니다. 오늘 본문도 마찬가지입니다. "우리가 육신에 있을 때에는"이라는 말은, '우리가 구원받기 이전에는'이라는 뜻입니다.

바울은 구원받기 이전의 상태를 다음과 같이 말합니다. "죄의 정욕이 우리 지체 중에 역사하여."5절 이 말은 그들이 죄 가운데 있다는 뜻입니다. 죄가 그들을 지배하고 있으며, 죄가 그들의 삶을 주장하고 있다는 뜻입니다. 구원받지 않은 자들은 죄의 노예이며, 죄의 권세 가운데 있다는 뜻입니다.

그러므로 불신자들은 하나님을 기쁘시게 할 수 없습니다. 그들은 의로운 열매를 맺을 수 없습니다. "육신에" 거하는 자들은 사망의 열매밖에 맺지 못합니다. 이것이 7장 5절에 기록된 "우리로 사망을 위하여 열매를 맺게 하였더니"라는 말의 의미입니다.

7장 5절의 '사망'은 둘째 사망을 말합니다. 계20:6 성령 안에 있지 않고 육신 안에 있는 사람, 하나님의 통치가 아니라 죄의 지배를 받는 사람, 중생하지 못했고 구원받지 못한 자들은 아무도 둘째 사망을 피할 수 없습니다. 그들은 한 명도 예외 없이 영원한 사망을 받게 될 것입니다. 사랑의 하나님으로부터 영원히 단절될 것이며, 영원토록 하나님의 진노 안에 머물게 될 것입니다.

그러므로 하나님을 찬양합시다. 우리가 육신 안에 거하지 않고, 성령 안에 거하는 것을 감사합시다. 더 이상 죄의 지배를 받지 않고, 사망의 열매를 맺지 않게 된 것을 감사합시다. 하나님께서 우리를 "흑암의 권세에서 건져내사 그의 사랑의 아들의 나라로 옮기"신 것을 감사합시다. 골1:13 "전에는 우리도 다 그 가운데서 우리 육체의 욕심을 따라 지내며 육체와 마음의 원하는 것을 하여 다른 이들과 같이 본질상 진노의 자녀"였지만, 엡2:3 이제는 사랑받는 하나님의 자녀가 된 것을 감사합시다. 이 모든 변화가 오직 하나님의 은혜로 말미암은 것임을 기억하며, 마음을 다해 감사합시다.

묵상과 기도

Q. "우리가 육신에 있을 때에는"이라는 말은 어떤 의미입니까?

Q. 구원 받기 이전에 우리는 어떤 존재였습니까?

prayer. 하나님, 저희를 성령의 사람으로 바꾸어 주셔서 감사합니다. 저희를 하나님의 자녀로 바꾸어 주셔서 감사합니다. 저희를 열매 맺을 수 있는 사람으로 바꾸어 주셔서 감사합니다. 저희의 변화된 신분과 지위에 걸맞게 살아가며, 하나님의 은혜에 합당하게 살게 해주세요.

영의 새로운 것으로 섬길 것이요

> **롬 7:6** 이제는 우리가 얽매였던 것에 대하여 죽었으므로 율법에서 벗어났으니 이러므로 우리가 영의 새로운 것으로 섬길 것이요 율법 조문의 묵은 것으로 아니할지니라

7장 6절은 "이제는"이라는 말로 시작합니다. 모든 신자는 "이제는"이라는 말을 들을 때, 감격하고 기뻐해야 마땅합니다. "이제는"이라는 단어가 우리의 새로운 신분과 지위를 보여주기 때문입니다.[68] 원래 우리는 죄에게 붙잡혀 있었습니다. 죄의 통치와 율법의 체제 안에 있었습니다.

하지만 놀라운 변화가 일어났습니다. 우리는 율법의 체제에서 벗어났습니다.[6절] 율법을 지킴으로써 구원을 얻어야 하는 체제에서 벗어났습니다. 이제 우리는 율법 아래 있지 않고, 은혜 아래 있습니다. 이제 우리는 율법을 행함으로써가 아니라, 예수님을 믿음으로써 구원을 얻습니다. 바로 이것이 우리의 새로운 신분과 지위입니다. 이 사실을 명백하게 보여주는 것이 "이제는"이라는 단어입니다. 그러므로 우리는 "이제는"이라는 단어 앞에서 감격하고 기뻐해야 마땅합니다. 이것으로 끝이 아닙니다. 우리에게 일어난 변화는 단지 새로운 신분과 지위만이 아닙니다. 바울은 "율법에서 벗어났으니"라고만 말하고 모든 것을 끝내지 않습니다. 그다음에 "이러므로"라고 말합니다. "이러므로"는 이유를 보여주는 접속사입니다. 따라서 "이러므로" 뒤에 나오는 문장은, 하나님께서 우리에게 새로운 신분과 지위를 부여하신 이유를 보여줍니다. 그 이유는 다음과 같습니다. "우리가 영의 새로운 것으로 섬길 것이요."[6절]

이제 우리는 육에 속한 사람이 아니라, 영에 속한 사람입니다. 죄로 인해 하나님과 단절된 사람이 아니라, 하나님께서 성령으로 함께하는 사람입니다. 그 목적은 '섬김'에 있습니다. "우리가 영의 새로운 것으로 섬길 것이요." 하나님을 섬기는 사람이 되는 것, 바로 그것이 하나님께서 우리를 구원하신 목적입니다.

바울은 다른 곳에서도 동일하게 말합니다. "곧 창세 전에 그리스도 안에서 우리를 택하사 우리로 사랑 안에서 그 앞에 거룩하고 흠이 없게 하시려고."[엡1:4] "하나님의 뜻은 이것이니 너희의 거룩함이라 곧 음란을 버리고."[살전4:3] 하나님은 우리를 향한 원대한 목표를 가지고 계십니다. 하나님께서 우리에게 예수님을 보내신 것, 예수님이 우리를 위해 죽으신 것, 예수님이 우리에게 성령님을 보내신 것, 이 모든 것에는 목표가 있습니다. 하나님을 섬기는 사람이 되는 것입니다. 하나님 앞에서 거룩하고 흠이 없는 사람이 되는 것입니다. 바로 이것이 하나님께서 우리에게 은혜를 베푸시고, 우리를 구원하신 궁극적인 목표입니다.

구원은 단지 이론이 아닙니다. 구원은 단지 지식이 아닙니다. 구원은 실천입니다. 새로운 삶입니다. 아무런 실천도 없고 새로운 삶도 없으면서, 입으로만 구원을 말하는 것은 어리석은 일입니다. 우리의 삶에는 '이제는'이 있어야 합니다. "과거에는 죄의 노예였으나, 이제는 예수님의 노예다"라고 말할 수 있어야 합니다. "과거에는 나를 위해 살았으나, 이제는 하나님을 섬기기 위해 산다"라고 말할 수 있어야 합니다.

묵상과 기도

Q. "이제는"이라는 말을 들을 때, 감격하고 기뻐해야 할 이유는 무엇입니까?

Q. 하나님께서 우리에게 새로운 신분과 지위를 부여하신 이유는 무엇입니까?

prayer. 하나님, 저희는 세상에 속한 사람이 아닙니다. 죄의 지배를 받는 사람이 아닙니다. 이제는 성령님께 속한 사람입니다. 이제는 은혜의 지배를 받는 사람입니다. 그러므로 하나님을 위해 살게 해주세요. 하나님을 위해 열매 맺는 삶을 살게 해주세요.

율법 조문의 묵은 것으로 아니할지니라

롬 7:6 이제는 우리가 얽매였던 것에 대하여 죽었으므로 율법에서 벗어났으니 이러므로 우리가 영의 새로운 것으로 섬길 것이요 율법 조문의 묵은 것으로 아니할지니라

6장과 7장은 대적자들을 향한 바울의 대답입니다. 바울은 6장에서 은혜에 대한 오해에 대답하고, 7장에서는 율법에 대한 오해에 대답합니다. 7장의 핵심은 단지 율법만 가지고는 거룩하게 살 수 없다는 것입니다. 거룩하게 살기 위해서는 하나님의 성령으로 거듭나야 한다는 것입니다. 바로 그것이 "영의 새로운 것으로 섬길 것이요 율법 조문의 묵은 것으로 아니할지니라"6절라는 말씀의 의미입니다.

동일한 주제가 고린도후서 3장 3절에 잘 설명되어 있습니다. "너희는 우리로 말미암아 나타난 그리스도의 편지니 이는 먹으로 쓴 것이 아니요 오직 살아 계신 하나님의 영으로 쓴 것이며 또 돌판에 쓴 것이 아니요 오직 육의 마음판에 쓴 것이라"

"먹으로 쓴 것이 아니요"라는 말씀은, 단지 율법을 아는 것으로는 율법을 지킬 수 없다는 뜻입니다. 우리 삶에서 율법이 실천되고 실행되기 위해서는 성령님이 우리 마음에 거하셔야 합니다. 바로 그것이 "살아 계신 하나님의 영으로 쓴 것이며"라는 말씀의 의미입니다.

히브리서 8장 10절의 가르침도 동일합니다. "또 주께서 이르시되 그날 후에 내가 이스라엘 집과 맺을 언약은 이것이니 내 법을 그들의 생각에 두고 그들의 마음에 이것을 기록하리라 나는 그들에게 하나님이 되고 그들은 내게 백성이 되리라"

이 말씀은 하나님께서 예수님을 믿는 자들에게 단지 율법 조문만 주시는 것이 아니라, 율법을 지킬 수 있는 힘도 함께 주신다는 뜻입니다. 우리에게 성령님을 보내셔서 우리 삶에서 율법이 실천되고, 실행되게 하신다는 뜻입니다.

그런데 어째서 성령님이 우리에게 오시면, 우리가 율법을 지킬 수 있게 됩니까? 첫째, 성령님이 하나님의 사랑을 깨우쳐 주시기 때문입니다. 성령님이 예수님의 사랑을 깨닫게 하시면, 우리는 더 이상 자기 자신을 위해 살지 않고, 예수님을 위해 살게 됩니다. 고후 5:14-15 더 이상 죄의 노예로 살지 않고, 예수님의 노예로 살게 됩니다.

둘째, 두려움에서 해방되기 때문입니다. 성령님이 함께하는 자에게는 하나님의 진노에 대한 두려움이나 하나님의 영원한 심판에 대한 두려움이 없습니다. 두려움에 사로잡힌 자는 침체되기 마련이지만, 우리는 두려움에서 해방되어 기쁨으로 율법을 지킵니다.

셋째, 성령님이 힘을 주시기 때문입니다. 성령님은 우리의 연약한 육신을 강하게 하십니다. 롬8:3 성령님은 우리에게 율법을 행할 힘을 주십니다. 빌2:13 성령님은 우리에게 육체의 정욕을 이길 힘을 주십니다. 롬8:13

이로써 우리는 율법을 실천하게 됩니다. 자발적으로 율법을 삶에서 실행하게 됩니다. 어쩔 수 없이 순종하는 것이 아니라, 기쁜 마음으로 순종하게 됩니다. 이처럼 거룩하게 사는 것조차 하나님의 선물입니다. 하나님은 '칭의'만 주시고, 나머지는 우리가 알아서 이루라고 하시지 않습니다. 모든 것이 하나님의 선물이요, 은혜입니다.

묵상과 기도

Q. 성령님이 우리에게 오시면 우리가 율법을 지킬 수 있게 되는 이유 세 가지는 무엇입니까?

prayer. 하나님, 성령님을 통해 하나님의 사랑을 깨우쳐 주셔서 감사합니다. 성령님을 통해 두려움에서 해방되게 하셔서 감사합니다. 성령님을 통해 힘을 주셔서 감사합니다. 성령님을 의지하여 거룩하게 살게 하시고, 선을 행하게 해주세요.

율법이 죄냐 그럴 수 없느니라

롬 7:7 그런즉 우리가 무슨 말을 하리요 율법이 죄냐 그럴 수 없느니라 율법으로 말미암지 않고는 내가 죄를 알지 못하였으니 곧 율법이 탐내지 말라 하지 아니하였더라면 내가 탐심을 알지 못하였으리라

본문의 의미를 정확하게 알기 위해서는 로마서의 문맥을 파악해야 합니다. 7장은 5장이 제기하는 질문의 답입니다. 바울은 5장 20절에서 다음과 같이 말했습니다. "율법이 들어온 것은 범죄를 더하게 하려 함이라. 그러나 죄가 더한 곳에 은혜가 더욱 넘쳤나니." 여기서 바울은 우리의 칭의가 오직 은혜로만 가능함을 강조했습니다. 하지만 이로 인해 율법에 대한 오해가 생길 수 있었습니다. 오직 은혜로 의롭게 된다면, 율법의 역할은 무엇인가 하는 질문이 제기될 수 있었습니다. 7장은 그 질문에 대한 대답입니다.

7장은 크게 세 단락으로 되어 있는데, 앞에서 살펴본 1절부터 6절까지가 첫 번째 단락입니다. 이 단락의 핵심은, 예수님을 믿는 자들에게는 율법이 더 이상 구원의 수단으로 작용하지 않는다는 것입니다. 이제 예수님 안에 있는 신자는 믿음으로 구원을 얻지, 율법으로 구원을 얻지 않습니다. 그러면 다시 다음과 같은 질문이 제기될 수 있습니다. "그렇다면 율법의 역할은 무엇입니까? 율법은 전혀 쓸모없는 것입니까?" 이에 대해 바울은 "천만에요. 전혀 그렇지 않습니다"라고 말하고자 합니다. 바로 그것이 7절의 의미입니다. "율법이 죄냐? 그럴 수 없느니라."7절

그렇다면 율법의 역할은 무엇입니까? 하나님께서 율법을 구원의 수단으로 주신 것이 아니라면, 도대체 율법을 왜 주신 것입니까? 바울은 다음과 같이 말합니다. "율법으로 말미암지 않고는 내가 죄를 알지 못하였으니."7절 이것이 율법의 근본적인 역할입니다.

율법은 우리의 죄를 깨우쳐 줍니다. 우리가 죄인이라는 것과 심판받아 마땅하다는 것을 가르쳐 줍니다. 이 것은 이미 앞에서도 설명했던 내용입니다. "그러므로 율법의 행위로 그의 앞에 의롭다 하심을 얻을 육체가 없나니 율법으로는 죄를 깨달음이니라."롬3:20

이제 바울은 한 가지 사례를 들어 본문의 주제를 좀 더 정교하게 하고자 합니다. 바울은 탐심의 죄를 사례로 제시합니다. "율법이 탐내지 말라 하지 아니하였더라면 내가 탐심을 알지 못하였으리라."7절 탐심은 무언가를 간절히 바라는 것입니다. 탐심은 행동이 아니라 마음에서 일어나는 일입니다. 그래서 사람들은 탐심이 죄라고 생각하지 않습니다. 탐심이 실제 행동으로 이어져야만 죄라고 생각합니다.

그런데 율법은 생각으로 짓는 죄조차도 하나님 앞에서는 죄라는 것을 알려줍니다. 이는 예수님의 가르침을 통해서도 확인할 수 있습니다. 예수님은 실제로 살인하는 것뿐만 아니라, 마음으로 미워하는 것도 살인이라고 하셨습니다.마5:21-22 실제로 간음하는 것뿐만 아니라, 마음으로 음욕을 품는 것도 간음이라고 하셨습니다.마5:27-28 왜냐하면 율법의 본질이 사랑이기 때문입니다. 사랑에서 나오지 않는 모든 것은, 하나님 보시기에 악하기 때문입니다.

따라서 "율법이 죄냐?"라는 질문에 대해, 우리는 명백하게 "그럴 수 없느니라"7절 라고 대답할 수 있습니다. 우리는 율법의 렌즈를 통해서만, 우리의 영혼이 누더기 같다는 것을 볼 수 있기 때문입니다.

묵상과 기도

Q. 율법의 근본적인 역할은 무엇입니까?

prayer. 하나님, 저희가 얼마나 부족한 사람인지 알게 해주세요. 저희가 얼마나 죄인인지 알게 해주세요. 그리하여 항상 예수님만 의지하고, 항상 성령님의 능력을 의지하게 해주세요.

계명으로 말미암아 온갖 탐심을 이루었나니

> **롬 7:8** 그러나 죄가 기회를 타서 계명으로 말미암아 내 속에서 온갖 탐심을 이루었나니 이는 율법이 없으면 죄가 죽은 것임이라

우리는 앞에서 율법의 역할을 살펴보았습니다. "율법으로 말미암지 않고는 내가 죄를 알지 못하였으니 곧 율법이 탐내지 말라 하지 아니하였더라면 내가 탐심을 알지 못하였으리라."롬7:7 이처럼 율법은 죄를 보여주는 렌즈입니다. 우리는 율법을 통해서만 죄를 정확하게 볼 수 있고, 죄를 올바르게 이해할 수 있습니다. 그렇다면 우리는 왜 죄를 지을까요? 율법이 죄를 보여주고 죄를 설명해주는데, 우리는 왜 죄를 지을까요? 바울은 다음과 같이 대답합니다. "죄가 기회를 타서 계명으로 말미암아 내 속에서 온갖 탐심을 이루었나니."8절 여기서 "기회"라고 번역된 헬라어 '아포르메'는 '시작점' 또는 '작전 기지'를 의미합니다. 예를 들어, 전쟁 중인 군인들이 있다고 가정해 봅시다. 그들이 전쟁을 수행하기 위해서는 작전을 계획하고 실행할 기지가 있어야 합니다. 바로 그것이 '아포르메'입니다. 따라서 "죄가 기회를 타서 계명으로 말미암아"라는 말은, "죄가 율법을 작전 기지로 삼았다"라는 뜻입니다.[69] 하나님은 우리에게 율법을 주셨습니다. 율법에는 하나님의 거룩한 성품이 담겨 있습니다. 하나님께서 무엇을 좋아하시고, 무엇을 싫어하시는지를 율법에서 발견할 수 있습니다. 우리가 하나님을 기쁘시게 하려면 반드시 율법대로 살아야 합니다. 율법대로 살지 않는 것은 하나님께서 몹시 미워하시는 일입니다. 그런데 문제는 무엇입니까? 죄가 너무나 강력하다는 것입니다. 죄가 너무나 강력하여서 율법조차 자신의 작전 기지로 삼는다는 것입니다.

죄가 율법을 작전 기지로 사용할 때 어떤 일이 일어날까요? 죄는 우리 안에 온갖 탐심을 일으킵니다. "내 속에서 온갖 탐심을 이루었나니."8절 성교육을 예로 들어보겠습니다. 청소년들에게 성에 대해 교육할 때, 남자와 여자의 생식기에 관해, 여자의 생리 주기에 관해, 혼전 성관계의 위험성에 관해 설명합니다. 성에 대한 성경의 관점과 하나님의 의도에 대해 설명합니다. 그러면 청소년들은 성적으로 거룩하게 될까요? 오히려 반대되는 일이 일어날 수 있습니다. 이때부터 아이들은 성에 대해, 이성의 생식기에 관해, 혼전 성관계에 대해 불경한 관심을 가지기 시작할 가능성이 높습니다. 바로 이것이 "죄가 기회를 타서 계명으로 말미암아 내 속에서 온갖 탐심을" 이룬다는 말씀의 의미입니다.

단지 율법을 아는 것으로는 부족합니다. 옳고 그른 것을 구분할 줄 아는 것으로도, 죄가 무엇인지 아는 것으로도 부족합니다. 우리에게는 율법을 행할 능력이 없기 때문입니다. 우리에게는 옳은 것을 실천할 능력이 없으며, 죄와 싸워 이길 수 있는 힘이 없기 때문입니다. 결론적으로 율법에는 아무 문제가 없습니다. 율법은 거룩하고 선합니다. 문제는 우리에게 있습니다. 율법은 좋은 것이지만, 우리는 그 좋은 율법을 실천하지 못합니다. 그래서 은혜가 필요하고, 그래서 예수님이 오셔야 합니다. 그래서 예수님이 우리 대신 죽으셔야 하고, 성령님이 우리에게 오셔야 합니다. 문제는 율법이 아니라, 타락하고 부패한 우리에게 있습니다.

묵상과 기도

Q. 왜 율법을 죄를 보여주는 렌즈라고 말합니까?

Q. 율법을 알기만 하면, 선을 행할 수 있습니까?

prayer. 하나님, 율법은 좋은 것입니다. 하지만 저희에게는 율법을 지킬 힘이 없습니다. 그래서 저희는 좋은 율법을 가지고서도 선을 행하지 못합니다. 그러므로 더욱더 예수님을 의지하게 해주세요. 더욱더 성령님을 의지하게 해주세요. 구원받기 위해 예수님만 바라보며, 선을 행하기 위해 성령님의 능력을 구하게 해주세요.

5월

로마서 7장 9절 – 8장 15절

계명이 이르매 죄는 살아나고 나는 죽었도다

> **롬 7:9** 전에 율법을 깨닫지 못했을 때에는 내가 살았더니 계명이 이르매 죄는 살아나고 나는 죽었도다

과거에 바울은 자신에 대해 다음과 같이 말하곤 했습니다. "율법의 의로는 흠이 없는 자라."[빌3:6] 바울은 자신이 율법에 비추어 아무런 흠이 없다고 믿었습니다. 자신은 그 누구보다 율법적이요, 율법을 잘 준수하는 사람이라고 생각했습니다. 바로 이것이 "전에 율법을 깨닫지 못했을 때에는 내가 살았더니"라는 말씀의 의미입니다.[9절]

과거에 바울은 율법의 참된 의미를 몰랐습니다. 바울은 율법의 정신은 상관없이, 율법의 조항만 지키면 된다고 생각했습니다. 예를 들어, 실제로 살인하지 않으면 제6계명을 다 지킨 것으로 알았고, 실제로 간음하지 않으면 제7계명을 다 지킨 것으로 알았습니다. 바울은 율법을 완전히 오해하고 있었습니다. 하지만 예수님께서 직접 가르쳐 주신 제6계명과 제7계명의 진짜 의미는 다음과 같았습니다.

"나는 너희에게 이르노니 형제에게 노하는 자마다 심판을 받게 되고 형제를 대하여 라가라 하는 자는 공회에 잡혀가게 되고 미련한 놈이라 하는 자는 지옥 불에 들어가게 되리라."[마5:22]

"나는 너희에게 이르노니 음욕을 품고 여자를 보는 자마다 마음에 이미 간음하였느니라."[마5:28]

예수님은 형제에게 화를 내는 것도 살인이라고 말씀하셨습니다. 마음으로 6계명을 범하는 것도 실제 6계명을 범하는 것과 같다는 것입니다. 예수님은 음욕을 품고 여자를 보는 것도 간음이라고 말씀하셨습니다. 마음으로 7계명을 범하는 것도 실제 7계명을 범하는 것과 같다는 것입니다.

이제 바울은 율법의 참된 의미를 알게 되었습니다. 하나님께서 원하시는 것이 단지 행동의 차원이 아니라, 마음의 차원임을 알게 되었습니다. 그러자 어떤 일이 일어납니까? 바울은 비로소 자신의 죄를 보게 됩니다. 자기 죄의 무한한 크기를 보게 됩니다. 자신의 비참함을 알게 되고, 자신은 마치 배설물과 같고 쓰레기와 같음을 알게 됩니다. 그리하여 바울은 너무나 괴롭고 슬픈 나머지 마치 자신이 죽은 것처럼 느끼게 되었습니다. 그래서 바울은 다음과 같이 고백합니다. "계명이 이르매 죄는 살아나고 나는 죽었도다."[9절]

로마서 5장 6절은 다음과 같이 말합니다. "우리가 아직 연약할 때에 기약대로 그리스도께서 경건하지 않은 자를 위하여 죽으셨도다." 예수님이 우리 대신 죽으신 것은, 우리가 연약하기 때문입니다. 우리 중에 율법을 다 지킬 수 있는 사람이 없고, 우리 중에 자신의 힘으로 구원을 이룰 수 있는 사람이 없기 때문입니다. 그러므로 우리는 자신에게 구원받을 만한 자격이 있어서 구원받은 줄로 착각하지 말아야 합니다. 다른 사람은 은혜로 구원받았지만, 자신은 행위로 구원받은 것처럼 교만하지 말아야 합니다.

묵상과 기도

Q. "전에 율법을 깨닫지 못했을 때에는 내가 살았더니"라는 말은 어떤 의미입니까?

prayer. 하나님, 저희는 죄인입니다. 저희는 심판을 받아 마땅한 죄인입니다. 그러므로 교만하지 않도록 도와주세요. 자격이 있어서 구원받은 것처럼 자랑하지 않도록 도와주세요.

생명에 이르게 할 그 계명이

롬 7:10-11 10 생명에 이르게 할 그 계명이 내게 대하여 도리어 사망에 이르게 하는 것이 되었도다 11 죄가 기회를 타서 계명으로 말미암아 나를 속이고 그것으로 나를 죽였는지라

바울은 앞에서 율법에 대한 자신의 입장이 어떻게 변화되었는지를 간략하게 기술했습니다. 과거에 바울은 율법을 구원의 수단으로 여겼습니다. 자신은 율법을 충분히 지키고 있다고 믿었고, 율법에 비추어 흠이 없다고 믿었습니다. 하지만 율법의 진정한 의미와 깊이를 알게 되면서, 바울은 마치 죽은 것 같이 되었습니다. 율법의 렌즈를 통해서 자신의 실체를 보게 되자, 자신이 배설물 같음을 알게 되었습니다. 빌3:8 이제 바울은 율법을 통해서는 의롭다 함을 받을 수 없고 거룩하게 될 수 없으며, 그것으로 구원받는 것은 불가능함을 알게 되었습니다.

어떤 점에서 7장 10절과 11절은 바울이 지금까지 기술해 온 내용의 간략한 요약입니다. 먼저 바울은 "생명에 이르게 할 그 계명"이라고 말합니다. 이것은 율법 자체에 대한 간단한 설명입니다. 율법은 그 자체로는 아무 문제가 없습니다. 누구든지 율법을 다 지키면, 율법을 통해 영원한 생명에 이를 수 있습니다.

"모세가 기록하되 율법으로 말미암는 의를 행하는 사람은 그 의로 살리라 하였거니와." 롬10:5

"너희는 내 규례와 법도를 지키라. 사람이 이를 행하면 그로 말미암아 살리라. 나는 여호와이니라." 레18:5

"이 모든 명령을 우리 하나님 여호와 앞에서 삼가 지키면 그것이 곧 우리의 의로움이니라." 신6:25

"예수께서 이르시되 네 대답이 옳도다. 이를 행하라. 그러면 살리라 하시니." 눅10:28

하지만 율법은 우리에게 생명이 아니라 사망을 주었습니다. 10절 그 이유는 죄 때문입니다. "죄가 기회를 타서 계명으로 말미암아." 11절 우리를 속였기 때문입니다. 그렇다면 죄는 어떤 식으로 우리를 속일까요?

첫째, 죄는 우리가 율법을 선별해서 지키도록 속입니다. 지킬 수 있는 율법만 지키게 한 후에, 스스로 교만해지도록 속입니다. 둘째, 죄는 우리가 포기하도록 속입니다. 어차피 다 지킬 수 없으니, 지키려는 노력일랑 포기하라고 속입니다. 셋째, 우리는 이미 구원받은 사람이기 때문에 죄를 지어도 아무 상관이 없다고 속입니다. 우리는 은혜 안에 있으므로 어떤 일을 하든지 아무 문제가 되지 않는다고 속입니다. 넷째, 우리의 지위를 착각하도록 속입니다. 우리가 하나님을 위해 살지 않고, 자신을 위해 존재한다고 속입니다. 마지막으로, 죄는 죄의 결과에 대해 속입니다. 영원한 사망 같은 것은 없으며, 영원한 심판은 지어낸 이야기라고 속입니다.

정리하자면 율법은 좋은 것입니다. 만약 율법을 다 지키면, 우리는 율법으로 구원에 이를 수 있습니다. 문제는 우리 안에 있는 죄의 영향력입니다. 우리는 죄의 영향을 받고 있고, 그 결과 율법을 전부 지킬 수 없습니다. 그래서 우리가 살 길은 율법이 아니라 믿음입니다. 예수님을 믿는 것밖에 없습니다. 동시에 우리는 죄의 가공할 힘과 영향력을 경계해야 합니다. 죄는 우리를 속이기 위해 최선을 다하고 있음을 늘 기억해야 합니다.

묵상과 기도

Q. 혹시 지키고 싶은 율법만 지키고 있지 않습니까?

Q. 지키는 것을 아예 포기한 율법은 없습니까?

prayer. 하나님, 저희는 율법을 지켜야 합니다. 특히 십계명을 지켜야 합니다. 십계명 중 어느 하나도 가볍게 여기지 않고, 모든 십계명을 최선을 다해 지키게 해주세요.

거룩하고 의로우며 선하도다

> **롬 7:12-13** 12 이로 보건대 율법은 거룩하고 계명도 거룩하고 의로우며 선하도다 13 그런즉 선한 것이 내게 사망이 되었느냐 그럴 수 없느니라 오직 죄가 죄로 드러나기 위하여 선한 그것으로 말미암아 나를 죽게 만들었으니 이는 계명으로 말미암아 죄로 심히 죄 되게 하려 함이라

지금까지 우리는 율법이 그 자체로 문제가 되지 않음을 알아보았습니다. 문제가 되는 것은 율법을 구원의 수단으로 생각하는 것이지, 율법 자체에는 아무런 문제가 없습니다. 바울은 그 사실을 오늘 본문에서 좀 더 자세하게 설명합니다. "이로 보건대 율법은 거룩하고 계명도 거룩하고 의로우며 선하도다."12절 바울은 율법에 대해 크게 세 가지 주장을 하고 있습니다. 율법은 거룩하며, 의롭고 선하다는 것입니다. 하나씩 살펴보겠습니다. 첫째, 율법은 거룩합니다. 율법을 주신 하나님께서 거룩하시기 때문입니다. 거룩하신 하나님께서 명하신 것이니, 거룩할 수밖에 없습니다. 예를 들어, 살인하지 말라는 계명에는 생명을 소중하게 여기시는 하나님의 성품이 반영되어 있습니다. 간음하지 말라는 계명에는, 순결을 소중하게 여기시는 하나님의 성품이 반영되어 있습니다. 그런 점에서 모든 율법은 "너희는 거룩하라. 이는 나 여호와 너희 하나님이 거룩함이니라"레19:2라는 말씀으로 요약할 수 있습니다. 둘째, 율법은 의롭습니다. 눈을 씻고 찾아봐도 율법에는 악한 것이 전혀 없습니다. 아무리 뒤져봐도 율법이 우리에게 요구하는 것 가운데, 부정한 것은 하나도 없습니다. 그래서 마지막 날에 아무도 하나님 앞에서 핑계할 수 없습니다. 아무도 하나님의 심판을 부당하다고 할 수 없습니다. 하나님께서 부정하고 악한 것이 아니라 의롭고 선한 것을 명하셨기 때문입니다. 셋째, 율법은 선합니다. 우리가 율법을 지킬 때, 우리는 점차 선한 사람으로 변해 갑니다. 우리가 율법을 지킬 때, 우리 이웃들은 선한 영향을 받습니다. 우리가 율법을 지킬 때, 이 세상은 조금씩 선한 세상으로 변모합니다. 그러므로 아무도 율법이 악하다거나, 불필요하다고 주장해서는 안 됩니다. 율법은 거룩하고, 의롭고, 선한 것이기 때문입니다.

그렇다면 무엇이 문제입니까? 반복해서 말하자면 율법을 구원의 수단으로 삼는 태도가 문제입니다. 율법은 구원의 수단으로 주어진 것이 아닙니다. 율법은 "죄가 죄로 드러나기 위하여"13절 주어진 것입니다. 유대인들이 넘어진 이유가 바로 여기에 있습니다. "의의 법을 따라간 이스라엘은 율법에 이르지 못하였으니 어찌 그러하냐 이는 그들이 믿음을 의지하지 않고 행위를 의지함이라. 부딪칠 돌에 부딪쳤느니라."롬9:31-32

유대인들은 율법을 지키는 행위를 통해 구원에 이를 수 있다고 믿었습니다. 율법에 순종하는 것을 통해 하나님께서 원하시는 의를 이룰 수 있다고 믿었습니다. 그 결과 부딪칠 돌에 부딪쳤습니다. 실패했고, 넘어졌습니다. 하나님은 구원 얻는 도구로 율법을 주시지 않았습니다. 하나님께서 우리에게 율법을 주신 목적은, 율법의 렌즈를 통해 우리의 죄와 비참함을 보라는 것입니다. 그리하여 겸손하게 예수님만을 바라보라는 것입니다. 다른 길은 없습니다. 하나님 앞에서 의롭게 되고 구원에 이르는 길은, 오직 예수, 오직 믿음입니다.

묵상과 기도

Q. 율법은 왜 거룩합니까?

Q. 율법이 선하기 때문에, 우리가 율법을 지킬 때 어떤 일이 일어납니까?

prayer. 하나님, 율법은 좋은 것입니다. 율법은 거룩하고, 의롭고, 선합니다. 그러므로 율법에 순종하기 원합니다. 특히 십계명에 순종하기 원합니다. 십계명을 행하기 원합니다. 십계명을 실천할 수 있도록 도와주세요.

육신에 속하여 죄 아래에 팔렸도다

> **롬 7:14-15** 14 우리가 율법은 신령한 줄 알거니와 나는 육신에 속하여 죄 아래에 팔렸도다 15 내가 행하는 것을 내가 알지 못하노니 곧 내가 원하는 것은 행하지 아니하고 도리어 미워하는 것을 행함이라

본문은 로마서 해석에 있어서 가장 논쟁이 되는 부분입니다. 본문의 화자가 누구인가에 대해서 오랫동안 치열한 논쟁이 있었습니다. 일반적으로 초대 교회의 교부들은 본문의 화자가 중생하지 못한 사람이라고 주장했습니다. 반대로 중세의 종교개혁자들은 본문의 화자가 중생한 사람이라고 주장했습니다.

본문의 화자가 중생하지 못한 사람이라고 주장하는 근거는, "나는 육신에 속하여 죄 아래에 팔렸도다"라는 고백에 있습니다. 중생한 사람은 죄 아래 있지 않습니다. 중생한 사람은 은혜 아래 있습니다. 그리고 중생한 사람은 육신에 속해 있지 않습니다. 중생한 사람은 성령님께 속해 있습니다. 그러므로 본문의 화자가 중생하지 못한 사람인 것은 분명합니다.

본문의 화자가 중생한 사람이라고 주장하는 근거는, "우리가 율법은 신령한 줄 알거니와"라는 표현에 있습니다. 중생하지 못한 사람은 율법이 신령하다는 것을 알지 못합니다. 율법이 신령하다는 것을 알 수 있는 사람은 중생한 사람입니다. 그러므로 본문의 화자가 중생한 사람인 것도 분명합니다.

이처럼 본문의 화자가 중생한 사람이라는 근거도 분명하고, 중생하지 못한 사람이라는 근거도 분명합니다. 그래서 이 본문이 그토록 논쟁이 되었던 것입니다. 그렇다면 본문의 화자는 누구일까요? 본문의 화자는 중생한 사람도 아니고, 중생하지 못한 사람도 아닙니다. 본문의 화자는 중생한 사람이면서, 동시에 중생하지 못한 사람입니다. 결론은 이렇습니다. 지금 바울은 만약 자신이 율법으로 구원을 받아야 했다면, 자신의 인생이 얼마나 비참했겠는가를 말하는 것입니다. 따라서 본문의 화자는, 중생한 사람의 위치에서 만약 자신이 중생하지 않았다면 어떠했을지를 생각하는 중입니다.

율법은 신령한 것입니다. 하지만 우리가 율법으로 구원을 얻으려 한다면, 우리는 한 가지 분명한 사실을 발견하게 될 것입니다. "나는 육신에 속하여 죄 아래에 팔렸도다"라는 사실입니다. 우리는 율법이 좋은 것인 줄 압니다. 율법을 모두 지키면 영생에 이를 수 있다는 것도 압니다. 하지만 율법을 지키려고 하면 할수록, 한 가지 사실만을 더욱 분명하게 알게 될 뿐입니다. 우리의 육신은 율법을 모두 지키기에는 너무나 약하다는 것입니다. 우리가 율법을 모두 지키기에는, 우리에게 영향을 미치는 죄가 너무나 강력하다는 것입니다.

이로써 우리는 분명한 사실을 깨닫게 됩니다. 하나님께서 우리에게 구원 얻는 방법으로 율법을 요구하시지 않고, 믿음을 요구하신 것이 얼마나 놀라운 은혜인가 하는 점입니다. 만약 하나님께서 우리에게 율법을 요구하셨다면, 우리는 모두 영원한 사망에 떨어졌을 것입니다. 우리는 영원토록 하나님의 진노 아래 거했을 것입니다. 하지만 하나님은 우리에게 믿음을 요구하셨고, 그 믿음조차 선물로 주셨습니다. 이 얼마나 놀라운 은혜입니까.

묵상과 기도

Q. 만약 율법으로 구원을 받아야 한다면, 우리가 구원을 받을 수 있을까요?

prayer. 하나님, 아무도 율법으로는 구원을 받을 수 없습니다. 저희도 마찬가지입니다. 그러므로 하나님께 감사하기 원합니다. 하나님을 찬양하기 원합니다. 자격 없는 저희를 예수님 안에서 구원하신 은혜를 늘 감사하고 찬양하게 해주세요.

내 속에 거하는 죄니라

> **롬 7:16-20** 16 만일 내가 원하지 아니하는 그것을 행하면 내가 이로써 율법이 선한 것을 시인하노니 17 이제는 그것을 행하는 자가 내가 아니요 내 속에 거하는 죄니라 18 내 속 곧 내 육신에 선한 것이 거하지 아니하는 줄을 아노니 원함은 내게 있으나 선을 행하는 것은 없노라 19 내가 원하는 바 선은 행하지 아니하고 도리어 원하지 아니하는 바 악을 행하는도다 20 만일 내가 원하지 아니하는 그것을 하면 이를 행하는 자는 내가 아니요 내 속에 거하는 죄니라

율법은 선합니다. 하지만 율법이 아무리 선하다 할지라도, 우리를 죄에서 구원할 수는 없습니다. 애초에 율법은 우리를 죄에서 구원하기 위해 주어진 것이 아닙니다. 율법은 우리가 죄인이라는 것을 깨우치기 위해서, 그리하여 우리를 예수님께로 인도하기 위해서 주어진 것입니다. "이같이 율법이 우리를 그리스도께로 인도하는 초등교사가 되어 우리로 하여금 믿음으로 말미암아 의롭다 함을 얻게 하려 함이라"갈3:24

그렇다면 어째서 그러합니까? 어째서 율법은 우리를 구원할 수 없습니까? 그 이유는 다음과 같습니다. "만일 내가 원하지 아니하는 그것을 행하면 내가 이로써 율법이 선한 것을 시인하노니"16절 율법은 좋은 것이지만, 율법으로는 구원을 얻을 수 없습니다. 율법에 문제가 있어서가 아니라, 우리에게 문제가 있기 때문입니다. 율법을 지킬 수 있는 능력이 우리에게 없기 때문입니다.

그렇다면 왜 우리는 율법을 다 지킬 수 없습니까? 그 이유는 다음과 같습니다. "이제는 그것을 행하는 자가 내가 아니요 내 속에 거하는 죄니라"17절 우리가 주목할 부분은 죄가 어디에 거하는가 하는 점입니다. 죄는 어디에 자리를 잡고 있습니까? 우리 "속에" 자리를 잡고 있습니다. 죄는 우리 밖에 자리를 잡고 있지 않습니다. 죄는 우리의 일부입니다. 죄는 우리의 본성입니다. 다윗은 이 사실을 다음과 같이 표현했습니다.

"내가 죄악 중에서 출생하였음이여 어머니가 죄 중에서 나를 잉태하였나이다"시51:5 우리가 범죄 하는 그 순간에만 죄가 우리와 함께 있는 것이 아닙니다. 죄는 항상 우리와 함께하고 있습니다. 죄는 우리가 살아가면서 획득하는 것이 아니라, 태어나면서부터 상속받은 상태로 우리 안에 있습니다.70 우리 몸이 세포로 이루어져 있는 것처럼, 죄 역시 우리 몸의 일부입니다.

그 결과 어떤 일이 일어납니까? "내 속 곧 내 육신에 선한 것이 거하지 아니하는 줄을 아노니 원함은 내게 있으나 선을 행하는 것은 없노라"18절 죄는 결국 우리를 이깁니다. 심지어 우리가 율법 지키기를 원할 때도, 죄는 승리합니다. 죄에는 이러한 힘이 있습니다. 죄의 능력은 가공합니다.

결론은 다음과 같습니다. 율법은 선합니다. 하지만 율법은 우리를 구원할 수 없습니다. 율법 자체에 문제가 있어서가 아니라, 우리가 문제이기 때문입니다. 죄가 우리 안에 있기 때문입니다. 죄는 우리의 세포이며, 일부이고, 본성입니다. 우리는 죄를 정복할 수 없고, 이길 수 없습니다.

따라서 우리는 율법이 아니라 예수님과 결혼해야 합니다. 우리는 율법의 신부가 아니라 예수님의 신부가 되어야 합니다. 우리가 구원을 얻는 길은 하나밖에 없습니다. 율법과 이혼하고, 예수님과 혼인하는 것입니다.

묵상과 기도

Q. 율법은 좋은 것인데, 왜 율법으로는 구원을 얻을 수 없습니까?

prayer. 하나님, 죄는 강력합니다. 죄는 저희 안에 있습니다. 죄는 저희의 일부입니다. 죄는 저희와 항상 함께 합니다. 아무도 죄를 이길 수 없습니다. 하지만 저희는 죄를 이겼습니다. 하나님의 은혜 때문입니다. 이 은혜를 늘 기억하게 해주세요. 이 은혜에 보답하는 삶을 살게 해주세요.

그러므로 내가 한 법을 깨달았노니

롬 7:21-23 21 그러므로 내가 한 법을 깨달았노니 곧 선을 행하기 원하는 나에게 악이 함께 있는 것이로다 22 내 속사람으로는 하나님의 법을 즐거워하되 23 내 지체 속에서 한 다른 법이 내 마음의 법과 싸워 내 지체 속에 있는 죄의 법으로 나를 사로잡는 것을 보는도다

이제 우리는 율법이 할 수 있는 것과 할 수 없는 것을 구분할 수 있게 되었습니다. 우리는 율법을 통해 하나님의 거룩함을 알 수 있습니다. 하나님의 성품을 알 수 있습니다. 하나님께서 우리에게 원하시는 행동을 알 수 있습니다. 우리가 어떠한 사람이 되어야 하며, 어떠한 삶을 살아야 하는지를 알 수 있습니다. 하나님을 어떻게 사랑해야 하며, 이웃을 어떻게 사랑해야 하는지를 알 수 있습니다. 이것이 율법이 할 수 있는 일입니다. 하지만 율법은 완전하지 않습니다. 율법이 할 수 없는 일이 있습니다. 율법은 우리를 구원하는 일을 할 수 없습니다. 율법은 우리를 죄에서 구원할 수 없습니다. 율법은 우리가 죄를 이기고, 정복하도록 할 수 없습니다. 그 이유는 다음과 같습니다. "그러므로 내가 한 법을 깨달았노니 곧 선을 행하기 원하는 나에게 악이 함께 있는 것이로다."^{21절} 여기서 "한 법"이라는 말에 주목할 필요가 있습니다. 여기서 말하는 법은 일종의 법칙 또는 규칙을 의미합니다.⁷¹ 봄이 지나면 여름이 오고, 여름이 지나면 가을이 옵니다. 밤이 지나면 낮이 오고, 낮이 지나면 밤이 옵니다. 이것은 변할 수 없는, 변하지 않는 법칙이자 규칙입니다. 우리는 이러한 법칙 아래에서 살아갑니다. 지금 바울이 말하고자 하는 것은, "선을 행하기 원하는 나에게 악이 함께 있는 것"이 일종의 법칙이라는 점입니다.^{21절} 봄이 지나면 반드시 여름이 오는 것처럼, 우리가 선을 행하고자 할 때 어김없이 죄의 유혹이 찾아옵니다. 낮이 지나면 밤이 오는 것이 변하지 않는 법칙인 것처럼, 죄가 항상 우리와 함께 있는 것은 변하지 않는 법칙입니다. 우리는 단 한 순간도 죄로부터 자유롭지 않습니다. 죄는 언제나 우리와 함께 있습니다. 그런데 죄는 단지 우리 곁에 있기만 하는 것이 아닙니다. "내 지체 속에서 한 다른 법이 내 마음의 법과 싸워"^{23절}라는 말씀처럼, 죄는 우리를 찾아와서 싸움을 겁니다. 정리하면 모든 사람은 전쟁 중입니다. 모든 사람은 죄와 싸우는 가운데 있습니다. 그런데 전쟁이 어디에서 일어나고 있습니까? "내 속사람" "내 마음"이라는 표현에서 알 수 있듯이, 우리 안에서 일어나고 있습니다. 우리가 인지하지 못하는 순간에도 우리의 마음은 전쟁 중입니다. 우리가 경계를 늦추고 있을 때도 죄는 우리 안에서 싸우고 있습니다. 전쟁은 항상 있었고 사라지지 않을 것인데, 단지 우리가 망각하고 있을 뿐이며 경계를 늦추고 있을 뿐입니다.

그러므로 죄는 얼마나 가공할 힘을 가지고 있습니까? 그에 비하면 우리는 얼마나 연약합니까? 따라서 율법으로 구원을 이룰 수 있다는 생각일랑 버려야 합니다. 물론 율법과 상관없는 삶을 살아서는 안 되지만, 율법으로는 구원을 얻을 수 없습니다. 우리가 구원을 얻는 길은 단 한 가지, 우리 대신 율법을 지키시고 우리 대신 율법의 저주를 받으신 예수님을 믿는 것뿐입니다. 믿음으로 예수님의 의를 선가 받는 것밖에 없습니다.

묵상과 기도

Q. 율법은 무엇을 할 수 없습니까?

Q. 모든 사람은 누구와 전쟁 중입니까?

prayer. 하나님, 예수님 때문에 구원을 얻게 하셔서 감사합니다. 저희 대신 율법을 지키시고, 저희 대신 율법의 저주를 받으신 예수님으로 인하여 구원을 얻게 하셔서 감사합니다. 이제부터 예수님을 위해 살게 해주세요. 저희의 구원자이신 예수님께 저희의 인생을 드리게 해주세요.

이 사망의 몸에서 누가 나를 건져내랴

> **롬 7:24-25** 24 오호라 나는 곤고한 사람이로다 이 사망의 몸에서 누가 나를 건져내랴 25 우리 주 예수 그리스도로 말미암아 하나님께 감사하리로다 그런즉 내 자신이 마음으로는 하나님의 법을 육신으로는 죄의 법을 섬기노라

모든 사람은 죄와 비참 가운데 있습니다. 모든 사람은 원죄를 가지고 태어나서, 일평생 자범죄를 짓습니다. 여기서 원죄란 죄인의 본성을 말하고, 자범죄란 죄인의 본성을 가지고 행하는 모든 것을 말합니다. 그 결과 사람은 하나님의 진노와 심판 아래 있습니다. 이것이 모든 사람의 비참한 운명입니다.

이 비참한 운명에서 벗어나는 방법은 하나밖에 없습니다. 예수님을 믿는 것입니다. 예수님을 주님으로 영접하는 것입니다. 예수님이 행하신 모든 일이 나를 위한 것임을, 특히 십자가에서 죽으신 것이 나를 위한 대속의 죽음임을 믿는 것입니다.

그런데 사람들은 예수님을 믿지 않습니다. 예수님을 주님으로 영접하지도 않습니다. 예수님의 십자가를 자신을 위한 대속의 죽음으로는 더더욱 받아들이지 않습니다. 이것은 모든 사람이 영적으로 죽어 있기 때문입니다. 영적으로 죽어 있기에 스스로의 능력으로는 예수님을 믿을 수 없습니다. 예수님을 믿고, 영접하는 것은 성령님의 능력으로만 가능합니다. 성령님이 중생하게 하시고, 성령님이 영적인 눈을 열어주실 때만 가능합니다. 흔히 이것을 '성령의 적용 사역'이라고 합니다.

성령님이 예수님의 구속을 우리에게 적용하시는 방법은, 우리의 영적인 눈을 열어 우리의 죄와 비참을 보게 하는 것입니다. 그리하여 유일한 구원자가 되시는 예수님을 바라보게 하는 것입니다. 오늘 본문은 성령님의 적용사역이 어떤 식으로 일어나는지를 잘 보여주고 있습니다.

바울은 다음과 같이 말합니다. "오호라 나는 곤고한 사람이로다. 이 사망의 몸에서 누가 나를 건져내랴."24절 자연인 중에서 이렇게 말할 수 있는 사람은 아무도 없습니다. 성령님의 능력으로 중생한 사람만 이렇게 말할 수 있습니다. 자신이 곤고한비참한 사람이라고, 자신이 죽을 존재라고 말할 수 있는 것은 성령님이 그 마음 가운데 거하는 사람뿐입니다.

그리고 성령님이 죄와 비참을 알게 하시자 어떤 일이 일어납니까? "우리 주 예수 그리스도로 말미암아 하나님께 감사하리로다."25절 예수님을 보내주신 하나님께 감사하게 됩니다. 예수님을 하나님께서 보내신 구원자로 인정하게 됩니다.

우리에게 일어난 일도 마찬가지입니다. 우리가 자신의 죄와 비참을 인정하고, 예수님을 구세주로 믿게 된 것은 성령님의 역사입니다. 우리의 죄를 깨닫게 하신 분도 성령님이요, 예수님을 바라보게 하신 분도 성령님이십니다.

하나님의 은혜만이 우리를 구원할 수 있습니다. 은혜만이 우리를 중생하게 하고, 은혜만이 죄와 비참을 알게 하며, 은혜만이 예수님을 바라보게 합니다. 구원은 아무 자격 없는 우리에게 베풀어진 은혜의 열매입니다. 구원은 하나님의 놀라운 은혜입니다.

묵상과 기도

Q. 죄인으로 태어나, 죄인으로 살다가, 죄인으로 심판을 받는 비참한 인생에서 벗어나는 유일한 방법은 무엇입니까?

Q. 성령의 적용사역이란 무엇입니까?

prayer. 하나님, 아무리 부유한 사람도 아무리 유명한 사람도, 결국에는 하나님의 심판을 받습니다. 따라서 가장 가치 있는 인생은 예수님을 믿는 인생입니다. 예수님을 믿고 구원받는 인생입니다. 저희에게 가치 있는 인생을 허락해 주셔서 감사합니다. 저희에게 복된 삶을 선물로 주셔서 감사합니다.

결코 정죄함이 없나니

> **롬 8:1-2** 1 그러므로 이제 그리스도 예수 안에 있는 자에게는 결코 정죄함이 없나니 2 이는 그리스도 예수 안에 있는 생명의 성령의 법이 죄와 사망의 법에서 너를 해방하였음이라

신자는 "결코 정죄함"[1절]을 당할 수 없습니다. 신자는 정죄의 영역에서 완전히 벗어났습니다. 신자는 정죄와 아무 상관이 없습니다.

이것은 신자가 전혀 죄를 짓지 않는다는 뜻이 아닙니다. 신자의 죄가 하나님과의 관계를 파괴할 수 없다는 뜻입니다. 실제로 우리는 예수님을 믿은 이후에도 계속해서 죄를 짓고 있으며, 앞으로도 계속해서 죄를 지을 것입니다. 하지만 우리가 지금 짓고 있는 죄와 앞으로 지을 죄들이, 하나님과의 관계를 파괴하지 못합니다.

그 이유는 우리가 예수님 안에 있기 때문입니다. 신자가 예수님 안에 있다는 것, 신자가 예수님과 연합하여 있다는 것은 참으로 위대한 진리입니다. 그래서 성경 곳곳에서 이 주제를 발견할 수 있습니다.

"너희는 하나님으로부터 나서 그리스도 예수 안에 있고 예수는 하나님으로부터 나와서 우리에게 지혜와 의로움과 거룩함과 구원함이 되셨으니."[고전1:30]

"그런즉 누구든지 그리스도 안에 있으면 새로운 피조물이라. 이전 것은 지나갔으니 보라 새것이 되었도다."[고후5:17]

"우리는 그리스도 안에서 그의 은혜의 풍성함을 따라 그의 피로 말미암아 속량 곧 죄 사함을 받았느니라."[엡1:7]

우리는 예수님 안에 있습니다. 우리는 예수님과 하나입니다. 그래서 예수님이 행하신 일은 곧 우리도 행한 것이나 마찬가지입니다. 예수님의 죽음은 우리의 죽음이요, 예수님의 부활은 우리의 부활입니다. "만일 우리가 그의 죽으심과 같은 모양으로 연합한 자가 되었으면 또한 그의 부활과 같은 모양으로 연합한 자도 되리라."[롬6:5]

우리가 정죄를 받을 수 없는 이유가 여기에 있습니다. 우리가 받은 '칭의'가 취소되지 않는 이유가 여기에 있습니다. 우리가 예수님 안에 있는 한, 우리가 예수님과 하나인 한, 우리의 '칭의'는 취소되지 않습니다. 우리의 신분은 변하지 않습니다.

그래서 바울은 다음과 같이 고백했습니다. "내가 확신하노니 사망이나 생명이나 천사들이나 권세자들이나 현재 일이나 장래 일이나 능력이나 높음이나 깊음이나 다른 어떤 피조물이라도 우리를 우리 주 그리스도 예수 안에 있는 하나님의 사랑에서 끊을 수 없으리라."[롬8:38-39]

아무도 우리를 하나님의 사랑에서 끊을 수 없습니다. 아무도 우리를 예수님에게서 분리할 수 없습니다. 그래서 아무도 우리를 정죄할 수 없습니다. "이제 그리스도 예수 안에 있는 자에게는 결코 정죄함이"없습니다.[1절]

묵상과 기도

Q. 신자가 "결코 정죄함"을 당하지 않는다는 것은 어떤 뜻입니까?

prayer. 하나님, 저희는 부족하고 미련한 죄인입니다. 하지만 저희는 결코 정죄를 당하지 않습니다. 예수님이 저희 대신 죽으시고, 저희를 위해 부활하셨기 때문입니다. 이 은혜에 감사하며 찬양하게 해주세요. 이 은혜에 보답하며 살게 해주세요.

그리스도 예수 안에 있는 생명의 성령의 법

> **롬 8:1-2** 1 그러므로 이제 그리스도 예수 안에 있는 자에게는 결코 정죄함이 없나니 2 이는(왜냐하면) 그리스도 예수 안에 있는 생명의 성령의 법이 죄와 사망의 법에서 너를 해방하였음이라

"그리스도 예수 안에 있는 자에게는 결코 정죄함"[1절]이 없습니다. 신자는 절대로 하나님과 단절되지 않습니다. 하나님과 신자의 관계가 끊어지는 일은 결단코 없습니다. 바울은 2절, 3절, 4절에서 그 이유를 차례대로 설명합니다.

바울은 '왜냐하면'이라는 말로 2절을 시작합니다. 한글 성경에는 "이는"이라고 되어 있지만, 문맥상 "왜냐하면"이 좀 더 바른 번역입니다. 1절에서 우리에게 결코 정죄함이 없다고 말한 후, 2절에서 그 이유를 설명하기 때문입니다.

우리에게 결코 정죄함이 없는 이유는, "생명의 성령의 법이 죄와 사망의 법에서"[2절] 우리를 해방하였기 때문입니다. 그렇다면 "생명의 성령의 법"은 무엇이고, "죄와 사망의 법"은 무엇일까요? 먼저 죄와 사망의 법에 대해서 알아보겠습니다.

죄와 사망의 법이란, 율법으로 구원을 얻는 원리를 말합니다. 앞서 알아본 것처럼 율법을 다 지킬 수 있는 사람은 아무도 없습니다. 율법으로는 아무도 구원을 얻을 수 없습니다. 그래서 율법으로 구원을 얻는 원리를 죄와 사망의 법이라고 합니다. 이 점을 성경은 다음과 같이 말합니다.

"율법은 진노를 이루게 하나니 율법이 없는 곳에는 범법도 없느니라."[롬4:15]

"율법이 들어온 것은 범죄를 더하게 하려 함이라. 그러나 죄가 더한 곳에 은혜가 더욱 넘쳤나니."[롬5:20]

"사망이 쏘는 것은 죄요 죄의 권능은 율법이라."[고전15:56]

이처럼 율법은 사망 선고를 내릴 뿐입니다. 아무도 율법으로는 구원을 얻을 수 없습니다. 율법은 "죄와 사망의 법"입니다.

예수님을 믿는 우리는 율법으로 구원을 얻는 원리 안에 있지 않습니다. 우리는 율법이 아니라 은혜로 구원을 얻는 원리 안에 있습니다. 율법을 통해서가 아니라 믿음을 통해서 구원을 얻는 원리 안에 있습니다. 바로 이것이 신자들을 지배하는 법입니다. 신자들은 죄와 사망의 법이 아니라 생명의 성령의 법 안에 있습니다.

불신자들은 자신의 힘으로 구원을 이루어야 하지만, 신자들은 은혜로 구원을 얻습니다. 불신자들은 율법을 모두 지켜야 구원을 얻지만, 신자들은 예수님을 믿기만 하면 구원을 얻습니다. 결론적으로 불신자들은 아무도 구원에 이를 수 없지만, 신자들은 반드시 구원을 얻습니다. 이것이 우리의 복입니다. 이것이 우리가 받은 은혜입니다. 그리고 이것이 우리가 영원토록 하나님만 찬양해야 할 이유입니다.

묵상과 기도

Q. 죄와 사망의 법이란 무엇입니까?

prayer. 하나님, 저희를 은혜로 구원해 주셔서 감사합니다. 저희의 자격과 능력이 아니라 예수님의 자격과 능력으로 저희를 구원해 주셔서 감사합니다. 영원토록 이 은혜를 찬양하게 해주세요. 이 은혜에 합당한 거룩한 삶을 살게 해주세요.

율법이... 할 수 없는 그것을 하나님은 하시나니

롬 8:3-4 3 율법이 육신으로 말미암아 연약하여 할 수 없는 그것을 하나님은 하시나니 곧 죄로 말미암아 자기 아들을 죄 있는 육신의 모양으로 보내어 육신에 죄를 정하사 4 육신을 따르지 않고 그 영을 따라 행하는 우리에게 율법의 요구가 이루어지게 하려 하심이니라

율법이 할 수 없는 일이 있습니다. 율법은 우리를 구원하는 일을 하지 못합니다. 율법은 죄 문제를 해결하지 못합니다. 율법의 역할은 우리가 죄인이라는 것을 알려주는 데 있습니다.

"그러므로 율법의 행위로 그의 앞에 의롭다 하심을 얻을 육체가 없나니 율법으로는 죄를 깨달음이니라." 롬3:20

율법은 우리가 죄인임을 깨닫게 할 수는 있지만, 죄 문제를 해결해 주지는 못합니다. 율법에 문제가 있어서가 아니라 우리에게 문제가 있기 때문입니다. 우리의 육신이 연약하기 때문입니다.

"율법이 육신으로 말미암아 연약하여 할 수 없는 그것을" 3절

율법이 할 수 없는 일이 또 하나 있습니다. 율법은 우리를 선하게 살도록 만들지 못합니다. 율법은 우리에게 하나님의 거룩한 뜻을 보여줄 수 있습니다. 부모를 공경하는 것, 살인하지 않는 것, 간음하지 않는 것, 도둑질하지 않는 것, 거짓 증거하지 않는 것, 탐심을 품지 않는 것이 하나님의 뜻임을 보여줄 수 있습니다.

하지만 우리가 그렇게 살도록 만들지는 못합니다. 따라서 율법이 할 수 없는 일은 크게 두 가지입니다. 율법은 우리의 죄를 해결할 수 없고, 하나님의 뜻대로 살도록 할 수 없습니다. 하지만 하나님은 하실 수 있습니다.

"율법이 육신으로 말미암아 연약하여 할 수 없는 그것을 하나님은 하시나니." 3절

첫째, 하나님은 우리의 죄를 해결하실 수 있습니다. 하나님은 이 일을 자기 아들의 희생을 통해서 하셨습니다. 우리의 죄를 자신의 아들에게 전가하심으로써 우리의 죄를 해결하셨습니다.

둘째, 하나님은 우리가 하나님의 뜻대로 살게 하십니다. 4절 우리의 연약한 육신에 성령님을 보내셔서, 하나님의 뜻이 이루어지게 하십니다.

따라서 하나님께서 하시는 일은 단순히 우리의 죄를 해결하는 것만이 아닙니다. 하나님은 우리의 죄를 해결하실 뿐만 아니라, 우리가 적극적으로 선을 행하며 살게 하십니다.

묵상과 기도

Q. 율법은 할 수 없지만, 하나님은 하실 수 있는 일은 무엇입니까?

prayer. 하나님, 율법으로는 저희가 죄인임을 깨달을 뿐입니다. 율법으로는 절망하게 될 뿐입니다. 하나님만이 저희를 선하게 바꾸실 수 있습니다. 하나님만이 저희를 구원하실 수 있습니다. 그러므로 겸손하게 하나님만 바라보게 해주세요. 자신을 자랑하지 않고, 하나님만 의지하게 해주세요.

하나님은 하시나니 자기 아들을 보내어

롬 8:3-4 3 율법이 육신으로 말미암아 연약하여 할 수 없는 그것을 하나님은 하시나니 곧 죄로 말미암아 자기 아들을 죄 있는 육신의 모양으로 보내어 육신에 죄를 정하사 4 육신을 따르지 않고 그 영을 따라 행하는 우리에게 율법의 요구가 이루어지게 하려 하심이니라

본문에서 몇 가지 중요한 주제들을 살펴보겠습니다. 첫째, "하나님은 하시나니"입니다. 구원은 전적으로 하나님께서 하시는 일입니다. 구원은 하나님의 능력에 달린 문제입니다.**롬1:16** 구원이란 우리가 이루어 내야 하는 일이 아닙니다. 우리의 능력에 달린 문제가 아닙니다. 구원은 하나님께서 이루셔서, 우리에게 은혜로 주시는 선물입니다. "나는 구원을 받아야겠다"라고 결심한다고 해서 구원을 받는 것이 아닙니다. 마찬가지로 "나는 의롭게 되어야겠다", "나는 거룩하게 되어야겠다"라고 결심한다고 해서, 의롭게 되거나 거룩하게 되는 것도 아닙니다. 우리를 의롭게 하시고, 거룩하게 하시는 분은 하나님이십니다. 그것은 하나님의 계획에 포함된 일이며, 하나님께서 자기 능력으로 이루시는 일입니다.

둘째, "자기 아들을…보내어"입니다. 하나님은 우리를 구원하시되, 자기 아들을 보내심으로 하십니다. 자기 아들을 통해서 하십니다. 따라서 우리의 구원은 예수님을 통해서만 가능합니다. 예수님이 없는 곳에는 구원도 없습니다. 아래의 말씀들이 그 사실을 잘 보여줍니다.

"본래 하나님을 본 사람이 없으되…독생하신 하나님이 나타내셨느니라."**요1:18**

"우리 주 예수 그리스도로 말미암아 하나님과 화평을 누리자."**롬5:1**

이처럼 예수님을 통하지 않고서는 하나님을 바르게 알 수 없습니다. 예수님을 통하지 않고서는 하나님과 화해할 수 없습니다. 하나님을 바르게 알고, 하나님과 화해하는 것은 오직 예수님을 통해서만 가능합니다. 하나님께서 자기 아들을 통해서 우리를 구원하신다는 사실은 신자의 구원이 얼마나 완전한지를 보여줍니다. 하나님은 사람을 통해서 우리를 구원하시지 않습니다. 만약 하나님께서 가장 탁월한 사람을 통해서 우리를 구원하실지라도 우리의 구원은 완전하지 않을 것입니다.예를 들어, 첫 사람 아담은 얼마나 완전한 사람이었습니까? 그는 하나님의 형상으로 창조되었고, 모든 피조물에게 이름을 지어줄 정도로 지혜로운 사람이었습니다. 하지만 그는 실패하였고, 그로 인해 모든 인류가 죄와 비참 가운데 처하게 되었습니다. 이제 두 번 다시 그런 일은 일어나지 않습니다. 하나님께서 사람을 통해서가 아니라, 자기 아들을 통해서 우리를 구원하시기 때문입니다.

따라서 우리는 자신의 구원을 확신할 수 있습니다. 우리 구원의 보증이 하나님의 아들이시기 때문입니다. 하나님께서 아들을 보내시기까지 우리를 사랑하시고 아들을 통해서 우리를 구원하시는데, 우리의 구원이 실패한다는 것은 있을 수 없습니다. 비록 우리가 연약하고 세상은 타락하였으며 사탄이 최선을 다해 우리를 유혹할지라도, 우리의 구원은 확실합니다. 하나님께서 자기 아들을 보내셨고, 하나님과 우리 사이에 예수님이 계시기 때문입니다.

묵상과 기도

Q. 구원은 누구의 능력에 달린 문제입니까?

Q. 누구를 통해서만 하나님을 바르게 알 수 있습니까?

prayer. 하나님, 저희에게 완전한 구원을 선물해 주셔서 감사합니다. 결코 취소되지 않는 구원, 결코 흔들리지 않는 구원을 선물로 주셔서 감사합니다. 하나님께서 구원을 선물로 주셨으니, 하나님만을 위해서 살게 해주세요. 무엇을 하든지 하나님의 영광을 위해서만 하게 해주세요.

자기 아들을 죄 있는 육신의 모양으로 보내어

롬 8:3-4 3 율법이 육신으로 말미암아 연약하여 할 수 없는 그것을 하나님은 하시나니 곧 죄로 말미암아 자기 아들을 죄 있는 육신의 모양으로 보내어 육신에 죄를 정하사 4 육신을 따르지 않고 그 영을 따라 행하는 우리에게 율법의 요구가 이루어지게 하려 하심이니라

하나님은 자기 아들을 "육신의 모양으로" 보내셨습니다. 이것은 성자 하나님께서 사람이 되셨다는 뜻입니다. 흔히 이것을 '성육신 교리'라고 합니다. 성육신 교리는 성경 전체에서 확인할 수 있습니다.

"말씀이 육신이 되어 우리 가운데 거하시매."요1:14

"하나님이 그 아들을 보내사 여자에게서 나게 하시고."갈4:4

"오히려 자기를 비워 종의 형체를 가지사 사람들과 같이 되셨고."빌2:7

이처럼 성자 하나님은 분명히 사람이 되셨습니다. 우리가 이 사실을 확인하고 넘어가야 하는 이유는, 예수님의 성육신을 부정하는 사람들로 인해 교회가 많은 어려움을 겪었기 때문입니다. 예수님의 성육신을 부정하는 이단들은 예수님이 사람처럼 보였을 뿐이지 실제로 사람이 되신 것은 아니라고 주장했습니다.

요한일서는 바로 그런 자들에 대항하기 위해 기록되었습니다. 여기서 요한은 다음과 같이 말합니다. "이로써 너희가 하나님의 영을 알지니 곧 예수 그리스도께서 육체로 오신 것을 시인하는 영마다 하나님께 속한 것이요 예수를 시인하지 아니하는 영마다 하나님께 속한 것이 아니니 이것이 곧 적그리스도의 영이니라. 오리라 한 말을 너희가 들었거니와 지금 벌써 세상에 있느니라."요일4:2-3

그렇다면 왜 예수님은 사람의 모습으로 이 땅에 오셔야 했을까요? 그 이유는 다음과 같습니다. 첫째, 우리 대신 율법을 지키기 위해서입니다. 우리는 율법을 범했고, 그 결과 죄인이 되었습니다. 그래서 예수님은 우리 대신 율법을 지키시고, 그 공로를 우리에게 전가하시기 위해 사람이 되셨습니다.

둘째, 우리가 받을 형벌을 대신 받기 위해서입니다. 하나님께 죄를 지은 것은 사람입니다. 따라서 예수님은 우리 대신 형벌을 받기 위해 사람이 되셨습니다. 예수님은 우리의 대표자로서 우리가 받아야 할 형벌을 대신 받으시기 위해 사람이 되셨습니다.

이제 사탄은 우리를 정죄할 수 없습니다. 예수님이 우리 대신 율법을 지키셨기 때문입니다. 예수님이 자신의 의로움을 우리에게 전가해 주셨기 때문입니다. 또한 예수님이 우리가 받아야 할 형벌을 대신 받으셨기 때문입니다. 따라서 사탄은 우리를 고발할 수 없습니다. 우리는 예수님 안에서 이미 형벌을 다 받은 것이나 마찬가지입니다. 이로써 하나님의 사랑과 정의가 모두 빛을 발하게 되었고, 사탄은 할 말을 잃었습니다.

묵상과 기도

Q. 성육신 교리란 무엇입니까?

Q. 왜 예수님은 사람의 모습으로 이 땅에 오셨습니까?

prayer. 하나님, 아무도 저희의 구원을 흔들 수 없습니다. 아무도 저희의 구원을 방해할 수 없습니다. 사탄조차도 할 수 없습니다. 이토록 견고한 구원을 선물로 주셔서 감사합니다. 절대로 무너지지 않는 구원을 선물로 주셔서 감사합니다.

5월 13일

죄 있는 육신의 모양으로

롬 8:3-4 3 율법이 육신으로 말미암아 연약하여 할 수 없는 그것을 하나님은 하시나니 곧 죄로 말미암아 자기 아들을 죄 있는 육신의 모양으로 보내어 육신에 죄를 정하사 4 육신을 따르지 않고 그 영을 따라 행하는 우리에게 율법의 요구가 이루어지게 하려 하심이니라

하나님은 자기 아들을 "죄 있는 육신의 모양으로" 이 땅에 보내셨습니다. 이 말은 예수님에게 죄가 있다는 뜻이 아닙니다. 예수님은 죄가 없으십니다. "우리에게 있는 대제사장은 우리의 연약함을 동정하지 못하실 이가 아니요 모든 일에 우리와 똑같이 시험을 받으신 이로되 죄는 없으시니라."히4:15

따라서 "죄 있는 육신의 모양으로"라는 말은, 예수님이 사람의 모습으로 오셨음을 의미합니다. 죄의 권세 아래 있는 사람의 모습, 타락하고 부패한 사람의 모습으로 오셨음을 의미합니다.

그렇다면 예수님이 사람의 모습으로 이 땅에 오신 이유는 무엇일까요? 그 이유는 "육신에 죄를 정하사"라는 말씀 속에 잘 나타나 있습니다. 예수님은 우리 대신 정죄를 받기 위해서 사람이 되셨습니다. 우리 대신 죄의 형벌을 받기 위해서 사람이 되셨습니다. 만약 예수님이 사람이 되시지 않았다면, 예수님은 정죄를 받으실 수도 없고 우리 대신 죄의 형벌을 받으실 수도 없습니다.

바로 이것이 하나님께서 우리를 구원하시는 방식입니다. 하나님은 자기 아들이 사람이 되게 하시고, 자기 아들이 우리의 죄를 뒤집어쓰게 하시는 방식으로 우리를 구원하셨습니다. 따라서 예수님이 사람이 되신 것은, 우리 대신 정죄를 받으시고 우리 대신 죽음의 형벌을 받으시기 위함입니다.

베드로는 이 사실을 다음과 같이 말합니다. "친히 나무에 달려 그 몸으로 우리 죄를 담당하셨으니 이는 우리로 죄에 대하여 죽고 의에 대하여 살게 하려 하심이라. 그가 채찍에 맞음으로 너희는 나음을 얻었나니."벧전2:24

하나님께서 이런 방식으로 우리를 구원하신 또 다른 이유가 있습니다. 우리를 율법으로부터 해방하는 것입니다. 원래 우리는 율법 아래 있었습니다. 우리는 구원을 받기 위하여 율법을 모두 지켜야 했고, 율법을 하나라도 어겼을 경우에는 영원한 형벌을 받아야 했습니다.

그런데 사람이 되신 예수님께서 우리 대신 율법을 지키셨고, 우리 대신 율법의 형벌을 받으셨습니다. 그 결과 우리는 율법으로부터 해방되었습니다. 이제 율법은 우리에게 아무런 요구를 할 수 없습니다. 구원받기 위하여 율법을 모두 지키라고 요구할 수 없고, 율법을 모두 지키지 못했다고 해서 영원한 형벌을 요구할 수도 없습니다. 이 사실은 로마서 10장 4절에 잘 요약되어 있습니다. "그리스도는 모든 믿는 자에게 의를 이루기 위하여 율법의 마침이 되시니라."

묵상과 기도

Q. 예수님이 "죄 있는 육신의 모양으로" 이 땅에 오셨다는 것은 어떤 뜻입니까?

Q. 예수님이 사람의 모습으로 이 땅에 오신 이유는 무엇입니까?

prayer. 하나님, 예수님이 저희의 구원자이심을 믿습니다. 예수님이 저희 대신 율법을 지키셨고, 저희 대신 형벌을 받으셨음을 믿습니다. 따라서 저희의 구원이 완전함을 믿습니다. 아무도 저희의 구원을 방해할 수 없음을 믿습니다. 그러므로 예수님께 모든 영광을 돌리게 해주세요. 저희를 자랑하지 않고, 예수님만 높이며 살게 해주세요.

그 영을 따라 행하는 우리에게

롬 8:3-4 3 율법이 육신으로 말미암아 연약하여 할 수 없는 그것을 하나님은 하시나니 곧 죄로 말미암아 자기 아들을 죄 있는 육신의 모양으로 보내어 육신에 죄를 정하사 4 육신을 따르지 않고 그 영을 따라 행하는 우리에게 율법의 요구가 이루어지게 하려 하심이니라

오늘 본문은 로마서 8장 1절의 근거가 되는 말씀입니다. 어째서 "그리스도 예수 안에 있는 자에게는 결코 정죄함이" 없습니까?롬8:1 우리가 "육신을 따르지 않고 그 영을 따라 행하는" 사람이기 때문입니다. 4절

좀 더 자세히 살펴보겠습니다. 우리에게 결코 정죄함이 없는 이유는 첫째, 우리가 "육신을 따르지" 않는 사람이기 때문입니다. 여기서 "육신"은 중생하기 이전의 본성, 즉 타락한 본성을 의미합니다.72 우리는 타락한 본성이 아니라 "영을 따라 행하는" 사람입니다. 4절

영을 따라 행한다는 것은, 성령님의 능력이 우리와 함께하는 것을 의미합니다. 이제 우리는 성령님이 함께하는 사람입니다. 성령님의 조명 속에서 하나님의 뜻을 깨닫고, 성령님의 인도하심 속에서 점점 거룩하게 변해 가는 사람입니다. 이처럼 우리에게는 분명한 전환점이 있습니다. 과거에는 타락한 본성을 따라 행하는 사람이었으나, 지금은 성령님이 함께하는 사람입니다.

구원받기 위해서는 이런 전환점이 반드시 필요합니다. 타락한 본성을 그대로 가지고는 율법의 요구를 이룰 수 없기 때문입니다. 4절 이는 예수님과 니고데모의 대화 속에서 분명하게 나타납니다. "예수께서 대답하여 이르시되 진실로 진실로 네게 이르노니 사람이 거듭나지 아니하면 하나님의 나라를 볼 수 없느니라.

니고데모가 이르되 사람이 늙으면 어떻게 날 수 있사옵나이까 두 번째 모태에 들어갔다가 날 수 있사옵나이까? 예수께서 대답하시되 진실로 진실로 네게 이르노니 사람이 물과 성령으로 나지 아니하면 하나님의 나라에 들어갈 수 없느니라."요3:3-5

예수님은 성령으로 거듭나야만, 하나님 나라에 들어갈 수 있다고 말씀하십니다. 타락한 본성으로 구원을 이룰 수 있는 사람은 아무도 없습니다. 타락한 본성을 그대로 가지고 율법을 다 지킬 수 있는 사람은 아무도 없습니다. 그래서 우리는 새로운 사람이 되어야 합니다. 새로운 본성으로 거듭나야 합니다. 성령님의 능력으로 중생해야 합니다.

성령의 사람이 된다는 것은 율법을 모두 지킬 수 있는 사람, 죄를 전혀 짓지 않는 사람이 된다는 뜻이 아닙니다. 성령님이 우리 안에 오신 것은, 우리가 예수님에게 속한 사람이 되었기 때문입니다. 우리가 예수님 안에 있기 때문에, 성령님도 우리 안에 오시게 된 것입니다.요7:39 우리가 육의 사람이 아니요 성령의 사람이라는 것은, 우리의 소속을 보여주는 말입니다.

이제 우리는 율법으로 구원을 얻는 사람이 아닙니다. 예수님을 믿음으로써 구원을 얻는 사람입니다. 따라서 우리에게는 율법의 정죄, 율법의 저주가 없습니다. 더 이상 우리에게는 "정죄함이" 없습니다.

묵상과 기도

Q. 영을 따라 행한다는 것은 어떤 뜻입니까?

Q. 우리에게는 전환점이 있습니까? 예수님을 알기 전과 후의 차이가 있습니까?

prayer. 하나님, 모든 신자에게는 전환점이 있어야 합니다. 예수님을 믿기 전과 후가 달라야 합니다. 예수님을 알기 전과 후가 달라야 합니다. 그러므로 저희가 다르게 사는 사람이 되게 해주세요. 다르게 생각하고, 다르게 말하고, 다르게 행동하는 사람이 되게 해주세요.

5월 15일

육신을 따르는 자는 육신의 일을

롬 8:5-8 5 육신을 따르는 자는 육신의 일을, 영을 따르는 자는 영의 일을 생각하나니 6 육신의 생각은 사망이요 영의 생각은 생명과 평안이니라 7 육신의 생각은 하나님과 원수가 되나니 이는 하나님의 법에 굴복하지 아니할 뿐 아니라 할 수도 없음이라 8 육신에 있는 자들은 하나님을 기쁘시게 할 수 없느니라

바울은 "육신을 따르는 자는 육신의 일을, 영을 따르는 자는 영의 일을 생각"한다고 말합니다. 5절 여기서 "육신을 따르는 자"는 불신자를, "영을 따르는 자"는 신자를 말합니다. 따라서 8장 5절은 불신자와 신자 사이의 대조를 보여줍니다. [73]

먼저 육신을 따른다는 것이 무엇을 의미하는지를 살펴보겠습니다. "육신"이라는 말은 바울이 불신자들을 묘사할 때 일반적으로 사용하는 표현입니다. 갈라디아서 5장이 대표적입니다. "육체의 일은 분명하니 곧 음행과 더러운 것과 호색과 우상 숭배와 주술과 원수 맺는 것과 분쟁과 시기와 분냄과 당 짓는 것과 분열함과 이단과 투기와 술 취함과 방탕함과 또 그와 같은 것들이라. 전에 너희에게 경계한 것 같이 경계하노니 이런 일을 하는 자들은 하나님의 나라를 유업으로 받지 못할 것이요."갈5:19-21

갈라디아서 5장은 불신자의 삶에는 필연적으로 추악하고 더러운 일들이 동반된다고 말합니다. 불신자들의 마음에는 하나님이 없기 때문입니다. 그들은 하나님에 대한 생각 없이 직장 생활을 하고, 하나님에 대한 생각 없이 가정을 꾸리며, 하나님에 대한 생각 없이 인간관계를 가집니다. 그들은 하나님에 대한 생각 없이 정치와 사회 활동을 합니다. 정도의 차이가 있을 뿐, 불신자라면 누구나 육신을 따르는 자요, 육신의 일을 하는 사람입니다.

따라서 불신자들은 이미 죽은 존재입니다. 6절 영적으로 죽은 존재이며, 하나님께 대하여 죽은 존재입니다. 바울은 동일한 주제를 에베소서에서 여러 번 되풀이 하였습니다.

"그는 허물과 죄로 죽었던 너희를 살리셨도다."엡2:1

"허물로 죽은 우리를 그리스도와 함께 살리셨고."엡2:5

세상에서 가장 지혜롭고, 가장 현명하고, 가장 교양 있는 사람도 하나님 앞에서는 죽은 존재입니다. 그들은 영적으로 죽어 있기 때문에, 자기가 죄인인 것을 알 수 없고 예수님을 믿어야만 구원에 이른다는 사실을 알 수 없습니다.

결론적으로 사람은 스스로의 힘으로 구원에 이를 수 없습니다. 불신자는 자력自力으로 하나님을 알 수 없고, 자력으로 회심할 수 없습니다. 불신자에서 신자가 되기 위해서는 다시 태어나야 하며, 전혀 새로운 존재가 되어야 합니다. 그러므로 하나님께 감사합시다. 우리가 예수님을 믿을 수 있었던 것은, 하나님께서 우리를 다시 태어나게 하셨기 때문입니다. 하나님께서 우리를 전적으로 변화시켜 주셨기 때문입니다. "우리는 그가 만드신 바라. 그리스도 예수 안에서 선한 일을 위하여 지으심을 받은 자니."엡2:10

묵상과 기도

Q. 우리는 세상적인 일보다 하나님에 관한 것을 더 많이 생각하고 있습니까?

prayer. 하나님, 저희를 다시 태어나게 해주셔서 감사합니다. 저희에게 성령님을 보내주셔서 새로운 피조물이 되게 해주셔서 감사합니다. 이제 이전과 다른 삶을 살게 해주세요. 세상과 다른 삶을 살게 해주세요. 이기적인 삶이 아니라 이웃을 생각하고, 자기중심적인 삶이 아니라 하나님 중심적인 삶을 살게 해주세요.

영을 따르는 자는 영의 일을 생각하나니

> **롬 8:5-8** 5 육신을 따르는 자는 육신의 일을, 영을 따르는 자는 영의 일을 생각하나니 6 육신의 생각은 사망이요 영의 생각은 생명과 평안이니라 7 육신의 생각은 하나님과 원수가 되나니 이는 하나님의 법에 굴복하지 아니할 뿐 아니라 할 수도 없음이라 8 육신에 있는 자들은 하나님을 기쁘시게 할 수 없느니라

지난 시간에는 불신자들의 특성을 살펴보았습니다. 불신자들은 육신을 따르는 자요, 육신의 일을 생각하는 사람입니다. 5절 불신자들의 생각과 마음에는 하나님이 없습니다. 그들은 하나님 없이 정치, 경제, 사회를 생각합니다. 그들은 하나님 없이 가정을 꾸리고, 일상의 삶을 영위합니다.

그렇다면 신자의 특성은 무엇일까요? 신자는 영을 따르는 자요, 영의 일을 생각하는 사람입니다. 5절 먼저 영을 따른다는 표현을 살펴보겠습니다. 영을 따른다는 것은 성령님의 지배를 받고 있다는 뜻입니다.[74] 성령님의 지배를 받고 있다는 것은, 성령님의 인도하심과 보호하심 속에 있다는 뜻입니다. 바로 이것이 로마서 8장 1절의 가장 강력한 근거입니다. "그러므로 이제 그리스도 예수 안에 있는 자에게는 결코 정죄함이 없나니." 롬8:1

신자는 결코 정죄함이 없습니다. 신자는 하나님 앞에서 죄인으로 여겨지지 않습니다. 하나님과의 관계가 끊어지지 않습니다. 성령님의 역사 때문입니다. 신자는 외톨이가 아닙니다. 신자는 혼자가 아닙니다. 성령님이 함께하는 사람입니다. 성령님은 신자를 인도하시고, 보호하십니다. 성령님은 신자들을 영원한 영광으로 인도하는 일에 절대로 실패하지 않으십니다.

다음으로 영의 일을 생각한다는 표현을 살펴보겠습니다. 누군가가 신자라는 증거는, 그 사람이 영의 일을 생각하는지 여부에 달려 있습니다. 신자라면 마땅히 영의 일을 생각하기 마련입니다. 신자라면 당연히 자신과 하나님의 관계를 생각하기 마련입니다.

불신자들은 영의 일을 생각하지 않습니다. 하나님과 자신의 관계를 생각하지 않습니다. 그들은 이러한 것을 생각할 수도 없습니다. "기록된 바 하나님이 자기를 사랑하는 자들을 위하여 예비하신 모든 것은 눈으로 보지 못하고 귀로 듣지 못하고 사람의 마음으로 생각하지도 못하였다 함과 같으니라." 고전2:9

우리는 어떠합니까? 우리는 영적인 것들을 생각하고 있습니까? 우리는 성경을 더 깊이 알고 싶어 합니까? 우리는 하나님에 대해 더 많이 알고 싶어 합니까? 만약 그러하다면, 우리는 확신할 수 있습니다. 우리는 영을 따르는 자, 즉 성령님의 지배 아래 있는 자입니다. 따라서 우리는 하나님의 자녀이며, 영원한 구원을 약속받은 사람입니다.

묵상과 기도

Q. 우리가 성령님의 지배를 받고 있다는 것은 어떤 뜻입니까?

Q. 우리는 영적인 것들을 생각하며 살아갑니까?

prayer. 하나님, 성령님의 능력으로 저희를 인도해 주세요. 성령님의 능력으로 저희를 다스려 주세요. 그리하여 더욱더 거룩한 삶을 살게 해주세요. 하나님 보시기에 합당한 삶을 살게 해주세요.

영의 생각은 생명과 평안이니라(1)

> **롬 8:5-8** 5 육신을 따르는 자는 육신의 일을, 영을 따르는 자는 영의 일을 생각하나니 6 육신의 생각은 사망이요 영의 생각은 생명과 평안이니라 7 육신의 생각은 하나님과 원수가 되나니 이는 하나님의 법에 굴복하지 아니할 뿐 아니라 할 수도 없음이라 8 육신에 있는 자들은 하나님을 기쁘시게 할 수 없느니라

우리는 계속해서 신자와 불신자 사이의 차이점을 살펴보고 있습니다. 지난 몇 차례의 연구를 통해 우리는 신자와 불신자 사이에 근본적인 차이가 있음을 알게 되었습니다. 불신자들은 죄와 사망의 지배 아래 있습니다. 하지만 신자들은 성령님의 지배 아래 있습니다. 불신자들은 육신의 일을 생각합니다. 하지만 신자들은 영의 일을 생각합니다.

6절은 그보다 근본적인 차이점을 보여줍니다. 그것은 바로 "생명"입니다. "육신의 생각은 사망이요 영의 생각은 생명과 평안이니라." 신자에게는 생명이 있습니다. 이것은 성경 전체에서 반복적으로 강조되는 주제입니다.

"그런즉 한 범죄로 많은 사람이 정죄에 이른 것 같이 한 의로운 행위로 말미암아 많은 사람이 의롭다 하심을 받아 생명에 이르렀느니라."롬5:18

"그는 허물과 죄로 죽었던 너희를 살리셨도다."엡2:1

"우리 생명이신 그리스도께서 나타나실 그때에 너희도 그와 함께 영광 중에 나타나리라."골3:4

"이제는 우리 구주 그리스도 예수의 나타나심으로 말미암아 나타났으니 그는 사망을 폐하시고 복음으로써 생명과 썩지 아니할 것을 드러내신지라."딤후1:10

신자가 불신자와 구별되는 점은 그 안에 생명이 있다는 것입니다. 예수님이 이 땅에 오신 것은 단지 우리를 용서하기 위한 것만이 아닙니다. 예수님은 우리에게 생명을 주기 위해 오셨습니다. 따라서 신자는 더 이상 죽은 사람이 아닙니다. 신자는 영생을 소유한 사람입니다.

우리는 다시 죽을 것을 염려해서는 안 됩니다. 우리는 이미 살아났으며, 이미 영생을 소유하고 있습니다. 우리가 진정으로 염려해야 하는 것은, 산 자임에도 불구하고 죽은 자처럼 사는 것입니다. 영생을 소유하고 있음에도 불구하고, 영원히 죽을 세상 사람들처럼 비참한 삶을 사는 것입니다.

그렇다면 우리 안에 생명이 있다는 증거는 무엇입니까? 우리가 이미 영생을 시작했다는 증거는 무엇입니까? 우리가 하나님을 생각하고 사랑한다는 점입니다. 누가 시키거나 강요하지 않았음에도 우리는 자발적으로 하나님을 생각하고 사랑합니다. 이것은 우리 안에 있는 생명의 열매입니다.

또 다른 증거는 우리가 여러 번 넘어질지라도 반드시 다시 일어나 하나님께로 돌아온다는 점입니다. 참된 신자는 아무리 큰 죄를 지어도 다시 회개하게 되어 있습니다. 그 안에 생명이 있기 때문입니다. "도둑이 오는 것은 도둑질하고 죽이고 멸망시키려는 것뿐이요 내가 온 것은 양으로 생명을 얻게 하고 더 풍성히 얻게 하려는 것이라."요10:10

묵상과 기도

Q. 신자와 불신자의 가장 큰 차이점은 무엇입니까?

prayer. 하나님, 저희는 자주 실패합니다. 저희는 자주 불순종합니다. 그럴지라도 하나님께서 저희를 포기하지 않으시는 줄 믿습니다. 자주 실패하고, 자주 불순종하는 저희에게 은혜를 베풀어 주세요. 그리하여 더 거룩하고, 더 신실하고, 더 정직한 삶을 살게 해주세요.

영의 생각은 생명과 평안이니라(2)

> **롬 8:5-8** 5 육신을 따르는 자는 육신의 일을, 영을 따르는 자는 영의 일을 생각하나니 6 육신의 생각은 사망이요 영의 생각은 생명과 평안이니라 7 육신의 생각은 하나님과 원수가 되나니 이는 하나님의 법에 굴복하지 아니할 뿐 아니라 할 수도 없음이라 8 육신에 있는 자들은 하나님을 기쁘시게 할 수 없느니라

우리는 신자와 불신자를 대조하는 본문을 살펴보고 있습니다. 신자와 불신자의 차이는 명백합니다. 불신자는 육신의 일을 생각하지만, 신자는 영의 일을 생각합니다. **5절** 불신자는 이미 죽은 존재이지만, 신자는 이미 영생을 누리는 존재입니다. **6절** 바로 이것이 우리가 지금까지 살펴본 내용의 요약입니다.

또 하나 주목할 만한 것이 있습니다. 바울은 사망과 반대되는 개념으로 단지 '생명'이라고만 말하지 않고, "생명과 평안"이라고 말합니다. "육신의 생각은 사망이요 영의 생각은 생명과 평안이니라."**6절** 왜 바울은 생명과 평안을 함께 말하고 있을까요? 그 이유는 생명이 심겨진 사람은 반드시 평안을 누리기 때문입니다. 성경은 다음과 같이 말합니다.

"오직 성령의 열매는 사랑과 희락과 화평**평안**과 오래 참음과 자비와 양선과 충성과 온유와 절제니."**갈 5:22-23**

"그러므로 우리가 믿음으로 의롭다 하심을 받았으니 우리 주 예수 그리스도로 말미암아 하나님과 화평**평안**을 누리자."**롬5:1**

"하나님의 나라는 먹는 것과 마시는 것이 아니요 오직 성령 안에 있는 의와 평강과 희락이라."**롬14:17**

불신자의 마음에는 하나님에 대한 적대감이 있습니다. "악인은 그의 교만한 얼굴로 말하기를 여호와께서 이를 감찰하지 아니하신다 하며 그의 모든 사상에 하나님이 없다 하나이다."**시10:4**

하지만 신자는 다릅니다. 신자에게는 하나님에 대한 지식이 있습니다. 특히 하나님께서 독생자를 희생하기까지 우리를 사랑하셨다는 지식을 가지고 있습니다. "사랑은 여기 있으니 우리가 하나님을 사랑한 것이 아니요 하나님이 우리를 사랑하사 우리 죄를 속하기 위하여 화목제물로 그 아들을 보내셨음이라."**요일4:10** 그래서 신자의 마음에는 하나님을 향한 적대감 대신 경외감이 자리를 잡습니다. 그리고 하나님께 사랑받고 있다는 확신이 신자로 하여금 평안을 누리게 합니다.

불신자들의 마음에는 만족이 없습니다. 그들은 아무리 많이 가져도 부족하다고 말합니다. 그래서 전도서 기자는 "헛되고 헛되며 헛되고 헛되니 모든 것이 헛되도다"**전1:2** 라고 말했습니다. 하지만 신자들은 하나님 안에서 모든 것을 누리고 있습니다. 필요한 것은 무엇이든 주시는 하나님의 돌봄을 받고 있습니다. **마 6:32-33** 그래서 신자들은 불신자들이 알 수 없는 만족감을 누립니다. 이러한 이유로 바울은 신자의 특징을 생명과 평안이라고 정의한 것입니다. 따라서 신자는 생명의 사람이요, 동시에 평안의 사람입니다.

묵상과 기도

Q. 바울이 생명과 평안을 함께 말하는 이유는 무엇입니까?

Q. 필요한 것은 하나님께서 주신다는 믿음을 가지고 있습니까?

prayer. 하나님, 하나님을 더욱 신뢰하게 해주세요. 필요한 것은 하나님께서 주신다는 믿음을 가지게 해주세요. 저희가 겪는 고난에도 하나님의 뜻이 있음을 믿게 하시고, 그리하여 하나님 안에서 늘 평안을 누리게 해주세요.

하나님의 영, 그리스도의 영

> **롬 8:9** 9 만일 너희 속에 하나님의 영이 거하시면 너희가 육신에 있지 아니하고 영에 있나니 누구든지 그리스도의 영이 없으면 그리스도의 사람이 아니라

바울은 우리 안에 "하나님의 영이" 거하신다고 말한 후에, 곧 우리 안에 "그리스도의 영"이 거하신다고 말합니다. 이것은 둘 다 성령님을 가리키는 표현입니다.[75] 성령님을 '하나님의 영'으로, 또는 '그리스도의 영'으로 표현한 것입니다. 왜 성령님을 어떤 곳에서는 하나님의 영으로, 또 다른 곳에서는 그리스도의 영으로 표현할까요?

일반적으로 우리 안에 거하시는 분은 성령님입니다.

"너희 몸은 너희가 하나님께로부터 받은 바 너희 가운데 계신 성령의 전인 줄을 알지 못하느냐 너희는 너희 자신의 것이 아니라."[고전6:19]

"우리 안에 거하시는 성령으로 말미암아 네게 부탁한 아름다운 것을 지키라."[딤후1:14]

그런데 성령님이 우리 안에 거하시기 때문에, 성자와 성부께서도 우리 안에 거하십니다.

"또 그리스도께서 너희 안에 계시면 몸은 죄로 말미암아 죽은 것이나 영은 의로 말미암아 살아 있는 것이니라."[롬8:10]

"너희도 성령 안에서 하나님이 거하실 처소가 되기 위하여 그리스도 예수 안에서 함께 지어져 가느니라."[엡2:22]

왜 성경은 어떤 곳에서는 성령님이 신자 안에 거하신다고 했다가, 다른 곳에서는 성부와 성자가 신자 안에 거하신다고 말할까요? 성부, 성자, 성령은 '한 하나님'이시기 때문입니다. 성부, 성자, 성령은 삼위일체이시기 때문입니다. "내가 아버지 안에 거하고 아버지는 내 안에 계신 것을 네가 믿지 아니하느냐."[요14:10] 그래서 성령님이 우리에게 오신 일은, 곧 성부와 성자가 오신 일입니다.[76]

그렇다면 우리는 어떤 사람입니까? 우리 안에 하나님께서 거하시는 사람입니다. 우리는 다음의 상황에서 이 사실을 생각해야 합니다. 첫째, 죄가 우리를 유혹하는 상황에서 이 사실을 생각해야 합니다. 하나님의 성전인 우리의 몸을 죄로 더럽히지 말아야 함을 생각해야 합니다. 둘째, 구원의 확신이 흔들릴 때 이 사실을 생각해야 합니다. 하나님께서 우리 안에 거하신다는 것은, 하나님께서 우리를 책임지신다는 뜻입니다. 하나님께서 우리를 책임지시기 때문에 아무도 우리의 구원을 방해할 수 없습니다. 하나님은 우리를 구원하시는 일을 포기하지 않으실 것이고, 실패하지도 않으실 것입니다.

묵상과 기도

Q. 우리는 특별히 언제 하나님께서 우리 안에 거하심을 생각해야 합니까?

prayer. 하나님, 하나님께서 저희 안에 거하심을 믿습니다. 그러므로 저희의 몸은 하나님의 성전입니다. 하나님의 성전을 더럽히지 않도록 도와주세요. 거룩한 것을 생각하고, 거룩한 것을 말하고, 거룩한 행동을 하게 해주세요. 그리하여 저희의 몸을 거룩한 성전으로 가꾸어 가게 해주세요.

그리스도께서 너희 안에 계시면

롬 8:10 또 그리스도께서 너희 안에 계시면 몸은 죄로 말미암아 죽은 것이나 영은 의로 말미암아 살아 있는 것이니라

바울은 계속해서 신자가 어떤 존재인지를 설명합니다. 바울은 신자에 대해서 "몸은 죄로 말미암아" 죽었지만, "영은 의로 말미암아 살아 있는" 존재라고 말합니다. 여기서 몸은 문자 그대로 사람의 몸을 말하고, 영은 사람의 영혼을 말합니다.[77]

먼저 사람의 몸이 죽어 있다는 점을 살펴보겠습니다. 우리의 몸은 죄로 인하여 죽은 몸입니다. 이미 앞에서 여러 번 반복되었던 주제입니다. "그러므로 너희는 죄가 너희 죽을 몸을 지배하지 못하게 하여 몸의 사욕에 순종하지 말고."**롬6:12**

하나님께서 처음 창조하셨을 때 사람의 몸은 생명으로 충만했습니다. 그 안에는 어떤 죽음의 요소도 없었습니다. 그러나 죄가 들어온 이후 상황은 180도 변했습니다. 이제 몸은 죄의 영역이며, 죄가 거하는 장소입니다.

영혼은 다릅니다. 신자의 영혼은 살아 있습니다. 예수님이 함께하시기 때문입니다. "그리스도께서 너희 안에 계시면 몸은 죄로 말미암아 죽은 것이나 영은 의로 말미암아 살아 있는 것이니라."**10절**

신자의 몸은 죄와 타락으로 말미암아 죽었습니다. 그러나 신자의 영은 예수님으로 말미암아 살았습니다. 예수님의 의가 우리에게 전가되었기 때문입니다. "한 사람의 범죄로 말미암아 사망이 그 한 사람을 통하여 왕 노릇 하였은즉 더욱 은혜와 의의 선물을 넘치게 받는 자들은 한 분 예수 그리스도를 통하여 생명 안에서 왕 노릇 하리로다."**롬5:17**

신자는 죽음의 영역에 속해 있지 않습니다. 몸은 죽었으나, 영은 살아 있습니다. 예수님이 주신 생명 때문입니다. 그래서 성경은 다음과 같이 말합니다. "그러므로 우리가 낙심하지 아니하노니 우리의 겉사람은 낡아지나 우리의 속사람은 날로 새로워지도다."**고후 4:16**

우리의 몸은 날로 낡아지고 있습니다. 점점 기력을 상실하고, 질병의 고통이 더해집니다. 그러나 우리의 영혼은 다릅니다. 우리의 영혼은 날로 새로워집니다. 그래서 우리는 낙심하지 않고, 부활의 날을 기다립니다. 그날에는 우리의 몸도 다시 살아날 것입니다. 그때 우리는 더 이상 죽지 않는 몸, 더 이상 죄짓지 않는 몸으로 다시 살아날 것입니다. 우리는 모든 죽음의 요소를 떨쳐버리고, 영원한 생명으로 거듭날 것입니다.

묵상과 기도

Q. 신자의 영이 살아 있다고 말할 수 있는 근거는 무엇입니까?

prayer. 하나님, 몸은 약해질지라도 영혼은 더욱더 건강해지게 해주세요. 몸에는 질병이 있을지라도 영혼은 더욱더 힘을 얻게 하시고, 몸은 부족함이 있을지라도 영혼은 날마다 새로워지게 해주세요.

너희 죽을 몸도 살리시리라

> **롬 8:11** 예수를 죽은 자 가운데서 살리신 이의 영이 너희 안에 거하시면 그리스도 예수를 죽은 자 가운데서 살리신 이가 너희 안에 거하시는 그의 영으로 말미암아 너희 죽을 몸도 살리시리라

우리는 지난 시간에 "몸은 죄로 말미암아 죽은 것이나 영은 의로 말미암아 살아 있는 것이니라"롬8:10 라는 진술을 살펴보았습니다. 우리의 영은 살아 있습니다. 우리는 영으로는 구원받았습니다. 하지만 우리의 몸은 죽어 있습니다. 우리의 몸은 여전히 죄의 유혹과 공격 가운데 있습니다. 우리의 몸은 여전히 죄를 사랑하고, 죄에 끌리는 성향을 가지고 있습니다.

그러나 이 상태가 영원하지는 않습니다. 언젠가는 우리의 몸도 변합니다. 언젠가는 우리의 몸도 살아납니다. 이것이 오늘 본문의 주제입니다. "너희 죽을 몸도 살리시리라."11절

죽을 몸이 다시 살아난다는 보증은 무엇입니까? 우리는 무엇을 근거로 죽을 몸이 다시 살아날 것을 확신할 수 있습니까? 우리의 몸이 부활한다는 보증은 성령님입니다. 하나님은 "그의 영으로 말미암아"11절 우리의 죽을 몸을 살리실 것입니다.

바울은 다른 곳에서도 동일하게 말합니다. "성령으로 인치심을 받았으니 이는 우리 기업의 보증이 되사 그 얻으신 것을 속량하시고 그의 영광을 찬송하게 하려 하심이라."엡1:13-14 하나님은 우리에게 성령님을 주셨습니다. 성령님이 우리 안에 계시다는 것은, 우리가 반드시 구원받을 것을 보증합니다. 성령님이 우리 안에 계시기에 우리의 구원은 확실합니다. 구원에 대한 하나님의 약속은 성령님을 통해 반드시 성취됩니다. 그래서 성령님은 "우리 기업의 보증"엡1:14입니다.

하나님께서 우리에게 성령님을 보내셨으므로, 우리의 구원은 반드시 이루어집니다. 우리 안에서 착한 일을 시작하신 하나님은 절대로 그 일을 포기하거나 중단하지 않으십니다. "너희 안에서 착한 일을 시작하신 이가 그리스도 예수의 날까지 이루실 줄을 우리는 확신하노라."빌1:6

그래서 우리는 확신합니다. 우리의 구원을 확신합니다. 우리의 부활을 확신합니다. 우리의 죽을 몸이 살아날 것을 확신합니다. 우리의 영혼뿐만 아니라 우리의 몸도 거룩하게 변할 것을 확신합니다. 우리의 죽을 몸이 영광스럽게 변할 것을 확신합니다. "그는 만물을 자기에게 복종하게 하실 수 있는 자의 역사로 우리의 낮은 몸을 자기 영광의 몸의 형체와 같이 변하게 하시리라."빌3:21

하나님은 자신의 크신 능력으로 우리의 몸을 살려주실 것입니다. 마지막 날에는 모든 신자의 몸이 살아날 것입니다. 썩어서 흙이 된 신자든지, 불타서 재가 된 신자든지, 수장되어 물고기 밥이 된 신자든지 아무런 상관이 없습니다. 하나님은 자신의 전능하신 능력으로 신자들의 몸을 살려주실 것입니다.

묵상과 기도

Q. 우리의 죽을 몸이 다시 살아난다는 보증은 무엇입니까?

prayer. 하나님, 부활의 소망을 주셔서 감사합니다. 죽을 몸을 다시 살려주신다고 약속해 주셔서 감사합니다. 부활의 소망 안에서 슬픔을 이기고 어려움을 극복하게 해주세요. 부활의 소망 안에서 헤어진 자들에 대한 그리움을 견디게 해주세요.

영으로써 몸의 행실을 죽이면 살리니

> **롬 8:12-13** 12 그러므로 형제들아 우리가 빚진 자로되 육신에게 져서 육신대로 살 것이 아니니라 13 너희가 육신대로 살면 반드시 죽을 것이로되 영으로써 몸의 행실을 죽이면 살리니

성화에 관한 두 가지 극단적인 주장이 있습니다. 한 가지는 '완전주의'입니다. 완전주의를 주장하는 자들은 특별한 체험을 강조합니다. 그들은 특별한 체험을 하면 죄에서 완전히 떠나게 된다고 말합니다. 특별한 체험을 하면 완전히 거룩하게 된다고 말합니다. 그래서 그들의 목표는 특별한 체험을 하는 것이고, 특별한 체험을 통해 일순간에 거룩한 사람으로 변화되는 것입니다.

또 한 가지는 '패배주의'입니다. 패배주의를 주장하는 자들은 믿음을 강조합니다. 그들은 성화가 신자의 책임이 아니라고 말합니다. 신자는 성화를 이룰 수 없다고 말합니다. 그들은 예수님을 믿는 것이 가장 중요하며, 사실상 그것이 전부라고 주장합니다. 사실상 이들은 믿음과 행위를 구별합니다.

오늘 본문은 두 가지 양극단이 모두 비성경적임을 보여줍니다. 바울은 완전주의를 가르치지 않지만, 그렇다고 패배주의를 가르치지도 않습니다. 바울은 신자가 죄와 싸워야 한다고 말합니다. 싸우되 최선을 다해야 한다고 말합니다. "육신에게 져서 육신대로 살 것이 아니니라."12절

신자가 이 세상에서 완전히 거룩해질 수 없다는 것은 분명한 사실입니다. 그렇다고 해서 죄와 싸우려는 노력을 완전히 포기하는 것은 옳지 않습니다. 신자에게는 죄와 싸워야 할 사명이 있습니다. 죄와 싸워 이겨야 할 책임이 있습니다.

성화는 한순간에 일어나는 사건이 아닙니다. 특별한 체험을 하면 자동적으로 성화되는 것이 아닙니다. 우리는 사는 동안 계속해서 "몸의 행실을" 죽여야 합니다. 죽을 때까지 죄와 싸워야 합니다. 죄가 우리를 일평생一平生 공격하기에, 죄와 싸우려는 노력도 일평생 계속되어야 합니다.

성화는 체험이 아니라, 과정입니다. 성화는 일평생 해야 할 숙제입니다. 물론 쉽지 않은 일입니다. 하지만 우리는 포기하지 말아야 합니다. 그 이유는 성령님 때문입니다. 성령님이 우리의 성화를 도와주시기 때문입니다. "영으로써 몸의 행실을 죽이면 살리니."13절

성령님이 우리 안에 거하십니다. 성령님이 우리와 함께 하십니다. 성화는 우리가 홀로 이루어야 할 무거운 짐이 아닙니다. 성화도 칭의처럼 하나님의 은혜입니다. 따라서 우리는 성화되기 위해 노력해야 하고, 또 반드시 성화될 수 있습니다.

묵상과 기도

Q. 다른 사람에게 완전주의를 요구하면서 쉽게 정죄하고 판단하지 않습니까?

Q. 자신에게 패배주의를 적용하면서, 쉽게 죄를 짓고 있지 않습니까?

prayer. 하나님, 아무도 완전하게 살 수 없습니다. 그러므로 쉽게 다른 사람을 정죄하거나 판단하지 않게 해주세요. 하지만 죄를 짓는 것이 당연한 일은 아닙니다. 그러므로 죄와 싸우기 위해 최선을 다하게 해주세요.

그러므로

롬 8:12-13 12 그러므로 형제들아 우리가 빚진 자로되 육신에게 져서 육신대로 살 것이 아니니라 13 너희가 육신대로 살면 반드시 죽을 것이로되 영으로써 몸의 행실을 죽이면 살리니

오늘 본문은 로마서 8장 1절과 2절의 적용입니다. 1절과 2절의 내용이 교리라면, 12절과 13절의 내용은 실천입니다. 먼저 1절과 2절을 다시 한 번 보겠습니다. "그러므로 이제 그리스도 예수 안에 있는 자에게는 결코 정죄함이 없나니 이는 그리스도 예수 안에 있는 생명의 성령의 법이 죄와 사망의 법에서 너를 해방하였음이라." 이제 우리는 사망의 체제 안에 있지 않습니다. 이제 우리는 생명의 체제 안에 있습니다. 우리는 죄의 지배 아래 있지 않고, 예수님의 은혜 아래 있습니다. 그래서 우리의 구원은 절대적으로 확실합니다. 우리는 죄와 사망에서 해방되었습니다. 우리는 죄와 사망과는 아무런 상관이 없습니다. 그러므로 우리는 어떻게 살아야 합니까? 그 질문에 대한 대답이 오늘 본문입니다. 바울은 다음과 같이 말합니다. "그러므로 형제들아, 우리가 빚진 자로되 육신에게 져서 육신대로 살 것이 아니니라. 너희가 육신대로 살면 반드시 죽을 것이로되 영으로써 몸의 행실을 죽이면 살리니."12-13절 바울은 "그러므로"라는 접속사로 신자의 삶을 설명합니다. 이것은 육신과 싸우는 일이 신자의 당연한 의무임을 보여줍니다. 몸의 행실을 죽이는 일이 신자의 필수적인 사명임을 보여줍니다. 바울의 진술을 쉽게 표현하면 다음과 같습니다. "너희는 하나님께 죄를 짓고, 하나님께 반역을 꾀하던 자들이었다. 그래서 지옥에서 영원히 형벌을 받아야 마땅했다. 하지만 하나님께서 우리에게 무한한 자비와 사랑을 베풀어 주셨다. 하나님은 자기 아들을 우리 대신 희생하셔서, 우리를 구원하셨다. 그러므로 우리는 육신에게 져서 육신대로 살 것이 아니다. 우리는 성령님의 도움을 힘입어 몸의 행실을 죽여야 한다."

은혜를 받았으므로, 그에 합당한 삶을 살아야 한다는 것은 로마서에만 기록된 특별한 내용이 아닙니다. 성경 어디서나 동일한 내용을 발견할 수 있습니다.

"그러므로 주 안에서 갇힌 내가 너희를 권하노니 너희가 부르심을 받은 일에 합당하게 행하여 모든 겸손과 온유로 하고 오래 참음으로 사랑 가운데서 서로 용납하고 평안의 매는 줄로 성령이 하나 되게 하신 것을 힘써 지키라."엡4:1-3

"그러므로 너희가 그리스도와 함께 다시 살리심을 받았으면 위의 것을 찾으라. 거기는 그리스도께서 하나님 우편에 앉아 계시느니라. 위의 것을 생각하고 땅의 것을 생각하지 말라."골3:1-2

"그런즉 너희는 하나님께 복종할지어다. 마귀를 대적하라. 그리하면 너희를 피하리라."약4:7

"그러므로 너희 마음의 허리를 동이고 근신하여."벧전1:13

우리가 누구인지 잊지 말아야 합니다. 우리는 은혜를 받은 사람입니다. 평범한 은혜가 아닙니다. 죽음에서 건져진 은혜입니다. 영원한 형벌에서 벗어난 은혜입니다. 하나님의 자녀로 입양된 은혜이며, 영원한 생명을 선물 받은 은혜입니다. 그러므로 우리는 거룩하게 살아야 합니다. 죄와 싸우며, 몸의 행실을 죽이며 살아야 합니다.

묵상과 기도

Q. 하나님의 은혜로 구원을 받았으니 하나님의 영광을 위해 살겠다고 생각합니까?

Q. 은혜로 구원을 받았으니 자신을 자랑하지 않고 하나님의 이름만 자랑하겠다고 생각합니까?

prayer. 하나님, 저희는 오직 은혜로 구원받은 존재입니다. 그러므로 하나님의 영광을 위해서만 살게 해주세요. 저희를 자랑하지 않고, 하나님의 이름만 자랑하며 살게 해주세요.

영으로써 몸의 행실을 죽이면 살리니(1)

> **롬 8:12-13** 12 그러므로 형제들아 우리가 빚진 자로되 육신에게 져서 육신대로 살 것이 아니니라 13 너희가 육신대로 살면 반드시 죽을 것이로되 영으로써 몸의 행실을 죽이면 살리니

죄와 싸우는 것을 성화라고 합니다. 성화는 성경의 보편적인 교훈입니다. 신자라면 누구든지 죄와 싸워야 합니다. 몸의 행실을 죽여야 합니다. 신자의 삶은 성화의 삶입니다.

성화에 관한 잘못된 주장들이 있습니다. 성화에 관한 두 가지 극단적인 주장이 있습니다. 첫 번째는 '완전주의'입니다. 특별한 체험을 하면 한순간에 성화가 완성된다는 주장입니다. 특별한 체험을 하면 다시는 죄를 짓지 않는 사람이 된다는 것입니다. 만약 성화가 한순간에 완성될 수 있다면 바울은 신자들에게 무엇인가를 하라고 권면할 필요가 없습니다. 죄와 싸우라고 말할 필요가 없습니다. 따라서 완전주의는 비성경적입니다.

두 번째는 '패배주의'입니다. 이 땅에서는 성화가 불가능하다는 주장입니다. 아무리 노력해도 죄를 이길 수 없으므로, 신자의 사명은 예수님을 믿는 것이 전부라는 것입니다. 하지만 예수님을 믿는 것이 전부라면 바울은 우리에게 무엇인가를 하라고 권면할 필요가 없습니다. 몸의 행실을 죽이라고 말할 필요가 없습니다. 따라서 패배주의 역시 비성경적입니다.

패배주의가 특히나 성경과 모순되는 것은 신자가 전적으로 무력한 존재가 아니기 때문입니다. 신자는 "육신에게 져서 육신대로" 살아갈 존재가 아닙니다. 12절 신자에겐 "몸의 행실을" 죽일 능력이 있습니다. 13절 따라서 우리는 "나는 전적으로 무능하다. 나는 아무것도

할 수 없다. 내가 할 일은 예수님을 믿는 것이 전부다"라고 말하지 말아야 합니다.

우리가 죄의 노예였을 때는 사망의 열매밖에 맺을 수 없었습니다. 그때 우리는 전적으로 무능했습니다. 선한 것은 아무것도 할 수 없었습니다. 하지만 지금은 다릅니다. 이제 우리는 전혀 새로운 존재입니다. 우리는 다시 태어났습니다. 우리는 전적으로 무능하지 않습니다. 그래서 성경은 다음과 같이 말합니다. "우리가 육신에 있을 때에는 율법으로 말미암는 죄의 정욕이 우리 지체 중에 역사하여 우리로 사망을 위하여 열매를 맺게 하였더니 이제는 우리가 얽매였던 것에 대하여 죽었으므로 율법에서 벗어났으니 이러므로 우리가 영의 새로운 것으로 섬길 것이요 율법 조문의 묵은 것으로 아니할지니라." 롬7:5-6

이제 우리는 "나는 아무것도 할 수 없다. 나는 열매를 맺을 수 없다"라고 말하지 말아야 합니다. 대신 "하나님이여, 저를 도와주십시오. 하나님의 영광을 위해 살 수 있도록 도와주십시오. 죄와 싸워 이길 수 있도록 도와주십시오. 선한 삶을 살고, 선한 열매를 맺을 수 있도록 도와주십시오"라고 기도해야 합니다. 우리는 그렇게 할 수 있고, 또한 그렇게 해야 합니다. 이제 우리는 혼자가 아니기 때문입니다. 우리 안에 성령님이 거하시기 때문입니다. 이제 우리는 "영으로써 몸의 행실을" 죽일 수 있기 때문입니다.

묵상과 기도

Q. 선하고 거룩한 삶을 살기 위해 성령님을 의지하고 있습니까?

prayer. 하나님, 저희는 혼자가 아닙니다. 성령님이 저희와 함께하시기 때문입니다. 성령님의 능력으로 충만하게 해주세요. 성령님을 더욱더 의지하게 해주세요. 그리하여 더욱더 선을 행하고, 더욱더 거룩하게 살게 해주세요.

영으로써 몸의 행실을 죽이면 살리니(2)

롬 8:12-13 12 그러므로 형제들아 우리가 빚진 자로되 육신에게 져서 육신대로 살 것이 아니니라 13 너희가 육신대로 살면 반드시 죽을 것이로되 영으로써 몸의 행실을 죽이면 살리니

오늘은 성화를 이루는 성경적인 방법을 살펴보겠습니다. 본문에서 바울은 "몸의 행실을" 죽이라고 말합니다. 바로 이것이 성화입니다. 성화는 몸의 행실을 죽이는 것입니다. 몸으로 죄짓는 일을 그치는 것이 성화입니다. 그렇다면 어떻게 몸으로 죄짓는 일을 그칠 수 있을까요? 어떻게 성화를 이루어 갈 수 있을까요? 먼저 잘못된 방식 두 가지를 알아보겠습니다. 첫째, 자신을 사회와 단절시키는 방식입니다. 이 방식을 신봉하는 자들은 세상에서 일상적인 삶을 사는 동안에는 죄를 죽일 수 없다고 믿습니다. 그래서 그들은 평범한 삶을 떠나 수도원에 들어가곤 합니다. 이것은 성경적인 신앙이 아닙니다. 예수님께서 우리에게 세상을 떠나지 말고, 세상 안에서 살아가라고 하셨기 때문입니다. 신자는 '세상 밖'에 있는 빛과 소금이 아니라, "세상의" 빛과 소금입니다. 마5:13-14

둘째, 자신을 기쁨과 단절시키는 방식입니다. 흔히 고행이라고 합니다. 예를 들어, 루터는 무릎으로 '빌라도의 계단'을 기어 올라갔습니다. 조지 휫필드는 거의 죽을 정도로 금식했습니다. 고행을 통해 성화를 이룬다고 믿었기 때문입니다. 이것 역시 성경적인 방식이 아닙니다. 적당하게 먹고 마시며 즐거워하는 것은 하나님의 선물이기 때문입니다. "사람이 하나님께서 그에게 주신 바 그 일평생에 먹고 마시며 해 아래에서 하는 모든 수고 중에서 낙을 보는 것이 선하고 아름다움을 내가 보았나니 그것이 그의 몫이로다"전5:18

그렇다면 죄를 죽이는 성경적인 방식은 무엇일까요? 첫째, 성령님을 인식하는 것입니다. "영으로써 몸의 행실을" 죽이라는 말씀처럼, 우리의 성화를 돕기 위해 성령님이 우리 안에 거하심을 생각하는 것입니다. 성령님이 우리를 도우시기에, 우리가 죄와 싸우는 데 있어서 전적으로 무능력한 자가 아님을 아는 것입니다.

둘째, 하나님의 마음을 생각하는 것입니다. 우리가 진정으로 하나님을 사랑한다면, 하나님을 슬프게 하는 일을 하지 않을 것입니다. 따라서 우리가 죄를 죽이기 위해서는 하나님의 마음을 생각해야 합니다.

셋째, 악행을 좋아하는 사람들과 거리를 두는 것입니다. "너희는 열매 없는 어둠의 일에 참여하지 말고 도리어 책망하라. 그들이 은밀히 행하는 것들은 말하기도 부끄러운 것들이라."엡5:11-12

넷째, 죄를 발생시킬 수 있는 것을 보지 말아야 합니다. 예를 들어, 음란물을 보면서 거룩해지기를 기대하는 것은 어리석은 일입니다. 그런 것을 보지 않기로 우리의 눈과 언약을 맺어야 합니다. "내가 내 눈과 약속하였나니 어찌 처녀에게 주목하랴."욥31:1

다섯째, 선과 악에 대한 분명한 기준을 가져야 합니다. 무엇이 선한 것이고, 무엇이 악한 것인지에 대한 지식이 있어야 합니다. 그래야만 선한 것을 가까이하고, 악한 것을 멀리할 수 있습니다. "그러므로 너희가 더욱 힘써 너희 믿음에 덕을, 덕에 지식을…이런 것이 너희에게 있어 흡족한즉 너희로 우리 주 예수 그리스도를 알기에 게으르지 않고 열매 없는 자가 되지 않게 하려니와."벧후1:5,8

묵상과 기도

Q. 죄를 죽이기 위해서는 누구를 인식해야 합니까?

Q. 죄를 죽이기 위해 누구의 마음을 생각해야 합니까?

Q. 죄를 죽이기 위해 어떤 사람들을 멀리해야 합니까?

prayer. 하나님, 하나님의 마음을 생각하며 살게 해주세요. 저희가 거룩하기를 원하시는 하나님의 마음을 늘 생각하게 해주세요. 그리고 악한 자들을 멀리하여 악한 자들의 행실을 본받지 않게 해주세요.

하나님의 아들이라

롬 8:14 무릇 하나님의 영으로 인도함을 받는 사람은 곧 하나님의 아들이라

로마서 8장의 중심 주제는 '구원의 확신'입니다. 바울은 8장에서 성령님이 우리 안에 거하시기 때문에, 우리의 구원은 확실하다고 말합니다. "예수를 죽은 자 가운데서 살리신 이의 영이 너희 안에 거하시면 그리스도 예수를 죽은 자 가운데서 살리신 이가 너희 안에 거하시는 그의 영으로 말미암아 너희 죽을 몸도 살리시리라." 롬8:11

예수님이 죽음에서 부활하신 것이 분명한 사실이듯, 우리가 죽음에서 부활하게 될 것도 분명한 사실입니다. 하나님의 성령이 우리 안에 거하시기 때문입니다. 그리고 성령님은 부활의 보증인 동시에, 자녀 됨의 보증입니다. 바로 그것이 오늘 본문의 핵심입니다. 바울은 하나님의 영이 거하는 자, 하나님의 영으로 인도함을 받은 사람은 하나님의 자녀라고 말합니다. 14절

우리는 본질적인 측면에서는 하나님의 자녀가 아닙니다. 본질적인 측면에서 모든 사람은 아담의 자녀입니다. 아담은 모든 사람의 조상으로서, 모든 사람의 아버지입니다. 우리가 태어날 때부터 아담의 원죄를 물려받은 것이 그 증거입니다.

본질상 하나님의 아들은 예수님 밖에 없습니다. 그래서 예수님은 독생자, 즉 유일하신 아들입니다. 오직 예수님만 본질적으로 하나님의 아들입니다. 그렇다면 우리는 어떤 측면에서 하나님의 자녀일까요? 우리는 양자라는 측면에서 하나님의 자녀입니다. 어떤 사람은 태어나면서부터 누군가의 자녀인 반면, 어떤 사람은 법적인 절차를 거쳐 누군가의 자녀가 됩니다. 이렇게 법적인 조치를 통해 자녀가 된 사람을 양자라고 합니다. 우리는 양자 됨의 측면에서 하나님의 자녀입니다. 하나님은 법적인 조치를 통해 우리를 하나님의 가족으로 받아들이셨습니다.[78]

예를 들어, 하나님께서 우리를 의롭다고 하시는 것은 일종의 법적인 조치입니다. 우리는 실제로 의롭지 않지만, 하나님께서 우리를 의롭다고 선언하심으로써 의롭게 됩니다. 흔히 이것을 '칭의'라고 합니다. 양자 됨도 마찬가지입니다. 하나님은 칭의와 마찬가지 방식으로 우리를 자녀 삼으십니다. 하나님은 예수님을 믿는 믿음을 보시고, 우리를 양자로 받아주십니다. "영접하는 자 곧 그 이름을 믿는 자들에게는 하나님의 자녀가 되는 권세를 주셨으니." 요1:12

우리가 구원을 확신하는 근거가 여기에 있습니다. 하나님은 불변하는 분이십니다. 하나님은 자신의 뜻과 계획을 변경하지 않으십니다. 따라서 하나님과 우리의 관계도 변하지 않습니다. 우리가 지금 하나님의 자녀라면, 앞으로도 영원히 하나님의 자녀입니다. 세상에서 가장 초라하고, 비천한 자라도 예수님을 믿는다면 하나님의 자녀입니다. 그가 세상 어디에 있든지 그는 하나님의 자녀이고, 하나님의 자녀라면 하나님의 돌봄 속에 있습니다. 하나님은 우리를 자녀로 보시고, 자녀처럼 대하십니다.

묵상과 기도

Q. 우리는 어떤 측면에서 하나님의 자녀입니까?

prayer. 하나님, 보잘것없는 저희를 자녀로 입양해 주셔서 감사합니다. 저희를 자녀로 대우해 주셔서 감사합니다. 아버지와 같은 사랑으로 저희를 돌보아 주셔서 감사합니다. 저희도 하나님의 자녀답게 살기 원합니다. 하나님의 자녀에게 합당한 삶을 살게 해주세요.

성령의 조명

롬 8:14 무릇 하나님의 영으로 인도함을 받는 사람은 곧 하나님의 아들이라

우리는 하나님의 자녀입니다. 그래서 하나님은 우리를 특별하게 대하십니다. 하나님은 세상 사람들을 대하는 것처럼 우리를 대하시지 않습니다. 하나님은 세상 사람들과 우리를 구별하십니다. 가장 큰 구별은 하나님께서 우리를 향한 계획을 가지고 있다는 점입니다.

"그러므로 만물이 그를 위하고 또한 그로 말미암은 이가 많은 아들들을 이끌어 영광에 들어가게 하시는 일에 그들의 구원의 창시자를 고난을 통하여 온전하게 하심이 합당하도다."히2:10

하나님은 자신의 양자들이 영광에 들어가게 하려는 계획을 가지고 계십니다. 믿음으로 자신의 양자가 된 자들이 영화로운 상태에 이르게 하려는 목표를 가지고 계십니다. 그렇다면 하나님은 어떤 방식으로 이 계획을 이루실까요? 성령님을 통해서 하십니다. "무릇 하나님의 영으로 인도함을 받는 사람은 곧 하나님의 아들이라."14절

그렇다면 하나님은 어떤 방식으로 우리를 인도하실까요? 하나님은 우리의 발과 무릎을 사용하셔서 우리를 인도하십니다.79 우리는 소파에 편안히 앉아 있고, 하나님께서 소파를 통째로 옮기시는 일은 없습니다.

예를 들어, 이스라엘 민족에게 가나안 땅을 주시는 일은 하나님의 계획 안에 있었습니다. 이스라엘이 가나안을 차지하는 것은 하나님의 뜻이었습니다. 하지만 이스라엘은 가나안 땅으로 직접 걸어가야 했고, 직접 칼을 들고 싸워야 했습니다.

이것은 우리의 구원에 있어서 가장 분명하게 드러납니다. 하나님은 우리를 기계적으로 구원하시지 않습니다. 하나님은 성령님을 통해서 우리를 구원하십니다. 성령님을 통해서 우리의 인격과 의지를 바꾸시는 방식으로 우리를 구원하십니다. 이것을 성령의 조명이라고 합니다.

성령의 조명이란, 성령의 능력에 의해 우리의 마음과 생각이 변화되는 것을 말합니다. 성령님의 조명을 받은 사람은 자발적으로 하나님께 순종하게 됩니다. 따라서 자신의 의지와 선택으로 하나님을 믿었지만, 그것조차 하나님의 뜻과 계획 속에서 이루어지게 됩니다.

그러므로 우리는 불안해할 필요가 없습니다. 우리가 하나님을 떠나는 선택을 할까 봐 두려워할 필요가 없습니다. 성령님이 우리 안에 거하신다면, 성령님이 우리를 인도하신다면, 우리는 하나님을 믿지 않기로 결정할 수 없습니다. 하나님을 떠나는 것을 선택할 수 없습니다. 물론 일시적으로 신앙의 위기를 겪을 수 있고, 잠시 교회를 떠날 수도 있습니다. 하지만 성령님이 우리 안에 거하시기 때문에, 우리는 반드시 위기를 극복합니다. 우리는 반드시 하나님의 품으로 돌아옵니다.

묵상과 기도

Q. 성령의 조명이란 무엇입니까?

Q. 성령님이 우리 안에서 우리를 인도하심을 믿습니까?

prayer. 하나님, 성령님을 통해 저희를 인도해 주셔서 감사합니다. 성령님의 능력으로 저희를 돌보아 주셔서 감사합니다. 외톨이 인생이 아니라, 성령님과 함께하는 인생이 되게 해주셔서 감사합니다.

성령의 인도하심

> **롬 8:14** 무릇 하나님의 영으로 인도함을 받는 사람은 곧 하나님의 아들이라

우리는 하나님의 자녀입니다. 성령님이 우리를 인도하신다는 사실이 그 증거입니다. 그렇다면 성령님은 어떤 식으로 우리를 인도하실까요? 앞에서 살펴본 것처럼 성령님의 인도는 기계적이지 않습니다. 성령님은 우리를 인격적으로 인도하십니다. 예를 들어, 기계적으로 예수님을 영접하는 사람은 없습니다. 어느 날 우리의 두뇌가 하얗게 리셋된 다음에, 예수님을 믿는 두뇌로 새롭게 프로그래밍 되지 않습니다. 성령님은 우리의 생각과 마음을 인격적으로 움직이셔서, 우리가 자발적으로 예수님을 믿게 하십니다.

성령님의 인도하심에 대한 가장 잘못된 주장은, '성령'과 '성경'을 구별하는 것입니다. 예를 들어, 성경에 없는 것을 진리라고 주장하는 사람들이 있습니다. 그들은 그것이 성경에는 없을지라도 성령님이 말씀하셨으므로, 진리라고 주장합니다. 하지만 성경은 성령님에 대해 다음과 같이 말합니다.

"그는 진리의 영이라 세상은 능히 그를 받지 못하나니 이는 그를 보지도 못하고 알지도 못함이라 그러나 너희는 그를 아나니 그는 너희와 함께 거하심이요 또 너희 속에 계시겠음이라." 요14:17

"보혜사 곧 아버지께서 내 이름으로 보내실 성령 그가 너희에게 모든 것을 가르치고 내가 너희에게 말한 모든 것을 생각나게 하리라." 요14:26

성경의 증언은 확실합니다. 성령님은 '진리인 성경'을 통해서 역사하십니다. 따라서 성경과 상반되거나 성경에 부합하지 않는다면 진리가 아닙니다. 예를 들어 로마 가톨릭은 교황의 선포에는 오류가 없다는 '교황 무오설', 마리아가 원죄 없이 태어났다는 '마리아 무오설', 마리아가 죽지 않고 승천했다는 '마리아 승천설' 등을 주장합니다. 그런데 이것은 성경의 가르침에 반대됩니다. 성경은 모든 사람이 죄인이며, 롬3:10 모든 사람이 죽는다고 말합니다. 히9:27

성령님은 성경을 통해서 우리를 인도하십니다. 따라서 우리가 하나님의 인도에 복종하고자 한다면 성경을 묵상해야 합니다. 성경 속에서 답을 찾아야 합니다. 성경에 귀를 기울여야 하고, 성경에 시선을 집중해야 합니다.

우리는 성경을 통해 다음과 같은 사실들을 알게 됩니다. 첫째, 하나님께서 어떤 분인지 알게 됩니다. 그리하여 우리가 어떻게 살아야 하나님께서 기뻐하시는지 알 수 있습니다.

둘째, 우리가 어떤 존재인지 알게 됩니다. 우리가 죄인이며, 실수가 많은 존재임을 알게 됩니다. 그리하여 악인의 길이 아니라 의인의 길을 걷게 됩니다.

셋째, 구원의 길을 알게 됩니다. 하나님께서 우리를 구원하기 위해 독생자를 십자가에서 죽이셨다는 것과 예수님을 믿어야만 구원을 얻는다는 것은, 오직 성경을 통해서만 알 수 있습니다. 그리하여 우리는 심판이 아니라 구원을 향해 걸어갈 수 있습니다.

묵상과 기도

Q. 성경 속에서 하나님의 뜻을 찾기 위해 노력하고 있습니까?

prayer. 하나님, 성경을 사모하는 마음을 주세요. 성경을 성실하게 읽을 수 있도록 도와주세요. 성경 속에서 하나님을 만나고, 성경을 통해 하나님을 사랑하는 마음을 키워가게 해주세요.

하나님의 영으로 인도함을 받는 사람

롬 8:14 무릇 하나님의 영으로 인도함을 받는 사람은 곧 하나님의 아들이라

우리의 구원은 확실합니다. 우리는 하나님의 자녀이기 때문입니다. 하나님께서 자기 자녀들을 버릴 수는 없기 때문입니다. 그렇다면 우리가 하나님의 자녀라는 근거는 무엇입니까? 우리 안에 성령님이 거한다는 사실입니다. 오늘 본문은 "하나님의 영으로 인도함을 받는 사람은 곧 하나님의 아들"이라고 말합니다.

그렇다면 우리 안에 성령님이 거하신다는 증거는 무엇입니까? 우리의 믿음이 그 증거입니다. 성령님이 거하지 않는 사람은 예수님을 믿을 수 없습니다. 성령님이 거듭나게 하신 사람만 예수님을 믿을 수 있습니다. "진실로 진실로 네게 이르노니 사람이 물과 성령으로 나지 아니하면 하나님의 나라에 들어갈 수 없느니라."요3:5

원어 성경에는 "물과 성령"이 하나의 관사로 묶여 있습니다. 따라서 "물과 성령"은 같은 것을 가리킵니다. 그래서 '물인 성령'으로 번역할 수 있고, 이것이 문맥상 더 정확합니다. 물이 더러운 것을 깨끗하게 하듯이, 성령님도 우리를 깨끗하게 하십니다. 그리하여 우리가 예수님을 믿을 수 있게 하십니다. 지금 우리가 예수님을 믿고 있다는 것은, 우리 안에 성령님이 거하신다는 증거입니다.

오늘 본문은 우리 안에 거하시는 성령님이, 우리를 인도하신다고 말합니다. 그리고 성령님이 우리를 인도하시는 결과는 다음과 같습니다. "육체의 소욕은 성령을 거스르고 성령은 육체를 거스르나니 이 둘이 서로 대적함으로 너희가 원하는 것을 하지 못하게 하려 함이니라."갈5:17

이 말씀처럼 성령님은 우리에게 선한 영향력을 발하셔서 우리가 악한 삶을 살지 않도록 하십니다. 한 가지 예를 들어보겠습니다. 서울에 가면 양화진이라는 외국인 선교사 공동묘지가 있습니다. 이곳에 처음 묻힌 선교사는 '헤론'입니다. 그는 미국 사람이었고, 의사였습니다. 그는 조선과는 비교할 수 없이 발전된 미국 땅에서 얼마든지 부와 명예를 누릴 수 있었습니다. 그런데 그는 모든 것을 내려놓고, 그 당시 가장 가난한 나라였던 조선으로 왔습니다.

그가 이런 선택을 하게 되었던 이유는 무엇일까요? 그는 어떻게 편안한 삶을 내려놓고 선교사가 되는 것을 선택할 수 있었을까요? 그것이 가능할 수 있었던 이유는 하나밖에 없습니다. 성령님이 그를 인도하셨기 때문입니다. 성령님이 그의 마음과 생각에 거룩한 영향을 미치셨기 때문입니다. 성령님이 육체를 거슬러 싸우셨기 때문입니다. 우리가 신자라는 사실은 여기서 드러납니다. 세상은 언제나 자기가 중심입니다. 하지만 신자는 하나님이 중심입니다. 세상은 언제나 부와 명예를 추구합니다. 하지만 신자는 하나님의 영광을 추구합니다. 그래서 신자는 하나님의 영광을 위해 자신의 손해를 감수할 수 있습니다. 자신의 이름을 감추고, 하나님의 이름을 높일 수 있습니다.

우리는 어떠합니까? 성령님의 인도하심에 순종하고 있습니까? 하나님의 영광을 위해 살라고 하시는 성령님의 음성에 귀를 기울입니까? 자신의 이름이 아니라 하나님의 이름을 위해 살라고 하시는 성령님의 부르심에 기꺼이 복종하고 있습니까?

묵상과 기도

Q. 부르심에 기꺼이 복종하고 있습니까?

Q. 우리 안에 성령님이 거하신다는 증거는 무엇입니까?

Q. 성령님의 인도하심에 순종하기 위해 노력하고 있습니까?

prayer. 하나님, 자기 중심적인 삶이 아니라 하나님 중심적인 삶을 살게 해주세요. 부와 명예를 추구하는 삶이 아니라 하나님의 영광을 추구하는 삶을 살게 해주세요.

무서워하는 종의 영, 양자의 영(1)

롬 8:15 너희는 다시 무서워하는 종의 영을 받지 아니하고 양자의 영을 받았으므로 우리가 아빠 아버지라고 부르짖느니라

본문에는 "영"이라는 단어가 두 번 등장합니다. 첫 번째는 "무서워하는 종의 영"이고, 두 번째는 "양자의 영"입니다. 어떤 사람들은 "무서워하는 종의 영"과 "양자의 영"을 구분합니다. 그러면서 전자를 '악한 영', 후자를 '성령'으로 간주합니다.

본문을 그렇게 해석하면 오류와 모순에 빠지게 됩니다. 악한 영들은 하나님을 무서워하도록 만들지 않기 때문입니다. 악한 영들은 하나님의 존재를 인정하지 않도록 만듭니다. 악한 영들은 하나님이 없다고 생각하게 만듭니다. "악인은 그의 교만한 얼굴로 말하기를 여호와께서 이를 감찰하지 아니하신다 하며 그의 모든 사상에 하나님께서 없다 하나이다."시10:4

악인들은 하나님께서 보지 않으신다고 생각할 뿐만 아니라, 하나님이 없다고까지 주장합니다. 그들이 이렇게 생각하는 것은 그들의 마음이 부패했기 때문이고, 악한 영들에게 미혹되었기 때문입니다. 따라서 "무서워하는 종의 영"은 악한 영을 말하는 것일 수 없습니다.

그렇다면 "무서워하는 종의 영"은 누구입니까? 성령님입니다.[80] 오직 성령님만이 우리로 하여금 두려움과 죄책감을 느끼게 하시기 때문입니다. 성령님이 우리 안에 거하시고 우리 안에서 일하시기 시작할 때, 비로소 우리는 죄책감을 느낄 수 있습니다. 가장 분명한 실례가 사도행전 2장에 기록되어 있습니다. 베드로가 전한 복음을 들은 유대인들은 무서운 감정에 사로잡혔습니다. "그들이 이 말을 듣고 마음에 찔려 베드로와 다른 사도들에게 물어 이르되 형제들아 우리가 어찌할꼬 하거늘."행2:37

유대인들이 "형제들아 우리가 어찌할꼬" 하고 외쳤던 것은 두려웠기 때문입니다. 죄책감을 느꼈기 때문입니다. 그렇다면 그들이 두려움과 죄책감을 느낀 이유는 무엇입니까? 하나의 대답밖에 없습니다. 그들이 "무서워하는 종의 영" 즉, 성령을 받았기 때문입니다.[81] 그러므로 "무서워하는 종의 영"과 "양자의 영"은 둘 다 성령님을 가리키는 표현입니다. 두 경우 모두 성령이 낳는 특별한 효과를 언급하는 것입니다.[82]

그런데 왜 바울은 "무서워하는 종의 영"과 "양자의 영"을 구분하고 있을까요? 논리적인 우선순위 때문입니다. 성령님은 "무서워하는 종의 영"의 모습으로 먼저 우리를 찾아오시고, 그다음에 "양자의 영"의 모습으로 우리를 찾아오십니다. 성령님은 율법을 통해서는 종의 영으로 역사하시고, 복음을 통해서는 양자의 영으로 일하십니다.[83] 율법을 통해서는 두려움을 주시고, 복음을 통해서는 확신을 주십니다.

우리는 성령님의 역사로 인해 자신이 죄인임을 알게 됩니다. 이것은 성령님이 가장 먼저 하시는 일입니다. 성령님이 그다음에 하시는 일은 우리가 하나님의 자녀인 것을 확신하게 하는 일입니다. 이처럼 성령님은 먼저 "무서워하는 종의 영"의 모습으로 우리를 찾아오시고, 그다음에 "양자의 영"의 모습으로 우리를 찾아오십니다. 그래서 바울은 "무서워하는 종의 영"과 "양자의 영"을 구분하고 있는 것입니다.

묵상과 기도

Q. 우리가 하나님의 저주와 심판을 두려워할 수 있었던 것은 누구 때문입니까?

prayer. 하나님, 세상 사람들은 하나님의 심판을 믿지 않습니다. 심판을 두려워하지 않습니다. 하지만 저희는 하나님의 심판을 믿습니다. 마지막 날에 하나님께서 모든 사람을 심판하실 것을 믿습니다. 그러므로 심판의 날을 준비하며 살게 해주세요. 하나님 앞에 서게 될 날을 준비하며 살게 해주세요.

무서워하는 종의 영, 양자의 영(2)

롬 8:15 너희는 다시 무서워하는 종의 영을 받지 아니하고 양자의 영을 받았으므로 우리가 아빠 아버지라고 부르짖느니라

성령님은 크게 두 가지 방식으로 일하십니다. 한 가지는 "무서워"하게 하는 것이고, 또 한 가지는 우리가 하나님의 양자임을 확신하게 하는 것입니다. 하지만 논리적인 순서가 있습니다. 우리가 하나님의 자녀임을 확신하는 것보다, 우리가 하나님 앞에서 죄인임을 깨닫고 무서워하는 것이 더 먼저입니다. 그래서 청교도 목회자 존 프리스톤은 이 본문을 다음과 같이 설교했습니다. [84]

"만일 종의 영을 가진 적이 없으면 양자의 영도 받지 못한 것이 틀림없다. 사도는 그것이 모든 그리스도인들에게 공통되는 조건이라고 말하기 때문이다. 그들은 다시 종의 영을 받지 않는다. 한 번 받은 적이 있지만 이제는 양자의 영을 받는다. 나는 모든 사람이 이 종의 영을 받아야 한다고 주장한다. 어떤 사람도 그리스도에게 인도하는 몽학선생인 율법이 아니고서는 그리스도에게 올 수가 없기 때문이다."

존 프리스톤이 말하고자 하는 바는 다음과 같습니다. 하나님을 두려워한 적이 없다면, 신자가 아니라는 것입니다. 율법이라는 몽학선생^{초등교사}을 통해서 자신의 죄인 됨을 발견한 적이 없다면, 참된 신자가 아니라는 것입니다. 그는 다음 구절을 그 근거로 제시합니다. "이같이 율법이 우리를 그리스도께로 인도하는 초등교사가 되어 우리로 하여금 믿음으로 말미암아 의롭다 함을 얻게 하려 함이라. 믿음이 온 후로는 우리

가 초등교사 아래에 있지 아니하도다." 갈3:24-25

율법은 우리를 예수님께로 인도하는 초등교사입니다. 우리는 율법을 통해 자신의 죄와 비참을 깨닫게 되고, 그 결과 예수님을 바라보게 됩니다. 바로 이것이 "무서워하는 종의 영"입니다. 성령님은 율법을 통해 우리 안에 무서움의 감정을 일깨우십니다.

따라서 "무서워하는 종의 영"을 받지 않고, "양자의 영"을 받을 수는 없습니다. 이에 대해 위대한 설교자 조지 휫필드는 다음과 같이 말했습니다. "시내산을 거치지 않고 시온산에 가려 해서는 안 됩니다. [85]

시내산은 율법이 선포된 곳이고, 시온산은 하나님의 영원한 영광이 있는 곳입니다. 우리가 하나님의 영광을 보는 것은, 율법을 통해 자신의 죄와 비참을 깨닫게 된 다음입니다. 우리는 이미 이 주제를 살펴보았습니다. "율법이 들어온 것은 범죄를 더하게 하려 함이라. 그러나 죄가 더한 곳에 은혜가 더욱 넘쳤나니." 롬5:20

성령님은 율법을 통해 우리의 죄와 비참을 깨우쳐 주십니다. 성령님이 일하시기 전에는 우리의 더러움과 비참함을 알 수 없습니다. 하지만 그것이 전부는 아닙니다. 성령님은 죄책감 속에서 신음하는 우리에게, 곧바로 "양자의 영"으로 찾아오십니다. 그리고 이렇게 말씀하십니다. "너는 하나님의 자녀다. 그러므로 너는 결코 구원을 잃어버리지 않는다."

묵상과 기도

Q. 왜 율법을 초등교사라고 합니까?

prayer. 하나님, 성령님을 통해 저희의 죄를 보게 하셔서 감사합니다. 성령님을 통해 예수님을 바라보게 하셔서 감사합니다. 죄를 보여주셨으니, 더욱더 죄를 멀리하며 살게 해주세요. 예수님을 보여주셨으니, 더욱더 예수님을 의지하게 해주세요.

6월

로마서 8장 15절 – 30절

우리가 아빠 아버지라고 부르짖느니라

> **롬 8:15** 너희는 다시 무서워하는 종의 영을 받지 아니하고 양자의 영을 받았으므로 우리가 아빠 아버지라고 부르짖느니라

본문은 성령님의 역할을 설명하고 있습니다. 성령님이 신자 안에 거하시면 어떤 일이 일어나는지를 말하고 있습니다. 먼저 성령님은 "무서워하는 종의 영"으로 우리를 찾아오십니다. 성령님은 우리 안에 무서움의 감정을 일깨우십니다. 우리의 죄에 대해서, 심판받아 마땅한 비참한 현실에 대해서 무서워하며 두려워하게 하십니다. 그리하여 우리를 예수님께로 인도하십니다. 다음으로 성령님은 "양자의 영"으로 우리를 찾아오십니다. 성령님은 우리가 하나님의 자녀임을 알게 하십니다. 예수님을 구원자로 믿을 뿐만 아니라, 하나님을 아버지로 믿게 하십니다. 그리하여 우리에게 구원의 확신을 주십니다.

로마서 8장 15절에는 한 가지 특이한 표현이 있습니다. "아빠 아버지라고 부르짖느니라"라는 말씀입니다. 이것은 두 가지 측면에서 평범하지 않습니다. 한 가지는 하나님을 단순히 '아버지'라고 부르지 않고 "아빠 아버지"라고 부르게 된다는 점입니다. 여기서 아빠라고 번역된 단어는 '아바Abba'라는 아람어입니다. 이 단어는 예수님이 거하셨던 팔레스타인 지방에서 어린아이들이 자기 아버지를 친근하게 부를 때 사용했던 단어입니다.[86] 성령님이 우리 안에 거하시면, 우리는 하나님을 단순히 '아버지'라고 부를 뿐만 아니라 '아빠'라고도 부를 수 있게 됩니다.

"부르짖느니라"라는 표현 역시 독특합니다. 부르짖는다는 말에는 깊은 감정이 담겨 있습니다. 아무런 감정 없이 무미건조하게 부르짖는 것은 불가능합니다.

부르짖기 위해서는 소리쳐야 합니다. 열심을 내어야 합니다. 이제 두 가지를 종합해 봅시다. 성령님이 우리 안에 거하시면, 우리는 하나님을 "아빠"라고 부르게 됩니다. 하나님을 "아빠"로 여기는 것은 '지식의 측면'을 나타냅니다. 성령님은 우리에게 하나님께서 우리의 아버지라는 지식을 주십니다. 하나님께 부르짖는 것은 '확신과 감정의 측면'을 나타냅니다. 성령님은 우리에게 확신과 감정을 주십니다. 하나님께서 우리의 아버지라는 확신과, 하나님께서 우리의 아버지가 확실하다는 감정입니다. 따라서 우리는 단순히 지식으로만 하나님을 아버지로 알지 않습니다. 우리는 느낌으로도 하나님을 아버지로 압니다. 우리는 하나님을 아버지로 믿을 뿐만 아니라, 느끼고 확신합니다.

이것이야말로 성도가 이 땅에서 누리는 최고의 축복입니다. 세상 사람들은 하나님에 대한 지식이 없습니다. 하지만 우리는 하나님을 "아빠 아버지"로 압니다. 세상 사람들은 하나님에 대한 느낌이 없습니다. 그들은 애써 하나님의 존재를 부인합니다. 그들은 온 힘을 다해서 하나님을 밀어냅니다. 하지만 우리는 하나님을 느낍니다. 하나님께서 우리의 아버지라는 것을 느낍니다. 그분이 우리의 하늘 아버지로서, 우리와 함께하심을 느낍니다. 하나님께서 자녀 된 우리를 내버려 두지 않으시고 돌보심을 느낍니다. 어린아이 같은 우리와 항상 동행하심을 느낍니다. 우리는 이러한 느낌 안에서 안정감을 찾습니다. 이러한 확신 속에서 평안을 누립니다. 바로 이것이 우리가 받은 복입니다.

묵상과 기도

Q. 아빠라고 번역된 아람어 '아바(Abba)'는 어떤 의미로 사용된 단어입니까?

Q. 우리의 하늘 아버지께서 늘 우리와 함께하심을 믿으십니까?

prayer. 하나님, 저희의 하늘 아버지가 되어 주셔서 감사합니다. 늘 저희와 함께하시고, 지켜주시고, 인도해 주셔서 감사합니다. 저희도 하나님의 자녀로서, 하나님께 순종하는 삶을 살게 해주세요.

양자의 영을 받았으므로(1)

롬 8:15 너희는 다시 무서워하는 종의 영을 받지 아니하고 양자의 영을 받았으므로 우리가 아빠 아버지라고 부르짖느니라

교회에서 성탄절을 맞이하여 아이들에게 선물을 준다고 가정해 봅시다. 예를 들어, 초등학생들에게 책가방을 선물로 준다고 말이지요. 책가방이 필요했던 아이들은 기쁜 마음으로 선물을 받을 것입니다. 하지만 책가방이 전혀 필요하지 않은 아이들도 있을 수 있습니다. 그 아이들은 기쁜 마음으로 책가방을 받기보다, 받지 않는 것을 선택할 것입니다.

이런 경우 무언가를 받을 것인가, 받지 않을 것인가를 결정하는 권한은 아이들에게 있습니다. 책가방이 필요 없다고 하는 아이에게 교회가 강제로 책가방을 주지는 않을 것입니다. 받을 것인지, 받지 않을 것인지를 결정하는 것은 아이들의 몫입니다.

성령님을 이런 식으로 생각하는 사람들이 있습니다. 그들은 성령님을 대기 중의 공기와 같이 생각합니다. 성령님은 언제나 우리 주위에 계시기 때문에, 우리가 성령님을 받고자 하면 성령님은 언제든지 우리 안에 오신다는 것입니다. 그래서 그들은 우리의 마음이 가장 중요하다고 주장합니다. 우리가 얼마나 간절히 성령님을 원하는가에 따라서 성령님이 오실 수도 있고, 그렇지 않을 수도 있다는 것입니다.

그들이 이런 식으로 생각하는 이유는 성령을 받는다는 표현 때문입니다. 오늘 본문은 이렇게 말합니다. "양자의 영을 받았으므로." 그들은 이 표현을 근거로 성령을 받는 것이 사람의 행위에 달려 있다고 주장합니다. 중요한 것은 성령을 받고자 하는 우리의 마음이라고 주장합니다.

그것은 성령님이 하나님이심을 무시하는 주장입니다. 하나님은 자유로운 분이십니다. 하나님은 어디에도 매이지 않으십니다. 하나님은 하고자 하는 것을 하시고, 원하지 않는 것은 하시지 않습니다. 모든 주권은 하나님께 있습니다. "이르시기를 너희는 가만히 있어 내가 하나님 됨을 알지어다. 내가 뭇 나라 중에서 높임을 받으리라. 내가 세계 중에서 높임을 받으리라 하시도다." 시46:10

하나님은 온 세상을 다스리는 왕이십니다. 하나님은 자기 뜻대로 세상을 운영하십니다. 성령님도 마찬가지입니다. 우리 마음대로 성령님을 조종할 수 없습니다. 오히려 성령님이 우리를 움직이십니다. 주도권은 성령님께 있습니다.

성령님은 물질이나 에너지가 아닙니다. 인격입니다. 성령님을 기계 다루듯이 해서는 안 됩니다. 예를 들어, 자판기는 기계입니다. 자판기는 기계이기 때문에 돈만 넣으면 물건을 제공합니다. 우리는 원하는 대로 기계를 조종할 수 있습니다. 하지만 성령님은 인격이시기에 조종할 수 없습니다. 그것은 성령님을 근심하게 하는 일입니다. 엡4:30 우리는 성령님을 경외해야 합니다. 경건한 두려움을 가지고 대해야 합니다. 성령님은 성부, 성자와 동등한 제3위位 하나님이시기 때문입니다.

묵상과 기도

Q. 성령님을 제3위(位) 하나님으로 올바르게 믿고 있습니까?

prayer. 하나님, 하나님을 올바르게 믿게 해주세요. 성부, 성자, 성령 삼위 하나님께 동등한 영광과 존귀를 올려드리게 해주세요. 삼위 하나님께 복종하고, 삼위 하나님의 인도하심에 순종하게 해주세요.

양자의 영을 받았으므로(2)

롬 8:15 너희는 다시 무서워하는 종의 영을 받지 아니하고 양자의 영을 받았으므로 우리가 아빠 아버지라고 부르짖느니라

성령집회 또는 은사집회라 불리는 모임이 있습니다. 이 모임을 주최한 자들은 이렇게 주장하곤 합니다. "이곳에 오라. 그러면 성령을 받을 것이다. 은사를 받을 것이다. 여기 신령한 자들이 있다. 그들이 축복하면 성령이 임할 것이다. 그들이 안수하면 은사를 받을 것이다. 성령이 임하기만 하면 질병과 가난의 문제가 떠날 것이다."

이들은 성령님을 자신들의 하수인처럼 대합니다. 자신들이 얼마든지 성령님을 조종할 수 있는 것처럼 말합니다. 하지만 성령님은 사람이 조종할 수 있는 분이 아닙니다. 성령님은 거룩한 삼위일체 중 제3위 하나님이십니다. 성령님은 성부·성자와 동등한 하나님입니다. 성령님은 성부·성자와 동등한 창조주입니다. 성령님은 우리에게 복종하시는 분이 아닙니다. 반대로 우리가 성령님께 복종해야 합니다. 아래의 구절을 주의 깊게 보기 바랍니다.

"베드로가 이 말을 할 때에 성령이 말씀 듣는 모든 사람에게 내려오시니 베드로와 함께 온 할례 받은 신자들이 이방인들에게도 성령 부어 주심으로 말미암아 놀라니 이는 방언을 말하며 하나님 높임을 들음이러라. 이에 베드로가 이르되 이 사람들이 우리와 같이 성령을 받았으니 누가 능히 물로 세례 베풂을 금하리요 하고."행10:44-47

베드로가 이방인들에게 복음을 전하고 있었습니다. 그때 갑자기 성령님이 이방인들에게 임하셨습니다. 베드로는 그 장면을 보고 놀랐습니다. 전혀 생각지 못했던 일이기 때문입니다. 이 사건을 통해 베드로는 이방인도 하나님의 백성이 될 수 있음을 알게 되었습니다. 주목할 부분은 성령님의 주도권입니다. 성령님은 주도적으로 임하셨습니다. 사람들이 성령님을 조종하지 않았습니다. 성령님이 모든 상황을 통제하셨습니다.

사도행전 19장 6절도 동일합니다. "바울이 그들에게 안수하매 성령이 그들에게 임하시므로 방언도 하고 예언도 하니." 바울이 안수할 때 성령님이 임하셨습니다. 어떤 사람들은 바울이 '안수'할 때 성령님이 임하셨음을 근거로, 사람이 성령님을 조종할 수 있는 것처럼 주장합니다. 하지만 바울이 '안수'할 때 성령님이 임하셨다는 것은, 주도권이 하나님께 있다는 증거입니다. 바울은 안수하는 모습을 통해 자신은 하나님의 도구에 지나지 않음을 나타내었습니다.[87] 만약 바울이 성령님을 조종할 수 있었다면 굳이 안수하지 않았을 것입니다. 그저 "성령을 받으라"라고 권면하는 것으로 충분했을 것입니다.

우리가 성령님의 주도권을 거듭해서 살펴보는 이유는, 성령님을 오해하는 경우가 너무나 많기 때문입니다. 어떤 사람도 성령님을 조종할 수 없습니다. 어떤 사람도 은사를 줄 수 없습니다. 모든 주도권은 성령님께 있습니다. 사람은 도구에 지나지 않습니다. 사람은 성령님의 능력이 드러나는 통로일 뿐입니다.

묵상과 기도

Q. 사람이 성령님을 조종할 수 있습니까?

prayer. 하나님, 성령님을 조종하려고 하지 않게 해주세요. 성령님께 복종하게 해주세요. 성령님을 저희의 도구로 삼지 않고, 저희가 성령님의 도구가 되어 살게 해주세요.

양자의 영을 받았으므로(3)

롬 8:15 너희는 다시 무서워하는 종의 영을 받지 아니하고 양자의 영을 받았으므로 우리가 아빠 아버지라고 부르짖느니라

성령님과 성령님의 사역을 오해하는 사람들이 많습니다. 많은 경우 이것은 성령 세례와 성령 충만을 구분하지 못했기 때문입니다. 먼저 요한복음 3장에 기록된 예수님과 니고데모의 대화를 살펴보겠습니다. "예수께서 대답하시되 진실로 진실로 네게 이르노니 사람이 물과 성령으로 나지 아니하면 하나님의 나라에 들어갈 수 없느니라. 육으로 난 것은 육이요 영으로 난 것은 영이니 내가 네게 거듭나야 하겠다 하는 말을 놀랍게 여기지 말라."요3:5-7

예수님의 가르침에서 크게 세 가지를 발견할 수 있습니다. 첫째, 구원받기 위해서는 다시 태어나야 합니다. 둘째, 다시 태어나는 것은 성령님에 의해서 가능합니다. 셋째, 성령님에 의해 다시 태어나는 것은 모든 신자들에게 공통적으로 일어나는 일입니다.

바로 이것이 성령 세례입니다. 세상 사람들은 예수님을 믿지 않지만, 우리는 예수님을 믿습니다. 이것은 우리가 영적으로 다시 태어났기 때문입니다. 흔히 이것을 '중생'이라고 합니다. 그리고 중생을 가능하게 하는 것은 성령님의 역사입니다. 성령님이 우리 안에 오셨기 때문에 가능한 일입니다. 그러므로 성령 세례는 일생에 단 한 번만 일어납니다. 성령 세례는 전적인 하나님의 은혜입니다. 성령 세례는 신자라면 누구나 겪는 일입니다.

하지만 성령 충만은 다릅니다. 에베소서 5장 18절은 다음과 같이 말합니다. "술 취하지 말라. 이는 방탕한 것이니 오직 성령으로 충만함을 받으라." 바울은 성령 충만을 명령형으로 말하고 있습니다. 따라서 성령 충만은 우리의 노력과 밀접한 관련이 있습니다. 예를 들어, 성령님에게 순종하는 사람은 계속해서 성령님으로 충만한 상태에 머물 수 있습니다. 반대로 성령님에게 불복종하는 사람은 성령 충만을 잃어버릴 수 있습니다.

정리하면 성령 세례와 성령 충만은 다음과 같이 구분됩니다. 첫째, 성령 세례는 일생에 단 한 번만 일어나는 일이지만, 성령 충만은 일평생 계속되는 일입니다. 둘째, 성령 세례의 효과는 동일하지만 성령 충만의 효과는 사람마다 다릅니다. 셋째, 성령 세례의 효과는 영원하지만 성령 충만의 효과는 일시적입니다. 한 번 성령 충만하게 되었다고 해서, 그 효과가 평생 남아 있지 않습니다.

마지막으로 성령 충만과 성령의 은사를 살펴보겠습니다. 많은 사람들이 성령 충만과 성령의 은사를 동일한 것으로 생각합니다. 하지만 둘은 같은 것이 아닙니다. 예를 들어, 성령 충만하지 않은 사람도 성령의 은사를 가지고 있을 수 있습니다. 마7:22-23 반대로 성령 충만하지만 성령의 은사는 없을 수도 있습니다.

묵상과 기도

Q. 성령님의 능력에 의해 영적으로 다시 태어나는 것을 무엇이라고 합니까?

Q. 성령 세례는 일생에 몇 번 일어납니까?

prayer. 하나님, 저희는 성령의 능력으로 다시 태어난 사람입니다. 성령의 능력으로 중생한 사람입니다. 그러므로 이제부터 성령 충만한 삶을 살게 해주세요. 성령님과 동행하게 하시고, 성령님께 순종하게 하시고, 성령님의 인도하심에 복종하게 해주세요. 그리하여 성령님의 능력이 늘 저희와 함께하게 해주세요.

성령이 친히 자녀인 것을 증언하시나니(1)

> **롬 8:16** 성령이 친히 우리의 영과 더불어 우리가 하나님의 자녀인 것을 증언하시나니

로마 가톨릭과 개신교 사이의 중대한 차이점은 구원의 확신에 관한 것입니다. 적어도 종교개혁 시기의 로마 가톨릭은 신자가 이 세상에서 구원의 확신을 가지는 것이 불가능하다고 가르쳤습니다. 하지만 우리는 오늘 본문을 통해 그러한 가르침이 매우 모순적임을 확인할 수 있습니다.

바울은 다음과 같이 말합니다. "성령이 친히 우리의 영과 더불어 우리가 하나님의 자녀인 것을 증언하시나니." 성령님이 친히 우리가 하나님의 자녀라고 증언하십니다. 어떤 사람의 증언이 아닙니다. 어떤 위대하고 중요한 인물의 증언도 아닙니다. 성령님의 증언입니다. 성령님이 친히 우리에게 알려주십니다.

따라서 우리가 구원의 확신을 가지는 것은 당연한 일입니다. 성령님이 친히 알려주신 대로 "우리가 하나님의 자녀"라면, 하나님께서 우리를 버리지 않으실 것은 확실하기 때문입니다. 우리가 하나님의 자녀라면, 하나님은 반드시 우리를 구원하실 것이기 때문입니다.

그래서 성경은 성령님의 사역을 인을 치는 것이라고 말합니다. 인을 친다는 것은 도장을 찍는다는 것으로, 어떤 계약이 최종적으로 마무리되었음을 뜻합니다. 인을 치는 순간 계약 당사자는 모든 일이 완료되었음을 확신합니다. 인을 친 이상 계약은 파기될 수 없습니다.

"그가 또한 우리에게 인치시고 보증으로 우리 마음에 성령을 주셨느니라."고후1:22

"그 안에서 너희도 진리의 말씀 곧 너희의 구원의 복음을 듣고 그 안에서 또한 믿어 약속의 성령으로 인치심을 받았으니."엡1:13

"하나님의 성령을 근심하게 하지 말라 그 안에서 너희가 구원의 날까지 인치심을 받았느니라."엡4:30

성경은 여러 부분에서 구원의 확신에 대해 말합니다. 그리고 우리에게 구원의 확신을 주시는 분이 성령님이라고 말합니다. 성령님은 우리가 하나님의 자녀인 것을 알게 하시고, 이로써 우리는 구원을 확신하게 됩니다. 요한계시록도 동일한 주제를 말하고 있습니다.

"귀 있는 자는 성령이 교회들에게 하시는 말씀을 들을지어다. 이기는 그에게는 내가 감추었던 만나를 주고 또 흰 돌을 줄 터인데 그 돌 위에 새 이름을 기록한 것이 있나니 받는 자 밖에는 그 이름을 알 사람이 없느니라."계2:17

"내가 또 그에게 새벽 별을 주리라. 귀 있는 자는 성령이 교회들에게 하시는 말씀을 들을지어다."계2:28-29

계시록의 상징들을 정확하게 이해하는 것은 어려운 일입니다. 하지만 여기서 말하는 "만나" "흰 돌" "새벽 별"과 같은 것들이, 신실한 신자들에게 주시는 하나님의 특별한 선물이라는 사실은 의문의 여지가 없습니다. 하나님은 우리가 구원의 확신을 가지기를 원하십니다. 그리고 성령님이 그 일을 하십니다.

묵상과 기도

Q. 신자가 성령으로 인침을 받았다는 것은 어떤 의미입니까?

Q. 구원의 확신을 가지고 있습니까?

prayer. 하나님, 저희는 하나님의 자녀입니다. 그러므로 저희의 구원은 확실합니다. 하나님께서 자기 자녀를 버리실 수 없기 때문입니다. 그러므로 저희가 구원을 확신하며 살게 해주세요. 구원의 확신 속에서 늘 감사하고 찬양하게 해주세요.

성령이 친히 자녀인 것을 증언하시나니(2)

롬 8:16 성령이 친히 우리의 영과 더불어 우리가 하나님의 자녀인 것을 증언하시나니

성경은 우리가 본질상 사탄의 자녀이며, 저주와 진노의 자녀였다고 말합니다. "그는 허물과 죄로 죽었던 너희를 살리셨도다. 그때에 너희는 그 가운데서 행하여 이 세상 풍조를 따르고 공중의 권세 잡은 자를 따랐으니 곧 지금 불순종의 아들들 가운데서 역사하는 영이라. 전에는 우리도 다 그 가운데서 우리 육체의 욕심을 따라 지내며 육체와 마음의 원하는 것을 하여 다른 이들과 같이 본질상 진노의 자녀이었더니."엡2:1-3

하지만 지금은 다릅니다. 이제 우리는 하나님의 자녀입니다. 하나님의 사랑과 돌봄을 받는 자녀입니다. 이런 놀라운 변화가 일어난 것은 성령님의 역사 때문입니다. 우리는 바로 앞에서 이 사실을 살펴보았습니다. "너희는 다시 무서워하는 종의 영을 받지 아니하고 양자의 영을 받았으므로 우리가 아빠 아버지라고 부르짖느니라."롬8:15

우리는 양자의 영, 즉 성령님을 받았습니다. 그 결과 우리는 하나님을 "아빠 아버지"라고 부르짖게 됩니다. 하지만 우리는 때때로 불안한 감정에 빠집니다. 우리가 정말 하나님의 자녀가 맞는지, 우리의 구원이 확실한지에 대해 의문을 가집니다. 바로 이때 성령님이 우리를 찾아오십니다. 그리고 우리에게 확신을 주

십니다. 바로 그것이 로마서 8장 16절의 의미입니다. "성령이 친히 우리의 영과 더불어 우리가 하나님의 자녀인 것을 증언하시나니."

존 오웬은 『성부, 성자, 성령과의 교제에 관하여』라는 책에서, 로마서 8장 16절이 마치 법정에서 일어나는 자격 다툼을 연상시킨다고 말한 바 있습니다. 존 오웬은 로마서 8장 16절을 다음과 같이 묘사했습니다. 신자들이 재판정에 섭니다. 마귀들이 신자들을 고발합니다. 저들에게는 구원받을 자격이 없으며, 하나님의 자녀라 불릴 자격은 더더욱 없다고 고발합니다. 그때 성령님이 오십니다. 그리고 말씀하십니다. 우리가 하나님의 자녀가 확실하다고 증언하시고, 따라서 우리의 구원도 확실하다고 증언하십니다.

사탄은 우리 마음에 심각한 절망감을 심을 수 있습니다. 우리 마음이 녹아내리게 할 수도 있습니다. 심지어 하나님 앞으로 나가는 것을 두려워하게 만들 수도 있습니다. 하지만 사탄은 우리의 구원을 방해할 수 없습니다. 우리 마음 가운데 성령님이 계시기 때문입니다. 결국에는 성령님이 승리하십니다. 성령님은 "우리가 하나님의 자녀인 것을 증언"해 주십니다. 우리에게 확신을 주십니다.

묵상과 기도

Q. 우리가 하나님의 자녀라는 확신을 주시는 분은 누구입니까?

prayer. 하나님, 저희를 하나님의 자녀로 입양해 주셔서 감사합니다. 저희가 하나님의 자녀인 것을 믿게 하셔서 감사합니다. 그러므로 이제부터 하나님의 자녀답게 살게 해주세요. 하나님을 위해서 살게 하시고, 하나님께서 원하시는 말과 행동을 하며 살게 해주세요.

성령이 친히 자녀인 것을 증언하시나니(3)

롬 8:16 성령이 친히 우리의 영과 더불어 우리가 하나님의 자녀인 것을 증언하시나니

교회의 예배와 모임에 참여하면서도 구원의 확신이 없는 사람들이 있습니다. 자신이 하나님의 자녀인 것을 확신하지 못하는 사람들이 있습니다. 만약 확신이 없다면, 구원도 없을까요? 아닙니다. 때로는 참된 신자가 아니면서도 구원을 확신할 수 있습니다. 반대로 참된 신자이면서도 일시적으로 구원을 확신하지 못할 수 있습니다.

저는 이단에 빠진 한 사람을 만난 적이 있습니다. 그는 삼위 하나님에 대해 잘못된 믿음을 가지고 있었습니다. 그는 어떤 사람을 자신의 구원자로 믿고 있었습니다. 예수님은 실패했지만, 그 사람은 자신을 능히 구원해 줄 것으로 믿고 있었습니다. 그러면서도 그는 구원의 확신을 분명하게 가지고 있었습니다.

또한 저는 신앙의 방황을 겪었던 한 사람을 알고 있습니다. 그는 자신이 정말 구원받은 사람인지, 자신이 정말 하나님의 자녀인지 확신하지 못했습니다. 하지만 결국은 안정을 찾았습니다. 지금은 구원의 확신을 가지고 평온한 가운데 믿음 생활을 하고 있습니다.

이처럼 이단 중에도 구원을 확신하는 자들이 있고, 참된 신자 중에도 구원을 확신하지 못하는 자들이 있습니다. 그런 점에서 '구원의 확신'은 구원의 시금석이 아닙니다. 그렇다면 구원의 참된 시금석은 무엇입니까?

첫째, 자신의 죄와 비참을 깨닫는 것입니다. "그때에 세례 요한이 이르러 유대 광야에서 전파하여 말하되 회개하라 천국이 가까이 왔느니라 하였으니."마 3:1-2 세례 요한은 사람들을 예수님에게 인도하기 위해 회개의 메시지를 선포했습니다. 자신의 죄와 비참을 깨달아야만 예수님을 구주로 영접할 수 있기 때문입니다.

둘째, 예수님을 믿는 믿음입니다. "예수께서 돌이켜 그를 보시며 이르시되 딸아 안심하라 네 믿음이 너를 구원하였다 하시니 여자가 그 즉시 구원을 받으니라."마9:22 예수님이 혈루병을 앓고 있던 여자에게 하신 말씀입니다. 그녀는 예수님을 믿었습니다. 예수님이 하나님의 아들이라는 것과, 하나님께서 보내신 구원자라는 것을 믿었습니다. 그녀는 믿음으로 인해 구원을 얻었습니다.

이처럼 구원의 시금석은 죄와 비참을 깨닫는 것과, 예수님을 믿는 것입니다. 그러므로 구원의 확신이 분명하지 않아도, 이 두 가지가 확실하다면 자신의 구원을 의심할 필요는 없습니다. 가끔 구원의 확신이 없다는 사실로 인하여, 깊은 절망에 빠지고, 심지어 교회를 떠나는 사람들이 있습니다.

우리가 확인해야 하는 것은 "확신"이 아니라, 예수님을 믿는 "믿음"입니다. 우리의 감정은 견고하지 않습니다. 감정은 자주 흔들리고 부서집니다. 그러므로 우리는 "감정"이 아니라 "예수님"을 구원의 기준으로 삼아야 합니다. 연약한 감정을 보지 말고, 견고한 예수님을 보아야 합니다.

묵상과 기도

Q. 구원의 참된 시금석 두 가지는 무엇입니까?

prayer. 하나님, 저희가 비참한 죄인인 것을 알게 해주세요. 구원받기 위하여 예수님만 바라보게 해주세요. 만약 저희에게 구원의 확신이 없다면, 구원을 확신하는 마음을 주세요.

하나님의 상속자요 그리스도와 함께한 상속자니

롬 8:17　자녀이면 또한 상속자 곧 하나님의 상속자요 그리스도와 함께한 상속자니 우리가 그와 함께 영광을 받기 위하여 고난도 함께 받아야 할 것이니라

로마서 8장의 주된 주제는 구원의 확신입니다. 지금까지 바울은 우리가 구원을 확신할 수 있는 이유들을 설명해 왔습니다. 오늘 본문 역시 동일합니다. 바울은 여기서도 우리가 구원을 확신할 수 있는 이유들을 설명합니다. 우리가 구원을 확신할 수 있는 첫 번째 이유는, 우리가 "하나님의 상속자"이기 때문입니다. 고대 사회에서 상속자는 매우 특별한 지위를 의미했습니다. 상속자는 부모의 권한과 재산을 물려받았습니다. 예를 들어, 왕이 자신의 여러 아들들 가운데 한 명을 자신의 후계자로 선택하는 순간, 그는 상속자가 됩니다. 그러면 그는 장차 왕의 권한과 재산을 물려받게 됩니다. 따라서 상속권은 하나의 약속이자 맹세입니다. 부모는 자녀를 상속자로 삼음으로써 자신의 권한과 재산을 자녀에게 물려주겠다고 약속하고 맹세합니다. 본문의 원리도 마찬가지입니다. 하나님은 우리를 상속자로 삼으셨습니다. 우리는 "하나님의 상속자"입니다. 이것을 약속하신 분은 하나님입니다. 그러므로 우리는 반드시 하나님께서 약속하신 것을 상속받게 될 것입니다. 이것을 인간 편과 비교하는 것은 중요합니다. 사람들 사이의 약속과 맹세는 자주 깨뜨려집니다. 예를 들어, 한 왕이 자신의 아들을 상속자로 삼고 그에게 왕국을 물려주겠다는 약속과 맹세를 했다고 가정해 봅시다. 그런데 어떠한 이유로 그 왕국이 멸망했습니다. 그러면 왕은 자신의 약속과 맹세를 지킬 수 없습니다. 실제로 역사 속에서 이런 일은 비일비재했습니다. 하나님은 그러실 수 없습니다.

우리 하나님은 "거짓이 없으신 하나님"입니다."딛1:2 하나님의 말씀은 거짓으로 드러날 수 없습니다. 하나님의 말씀은 모두 진리이고, 하나님의 말씀은 반드시 이루어집니다. 그러므로 우리를 상속자로 삼으신 하나님의 약속이 취소되는 일은 없습니다. 우리를 상속자로 삼으셨기에, 하나님께서 우리에게 주시겠다고 약속하신 것들은 반드시 성취됩니다. 우리가 구원을 확신할 수 있는 두 번째 이유는, 우리가 "그리스도와 함께한 상속자"이기 때문입니다. 이것은 우리가 하나님의 상속자가 된 이유와 근거를 나타내는 표현입니다. 우리가 하나님의 상속자가 된 것은, 그럴만한 자격과 조건이 우리에게 있어서가 아닙니다. 우리가 하나님의 상속자가 된 것은 전적으로 예수님 때문입니다. 예수님이 우리와 함께하시기 때문에 우리는 하나님의 상속자가 될 수 있었습니다. 우리가 예수님과 연합한 존재이기 때문에 하나님의 상속자가 될 수 있었다는 뜻입니다. 다른 말로 하면 우리가 가진 모든 축복들은, 특히 하나님께서 우리에게 주시고자 하는 것들은 모두 예수님 때문에 주어지는 것입니다. 정리하면 우리가 영원한 영광을 상속받을 이유는 크게 두 가지입니다. 첫째, 그것을 약속하신 분이 하나님이시기 때문입니다. 하나님은 자신의 약속을 반드시 이루실 것입니다. 둘째, 그것이 우리의 자격과 조건이 아니라, 예수님 때문에 주어진 약속이기 때문입니다. 우리와 예수님의 관계는 변하지 않으므로, 예수님 때문에 주어진 약속도 결코 취소되지 않을 것입니다.

Q. 우리가 구원을 확신할 수 있는 두 가지 이유는 무엇입니까?

prayer. 하나님, 우리의 구원은 하나님께서 약속하신 일입니다. 우리의 구원은 예수님 때문에 받는 선물입니다. 그러므로 저희의 구원은 절대로 취소되지 않을 것입니다. 저희는 반드시 구원을 받게 될 것입니다. 이 믿음 속에서 늘 기뻐하고 감사하며 살게 해주세요.

고난도 함께 받아야 할 것이니라

> **롬 8:17** 자녀이면 또한 상속자 곧 하나님의 상속자요 그리스도와 함께한 상속자니 우리가 그와 함께 영광을 받기 위하여 고난도 함께 받아야 할 것이니라

우리는 영광스런 지위를 상속받았습니다. 우리는 하나님의 자녀이고 상속자이며, "그리스도와 함께한 상속자"입니다. 하지만 이처럼 영광스런 지위를 상속받았음에도 불구하고, 우리는 매우 어려운 시절을 보내야 합니다. 우리는 자주 고난과 시련을 겪어야 합니다. 우리는 견디기 힘든 고통을 감내해야 합니다. 이 간격을 어떻게 이해해야 할까요? 어떻게 영광스런 지위와 고난이 공존할 수 있을까요? 바울은 우리가 이러한 혼란에 빠질 것을 알았습니다. 그래서 그는 이렇게 말합니다. "자녀이면 또한 상속자 곧 하나님의 상속자요 그리스도와 함께한 상속자니 우리가 그와 함께 영광을 받기 위하여 고난도 함께 받아야 할 것이니라."17절

본문은 다음과 같이 번역할 수도 있습니다. "우리가 그와 함께 고난을 받고 있기 때문에 그와 함께 영광을 누릴 수 있는 것입니다."88 따라서 바울의 요지는 분명합니다. 구원과 고난을 분리할 수 없습니다. 우리가 하나님의 자녀가 확실하다면, 고난을 겪는 것도 필수적입니다.

그 이유는 우리가 예수님 안에 있기 때문입니다.89 우리는 예수님에게 해당되는 모든 것에 동참한 사람입니다. 따라서 예수님의 고난에 참여하는 것도 당연합니다. 예수님의 삶을 생각해 봅시다. 성경에는 예수님이 크게 웃으셨다는 기록이 없습니다. 우리는 그분이 눈물 흘리신 것만 확인할 수 있습니다. 그분은 멸시와 조롱을 받으셨습니다. 그분은 채찍에 맞으셨고, 침 뱉음을 당했습니다. 그분은 평생 미움과 핍박을 받았습니다. 그 이유는 그분이 이 세상에 속하지 않기 때문입니다. "예수께서 이르시되 너희는 아래에서 났고 나는 위에서 났으며 너희는 이 세상에 속하였고 나는 이 세상에 속하지 아니하였느니라."요8:23

그래서 우리도 고난을 받습니다. 세상이 아니라 예수님에게 속한 우리 역시 고난을 받습니다. 이것은 예수님께서 미리 알려주신 사실입니다. "너희가 세상에 속하였으면 세상이 자기의 것을 사랑할 것이나 너희는 세상에 속한 자가 아니요 도리어 내가 너희를 세상에서 택하였기 때문에 세상이 너희를 미워하느니라."요15:19

그러므로 기억합시다. 만약 우리가 신자로서 고난을 받고 또한 신자이기 때문에 고난을 받는다면, 그것이야말로 우리가 하나님의 자녀이며 하나님의 상속자라는 가장 확실한 증거입니다.90

묵상과 기도

Q. 최근에 예수님 때문에 겪은 고난이 있습니까?

Q. 만약 예수님 때문에 겪는 고난이라면 감사한 마음으로 받아들일 수 있습니까?

prayer. 하나님, 예수님 때문에 겪어야 하는 고난이라면 감사한 마음으로 받아들이게 해주세요. 하나님의 영광을 위해 겪어야 하는 고난이라면 담대하게 받아들이게 해주세요. 고난 속에서 저희의 믿음을 지켜주세요. 고난 중에도 하나님 때문에 기뻐하고 감사할 수 있도록 도와주세요.

우리가 그와 함께 영광을 받기 위하여

> **롬 8:17** 자녀이면 또한 상속자 곧 하나님의 상속자요 그리스도와 함께한 상속자니 우리가 그와 함께 영광을 받기 위하여 고난도 함께 받아야 할 것이니라

우리는 하나님께 놀라운 은혜를 받았습니다. 하나님의 자녀가 되었고, 하나님의 상속자가 되었으며, "그리스도와 함께한 상속자"가 되었습니다. 하지만 이것이 전부가 아닙니다. 하나님은 우리에게 더 많은 것을 주려고 하십니다. 칭의와 성화, 그리고 양자 됨. 이것이 전부가 아닙니다. 구원의 궁극적인 목표는 '영광'입니다. "우리가 그와 함께 영광을 받기 위하여." 17절

그렇다면 "영광"은 무엇입니까? "우리가 그와 함께 영광을 받기 위하여"라고 할 때, "영광"은 무엇을 의미합니까? 흔히 이것을 '영화靈化'라고 합니다.

하나님께서 우리를 구원하셨을 때, 우리의 영혼만 구원하신 것이 아닙니다. 하나님은 우리의 전인全人을 구원하셨습니다. 따라서 우리의 육신이 죄와 타락의 영향에서 완전히 벗어나기까지 우리의 구원은 완성되었다고 볼 수 없습니다.⁹¹ 그래서 바울은 우리가 몸의 구속을 기다리고 있다고 말했습니다. 롬8:23-24

그러므로 영화는 죄의 모든 영향으로부터 완전하고 철저하게 구원받는 것입니다.⁹² 몸과 영혼 전체가 모든 해로운 영향에서 완전히 구원받는 것입니다. 그리하여 예수님처럼 되는 것입니다. "사랑하는 자들아 우리가 지금은 하나님의 자녀라 장래에 어떻게 될지는 아직 나타나지 아니하였으나 그가 나타나시면 우리가 그와 같을 줄을 아는 것은 그의 참모습 그대로 볼 것이기 때문이니." 요일3:2

원래 사람은 영화로운 존재였습니다. 하나님은 사람을 하나님을 닮은 '하나님의 형상'으로 창조하셨습니다. 창1:26 첫 사람은 만물의 영장이었고, 모든 동물들 위에 있었으며, 모든 피조물 가운데 으뜸이었습니다. 하나님은 사람을 높고 엄숙한 존재로 창조하셨습니다.

하지만 불행히도 사람은 하나님께 불순종하고 타락했습니다. 그 타락이 가져온 무서운 결과는 사람이 원래 가지고 있던 영광의 상실이었습니다. 이것이 세상 모든 사람들의 실존입니다. 괴로움과 비참함이 가득한 것은 영광을 상실했기 때문입니다. 어디서나 슬픔과 고통을 볼 수 있는 것은 영광을 상실했기 때문입니다.

하지만 우리에게는 복된 약속이 있습니다. 언젠가 우리는 잃어버린 영광을 회복하게 될 것입니다. 하나님께서 우리에게 영광을 선물로 주실 것입니다. "우리가 그와 함께 영광을 받기 위하여." 그러므로 하나님께 감사합시다. 그리고 그 복된 날을 소망합시다. 그날은 반드시 올 것입니다. 그날이 오면 우리는 모든 슬픔과 고통, 모든 괴로움과 비참함을 과거의 일로 여기게 될 것입니다. 슬픔과 괴로움이 무엇인지 상상조차 할 수 없을 것입니다. 그러므로 기뻐합시다. 즐거워함으로 그날을 기다립시다.

묵상과 기도

Q. 영화란 무엇입니까?

Q. 완전히 영화롭게 될 날을 기대하는 마음으로 기다리고 있습니까?

prayer. 하나님, 예수님께서 언젠가 다시 오실 것을 믿습니다. 그날에 저희가 거룩하게 변할 것을 믿습니다. 그날에 저희가 영광스럽게 변할 것을 믿습니다. 그 날을 기대하는 마음으로 기다리게 해주세요. 그 날을 소망하며 지금의 어려움을 극복하게 해주세요.

현재의 고난은

롬 8:18 생각하건대 현재의 고난은 장차 우리에게 나타날 영광과 비교할 수 없도다

로마서 8장은 구원의 확신을 주기 위해 기록되었습니다. 하지만 로마서를 읽는 사람들이 이런 생각을 할 수 있었습니다. "내가 구원받은 것이 확실하다면, 왜 고난을 겪어야 하지?" 그래서 바울은 17절에 이어 18절에서도 고난의 의미를 설명합니다.

바울은 고난이 보편적인 일이라고 말합니다. "현재의 고난은 장차 우리에게 나타날 영광과 비교할 수 없도다."^{18절} 장차 우리 모두가 영광에 참여하게 되듯이, 지금은 우리 모두가 고난을 겪어야 합니다. 그러므로 고난이란 특별한 사람들만 겪는 특별한 일이 아닙니다. 고난은 성도에게 있어 보편적인 일입니다.

시편에는 이 점에서 실패한 사람들의 고백이 종종 등장합니다. 대표적인 것이 시편 73편입니다. "하나님이 참으로 이스라엘 중 마음이 정결한 자에게 선을 행하시나 나는 거의 넘어질 뻔하였고 나의 걸음이 미끄러질 뻔하였으니 이는 내가 악인의 형통함을 보고 오만한 자를 질투하였음이로다."^{시73:1-3} 시편 기자가 실족한 것은 고난을 겪었기 때문입니다.

우리도 이런 일을 자주 겪습니다. 우리가 고난을 겪을 때, 우리 주위의 불신자들은 이렇게 말하곤 합니다. "하나님이 어디 있느냐? 하나님이 정말 너를 사랑하느냐? 하나님이 너를 사랑한다면 왜 너에게 이런 일이 일어나느냐?" 마귀가 하는 일도 동일합니다. 그는 이렇게 속삭입니다. "너에게 일어난 일을 보라. 하나님이 너를 사랑하지 않는 것이 분명하다. 네가 겪고 있는 어려움을 보라. 너는 구원받은 사람이 아닌 것이 분명하다."

그때마다 우리가 기억해야 하는 것은 복음은 아편이나 마약이 아니라는 점입니다. 복음은 우리에게 고통 없는 기쁨을 주지 않습니다. 근심 없는 행복을 주지 않습니다. 주님은 고통을 잊기 위해 복음을 받아들이라고 하시지 않았습니다. 반대로 복음을 위해 고난을 감수하라고 하셨습니다. "좁은 문으로 들어가라. 멸망으로 인도하는 문은 크고 그 길이 넓어 그리로 들어가는 자가 많고 생명으로 인도하는 문은 좁고 길이 협착하여 찾는 자가 적음이라."^{마7:13-14}

우리는 이런 교훈을 성경 어디서나 확인할 수 있습니다. "그러므로 너는 내가 우리 주를 증언함과 또는 주를 위하여 갇힌 자 된 나를 부끄러워하지 말고 오직 하나님의 능력을 따라 복음과 함께 고난을 받으라."^{딤후1:8} "그리스도를 위하여 너희에게 은혜를 주신 것은 다만 그를 믿을 뿐 아니라 또한 그를 위하여 고난도 받게 하려 하심이라."^{빌1:29} "너는 그리스도 예수의 좋은 병사로 나와 함께 고난을 받으라."^{딤후2:3}

그러므로 우리는 고난을 참아야 합니다. 견뎌야 합니다. 하지만 바울은 무작정 참으라고 말하지 않습니다. "생각하건대 현재의 고난은 장차 우리에게 나타날 영광과 비교할 수 없도다." 우리에게는 참아야 할 이유가 있습니다. 우리에게는 참을 수 있는 근거가 있습니다. "장차 우리에게 나타날 영광"입니다. 장차 우리는 영광스럽게 변할 것입니다. 우리에겐 영광에 대한 소망이 있습니다. 우리의 참음은 소망 없는 인내가 아닙니다. 소망에 근거한 인내입니다. 그렇기에 우리는 참을 수 있습니다.

묵상과 기도

Q. 고난은 특별한 사람만 겪는 일입니까?

Q. 우리가 고난을 참을 수 있는 근거는 무엇입니까?

prayer. 하나님, 신자는 고난을 겪습니다. 따라서 저희도 언젠가는 고난을 겪을 것입니다. 그때 하나님을 의지하여 고난을 극복하게 해주세요. 하나님의 은혜 속에서 고난을 견디게 해주세요.

비교할 수 없도다

롬 8:18 생각하건대 현재의 고난은 장차 우리에게 나타날 영광과 비교할 수 없도다

신자도 고난을 겪습니다. 오히려 신자이기 때문에 더 많은 고난을 겪습니다. 신자에게는 예수님 때문에 당하는 고난이 더해지기 때문입니다. 그런데 신자의 고난과 불신자의 고난 사이에는 커다란 차이점이 있습니다. 불신자들은 아무 소망 없이 고난을 견디지만, 신자들은 소망을 가지고 고난을 견딥니다. 바로 이것이 오늘 본문의 강조점입니다. 바울은 다음과 같이 말합니다. "생각하건대 현재의 고난은 장차 우리에게 나타날 영광과 비교할 수 없도다." **18절** 우리도 불신자들처럼 고난을 겪습니다. 고통과 아픔을 겪습니다.

하지만 지금 우리가 겪는 고난은 "장차 우리에게 나타날 영광과 비교할 수" 없습니다. 불신자들은 이 세상이 전부라고 생각합니다. 지금 사는 인생이 전부라고 믿습니다. 그래서 불신자들은 아무것도 기대할 것이 없습니다. 하지만 우리는 다릅니다. 우리는 이 세상이 전부가 아니라는 것을 압니다. 우리는 다음 세상을 믿습니다. 그래서 우리에게는 소망이 있습니다. 거의 모든 사도들이 이 소망을 강조했습니다. 마태는 다음과 같이 예수님의 말씀을 기록했습니다. "예수께서 이르시되 내가 진실로 너희에게 이르노니 세상이 새롭게 되어 인자가 자기 영광의 보좌에 앉을 때에 나를 따르는 너희도 열두 보좌에 앉아 이스라엘 열두 지파를 심판하리라." **마19:28** 언젠가 예수님께서 영광 가운데 재림하실 것이고, 우리 모두는 그 영광에 참여하게 될 것입니다. 요한은 다음과 같은 예수님의 말씀을 남겼습니다. "내가 너희를 위하여 거처를 예비하러 가노니 가서 너희를 위하여 거처를 예비하면 내가 다시 와

서 너희를 내게로 영접하여 나 있는 곳에 너희도 있게 하리라." **요14:2-3** 이 세상이 전부가 아닙니다. 우리에게는 영광스러운 다음 세상이 있습니다.

누가는 사도행전에 다음과 같이 기록해 놓았습니다. "너희 가운데서 하늘로 올려지신 이 예수는 하늘로 가심을 본 그대로 오시리라." **행1:11** 우리 주님은 가신 모습 그대로 다시 오실 것입니다. 그리고 새로운 시대가 시작될 것입니다.

바울은 다음과 같이 말했습니다. "그러나 우리의 시민권은 하늘에 있는지라. 거기로부터 구원하는 자 곧 주 예수 그리스도를 기다리노니 그는 만물을 자기에게 복종하게 하실 수 있는 자의 역사로 우리의 낮은 몸을 자기 영광의 몸의 형체와 같이 변하게 하시리라." **빌3:20-21** "우리의 시민권은 하늘에 있는지라." 우리의 진짜 인생은 다음 세상에서 본격적으로 시작될 것입니다. 베드로의 기록은 다음과 같습니다. "우리 주 예수 그리스도의 아버지 하나님을 찬송하리로다. 그의 많으신 긍휼대로 예수 그리스도를 죽은 자 가운데서 부활하게 하심으로 말미암아 우리를 거듭나게 하사 산 소망이 있게 하시며 썩지 않고 더럽지 않고 쇠하지 아니하는 유업을 잇게 하시나니 곧 너희를 위하여 하늘에 간직하신 것이라." **벧전1:3-4** 하나님께서 우리를 위해 예비하신 다음 세상은 썩지 않고 쇠하지 않는 나라입니다. 이것이 신자의 참된 소망입니다. 불신자들은 무작정 고난을 견디지만, 우리는 소망 중에 견딥니다. 우리는 이 세상이 전부가 아니라는 믿음, 더 좋은 다음 세상이 있다는 믿음 중에 고난을 견딥니다.

묵상과 기도

Q. 신자의 고난과 불신자의 고난에는 어떤 차이가 있습니까?

Q. 더 좋은 다음 세상이 있다는 사실을 믿습니까?

prayer. 하나님, 불신자들은 이 세상이 전부라고 생각합니다. 하지만 저희는 다음 세상이 있다는 사실을 믿습니다. 심지어 다음 세상이 더 좋은 세상이라는 것을 믿습니다. 이 세상에는 슬픔과 고통이 있습니다. 하지만 다음 세상은 기쁨으로 충만한 세상인 것을 믿습니다. 다음 세상을 생각하며 이 세상의 어려움을 잘 극복할 수 있도록 도와주세요.

6월 13일

장차 우리에게 나타날 영광

롬 8:18 생각하건대 현재의 고난은 장차 우리에게 나타날 영광과 비교할 수 없도다

신자들은 고난을 겪습니다. 마찬가지로 불신자들도 고난을 겪습니다. 하지만 고난을 극복하는 방식에 있어서 커다란 차이가 있습니다. 세상은 다음과 같은 방식으로 고난을 극복할 수 있다고 말합니다. "잘될 것이라고 믿어라. 그러면 잘될 것이다." 이른바 긍정의 힘입니다. 하지만 이런 식의 사고방식은 문제를 해결하는 데 아무런 도움이 되지 않습니다. 잘될 것이라고 믿었지만, 실패하는 경우가 얼마나 많습니까? 오히려 이런 사고방식은 현실을 잊게 만들어 더 심각한 결과를 초래할 수도 있습니다.

세상이 고난을 대하는 또 다른 방식이 있습니다. 세상은 고난의 원인을 해결하는 대신, 고난에 대해 둔감해지는 방식을 채택하곤 합니다. 대표적인 것이 '술'입니다. 세상은 문제가 생기면 술을 마십니다. 점점 취기가 올라갈수록 우리의 마음은 문제에 둔감하게 됩니다. 그러면 우리를 힘들게 하던 문제들이 일순간 별 것 아닌 것처럼 여겨집니다. 하지만 실제로 해결된 것은 하나도 없습니다. 문제는 여전히 그대로 남아 있습니다.

기독교가 고난을 대하는 방식은 세상과 다릅니다. 교회가 고난을 해결하는 방식을 오늘 본문에서 발견할 수 있습니다. 바울은 두 가지를 대조합니다. "현재의 고난"과 "장차 우리에게 나타날 영광"입니다. 바울은 저울의 한쪽 면에 "고난"을 올려놓습니다.[93] 그것은 매우 무거운 것이고, 우리 삶을 힘겹게 하는 것입니다. 그다음 다른 한쪽 면에 "장차 우리에게 나타날 영광"을 올려놓습니다. 그러면 그전에는 무겁게만 보였던 "현재의 고난"이 깃털처럼 가볍게 보입니다.[94]

바울은 "긍정적으로 문제를 바라보십시오"라고 말하거나 "같이 술이나 한 잔 합시다"라고 말하는 거짓된 위로자가 아닙니다. 그런 말에는 아무런 능력이 없습니다. 그것은 문제를 그대로 두고 마약이나 아편에 의지하는 것이나 마찬가지입니다. 잠시 문제를 잊을 수는 있지만, 문제가 해결되지는 않습니다. 바울이 말하는 방식은 다음과 같습니다. "당신의 문제를 인정하십시오. 그 문제를 직시하십시오. 그다음 '장차 우리에게 나타날 영광'을 보십시오." 바로 이것이 고난을 극복하는 교회의 방식입니다.

성경은 어디서나 이런 식으로 고난을 극복하라고 말합니다. 대표적인 것이 히브리서 11장입니다. 아브라함은 "하나님이 계획하시고 지으실 터가 있는 성을" 소망하면서 고난을 극복했습니다.[10절] 모세는 "바로의 공주의 아들이라 칭함 받기를 거절"하였는데,[24절] 이는 하나님의 "상"을 소망했기 때문입니다.[26절] 결정적으로 예수님은 "그 앞에 있는 기쁨을 위하여 십자가를 참으사 부끄러움을 개의치" 않으셨습니다.[히12:2] 우리도 이와 같은 방식으로 고난을 극복해야 합니다. 장차 우리에게 나타날 영광을 바라보아야 합니다. 영광의 날을 기대하고 소망해야 합니다. 그날의 기쁨은 지금과는 비교할 수 없음을 믿어야 합니다. 고난이 심각해질수록, 영광을 바라보는 안목을 열어달라고 기도해야 합니다.

묵상과 기도

Q. 긍정의 힘이 고난을 극복하는 데 도움이 됩니까?

Q. 문제를 잊으면 문제가 해결됩니까?

prayer. 하나님, 저희는 이 세상에서 많은 고난을 겪어야 합니다. 저희는 이 세상에서 많은 문제를 겪어야 합니다. 그때마다 하나님을 의지하게 해주세요. 하나님의 은혜를 바라보게 해주세요. 특히 다음 세상의 영광을 기대하고 소망하게 해주세요. 그 기대와 소망 속에서 고난을 극복하게 해주세요.

피조물이 고대하는 바는

> **롬 8:19-21** 19 피조물이 고대하는 바는 하나님의 아들들이 나타나는 것이니 20 피조물이 허무한 데 굴복하는 것은 자기 뜻이 아니요 오직 굴복하게 하시는 이로 말미암음이라 21 그 바라는 것은 피조물도 썩어짐의 종노릇한 데서 해방되어 하나님의 자녀들의 영광의 자유에 이르는 것이니라

성경은 모든 피조물과 사람의 운명이 불가분不可分의 관계에 있다고 말합니다. 창세기 3장이 대표적입니다. "아담에게 이르시되 네가 네 아내의 말을 듣고 내가 네게 먹지 말라 한 나무의 열매를 먹었은즉 땅은 너로 말미암아 저주를 받고 너는 네 평생에 수고하여야 그 소산을 먹으리라 땅이 네게 가시덤불과 엉겅퀴를 낼 것이라."창3:17-18

땅이 저주를 받은 것은 아담이 죄를 지었기 때문입니다. 하나님은 아담의 죄를 벌하시기 위해 땅에 저주를 내리셨습니다. 그 결과 땅은 가시덤불과 엉겅퀴를 내게 되었습니다. 바꾸어 말하면 원래 피조세계에는 나쁜 것이나 흉한 것이 전혀 없었습니다. 사람을 위협하는 것이나 재해와 재난이 없었습니다. 이러한 것들은 모두 사람의 죄로 인해 생겨났습니다.

그러므로 우리는 피조물들이 원래 창조된 모습 그대로를 보고 있지 않습니다.[95] 지금 우리가 보는 모습은 저주받은 이후의 모습입니다. 바로 이것이 피조물들이 하나님의 아들들이 나타나기를 고대하는 이유입니다. "피조물이 고대하는 바는 하나님의 아들들이 나타나는 것이니."19절

"하나님의 아들들이 나타나는" 날은, 신자들의 구원이 완성되는 날, 즉 종말의 날을 의미합니다.[96] 그리고 그날이 되면 신자들뿐만 아니라 모든 피조물이 원래의 영광을 회복하게 될 것입니다. "그 바라는 것은 피조물도 썩어짐의 종노릇한 데서 해방되어 하나님의 자녀들의 영광의 자유에 이르는 것이니라".21절

이처럼 사람과 피조물은 불가분의 관계에 있습니다. 피조세계는 지금처럼 비참하게 변할 원인을 제공하지 않았습니다. 지금처럼 피조세계에 나쁜 것과 흉한 것이 가득한 이유는 사람 때문입니다. 원인을 제공한 것은 사람입니다.

왜 사람의 죄로 인해 피조세계가 함께 고통을 당해야 합니까? 하나님께서 사람을 창조하실 때 만물의 으뜸으로 지으셨기 때문입니다. 하나님 대신 만물을 통치하는 지배자로 지으셨기 때문입니다.창1:28 그래서 피조물들은 사람의 형벌을 함께 겪게 된 것입니다.

물론 이것은 사람이 당해야 할 형벌의 일부입니다. 낙원은 죄인들에게 어울리지 않습니다. 죄인들에게 어울리는 것은 가시덤불과 엉겅퀴입니다. 우리는 여기서 종말의 모습을 언뜻 볼 수 있습니다. 예수님을 믿고 회개한 자들은 피조세계가 원래의 영광을 회복하는 모습을 볼 것입니다. 하지만 끝까지 예수님을 믿지 않고 회개하지 않은 자들은 영원히 비참한 삶을 살게 될 것입니다.

묵상과 기도

Q. 왜 사람의 죄로 인해 피조세계가 함께 고통을 당해야 합니까?

prayer. 하나님, 지금 저희는 고난이 가득한 세상을 살아갑니다. 지금 저희는 문제가 가득한 세상을 살아갑니다. 하지만 다음 세상에는 고난이 없고, 문제가 없음을 믿습니다. 다음 세상은 완전한 세상인 것을 믿습니다. 이러한 믿음을 가지고, 이 세상에서 하나님의 뜻대로 살아가게 해주세요. 이 세상에 미련을 두지 않게 해주세요.

함께 고통을 겪고 있는 것을 우리가 아느니라

롬 8:22-23 22 피조물이 다 이제까지 함께 탄식하며 함께 고통을 겪고 있는 것을 우리가 아느니라 23 그뿐 아니라 또한 우리 곧 성령의 처음 익은 열매를 받은 우리까지도 속으로 탄식하여 양자 될 것 곧 우리 몸의 속량을 기다리느니라

피조세계는 사람에게 우호적이지 않습니다. 짐승들은 사람을 공격합니다. 논밭은 잡초와 가시를 냅니다. 하늘은 폭우를 쏟고, 바다는 해일을 뿜어냅니다. 산은 산사태를, 강은 홍수를 일으킵니다. 바울은 이것을 피조물이 사람과 함께 고통을 겪는 것이라고 말합니다. "피조물이 다 이제까지 함께 탄식하며 함께 고통을 겪고 있는 것을 우리가 아느니라."22절 하나님께서 사람을 심판하셨기 때문에 피조세계도 더불어 고통을 겪습니다.

세상의 관점은 성경과 다릅니다. 세상은 이 문제를 진화론의 관점에서 바라봅니다. 진화론은 세상이 점점 나아지고 있다는 주장입니다. 그들은 세상이 미완성에서 완성으로 나아가고 있다고 생각합니다. 진화론에 따르면 피조세계와 사람 사이의 갈등은 미완성의 문제입니다. 피조세계가 아직 완성되지 않았기 때문입니다.

우리는 마땅히 성경의 관점을 따라야 합니다. 피조세계가 사람에게 우호적이지 않은 이유는, 피조세계가 미완성이기 때문이 아닙니다. 하나님께 저주를 받았기 때문입니다. 사람의 죄로 인해 피조세계가 함께 저주를 받았기 때문입니다. 바로 이것이 피조세계조차 종말을 기다리는 이유입니다.

그렇다면 종말에는 어떤 일이 일어날까요? 우리는 그날 세 가지 형태의 영광을 보게 될 것입니다. 첫째, 예수님의 영광입니다. "인자가 구름을 타고 능력과 큰 영광으로 오는 것을 보리라."마24:30 예수님은 초림 때 볼품없는 모습으로 오셨습니다. 하지만 재림 때는 영광스러운 모습으로 오실 것입니다.

둘째, 신자의 영광입니다. "생각하건대 현재의 고난은 장차 우리에게 나타날 영광과 비교할 수 없도다."롬8:18 "그가 나타나시면 우리가 그와 같을 줄을 아는 것."요일3:2 종말의 날에 우리 역시 예수님처럼 영광스럽게 변할 것입니다.

셋째, 피조세계의 영광입니다. 종말에는 피조세계 역시 하나님의 저주에서 해방될 것입니다. 땅은 더 이상 가시덤불과 엉겅퀴를 내지 않을 것입니다. 창3:18

그렇다면 우리는 어떻게 살아야 할까요? 우리가 고통당할 때마다 이 영광을 생각해야 합니다. 우리가 시련과 환난 속에 있을 때마다 이 영광을 생각해야 합니다. 우리가 실의와 절망 가운데 있을 때마다 이 영광을 생각해야 합니다. 예수님이 영광스럽게 재림하실 것과 우리도 예수님처럼 영광스럽게 변할 것을 생각해야 합니다.

그러면 우리는 다시 일어날 수 있습니다. 다시 힘을 낼 수 있습니다. 다시 시작할 수 있습니다. 다시 입을 열어 하나님을 찬양할 수 있습니다. 우리에게 허락된 삶은 무작정 고난을 견디는 것이 아닙니다. 영광의 날을 소망하기에 기뻐하며 견디는 삶입니다.

묵상과 기도

Q. 피조세계가 사람에게 우호적이지 않은 이유는 무엇입니까?

Q. 종말에 보게 될 세 가지 영광은 무엇입니까?

prayer. 하나님, 마지막 날에 예수님의 영광을 보게 될 것을 믿습니다. 마지막 날에 신자의 영광과 피조세계의 영광을 보게 될 것을 믿습니다. 이 세상을 사는 동안 다음 세상의 영광을 늘 기대하고 소망하게 해주세요.

양자 될 것

> **롬 8:22-23** 22 피조물이 다 이제까지 함께 탄식하며 함께 고통을 겪고 있는 것을 우리가 아느니라 23 그뿐 아니라 또한 우리 곧 성령의 처음 익은 열매를 받은 우리까지도 속으로 탄식하여 양자 될 것 곧 우리 몸의 속량을 기다리느니라

바울은 우리가 장차 하나님의 양자가 될 것이라고 말합니다. "양자 될 것 곧 우리 몸의 속량을 기다리느니라."23절 그렇다면 지금 우리는 하나님의 양자가 아닐까요? 그렇지 않습니다. 바울은 앞에서 우리가 지금 이미 하나님의 양자라고 말했습니다. "성령이 친히 우리의 영과 더불어 우리가 하나님의 자녀인 것을 증언하시나니."롬8:16 그렇다면 오늘 본문에서 우리가 장차 하나님의 양자가 된다는 것은 어떤 뜻일까요?

이것은 다음과 같은 뜻입니다. 우리는 지금 이미 하나님의 자녀입니다. 그런데 우리는 하나님의 자녀로 세상에 드러나지 않았습니다. 예수님의 경우를 예로 들어보겠습니다. 예수님은 이 땅에 계실 때도 하나님의 아들이셨습니다. 하지만 하나님의 아들로 분명하게 드러나지 않으셨습니다. 예수님은 "죄 있는 육신의 모양"을 지니셨습니다. 롬8:3 사람들이 보기에 예수님은 평범한 사람 또는 평범한 목수였습니다. 예수님의 신적 영광은 감추어져 있었습니다. 하지만 예수님이 다시 오실 때는 모든 사람들이 예수님의 영광을 보게 될 것입니다. 예수님이 하나님의 영원한 아들이라는 것이 만천하에 드러나게 될 것입니다.

우리도 마찬가지입니다. 종말의 날에 우리 모두는 예수님처럼 영광스럽게 변할 것입니다. 그리하여 우리가 하나님의 자녀인 것이 만천하에 드러나게 될 것입니다. 우리는 세상 사람들과 뚜렷하게 구분될 것입니다. 바로 그것이 오늘 본문의 의미입니다. "양자 될 것 곧 우리 몸의 속량을 기다리느니라."23절

우리는 이보다 더 복된 소원을 상상할 수 없습니다. 종말에 우리는 모든 측면에서 완전하게 변할 것입니다. 우리는 영적이고 도덕적인 차원뿐만 아니라, 육체적인 차원에서조차 완전하게 변할 것입니다. 우리는 몸과 마음 모든 차원에서 완벽한 만족을 누리게 될 것입니다. 우리의 모든 궁핍과 부족이 채워지게 될 것입니다. 우리는 모든 슬픔과 고통으로부터 구원받게 될 것입니다.

바로 이것이 우리에게 약속된 영광입니다. 우리는 이 복된 소원을 가진 자들입니다. 이것이 우리의 운명입니다. 그러므로 고난을 겪을 때는 현재의 고난과 장차 받을 영광을 비교해 보아야 합니다. 그러면 우리는 다음과 같이 고백하게 될 것입니다. "생각하건대 현재의 고난은 장차 우리에게 나타날 영광과 비교할 수 없도다."롬8:18

"피조물이 다 이제까지 함께 탄식하며 함께 고통을 겪고 있는 것을 우리가 아느니라 그뿐 아니라 또한 우리 곧 성령의 처음 익은 열매를 받은 우리까지도 속으로 탄식하여 양자 될 것 곧 우리 몸의 속량을 기다리느니라."22-23절

묵상과 기도

Q. 우리는 이미 하나님의 양자입니다. 그렇다면 우리가 장차 하나님의 양자가 된다는 것은 어떤 뜻입니까?

prayer. 하나님, 저희는 마지막 날에 완전히 영화롭게 변할 것입니다. 저희는 하나님의 재판정에서 무죄하다는 판결을 받을 것입니다. 저희는 하나님께 천국을 상속받을 것입니다. 그리하여 저희가 하나님의 자녀라는 것이 만천하에 드러나게 될 것입니다. 이 사실을 굳게 믿을 수 있도록 도와주세요. 이 믿음 속에서 늘 기뻐하고 감사하며 살게 해주세요.

몸의 속량을 기다리느니라

> **롬 8:22-23** 22 피조물이 다 이제까지 함께 탄식하며 함께 고통을 겪고 있는 것을 우리가 아느니라 23 그뿐 아니라 또한 우리 곧 성령의 처음 익은 열매를 받은 우리까지도 속으로 탄식하여 양자 될 것 곧 우리 몸의 속량을 기다리느니라

구원의 최종적인 상태를 영적으로만 생각하는 사람들이 있습니다. 하지만 오늘 본문은 다음과 같이 말합니다. "우리 몸의 속량을 기다리느니라." **23절** 따라서 구원의 최종적인 상태는 영혼만 영화롭게 되는 것이 아닙니다. 마지막 날에는 우리의 몸도 영화롭게 될 것입니다.

그러므로 영화롭게 된 신자들에겐 땅이 필요합니다. 영화로운 몸을 가지고 살아갈 영화로운 땅이 필요합니다.**77** 영화로운 땅에 대해 성경은 다음과 같이 말합니다. "또 내가 새 하늘과 새 땅을 보니 처음 하늘과 처음 땅이 없어졌고 바다도 다시 있지 않더라. 또 내가 보매 거룩한 성 새 예루살렘이 하나님께로부터 하늘에서 내려오니 그 준비한 것이 신부가 남편을 위하여 단장한 것 같더라."**계21:1-2**

예수님이 재림하시고 신자들이 부활하고 구원이 최종적으로 완성된 다음에, 우리는 구체적인 몸을 가지고 구체적인 세상에서 살아가게 될 것입니다. 성경은 그 세상을 "새 하늘과 새 땅"이라고 말합니다. 바로 이것이 종말에 대한 성경의 가르침입니다.

물론 우리는 "새 하늘과 새 땅"이 어떤 곳일지를 단정할 수 없습니다. 하지만 "새 예루살렘"이 하늘로부터 땅으로 내려온다는 암시를 통해, 우리의 영원한 상태가 하늘이나 공중이 아니라 땅에서 지속될 것임을 알 수 있습니다.

만약 이것이 사실이 아니라면 하나님의 구원은 완전한 구원이라 할 수 없습니다. 만약 이것이 사실이 아니라면 하나님은 진정으로 사탄을 물리치신 것이 아닙니다. 왜냐하면 하나님께서 창조하셨고, 하나님께서 보시기에 좋다고 하신 세상은 물리적인 우주이기 때문입니다.**98** 하나님은 인간을 영혼으로만 창조하지 않으셨습니다. 사람은 처음부터 몸을 가지고 있었고, 사람이 살아가도록 만들어진 세상도 물리적인 공간이었습니다. 따라서 하나님의 최종적인 승리는, 모든 것이 원상태로 회복되는 것입니다.

우리는 타락한 세상을 살아가고 있습니다. 세상은 온통 죄로 뒤덮여 있습니다. 세상은 사람을 향하여 "가시덤불과 엉겅퀴"를 냅니다. 사람은 심히 수고해야만 일상을 유지할 수 있습니다. 그래서 우리의 일생은 고통과 슬픔으로 가득합니다.

하지만 장차 우리는 "새 하늘과 새 땅"에서 살게 될 것입니다. 죄가 완전히 사라진 세상, 온전히 거룩한 세상, 태초의 아름다움이 회복된 세상에서 살게 될 것입니다. 물리적으로 영화로운 곳에서, 물리적인 몸을 입고 살게 될 것입니다. 그때 우리는 태초의 탁월함과 영광을 마음껏 누리게 될 것입니다.

묵상과 기도

Q. 우리가 완전히 거룩한 세상, 슬픔이 전혀 없는 세상에서 영원히 살게 될 것을 믿습니까?

prayer. 하나님, 저희에게 새 하늘과 새 땅을 약속해 주셔서 감사합니다. 슬픔과 눈물이 없는 그곳에서 영원히 살아갈 것을 약속해 주셔서 감사합니다. 하나님께서 이토록 놀라운 선물을 주셨으니 저희도 오직 하나님을 위해 살아가게 해주세요.

소망으로 구원을 얻었으매

> **롬 8:24-25** 24 (왜냐하면) 우리가 소망으로 구원을 얻었으매 보이는 소망이 소망이 아니니 보는 것을 누가 바라리요 25 만일 우리가 보지 못하는 것을 바라면 참음으로 기다릴지니라

예수님을 믿는 자는 구원을 얻습니다. "주 예수를 믿으라. 그리하면 너와 네 집이 구원을 받으리라."^{행 16:31} 그런데 오늘 본문은 특이합니다. 믿음이 아니라 소망으로 구원을 얻는다고 말합니다. "우리가 소망으로 구원을 얻었으매."**24절** 어째서 바울은 믿음이 아니라 소망으로 구원을 얻는다고 말할까요?

그 이유는 소망이 믿음의 또 다른 모습이기 때문입니다. 믿음이란, 예수님이 이미 하신 일을 바라보는 것입니다. 예수님이 우리를 위해 죽으시고 부활하신 것을 사실로 받아들이는 것입니다. 반면 소망이란, 예수님이 앞으로 하실 일을 바라보는 것입니다. 예수님이 재림하시고 우리를 영원한 영광으로 인도하실 것을 사실로 받아들이는 것입니다. 그런 점에서 소망이란 미래적인 믿음입니다.

우리는 여기서 구원에 단계가 있음을 알 수 있습니다. 우리의 구원은 예수님이 이미 하신 일, 지금 하고 계신 일, 그리고 장차 하실 일을 따라 세 단계로 구분할 수 있습니다.

첫째, 우리는 예수님이 과거에 하신 일에 근거하여 "이미 구원을 받았다"라고 말할 수 있습니다. 예수님이 우리를 위해 죽으셨습니다. 예수님이 우리를 위해 부활하셨습니다. 그래서 우리는 이미 구원받은 사람입니다.

둘째, 우리는 예수님이 현재 하고 계신 일에 근거하여 "지금 구원을 받고 있다"라고 말할 수 있습니다. 예수님은 우리를 거룩하게 하고 계십니다. 예수님은 우리를 죄로부터 구별하고 계십니다. 그래서 우리는 구원을 받고 있는 사람입니다.

셋째, 우리는 예수님이 미래에 하실 일에 근거하여 "장차 구원을 받을 것이다"라고 말할 수 있습니다. 장차 예수님은 다시 오실 것입니다. 장차 예수님은 우리를 완전히 영화롭게 하실 것입니다. 그래서 우리는 장차 구원을 받을 사람입니다.

우리는 구원의 세 가지 측면을 모두 생각하며 살아야 합니다.

첫째, 우리가 너무나 작게 느껴질 때는 이미 이루어진 구원을 생각해야 합니다. 우리가 너무나 초라하게 생각될 때는 우리가 이미 구원받은 사람인 것을 생각해야 합니다.

둘째, 우리의 삶이 너무나 힘겨울 때는 지금 이루어지고 있는 구원을 생각해야 합니다. 예수님이 지금도 우리와 함께하심을 생각해야 합니다. 예수님이 고난을 통해 우리를 거룩한 사람으로 변화시키심을 생각해야 합니다.

셋째, 우리가 너무나 크게 느껴질 때는 장차 이루어질 구원을 생각해야 합니다. 우리가 아직 완성되지 않은 존재임을 생각해야 합니다. 그리하여 더욱 겸손한 자리로 나아가야 합니다.

묵상과 기도

Q. 왜 바울은 믿음이 아니라 소망으로 구원을 얻는다고 말합니까?

Q. 우리가 너무 작게 느껴질 때는 무엇을 생각해야 합니까?

prayer. 하나님, 저희는 이미 구원받은 사람입니다. 그러므로 항상 감사하게 해주세요. 저희는 죄로부터 구원받고 있는 사람입니다. 그러므로 항상 죄와 싸우게 해주세요. 저희는 완전한 구원이 필요한 사람입니다. 그러므로 항상 겸손하게 살게 해주세요.

보이는 소망이 소망이 아니니

롬 8:24-25 24 (왜냐하면) 우리가 소망으로 구원을 얻었으매 보이는 소망이 소망이 아니니 보는 것을 누가 바라리요 25 만일 우리가 보지 못하는 것을 바라면 참음으로 기다릴지니라

우리는 믿음으로 구원을 얻었습니다. 믿음에는 크게 세 가지 차원이 있습니다. 이미 이루어진 것을 믿는 믿음, 현재 이루어지고 있는 것을 믿는 믿음, 그리고 앞으로 이루어질 것을 믿는 믿음입니다. 바울이 "우리가 소망으로 구원을 얻었으매"라고 할 때, 이것은 미래적인 믿음을 말합니다. 우리는 예수님이 하신 일을 믿을 뿐만 아니라, 앞으로 하실 일도 믿어야 합니다.

그러면서 바울은 "보이는 소망이 소망이 아니니"라고 말합니다. 세상 사람들은 눈에 보이는 것을 소망으로 삼습니다. 예를 들어, 불신자들은 성공한 사람들을 봅니다. 그러면서 나도 언젠가는 저들처럼 성공해야지 하고 생각합니다. 불신자들은 부자가 된 사람들을 봅니다. 그러면서 나도 언젠가는 저들처럼 부자가 되어야지 하고 생각합니다. 불신자들은 유명한 사람들을 봅니다. 그러면서 나도 언젠가는 저들처럼 유명한 사람이 되어야지 하고 생각합니다. 바로 이런 것들이 보이는 소망입니다. 세상 사람들이 눈으로 보고 있는 소망입니다. 세상 사람들이 간절히 바라는 소망입니다. 그런데 바울은 그런 것들은 참된 소망이 아니라고 말합니다.

그러면서 참된 소망이란 "보지 못하는 것"이라고 말합니다. 그렇다면 볼 수 없는 소망, 참된 소망이란 무엇입니까? 성경은 볼 수 없는 참된 소망에 대해 이렇게 말합니다.

"참으로 우리가 여기 있어 탄식하며 하늘로부터 오는 우리 처소로 덧입기를 간절히 사모하노라."**고후5:2**

"내가 그리스도와 그 부활의 권능과 그 고난에 참여함을 알고자 하여 그의 죽으심을 본받아 어떻게 해서든지 죽은 자 가운데서 부활에 이르려 하노니."**빌3:10-11**

"그러므로 너희 마음의 허리를 동이고 근신하여 예수 그리스도께서 나타나실 때에 너희에게 가져다 주실 은혜를 온전히 바랄지어다."**벧전1:13**

바울은 "하늘로부터 오는 우리 처소"를 소망하라고 말합니다. "부활"을 소망하라고 말합니다. 베드로는 예수님이 재림하실 때에 우리에게 "가져다 주실 은혜"를 소망하라고 말합니다. 이런 것들이 보이지 않는 소망입니다. 이런 것들이 진짜 소망입니다. 우리는 언젠가 부활할 것입니다. 우리는 언젠가 새 하늘과 새 땅에서 살게 될 것입니다. 우리는 사망과 슬픔과 눈물이 사라진 세상에서 하나님과 함께 거하게 될 것입니다. 바로 이것이 우리가 간절히 기대하고 기다려야 할 진짜 소망입니다.

바로 이것이 신자와 불신자를 나누는 기준입니다. 신자는 참된 소망을 가진 사람입니다. 신자는 영원한 것을 소망하는 사람입니다. 반면에 불신자는 소망이 없는 사람입니다. 언젠가는 사라질 것들을 소망하는 사람입니다.

묵상과 기도

Q. 지금 우리가 소망하는 것은 무엇입니까? 하나님도 그것을 소망하기를 원하실까요?

prayer. 하나님, 세상 사람들은 헛된 것을 소망합니다. 악한 것을 소망합니다. 하지만 저희는 거룩한 것을 소망하게 해주세요. 부활을 소망하고, 예수님의 재림을 소망하고, 영원한 세상을 소망하게 해주세요.

성령도 우리의 연약함을 도우시나니

> **롬 8:26-27** 26 이와 같이 성령도 우리의 연약함을 도우시나니 우리는 마땅히 기도할 바를 알지 못하나 오직 성령이 말할 수 없는 탄식으로 우리를 위하여 친히 간구하시느니라 27 마음을 살피시는 이가 성령의 생각을 아시나니 이는 성령이 하나님의 뜻대로 성도를 위하여 간구하심이니라

우리의 구원이 확실한 것은 성령님이 우리와 함께 하시기 때문입니다. 하나님께서 우리를 홀로 버려두지 않으시고, 성령님을 보내주셨기 때문입니다. 그래서 우리의 구원은 홀로 이루어야 하는 일이 아닙니다. 성령님과 함께하는 일이며, 성령님이 이루어 주시는 일입니다. 바울은 이것을 다음과 같이 말합니다. "율법이 육신으로 말미암아 연약하여 할 수 없는 그것을 하나님은 하시나니 곧 죄로 말미암아 자기 아들을 죄 있는 육신의 모양으로 보내어 육신에 죄를 정하사 육신을 따르지 않고 그 영을 따라 행하는 우리에게 율법의 요구가 이루어지게 하려 하심이니라."롬8:3-4

오늘 본문의 주제도 동일합니다. 바울은 성령님이 우리를 도우시되, 특별히 우리의 기도를 도와주신다고 말합니다. "이와 같이 성령도 우리의 연약함을 도우시나니 우리는 마땅히 기도할 바를 알지 못하나 오직 성령이 말할 수 없는 탄식으로 우리를 위하여 친히 간구하시느니라."26절

우리는 여기서 기도가 복잡하고 어려운 일임을 알 수 있습니다. 기도는 단순하고 쉬운 일이 아닙니다. 기도란 성령님이 도와주셔야 할 만큼, 복잡하고 어려운 일입니다. 바꾸어 말하면 성령님이 우리를 도와주시지 않으면 우리는 제대로 된 기도를 할 수 없습니다.

대표적인 예로 모세와 바울을 들 수 있습니다. 모세는 가나안에 들어가기를 원했습니다. 그래서 자신도 가나안에 들어가게 해 달라고 기도했습니다. 하지만 하나님은 모세가 더 이상 그런 기도를 하지 못하도록 하셨습니다.신3:26 바울은 자신의 불치병이 회복되기를 원했습니다. 그래서 병을 고쳐달라고 반복해서 기도했습니다.고후12:8 하지만 하나님은 "내 은혜가 네게 족하도다"고후1:29 라는 말씀으로 바울의 기도를 중단시키셨습니다.

우리 역시 모세와 바울 같은 어려움을 겪습니다. 모세와 바울처럼 위대한 사람들조차 특정한 상황에서 어떻게 기도해야 할지 몰랐다면, 우리는 더더욱 그러합니다. 우리는 특별한 상황 속에서 어떻게 기도해야 할지 알지 못하고, 그래서 실수할 때가 많습니다. 이런 문제들은 우리가 복잡한 상황 속에 있을 때 더 심각해집니다.

그래서 우리는 기도를 위한 기도를 해야 합니다. 우리가 기도하는 동안 성령님께서 우리의 마음을 지켜주시고, 지혜 주시기를 기도해야 합니다. 우리가 기도에 집중할 수 있도록 영적인 힘을 더하시기를 기도해야 합니다.

묵상과 기도

Q. 성령님이 우리를 도우시되, 특별히 무엇을 도와주십니까?

Q. 기도할 때마다 성령님의 도움을 구하고 있습니까?

prayer. 하나님, 기도는 쉬운 일이 아닙니다. 기도는 저절로 되는 일이 아닙니다. 그러므로 저희의 기도를 도와주세요. 더 성실하게 기도하게 도와주세요. 더 올바른 제목으로 기도하게 도와주세요. 하나님께서 기뻐하실 기도를 하게 해주세요.

마음을 살피시는 이

> **롬 8:26-27** 26 이와 같이 성령도 우리의 연약함을 도우시나니 우리는 마땅히 기도할 바를 알지 못하나 오직 성령이 말할 수 없는 탄식으로 우리를 위하여 친히 간구하시느니라 27 마음을 살피시는 이가 성령의 생각을 아시나니 이는 성령이 하나님의 뜻대로 성도를 위하여 간구하심이니라

기도는 쉬운 일이 아닙니다. 기도는 단순하지 않습니다. 기도는 어렵고, 복잡합니다. 그렇다고 기도를 중단해서는 안 됩니다. 성령님이 우리의 연약함을 도와주시기 때문입니다. 특히 우리의 기도를 도와주시기 때문입니다. "이와 같이 성령도 우리의 연약함을 도우시나니 우리는 마땅히 기도할 바를 알지 못하나 오직 성령이 말할 수 없는 탄식으로 우리를 위하여 친히 간구하시느니라."26절

여기서 '도우다'라는 단어는 '도우러 오다'라는 뜻입니다. 이것은 우리가 적과 힘들게 싸우고 있는 동안 맞은편에서 지원군이 우리를 돕기 위해 달려오는 모습을 연상케 합니다.99 성령님은 우리가 어려움을 겪고 있을 때 가만히 계시는 분이 아니라 우리를 돕기 위해서 찾아오시는 분입니다. 우리가 어떻게 기도해야 할지 몰라서 당황하고 있을 때, 우리에게 지혜와 힘을 주시는 분입니다. 그래서 우리는 기도할 수 있습니다. 우리 안에 성령님이 계시다는 사실이야말로 우리가 담대히 기도할 수 있는 최고의 원동력입니다.

우리가 담대히 기도할 수 있는 또 하나의 이유가 있습니다. 우리 하나님께서 "마음을 살피시는" 분이라는 점입니다. 27절 만약 고통 속에서 울부짖고 있는 한 사람이 있다고 가정해 봅시다. 곁에 있는 사람들은 단지 그의 울음소리만 들을 수 있을 뿐입니다. 그래서 아무도 그의 진정한 상태를 알 수 없습니다. 그가 왜 울고 있는지, 무엇이 그를 그토록 낙담시켰는지를 알 수 없습니다.

하지만 하나님은 다릅니다. 하나님은 "마음을 살피시는" 분입니다. 우리가 너무나 힘들어서 단지 눈물만 흘릴 때도, 하나님은 우리의 상태를 다 아십니다. 우리가 입술을 뗄 힘조차 없어서 그저 탄식만 할 때도, 하나님은 우리의 문제가 무엇인지를 다 아십니다.

그래서 때로는 하나님 앞에서 우는 것만으로도 충분합니다. 가끔씩은 하나님 앞에서 탄식하는 것만으로도 충분합니다. 기도는 쉽지 않고, 단순하지 않습니다. 하지만 때로는 그저 하나님 앞에 앉아 있는 것만으로도 충분합니다. 하나님은 절망에 빠진 우리에게, 제대로 기도하지 않았다는 책망을 하시지 않을 것입니다.

묵상과 기도

Q. 너무나 힘들어서 단지 눈물만 흘릴 때도, 하나님은 우리의 마음을 아실까요?

prayer. 하나님, 때로는 너무 힘들어서 아무 말도 할 수 없습니다. 때로는 너무 슬퍼서 기도가 나오지 않습니다. 하지만 그 순간에도 하나님은 저희의 마음을 아십니다. 그때도 하나님은 저희의 진심을 아십니다. 그러므로 때로는 하나님 앞에서 울게 해주세요. 슬퍼도 하나님 앞에서 슬퍼하게 해주세요.

우리를 위하여 친히 간구하시느니라

> **롬 8:26-27** 26 이와 같이 성령도 우리의 연약함을 도우시나니 우리는 마땅히 기도할 바를 알지 못하나 오직 성령이 말할 수 없는 탄식으로 우리를 위하여 친히 간구하시느니라 27 마음을 살피시는 이가 성령의 생각을 아시나니 이는 성령이 하나님의 뜻대로 성도를 위하여 간구하심이니라

성령님이 우리를 위하여 친히 간구하십니다. 26절 그렇다면 우리는 더 이상 기도할 필요가 없을까요? 그렇지 않습니다. 예를 들어, 설명해 보겠습니다. 하나님께서 우리를 먹이고 입히시겠다고 약속하셨습니다. 마6:25 그 약속을 믿고 집 안에 틀어박혀 아무것도 하지 않는 사람은 어떻게 될까요? 굶주리게 될 것이고 헐벗게 될 것입니다.

그 이유는 하나님께서 약속과 함께 수단도 정해 주셨기 때문입니다. 하나님은 먹을 것과 입을 것을 약속만 하시지 않았습니다. 먹을 것과 입을 것을 구할 수 있는 수단도 함께 정해 주셨습니다.

"자기의 토지를 경작하는 자는 먹을 것이 많으려니와 방탕을 따르는 자는 궁핍함이 많으리라." 잠28:19

"게으른 자여 개미에게 가서 그가 하는 것을 보고 지혜를 얻으라. 개미는 두령도 없고 감독자도 없고 통치자도 없으되 먹을 것을 여름 동안에 예비하며 추수 때에 양식을 모으느니라." 잠6:6-8

"또 너희에게 명한 것 같이 조용히 자기 일을 하고 너희 손으로 일하기를 힘쓰라. 이는 외인에 대하여 단정히 행하고 또한 아무 궁핍함이 없게 하려 함이라." 살전4:11-12

이처럼 하나님은 성실하게 자기 일을 하는 자에게 약속을 이루어 주십니다. 땀 흘려 일하는 것은 하나님의 약속이 성취되는 수단입니다. 기도도 마찬가지입니다. 하나님은 우리에게 필요한 것을 아십니다. 하나님은 우리의 어려움을 아십니다. 그럴지라도 하나님은 우리가 기도하기를 원하십니다. 그리고 우리가 기도할 때 우리의 필요를 채우시고, 우리를 어려움에서 건져 주십니다.

우리는 가장 좋은 사례를 예수님에게서 발견합니다. 성부 하나님은 예수님을 사랑하셨습니다. 성부 하나님은 예수님의 모든 필요를 아셨습니다. 그런데도 예수님은 성부 하나님께 기도하셨습니다. 오랫동안 최선을 다해서 기도하셨습니다. 복음서는 기도하는 예수님의 모습으로 가득합니다.

"무리를 보내신 후에 기도하러 따로 산에 올라가시니라." 마14:23

"예수께서 일어나 나가 한적한 곳으로 가사 거기서 기도하시더니." 막1:35

"예수는 물러가사 한적한 곳에서 기도하시니라." 눅5:16

이처럼 예수님의 삶은 기도하는 삶이었습니다. 예수님이 기도하셨다면, 우리가 기도해야 하는 것은 당연한 일입니다.

묵상과 기도

Q. 하나님은 우리에게 필요한 것을 아십니다. 하나님은 우리의 어려움을 아십니다. 그런데도 기도해야 합니까?

prayer. 하나님, 저희가 기도할 때 저희를 물리치지 않으실 것을 믿습니다. 저희가 기도할 때 저희의 기도를 들으실 줄 믿습니다. 저희가 기도할 때 기쁘게 응답해 주실 줄 믿습니다. 그러므로 더욱더 성실하게 기도하게 해주세요. 더욱더 자주 기도하게 해주세요.

모든 것이 합력하여 선을 이루느니라(1)

롬 8:28-30 28 우리가 알거니와 하나님을 사랑하는 자 곧 그의 뜻대로 부르심을 입은 자들에게는 모든 것이 합력하여 선을 이루느니라 29 하나님이 미리 아신 자들을 또한 그 아들의 형상을 본받게 하기 위하여 미리 정하셨으니 이는 그로 많은 형제 중에서 맏아들이 되게 하려 하심이니라 30 또 미리 정하신 그들을 또한 부르시고 부르신 그들을 또한 의롭다 하시고 의롭다 하신 그들을 또한 영화롭게 하셨느니라

신자의 삶에는 고통이 있습니다. 어려움이 있고 문제가 있습니다. 하지만 신자가 겪는 고난은 불신자들이 겪는 고난과 다릅니다. 오늘 본문 28절은 다음과 같이 말합니다. "하나님을 사랑하는 자 곧 그의 뜻대로 부르심을 입은 자들에게는 모든 것이 합력하여 선을 이루느니라."28절 본문의 의미는 이러합니다. "하나님을 사랑하는 자들"이 겪는 고난은, 생각지 못한 결과를 가져온다는 것입니다. "하나님을 사랑하는 자들"이 겪는 어려움은, 결국에는 선한 결과를 이룬다는 것입니다.

하나님은 신자와 불신자들을 다르게 대하십니다. 하나님은 불신자들에게는 진노하십니다.롬1:18 하지만 신자들은 사랑하십니다.롬5:8 그래서 불신자들에게 일어나는 일은 어떤 식으로든 하나님의 저주로 기결되지만, 신자들에게 일어나는 일은 어떤 식으로든 하나님의 사랑을 확인하는 것으로 종결됩니다.

예를 들어, 탁월하게 성공한 불신자가 있다고 가정해 봅시다. 성공이 그를 구원하지 못합니다. 오히려 그는 성공에 도취되어 하나님께 가까이 가지 못합니다. 그는 성공했을지라도 여전히 하나님의 저주 안에 있습니다. 반대로 실패를 거듭하는 신자가 있다고 가정해 봅시다. 실패가 그의 구원을 무너뜨리지 못합니다. 오히려 그는 실패로 인하여 더욱더 하나님께 가까이 가게 됩니다.

그리고 바울이 "모든 것"이라고 말하는 것에 주목해야 합니다. 우리에게 일어나는 '어떤' 일만 선을 이루는 것이 아닙니다. 우리에게 일어나는 '모든 일'이 선을 이룹니다. 좋은 일과 기쁜 일이 선을 이룹니다. 동시에 나쁜 일과 슬픈 일도 선을 이룹니다. 시련, 환난, 고난, 질병, 우연한 사고, 절망과 실패까지 그러합니다.[100] 그러므로 다음의 말씀은 분명한 진리입니다. "다만 이뿐 아니라 우리가 환난 중에도 즐거워하나니 이는 환난은 인내를, 인내는 연단을, 연단은 소망을 이루는 줄 앎이로다."롬5:3-4

기계식 시계는 수많은 톱니바퀴로 이루어져 있습니다. 톱니바퀴들은 제각각 다른 방향으로 회전합니다. 하지만 결국에는 시계 바늘이 한 방향으로 움직이도록 합니다. 신자의 삶도 마찬가지입니다. 좋은 일도 있고 나쁜 일도 있습니다. 하지만 결국에는 한 방향으로 우리를 인도합니다. 우리는 결국 최고의 선에 도달하게 될 것입니다.

묵상과 기도

Q. 신자들이 겪는 어려움은 결국에는 어떤 결과를 가져옵니까?

Q. 우리가 겪는 슬픈 일도 결국에는 선한 일을 이룰 줄 믿습니까?

prayer. 하나님, 기쁠 때는 하나님께만 감사하게 해주세요. 슬플 때는 하나님만 의지하게 해주세요. 모든 일이 하나님의 섭리임을 믿게 해주세요. 고난조차 선한 일을 이루시는 하나님의 뜻임을 믿게 해주세요.

모든 것이 합력하여 선을 이루느니라(2)

롬 8:28-30 28 우리가 알거니와 하나님을 사랑하는 자 곧 그의 뜻대로 부르심을 입은 자들에게는 모든 것이 합력하여 선을 이루느니라 29 하나님이 미리 아신 자들을 또한 그 아들의 형상을 본받게 하기 위하여 미리 정하셨으니 이는 그로 많은 형제 중에서 맏아들이 되게 하려 하심이니라 30 또 미리 정하신 그들을 또한 부르시고 부르신 그들을 또한 의롭다 하시고 의롭다 하신 그들을 또한 영화롭게 하셨느니라

28절의 "모든 것"은 실제로 모든 것을 의미합니다. 그것은 기쁘고 즐거운 일뿐만 아니라, 슬프고 괴로운 일도 포함합니다. 이것은 성경이 명백하게 가르치는 주제입니다.

"내 형제들아 너희가 여러 가지 시험을 당하거든 온전히 기쁘게 여기라 이는 너희 믿음의 시련이 인내를 만들어 내는 줄 너희가 앎이라."약1:2-3

"시험을 참는 자는 복이 있나니 이는 시련을 견디어 낸 자가 주께서 자기를 사랑하는 자들에게 약속하신 생명의 면류관을 얻을 것이기 때문이라".약1:12

"보라 인내하는 자를 우리가 복되다 하나니 너희가 욥의 인내를 들었고 주께서 주신 결말을 보았거니와 주는 가장 자비하시고 긍휼히 여기시는 이시니라."약5:11

"무릇 징계가 당시에는 즐거워 보이지 않고 슬퍼 보이나 후에 그로 말미암아 연단 받은 자들은 의와 평강의 열매를 맺느니라."히12:11

"징계는 다 받는 것이거늘 너희에게 없으면 사생자요 친아들이 아니니라."히12:8

이처럼 신자에게도 시험이 있고, 고난이 있습니다. 우리는 시험과 고난을 면제받을 것이라는 약속을 받은 적이 없습니다. 신자가 되기만 하면 모든 고통에서 벗어닌다는 깃은, 침으로 비성경직인 주장입니다. 하나님은 선을 이루기 위해 시험과 고난을 주십니다.

그렇다면 시험과 고난은 어떤 식으로 선한 결과를 산출할까요? 시험과 고난은 우리의 약함을 보여줍니다. 모든 것이 잘될 때는 심히 교만하다가도, 시험과 고난을 겪을 때는 우리가 연약하고 쓸모없는 사람임을 깨닫게 됩니다. 근심과 걱정이 없을 때는 자기를 신뢰하다가도 어려움이 닥치면 하나님만 바라보게 됩니다. 다시 말해서, 시험과 고난은 우리가 은혜 없이 살 수 없는 존재임을 깨우쳐 줍니다. 우리는 몹시 곤고하고 허약하여 하나님의 돌봄이 필요함을 증명해 줍니다. 그래서 시험과 고난은 우리에게 유익합니다. 누구도 어려움을 겪지 않고는 성장할 수 없습니다.

그러므로 시험과 고난을 극복하기 위해서는 결과를 생각해야 합니다. 지금 눈앞에 있는 것만 보아서는 안 됩니다. 현재 겪고 있는 어려움만 생각해서는 안 됩니다. 우리는 이렇게 다짐해야 합니다. "지금 나는 몹시 힘든 시간을 겪고 있다. 나는 왜 이런 일이 일어나는지 알 수 없고, 어떻게 해야 이 문제를 해결할 수 있을지도 알 수 없다. 하지만 나의 약함과 어리석음에도 불구하고, 하나님은 이것을 선하게 사용하실 것이다. 하나님은 이것조차도 선을 이루는 도구로 사용하실 것이다. 하나님은 모든 것이 합력하여 선을 이루게 하시는 분이다." 바로 이것이 신자의 위로이자 소망입니다.

묵상과 기도

Q. 시험과 고난이 가져오는 선한 결과는 무엇입니까?

prayer. 하나님, 고난을 통해 성장하게 하시고, 고난을 통해 하나님을 더 사랑하게 해주세요. 고난을 통해 하나님만 의지하는 사람이 되게 해주세요.

하나님을 사랑하는 자

> **롬 8:28-30** 28 우리가 알거니와 하나님을 사랑하는 자 곧 그의 뜻대로 부르심을 입은 자들에게는 모든 것이 합력하여 선을 이루느니라 29 하나님이 미리 아신 자들을 또한 그 아들의 형상을 본받게 하기 위하여 미리 정하셨으니 이는 그로 많은 형제 중에서 맏아들이 되게 하려 하심이니라 30 또 미리 정하신 그들을 또한 부르시고 부르신 그들을 또한 의롭다 하시고 의롭다 하신 그들을 또한 영화롭게 하셨느니라

신자가 되었다고 해서 모든 어려움에서 해방되는 것은 아닙니다. 예수님을 믿는 사람도 실패와 고통을 경험합니다. 그래서 바울은 다음과 같이 말합니다. "모든 것이 합력하여 선을 이루느니라."28절 여기서 "모든 것"은 문자 그대로 '모든 것'입니다. 성공과 기쁨만이 아니라 실패와 슬픔도 포함하는 모든 것입니다. 성공과 기쁨만 선을 이루는 것이 아니라, 실패와 슬픔도 선을 이룹니다.

그런데 바울은 한 가지 전제를 달고 있습니다. 바울은 "하나님을 사랑하는 자에게" 모든 것이 합력하여 선을 이루는 일이 일어난다고 말합니다. 그렇다면 바울이 "하나님을 사랑하는 자"를 언급하는 이유는 무엇일까요?

우리가 하나님을 사랑하는지 그렇지 않은지를 즉각적으로 판단할 수 있는 가장 훌륭한 시금석이 실패와 슬픔에 대한 우리의 반응이기 때문입니다.[101] 예수님은 씨 뿌리는 비유를 통해 이 사실을 분명하게 알려 주셨습니다. "돌밭에 뿌려졌다는 것은 말씀을 듣고 즉시 기쁨으로 받되 그 속에 뿌리가 없어 잠시 견디다가 말씀으로 말미암아 환난이나 박해가 일어날 때에는 곧 넘어지는 자요."마13:20-21

신앙을 가진 것처럼 보이지만 환난이나 박해가 일어날 때는 곧바로 하나님을 저주하고 교회를 떠나는 자들이 있습니다. 그들은 참된 신자가 아니었던 것입니다. 이처럼 참된 신자인지 아닌지를 구분하는 시금석은 실패와 슬픔에 대한 우리의 반응입니다. 그러므로 참된 신앙이란 모든 문제가 해결되고, 모든 일이 잘되기를 바라는 마음이 아닙니다. 어려움 속에서도 하나님을 사랑하는 것입니다. 고통 중에서도 하나님을 사랑하는 것입니다.

우리는 좋은 실례를 욥에게서 발견할 수 있습니다. 욥이 고통과 슬픔 가운데 있을 때 그의 아내는 이렇게 말했습니다. "당신이 그래도 자기의 온전함을 굳게 지키느냐. 하나님을 욕하고 죽으라."욥2:9 그러자 욥은 다음과 같이 반응합니다. "그대의 말이 한 어리석은 여자의 말 같도다. 우리가 하나님께 복을 받았은즉 화도 받지 아니하겠느냐."욥2:10

바울이 "하나님을 사랑하는 자"를 언급하는 또 다른 이유는 다음과 같습니다. 우리가 고난 중에도 하나님을 사랑하는 것은, 하나님께서 우리를 사랑하신다는 증거입니다. "우리가 사랑함은 그가 먼저 우리를 사랑하셨음이라."요일4:19 하나님께서 먼저 우리를 사랑하셨기에, 우리도 하나님을 사랑할 수 있습니다. 그 반대는 불가능합니다. 그러므로 고난 중에도 원망하지 않고 여전히 하나님을 바라보는 신앙은, 우리가 참으로 하나님께 속한 사람이요 영원한 생명을 소유한 사람이라는 명백한 증거입니다.

묵상과 기도

Q. 참된 신자인지 아닌지를 구분하는 시금석은 무엇입니까?

prayer. 하나님, 기쁜 일이 있을 때는 하나님께만 감사하는 마음을 주세요. 슬픈 일이 있을 때는 하나님만 의지하는 마음을 주세요. 슬픈 일이 있다고 하여 하나님을 원망하는 죄를 짓지 않게 해주세요.

그의 뜻대로 부르심을 입은 자들

롬 8:28-30 28 우리가 알거니와 하나님을 사랑하는 자 곧 그의 뜻대로 부르심을 입은 자들에게는 모든 것이 합력하여 선을 이루느니라 29 하나님이 미리 아신 자들을 또한 그 아들의 형상을 본받게 하기 위하여 미리 정하셨으니 이는 그로 많은 형제 중에서 맏아들이 되게 하려 하심이니라 30 또 미리 정하신 그들을 또한 부르시고 부르신 그들을 또한 의롭다 하시고 의롭다 하신 그들을 또한 영화롭게 하셨느니라

정도전이라는 인물이 있었습니다. 그는 태조 이성계와 함께 조선을 건국한 사람입니다. 유비에게 제갈공명이 있었다면, 이성계에게는 정도전이 있었다고 할 만큼 대단한 사람입니다. 정도전에게는 꿈이 있었습니다. 요동을 정벌하는 꿈이었습니다. 하지만 정도전이 이방원에게 살해당하면서 그의 꿈은 실패로 돌아갔습니다.

김옥균이라는 인물이 있었습니다. 그는 젊은 나이에 과거시험에 장원급제하고, 사헌부 감찰, 홍문관 교리 등의 중요 직책을 두루 거친 엘리트였습니다. 김옥균에게는 꿈이 있었습니다. 구舊조선을 무너뜨리고 신新조선을 세우려는 꿈이었습니다. 그는 조선이 일본처럼 개화되기를 원했습니다. 그래서 김옥균은 개화를 반대하던 사람들을 죽이고 호조참판에 올랐습니다. 이것을 갑신정변이라고 합니다. 하지만 조선에서 일본의 영향력이 확대될 것을 우려한 청나라가 예상외로 신속하게 개입하면서 실패로 끝납니다. 이후 김옥균은 고단한 망명생활 끝에 암살됩니다.

정도전과 김옥균은 당대 최고의 엘리트였습니다. 하지만 그들의 꿈은 실패로 끝났습니다. 이처럼 사람의 계획은 실패로 끝날 때가 많습니다. 그러나 하나님의 계획은 다릅니다. 하나님은 모든 것을 아십니다.

하나님은 모든 것을 하실 수 있습니다. 그래서 하나님의 계획은 반드시 이루어집니다.

바울은 하나님을 사랑하는 자들에게는 모든 것이 합력하여 선을 이룬다고 말합니다. 28절 그리고 그것이 가능한 이유를 다음과 같이 말합니다. "그의 뜻대로 부르심을 입은 자들에게는 모든 것이 합력하여 선을 이루느니라." 28절 우리가 주목할 것은 "그의 뜻대로"라는 말씀입니다.

가정 먼저 하나님의 뜻이 있었습니다. 창세 전에 하나님의 계획이 있었습니다. 그런데 하나님의 뜻과 계획은 실패할 수 없습니다. 그래서 신자들에게 일어나는 모든 일들은, 결국에는 합력하여 선을 이룰 수밖에 없습니다.

불신자들은 세상이 우연이라는 법칙에 의해 움직인다고 생각합니다. 그것은 사실이 아닙니다. 세상을 움직이는 힘은 '우연'이 아니라 '하나님의 뜻'입니다. 역사는 하나님께서 창세 전에 세우신 계획을 따라 흘러갑니다. 그래서 우리는 슬픔 중에도 소망을 품을 수 있습니다. 그 슬픔 속에도 하나님의 뜻이 있음을 알기 때문입니다. 우리는 고난 중에도 인내할 수 있습니다. 그 고난을 통해 하나님의 뜻이 이루어질 것을 알기 때문입니다.

묵상과 기도

Q. 세상을 움직이는 힘은 우연이 아니라 무엇입니까?

prayer. 하나님, 세상에는 우연이 없습니다. 일어나는 모든 일은 하나님께서 계획하신 결과입니다. 따라서 저희의 슬픔도 하나님의 뜻입니다. 저희가 겪는 어려움도 하나님의 뜻입니다. 이 믿음 속에서 슬픔과 고난을 잘 이겨낼 수 있도록 도와주세요.

미리 정하셨으니

롬 8:28-30 28 우리가 알거니와 하나님을 사랑하는 자 곧 그의 뜻대로 부르심을 입은 자들에게는 모든 것이 합력하여 선을 이루느니라 29 하나님이 미리 아신 자들을 또한 그 아들의 형상을 본받게 하기 위하여 미리 정하셨으니 이는 그로 많은 형제 중에서 맏아들이 되게 하려 하심이니라 30 또 미리 정하신 그들을 또한 부르시고 부르신 그들을 또한 의롭다 하시고 의롭다 하신 그들을 또한 영화롭게 하셨느니라

우리의 구원은 전적인 은혜입니다. 우리의 구원은 능력과 자격에 달린 일이 아닙니다. 오늘 본문은 그 근거를 다음과 같이 말합니다. "하나님이 미리 아신 자들을 또한 그 아들의 형상을 본받게 하기 위하여 미리 정하셨으니."29절 하나님은 구원받을 자들을 미리 아셨습니다. 어떻게 아셨을까요? 미리 정하셨기 때문입니다. 그래서 8장 29절은 미리 아는 것과 미리 정하신 것을 연결합니다.

하나님께서 구원받을 자들을 미리 정하시고, 미리 정하신 자들을 구원하는 것을 '예정'이라고 합니다. 예정 교리는 오래전부터 논란이 되었습니다. 구원과 심판이 하나님의 예정에 달린 일이라면 죄의 책임 역시 하나님께 돌려진다고 생각하는 자들이 있었기 때문입니다. 사실 예정 교리는 너무나 복잡해서 누구도 완전히 이해할 수 없습니다. 우리는 성경이 말하는 데까지 나아가는 것으로 만족해야 합니다. 예수님은 예정에 대해 다음과 같이 말씀하셨습니다. "보라, 나를 파는 자의 손이 나와 함께 상 위에 있도다. 인자는 이미 작정된 대로 가거니와 그를 파는 그 사람에게는 화가 있으리로다."눅22:21-22

예수님은 자신을 팔아넘긴 유다의 행동이 "이미 작정된" 것이라고 말씀하십니다. 동시에 유다에게 화가 있을 것이라고 하십니다. 따라서 하나님께서 예수님의 죽음을 계획하신 것도 사실이요, 유다가 자신의 의

지로 예수님을 팔아넘긴 것도 사실입니다. 십자가 사건은 100% 하나님의 계획이요, 동시에 100% 사람들의 책임입니다. 하나님께서 십자가 사건을 계획하셨다고 하여 사람들의 책임이 사라지지 않습니다.

야고보 역시 하나님께 죄의 책임을 돌려서는 안 된다고 경고했습니다. "사람이 시험을 받을 때에 내가 하나님께 시험을 받는다 하지 말지니 하나님은 악에게 시험을 받지도 아니하시고 친히 아무도 시험하지 아니하시느니라. 오직 각 사람이 시험을 받는 것은 자기 욕심에 끌려 미혹됨이니."약1:13-14

그러므로 예정 교리를 불신자에게 적용해서는 안 됩니다. 성경이 말하는 예정 교리는 하나님의 은혜를 강조하기 위한 것입니다. 우리의 구원이 전적으로 하나님의 계획에 달려 있음을 통해서 하나님께만 영광을 돌리기 위한 것입니다. "그 기쁘신 뜻대로 우리를 예정하사 예수 그리스도로 말미암아 자기의 아들들이 되게 하셨으니 이는 그가 사랑하시는 자 안에서 우리에게 거저 주시는 바 그의 은혜의 영광을 찬송하게 하려는 것이라"엡1:5-6

우리가 구원받은 것은 하나님께서 예정하셨기 때문입니다. 따라서 우리는 조금도 자만할 수 없습니다. 동시에 세상이 버림받은 것은 그들이 예수님을 믿지 않았기 때문입니다. 따라서 그들은 조금도 변명할 수 없습니다.

묵상과 기도

Q. 예정은 무엇입니까?

Q. 하나님께서 구원받을 자를 예정하셨다면, 불신자들에겐 아무 책임이 없습니까?

prayer. 하나님, 저희의 구원은 하나님의 은혜입니다. 저희의 구원은 하나님께서 예정하신 결과입니다. 그러므로 하나님께만 영광을 돌리게 해주세요. 조금이라도 저희를 자랑하지 않게 해주세요.

그 아들의 형상을 본받게 하기 위하여

> **롬 8:28-30** 28 우리가 알거니와 하나님을 사랑하는 자 곧 그의 뜻대로 부르심을 입은 자들에게는 모든 것이 합력하여 선을 이루느니라 29 하나님이 미리 아신 자들을 또한 그 아들의 형상을 본받게 하기 위하여 미리 정하셨으니 이는 그로 많은 형제 중에서 맏아들이 되게 하려 하심이라 30 또 미리 정하신 그들을 또한 부르시고 부르신 그들을 또한 의롭다 하시고 의롭다 하신 그들을 또한 영화롭게 하셨느니라

하나님은 우리를 예정하셨습니다. 우리를 구원받을 자로 선택하셨습니다. 왜 그렇게 하셨을까요? 물론 우리의 죄를 해결하기 위해서입니다. 우리를 의롭다 하시기 위해서입니다. 하지만 그게 전부가 아닙니다. 사실 죄 사함과 칭의는 다음 단계를 위한 보증입니다.[102] 그보다 더 영광스럽고 복스러운 것이 있습니다. 바울은 그것을 다음과 같이 말합니다. "하나님이 미리 아신 자들을 또한 그 아들의 형상을 본받게 하기 위하여 미리 정하셨으니." 29절 하나님께서 우리를 선택하시고, 부르시고, 의롭게 하신 최종적인 목적은 "아들의 형상" 즉, 예수님의 형상을 본받게 하는 것입니다. 이것이야말로 구원의 궁극적 목표입니다. 그러므로 우리 인생의 목적도 예수님을 닮는 것이어야 합니다. 예수님을 닮은 사람이 되는 것, 예수님을 드러내는 사람이 되는 것, 예수님의 향기를 풍기는 사람이 되는 것이어야 합니다. 물론 구원에는 많은 것들이 포함됩니다. 구원에는 하나님께서 주시는 죄 사함과 칭의가 포함되고, 하나님의 위로와 용서가 포함되고, 하나님의 인도와 복락이 포함됩니다. 하지만 "아들의 형상"을 닮는 것이야말로 구원의 최종적인 목표입니다. 우리는 이 최종적인 목표에 관심을 두지 않을 때가 많습니다. 이 궁극적인 목표에 시선을 집중하지 않을 때기 많습니다. 예를 들이, 질병의 문제를 인고 있는 신자들은 질병의 문제를 해결하는 것이 전부인 것처럼 생각합니다. 경제적인 문제를 안고 있는 신자들은 경제적인 문제를 해결하는 것이 전부인 것처럼 생각합니다. 그것은 구원의 본질을 망각한 것입니다. 하나님께서 우리를 부르신 최종적인 목적은 예수님을 닮은 사람이 되는 것이지, 건강한 사람, 부유한 사람이 되는 것이 아닙니다. 그런 것들은 부수적인 목적입니다. 그러나 우리에게는 한계가 있습니다. 우리가 이 세상에서 살 동안에는 예수님을 철저하게 닮을 수 없습니다. 그것은 우리 능력 밖의 일입니다. 하지만 그것이 가능해지는 날이 올 것입니다. 성경은 다음과 같이 말합니다. "그는 만물을 자기에게 복종하게 하실 수 있는 자의 역사로 우리의 낮은 몸을 자기 영광의 몸의 형체와 같이 변하게 하시리라." 빌3:21 "우리가 다 수건을 벗은 얼굴로 거울을 보는 것 같이 주의 영광을 보매 그와 같은 형상으로 변화하여 영광에서 영광에 이르니 곧 주의 영으로 말미암음이니라." 고후3:18 우리는 이 땅에서 최선을 다해 예수님을 닮아가야 합니다. 하지만 궁극적으로 영화롭게 되는 것은 장래의 일입니다. "사랑하는 자들아, 우리가 지금은 하나님의 자녀라 장래에 어떻게 될지는 아직 나타나지 아니하였으나 그가 나타나시면 우리가 그와 같을 줄을 아는 것은 그의 참모습 그대로 볼 것이기 때문이니." 요일3:2 이것이야말로 우리의 진정한 소망이요, 기쁨입니다. 인젠가 우리는 예수님을 닮은 영광스런 존재가 될 것입니다.

묵상과 기도

Q. 하나님께서 우리를 선택하시고, 부르시고, 의롭게 하신 최종적인 목적은 무엇입니까?

prayer. 하나님, 예수님을 닮게 해주세요. 예수님처럼 살게 해주세요. 예수님이 자신을 희생하신 것처럼, 저희도 자신을 희생하게 해주세요. 예수님이 세상과 구별되신 것처럼, 저희도 세상과 구별되게 해주세요.

하나님이 미리 아신 자들

롬 8:28-30 28 우리가 알거니와 하나님을 사랑하는 자 곧 그의 뜻대로 부르심을 입은 자들에게는 모든 것이 합력하여 선을 이루느니라 29 하나님이 미리 아신 자들을 또한 그 아들의 형상을 본받게 하기 위하여 미리 정하셨으니 이는 그로 많은 형제 중에서 맏아들이 되게 하려 하심이니라 30 또 미리 정하신 그들을 또한 부르시고 부르신 그들을 또한 의롭다 하시고 의롭다 하신 그들을 또한 영화롭게 하셨느니라

2011년 3월 11일 일본 동북부 지방에 대규모 지진이 발생했습니다. 진앙農夫 주변에는 원전부지 다섯 곳이 있었습니다. 후쿠시마 원자력 발전소도 그중 하나였습니다. 강한 지진에도 불구하고 다섯 곳의 원자력 발전소는 모두 안전했습니다. 다섯 곳 모두 강한 지진을 견딜 수 있도록 설계되었기 때문입니다. 그런데 후쿠시마 원자력 발전소에서 예상치 못한 문제가 발생했습니다. 쓰나미입니다. 네 곳의 원전부지는 높은 곳에 있었지만, 후쿠시마 원자력 발전소는 상대적으로 낮은 곳에 있었습니다. 후쿠시마 원자력 발전소는 지진에는 안전했지만, 쓰나미에는 안전하지 않았습니다. 결국 후쿠시마 원자력 발전소는 침수 때문에 폭발하고 말았습니다.

원자력 발전소는 현대 과학의 집성체입니다. 원자력 발전소는 3중, 4중의 안전장치를 가지고 있습니다. 그래서 많은 사람들이 원자력 발전소는 어떤 경우에도 안전하다고 주장했습니다. 하지만 쓰나미가 덮쳐 올 줄은 아무도 생각지 못했습니다. 후쿠시마 원자력 발전소 사건이 보여주는 것처럼, 사람이 하는 일은 불완전합니다. 이 세상에는 참으로 안전한 곳이 없습니다. 하지만 신자의 구원은 그렇지 않습니다. 신자의 구원은 안전합니다. 구원받은 신자의 자리는 참으로 안전한 자리입니다. 로마서 8장 29절은 구원받은 신자들을 향하여 "하나님이 미리 아신 자들"이라고 말합니다. 하나님께서 미리 아셨다는 것은, 하나님께서 그들을 특별히 사랑하신다는 뜻입니다. 아모스 3장 2절이 이것을 잘 보여줍니다. "내가 땅의 모든 족속 가운데 너희만을 알았나니 그러므로 내가 너희 모든 죄악을 너희에게 보응하리라 하셨나니."^{암3:2}

하나님은 땅에 있는 모든 족속을 아십니다. 그러므로 여기에서 "너희만을 알았나니"라는 표현은 하나님께서 이스라엘 민족만 아신다는 뜻이 아닙니다. 이것은 하나님께서 이스라엘 민족을 특별하게 여기신다는 뜻이며, 특별하게 사랑하신다는 뜻입니다.

신자의 구원이 안전한 이유가 여기에 있습니다. 우리의 구원은 하나님의 사랑에 근거하고 있습니다. 하나님은 우리를 사랑하십니다. 사랑하기 때문에 구원하십니다. 아무도 하나님의 사랑에서 우리를 끊을 수 없습니다.

우리가 구원받은 것은 하나님께서 우리를 선택하셨기 때문입니다. 우리가 하나님께 선택받은 것은 하나님께서 우리를 사랑하셨기 때문입니다. 우리처럼 부족하고 자격 없는 자들을 왜 선택하시고 사랑하셨는지, 우리는 알 수 없습니다. 하지만 우리의 사명은 분명합니다. 이제 우리는 그 사랑에 합당한 삶을 살아야 합니다. 그 사랑에 감사하고, 그 사랑을 노래하고, 그 사랑을 전파하며 살아야 합니다. 그것이 구원받은 신자의 삶입니다.

묵상과 기도

Q. 하나님께서 우리를 미리 아셨다는 것은 무엇을 의미합니까?

Q. 신자의 구원이 안전한 이유는 무엇입니까?

prayer. 하나님, 저희를 사랑해 주셔서 감사합니다. 저희를 선택해 주셔서 감사합니다. 지금부터의 삶은 하나님의 사랑에 보답하는 삶이 되게 해주세요. 앞으로의 삶은 하나님의 은혜에 합당한 삶이 되게 해주세요.

미리 정하셨으니

롬 8:28-30 28 우리가 알거니와 하나님을 사랑하는 자 곧 그의 뜻대로 부르심을 입은 자들에게는 모든 것이 합력하여 선을 이루느니라 29 하나님이 미리 아신 자들을 또한 그 아들의 형상을 본받게 하기 위하여 미리 정하셨으니 이는 그로 많은 형제 중에서 맏아들이 되게 하려 하심이니라 30 또 미리 정하신 그들을 또한 부르시고 부르신 그들을 또한 의롭다 하시고 의롭다 하신 그들을 또한 영화롭게 하셨느니라

바울은 하나님의 구원을 다음과 같은 순서로 설명합니다. 첫째, 하나님은 구원받을 자들을 미리 정하십니다. 29절 둘째, 미리 정하신 그들을 부르십니다. 30절 셋째, 부르신 자들을 의롭게 하십니다. 30절 넷째, 의롭게 하신 자들을 영화롭게 하십니다. 30절 흔히 이것을 '구원의 사슬'이라고 합니다.

오늘은 구원의 사슬 가운데 부르심에 대해 알아보겠습니다. 구원의 사슬 가운데 가장 선행되는 것은 예정이라고도 하는 '미리 정하심'입니다. 미리 정하심이 가장 앞서 일어난 일입니다. 하지만 미리 정하심은 시간을 초월하여 영원 속에서 일어난 일입니다. 시간 속에서 가장 선행되는 일은 하나님의 부르심입니다.

우리가 주목할 부분은 부르심이 의롭다 하심보다 앞선다는 점입니다. "미리 정하신 그들을 또한 부르시고 부르신 그들을 또한 의롭다 하시고."30절 따라서 우리는 의롭게 되어서 부르심을 받은 것이 아니라, 부르심을 받았기에 의롭게 된 것입니다. 우리의 의로움보다 하나님의 부르심이 먼저입니다. 우리의 조건보다 하나님의 은혜가 우선입니다.

하나님의 부르심에는 크게 두 종류가 있습니다. 외적인 부르심과 내적인 부르심입니다. 외적인 부르심은 교회의 전도와 선교를 말합니다. 내적인 부르심은 성령의 역사를 말합니다. 교회의 부름은 항상 효력이 있지 않습니다. 사실 교회의 부름은 효력이 없을 때가 더 많습니다. 하지만 성령의 부르심은 항상 효력이 발생합니다. 그래서 성령의 부르심을 '효력 있는 부르심'이라고 합니다. 성경은 성령의 효력 있는 부르심을 다음과 같이 설명합니다.

"내 말과 내 전도함이 설득력 있는 지혜의 말로 하지 아니하고 다만 성령의 나타나심과 능력으로 하여 너희 믿음이 사람의 지혜에 있지 아니하고 다만 하나님의 능력에 있게 하려 하였노라."고전2:4-5

"우리가 세상의 영을 받지 아니하고 오직 하나님으로부터 온 영을 받았으니 이는 우리로 하여금 하나님께서 우리에게 은혜로 주신 것들을 알게 하려 하심이라."고전2:12

우리는 이런 존재입니다. 우리는 하나님께 부름 받은 존재입니다. 우리는 창세 전부터 하나님께서 아신 바 되고, 하나님께 무한한 사랑을 받은 존재입니다. 우리는 성령을 받았고, 그로 인해 세상에서 구별된 존재입니다. 이것이 우리의 가치이며 위치입니다. 우리는 이처럼 특별한 사람입니다.

묵상과 기도

Q. 구원의 사슬 가운데 가장 선행되는 것은 무엇입니까?

Q. 내적인 부르심은 누가 하시는 일입니까?

prayer. 하나님, 저희를 선택해 주셔서 감사합니다. 저희에게 믿음을 주셔서 감사합니다. 저희를 의롭게 해주셔서 감사합니다. 저희를 영화롭게 하신다는 약속을 주셔서 감사합니다. 항상 감사하며 살게 해주세요.

7월

로마서 8장 28절 – 9장 23절

미리 정하신 그들을 또한 부르시고(1)

롬 8:28-30 28 우리가 알거니와 하나님을 사랑하는 자 곧 그의 뜻대로 부르심을 입은 자들에게는 모든 것이 합력하여 선을 이루느니라 29 하나님이 미리 아신 자들을 또한 그 아들의 형상을 본받게 하기 위하여 미리 정하셨으니 이는 그로 많은 형제 중에서 맏아들이 되게 하려 하심이니라 30 또 미리 정하신 그들을 또한 부르시고 부르신 그들을 또한 의롭다 하시고 의롭다 하신 그들을 또한 영화롭게 하셨느니라

하나님은 구원받을 자들을 미리 정하셨습니다. 이것을 '예정'이라고 합니다. 다음으로 예정하신 자들을 부르셨습니다. 이것을 '효력 있는 부르심' 또는 '성령의 내적인 부르심'이라고 합니다. 다음으로 부르신 자들을 의롭다고 선언하셨습니다. 이것을 '칭의'라고 합니다. 다음으로 의롭다고 하신 자들을 영화롭게 하셨습니다. 이 과정을 '구원의 사슬'이라고 합니다.

구원의 사슬을 통해 크게 두 가지 사실을 발견할 수 있습니다. 첫째, 구원의 각 단계는 긴밀하게 연결되어 있습니다. 하나님께서 예정하신 자는 반드시 부르심을 받습니다. 부르심을 받은 자는 반드시 의롭다 함을 받습니다. 의롭다 함을 받은 자는 반드시 영화에 이릅니다. 따라서 예정되었으나 부르심을 받지 못하는 자는 없습니다. 부르심을 받았으나 칭의 되지 못하는 자는 없습니다. 칭의 되었으나 영화에 이르지 못하는 자는 없습니다. 구원의 사슬은 긴밀하게 연결된 하나입니다.

둘째, 모든 단계는 부정과거 시제로 표현되어 있습니다. 부정과거 시제란, 과거에 이미 종결된 것을 나타내는 표현입니다. 미리 정하심, 부르심, 의롭다 하심, 영화롭게 하심, 이 모든 것들이 하나같이 부정과거 시제로 되어 있습니다. 특이한 것은 영화롭게 하시는 것까지 부정과거 시제로 되어 있다는 점입니다.

영화에 대해 성경은 다음과 같이 말합니다. "그뿐 아니라 또한 우리 곧 성령의 처음 익은 열매를 받은 우리까지도 속으로 탄식하여 양자 될 것 곧 우리 몸의 속량을 기다리느니라."**롬8:23** 바울은 우리가 몸의 속량을 기다리고 있다고 말합니다. 이처럼 영화는 미래의 일입니다. 영화는 부활 이후에야 가능합니다. 그런데 왜 바울은 구원의 모든 단계, 특히 영화에 관한 것까지 부정과거 시제로 표현하고 있을까요?

여기에는 한 가지 설명만이 있을 뿐입니다. 바울이 일부러 부정과거 시제를 사용한 것은 우리에게 흔들릴 수 없는 확신을 주기 위해서입니다.[103] 예정과 부르심과 칭의가 이미 이루어진 일인 것처럼, 영화 역시 반드시 이루어질 것을 강조하기 위해서입니다. 그래서 바울은 미래에 일어날 영화를 이미 일어난 사건처럼 설명하는 것입니다.

그러므로 우리는 두려워할 필요가 없습니다. 부르심을 받고 칭의 되었으나, 영화에는 이르지 못할까 봐 두려워할 필요가 없습니다. 하나님의 구원 사역은 별개가 아니라 긴밀하게 연결된 하나입니다. 부르심과 칭의와 영화는 하나님의 원대한 목적의 일부입니다. 하나님은 예수님을 본받게 하려고 우리를 부르셨습니다. **29절** 하나님은 자신의 목적을 반드시 이룰 것입니다. 무엇도 하나님을 방해할 수 없고, 막을 수 없습니다.

묵상과 기도

Q. 영화롭게 되는 것까지 부정과거 시제로 표현한 이유는 무엇입니까?

Q. 우리가 예수님을 믿고 있다면 구원에서 탈락하는 것이 가능할까요?

prayer. 하나님, 저희의 구원을 예정해 주셔서 감사합니다. 저희를 불러주셔서 감사합니다. 저희를 의롭게 해주셔서 감사합니다. 저희를 장차 영화롭게 해주실 것을 감사합니다. 이 은혜를 생각하며 항상 기뻐하고, 찬양하게 해주세요.

미리 정하신 그들을 또한 부르시고(2)

> **롬 8:28-30** 28 우리가 알거니와 하나님을 사랑하는 자 곧 그의 뜻대로 부르심을 입은 자들에게는 모든 것이 합력하여 선을 이루느니라 29 하나님이 미리 아신 자들을 또한 그 아들의 형상을 본받게 하기 위하여 미리 정하셨으니 이는 그로 많은 형제 중에서 맏아들이 되게 하려 하심이니라 30 또 미리 정하신 그들을 또한 부르시고 부르신 그들을 또한 의롭다 하시고 의롭다 하신 그들을 또한 영화롭게 하셨느니라

구원의 각 단계는 긴밀하게 연결되어 있습니다. 하나님께서 예정하신 자는 반드시 부르심을 받으며, 부르심을 받은 자는 반드시 의롭게 되며, 의롭게 된 자는 반드시 영화롭게 됩니다. 이처럼 예정된 자들이 반드시 영화에 이르는 것을 '성도의 견인'이라고 합니다.

'성도의 견인堅忍'이란 '성도는 끝까지 참는다'는 뜻입니다. 하나님께서 예정하시고 부르신 자들은 어떤 일이 있어도 믿음을 잃어버리지 않습니다. 믿음으로 의롭다 함을 얻은 자들은 반드시 영화롭게 됩니다.

성도의 견인 교리는 오랫동안 논쟁거리가 되었습니다. 하나님께서 구원하기로 예정하신 자들이 있다면, 반대로 심판하기로 예정하신 자들도 있다는 뜻이기 때문입니다. 이른바 '이중 예정'입니다.

하나님의 견인 교리에 대해 우리가 단정할 수 있는 것은 두 가지입니다. 첫째, 어떤 자들이 구원받고 영화롭게 되는 것은 태초에 하나님께서 예정하신 결과라는 것입니다. 따라서 모든 영광은 하나님께만 돌려야 합니다. 그래서 바울은 다음과 같이 말합니다.

"그 기쁘신 뜻대로 우리를 예정하사 예수 그리스도로 말미암아 자기의 아들들이 되게 하셨으니 이는 그가 사랑하시는 자 안에서 우리에게 거저 주시는 바 그의 은혜의 영광을 찬송하게 하려는 것이라."엡1:5-6

둘째, 어떤 자들이 정죄 받고 심판에 이르는 것은 그들이 개인적으로 지은 죄 때문이라는 것입니다. 그들은 예수님을 믿지 않았고, 하나님의 율법에 순종하지 않았습니다. 책임은 전적으로 본인에게 있습니다. 그래서 예수님은 다음과 같이 말씀하셨습니다.

"또 왼편에 있는 자들에게 이르시되 저주를 받은 자들아 나를 떠나 마귀와 그 사자들을 위하여 예비된 영원한 불에 들어가라."마25:41

우리는 인정해야 합니다. 성도의 견인 교리와 예정 교리는 우리의 지식을 뛰어넘습니다. 우리는 그것을 다 이해할 수 없습니다. 하나님은 무한하시고 절대적이지만, 우리는 유한하고 부족하기 때문입니다. 창조주이신 하나님의 뜻을, 흙으로 지어진 우리가 다 이해할 수 없는 것은 당연한 일입니다. 우리가 그것을 다 이해하려고 들 때, 오히려 혼란에 빠지게 됩니다. 그래서 모세는 하나님께서 보여주시지 않은 것을 알려고 해서는 안 된다고 하였습니다.

"감추어진 일은 우리 하나님 여호와께 속하였거니와 나타난 일은 영원히 우리와 우리 자손에게 속하였나니."신29:29

우리는 이 말씀에 순종해야 합니다. 우리는 나타난 것은 확고하게 믿되, 나타나지 않은 것에는 신중해야 합니다. 예수님의 말씀처럼 진리에 있어서는 어린아이가 되어야 합니다. "이르시되 진실로 너희에게 이르노니 너희가 돌이켜 어린아이들과 같이 되지 아니하면 결단코 천국에 들어가지 못하리라."마18:3

묵상과 기도

Q. 예정된 자들이 반드시 영화에 이르는 것을 무엇이라고 합니까?

prayer. 하나님, 진리에 있어서는 어린아이가 되게 해주세요. 하나님이 말씀하신 것은 무엇이든 믿게 해주세요. 하나님이 말씀하지 않은 것에 불필요한 호기심을 가지지 않게 해주세요.

미리 정하신 그들을 또한 부르시고(3)

> **롬 8:30** 또 미리 정하신 그들을 또한 부르시고 부르신 그들을 또한 의롭다 하시고 의롭다 하신 그들을 또한 영화롭게 하셨느니라

오늘 본문은 '성도의 견인 교리'의 근거 구절이 됩니다. "미리 정하신 그들을 또한 부르시고 부르신 그들을 또한 의롭다 하시고 의롭다 하신 그들을 또한 영화롭게 하셨느니라."³⁰절 부르심을 받은 자들은 절대 믿음을 잃어버리지 않습니다. 부르심을 받은 자들은 반드시 영화롭게 되는 데까지 나아갑니다.

하지만 어떤 사람들은 성도의 견인 교리를 부정합니다. 그들은 성도의 견인 교리가 비성경적이라고 주장합니다. 성경을 자세히 살펴보면 성도의 견인 교리에 부합하지 않는 구절들이 많다고 말합니다. 대표적인 것이 마태복음 13장의 씨 뿌리는 비유와 디모데전서 4장 1절과 2절입니다.

하지만 성경은 어디에서도 성도의 견인 교리를 부정하지 않습니다. 만약 성도의 견인 교리가 비성경적이라고 주장하는 자들이 있다면, 그 이유는 단 하나입니다. 그들이 성경을 잘못 이해했기 때문입니다. 그들이 성경을 전체적으로 보지 않았기 때문입니다. 그들이 성경을 문맥과 상관없이 보았기 때문입니다.

"돌밭에 뿌려졌다는 것은 말씀을 듣고 즉시 기쁨으로 받되 그 속에 뿌리가 없어 잠시 견디다가 말씀으로 말미암아 환난이나 박해가 일어날 때에는 곧 넘어지는 자요."마13:20-21

"그러나 성령이 밝히 말씀하시기를 후일에 어떤 사람들이 믿음에서 떠나 미혹하는 영과 귀신의 가르침을 따르리라 하셨으니 자기 양심이 화인을 맞아서 외식함으로 거짓말하는 자들이라."딤전4:1-2

두 본문에서 '넘어지는 자'와 '믿음에서 떠난 자'는 구원을 잃어버린 자들이 아닙니다. 본문은 결코 구원을 잃어버린다거나 빼앗길 수 있다고 말하고 있지 않습니다. 그들은 처음부터 참된 신자가 아니었습니다. 다만 일시적으로 참된 신자처럼 보였을 뿐입니다. 그래서 환난과 유혹이 찾아오자 자신들의 정체를 드러낸 것입니다. 요한은 이 사실을 명백하게 가르쳤습니다. "그들이 우리에게서 나갔으나 우리에게 속하지 아니하였나니 만일 우리에게 속하였더라면 우리와 함께 거하였으려니와 그들이 나간 것은 다 우리에게 속하지 아니함을 나타내려 함이니라."요일2:18-19

'넘어지는 자'마13:21와 '믿음에서 떠난 자'딤전4:1는 구원을 잃어버린 자가 아닙니다. 처음부터 교회에 속하지 않았으며 구원이 없었던 자들입니다. 그러므로 우리는 성도의 견인 교리를 의심하지 말아야 합니다. 우리가 예수님에 대한 참된 믿음을 가지고 있다면, 우리는 의롭다 함을 받은 자입니다. 그렇다면 우리는 반드시 영화롭게 될 것입니다. 아무도 우리를 하나님의 구원에서 끊을 수 없습니다. 하나님께서 "미리 정하신 그들을 또한 부르시고 부르신 그들을 또한 의롭다 하시고 의롭다 하신 그들을 또한 영화롭게 하셨"기 때문입니다.

묵상과 기도

Q. 부르심을 받은 신자는 반드시 어떤 상태에까지 이르게 됩니까?

Q. 성도의 견인 교리를 부정하는 성경 구절이 있습니까?

prayer. 하나님, 저희에게 구원을 선물로 주셔서 감사합니다. 구원의 가능성이 아니라, 구원 그 자체를 주셔서 감사합니다. 이제 구원의 확신을 가지고 살아가게 해주세요. 구원을 감사하고, 찬양하고, 기뻐하면서 살아가게 해주세요.

미리 정하신 그들을 또한 부르시고(4)

> **롬 8:30** 또 미리 정하신 그들을 또한 부르시고 부르신 그들을 또한 의롭다 하시고 의롭다 하신 그들을 또한 영화롭게 하셨느니라

성도의 견인 교리를 부정하는 또 다른 주장을 살펴보겠습니다. 견인 교리의 핵심은, 믿음으로 의롭게 된 자들은 끝까지 견딘다는 것입니다. 어떤 일이 있어도 믿음을 잃어버리지 않는다는 것이지요. 그런데 어떤 자들은 마태복음 25장에 있는 '열 처녀 비유'를 근거로 성도의 견인 교리가 비성경적이라고 주장합니다.

마태복음 25장의 비유에는 열 명의 처녀가 등장합니다. 처음에는 모두가 같아 보입니다. 하지만 결국에는 다섯은 지혜롭고, 다섯은 어리석다는 평가를 받습니다. 다섯은 혼인 잔치에 참여하고, 다섯은 참여하지 못합니다. 그래서 성도의 견인 교리를 믿지 않는 자들은 이 본문이야말로 성도의 견인 교리가 부정확하며 비성경적임을 보여주는 근거라고 말합니다.

'열 처녀 비유'를 정당하게 해석하기 위해서는 '가시적인 교회'와 '비가시적인 교회'를 구분할 수 있어야 합니다. 가시적인 교회란, 사람의 눈에 보이는 교회입니다. 비가시적인 교회란, 하나님의 눈에만 보이는 교회입니다. 예를 들면 다음과 같습니다.

신천지라는 이단이 있습니다. 그들은 기존 교회의 신자를 미혹하기 위해 '추수꾼'이라는 비밀 전도자를 파송합니다. 추수꾼들은 참 교회에 섞여 있습니다. 하지만 참된 믿음을 가지고 있지 않습니다. 그들은 참 교회의 일원이 아니요, 오히려 참 교회를 무너뜨리는 자들입니다. 하지만 사람들의 눈에는 그들도 참 교회로 보입니다. 이처럼 가시적인 교회에는 참된 신자와 거짓 신자가 뒤섞여 있습니다. 그래서 바울은 다음과 같이 말합니다. "너희는 믿음 안에 있는가 너희 자신을 시험하고 너희 자신을 확증하라."고후13:5

바울이 "너희 자신을 시험하고 너희 자신을 확증하라"고 말했던 것은, 가시적인 교회 안에 거짓 믿음을 가진 자들이 섞여 있을 수 있기 때문입니다. 가시적인 교회는 완전히 정결하게 되고 영화롭게 되기까지는 순수한 교회가 아닙니다.

따라서 '열 처녀 비유'는 성도의 견인 교리를 부정하는 근거가 될 수 없습니다. 열 처녀 비유는 구원을 잃어버리거나 은혜의 상태에서 떨어질 수 있다고 말하지 않습니다. 열 처녀 비유는 가시적인 교회의 연약함과 한계를 보여줄 뿐입니다. 가시적인 교회에 몸담은 자들 중에도 거짓 신자가 있을 수 있다는 것과, 자신을 신자라고 믿는 자들 중에도 사실은 죽은 믿음을 가진 자들이 있을 수 있다는 근거가 될 뿐입니다.

그러므로 우리는 열 처녀 비유를 보면서, 혹시 우리도 다섯 처녀처럼 구원에서 떨어질까 걱정할 필요가 없습니다. 우리에게 자신을 죄인으로 자각하는 깨달음이 있다면, 우리는 부르심을 받은 자입니다. 우리에게 예수님만을 구원자로 믿는 믿음이 있다면, 우리는 의롭다 함을 받은 자입니다. 따라서 우리는 반드시 '견인堅忍'할 것입니다. 견고하게 인내할 것입니다. 끝까지 견딜 것입니다. 우리의 능력이 아니라, 하나님의 능력이 우리와 함께하기 때문입니다.

묵상과 기도

Q. 가시적 교회와 비가시적 교회는 각각 무엇입니까?

Q. 가시적 교회에는 어떤 사람들이 포함되어 있습니까?

prayer. 하나님, 하나님에 대한 두려움을 가지고 살게 해주세요. 불건전한 두려움이 아니라, 건전한 두려움을 가지게 해주세요. 구원을 잃어버릴 것에 대한 두려움이 아니라, 구원받은 자답게 살지 않는 것을 두려워하며 살게 해주세요.

미리 정하신 그들을 또한 부르시고(5)

> **롬 8:30** 또 미리 정하신 그들을 또한 부르시고 부르신 그들을 또한 의롭다 하시고 의롭다 하신 그들을 또한 영화롭게 하셨느니라

성도의 견인 교리를 믿는 자들 사이에서 가장 논쟁이 되고, 시험이 되는 구절은 아마도 히브리서 6장 4절에서 6절까지의 말씀일 것입니다.

"한 번 빛을 받고 하늘의 은사를 맛보고 성령에 참여한 바 되고 하나님의 선한 말씀과 내세의 능력을 맛보고도 타락한 자들은 다시 새롭게 하여 회개하게 할 수 없나니 이는 그들이 하나님의 아들을 다시 십자가에 못 박아 드러내 놓고 욕되게 함이라"

결론부터 말씀드리면 이 구절 역시 성도의 견인 교리를 무너뜨릴 수 없습니다. 히브리서 6장 4절부터 6절까지에는 성경이 일반적으로 참된 신자를 묘사하는 데 사용되는 표현이 하나도 없기 때문입니다.[104]

"너희 중에 이와 같은 자들이 있더니 주 예수 그리스도의 이름과 우리 하나님의 성령 안에서 씻음과 거룩함과 의롭다 하심을 받았느니라."[고전6:11]

"그 안에서 너희도 진리의 말씀 곧 너희의 구원의 복음을 듣고 그 안에서 또한 믿어 약속의 성령으로 인치심을 받았으니."[엡1:13]

참된 신자는 '거룩하게 여김을 받은 사람', '의롭다 하심을 받은 사람', '성령으로 인치심을 받은 사람'으로 묘사됩니다. 하지만 히브리서 6장 4절부터 6절까지에는 이런 표현이 하나도 없습니다.

어떤 사람들은 이렇게 반론을 제기합니다. "하지만 '성령에 참여한 바 되고'[히6:4]라는 표현이 있지 않습니까? 이것은 명백히 참된 신자를 묘사하는 것이 아닙니까?" 하고 말입니다. 그러나 단순히 성령에 참여한 것, 성령의 능력을 덧입은 것으로는 참된 신자라고 할 수 없습니다.[마7:22] 가장 대표적인 사례가 가룟 유다입니다. 그는 열두 제자 중에 한 명으로서 성령의 능력을 덧입은 사람입니다.

"예수께서 그의 열두 제자를 부르사 더러운 귀신을 쫓아내며 모든 병과 모든 약한 것을 고치는 권능을 주시니라."[마10:1]

하지만 가룟 유다는 배교를 통해 자신이 참된 신자가 아님을 스스로 드러내었습니다.

이처럼 가시적인 교회 안에는 '가라지 신자'가 있을 수 있습니다.[마13:25] 가라지 신자란, 교회에 속해 있으면서도 중생한 적은 없는 사람입니다. 세례를 받고 교회의 모임에도 참여하고 있지만 실제로는 예수님을 믿지 않는 사람입니다. 그는 신자처럼 보이지만 사실은 한 번도 신자였던 적이 없는 사람입니다. 바로 이들이 히브리서 6장에 소개되는 사람들입니다.

따라서 단지 권능을 행한다는 사실만으로 그를 참된 신자로 여겨서는 안 됩니다. 예수님은 선지자 행세를 하고, 귀신을 쫓아내고, 권능을 행하는 자들 중에서도 가라지 신자가 있을 수 있다고 하셨습니다.[마7:22]

묵상과 기도

Q. 히브리서 6장에 소개되는 사람들은 어떤 종류의 신자입니까?

prayer. 하나님, 저희가 분별력을 가지고 살아가게 해주세요. 거짓 복음과 거짓 선지자, 거짓 교회를 분별하게 해주세요. 그리하여 참된 교회 안에서, 참된 말씀을 들으며 살아가게 해주세요.

미리 정하신 그들을 또한 부르시고(6)

롬 8:30 또 미리 정하신 그들을 또한 부르시고 부르신 그들을 또한 의롭다 하시고 의롭다 하신 그들을 또한 영화롭게 하셨느니라

지금까지 성도의 견인 교리를 반대하는 의견들을 살펴보았습니다. 오늘은 성도의 견인 교리를 지지하는 본문들을 살펴보겠습니다. 가장 중요한 것은 주님의 말씀입니다. "내가 진실로 진실로 너희에게 이르노니 내 말을 듣고 또 나 보내신 이를 믿는 자는 영생을 얻었고 심판에 이르지 아니하나니 사망에서 생명으로 옮겼느니라."요5:24

예수님은 믿는 자들을 향하여 이미 영생을 얻은 자들이라고 말씀합니다. 그들은 심판에 이르지 아니합니다. 그들은 이미 사망에서 생명으로 옮겨졌습니다. 이처럼 믿는 자들은 구원 얻을 가능성이 아니라 구원을 얻습니다. 영생 얻을 가능성이 아니라 영생 그 자체를 얻습니다. 다음으로 요한복음 17장을 보겠습니다. 요한복음 17장은 거의 모든 구절들이 성도의 견인 교리를 지지하고 있습니다.

"아버지께서 아들에게 주신 모든 사람에게 영생을 주게 하시려고 만민을 다스리는 권세를 아들에게 주셨음이로소이다."요17:2
"세상 중에서 내게 주신 사람들에게 내가 아버지의 이름을 나타내었나이다. 그들은 아버지의 것이었는데 내게 주셨으며 그들은 아버지의 말씀을 지키었나이다."요17:6
"내가 그들을 위하여 비옵나니 내가 비옵는 것은 세상을 위함이 아니요 내게 주신 자들을 위함이니이다.

그들은 아버지의 것이로소이다."요17:9

요한복음 17장에는 성부께서 구원받을 자들을 예정하셨고, 그들을 성자에게 맡기셨다는 신학이 내재되어 있습니다. 따라서 구원은 개인적인 일이 아니라 하나님의 일입니다. 우리가 이루는 일이 아니라, 하나님께서 친히 이루시는 일입니다. 하나님은 구원을 이루시고, 우리는 선물로 받습니다.

우리가 성도의 견인 교리를 이해하는 데 어려움을 겪는 것은 구원을 개인적인 일로 생각하기 때문입니다. 구원을 각 개인이 이루어야 하는 일로 생각하기 때문입니다. 그래서 의심하게 되고 두려워하게 되는 것입니다. 하지만 성경은 구원이 하나님의 일이며, 하나님의 능력으로 이루어지는 것이라고 말합니다.

만약 우리의 미래가, 우리의 구원이, 우리의 영화가 전적으로 우리 자신에게 달려 있다면 우리는 참으로 불쌍한 존재입니다. 우리에게는 믿음을 지킬 능력, 구원을 이룰 능력, 영화롭게 될 능력이 없기 때문입니다. 하지만 우리는 불쌍한 존재가 아닙니다. 구원이란 우리의 능력이 아니라 하나님의 능력에 달린 일이며, 하나님께서 우리에게 주시는 선물이기 때문입니다. "너희는 그 은혜에 의하여 믿음으로 말미암아 구원을 받았으니 이것은 너희에게서 난 것이 아니요 하나님의 선물이라."엡2:8

묵상과 기도

Q. 구원은 개인의 능력으로만 이루어야 하는 일입니까?

Q. 하나님께서 하나님의 능력으로 우리를 구원해 주실 것을 믿습니까?

prayer. 하나님, 저희의 미래가 하나님의 은혜에 달려 있음을 믿습니다. 저희의 인생이 하나님의 은혜에 달려 있음을 믿습니다. 저희의 구원이 하나님의 은혜에 달려 있음을 믿습니다. 그러므로 항상 하나님의 이름만 높이며, 저희의 이름은 감추게 해 주세요.

미리 정하신 그들을 또한 부르시고(7)

> **롬 8:30** 또 미리 정하신 그들을 또한 부르시고 부른신 그들을 또한 의롭다 하시고 의롭다 하신 그들을 또한 영화롭게 하셨느니라

만약 성도의 견인 교리가 진리가 아니라면 어떤 문제가 발생할까요? 신자의 구원이 하나님의 능력이 아니라 사람의 능력에 달려 있다면 어떤 문제가 발생할까요? 하나님의 영광이 빛을 잃게 됩니다. 하나님의 영광이 희미하게 됩니다. 하나님께 영광을 돌릴 이유가 사라지게 됩니다.

"곧 창세 전에 그리스도 안에서 우리를 택하사 우리로 사랑 안에서 그 앞에 거룩하고 흠이 없게 하시려고 그 기쁘신 뜻대로 우리를 예정하사 예수 그리스도로 말미암아 자기의 아들들이 되게 하셨으니 이는 그가 사랑하시는 자 안에서 우리에게 거저 주시는 바 그의 은혜의 영광을 찬송하게 하려는 것이라."엡1:4-6

성경은 하나님께서 은혜로 우리를 구원하시는 이유를 "그의 은혜의 영광을 찬송하게 하려는 것"이라고 말합니다. 따라서 구원이 우리 손에 달려 있다고 믿는 것은, 궁극적으로 하나님의 영광이 우리 손에 달려 있다고 믿는 것이나 마찬가지입니다. 그렇게 되면 하나님의 영광이 초라하고 연약한 죄인들에게 달려 있게 됩니다. 결과적으로 하나님의 영광은 점점 시들어가게 됩니다.

"그러므로 자기를 힘입어 하나님께 나아가는 자들을 온전히 구원하실 수 있으니 이는 그가 항상 살아 계셔서 그들을 위하여 간구하심이라."히7:25

성경은 예수님이 자기 백성을 온전히 구원하실 수 있다고 말합니다. 그 이유는 예수님이 항상 살아 계셔서 그들을 위하여 간구하시기 때문입니다. 간단하게 말하면 예수님은 지금 이 순간에도 우리의 구원을 위하여 일하고 계십니다. 예수님은 하나님의 영광이 희미하게 되거나 시들어 버리게 하시지 않습니다. 예수님은 하나님의 영광을 위해 계속 일하십니다.

만약 예수님이 우리를 내버려 두신다면, 우리의 구원이 각자의 행위에 달린 문제가 된다면 가장 기뻐할 존재는 사탄일 것입니다. 사탄은 우리를 시험할 것이고 넘어뜨릴 것이며, 결국 승리하여 하나님의 영광을 가릴 것이기 때문입니다. 그래서 하나님은 우리의 구원을 개개인이 아니라 예수님에게 맡기셨습니다. 우리는 넘어질 수 있고 실패할 수 있지만, 예수님은 절대로 좌절하거나 실패하지 않으시기 때문입니다.

"아버지께서 내게 주시는 자는 다 내게로 올 것이요 내게 오는 자는 내가 결코 내쫓지 아니하리라."요6:37

묵상과 기도

Q. 하나님께서 하나님의 능력으로 우리를 구원하시는 이유는 무엇입니까?

Q. 하나님께만 영광을 돌리는 삶을 살고 있습니까?

prayer. 하나님, 구원은 저희에게 달린 문제가 아닙니다. 구원은 하나님께서 하나님의 능력으로 이루시는 일입니다. 하지만 현재의 삶은 저희에게 달린 문제입니다. 하나님께서 저희를 구원해 주셨으니, 이제부터 구원받은 사람답게 거룩하게 살게 해 주세요.

하나님이 우리를 위하시면 누가 우리를 대적하리요

롬 8:31 그런즉 이 일에 대하여 우리가 무슨 말 하리요 만일 하나님이 우리를 위하시면 누가 우리를 대적하리요

바울은 1장 16절부터 복음이라고 하는 위대한 진술을 설명하기 시작했습니다. "내가 복음을 부끄러워하지 아니하노니 이 복음은 모든 믿는 자에게 구원을 주시는 하나님의 능력이 됨이라."롬1:16 이제 바울은 8장 후반부31-39절에 이르러 그 일을 끝마치고자 합니다. 8장 후반부는 복음에 대한 설명을 최종적으로 마무리하는 단락입니다.[105] 여기서 바울은 복음의 의미를 생각하게 하는 일련의 질문들을 던지고 있습니다. 바울이 던지는 질문은 모두 다섯 가지입니다. 먼저 첫 번째 질문을 살펴보겠습니다. 바울은 다음과 같이 묻습니다. "그런즉 이 일에 대하여 우리가 무슨 말 하리요 만일 하나님이 우리를 위하시면 누가 우리를 대적하리요."31절

이 질문의 요지는 다음과 같습니다. "누가 우리를 예정하였는가? 하나님이시다! 누가 우리를 불렀는가? 하나님이시다! 누가 우리를 의롭다고 하셨는가? 하나님이시다! 누가 우리를 영화롭게 하시는가? 하나님이시다! 그렇다면 우리의 구원이 실패하거나 취소될 수 있는가? 불가능하다. 하나님께서 우리의 구원을 위해 일하고 계시므로, 우리의 구원은 실패되거나 취소될 수 없다!" 바로 이것이 오늘 본문 안에 담겨 있는 질문과 대답입니다. 핵심은 "하나님께서 우리를 위하시면"입니다. 구원은 우리로부터 시작된 일이 아닙니다. 구원은 하나님으로부터 시작된 일입니다. 구원은 우리의 능력으로 이루어야 하는 일이 아닙니다. 구원은 하나님의 능력으로 이루어지는 일입니다. 바로 그것이 "하나님께서 우리를" 위하신다는 말씀의 의미입니다. 창세기 14장에서 아브라함은 위험한 전쟁을 시작했습니다. 그는 적은 병력으로 네 왕과 맞섰습니다. "시날 왕 아므라벨과 엘라살 왕 아리옥과 엘람 왕 그돌라오멜과 고임 왕 디달"이 아브라함의 대적이었습니다. 창14:1 아브라함은 기적적으로 첫 번째 전투에서 승리했습니다. 하지만 계속해서 승리할 자신은 없었습니다. 아브라함은 매우 두려웠습니다. 이때 하나님께서 말씀하셨습니다. "아브람아 두려워하지 말라. 나는 네 방패요 너의 지극히 큰 상급이니라."창15:1 하나님의 말씀은 이런 뜻입니다. "아브라함아, 내가 너를 위한다. 내가 너의 편이다. 내가 너와 함께한다. 내가 너와 함께 싸울 것이다. 너의 싸움이 아니라 나의 싸움이다. 그러니 두려워하지 마라." 복음도 마찬가지입니다. 복음의 핵심은 구원이 우리의 능력이 아니라 하나님의 능력에 달려 있다는 것입니다. "내가 복음을 부끄러워하지 아니하노니 이 복음은 모든 믿는 자에게 구원을 주시는 하나님의 능력이 됨이라."롬1:16 그러므로 우리는 두려워하지 말아야 합니다. 우리에게 허락된 구원은 취소되지 않습니다. 하나님께서 우리를 위하시기 때문입니다. 하나님께서 우리 편이시기 때문입니다. 하나님께서 우리와 함께하시기 때문입니다. 하나님께서 친히 우리의 구원을 이루시기 때문입니다. 우리의 싸움이 아니라 하나님의 싸움이기 때문입니다. 그래서 구원은 복음입니다. 그 누구도, 그 무엇도, 그 어떤 사건도 우리의 구원을 방해할 수 없습니다. "만일 하나님이 우리를 위하시면 누가 우리를 대적하리요."롬8:31

묵상과 기도

Q. 우리의 구원은 누구로부터 시작된 일입니까?

Q. 하나님께서 우리 편이시고, 하나님께서 우리를 위하신다는 사실을 믿습니까?

prayer. 하나님, 하나님의 능력으로 저희를 구원해 주셔서 감사합니다. 저희의 편이 되어 주시고, 저희를 위해 주셔서 감사합니다. 이토록 놀라운 은혜를 받았으니, 이제부터 오직 하나님을 위해서만 살게 해주세요. 하나님의 영광을 위한 도구로 살게 해주세요.

자기 아들을 우리 모든 사람을 위하여 내주신 이(1)

롬 8:32 (분명하게) 자기 아들을 아끼지 아니하시고 우리 모든 사람을 위하여 내주신 이가 어찌 그 아들과 함께 모든 것을 우리에게 주시지 아니하겠느냐

로마서는 복음에 대한 책입니다. 바울은 1장부터 지금에 이르기까지 복음이 무엇인가를 상세하게 설명해 왔습니다. 이제 바울은 8장 후반부31-39절에서 복음을 해설하는 일에 종지부를 찍으려 합니다. 바울은 여기서 복음이 무엇인가를 확실하게 매듭짓고, 다음 주제로 넘어가려 합니다.

바울은 8장 후반부에서 복음을 이해시키기 위한 다섯 가지 질문을 던집니다. 첫 번째 질문은 31절입니다. 이 질문은 "하나님께서 우리를 위하시는데, 우리의 구원이 실패할 수 있는가?"라는 뜻입니다. 32절은 두 번째 질문입니다. 이 질문은 "가장 좋은 것을 주신 하나님께서, 그보다 못한 것을 주시기를 주저할 수 있는가?"라는 뜻입니다.[106]

예를 들어, 설명해 보겠습니다. 만약 누군가가 우리를 너무나 사랑해서 우리에게 100억을 거저 주었다고 가정해 봅시다. 그렇다면 그 사람이 우리에게 만 원을 더 주기를 아까워할까요? 우리에게 100억을 주었던 사람이 만 원 주기를 주저할 수 있을까요? 그럴 수는 없습니다.

본문의 논리도 동일합니다. 하나님은 우리에게 가장 좋은 것을 주셨습니다. 하나님은 우리에게 "자기 아들을" 주셨습니다. 가장 사랑하는 유일한 독생자를 주셨습니다. 헬라어 원문을 정확하게 번역하면 가장 앞에 '분명하게'라는 단어가 들어가야 합니다.[107] 하나님께서 우리에게 자기 아들을 주신 것은 부인할 수 없는 '분명한' 사실입니다.

과거에는 아들을 주시기까지 우리를 사랑하신 하나님께서, 이제는 그보다 못한 것을 주시기를 주저할 수 없습니다. 그것은 말이 되지 않습니다. 과거에 하나님께서 우리를 구원하기 위해 최선을 다하셨다면, 이제 하나님께서 그보다 더 작은 일을 하실 것은 당연한 일입니다. 과거에 하나님께서 우리를 위해 유일하신 아들을 십자가에서 죽이셨다면, 지금도 당연히 우리의 구원을 위해 일하셔야 마땅합니다.

우리에게 가장 위로가 되고 힘이 되는 것은 바로 이 진리입니다. 우리의 하나님은, 우리를 위해 자기 아들을 아끼지 아니하시고 내어 주신 분입니다. 우리의 하나님은, 가장 좋은 것을 우리를 위해 아끼지 아니하신 분입니다. 우리가 믿는 하나님은 그런 분입니다. 바로 이것이 복음입니다.

묵상과 기도

Q. 아들을 주시기까지 우리를 사랑하신 하나님께서, 어느 순간 우리를 버리실 수 있을까요?

Q. 예수님을 믿기만 하면 반드시 구원을 얻는다는 사실을 굳게 믿습니까?

prayer. 하나님, 하나님은 가장 사랑하는 아들을 저희를 위해 희생하셨습니다. 하나님께서 그만큼 저희를 사랑하시는 줄 믿습니다. 이제 그 사랑에 보답하는 삶을 살게 해주세요. 하나님을 가장 사랑하게 해주세요. 하나님의 교회를 사랑하고 하나님의 말씀을 사랑하게 해주세요.

자기 아들을 우리 모든 사람을 위하여 내주신 이(2)

> **롬 8:32** (분명하게) 자기 아들을 아끼지 아니하시고 우리 모든 사람을 위하여 내주신 이가 어찌 그 아들과 함께 모든 것을 우리에게 주시지 아니하겠느냐

32절에는 중요한 단어들이 많습니다. 하나씩 살펴보겠습니다. 가장 먼저 볼 것은 "아끼지 아니하시고"라는 말씀입니다. 우리는 가장 중요한 것을 아낍니다. 가장 좋아하는 것을 남겨둡니다. 그런데 하나님은 가장 사랑하는 아들을 아끼지 아니하셨습니다. 하나님은 단지 아끼지 아니하신 것만이 아니라 거기서 더 나아가셨습니다. 하나님은 가장 사랑하는 아들을 우리를 위해 내주셨습니다. "자기 아들을 아끼지 아니하시고 우리 모든 사람을 위하여 내주신 이가 어찌 그 아들과 함께 모든 것을 우리에게 주시지 아니하겠느냐." 32절 그렇다면 '내어 주다'가 의미하는 바는 무엇일까요? 로마서 4장 25절은 다음과 같이 말합니다. "예수는 우리가 범죄한 것 때문에 내줌이 되고 또한 우리를 의롭다 하시기 위하여 살아나셨느니라." 롬4:25

예수님은 우리의 죄 때문에 내줌이 되었습니다. 우리가 받아야 할 죄의 결과를 예수님이 대신 받으셨습니다. 따라서 '내어 주다'는 속죄의 교리를 의미합니다. 속죄의 교리는 다음과 같습니다. 첫째, 속죄의 교리는 하나님께서 우리를 버리는 대신 자기 아들을 버리셨다는 뜻입니다. "나의 하나님, 나의 하나님, 어찌하여 나를 버리셨나이까." 마27:46

둘째, 속죄의 교리는 하나님께서 우리의 죄를 자기 아들에게 뒤집어씌우셨다는 뜻입니다. "하나님이 죄를 알지도 못하신 이를 우리를 대신하여 죄로 삼으신 것은 우리로 하여금 그 안에서 하나님의 의가 되게 하려 하심이라." 고후5:21

셋째, 속죄의 교리는 우리가 받아야 할 저주를 예수님이 대신 받으셨다는 뜻입니다. "그리스도께서 우리를 위하여 저주를 받은 바 되사 율법의 저주에서 우리를 속량하셨으니." 갈3:13

바로 이것이 하나님께서 "자기 아들을 아끼지 아니하시고 우리 모든 사람을 위하여" 내어 주셨다는 말씀의 의미입니다. 하나님은 우리를 버리는 대신 자기 아들을 버리셨습니다. 하나님은 우리의 죄를 자기 아들에게 뒤집어씌우셨습니다. 하나님은 우리가 받아야 할 저주를 자기 아들이 대신 받게 하셨습니다.

앞서 설명한 것처럼 8장 후반부는 복음이 무엇인지를 확실하게 매듭짓는 단락입니다. 8장 후반부는 예수님이 왜 우리에게 복음이 되는지를 최종적으로 설명하는 단락입니다. 그 이유는 다음과 같습니다. 하나님께서 "자기 아들을 아끼지 아니하시고 우리 모든 사람을 위하여" 내주셨기 때문입니다.

하나님은 가장 사랑하는 자기 아들을 우리를 위해 내어 주실 만큼 우리를 사랑하셨습니다. 그렇다면 하나님께서 우리를 포기하는 것이 가능할까요? 하나님께서 우리를 버리는 것이 가능할까요? 절대로 불가능합니다. 가장 좋은 것을 주저 없이 주셨던 하나님께서 그보다 못한 것을 주시기를 주저한다는 것은 말이 되지 않습니다. 구원이 희미하게 생각될 때 우리는 예수님을 생각해야 합니다. 하나님께서 우리를 위해 예수님을 내어 주셨음을 생각해야 합니다. 하나님께서 우리에게 가장 좋은 것을 주셨음을 생각해야 합니다.

묵상과 기도

Q. 하나님께서는 우리를 버리는 대신 누구를 버리셨습니까?

Q. 하나님께서는 우리의 죄를 누가 대신 지게 하셨습니까?

prayer. 하나님, 저희를 구원하시기 위해 아들을 희생하신 것을 믿습니다. 저희가 받아야 할 저주를 예수님이 대신 받게 하신 것을 믿습니다. 힘들고 어려운 순간마다 저희가 하나님께 받은 사랑을 생각하게 해주세요. 그 사랑을 생각하며 날마다 경건하게 살아가게 해주세요.

누가 능히 하나님께서 택하신 자들을 고발하리요(1)

> **롬 8:33-34** 33 누가 능히 하나님께서 택하신 자들을 고발하리요 의롭다 하신 이는 하나님이시니 34 누가 정죄하리요 죽으실 뿐 아니라 다시 살아나신 이는 그리스도 예수시니 그는 하나님 우편에 계신 자요 우리를 위하여 간구하시는 자시니라

바울은 8장 후반부31-39절에서 다섯 가지 질문을 던지고 있습니다. 첫 번째 질문은 31절입니다. 이 질문은 "하나님께서 우리를 위하시는데, 우리의 구원이 실패할 수 있는가?"입니다. 두 번째 질문은 32절입니다. 이 질문은 "가장 좋은 것을 주신 하나님께서 그보다 못한 것을 주시기를 주저할 수 있는가?"입니다.

그리고 오늘 본문은 세 번째 질문입니다. "누가 능히 하나님께서 택하신 자들을 고발하리요."33절 이 질문은 "우리가 다시 고발을 당할 수 있는가?"입니다. "우리가 구원받은 적이 없었던 것처럼, 다시 죄인의 신분으로 돌아갈 수 있는가?"라는 질문입니다. 이에 대한 대답은 "의롭다 하신 이는 하나님이시니 누가 정죄하리요."33-34절입니다. 우리가 다시 고발을 당할 수 없는 첫 번째 이유는, 우리는 하나님께서 택하신 자들이기 때문입니다. "누가 능히 하나님께서 택하신 자들을 고발하리요."33절 우리는 우리 각자의 의지와 결단으로 하나님의 백성이 되지 않았습니다. 우리는 우리의 자격과 조건에 의해 하나님께 택함을 받지 않았습니다. 우리가 하나님의 백성이요, 하나님의 소유가 된 유일한 이유는 하나님께서 우리를 택하셨기 때문입니다. 바울은 다음과 같이 말하는 것이나 마찬가지입니다. "하나님께서 주권적으로 선택하신 자들, 하나님께서 직접 택하신 자들을 누가 고발할 수 있단 말입니까? 하나님께서 직접 자신의 소유로 삼으시고, 하나님께서 직접 자신의 백성으로 삼으신 자들을 누가 정죄할 수 있단 말입니까?"

우리가 다시 고발을 당하거나 정죄를 받을 수 없는 두 번째 이유는, 하나님께서 우리를 의롭다고 하셨기 때문입니다. "의롭다 하신 이는 하나님이시니 누가 정죄하리요."33-34절 "의롭다고 하다"라는 표현은 법적인 용어입니다. 이것은 재판정에서 사용하는 용어입니다. 재판정에는 피고를 제외하고 크게 세 부류의 사람이 있습니다. 검사와 변호사, 그리고 판사입니다. 검사는 피고의 죄를 고발하는 사람입니다. 피고의 죄를 밝혀내고 정죄하는 사람입니다. 변호사는 피고를 변호하는 사람입니다. 피고의 무죄를 이끌어내는 사람입니다. 검사와 변호사의 역할은 둘 다 중요합니다. 두 사람은 많은 일을 합니다. 하지만 검사와 변호사는 한 가지 일을 할 수 없습니다. 의롭다고 선언하는 일입니다. 법적으로 무죄하다는 선언은 판사만 할 수 있습니다. 그리고 판사가 의롭다고 선언한 자에 대해서 검사와 변호사는 다른 말을 할 수 없습니다. 검사와 변호사는 결과를 받아들여야 합니다. 그렇다면 하늘 재판정의 판사는 누구입니까? 하나님이십니다.

"하나님은 의로우신 재판장이심이여 매일 분노하시는 하나님이시로다."시7:11

"오직 재판장이신 하나님이 이를 낮추시고 저를 높이시느니라."시75:7

그러므로 하나님께서 의롭다고 선언하신 자들에 대하여 그 누구도 반대 의견을 제기할 수 없습니다. 본문에서 바울의 주장이 바로 그러합니다. "의롭다 하신 이는 하나님이시니 누가 정죄하리요."

묵상과 기도

Q. 우리가 심판받을 죄인이라는 고발을 당할 수 있습니까?

Q. 우리에게 무죄를 선고하신 재판장은 누구입니까?

prayer. 하나님, 저희에게 무죄를 선고해 주셔서 감사합니다. 이제 아무도 저희를 고발할 수 없습니다. 아무도 저희를 심판받을 죄인이라고 할 수 없습니다. 심판에서 건짐을 받은 의인이 되었으니, 말과 행동도 의인답게 행하도록 도와주세요.

누가 능히 하나님께서 택하신 자들을 고발하리요(2)

롬 8:33-34 33 누가 능히 하나님께서 택하신 자들을 고발하리요 의롭다 하신 이는 하나님이시니 34 누가 정죄하리요 죽으실 뿐 아니라 다시 살아나신 이는 그리스도 예수시니 그는 하나님 우편에 계신 자요 우리를 위하여 간구하시는 자시니라

바울은 복음을 확실하게 이해시키기 위해 다섯 가지 질문을 던지고 있습니다. 첫 번째 질문은 "하나님께서 우리를 위하시는데 우리의 구원이 실패할 수 있는가?"입니다. ³¹절 두 번째 질문은 "가장 좋은 것을 주신 하나님께서 그보다 못한 것을 주시기를 주저할 수 있는가?"입니다 ³²절 세 번째 질문은 "우리가 다시 고발을 당할 수 있는가?"입니다. ³³절 세 가지 질문 모두 대답은 "아니다!"입니다. 세 가지 모두 있을 수 없는 일입니다. 예수님을 믿어 의롭게 된 자들은 절대로 구원을 빼앗기지 않습니다. 한 번 의롭다 함을 받고 하나님의 자녀가 된 자들은, 그 영광스러운 지위를 잃어버리지 않습니다. 이제 바울은 네 번째 질문을 던지고 있습니다. 그 질문은 "우리가 다시 정죄를 받을 수 있는가?"입니다. ³⁴절 이 질문에 대한 대답 역시 "그럴 수 없다!"입니다. 그 이유는 다음과 같습니다.

첫째, 예수님이 죽으셨기 때문입니다. ³⁴절 예수님은 죽으실 이유가 없습니다. 죽음은 죄의 결과인데, 예수님은 죄가 없으시기 때문입니다. 그럼에도 불구하고 예수님이 죽으신 것은 우리 때문입니다. 예수님은 우리 대신 죽으셨습니다. 우리가 받아야 할 정죄를 대신 받으셨기 때문에 죽으셨습니다. 따라서 우리는 다시 정죄를 받을 수 없습니다. 우리가 받아야 할 정죄를 예수님이 이미 대신 받으셨기 때문입니다. 둘째, 예수님이 다시 살아나셨기 때문입니다. ³⁴절 예수님이 죽음을 이기고 다시 살아나셨다는 것은, 예수님이 뒤집어쓰신 우리의 죄 문제가 모두 해결되었다는 뜻입니다. 만약 죄 문제가 다 해결되지 않았다면, 하나님은 예수님을 다시 살리시지 않았을 것이기 때문입니다. 하나님은 정의로운 분이시기 때문에 죄 문제가 조금이라도 해결되지 않았다면 예수님을 계속 죽음 가운데 내버려 두셨을 것입니다.

이제 우리는 확실히 알 수 있습니다. 우리는 절대로 버림받지 않습니다. 우리는 어떤 일이 있어도 구원을 잃어버리지 않습니다. 다시는 죄인의 신분으로 돌아가지 않습니다. 그 이유는 다음과 같습니다. 첫째, 하나님께서 우리를 위하시기 때문입니다. 하나님께서 우리의 구원을 위해 일하고 계시기 때문입니다. 둘째, 하나님께서 우리에게 가장 좋은 것을 주셨기 때문입니다. 하나님은 우리에게 자기 아들을 주셨습니다. 가장 사랑하는 자기 아들을 주셨던 분이, 그보다 못한 것을 우리에게 주시기를 주저할 수는 없습니다. 셋째, 우리는 다시 고발을 당할 수 없기 때문입니다. 아무도 우리의 구원을 취소해야 한다고 주장할 수 없습니다. 아무도 우리의 영광스러운 신분을 빼앗을 수 없습니다. 넷째, 우리는 다시 정죄를 당할 수 없기 때문입니다. 이미 예수님이 우리 대신 죽으시고, 우리를 위해 부활하셨습니다. 이미 예수님이 우리의 죄 문제를 모두 해결하셨습니다. 따라서 다시 정죄를 당한다는 것은 불가능한 일입니다. 그러므로 우리의 구원은 확실합니다. 우리가 예수님을 유일한 구원자로 믿고 있다면, 구원은 이미 우리의 것입니다. 예수님은 구원의 가능성이 아닙니다. 예수님은 구원 그 자체이십니다.

묵상과 기도

Q. 우리가 다시 죄인이라는 정죄를 당할 수 있습니까?

Q. 예수님이 우리에게 완전한 구원을 주신 것을 믿습니까?

prayer. 하나님, 실패할 수 없는 구원을 주셔서 감사합니다. 아무도 흔들 수 없는 구원을 주셔서 감사합니다. 아무도 방해할 수 없는 구원을 주셔서 감사합니다. 앞으로는 하나님만 찬양하며 살아가게 해주세요. 하나님을 위해서만 살아가게 해주세요.

그는 하나님 우편에 계신 자요

롬 8:33-34 33 누가 능히 하나님께서 택하신 자들을 고발하리요 의롭다 하신 이는 하나님이시니 34 누가 정죄하리요 죽으실 뿐 아니라 다시 살아나신 이는 그리스도 예수시니 그는 하나님 우편에 계신 자요 우리를 위하여 간구하시는 자시니라

바울은 복음의 완전성을 다섯 가지 질문으로 설명하려고 합니다. 우리는 지금 네 번째 질문을 보고 있습니다. 네 번째 질문은 "누가 정죄하리요?"입니다. "누가 선택받은 하나님의 사람들을 정죄할 수 있는가? 아무도 정죄할 수 없다!" 이것이 바울의 요지입니다. 그렇다면 어째서 아무도 정죄할 수 없습니까? 그 이유는 다음과 같습니다. 예수님이 하나님 우편에 계시기 때문입니다. "그는 하나님 우편에 계신 자요."[34절] 예수님이 하나님 우편에 계신 것은 다음과 같은 뜻입니다.

첫째, 예수님이 하나님 우편에 계시다는 것은 예수님이 구속의 역사를 완성했음을 의미합니다.[108] 예수님이 하나님 우편에 계시되, 앉아 계시기 때문입니다. "오직 그리스도는 죄를 위하여 한 영원한 제사를 드리시고 하나님 우편에 앉으사."[히10:12] 앉아 있다는 것은 예수님의 사역이 완성되었음을 의미합니다. 하나님께서 세상을 만드신 후 일곱째 날에 쉬셨다고 하신 것과 같은 의미입니다. 예수님은 구원자로서 하셔야 하는 일을 모두 마치시고 앉아 계십니다. 그것은 우리의 죄에 관한 어떠한 것도 더는 행해질 필요가 없음을 의미합니다.[109]

둘째, 예수님이 하나님 우편에 계시다는 것은 예수님이 하신 일을 하나님께서 기쁘게 받으셨음을 의미합니다. "이러므로 하나님이 그를 지극히 높여 모든 이름 위에 뛰어난 이름을 주사."[빌2:9] 하나님께서 예수님을 지극히 높이셨다는 것과, 예수님이 하나님 우편에 계시다는 것은 동일한 의미입니다. 하나님께서 예수님을 지극히 높이신 것은, 예수님이 행하신 일을 하나님께서 심히 만족스럽게 여기시기 때문입니다. 예수님이 하신 일을 심히 기쁘게 여기시기 때문입니다. 따라서 예수님의 구속 사역은 완전합니다. 예수님의 구속 사역에는 아무 부족함이 없습니다. 하나님께서 크게 만족하시고 기쁘게 여기실 만큼 완전합니다.

따라서 아무도 우리를 정죄할 수 없습니다. 아무도 우리의 구원이 불완전하다고 말할 수 없습니다. 아무도 우리의 구원을 취소할 수 없습니다. 우리의 구원은 완벽합니다.

예수님을 믿는 자는 누구나 구원을 얻을 것입니다. 예수님 안에 있는 자들은 영원토록 보호를 받을 것입니다. 예수님을 따르는 자들은 영원토록 그와 함께 즐거워할 것입니다. 그래서 예수님은 복음입니다. 예수님만이 참된 복음입니다. 예수님 외에 다른 복음은 없습니다.

묵상과 기도

Q. 예수님이 하나님 우편에 계시다는 것은 무엇을 의미합니까?

prayer. 하나님, 아무도 저희의 구원을 방해할 수 없도록 저희를 보호해 주셔서 감사합니다. 아무도 저희를 정죄할 수 없도록 저희를 자녀 삼아 주셔서 감사합니다. 저희의 마음속에 하나님을 향한 감사가 사라지지 않게 해주세요. 하나님을 향한 찬양이 끊어지지 않게 해주세요.

누가 우리를 그리스도의 사랑에서 끊으리요

> **롬 8:35-39** 35 누가 우리를 그리스도의 사랑에서 끊으리요 환난이나 곤고나 박해나 기근이나 적신이나 위험이나 칼이랴 36 기록된 바 우리가 종일 주를 위하여 죽임을 당하게 되며 도살 당할 양 같이 여김을 받았나이다 함과 같으니라 37 그러나 이 모든 일에 우리를 사랑하시는 이로 말미암아 우리가 넉넉히 이기느니라 38 내가 확신하노니 사망이나 생명이나 천사들이나 권세자들이나 현재 일이나 장래 일이나 능력이나 39 높음이나 깊음이나 다른 어떤 피조물이라도 우리를 우리 주 그리스도 예수 안에 있는 하나님의 사랑에서 끊을 수 없으리라

8장의 주제는 구원의 확신입니다. 8장은 우리의 구원이 완전하다는 것을 보여줍니다. 8장은 예수님을 믿는 자들은 반드시 영화의 자리에 도달한다는 것을 보여줍니다.

바울은 다섯 가지 질문을 통해 이 일을 하고 있습니다. 지금까지 네 가지 질문을 던진 바울은 마지막으로 다섯 번째 질문을 던지고 있습니다. 바울의 마지막 질문은 다음과 같습니다. "누가 우리를 그리스도의 사랑에서 끊으리요?" 35절

신자가 된다는 것은 "고생 끝 행복 시작"을 의미하지 않습니다. 오히려 신자가 되었기 때문에 겪는 고난이 더 많습니다. 성경은 다음과 같이 말합니다.

"그때에 사람들이 너희를 환난에 넘겨 주겠으며 너희를 죽이리니 너희가 내 이름 때문에 모든 민족에게 미움을 받으리라." 마24:9

"너희가 세상에 속하였으면 세상이 자기의 것을 사랑할 것이나 너희는 세상에 속한 자가 아니요 도리어 내가 너희를 세상에서 택하였기 때문에 세상이 너희를 미워하느니라." 요15:19

"내가 아버지의 말씀을 그들에게 주었사오매 세상이 그들을 미워하였사오니 이는 내가 세상에 속하지 아니함 같이 그들도 세상에 속하지 아니함으로 인함이니이다." 요17:14

복음의 원리는 세상의 정신과 다릅니다. 신자의 가치관은 세상의 가치관과 다릅니다. 그래서 복음은 세상과 충돌하고, 신자들은 불신자들과 충돌합니다. 교회와 신자들은 세상에서 손가락질을 당하거나 미움을 받습니다.

예수님을 믿는 대가가 성공이 아니라 실패라면, 축복이 아니라 고난이라면 누가 끝까지 믿음을 지킬 수 있겠습니까? 하지만 바울은 그럴지라도 선택받은 자들은 끝까지 믿음을 지킨다고 말합니다. 예수님을 믿는 자들은 반드시 영화의 자리에 도달한다고 말합니다. 그 이유는 다음과 같습니다. 아무도 우리를 예수님의 사랑에서 끊을 수 없기 때문입니다.

"누가 우리를 그리스도의 사랑에서 끊으리요." 35절

바울이 예수님의 사랑을 언급하는 이유는, 예수님의 사랑이야말로 가장 강력한 도움이요 가장 강력한 힘이기 때문입니다. 예를 들어, 부모는 자녀에게 좋은 것을 주고 싶어 합니다. 이유는 하나밖에 없습니다. 자녀를 사랑하기 때문입니다.

따라서 하나님께 택함 받은 자들, 예수님을 믿는 자들은 절대로 구원에서 탈락하지 않습니다. 하나님께서 그들을 사랑하시기 때문입니다. 부모의 사랑이 자녀들의 가장 큰 힘이듯이, 하나님의 사랑이 신자들의 가장 큰 힘이기 때문입니다.

묵상과 기도

Q. 하나님이 우리를 사랑하시기 때문에, 우리의 구원이 실패할 수 없음을 믿습니까?

prayer. 하나님, 사랑받을 자격 없는 저희를 사랑해 주셔서 감사합니다. 구원받을 자격 없는 저희를 구원해 주셔서 감사합니다. 보호받을 자격 없는 저희를 늘 보호해 주셔서 감사합니다. 이 은혜에 합당하게 살게 해주세요. 하나님의 기쁨이 되는 삶을 살게 해주세요.

새로운 단락의 주제

> **롬 9:1-3** 1-2 내가 그리스도 안에서 참말을 하고 거짓말을 아니하노라 나에게 큰 근심이 있는 것과 마음에 그치지 않는 고통이 있는 것을 내 양심이 성령 안에서 나와 더불어 증언하노니 3 나의 형제 곧 골육의 친척을 위하여 내 자신이 저주를 받아 그리스도에게서 끊어질지라도 원하는 바로라

이제 우리는 새로운 단락에 들어서게 되었습니다. 지금까지 1-8장 바울은 복음이라는 주제를 다루었습니다. 그는 칭의와 성화와 영화에 대해서 설명했습니다. 믿음으로 의롭다 함을 받은 사람은 반드시 영화에 이르게 된다는 견인의 교리를 설명했습니다. 그런데 이것들은 모두 개인적인 차원에서 일어나는 일입니다. 따라서 지금까지 바울은 개인의 입장에서 복음을 다루어 왔다고 볼 수 있습니다.

이제부터 바울은 개인의 입장에서 복음을 다루지 않습니다. 그는 9, 10, 11장을 통해 거시적인 차원에서 복음을 설명합니다. 특히 유대인과 이방인이라는 입장에서 복음을 설명합니다. 따라서 여전히 바울이 복음을 설명할지라도 전혀 새로운 관점에서 복음을 다루고 있다는 사실을 유념해야 합니다.

어떤 사람들은 9, 10, 11장의 주제가 유대인의 구원 문제라고 생각합니다. 장차 유대인들에게 일어날 일에 대한 예언적인 본문이라고 생각합니다. 그것은 로마서의 문맥을 무시한 주장입니다. 성경을 해석할 때는 언제든지 문맥을 최우선적으로 고려해야 합니다.

로마서 8장의 주된 주제는 '성도의 견인'입니다. 핵심적인 구절은 다음과 같습니다.

"우리가 알거니와 하나님을 사랑하는 자 곧 그의 뜻대로 부르심을 입은 자들에게는 모든 것이 합력하여 선을 이루느니라." **롬8:28**

"또 미리 정하신 그들을 또한 부르시고 부르신 그들을 또한 의롭다 하시고 의롭다 하신 그들을 또한 영화롭게 하셨느니라." **롬8:30**

이 구절들이 뜻하는 바는 하나님께 택함을 받은 자들에게 일어나는 일은 모두 다 그의 구원을 위한 일이라는 것입니다. 따라서 하나님께 부르심을 받은 자들은 반드시 영화의 자리에 도달하게 된다는 것입니다.

여기서 한 가지 의문이 제기됩니다. 바로 유대인의 문제입니다. 유대인은 택함을 받은 민족입니다. 그런데 대다수의 유대인들은 신자가 아닙니다. 그러므로 누군가가 이렇게 반론을 제기할 수 있었습니다. "바울이여 당신은 하나님께 택함을 받은 자는 반드시 구원을 받는다고 주장하였소. 그리고 하나님께 부르심을 받은 자는 반드시 영화에 이른다고 주장하였소. 그렇다면 유대인들은 어떻게 된 것이오? 유대인들은 택함을 받은 민족이지만, 지금 그들 대다수는 신자가 아니지 않소?"

바울이 9장부터 하려고 하는 일은 바로 이런 오해를 바로잡는 것입니다. 따라서 새로운 단락의 주제는 단순히 유대인의 구원 문제가 아닙니다. 하나님께서 하시는 일에는 모순이 없다는 것이 새로운 단락의 주제입니다. 하나님의 주권과 영광, 하나님의 일관성이 새로운 단락의 주제입니다.

묵상과 기도

Q. 9장부터 시작되는 새로운 주제는 무엇입니까?

prayer. 하나님, 구원은 저희의 힘으로 이루는 것이 아닙니다. 구원은 하나님께서 하나님의 힘으로 이루어 주시는 것입니다. 그래서 저희의 구원은 완전합니다. 이 믿음 속에서 늘 평안하며 이 믿음 속에서 늘 기쁘게 해주세요. 이 믿음 속에서 늘 하나님을 찬양하게 해주세요.

내가 그리스도 안에서 참말을 하고 거짓말을 아니하노라

> **롬 9:1-3** 1-2 내가 그리스도 안에서 참말을 하고 거짓말을 아니하노라 나에게 큰 근심이 있는 것과 마음에 그치지 않는 고통이 있는 것을 내 양심이 성령 안에서 나와 더불어 증언하노니 3 나의 형제 곧 골육의 친척을 위하여 내 자신이 저주를 받아 그리스도에게서 끊어질지라도 원하는 바로라

이제 우리는 세 구절로 이루어진 9장의 첫 번째 문단을 살펴보게 되었습니다. 이 문단은 바울이 앞으로 다룰 주제를 소개하고 있습니다. 바울은 "나의 형제 곧 골육의 친척을 위하여"라고 말합니다. 3절 따라서 우리는 바울이 유대인에 관해 말할 것임을 짐작하게 됩니다.

그런데 바울은 곧바로 유대인에 관해 말하지 않습니다. 바울은 자신의 입장을 먼저 설명합니다. 그는 자신의 처지를 다음과 같이 말합니다. "내가 그리스도 안에서 참말을 하고 거짓말을 아니하노라."1절 바울은 자신의 말이 참되며 거짓이 아니라고 합니다. 그것을 강조하기 위해 "그리스도 안에서"라는 말을 덧붙입니다. 유대인에 대한 자신의 진술이 절대로 가식이 아니라는 것입니다.

그다음 이렇게 말합니다. "나에게 큰 근심이 있는 것과 마음에 그치지 않는 고통이 있는 것을 내 양심이 성령 안에서 나와 더불어 증언하노니."2절 이제부터 바울은 유대인에 대해 말할 것인데, 그 주제는 바울에게 매우 근심이 되는 것이었습니다. 그리고 이 감정조차 거짓이 아니라는 것을 "성령 안에서"라는 표현으로 한 번 더 강조합니다.

그다음 3절의 내용은 다음과 같습니다. "나의 형제 곧 골육의 친척을 위하여 내 자신이 저주를 받아 그리스도에게서 끊어질지라도 원하는 바로라." 3절은 많은 논쟁이 되는 내용이지만, 간단하게 말하면 다음과 같습니다. "내가 구원을 받지 못하는 대신 유대인들이 구원을 받을 수 있다면, 차라리 그렇게 되었으면 좋겠다."

사실 3절의 표현은 믿기 어렵습니다. 원리적으로 불가능하다는 점을 떠나서, 유대인들을 향한 바울의 마음을 믿기가 어렵습니다. 바울은 유대인들에게 많은 핍박을 받았기 때문입니다. 유대인들은 바울을 비판했고, 심지어 죽이려고도 했습니다. 바울은 유대인들 때문에 여러 번 생사를 오갔습니다. 그런데도 바울은 유대인들이 구원받기를 간절히 원한다고 말합니다. 가식이 아닌 진심으로 말입니다.

우리는 여기서 전도자의 자세를 보게 됩니다. 바울은 여전히 유대인들을 포기하지 않았습니다. 여전히 그들에게 복음 전하기를 원하고 있습니다. 간절하게 유대인들의 회심을 기대하고 있습니다. 하지만 우리는 어떠합니까? 우리는 복음을 전하고 있습니까? 우리는 복음 전하기를 간절히 원하고 있습니까? 우리는 누군가의 회심을 간절히 기대하고 있습니까?

심지어 바울이 그토록 복음 전하기를 원했던 자들은 유대인들입니다. 바울을 학대하고 고발하고 죽이려고 했던 유대인들입니다. 바울은 그런 사람들에게도 복음 전하기를 간절히 원했습니다. 우리의 삶을 돌아봅시다. 우리는 복음을 전하는 일에 얼마나 최선을 다하고 있습니까? 우리는 이웃의 회심을 위해 얼마나 마음을 쓰고 있습니까?

묵상과 기도

Q. 바울은 자신을 학대했던 유대인들을 전도하기 위해 최선을 다했습니다. 우리는 이웃을 전도하기 위해 얼마나 노력하고 있습니까?

prayer. 하나님, 복음을 전하는 일은 선택이 아닙니다. 복음을 전하는 일은 저희의 사명입니다. 그러므로 최선을 다해 복음을 전하게 해주세요. 저희 곁에 있는 자들에게 항상 복음을 전하게 해주세요. 하나님의 놀라운 은혜를 최선을 다해 전하게 해주세요.

큰 근심과 마음에 그치지 않는 고통

> **롬 9:1-3** 1-2 내가 그리스도 안에서 참말을 하고 거짓말을 아니하노라 나에게 큰 근심이 있는 것과 마음에 그치지 않는 고통이 있는 것을 내 양심이 성령 안에서 나와 더불어 증언하노니 3 나의 형제 곧 골육의 친척을 위하여 내 자신이 저주를 받아 그리스도에게서 끊어질지라도 원하는 바로라

우리는 앞에서 바울이 이 단락을 통해 무엇을 말하려고 하는지를 살펴보았습니다. 바울은 이제부터 자신의 "골육의 친척"에 대해 말하려고 합니다. 동족 유대인에 대해 말하려고 합니다. 그런데 유대인에 대해 말하려는 바울의 각오가 매우 비상합니다. 그는 유대인을 다루는 것이 자신에게 "큰 근심"과 "고통"이라고 말합니다. "나에게 큰 근심이 있는 것과 마음에 그치지 않는 고통이 있는 것을 내 양심이 성령 안에서 나와 더불어 증언하노니"1-2절

왜 바울은 유대인에 대해 말하는 것이 근심이 될까요? 왜 바울은 그 일을 하는 것이 고통스러울까요? 그 이유는 다음과 같습니다. 바울과 유대인이 분리되었기 때문입니다. 바울과 유대인들 사이에 넘어설 수 없는 벽이 생겼기 때문입니다. 그것은 바로 복음입니다.

원래 바울은 유대교 신자였습니다. 바울은 조상을 자랑하고 혈통을 자랑하는 유대인이었습니다. 하지만 바울이 복음을 받아들이면서부터 바울과 유대인들 사이에는 극복할 수 없는 장벽이 세워졌습니다. 이것은 이상한 일이 아닙니다. 이미 예수님께서 이 점을 여러 번 강조하셨습니다.

"아버지나 어머니를 나보다 더 사랑하는 자는 내게 합당하지 아니하고 아들이나 딸을 나보다 더 사랑하는 자도 내게 합당하지 아니하며"마10:37

"무릇 내게 오는 자가 자기 부모와 처자와 형제와 자매와 더욱이 자기 목숨까지 미워하지 아니하면 능히 내 제자가 되지 못하고."눅14:26

복음은 우리를 예전의 관계에서 떼어냅니다. 그리고 새로운 관계 속으로 이끌어 들입니다. 이것은 복음이 이전의 관계를 부정하게 만든다는 것은 아닙니다. 신자는 두 가지 관계를 동시에 가진 사람이 된다는 것입니다. 신자는 세상 나라에 속한 사람이면서, 동시에 하늘에 속한 사람입니다.

하지만 우선순위는 하늘에 있습니다. 가족보다도 예수님을 더 사랑해야 합니다. 금은보화보다도 예수님을 더 사랑해야 합니다. 세상의 명예와 성공보다도 예수님을 더 사랑해야 합니다. 예수님을 위해서라면 모든 것을 포기할 수 있어야 합니다. 그것이 복음입니다.

따라서 기독교란 누구하고나 기분 좋게 지낼 수 있는 것이 아닙니다. 그것은 전적으로 잘못된 것입니다. 바울은 유대인들과 등을 져야 했습니다. 유대교의 교리를 받아들일 수 없었기 때문입니다. 초대 교회 신자들이 세상의 손가락질을 받아야 했던 것도 마찬가지 원리입니다.

우리는 모든 사람과 잘 지내기 위해 노력해야 합니다. 하지만 현실적으로 누구하고나 잘 지낼 수는 없습니다. 신자는 세상의 정신과 타협할 수 없기 때문입니다. 절대로 양보할 수 없는 진리가 우리에게 있기 때문입니다.

묵상과 기도

Q. 가족보다, 돈보다, 성공보다 예수님을 더 사랑합니까?

Q. 진리를 타협하고, 진리를 양보하지는 않나요?

prayer. 하나님, 저희의 구원은 예수님 때문입니다. 저희가 영원한 심판을 피하게 된 것은 예수님 때문입니다. 저희가 천국 백성이 된 것은 예수님 때문입니다. 그러므로 예수님이 저희의 일순위가 되게 해주세요. 예수님이 저희의 전부가 되게 해주세요. 그 무엇보다 예수님을 사랑하게 해주세요.

이스라엘 사람의 양자 됨 등...약속들(1)

롬 9:4-5 4 그들은 이스라엘 사람이라 그들에게는 양자 됨과 영광과 언약들과 율법을 세우신 것과 예배와 약속들이 있고 5 조상들도 그들의 것이요 육신으로 하면 그리스도가 그들에게서 나셨으니 그는 만물 위에 계셔서 세세에 찬양을 받으실 하나님이시니라 아멘

오늘 본문에는 유대인의 특권이 잘 나타나 있습니다. 먼저 "이스라엘 사람"이라는 표현을 보십시오. 이것은 '유대인' 또는 '히브리인'이라는 말과 동의어입니다. 하지만 각각의 단어는 약간씩 강조점이 다릅니다. '유대인'은 이방인과 구별할 때 사용하는 단어입니다. **롬10:12** '히브리인'은 정통 유대인을 '헬라파 유대인'과 구별할 때 사용하는 단어입니다. **행6:1**

바울이 지금까지 줄곧 사용해 왔던 '유대인'이나 '히브리인'이라는 표현 대신 이스라엘 사람이라는 표현을 사용한 것은, 유대인들의 특권을 강조하기 위해서입니다. "이스라엘"이라는 칭호를 처음 받은 사람은 야곱입니다. 하나님은 야곱과 씨름하신 후에 그를 축복하시면서 이스라엘이라는 이름을 주셨습니다. 이때부터 야곱의 후손은 "이스라엘"이라고 불리게 되었습니다. 따라서 "이스라엘 사람"은 세상에서 구별되어 하나님께 선택을 받은 자들을 나타냅니다.

다음으로 "양자 됨"이라는 표현을 보겠습니다. 여기서 사용된 '양자'라는 단어는 앞에서 살펴본 것들과 의미가 다릅니다. 예를 들어, 로마서 8장 15절과 23절에서는 영적으로 하나님의 자녀가 된 자들, 성령의 인도하심을 받는 자들에게 '양자'라는 단어가 사용되었습니다. 하지만 바울이 언급하는 유대인들은 믿고 회심하지 않았기 때문에 앞에서와 동일한 의미일 수 없습니다. 따라서 이것 역시 유대인들이 하나님께 선택된 민족임을 나타내는 표현입니다. '양자'가 이런 의미로 사용된 대표적인 사례는 출애굽기 4장 22절 말씀입니다. "너는 바로에게 이르기를 여호와의 말씀에 이스라엘은 내 아들 내 장자라."

다음으로 "영광"이라는 표현을 보겠습니다. 유대인들이 영광을 가지고 있다는 것은, 하나님의 영광을 직접 체험했다는 뜻입니다. 대표적인 사례가 성전에 나타난 '영광'입니다. "제사장이 성소에서 나올 때에 구름이 여호와의 성전에 가득하매." **왕상8:10**

정리하면 유대인들은 많은 특권을 가지고 있었습니다. 그들은 하나님의 백성으로 선택되었습니다. 그들은 하나님의 영광을 직접 목도했습니다. 하지만 그들은 하나님의 아들을 영접하지 않았습니다. 사도 요한이 정확하게 지적하듯이 말입니다. "자기 땅에 오매 자기 백성이 영접하지 아니하였으나." **요1:11**

하지만 정말 깜짝 놀랄만한 일은 유대인들이 잃어버린 특권, 그들이 스스로 내팽개친 특권을 우리가 소유하게 되었다는 점입니다. 바울은 그것을 다음과 같이 말합니다. "그때에 너희는 그리스도 밖에 있었고 이스라엘 나라 밖의 사람이라. 약속의 언약들에 대하여는 외인이요 세상에서 소망이 없고 하나님도 없는 자이더니 이제는 전에 멀리 있던 너희가 그리스도 예수 안에서 그리스도의 피로 가까워졌느니라." **엡2:12-13**

묵상과 기도

Q. 바울이 '유대인'이나 '히브리인'이라는 표현 대신 '이스라엘 사람'이라는 표현을 사용한 이유는 무엇입니까?

prayer. 하나님, 원래 저희는 이방인이었습니다. 원래 저희는 하나님과 상관없는 자들이었습니다. 하지만 지금은 하나님의 백성이요, 하나님의 자녀입니다. 하나님께서 놀라운 특권을 주셨으니, 그 특권에 합당한 삶을 살게 해주세요. 하나님의 백성답게, 하나님의 자녀답게 살게 해주세요.

이스라엘 사람의 양자 됨 등...약속들(2)

롬 9:4-5 4 그들은 이스라엘 사람이라 그들에게는 양자 됨과 영광과 언약들과 율법을 세우신 것과 예배와 약속들이 있고 5 조상들도 그들의 것이요 육신으로 하면 그리스도가 그들에게서 나셨으니 그는 만물 위에 계셔서 세세에 찬양을 받으실 하나님께서시니라 아멘

유대인들은 매우 특별한 민족입니다. 유대인들이 그 자체로 뛰어나서가 아닙니다. 하나님께서 그들을 선택하셨고, 여러 가지 은혜를 베풀어 주셨기 때문입니다. 지난 시간에도 살펴보았지만, 유대인들은 매우 특별한 은혜를 받았습니다. 그들은 하나님께 선택을 받았기 때문에 "이스라엘 사람"이라 또는 하나님의 "양자"라 불렸습니다. 심지어 하나님의 영광을 직접 목도하기도 했습니다. 오늘은 유대인들의 특권 가운데 언약에 대한 것을 살펴보려고 합니다. 일반적으로 언약은 계약이나 조약과 동일한 의미로 사용됩니다. 하지만 언약이 하나님 편에서 사용될 때는, 하나님께서 주권적이고도 일방적으로 자기 백성에게 은혜를 베풀어 주시는 방편을 뜻합니다.

성경에 기록된 중요한 언약은 다음과 같습니다.

구약성경	신약성경
아담에게 주신 언약	내가 너로 여자와 원수가 되게 하고 네 후손도 여자의 후손과 원수가 되게 하리니 여자의 후손은 네 머리를 상하게 할 것이요 너는 그의 발꿈치를 상하게 할 것이니라 하시고(창3:15)
아브라함에게 주신 언약	내가 너로 심히 번성하게 하리니 내가 네게서 민족들이 나게 하며 왕들이 네게로부터 나오리라(창17:6)
다윗에게 주신 언약	네 수한이 차서 네 조상들과 함께 누울 때에 내가 네 몸에서 날 네 씨를 네 뒤에 세워 그의 나라를 견고하게 하리라(삼하7:12)

"여자의 후손" "왕" "네 몸에서 날 네 씨" 모두 다 장차 구원자로 오실 예수님을 의미합니다. 하나님은 아담과 아브라함과 다윗에게 예수님을 언약하실 이유가 전혀 없었습니다. 하지만 하나님은 주권적이고 일방적으로 언약을 맺어 주셨습니다. 아담과 아브라함과 다윗은 하나님께서 베풀어 주시는 은혜를 그저 받을 뿐이었습니다.

구약 시대에는 유대인들만 이 언약에 참여할 수 있었습니다. 하지만 이제는 누구나 예수님을 믿기만 하면, 하나님께서 유대인들과 맺었던 언약의 복락에 참여할 수 있게 됩니다. [110] "그때에 너희는 그리스도 밖에 있었고 이스라엘 나라 밖의 사람이라 약속의 언약들에 대하여는 외인이요 세상에서 소망이 없고 하나님도 없는 자이더니 이제는 전에 멀리 있던 너희가 그리스도 예수 안에서 그리스도의 피로 가까워졌느니라." 엡2:12-13

과거에는 유대인들이 특권을 누렸습니다. 하지만 지금은 그 특권을 우리가 누리고 있습니다. 원래 우리는 "이스라엘 나라 밖의 사람"이며 "약속의 언약들"에 대하여도 외인이었지만, 이제는 우리가 하나님의 백성이요, 약속의 언약에 참여한 존재입니다.

묵상과 기도

Q. "여자의 후손" "왕" "네 몸에서 날 네 씨" 모두 다 누구를 가리키는 것입니까?

prayer. 하나님, 유대인들은 많은 특권을 가지고 있었습니다. 하지만 많은 특권에도 불구하고 예수님을 구세주로 영접하지 않았습니다. 저희가 유대인의 실수를 반복하지 않게 해주세요. 예수님을 가장 소중하게 여기게 해주세요. 어떤 일이 있어도 믿음을 버리지 않게 해주세요.

그리스도가 그들에게서 나셨으니

> **롬 9:4-5** 4 그들은 이스라엘 사람이라 그들에게는 양자 됨과 영광과 언약들과 율법을 세우신 것과 예배와 약속들이 있고 5 조상들도 그들의 것이요 육신으로 하면 그리스도가 그들에게서 나셨으니 그는 만물 위에 계셔서 세세에 찬양을 받으실 하나님이시니라 아멘

우리는 계속해서 유대인들이 누렸던 특권들에 대해서 살펴보고 있습니다. 먼저 "예배"에 대해 알아보겠습니다. 하나님은 유대인들에게 자신이 유일한 하나님이라는 사실과 유일하신 하나님을 어떻게 예배해야 하는지를 알려주셨습니다. 특히 모세오경에 이것들이 자세하게 기록되어 있습니다. 하지만 이방인들에게는 이런 일이 전혀 일어나지 않았습니다. 그들은 누가 참된 하나님인지를 몰랐고, 하나님을 어떻게 예배해야 하는지도 몰랐습니다. 따라서 하나님께서 예배에 대해 알려주신 것은 유대인들이 누렸던 특권이었습니다.

유대인들의 또 다른 특권은 "약속"입니다. 일반적으로 언약과 약속은 동의어로 사용됩니다. 하지만 여기서는 구분해서 사용해야 합니다. 언약이 하나님의 계획을 말한다면, 약속은 하나님의 계획이 성취될 때 누리게 되는 축복을 말합니다.[111] 예를 들어, 예수님을 약속하신 것은 언약에 속하는 것이고 실제로 예수님을 통해 누리는 축복들은 약속에 해당합니다.

그다음으로 소개되는 특권은 "조상"입니다. 유대인들에게는 특별한 조상들이 있었습니다. 아브라함이 그들의 조상이었고, 야곱과 이삭이 그들의 조상이었습니다. 모세와 다윗이 그들의 조상이었습니다.

다음으로 결정적인 특권은 "그리스도가 그들에게서" 나신 것입니다. 이것이야말로 유대인들이 누린 특권 가운데 가장 크고 놀라운 것입니다. 예수님은 유대인들 중에서 나오셨습니다. 예수님은 유대인들 가운데 한 사람이 되셨습니다. 유대인들은 "그리스도가 우리와 같은 민족이다"라고 말할 수 있게 되었습니다.

하지만 유대인들은 이 모든 특권들에도 불구하고 예수님을 배척했습니다. 예수님을 부인하고 핍박했으며, 심지어 십자가에 못 박았습니다. 그러면서도 유대인들은 자신들이 특별하다고 생각했으며, 그것이 하나님을 따르는 것이라고 생각했습니다.

우리는 여기서 중요한 교훈 한 가지를 발견하게 됩니다. 가장 많은 은혜를 받은 자들이, 가장 적극적으로 하나님을 배반할 수 있다는 사실입니다. 바울은 유대인들의 절망적인 모습에서 얻은 교훈을 다음과 같이 말했습니다. "그들에게 일어난 이런 일은 본보기가 되고 또한 말세를 만난 우리를 깨우치기 위하여 기록되었느니라. 그런즉 선 줄로 생각하는 자는 넘어질까 조심하라."고전10:11-12 그러므로 우리는 항상 겸손해야 합니다. 우리가 특별하다고 생각할 때, 우리가 다른 사람보다 더 나은 사람이라고 생각할 때가 가장 위험한 순간입니다.

묵상과 기도

Q. 유대인들은 하나님께 어떤 특권을 받았습니까?

prayer. 하나님, 유대인들은 많은 은혜를 받았습니다. 하지만 그 은혜에 합당하게 살지 않았습니다. 오히려 예수님을 거절함으로써 하나님을 슬프게 했습니다. 저희가 유대인의 실수를 반복하지 않게 해주세요. 하나님의 뜻에 합당하게 살아가게 해주세요. 하나님을 기쁘시게 하는 삶을 살게 해주세요.

이스라엘에게서 난 그들이 다 이스라엘이 아니요

> **롬 9:6-7** 6 그러나 하나님의 말씀이 폐하여진 것 같지 않도다 이스라엘에게서 난 그들이 다 이스라엘이 아니요 7 또한 아브라함의 씨가 다 그의 자녀가 아니라 오직 이삭으로부터 난 자라야 네 씨라 불리리라 하셨으니

로마서 1장부터 8장까지의 주제는 '복음'이었습니다. 이어지는 9장부터 11장까지의 주제는 '유대인의 위치'입니다. 복음에 이어 유대인에 관한 주제가 소개되는 이유는 다음과 같습니다. 바울은 로마서 8장에서 복음의 완전성을 강조했습니다. 이른바 성도의 견인 교리입니다. 성도의 견인 교리란, 택함을 받은 성도는 끝까지 인내하며 결국에는 영원한 영광에 들어간다는 것입니다. 핵심은 28절입니다. "우리가 알거니와 하나님을 사랑하는 자 곧 그의 뜻대로 부르심을 입은 자들에게는 모든 것이 합력하여 선을 이루느니라."

바울은 여기서 한 가지 난제가 제기될 수 있음을 알았습니다. 그것은 이런 내용입니다. "그렇다면 유대인의 경우는 어떻게 이해해야 하는가? 택함을 받은 성도가 끝까지 인내한다면, 왜 유대인들은 끝까지 인내하지 못했는가? 이것은 하나님의 목적이 실패했음을 보여주는 중요한 사례가 아닌가?" 이런 반론에 대해 바울은 다음과 같이 말합니다. "그러나 하나님의 말씀이 폐하여진 것 같지 않도다. 이스라엘에게서 난 그들이 다 이스라엘이 아니요."^{6절} 하나님의 말씀이 폐하여지지 않았다는 것은, 하나님께서 실패하지 않으셨다는 뜻입니다. 이스라엘에게서 난 그들이 다 이스라엘이 아니라는 것은, 유대인이라고 해서 모두 다 택함을 받은 하나님의 백성은 아니라는 뜻입니다.

따라서 우리는 이런 교리를 도출할 수 있습니다. '눈에 보이는 교회'와 '눈에 보이지 않는 교회'가 있다는 것입니다. 흔히 말하는 '가시적 교회'와 '비가시적

교회'의 구분입니다. 가시적 교회란 사람의 눈에 보이는 교회입니다. 가시적 교회에는 참된 신자와 거짓 신자가 섞여 있습니다. 비가시적 교회란 하나님께만 보이는 교회입니다. 이 교회는 참된 신자로만 이루어져 있습니다. 바로 이것이 유대인들의 역사를 이해하는 중요한 열쇠입니다. 어떻게 유대인들이 바벨론의 포로가 될 수 있었을까요? 유대인이라고 하여 모두 다 택함을 받은 하나님의 백성은 아니었기 때문입니다. 어떻게 유대인들이 예수님을 부인하고 핍박할 수 있었을까요? 교회의 지체처럼 보였지만, 실제로는 가라지였기 때문입니다. ^{마13:25}

이 사실을 처음으로 공론화시킨 사람은 세례 요한입니다. 그는 바리새인과 서기관들에게 이렇게 말했습니다. "회개에 합당한 열매를 맺고 속으로 아브라함이 우리 조상이라고 생각하지 말라."^{마3:8-9} 예수님도 마찬가지로 가르치셨습니다. "너희가 아브라함의 자손이면 아브라함이 행한 일들을 할 것이거늘 지금 하나님께 들은 진리를 너희에게 말한 사람인 나를 죽이려 하는도다. 아브라함은 이렇게 하지 아니하였느니라.^{롬8:39-40}

이제 우리는 난제에 답할 수 있게 되었습니다. 택함을 받은 자들은 끝까지 견뎌야 하는데, 왜 유대인들은 끝까지 견디지 못했습니까? 유대인이라고 하여 모두 다 택함을 받은 하나님의 백성은 아니기 때문입니다. 겉으로 보기에는 하나님의 백성이었지만, 실제로는 사탄의 백성이었기 때문입니다.

묵상과 기도

Q. 가시적 교회는 어떤 사람들로 이루어져 있습니까?

Q. 비가시적 교회는 어떤 사람들로 이루어져 있습니까?

prayer. 하나님, 어떤 사람들이 교회를 떠나는 것은 하나님의 능력이 부족해서가 아닙니다. 그들이 택함을 받은 하나님의 백성이 아니었기 때문입니다. 저희는 하나님의 능력을 믿습니다. 하나님의 구원하시는 능력을 믿습니다. 그 능력으로 저희들을 항상 지켜주세요.

육신의 자녀가 하나님의 자녀가 아니요

> **롬 9:8-9** 8 곧 육신의 자녀가 하나님의 자녀가 아니요 오직 약속의 자녀가 씨로 여기심을 받느니라 9 약속의 말씀은 이 것이니 명년 이때에 내가 이르리니 사라에게 아들이 있으리라 하심이라

바울은 이 세상에 가시적 교회와 비가시적 교회가 있음을 설명하고 있습니다. 가시적 교회 안에는 가라지 신자가 있을 수 있다는 것과 바로 그것이 많은 유대인들이 예수님을 믿지 않은 이유라고 말하고 있습니다. 이제 바울은 역사적 사례를 통해 이 사실을 더욱 확실히 하고자 합니다.

바울이 제시하는 사례는 아브라함입니다. 아브라함에게는 두 명의 자식이 있었습니다. 이스마엘과 이삭입니다. 하나님은 이스마엘과 이삭을 구분하셨습니다. 이스마엘은 육신의 자녀일 뿐, 약속의 자녀는 아니라고 하셨습니다. 하나님께서 아브라함에게 주신 언약은 이스마엘이 아니라, 이삭을 통해서 성취될 것이라고 하셨습니다.

이스마엘과 이삭의 이야기는 하나님의 선택하심을 보여주는 확실한 실례입니다. 하나님은 이스마엘이 아니라 이삭을 선택하셨습니다. 때가 되었을 때 하나님께 부르심을 받은 사람은 이스마엘이 아니라 이삭이었습니다. 누구를 선택하는가 하는 문제는 오직 하나님의 주권에 달린 문제입니다. 그 권한은 하나님의 것입니다.

따라서 유대인들의 입장은 잘못된 것입니다. 그들은 주도권이 자신들에게 있는 것처럼 행동했습니다.

자신들은 아브라함의 자손이기 때문에, 틀림없이 선택받고 부르심을 받은 자라고 생각했습니다. 자신들은 아브라함의 혈통이기 때문에 틀림없이 하나님의 백성이며, 거룩한 자손이라고 생각했습니다. 그들은 자신들이 이스마엘과 같은 위치에 있다고는 전혀 생각하지 않았습니다. 자신들은 혈통으로만 아브라함의 자손이라는 사실을 몰랐습니다.

이제 우리는 몇 가지 중요한 명제를 정리해야 합니다.

첫째, 기독교 국가란 있을 수 없습니다. 기독교가 다수를 차지한다 할지라도 거기에는 반드시 가라지 신자가 섞여 있습니다. 따라서 우리는 어떤 나라를 향해서도 섣불리 기독교 국가라고 지칭해서는 안 됩니다.

둘째, 부모가 신자라 할지라도, 자녀가 반드시 신자가 되는 것은 아닙니다. 물론 부모는 자녀의 구원과 신앙을 위해 최선을 다해야 합니다. 하지만 주도권은 부모가 아니라 하나님께 있습니다.

셋째, 교회 안에서 오랫동안 신앙생활을 하고, 심지어 직분을 맡고 있어도 참된 신자가 아닐 수 있습니다. 사람이 보기에는 틀림없이 신자이지만, 하나님께서 보시기에는 가라지일 수 있습니다.

묵상과 기도

Q. 하나님은 이스마엘과 이삭 중 누구를 선택하셨습니까?

Q. 우리의 구원이 하나님의 선택 때문임을 믿습니까?

prayer. 하나님, 이삭을 선택하셨던 것처럼 저희도 선택하신 줄 믿습니다. 이삭의 구원이 하나님의 선택 때문인 것처럼, 저희의 구원도 하나님의 선택 때문인 줄 믿습니다. 그러므로 항상 겸손하게 해주세요. 항상 하나님께만 감사하게 해주세요. 항상 하나님께만 영광을 돌리게 해주세요.

내가 야곱은 사랑하고
에서는 미워하였다 하심과 같으니라

롬 9:10-13 10 그뿐 아니라 또한 리브가가 우리 조상 이삭 한 사람으로 말미암아 임신하였는데 11 그 자식들이 아직 나지도 아니하고 무슨 선이나 악을 행하지 아니한 때에 택하심을 따라 되는 하나님의 뜻이 행위로 말미암지 않고 오직 부르시는 이로 말미암아 서게 하려 하사 12 리브가에게 이르시되 큰 자가 어린 자를 섬기리라 하셨나니 13 기록된 바 내가 야곱은 사랑하고 에서는 미워하였다 하심과 같으니라

바울은 로마서 8장에서 '성도의 견인 교리'를 설명하였습니다. 성도의 견인 교리란 하나님께 택함을 받은 자들은 반드시 끝까지 견딘다는 것입니다. 어떤 일이 있어도 중간에 탈락하지 않고, 반드시 영화의 단계에 이른다는 것입니다. "내가 확신하노니 사망이나 생명이나 천사들이나 권세자들이나 현재 일이나 장래 일이나 능력이나 높음이나 깊음이나 다른 어떤 피조물이라도 우리를 우리 주 그리스도 예수 안에 있는 하나님의 사랑에서 끊을 수 없으리라."롬8:38-39

하지만 한 가지 반론이 제기될 가능성이 있었습니다. 유대인에게는 '성도의 견인' 교리가 적용되지 않는다고 생각할 수 있었습니다. 당시 대부분의 유대인들은 예수님을 영접하지 않았기 때문입니다. 이에 대한 바울의 대답은 "그러나 하나님의 말씀이 폐하여진 것 같지 않도다"입니다. 롬9:6 성도의 견인 교리, 즉 택함을 받은 자는 반드시 끝까지 견딘다는 말씀은 전혀 문제가 없다는 것입니다.

당시 유대인들의 논리는 다음과 같았습니다. "우리는 아브라함의 자손이다. 그러므로 우리는 택함 받은 자들이다. 그러므로 우리는 하나님의 백성이다." 이처럼 유대인들은 자신들의 조상들과 혈통을 자랑하였습니다. 그래서 바울은 앞 단락에서 아브라함의 두 아들을 예로 들었습니다. 이스마엘은 아브라함의 자손이

기는 하지만 하나님의 자녀는 아니었습니다. "육신의 자녀가 하나님의 자녀가 아니요"9:8 오늘 본문의 주제도 동일합니다. 오늘은 이삭의 두 아들이 등장합니다. 야곱과 에서입니다.

두 사람에 대한 하나님의 평가는 다음과 같습니다. "내가 야곱은 사랑하고 에서는 미워하였다 하심과 같으니라."13절 야곱과 에서 모두 아브라함의 자손이요 이삭의 아들이었습니다. 하지만 에서는 하나님께 속한 자가 아니었습니다. 에서는 하나님의 백성이 아니었습니다. 그 이유는 다음과 같습니다. "하나님의 뜻이 행위로 말미암지 않고 오직 부르시는 이로 말미암아 서게 하려 하사."11절

혈통은 구원과 상관이 없습니다. 에서의 인간적인 자격은 구원에 아무런 영향을 미치지 못했습니다. 하나님의 백성이 되는 것은 사람의 자격이 아니라 하나님의 뜻에 달려 있습니다. 구원은 하나님의 자유로운 선택의 문제입니다. 선택권은 하나님께만 있습니다. 바울은 그 점을 강조하고 있습니다.

따라서 "하나님의 말씀이 폐하여진 것 같지 않도다"롬9:6라는 말씀은 명백한 사실입니다. 예수님을 영접하지 않은 유대인들은 에서와 같은 부류입니다. 그들은 처음부터 하나님께 속한 자들이 아니었습니다.

묵상과 기도

Q. 하나님은 야곱과 에서 가운데 누구를 선택하셨습니까?

Q. 혈통으로 구원을 받을 수 있습니까?

prayer. 하나님, 부모님 때문에 구원을 받지 않습니다. 조상 때문에 구원을 받지 않습니다. 구원을 받으려면 저희가 믿어야 합니다. 저희 각자가 믿어야 합니다. 그러므로 저희에게 구원받을 만한 믿음을 주세요. 예수님만을 구원자로 믿는 믿음을 주세요.

택하심을 따라 되는 하나님의 뜻

롬 9:10-13 10 그뿐 아니라 또한 리브가가 우리 조상 이삭 한 사람으로 말미암아 임신하였는데 11 그 자식들이 아직 나지도 아니하고 무슨 선이나 악을 행하지 아니한 때에 택하심을 따라 되는 하나님의 뜻이 행위로 말미암지 않고 오직 부르시는 이로 말미암아 서게 하려 하사 12 리브가에게 이르시되 큰 자가 어린 자를 섬기리라 하셨나니 13 기록된 바 내가 야곱은 사랑하고 에서는 미워하였다 하심과 같으니라

우리는 두 가지 사례를 살펴보았습니다. 아브라함의 아들과 이삭의 아들입니다. 그들 중에 이삭과 야곱은 하나님의 백성이었으나, 이스마엘과 에서는 하나님의 백성이 아니었습니다. 무엇이 그러한 차이를 만들었습니까? 무엇이 이삭과 야곱은 하나님의 백성이 되게 하고, 이스마엘과 에서는 버림을 받게 하였습니까? 오늘 본문은 그것이 "택하심을 따라 되는 하나님의 뜻"이라고 말합니다. ¹¹절

이삭과 야곱은, 이스마엘과 에서와는 달랐습니다. 그 차이는 두 사람의 행위에서 비롯된 것이 아니었습니다. ¹¹절 절대로 그렇지 않았습니다. 그 근거는 하나님의 택하심에 있었습니다. 하나님께서 이삭과 야곱을 택하셨기 때문입니다.

많은 사람들이 하나님의 택하심을 오해합니다. 하나님께서 똑같은 죄인들 가운데 어떤 사람들은 구원으로 선택하고, 어떤 사람들은 심판으로 선택하는 것은 공평하지 않다고 주장합니다. 이것은 전적으로 오해입니다. 하나님의 택하심은 똑같은 무리 가운데서 임의로 어떠한 사람들을 골라내는 것이 아닙니다. ¹¹²절 비록 많은 사람들이 그렇게 오해하고 있지만, 그것은 절대로 사실이 아닙니다.

하나님께서 하시는 일은 새로운 인류를 창조하는

것입니다. 똑같은 죄인들 가운데 어떤 사람은 구원하고, 어떤 사람은 심판하는 것이 아닙니다. 하나님은 새로운 인류를 창조하시고, 바로 그들을 구원하십니다. 따라서 하나님의 구원은 새로운 창조입니다.

"우리는 그가 만드신 바라. 그리스도 예수 안에서 선한 일을 위하여 지으심을 받은 자니 이 일은 하나님이 전에 예비하사 우리로 그 가운데서 행하게 하려 하심이니라." 엡2:10

"그런즉 누구든지 그리스도 안에 있으면 새로운 피조물이라. 이전 것은 지나갔으니 보라 새것이 되었도다." 고후5:17

성경은 구원받은 자들을 "새로운 피조물"이라고 말합니다. 따라서 하나님께서 똑같은 죄인들 가운데 어떤 사람은 구원하고, 어떤 사람은 심판하셨다고 하는 것은 사실이 아닙니다. 하나님은 똑같은 자들 가운데 누군가를 선택하신 것이 아니라, 세상과 구별된 새로운 사람들을 창조하시고 바로 그들을 구원하셨습니다.

모든 인류는 저주와 심판을 받아야 마땅합니다. 하지만 우리는 하나님의 저주와 심판 아래 있지 않습니다. 우리는 새로운 피조물, 새로운 인류이기 때문입니다. 하나님께서 우리를 세상에서 구별해 내셨기 때문입니다.

묵상과 기도

Q. 하나님은 선택하신 자들을 구원하기 위해, 그들에게 어떤 일을 행하셨습니까?

Q. 우리는 새로운 피조물입니다. 새로운 피조물에 합당한 생각과 말과 행동을 하고 있습니까?

prayer. 하나님, 저희를 새로운 피조물로 재창조해 주셔서 감사합니다. 저희를 구원받을 만한 사람으로 바꾸어 주셔서 감사합니다. 과거의 모습은 내려놓고 새로운 피조물로 살아가게 해주세요. 세상적인 습관은 내려놓고 거룩한 행실을 하게 해주세요.

하나님께 불의가 있느냐? 그럴 수 없느니라

롬 9:14 그런즉 우리가 무슨 말을 하리요 하나님께 불의가 있느냐 그럴 수 없느니라

바울은 우리의 구원이 행위가 아니라, 하나님의 선택에 달려 있다고 가르쳤습니다. "그 자식들이 아직 나지도 아니하고 무슨 선이나 악을 행하지 아니한 때에 택하심을 따라 되는 하나님의 뜻이 행위로 말미암지 않고 오직 부르시는 이로 말미암아 서게 하려 하사."롬9:11

바울은 아브라함의 두 아들과 이삭의 두 아들을 예로 들었습니다. 아브라함의 아들은 이스마엘과 이삭이었고, 이삭의 아들은 에서와 야곱이었습니다. 하나님은 그들 중에 이삭과 야곱을 택하셨습니다. 하나님께서 이삭과 야곱을 택하신 것은, 두 사람의 선한 행위 때문이 아니었습니다. 하나님께서 이삭과 야곱을 택하신 것은, 그들이 아직 "나지도 아니하고 무슨 선이나 악을 행하지 아니한 때"였습니다. 롬9:11

따라서 사람들의 마음에는 한 가지 반론이 제기될 수 있었습니다. "그것이 사실이라면 하나님은 불의한 분이다. 그들이 아직 나지도 아니하고 무슨 선이나 악을 행하지 아니한 때에 그렇게 하셨다면 그것은 매우 불의한 일이다"라는 반론입니다. 사실 이런 반론은 매우 상식적입니다. 그래서 '아르미니우스'의 사상이 그토록 오랫동안 득세한 것입니다.

아르미니우스는 구원이 행위에 달린 문제라고 주장했습니다. 아르미니우스는 하나님께서 이스마엘 대신 이삭을 택하시고 에서 대신 야곱을 택하신 것은, 그들 각자가 어떤 삶을 살 것인지를 미리 아셨기 때문이라고 주장했습니다. 이삭과 야곱이 의로운 삶을 살

것을 미리 아셨기 때문에 그들을 택하셨고, 이스마엘과 에서가 불의한 삶을 살 것을 미리 아셨기 때문에 그들을 버리셨다고 가르쳤습니다.

아르미니우스의 주장은 상당히 논리적입니다. 아르미니우스의 주장은 거리끼는 것이 전혀 없습니다. 하지만 그의 주장은 성경적이지 않습니다. 만약 아르미니우스의 주장이 사실이라면, 구원은 하나님의 선택이 아니라 사람의 행위에 달린 문제가 됩니다. 구원은 은혜가 아니라 보상이 됩니다. 하지만 성경은 구원이 행위에 달린 문제가 아니요, 행위에 따른 보상도 아니라고 말합니다.

"너희는 그 은혜에 의하여 믿음으로 말미암아 구원을 받았으니 이것은 너희에게서 난 것이 아니요 하나님의 선물이라. 행위에서 난 것이 아니니 이는 누구든지 자랑하지 못하게 함이라."엡2:8-9

"사람이 의롭게 되는 것은 율법의 행위로 말미암음이 아니요 오직 예수 그리스도를 믿음으로 말미암는 줄 알므로 우리도 그리스도 예수를 믿나니 이는 우리가 율법의 행위로써가 아니고 그리스도를 믿음으로써 의롭다 함을 얻으려 함이라 율법의 행위로써는 의롭다 함을 얻을 육체가 없느니라."갈2:16

따라서 우리는 "하나님은 불의하시지 않은가?"라는 생각을 물리쳐야 합니다. 대신 성경을 하나님의 말씀으로 믿어야 합니다. 성경을 있는 그대로 믿어야 합니다. 성경에 기록된 것이라면, 우리의 본성상 쉽게 받아들일 수 없는 것도 그대로 믿어야 합니다.

묵상과 기도

Q. 아르미니우스는 사람의 구원이 어디에 달려 있다고 주장했습니까?

Q. 이해되지 않는 사실도 성경에 기록된 것이라면 그대로 믿을 수 있습니까?

prayer. 하나님, 저희를 은혜로 구원해 주셔서 감사합니다. 저희에게 구원을 선물로 주셔서 감사합니다. 이 믿음을 가지고, 항상 하나님께만 영광을 돌리게 해주세요. 항상 겸손하게 해주세요.

긍휼히 여기시는 하나님

> **롬 9:15-16** 15 모세에게 이르시되 내가 긍휼히 여길 자를 긍휼히 여기고 불쌍히 여길 자를 불쌍히 여기리라 하셨으니 16 그런즉 원하는 자로 말미암음도 아니요 달음박질하는 자로 말미암음도 아니요 오직 긍휼히 여기시는 하나님으로 말미암음이니라

바울은 하나님께서 모세에게 하신 말씀을 인용합니다. "모세에게 이르시되 내가 긍휼히 여길 자를 긍휼히 여기고 불쌍히 여길 자를 불쌍히 여기리라 하셨으니." 15절 이 말씀은 출애굽기 33장에 기록되어 있습니다. 당시 모세는 하나님과 함께 시내산에 있었습니다. 하나님은 모세에게 십계명을 전해 주셨습니다. 이때 모세는 상당한 시간을 백성들과 떨어져 있었습니다. 결국 백성들은 모세가 죽었다고 생각했습니다. 그래서 그들은 아론에게 갔고, 아론은 그들을 위해 금송아지를 제작했습니다. 산에서 내려온 모세는 사람이 금송아지에게 제사하는 모습을 보고 큰 충격을 받았습니다. 하나님께서 심판하실 것이 분명했기 때문입니다. 그래서 모세는 이스라엘 민족을 위해 간절히 기도했습니다. 그러자 하나님은 다음과 같이 말씀하셨습니다. "여호와께서 이르시되…나는 은혜 베풀 자에게 은혜를 베풀고 긍휼히 여길 자에게 긍휼을 베푸느니라." 출33:19 아마 모세는 하나님께서 모든 백성에게 은혜와 긍휼을 베풀어 주시기를 기대했을 것입니다. 그런데 돌아온 대답은 이러했습니다. "나는 은혜 베풀 자에게 은혜를 베풀고 긍휼히 여길 자에게 긍휼을 베푸느니라." 하나님은 온 백성이 아니라 어떤 부류에게만 은혜와 긍휼을 베푸신다고 하셨습니다. 누구에게 은혜와 긍휼을 베풀 것인지를 결정하는 권한은 오직 하나님께만 있다고 하셨습니다.

바울은 바로 이 대화를 인용합니다. 따라서 바울이 주장하는 바는 크게 두 가지입니다. 첫째, 하나님의 주권입니다. 누구에게 긍휼을 베풀 것인지를 결정하는 권한은 오직 하나님께만 있습니다. 은혜받을 자를 선택하는 것은 오직 하나님의 주권에 달린 문제입니다. 그러므로 아무도 하나님을 향해 "하나님께 불의가 있느냐?" 롬9:14라고 따져서는 안 됩니다. 둘째, 구원은 은혜와 긍휼에 근거한다는 것입니다. 만약 하나님께서 정의라는 잣대만을 가지고 사람들을 다루신다면 어떻게 될까요? 아무도 구원을 받을 수 없습니다. 모든 사람이 심판을 받아야 합니다. 그러므로 하나님께서 어떤 사람들에게 은혜와 긍휼을 베풀어 주시고, 그들을 구원하신 것에 관해서 아무도 이의를 제기해서는 안 됩니다. 아무도 하나님을 향해서 "하나님께 불의가 있느냐?" 롬9:14라고 따져서는 안 됩니다.

그렇다면 하나님께서 다른 사람이 아니라 바로 우리에게 은혜와 긍휼을 베풀어 주신 이유는 무엇일까요? 우리는 성경 어디에서도 하나님께서 그렇게 결정하신 정확한 이유를 발견하지 못합니다. 다만 우리가 믿어야 하는 것은, 하나님께는 그렇게 결정하실 권한이 있다는 점입니다. 그리고 심판을 받아야 마땅한 우리가 은혜와 긍휼을 입은 것은, 전적으로 하나님의 선택이라는 점입니다. 따라서 우리는 하나님의 권한을 인정해야 하고, 하나님의 은혜와 긍휼을 찬양해야 합니다. 그것이 오직 은혜로 구원받은 우리의 본분입니다.

묵상과 기도

Q. 어떤 사람에게 긍휼을 베풀 것인지를 결정하는 권한은 누구에게만 있습니까?

prayer. 하나님, 저희가 구원받은 것은 전적으로 하나님의 은혜 때문입니다. 저희가 하나님의 자녀가 된 것은 전적으로 하나님의 은혜 때문입니다. 그러므로 항상 하나님을 찬양하게 해주세요. 항상 하나님의 은혜와 긍휼을 찬양하게 해주세요.

하고자 하시는 자를 완악하게 하시느니라

롬 9:17-18 17 (왜냐하면) 성경이 바로에게 이르시되 내가 이 일을 위하여 너를 세웠으니 곧 너로 말미암아 내 능력을 보이고 내 이름이 온 땅에 전파되게 하려 함이라 하셨으니 18 그런즉 하나님께서 하고자 하시는 자를 긍휼히 여기시고 하고자 하시는 자를 완악하게 하시느니라

오늘 본문의 강조점은 하나님의 주권입니다. 바울은 출애굽기 9장 16절을 인용하면서 하나님의 주권을 설명하고 있습니다. "하나님께서 하고자 하시는 자를 긍휼히 여기시고 하고자 하시는 자를 완악하게 하시느니라." 18절

여기서 문제가 되는 것은 하나님께서 "하고자 하시는 자를 완악하게" 하신다는 표현입니다. 많은 사람들이 이 표현에 의문을 가집니다. 하나님께서 어떤 사람을 긍휼히 여기신다는 것은 수긍하면서도, 누군가를 완악하게 하신다는 부분에서는 난색을 표합니다. 하지만 성경 전체에서 동일한 사실을 발견할 수 있습니다.

"그들의 눈을 멀게 하시고 그들의 마음을 완고하게 하셨으니 이는 그들로 하여금 눈으로 보고 마음으로 깨닫고 돌이켜 내게 고침을 받지 못하게 하려 함이라 하였음이더라." 요12:40

"이러므로 하나님이 미혹의 역사를 그들에게 보내사 거짓 것을 믿게 하심은 진리를 믿지 않고 불의를 좋아하는 모든 자들로 하여금 심판을 받게 하심이라." 살후2:11-12

"또한 부딪치는 돌과 걸려 넘어지게 하는 바위가 되었다 하였느니라. 그들이 말씀을 순종하지 아니하므로 넘어지나니 이는 그들을 이렇게 정하신 것이라." 벧전2:8

사실상 모두 같은 뜻입니다. 하나님은 어떤 자는 긍휼히 여기시지만, 어떤 자는 완악하게 하십니다. 하지만 하나님께서 죄를 만드신다거나, 하나님께서 어떤 사람들의 마음에 죄를 주입한다는 식으로 이해해서는 안 됩니다. 하나님은 그런 일을 하시지 않으며, 하실 수도 없습니다.

하나님은 죄를 만들지 않으셨습니다. 죄를 만든 것은 하나님이 아니라 사람입니다. 약1:14 하지만 사람의 죄도 하나님의 통제 아래 있습니다. 사람이 죄를 짓는 것은 하나님께서 통제할 수 없는 돌발 상황이 아닙니다. 하나님은 사람이 죄를 짓는 일조차도, 자신의 영광을 위해 사용하십니다.

모든 사람은 죄인입니다. 모든 사람은 악한 본성을 가지고 있습니다. 모든 사람은 선을 행하기보다 악을 행하기를 좋아합니다. 그래도 세상은 지옥으로 변하지 않습니다. 하나님께서 사람들을 제어하시기 때문입니다. 하나님께서 죄를 통제하시기 때문입니다. 그래서 우리는 포기하지 않습니다. 우리는 절망적인 상황에서도 희망을 가집니다. 하나님께서 악을 선으로 바꾸실 것을 믿기 때문입니다. 하나님께서 절망을 희망으로 바꾸실 것을 믿기 때문입니다. 결국에는 모든 것이 합력하여 선을 이루실 것을 믿기 때문입니다.

묵상과 기도

Q. 세상에 죄가 가득함에도 불구하고, 세상이 질서를 유지하는 이유는 무엇입니까?

prayer. 하나님, 저희가 선한 것을 더 사랑할 수 있도록 도와주세요. 이 세상이 좀 더 선한 세상이 되게 해주세요. 어지러운 세상 속에서도 하나님의 영광을 나타내 주세요.

네가 누구이기에 감히 하나님께 반문하느냐

롬 9:19-20 19 혹 네가 내게 말하기를 그러면 하나님께서 어찌하여 허물하시느냐 누가 그 뜻을 대적하느냐 하리니 20 이 사람아 네가 누구이기에 감히 하나님께 반문하느냐 지음을 받은 물건이 지은 자에게 어찌 나를 이같이 만들었느냐 말하겠느냐

우리는 앞에서 하나님의 주권을 알아보았습니다. 하나님은 원하시는 자를 긍휼히 여기실 수 있고, 동시에 어떤 자는 완고하게 하실 수도 있음을 알아보았습니다. 하나님은 자신의 뜻을, 자신이 원하시는 때에, 자신이 원하시는 방식으로 자유롭게 사용하실 수 있는 분이십니다.

하지만 하나님께서 누군가가 죄를 짓도록 하시거나, 누군가의 마음에 죄를 주입하신다고 생각해서는 안 됩니다. 죄는 사람의 마음에서 시작된 것입니다. 죄의 책임은 사람에게 있습니다. 그래서 성경은 다음과 같이 말합니다. "오직 각 사람이 시험을 받는 것은 자기 욕심에 끌려 미혹됨이니 욕심이 잉태한즉 죄를 낳고 죄가 장성한즉 사망을 낳느니라."약1:14-15

바울은 사람들이 이 진리를 쉽게 수긍하지 않을 것을 알았습니다. 여전히 많은 사람들에게 "하나님께서 하고자 하시는 자를 긍휼히 여기시고 하고자 하시는 자를 완악하게"롬9:18 하시는 것은 난제 중의 난제입니다. 그래서 바울은 다음과 같이 말합니다. "이 사람아 네가 누구이기에 감히 하나님께 반문하느냐?"20절 지금 바울은 다음과 같이 말하는 것입니다. "네가 하나님께서 하시는 일을 이해하지 못하는 것은 당연하다. 너는 사람에 불과하고 유한한 존재에 불과하며, 전적으로 타락한 죄인에 불과하기 때문이다. 그러므로 너는 감히 하나님께 따지려 늘어서는 안 된다. 네가 누구인지를 생각하고, 하나님의 뜻 앞에 겸손하라!"

이어서 바울은 다음과 같이 말합니다. "지음을 받은 물건이 지은 자에게 어찌 나를 이같이 만들었느냐 말하겠느냐."20절 결정적으로 바울은 사람이 피조물에 불과하다는 사실을 상기시키고 있습니다. 우리는 하나님께서 자신의 영광을 위해 지으신 피조물에 불과합니다. 어떤 경우라도 이 사실을 잊지 말아야 합니다.

바울의 경고는 중요합니다. 우리가 이 사실을 망각할 때 성경을 대하는 태도에 문제가 생기기 때문입니다. 그리고 성경을 대하는 태도에 문제가 생기면 우리의 신앙 전체가 허물어지기 때문입니다. 우리는 성경을 볼 때, 특히 이해할 수 없는 난제를 만날 때 이 사실을 기억해야 합니다. 우리에게 말씀을 주신 분은 창조주 하나님이시고, 그 말씀을 받은 우리는 피조물이라는 사실입니다.

우리는 다른 모든 것에 대해 자신의 의견을 개진할 수 있습니다. 누구도 우리의 사상과 생각을 임의로 조종할 수 없습니다. 하지만 성경에 대해서만은 그렇지 않습니다. 우리는 성경 앞에서 어린아이가 되어야 합니다. 성경을 있는 그대로 받아들여야 합니다. "그때에 예수께서 대답하여 이르시되 천지의 주재이신 아버지여 이것을 지혜롭고 슬기 있는 자들에게는 숨기시고 어린아이들에게는 나타내심을 감사하나이다. 옳소이다. 이렇게 된 것이 아버지의 뜻이니이다."마11:25-26

묵상과 기도

Q. 죄의 책임은 누구에게 있습니까?

prayer. 하나님, 하나님 앞에서 겸손하게 해주세요. 특히 성경을 읽을 때 겸손하게 해주세요. 저희의 협소한 생각으로 성경을 오해하지 않고, 하나님의 지혜로우신 말씀을 그대로 받아들이게 해주세요.

토기장이가 진흙 한 덩이로

롬 9:21 토기장이가 진흙 한 덩이로 하나는 귀히 쓸 그릇을, 하나는 천히 쓸 그릇을 만들 권한이 없느냐

바울은 하나님의 주권을 설명했습니다. 하나님의 주권적인 선택과 심판에 관해서 말했습니다. 하나님께서 야곱은 사랑하시고 에서는 미워하셨다는 사실을, 하나님께서 긍휼히 여길 자를 긍휼히 여기시고 불쌍히 여길 자를 불쌍히 여기신다는 사실을 설명했습니다.

이제 바울은 하나님의 주권을 좀 더 정교하게 설명하기 위해 구약성경을 인용합니다. 바울이 인용하는 성경은 이사야서입니다.

"질그릇 조각 중 한 조각 같은 자가 자기를 지으신 이와 더불어 다툴진대 화 있을진저 진흙이 토기장이에게 너는 무엇을 만드느냐 또는 네가 만든 것이 그는 손이 없다 말할 수 있겠느냐."사45:9

"그러나 여호와여, 이제 주는 우리 아버지시니이다. 우리는 진흙이요 주는 토기장이시니 우리는 다 주의 손으로 지으신 것이니이다."사64:8

이사야는 창조주와 피조물의 관계를 토기장이와 진흙에 비유했습니다. 바울 역시 그 비유를 인용합니다. 그런데 왜 이사야와 바울은 사람을 진흙에 비유할까요? 왜 사람을 진흙처럼 하찮은 것에 비유할까요? 그 이유는 다음과 같습니다. 모든 사람이 죄를 짓고 타락했기 때문입니다. "그러므로 한 사람으로 말미암아 죄가 세상에 들어오고 죄로 말미암아 사망이 들어왔나니 이와 같이 모든 사람이 죄를 지었으므로 사망이 모든 사람에게 이르렀느니라."롬5:12

모든 사람은 아담 안에서 죄를 지었습니다. 아담의 죄는 모든 사람에게 전가되었습니다. 따라서 모든 사람이 저주와 심판을 받아야 합니다. 그뿐만이 아닙니다. 인류는 아담 안에서 죄를 지었을 뿐만 아니라 실제로도 죄를 지었고, 지금도 짓고 있습니다. 그러므로 모든 사람이 저주와 심판을 받아야 합니다. 아무도 하나님께 자비와 긍휼을 요구할 수 없습니다. 그럴 만한 자격을 가진 이는 한 사람도 없습니다. 그래서 이사야와 바울은 사람을 진흙에 비유하는 것입니다.

그러므로 어떤 사람들이 구원을 받지 못하는 것은, 자신이 초래한 결과입니다. 그들은 아담 안에서 죄를 지었고,원죄 실제로도 죄를 지었습니다.자범죄 누가 죄를 지으라고 강요해서가 아니라 악한 것을 좋아하기 때문에 죄를 지었습니다. 스스로 양심을 거슬러 의지적으로 죄를 지었습니다. 자발적으로 복음을 거부했으며, 의지적으로 율법을 범했습니다.

여기서 우리는 중요하고 명백한 결론을 도출할 수 있습니다. 만일 어떤 사람이 심판을 받는다면 그것은 자신의 책임입니다. 하지만 어떤 사람이 구원을 받는다면 그것은 하나님의 은혜입니다. 그래서 하나님은 내가 "야곱은 사랑하고 에서는 미워하였다"라고 말씀하실 수 있으며, "내가 긍휼히 여길 자를 긍휼히 여기고 불쌍히 여길 자를 불쌍히 여기리라"고도 말씀하실 수 있습니다.

묵상과 기도

Q. 왜 이사야와 바울은 사람을 진흙에 비유합니까?

Q. 심판은 사람의 책임이지만, 구원은 누구의 공로입니까?

prayer. 하나님, 저희가 짓는 죄의 책임은 저희에게 있습니다. 하지만 저희의 구원은 전적으로 하나님의 은혜입니다. 조금이라도 선한 것은 하나님의 은혜이며, 조금이라도 악한 것은 저희의 책임입니다. 앞으로 더욱 선을 행할 수 있도록 은혜를 베풀어 주시고, 악한 것은 더욱 미워할 수 있도록 저희에게 힘을 주세요.

오래 참으심으로 관용하시고

> **롬 9:22** 만일 하나님이 그의 진노를 보이시고 그의 능력을 알게 하고자 하사 멸하기로 준비된 진노의 그릇을 오래 참으심으로 관용하시고

모든 사람은 하나님께 저주를 받아야 마땅합니다. 아담을 필두로 하여 모든 사람이 범죄하고 타락하였기 때문입니다. 그러나 하나님은 그 가운데 어떤 사람들을 선택하셨습니다. 그들을 불쌍히 여기시고 사랑하셨습니다. 그들을 예수님 안에서 구원하셨습니다. 저주하고 심판하는 대신 용서하시고 양자 삼으셨습니다.

하지만 어떤 사람들은 미워하셨습니다. 진노하시고 벌하셨습니다. 성경은 이것을 다음과 같이 말합니다. "기록된 바 내가 야곱은 사랑하고 에서는 미워하였다 하심과 같으니라."롬9:13

그러나 아무도 "하나님은 불의하다"라고 말할 수 없습니다. 하나님께는 그럴 만한 자격이 있기 때문입니다. 사실 가장 공정한 것은 하나님께서 모든 사람을 심판하는 것입니다. 따라서 하나님께서 어떤 사람들을 불쌍히 여기시고 구원하신 것에 대해 아무도 불의하다고 비판할 수 없습니다. 하나님이 불의하다고 말할 수 없는 또 다른 이유가 있습니다. 그것은 바로 죄인들을 향한 하나님의 오래 참으심입니다.

하나님은 아담이 타락했을 때 즉각적으로 심판하지 않으셨습니다. 하나님은 죄인들이 범죄하는 순간 즉각적으로 심판하지 않으십니다. 하나님은 오래 참으십니다. 하나님은 왜 사람들의 죄를 오래 참으실까요? 성경은 다음과 같이 말합니다.

"주 여호와의 말씀이니라. 내가 어찌 악인이 죽는 것을 조금인들 기뻐하랴. 그가 돌이켜 그 길에서 떠나 사는 것을 어찌 기뻐하지 아니하겠느냐."겔18:23

"주 여호와의 말씀이니라. 죽을 자가 죽는 것도 내가 기뻐하지 아니하노니 너희는 스스로 돌이키고 살지니라."겔18:32

"너는 그들에게 말하라. 주 여호와의 말씀이니라. 나의 삶을 두고 맹세하노니 나는 악인이 죽는 것을 기뻐하지 아니하고 악인이 그의 길에서 돌이켜 떠나 사는 것을 기뻐하노라. 이스라엘 족속아 돌이키고 돌이키라. 너희 악한 길에서 떠나라 어찌 죽고자 하느냐 하셨다 하라."겔33:11

하나님은 악한 자들이 죽는 것을 조금도 기뻐하지 않으십니다. 하나님은 악한 자들이 죄에서 돌이켜 사는 것을 기뻐하십니다. 그래서 하나님은 오래 참으십니다. 특히 선택받은 자들을 향해서는 더욱더 그러하십니다. 하나님은 불신자들을 오래 참으시지만, 영원히 참지는 않으십니다. 때가 되면 심판하십니다. 하지만 신자들은 영원히 참으십니다. 영원히 버리지 않으시고, 영원히 포기하지 않으십니다. 이것이 우리가 하나님께 받은 사랑이요, 앞으로도 영원토록 받을 사랑입니다. 바로 이것이 우리가 누리는 은혜입니다.

묵상과 기도

Q. 하나님은 악한 자들이 죽는 것을 좋아하십니까?

prayer. 하나님, 하나님은 죄를 미워하시는 줄 믿습니다. 하나님께서 죄를 심판하시는 줄 믿습니다. 그러므로 성실하게 죄와 싸우게 해주세요. 죄를 사랑하지 않고, 죄에 미혹되지 않게 해주세요. 죄와 구별된 사람이 되게 해주세요.

그 영광의 풍성함

> **롬 9:23** 또한 영광 받기로 예비하신 바 긍휼의 그릇에 대하여 그 영광의 풍성함을 알게 하고자 하셨을지라도 무슨 말을 하리요

하나님께서 사람들을 대하는 방식은 크게 두 가지입니다. 하나님은 어떤 사람들은 사랑하시고 구원하시며, 어떤 사람들은 미워하시고 심판하십니다. 이것이 가장 선명하게 드러난 것이 이삭의 두 아들 야곱과 에서입니다. "기록된 바 내가 야곱은 사랑하고 에서는 미워하였다 하심과 같으니라." 롬9:13

따라서 모든 사람이 구원에 이른다는 '만인 구원론'은 성경적이지 않습니다. 하나님은 어떤 사람은 사랑하시되, 어떤 사람은 미워하십니다. 이에 대해 하나님께 이의를 제기하는 자들이 있습니다. 그들은 하나님께서 누군가는 사랑하시고 누군가는 미워하시는 것이 잘못되었다고 주장합니다. 하지만 바울은 하나님의 행동에 하등의 문제가 없다고 말합니다.

첫째, 하나님께서 어떤 사람들을 심판하시는 것에는 아무런 문제가 없습니다. 사실은 모든 사람이 죄를 지었으므로 모든 사람이 심판을 받아야 마땅합니다. 하지만 하나님은 악인들에게도 오래 참으심을 보여주셨습니다. "멸하기로 준비된 진노의 그릇을 오래 참으심으로 관용하시고." 롬9:22

둘째, 하나님께서 어떤 사람들을 구원하시는 것에도 아무런 문제가 없습니다. 하나님께서 그들을 아무 대가 없이 용서하신 것이 아니기 때문입니다. 하나님은 긍휼히 여기기로 작정하신 자들의 죄를 유일하신 독생자에게 전가하셨습니다. 죽어 마땅한 자들을 대신하여 유일한 독생자가 십자가에 달리게 하셨습니다. 그리하여 자신의 "영광의 풍성함"을 나타내셨습니다. "긍휼의 그릇에 대하여 그 영광의 풍성함을 알게 하고자 하셨을지라도 무슨 말을 하리요" 23절

우리는 "영광의 풍성함"이라는 표현에 주목해야 합니다. 하나님께서 자격 없는 자들을 구원하신 목적은 "영광의 풍성함"을 나타내기 위해서입니다. "영광의 풍성함"이라는 표현은, 하나님께서 하신 모든 일 가운데 구원 사역이야말로 하나님의 영광을 가장 극적으로 나타내는 일임을 보여줍니다.

예를 들어, 하나님은 바로와 그의 군대를 심판하심으로써 자신의 영광을 나타내셨습니다. "바로가 그들의 뒤를 따르리니 내가 그와 그의 온 군대로 말미암아 영광을 얻어 애굽 사람들이 나를 여호와인 줄 알게 하리라." 출14:4 하지만 자격 없는 자들을 구원하심으로 말미암아 나타난 영광에 비하며 아무것도 아닙니다.

하나님의 구원은 항상 '은혜'와 짝을 이룹니다. "우리는 그리스도 안에서 그의 은혜의 풍성함을 따라 그의 피로 말미암아 속량 곧 죄 사함을 받았느니라." 엡1:7 우리 중 그 누구도 구원받을 만한 자격이 없었기 때문에, 우리의 구원은 은혜입니다. 우리 중 그 누구도 사랑받을 만한 자격이 없었기 때문에 우리의 구원은 은혜입니다. 그리고 하나님은 은혜 베푸심을 통해 자신의 영광의 풍성함을 나타내십니다.

묵상과 기도

Q. 모든 사람이 구원에 이른다는 '만인 구원론'은 성경적입니까?

Q. 하나님께서 자격 없는 자들을 구원하신 목적은 무엇입니까?

prayer. 하나님, 저희에게 은혜를 베풀어 주셔서 감사합니다. 그 은혜를 통해 하나님의 영광을 보게 하셔서 감사합니다. 하나님의 영광을 보았으니, 앞으로는 하나님을 위해서만 살아가게 해주세요. 하나님께만 영광을 돌리는 삶을 살게 해주세요.

8월

로마서 9장 23절 – 10장 15절

곧 유대인 중에서뿐 아니라 이방인 중에서도

롬 9:23-24 23 또한 영광 받기로 예비하신 바 긍휼의 그릇에 대하여 그 영광의 풍성함을 알게 하고자 하셨을지라도 무슨 말을 하리요 24 이 그릇은 우리니 곧 유대인 중에서뿐 아니라 이방인 중에서도 부르신 자니라

사람들은 말합니다. "어째서 하나님께서 어떤 사람은 구원하시고, 어떤 사람은 심판하십니까? 왜 하나님께서 어떤 사람은 사랑하시고, 어떤 사람은 미워하십니까?" 이런 의심은 부당합니다. 거룩하시고 정의로우신 하나님께서 죄를 미워하시고 죄인을 심판하시는 것은 당연한 일이기 때문입니다. 거기에는 어떤 잘못이나 모순이 없습니다. 만약 하나님께서 죄에 침묵하시고 죄인들의 행동에 무관심하시다면 그것이 더 부당한 일입니다.

현실은 이러합니다. 모든 사람이 죄를 지었고, 모든 사람이 부패하고 타락했습니다. 세상에는 하나님의 영원한 심판을 피할 만한 사람이 없습니다. 단 한 사람도 없습니다. 따라서 아무도 하나님의 진노와 심판에 불만을 제기할 수 없습니다. 하나님께서 모든 사람을 벌하기로 하셨더라도 정당합니다. 하나님께는 그렇게 하실 수 있는 자격과 권리가 있습니다.

그러나 한편으로, 하나님께서 어떤 사람들을 특별하게 여기사 구원하기로 하셨다면 그것 역시 정당합니다. 왜냐하면 아무도 부당한 대우를 받지 않았기 때문입니다. 심판을 받는 자들은 죗값을 치르는 것이고, 구원을 받는 자들은 분에 넘치는 호의를 받은 것뿐입니다.

따라서 "왜 어떤 사람들만 구원을 받는가?"라고 누군가가 묻는다면, 그에 대한 답은 이러합니다. 아무도 구원을 받을 자격이 없다는 것입니다.[113] 사실은 모든 사람이 저주를 받아야 합니다.

이제 우리가 마땅히 내려야 하는 결론은 이러합니다. 하나님께는 모든 사람을 자기 뜻대로 대할 권리가 있습니다. 하나님께는 모든 사람을 심판할 권리가 있으며, 동시에 원하는 자를 구원할 권리도 있습니다.

이제 이 단락의 결론에 이르게 됩니다. 우리는 "왜 유대인들 중 상당수가 예수님을 믿지 않았습니까?"라는 질문으로 이 단락을 시작했습니다. 바울은 여러 논증을 거쳐 다음과 같은 결론을 우리에게 제시합니다. "이 그릇은 우리니 곧 유대인 중에서뿐 아니라 이방인 중에서도 부르신 자니라."**24절**

24절을 쉽게 풀어 설명하면 다음과 같습니다. "하나님은 원하시는 자를 선택할 권리를 가지고 계시다. 하나님은 유대인 중에서 원하시는 자를 선택하실 수 있고, 동시에 이방인 중에서도 원하시는 자를 선택하실 수 있다."

따라서 바울이 유대인들에게 전하는 메시지는 다음과 같습니다. "너희들은 어째서 유대인만 특별하다고 생각하느냐. 왜 너희들은 유대인만 하나님께 호의를 얻는다고 생각하느냐. 전혀 그렇지 않다. 하나님은 유대인뿐만 아니라 이방인에게도 긍휼을 베푸실 수 있고, 실제로 지금 그렇게 하고 계신다."

묵상과 기도

Q. 하나님께서 어떤 사람들을 구원하기로 하신 것이 정당한 이유는 무엇입니까?

Q. "왜 어떤 사람들만 구원을 받는가?"라는 질문에 대한 올바른 대답은 무엇입니까?

prayer. 하나님, 모든 사람이 죄를 지었습니다. 따라서 모든 사람이 심판을 받아야 합니다. 저희도 마찬가지입니다. 하지만 저희는 심판이 아니라 은혜를 받았습니다. 심판이 아니라 구원을 받았습니다. 이 은혜를 잊지 않게 해주세요. 이 은혜를 늘 찬양하게 해주세요.

내 백성이라, 사랑한 자라 부르리라

롬 9:25-26 25 호세아의 글에도 이르기를 내가 내 백성 아닌 자를 내 백성이라, 사랑하지 아니한 자를 사랑한 자라 부르리라 26 너희는 내 백성이 아니라 한 그곳에서 그들이 살아 계신 하나님의 아들이라 일컬음을 받으리라 함과 같으니라

로마서 9장의 큰 주제는 유대인의 위치입니다. 구약 시대에는 유대인들만 하나님의 백성이었습니다. 그때는 하나님의 백성이 되고자 하면 자기 민족을 떠나 유대인이 되어야 했습니다. 대표적인 사례가 여리고 여인 라합과 모압 여인 룻입니다. 그들은 하나님의 백성이 되기 위해 원래 민족을 떠났습니다.

그런데 신약 시대에 들어와 큰 변화가 일어났습니다. 교회의 상당수를 차지한 것은 유대인이 아니라 이방인이었습니다. 이 사실은 유대인들을 혼란스럽게 했습니다. 유대인들에게는 예수님의 피로 인하여 유대인과 이방인이 가까워졌고,^{엡2:13} 심지어 유대인과 이방인이 하나가 되었다는 말^{엡2:14}이 하나님을 모독하는 것처럼 들렸습니다.

따라서 바울은 이 모든 것이 하나님의 뜻이며, 심지어 구약성경에서 이미 예언된 일이었음을 보여주고자 합니다. 바울이 인용하는 하나님의 말씀은 호세아서입니다. "내가 나를 위하여 그를 이 땅에 심고 긍휼히 여김을 받지 못하였던 자를 긍휼히 여기며 내 백성 아니었던 자에게 향하여 이르기를 너는 내 백성이라 하리니 그들은 이르기를 주는 내 하나님이시라 하리라 하시니라."^{호2:23}

이처럼 호세아 선지자는 이미 수백 년 전에 이방인들이 하나님의 백성에 가입하게 될 것을 예언했습니다. 따라서 더 이상 혼란을 겪을 필요가 없습니다. 이방인들의 회심은 하나님의 뜻입니다. 이방인들과 유대인들이 동등한 위치에서 한 교회의 구성원이 되는 것은 하나님의 뜻입니다. 그래서 베드로는 다음과 같이 말했습니다. "너희가 전에는 백성이 아니더니 이제는 하나님의 백성이요 전에는 긍휼을 얻지 못하였더니 이제는 긍휼을 얻은 자니라."^{벧전2:10}

마지막으로 우리에게 일어난 일을 생각해 봅시다. 우리는 모두 과거에 이방인이라 불리던 자들이었습니다. 우리는 하나님의 백성이 아니었고, 하나님의 긍휼과 아무 상관이 없었습니다. 하지만 이제는 하나님의 백성이요, 하나님의 긍휼을 받는 자가 되었습니다.

구원이란 이와 같습니다. 구원이란 단지 죄 사함을 받는 정도가 아닙니다. 물론 죄 사함은 구원의 필수요소입니다. 하지만 구원에는 훨씬 더 초월적인 요소가 있습니다. 예수님을 믿는 순간 우리는 하늘로 올려 집니다.^{엡2:6} 우리는 하나님의 자녀가 되고^{요1:12} 예수님과 영적으로 연합합니다.^{롬6:5} 성령님이 거주하는 성전이 되고^{고전3:16} 하나님의 사랑과 보호를 받는 대상이 됩니다.^{마6:26} 이것이 우리가 믿는 복음이요, 우리가 받은 은혜입니다.

묵상과 기도

Q. 이방인들이 하나님의 백성에 가입하게 될 것을 예언한 선지자는 누구입니까?

prayer. 하나님, 세상에 속한 자가 아니라 하늘에 속한 자가 되게 하셔서 감사합니다. 사탄의 자녀가 아니라 하나님의 자녀가 되게 하셔서 감사합니다. 아담에게 속한 자가 아니라 예수님께 속한 자가 되게 하셔서 감사합니다. 놀라운 은혜를 받았으니 그에 합당한 삶을 살게 해주세요. 말과 행실을 거룩하게 해주세요.

남은 자만 구원을 받으리니

롬 9:27-29 27 또 이사야가 이스라엘에 관하여 외치되 이스라엘 자손들의 수가 비록 바다의 모래 같을지라도 남은 자만 구원을 받으리니 28 주께서 땅 위에서 그 말씀을 이루고 속히 시행하시리라 하셨느니라 29 또한 이사야가 미리 말한 바 만일 만군의 주께서 우리에게 씨를 남겨 두지 아니하셨더라면 우리가 소돔과 같이 되고 고모라와 같았으리로다 함과 같으니라

구약 시대에는 유대인만 하나님의 백성이었습니다. 이방인들은 "약속의 언약들에 대하여는 외인이요 세상에서 소망이 없고 하나님도 없는 자"였습니다.엡2:12 하지만 예수님이 오신 이후로 상황이 역전되었습니다. 오히려 이방인들이 교회의 대다수를 차지하게 되었습니다.

이것은 유대인들이 받아들이기 어려운 문제였습니다. 유대인들은 두 가지 전제를 가지고 있었습니다. 한 가지는 이방인은 하나님의 백성이 될 수 없다는 것이고, 또 한 가지는 유대인은 하나님께 버림을 받을 수 없다는 것이었습니다. 따라서 교회가 새로운 하나님의 백성이라는 것, 대부분의 유대인들이 하나님 나라에서 추방을 당했다는 것, 그리고 교회에서 유대인들보다 이방인들이 더 많은 비중을 차지하고 있다는 것은 유대인들이 생각조차 할 수 없는 일이었습니다.

그래서 바울은 이방인들이 하나님 나라에 들어오는 것이 하나님의 뜻이었음을 보여주었습니다. 이미 수백 년 전에 호세아 선지자가 이방인들의 회심을 예언하였음을 보여주었습니다. "호세아의 글에도 이르기를 내가 내 백성 아닌 자를 내 백성이라, 사랑하지 아니한 자를 사랑한 자라 부르리라."롬9:25

다음으로 바울은 유대인들이 하나님 나라에서 추방당하는 것조차 구약성경에 기록되어 있음을 보여주고자 합니다. 바울이 인용하는 구절은 이사야서 10장 22절입니다. "이스라엘이여 네 백성이 바다의 모래 같을지라도 남은 자만 돌아오리니 넘치는 공의로 파멸이 작정되었음이라."

이사야 선지자는 모든 이스라엘이 구원받을 것이라고 말하지 않습니다. 이스라엘이 바다의 모래 같이 많을지라도 남은 자만 구원받을 것이라고 말합니다. 이는 대다수의 유대인들은 심판을 받고, 소수의 유대인들만 구원을 받게 된다는 뜻입니다. 이사야서 10장 22절의 말씀은 바울이 로마서 9장 6절에서 말했던 것과 정확하게 일치합니다. "이스라엘에게서 난 그들이 다 이스라엘이 아니요."

대다수의 유대인들은 알지 못했지만, 하나님의 약속은 무조건적이지 않았습니다. 하나님은 이스라엘 민족을 가나안으로 인도하시면서 에발산과 그리심산을 함께 보여주셨습니다. 축복의 산과 저주의 산을 동시에 보여주셨습니다. "네 하나님 여호와께서 네가 가서 차지할 땅으로 너를 인도하여 들이실 때에 너는 그리심 산에서 축복을 선포하고 에발 산에서 저주를 선포하라."신11:29

하나님은 축복과 저주를 함께 행하십니다. 그러므로 이방인이 교회 안에 있고, 유대인이 교회 밖에 있는 것은 이상한 일이 아닙니다. 그것은 하나님께서 이미 수백 년 전에 예언하신 일입니다. 약속의 성취입니다.

묵상과 기도

Q. 유대인들이 추방당할 것을 예언한 선지자는 누구입니까?

prayer. 하나님, 오직 남은 자만 구원을 받는다고 하셨습니다. 오직 하나님께 선택받은 자만 구원을 받는다고 하셨습니다. 저희를 남은 자로 선택해 주셔서 감사합니다. 저희를 구원받을 자로 선택해 주셔서 감사합니다. 이 특권을 생각하며 하나님께만 영광 돌리게 해주세요. 이 은혜를 생각하며 무엇을 하든지 하나님을 위해서 하게 해주세요.

믿음을 의지하지 않고 행위를 의지함이라

> **롬 9:30-33** 30 그런즉 우리가 무슨 말을 하리요 의를 따르지 아니한 이방인들이 의를 얻었으니 곧 믿음에서 난 의요 31 의의 법을 따라간 이스라엘은 율법에 이르지 못하였으니 32 어찌 그러하냐 이는 그들이 믿음을 의지하지 않고 행위를 의지함이라 부딪칠 돌에 부딪쳤느니라 33 기록된 바 보라 내가 걸림돌과 거치는 바위를 시온에 두노니 그를 믿는 자는 부끄러움을 당하지 아니하리라 함과 같으니라

지금까지 살펴본 내용 속에서 "누가 구원을 받는가?"라는 질문의 답을 찾을 수 있습니다. 그 질문의 답은 하나밖에 없습니다. 하나님께 선택받은 사람입니다.

"기록된 바 내가 야곱은 사랑하고."롬9:13

"모세에게 이르시되 내가 긍휼히 여길 자를 긍휼히 여기고 불쌍히 여길 자를 불쌍히 여기리라."롬9:15

"그런즉 원하는 자로 말미암음도 아니요 달음박질하는 자로 말미암음도 아니요 오직 긍휼히 여기시는 하나님으로 말미암음이니라."롬9:16

"그런즉 하나님께서 하고자 하시는 자를 긍휼히 여기시고."롬9:18

그렇다면 "누가 구원을 받지 못하는가?"라는 질문의 답은 무엇일까요? 역시 이 질문에도 한 가지 대답밖에 없습니다. 만약 누군가가 구원을 받지 못했다면 그 이유는 그가 복음을 거부했기 때문입니다.

오늘 본문 30절은 이방인들이 구원을 얻은 이유를 그들이 복음을 믿었기 때문이라고 말합니다. "이방인들이 의를 얻었으니 곧 믿음에서 난 의요." 하지만 그것이 전부는 아닙니다. 이방인들이 복음을 믿을 수 있었던 것은 하나님께서 그들을 선택하셨기 때문입니다.

동시에 유대인들이 버림을 받은 이유는, 그들이 복음을 믿지 않고 행위를 의지했기 때문입니다. "의의 법을 따라간 이스라엘은 율법에 이르지 못하였으니 어찌 그러하냐. 이는 그들이 믿음을 의지하지 않고 행위를 의지함이라."롬9:31-32

이처럼 바울은 복음을 믿은 이방인과 복음을 거부한 유대인을 대조하고 있습니다. 바울이 이렇게 하는 이유는, 구원받지 못한 책임을 하나님께 돌리려는 시도를 차단하기 위해서입니다. 우리가 구원받은 이유는 하나님의 주권적인 선택 때문입니다. 하지만 구원받지 못한 책임도 하나님의 주권적인 선택 때문이라고 말해서는 안 됩니다. 그들이 구원받지 못한 것은 그들이 아담 안에서 죄인이 되었을 뿐만 아니라 실제로도 죄를 지었기 때문입니다. 동시에 이것이 가장 중요합니다. 복음을 믿지 않았기 때문입니다.

우리는 오늘 본문에서 하나님의 주권과 사람의 책임을 동시에 확인합니다. 구원의 공로는 오직 하나님께만 있습니다. 동시에 구원받지 못한 책임은 오직 사람에게만 있습니다. 우리가 구원받은 것은 하나님의 은혜이지만, 누군가가 구원받지 못한 것은 그들이 하나님의 율법에 불순종하고 예수님의 복음을 거부했기 때문입니다.

묵상과 기도

Q. 누가 구원을 받습니까?

Q. 누가 심판을 받습니까?

prayer. 하나님, 누구든지 복음을 거절하면 심판을 받습니다. 누구든지 예수님을 거절하면 영원한 심판에 처하게 됩니다. 그러므로 저희가 복음을 잘 믿게 해주세요. 저희가 예수님을 유일한 구세주로 믿게 해주세요. 바른 믿음을 가지고 살아가게 해주세요.

8월 5일

그를 믿는 자는 부끄러움을 당하지 아니하리라

> **롬 9:30-33** 30 그런즉 우리가 무슨 말을 하리요 의를 따르지 아니한 이방인들이 의를 얻었으니 곧 믿음에서 난 의요 31 의의 법을 따라간 이스라엘은 율법에 이르지 못하였으니 32 어찌 그러하냐 이는 그들이 믿음을 의지하지 않고 행위를 의지함이라 부딪칠 돌에 부딪쳤느니라 33 기록된 바 보라 내가 걸림돌과 거치는 바위를 시온에 두노니 그를 믿는 자는 부끄러움을 당하지 아니하리라 함과 같으니라

예수님의 죽음에 관한 두 가지 잘못된 주장이 있습니다. 첫 번째는, 예수님의 죽음을 우발적인 사건으로 보는 것입니다. 예수님의 죽음을 어쩌다가 우연히 발생한 끔찍한 사건 정도로 보는 것입니다. 두 번째는, 흔히 '세대주의'라고 하는 오류입니다. 세대주의를 믿는 자들은 유대인들이 하나님의 가르침을 믿지 않고 배척했기 때문에 그에 따른 후속 절차로 예수님이 오셔서 죽으셨다고 주장합니다.[114]

두 가지 다 비성경적인 주장입니다. 오늘 본문이 그 증거입니다. 바울은 다음과 같이 말합니다. "기록된 바 보라, 내가 걸림돌과 거치는 바위를 시온에 두노니 그를 믿는 자는 부끄러움을 당하지 아니하리라 함과 같으니라."33절 바울은 예수님의 죽음이 "기록된" 것이라고 말합니다. 예수님의 죽음은 우발적인 사건이거나, 유대인들의 실패로 인해 후속 절차로 도입된 것이 아닙니다. 구약성경에 기록된 사건, 처음부터 계획되고 예언된 사건입니다.

바울이 인용하는 "기록된" 말씀은 이사야서입니다. 바울은 이사야서에서 두 가지 말씀을 인용하여 하나로 묶고 있습니다.

"만군의 여호와 그를 너희가 거룩하다 하고 그를 너희가 두려워하며 무서워할 자로 삼으라. 그가 성소가 되시리라. 그러나 이스라엘의 두 집에는 걸림돌과 걸려 넘어지는 반석이 되실 것이며, 예루살렘 주민에게는 함정과 올무가 되시리니."사8:13-14

"그러므로 주 여호와께서 이같이 이르시되 보라 내가 한 돌을 시온에 두어 기초를 삼았노니 곧 시험한 돌이요 귀하고 견고한 기촛돌이라. 그것을 믿는 이는 다급하게 되지 아니하리로다."사28:16

우리는 바울이 인용하는 구절을 통해 기독교가 선포하는 메시지가 무엇인지 알 수 있습니다. 기독교의 핵심은 예수님입니다. 기독교의 구원은 예수님에 대한 태도에서 결정됩니다. 하나님과의 관계를 결정짓는 것도 오직 예수님입니다.

다른 모든 데서 성공하여도 예수님에게 걸려 넘어지는 자는 구원을 얻지 못합니다. 반대로 다른 모든 데서 실패하여도 예수님을 믿는 자는 부끄러움을 당하지 않습니다. 그래서 예수님은 친히 다음과 같이 말씀하셨습니다. "예수께서 이르시되 내가 곧 길이요 진리요 생명이니 나로 말미암지 않고는 아버지께로 올 자가 없느니라."요14:6

묵상과 기도

Q. 예수님의 죽음에 대한 잘못된 주장 두 가지는 무엇입니까?

prayer. 하나님, 다른 데는 실패해도 예수님을 믿는 데는 실패하지 않게 해주세요. 다른 데는 실패해도 거룩하게 사는 데는 실패하지 않게 해주세요. 어떤 일이 있어도 예수님을 떠나지 않게 해주세요.

236

곧 그들로 구원을 받게 함이라

롬 10:1-2 1 형제들아 내 마음에 원하는 바와 하나님께 구하는 바는 이스라엘을 위함이니 곧 그들로 구원을 받게 함이라 2 내가 증언하노니 그들이 하나님께 열심이 있으나 올바른 지식을 따른 것이 아니니라

앞서 살펴본 로마서 9장의 중심 주제는 '하나님의 주권'입니다. 하나님께는 야곱은 사랑하고 에서는 미워하실 선택권이 있습니다. **롬9:13** 하나님께는 긍휼히 여기실 자를 긍휼히 여기고 불쌍히 여길 자를 불쌍히 여길 권한이 있습니다. **롬9:15**

그런데 바울은 9장의 주제가 오해를 일으킬 여지가 있음을 알았습니다. 바울은 어떤 사람들이 다음과 같이 말할 것을 알았습니다. "만일 구원이 전적으로 하나님께 달린 문제라면, 우리는 누군가의 구원을 위해 기도할 필요가 없다. 구원이 전적으로 하나님의 선택에 달린 문제라면, 우리는 누군가에게 복음을 전할 필요가 없다. 하나님께서 주권적으로 야곱은 구원하시고 에서는 심판하셨듯이 지금도 주권적으로 누군가는 구원하시고 누군가는 심판하실 것이다. 우리가 누군가를 위해 기도하지 않아도 하나님은 하고자 하시는 자를 긍휼히 여기실 것이다."

이렇게 말하고 싶은 자들은 성경에 귀를 기울여야 합니다. 성경이 명백하게 말하는 바를 주목해서 보아야 합니다. 오늘 본문은 다음과 같이 말합니다. "형제들아 내 마음에 원하는 바와 하나님께 구하는 바는 이스라엘을 위함이니 곧 그들로 구원을 받게 함이라."**1절** 바울은 유대인들을 위해 기도했습니다. 바울은 유대인들이 구원받기를 하나님께 구했습니다.

따라서 우리는 그릇된 주장에 귀를 기울이지 말아야 합니다. 성경은 하나님의 주권과 사람의 책임을 동시에 말합니다. 만약 모든 것이 하나님께 달려 있고 사람에게 일말의 책임도 없다면 바울은 동족을 위해서 기도하지 않았을 것입니다.

물론 하나님은 우리의 도움 없이도 택한 자들을 구원하실 수 있습니다. 하나님은 우리의 기도와 전도가 없어도 긍휼히 여길 자들을 긍휼히 여기실 수 있습니다. 하지만 하나님은 우리를 통해서 복음을 전하기로 하셨습니다. 하나님은 우리를 통해서 구원의 역사를 이루기로 하셨습니다. 하나님은 구원받을 자들을 예정하시면서, 동시에 구원의 방편도 정하셨습니다. 성도의 기도와 복음의 전파가 그것입니다.

따라서 하나님의 예정을 믿는다면, 우리의 기도와 전도가 하나님의 예정을 이루는 도구가 된다는 점도 믿어야 합니다. 구원받을 자를 예정하신 분도 하나님이요, 우리에게 기도하고 전도하라고 하신 분도 하나님이십니다.

하나님의 예정은 운명론이 아닙니다. 운명론이란 "일어날 일은 반드시 일어날 것이므로, 우리에게는 아무런 책임이 없다"라는 주장입니다. 따라서 운명론을 믿는 자들은 아무것도 할 필요가 없습니다. 하지만 하나님은 우리에게 기도하라 말씀하시고 전도하라 명령하십니다. 복음 전파를 위해 아무것도 하지 않는 사람은 운명론자입니다. 우리는 운명론자가 되어서는 안 됩니다.

묵상과 기도

Q. 하나님께서 정하신 구원의 방편은 무엇입니까?

Q. 누구에게 복음을 전해야 할지 생각해 봅시다.

prayer. 하나님, 하나님께서 저희를 복음의 동역자로 부르신 것을 믿습니다. 하나님께서 저희를 복음을 전하는 일꾼으로 부르신 것을 믿습니다. 하나님께서 저희를 기도의 일꾼으로 부르신 것을 믿습니다. 그러므로 최선을 다해 복음을 전하게 해주세요. 항상 기도하게 해주세요. 그리하여 저희를 통해 복음의 열매가 많이 맺히게 해주세요.

8월 7일

올바른 지식을 따른 것이 아니니라

롬 10:1-2 1 형제들아 내 마음에 원하는 바와 하나님께 구하는 바는 이스라엘을 위함이니 곧 그들로 구원을 받게 함이라 2 내가 증언하노니 그들이 하나님께 열심이 있으나 올바른 지식을 따른 것이 아니니라

구원은 하나님의 주권에 달린 문제입니다. 하지만 사람의 책임 또한 무시되지 않습니다. 하나님은 구원받을 자를 예정하시되, 구원받는 방법도 미리 정하셨습니다. 그것은 바로 성도의 기도와 전도입니다. 따라서 우리는 기도와 전도에 열심을 내야 합니다. 아무것도 하지 않는 운명론자가 되지 말아야 합니다. 할 수 있는 한 최선을 다해야 합니다.

그런데 바울은 모든 종류의 열심이 선하다고 말하지 않습니다. 단지 열심을 내기만 하면 충분하다고 말하지 않습니다. "내가 증언하노니 그들이 하나님께 열심이 있으나 올바른 지식을 따른 것이 아니니라."2절 바울은 올바른 열심이 있는 반면, 잘못된 열심도 있다고 말합니다. 따라서 우리는 참된 열심과 거짓 열심을 분별해야 합니다. 단지 열심을 내기만 하면 다 선하다고 생각해서는 안 됩니다.

바울은 갈라디아서에서 거짓 열심의 위험성을 다음과 같이 경고하였습니다. "그들이 너희에게 대하여 열심 내는 것은 좋은 뜻이 아니요 오직 너희를 이간시켜 너희로 그들에게 대하여 열심을 내게 하려 함이라. 좋은 일에 대하여 열심으로 사모함을 받음은 내가 너희를 대하였을 때뿐 아니라 언제든지 좋으니라."갈 4:17-18 바울은 참된 열심과 거짓 열심을 분별해야 한다고 말합니다. 그렇다면 참된 열심과 거짓 열심을 분별하는 기준은 무엇일까요? 바울은 "올바른 지식"이 그 기준이라고 말합니다. "내가 증언하노니 그들이 하나님께 열심이 있으나 올바른 지식을 따른 것이 아니니라."2절 따라서 다음과 같이 참된 열심과 거짓 열심을 구분할 수 있습니다.[115]

첫째, 진리에 순종함이 아니라 다른 사람을 모방하는 열심이라면 참된 열심이 아닙니다. 단지 다른 사람의 열심을 따라 하는 것이라면 참된 열심이 아닙니다. 둘째, 진리에서 받은 은혜가 아니라 공동체 안에서 촉발된 흥분 때문에 열심을 내는 것이라면 참된 열심이 아닙니다. 셋째, 진리를 기준으로 하여 옳고 그름을 따지지 않고 무작정 열심을 내는 것은 참된 열심이 아닙니다. 넷째, 진리보다 행동을 우선한다면 참된 열심이 아닙니다. 다섯째, 경박하고 천박한 열심이라면 참된 열심이 아닙니다. 성경은 거룩하지 않은 일에 열심을 내라고 말하지 않습니다. 여섯째, 진리를 통해 검증받기를 싫어하는 것은 참된 열심이 아닙니다. 단지 열심을 내는 것만으로 인정받기 원하는 자들의 열심은 참된 열심이 아닙니다. 일곱째, 보편적인 진리가 아니라 특별하고 신비로운 방식만을 추구하는 자들의 열심은 참된 열심이 아닙니다. 여덟째, 균형을 잃어버린 열심은 참된 열심이 아닙니다. 성경은 어느 한 가지만 강조하지 않습니다. 진리는 모든 방면의 균형을 중시합니다. 따라서 어느 한 가지만 강조하는 열심은 참된 열심이 아닙니다. 예를 들어, "전도가 전부다."라고 주장하는 것 아홉째, 일 자체를 중시하는 자들의 열심은 참된 열심이 아닙니다. 그들은 일하는 것 자체에서 기쁨을 얻는 자들입니다. 그것은 진리에서 나온 열심이 아닙니다.

묵상과 기도

Q. 참된 열심과 거짓 열심을 분별하는 기준은 무엇입니까?

prayer. 하나님, 하나님의 영광을 위해 열심히 일하게 하사 올바른 지식 안에서 열심을 내게 해주세요. 무엇을 하든지 바른 목적을 위해서 하게 하시고, 바른 과정을 통해서 바른 태도로 하게 해주세요.

하나님의 의를 모르고 자기 의를 세우려고

롬 10:3 하나님의 의를 모르고 자기 의를 세우려고 힘써 하나님의 의에 복종하지 아니하였느니라

앞에서 바울은 유대인들의 문제가 "올바른 지식"롬 10:2을 따르지 않은 것이라고 말했습니다. 이제 바울은 유대인들이 어떤 점에서 "올바른 지식"을 가지지 못했는지를 설명합니다. 그것은 바로 "하나님의 의"에 관한 지식입니다. "하나님의 의를 모르고 자기 의를 세우려고 힘써 하나님의 의에 복종하지 아니하였느니라."3절

유대인들은 "자기 의"를 세우려고 하였습니다. 율법을 통해 의롭게 되려고 하였습니다. 그 결과 유대인들은 "하나님의 의"를 거부하는 데까지 나아갔습니다. 참된 의가 되시는 예수님을 거부하고, 예수님을 못 박아 죽이는 데까지 나아갔습니다. 따라서 유대인들의 가장 심각한 문제는 "올바른 지식"을 가지지 못했다는 것, 특히 "하나님의 의"에 관한 바른 지식을 소유하지 못했다는 점이었습니다.

이처럼 지식은 중요합니다. "올바른 지식"을 가지고 있는지의 여부는 참된 신자인지를 구분하는 시금석이 됩니다. 안타깝게도 현대 기독교는 "올바른 지식"의 중요성을 간과하는 경우가 많습니다.

만약 고상한 성품과 품격 있는 교양을 가졌을지라도 "올바른 지식"이 없다면 그는 결코 참된 신자가 아닙니다. 따라서 우리는 어떤 사람의 외면만 보고서 "저 사람은 훌륭한 신자임에 틀림없다"라고 성급하게 판단해서는 안 됩니다. 바울은 이 점을 여러 번 강조했습니다. 대표적인 구절은 다음과 같습니다.

"하나님은 모든 사람이 구원을 받으며 진리를 아는 데에 이르기를 원하시느니라."딤전2:3-4ㅁ

"우리가 너희에게 전한 복음 외에 다른 복음을 전하면 저주를 받을지어다."갈1:8

이처럼 "올바른 지식"은 사활을 걸어야 할 만큼 중요한 문제입니다. 바울은 디모데전서에서 구원을 "진리를 아는" 것과 결부시켰고, 갈라디아서에서는 잘못된 복음을 믿는 것을 "저주"받을 일이라고 말했습니다. 유다서의 메시지는 더 선명합니다. "믿음의 도를 위하여 힘써 싸우라"유31:3

만약 "올바른 지식"이 중요하지 않았다면 "믿음의 도를 위하여 힘써 싸우라"고 권면할 필요가 없었을 것입니다. 따라서 우리는 기독교 신앙을 바르게 알기 위해 노력해야 합니다. 쉼 없이 공부하고 연구하고 배워야 합니다. 물론 기독교 신앙을 완벽하게 이해할 수 있는 사람은 어디에도 없습니다. 하지만 최소한의 것을 분명하게 이해하려는 노력은 누구에게나 필요합니다. 만약 그것을 가지고 있지 않다면 그는 전혀 신자일 수 없습니다.[116]

묵상과 기도

Q. 유대인들은 어떤 지식을 가지지 못했습니까?

Q. 기독교 신앙을 바르게 알기 위해 노력하고 있습니까?

prayer. 하나님, 하나님을 알기 위해 노력하는 것은 저희의 의무입니다. 그러므로 더 성실하게 성경을 묵상하게 해주세요. 더 열심히 기독교 진리를 공부하게 해주세요. 하나님을 알아가는 것이 저희의 기쁨이 되게 해주세요.

자기 의를 세우려고

롬 10:3 하나님의 의를 모르고 자기 의를 세우려고 힘써 하나님의 의에 복종하지 아니하였느니라

바울은 "올바른 지식"을 강조합니다. **롬10:2** 이것이 야말로 당시 유대인들의 상태를 가장 잘 보여주는 것이기 때문입니다. 심지어 오늘날까지 그러합니다. 유대인들은 지금까지도 올바른 지식을 가지고 있지 못합니다.

진리는 구원과 연결되어 있습니다. 진리를 모르고서는 구원을 받을 수 없습니다. 바울이 생각하기로는 바로 이것이 당시 유대인들의 가장 심각한 문제였습니다. 유대인들은 "하나님의 의"**3절**를 몰랐습니다. 예수님만이 하나님의 의가 되신다는 것을 몰랐습니다. 믿음으로 예수님의 의를 전가받아야 한다는 것을 몰랐습니다. "이제는 율법 외에 하나님의 한 의가 나타났으니 율법과 선지자들에게 증거를 받은 것이라. 곧 예수 그리스도를 믿음으로 말미암아 모든 믿는 자에게 미치는 하나님의 의니 차별이 없느니라."**롬3:21-22**

하지만 유대인들은 자신을 비참하게 여기지 않았습니다. 구원에서 멀어져 있었지만 낙담하지 않았습니다. 대신 자신들을 경건하고 의롭게 여겼습니다. 자신들의 위치를 자랑했습니다. 그래서 바울은 유대인들의 상태를 다음과 같이 말합니다. "자기 의를 세우려고 힘써 하나님의 의에 복종하지 아니하였느니라."**3절**

유대인들은 자신을 의롭다고 여겼습니다. 하지만 하나님께서 보시기에 그들은 죄인 중의 한 명에 지나지 않았습니다. 하나님께서 보시기에 그들은 힘써 불순종하는 죄인에 불과했습니다.

예수님은 복 있는 사람에 대해 다음과 같이 말씀하셨습니다. "심령이 가난한 자는 복이 있나니 천국이 그들의 것임이요."**마5:3** 참으로 복 있는 사람은 자신을 의롭다고 여기거나, 자신의 힘으로 의롭게 될 수 있다고 믿는 사람이 아닙니다. 철저하게 자신의 한계를 인정하고, 자신의 힘으로는 절대 의롭게 될 수 없다고 믿는 사람입니다. 그래서 예수님의 십자가만 바라보고, 예수님의 공로만 의지하는 사람입니다. 천국은 오직 그러한 사람들의 것입니다.

오래전 이사야 선지자는 "우리는 다 부정한 자 같아서 우리의 의는 다 더러운 옷 같으며"**사64:6** 라고 말했습니다. 이것이야말로 우리가 항상 기억하고 되새겨야 할 말씀입니다. 참으로 우리는 아무것도 아닙니다. 우리의 의는 아무런 가치가 없습니다. 우리가 할 수 있는 최선의 선행도 사실 하나님 앞에서는 누더기에 지나지 않습니다. 따라서 한순간이라도 스스로를 대단하게 여기거나, 자신의 행실을 자랑하는 사람은 성경 전체의 교훈을 오해한 사람입니다.

묵상과 기도

Q. 혹시 자신을 대단하게 여기거나 자랑하고 있지는 않습니까?

prayer. 하나님, 저희의 부족함을 깨닫게 해주세요. 저희의 연약함을 알게 해주세요. 그리하여 더 겸손한 사람이 되게 해주세요. 자신을 자랑하지 않고, 하나님만 자랑하는 사람이 되게 해주세요.

율법의 마침이 되시니라

> **롬 10:4** (왜냐하면) 그리스도는 모든 믿는 자에게 의를 이루기 위하여 율법의 마침이 되시니라

한글 성경에는 없지만, 원어 성경은 "왜냐하면"이라는 접속사로 오늘 본문을 시작합니다. 따라서 로마서 10장 4절은 앞 단락에 대한 이유를 설명하는 본문입니다. 앞에서 바울은 유대인들이 교회 밖에 있다는 점을 말했고, 오늘 본문에서는 그렇게 된 이유를 설명하고자 합니다.

유대인들은 "올바른 지식"롬10:2이 없었습니다. 결정적으로 그들에게는 예수님만이 구원자가 되신다는 지식이 없었습니다. 유대인들의 비참한 현실은 바로 여기에서 시작되었습니다. 그들은 하나님의 구원 방식에 무지했습니다.

유대인들은 율법을 중요하게 생각했습니다. 율법이 요구하는 것을 심각하게 받아들였습니다. 사실 이것은 틀린 것이 아닙니다. 어떤 의미에서 구약에서 가장 중요한 사건은 하나님께서 모세를 통해 율법을 주신 것이라고 할 수 있습니다. 따라서 율법을 무겁게 받아들이는 것은 참으로 합당한 자세입니다. 율법은 하나님께서 무엇을 원하시는지를 보여줍니다. 율법에는 하나님의 거룩한 성품이 담겨 있습니다. 그러므로 우리가 하나님께 옳다는 인정을 받으려면 반드시 율법을 지켜야 합니다.

하지만 문제는 어떤 사람도 율법을 다 지킬 수 없다는 데 있습니다. 단 하나의 율법이라도 어기는 순간 모든 노력이 물거품이 된다는 데 있습니다. "누구든지 온 율법을 지키다가 그 하나를 범하면 모두 범한 자가 되나니." 약2:10

바로 이것이 예수님이 오신 이유입니다. 예수님이 오셔서 율법의 마침이 되신 이유입니다. 예수님이 율법의 마침이 되셨다는 것은 예수님이 율법을 폐기하셨다는 뜻이 아닙니다. 이제 예수님을 믿기만 하면 율법을 지킬 필요가 없다는 뜻이 아닙니다. 예수님이 우리 대신 율법의 요구를 모두 이루셨다는 뜻입니다.

예수님은 우리 대신 율법의 저주를 받으셨습니다. 예수님은 우리 대신 율법에 순종하셨습니다. 바로 이것이 예수님이 율법의 마침이 되시는 방식입니다. 예수님은 율법을 폐기하신 것이 아니라, 율법에 순종하심으로써 율법의 마침이 되셨습니다. 예수님은 율법에 작별을 고하신 것이 아니라, 율법을 이루심으로써 율법의 마침이 되셨습니다.[117]

바로 이것이 우리가 구원에 이르는 유일한 길입니다. 하나님은 우리에게 율법에 순종할 것을 요구하십니다. 일부가 아니라 전부에 순종할 것을 요구하십니다. 하지만 우리는 할 수 없습니다. 아무도 할 수 없습니다. 그래서 하나님은 예수님을 보내주셨습니다. 예수님은 우리를 위해 모든 율법을 지키셨습니다. 그리하여 율법의 마침이 되셨습니다.

만약 우리가 예수님을 믿고 있다면, 우리는 율법을 다 지킨 것이나 마찬가지입니다. 만약 우리가 예수님을 주로 영접했다면, 우리는 용서받았으며 의롭게 되었습니다. 우리는 예수님 안에 있으며 그 안에서 우리는 하나님의 자녀입니다.

묵상과 기도

Q. 예수님이 율법의 마침이 되셨다는 것은 어떤 뜻입니까?

prayer. 하나님, 저희를 위해 하나뿐인 독생자를 보내주셔서 감사합니다. 예수님을 믿기만 하면 구원을 얻을 수 있게 해주셔서 감사합니다. 예수님을 믿고 하나님의 자녀가 되게 해주셔서 감사합니다. 저희를 율법의 저주에서 해방시켜 주셔서 감사합니다.

율법으로 말미암는 의를 행하는 사람은 그 의로 살리라

롬 10:5 (왜냐하면) 모세가 기록하되 율법으로 말미암는 의를 행하는 사람은 그 의로 살리라 하였거니와

원어 성경에는 오늘 본문 제일 앞에 "왜냐하면"이라는 접속사가 있습니다. 어찌 된 영문인지 한글 성경에는 이 단어가 빠져 있습니다. '왜냐하면'은 뒷 문장이 앞 문장의 원인이 될 때 쓰는 말입니다. 따라서 우리는 앞뒤 문맥을 염두에 두고 본문을 읽어야 합니다. 지금까지 바울의 논지는 다음과 같습니다. 그는 1장에서 8장에 이르기까지 믿음으로 얻는 구원에 관해 설명했습니다. 그리고 9장에서 11장까지는 왜 유대인들 중 상당수가 구원을 얻는 데에 실패했는지를 말하고자 합니다. 9장을 좀 더 자세히 설명하면 다음과 같습니다. 유대인들이 복음을 거부한 것이 하나님의 실패를 의미하지는 않습니다. "이스라엘에게서 난 그들이 다 이스라엘"롬9:6 아니기 때문입니다. 상당수의 유대인들이 교회 밖에 있을지라도 하나님이 실패하신 것은 아닙니다. 하나님은 참된 이스라엘을 구원하는 데는 전혀 실패하지 않았습니다. 유대인들 중 상당수가 하나님 나라에 들어오지 못했다고 해서 하나님을 불의하다고 말할 수는 없습니다. 어떤 사람이 구원받은 것은 전적으로 하나님의 은혜이지만, 누군가가 구원받지 못한 것은 복음을 거절한 개인의 책임이기 때문입니다. 따라서 유대인들 중 상당수가 버림받은 것은 그들이 예수님을 믿지 않았기 때문이지, 하나님의 책임이 아닙니다. 10장에서 바울은 유대인들이 실패한 이유를 좀 더 구체적으로 설명하고자 합니다. 바울은 다음과 같이 말합니다. "율법으로 말미암는 의를 행하는 사람은 그 의로 살리라."5절 바울은 레위기 18장 5절을 인용하고 있습니다. 이 인용구가 말하는 바는 명백합니다. 만약 율법으로 의롭다 함을 얻고자 한다면, 율법을 행해야 한다는 것입니다. 율법을 소유하는 것으로 의롭다 함을 얻을 수 없습니다. 율법을 아는 것으로도 의롭다 함을 얻을 수 없습니다. 율법으로 의롭다 함을 얻고자 한다면, 그것을 행해야 합니다. 일부가 아니라 전체를 행해야 합니다. 약2:10 하지만 유대인들은 무엇을 자랑했습니까? 유대인들은 율법을 소유하고 있다는 점을 자랑했습니다. 하나님께서 율법을 다른 민족이 아니라 유대인에게 주셨다는 점을 자랑했습니다. 하나님께서 유대인에게 율법을 주셨으니, 자신들은 하나님과 바른 관계 안에 있는 것이 틀림없다고 자랑했습니다. 그러나 바울은 그것이 사실이 아니라고 말합니다. 율법을 소유한 것으로는 의롭다 함을 얻을 수 없습니다. 하나님께서 원하시는 것은 율법을 간직하는 것이 아니라 행하는 것이기 때문입니다. 바울은 이미 앞에서 이 점을 설명한 바 있습니다. "하나님 앞에서는 율법을 듣는 자가 의인이 아니요 오직 율법을 행하는 자라야 의롭다 하심을 얻으리니."롬2:13 율법을 가진 것만으로 충분하게 여겼던 유대인들의 모습을 오늘날 우리에게서도 찾을 수 있습니다. 우리 역시 설교를 듣는 것으로 충분하게 여기거나, 성경을 공부하는 것만으로 충분하게 여기는 경우가 많습니다. 하지만 설교는 실천으로, 진리는 순종으로 이어져야 합니다. 율법이 구원의 방도로 주어진 것은 아니지만, 구원받은 사람은 반드시 율법을 행해야 합니다. "너희는 말씀을 행하는 자가 되고 듣기만 하여 자신을 속이는 자가 되지 말라."약1:22

묵상과 기도

Q. 유대인들 중 상당수가 버림받은 것은 누구의 책임입니까?

Q. 말씀을 읽고 듣는 것으로 충분하다고 생각하지는 않습니까?

prayer. 하나님, 유대인들은 율법을 소유한 것으로 만족했습니다. 하지만 율법은 순종할 때 의미가 있습니다. 마찬가지로 저희도 하나님의 말씀을 듣는 것으로 만족할 때가 많습니다. 부디 앞으로는 하나님의 말씀을 실천하며 살게 해주세요.

하늘에 올라가겠느냐...무저갱에 내려가겠느냐 하지 말라

롬 10:6-8 6 믿음으로 말미암는 의는 이같이 말하되 네 마음에 누가 하늘에 올라가겠느냐 하지 말라 하니 올라가겠느냐 함은 그리스도를 모셔 내리려는 것이요 7 혹은 누가 무저갱에 내려가겠느냐 하지 말라 하니 내려가겠느냐 함은 그리스도를 죽은 자 가운데서 모셔 올리려는 것이라 8 그러면 무엇을 말하느냐 말씀이 네게 가까워 네 입에 있으며 네 마음에 있다 하였으니 곧 우리가 전파하는 믿음의 말씀이라

바울은 두 가지 길을 제시합니다. 첫 번째는 잘못된 길이고, 두 번째는 정당한 길입니다. 그러면서 유대인들이 실패한 이유는 잘못된 길에 들어섰기 때문이라고 말합니다.

바울은 5절에서 다음과 같이 말합니다. "율법으로 말미암는 의를 행하는 사람은 그 의로 살리라" 이것은 율법으로 구원을 얻으려는 것을 말합니다. 율법은 잘못된 길입니다. 절대로 구원에 이를 수 없는 길입니다. 누구도 율법을 다 지킬 수 없기 때문입니다. 율법으로 구원을 얻으려면 모든 율법을 다 지켜야 하는데 사실상 그것은 불가능합니다.

바로 이것이 유대인들이 비참하게 된 이유입니다. 유대인들의 비극은 율법으로 구원을 얻으려는 데서 시작되었습니다. 그들은 잘못된 길을 걸으면서, 그 길 끝에 구원이 있을 것이라고 믿었습니다.

이어서 바울은 다음과 같이 말합니다.

"누가 하늘에 올라가겠느냐 하지 말라 하니 올라가겠느냐 함은 그리스도를 모셔 내리려는 것이요 혹은 누가 무저갱에 내려가겠느냐 하지 말라 하니 내려가겠느냐 함은 그리스도를 죽은 자 가운데서 모셔 올리려는 것이라."6-7절

이것은 신명기 30장 12절을 인용한 것입니다. 하늘과 무저갱은 사람이 접근할 수 없는 곳입니다. 따라서 바울의 의도는 하늘에 올라가거나 무저갱에 내려가는 것이 불가능한 것처럼, 율법으로 구원을 얻는 것도 불가능하다는 뜻입니다.[118]

그렇다면 무엇을 해야 합니까? 율법으로 구원을 얻을 수 없다면 무엇을 해야 합니까? 복음을 믿어야 합니다. "그러면 무엇을 말하느냐. 말씀이 네게 가까워 네 입에 있으며 네 마음에 있다 하였으니 곧 우리가 전파하는 믿음의 말씀이라."8절 구원을 얻기 위해 우리가 해야 하는 일은, 복음을 믿는 것입니다.

사도는 두 가지 길을 제시합니다. 율법으로 구원을 얻는 길과 믿음으로 구원을 얻는 길입니다. 첫 번째 길은 어려운 길이며, 결과적으로 불가능한 길입니다. 두 번째 길은 참으로 단순하며, 결과적으로 구원에 이르는 길입니다.

어떤 사람들은 이렇게 말할지 모릅니다. "구원을 얻기 위해 우리가 해야 하는 일이 단지 믿는 것이라고?" 그렇습니다. 하나님은 우리에게 믿음만을 요구하십니다. 우리가 구원 얻기 위해 해야 할 다른 행위는 없습니다. 그래서 구원은 은혜요 선물입니다. 그래서 구원은 복음입니다.

묵상과 기도

Q. 왜 율법으로는 구원을 얻을 수 없습니까?

Q. 구원을 얻는 유일한 길은 무엇입니까?

prayer. 하나님, 율법으로는 구원을 얻을 수 없습니다. 구원은 복음을 믿는 것으로만 가능합니다. 그러므로 최선을 다해 복음이신 예수님을 믿고 의지하게 해주세요. 그리고 율법에 순종함으로써 우리를 구원하신 하나님의 은혜에 보답하게 해주세요. 구원을 얻기 위해서가 아니라, 하나님께 감사하기 위해 율법에 순종하게 해주세요.

예수를 주로 시인하며(1)

롬 10:9-10 9 네가 만일 네 입으로 예수를 주로 시인하며 또 하나님께서 그를 죽은 자 가운데서 살리신 것을 네 마음에 믿으면 구원을 받으리라 10 사람이 마음으로 믿어 의에 이르고 입으로 시인하여 구원에 이르느니라

앞에서 바울은 두 가지 길을 제시했습니다. 첫 번째는 율법으로 구원을 얻으려는 것으로써 결코 목적지에 도달할 수 없는 길입니다. 두 번째는 믿음으로 구원을 얻으려는 것으로써 반드시 목적지에 도착하는 은혜의 길입니다. 바울은 이 두 가지 길을 대조함으로써 유대인들이 실패한 이유가 무엇인지를 보여주었습니다.

이제 바울은 구원에 이르는 참된 길에 대해 좀 더 상세한 설명을 하려고 합니다. 물론 바울은 이 주제를 이전에 다루었습니다. 믿음으로 얻는 구원은 로마서 전체의 대주제입니다. 특히 1장 16절과 17절에 잘 나타나 있습니다. "내가 복음을 부끄러워하지 아니하노니 이 복음은 모든 믿는 자에게 구원을 주시는 하나님의 능력이 됨이라. 먼저는 유대인에게요 그리고 헬라인에게로다. 복음에는 하나님의 의가 나타나서 믿음으로 믿음에 이르게 하나니 기록된 바 오직 의인은 믿음으로 말미암아 살리라 함과 같으니라."

오늘 본문은 믿음으로 얻는 구원에 대한 간단명료한 요약입니다. 바울은 여기서 믿음으로 구원을 얻기 위해서는 "예수를 주로 시인하며 또 하나님께서 그를 죽은 자 가운데서 살리신 것을" 믿어야 한다고 말합니다. 9절 우리는 여기서 중요한 사실 한 가지를 발견하게 됩니다. 기독교의 믿음은 예수님에 관한 것이라는 사실입니다.

바울이 강조하고 있듯이, 예수님이 복음의 실체입니다. 예수님이 복음의 내용입니다. 기독교란 예수님이 누구이시며, 무엇을 하셨으며, 또 장차 무엇을 하실 것인가에 관한 것입니다. 따라서 예수님 없는 복음은 복음이 아닙니다. 예수님 없는 기독교는 기독교가 아닙니다.

그런 점에서 예수님을 부수적인 존재로 치부하는 경향은 극도로 경계해야 합니다. 대표적인 것이 기독교를 심리학과 결부시키거나 처세술 또는 자기 계발과 결부시키는 시도입니다. 기독교를 성공을 위한 길로 제시할 때 거기에 예수님은 없습니다. 기독교를 자아실현의 방도로 제시할 때 거기에 예수님은 없습니다. 있다고 할지라도 곁가지가 될 뿐입니다.

우리는 기독교가 예수님 그 자체이며, 예수님 없는 기독교는 허상에 불과하다는 사실을 명심해야 합니다. 그래서 예수님은 다음과 같이 말씀하셨습니다. "자기 십자가를 지고 나를 따르지 않는 자도 내게 합당하지 아니하니라. 자기 목숨을 얻는 자는 잃을 것이요 나를 위하여 자기 목숨을 잃는 자는 얻으리라" 마 10:38-39

기독교란 예수님을 도구 삼아 성공에 이르는 길이 아닙니다. 기독교란 예수님을 위해 우리 자신을 죽이는 것입니다. 기독교에 다른 이름은 없습니다. 기독교는 예수님 그 자체입니다.

묵상과 기도

Q. 복음이란 성공에 관한 것이나 처세술에 관한 것이 아니라 예수님에 관한 것임을 믿습니까?

prayer. 하나님, 복음을 믿어야만 구원을 얻는다는 것을 믿습니다. 그리고 복음은 예수님이신 것을 믿습니다. 그러므로 예수님이 저희의 전부가 되게 하시고, 저희의 모든 것이 되게 해주세요. 예수님이 저희의 일 순위가 되게 해주세요.

예수를 주로 시인하며(2)

롬 10:9-10 9 네가 만일 네 입으로 예수를 주로 시인하며 또 하나님께서 그를 죽은 자 가운데서 살리신 것을 네 마음에 믿으면 구원을 받으리라 10 사람이 마음으로 믿어 의에 이르고 입으로 시인하여 구원에 이르느니라

바울은 두 가지 길을 소개합니다. 한 가지는 유대인들이 걸었던 길입니다. 그들은 율법을 통해 구원을 얻고자 했습니다. 행위를 통해 의롭다 함을 얻으려 했습니다. 하지만 유대인들이 택한 방식은 구원에 이를 수 없는 길입니다.

바울이 소개하는 또 다른 길은 믿음의 길입니다. 예수님을 믿음으로써 의롭다 함을 얻는 길입니다. 그런데 믿음에는 내용이 있어야 합니다. 그래서 바울은 신자가 무엇을 믿어야 하는지를 다음과 같이 말합니다. "네가 만일 네 입으로 예수를 주로 시인하며 또 하나님께서 그를 죽은 자 가운데서 살리신 것을 네 마음에 믿으면 구원을 받으리라."9절

바울은 두 가지를 믿음의 내용으로 소개합니다. 첫째, "예수를 주로 시인"하는 것입니다. 여기서 "주"라고 번역된 헬라어 '퀴리오스'는 하나님을 뜻하는 히브리어인 '여호와'에 상응하는 단어입니다. 유대인들은 히브리어 성경을 헬라어로 번역하면서, '퀴리오스'로 '여호와'를 대체했습니다. 그러므로 "예수를 주로 시인"하는 것은 예수님을 여호와 하나님으로 믿는 것을 말합니다. 따라서 우리는 예수님을 하나님으로 믿어야 합니다. 예수님을 성부와 동등한 하나님으로 믿어야 합니다. 예수님을 창조주 하나님으로 믿어야 합니다. 둘째, "하나님께서 그를 죽은 자 가운데서 살리신 것을" 믿어야 합니다. 이는 부활 신앙을 말합니다. 과학을 맹신하는 자들은 부활을 믿지 않습니다. 그들은 예수님의 부활을 신화 정도로 생각합니다. 하지만 성경은 예수님의 무덤이 비어 있었다고 말합니다. 수많은 사람들이 빈 무덤을 보았다고 말합니다. 예수님의 시체를 굴에 넣고 큰 돌로 막아 두었으나, 부활하신 이후로는 거기에 없었다고 말합니다.

만약 예수님의 부활이 사실이 아니라면 제자들의 변화를 설명할 수 없습니다. 제자들은 겁쟁이였습니다. 그들은 예수님이 살아 계실 때도 예수님을 배반했습니다. 그런데 어느 순간 돌변했습니다. 목숨을 걸고 유대인들과 싸웠고, 로마 제국에 맞섰습니다. 이유는 하나밖에 없습니다. 부활하신 예수님을 보았기 때문입니다. 사도들은 언제나 예수님의 부활을 증언했습니다. 예수님의 부활이야말로 기독교의 사활을 좌우하는 주제이기 때문입니다. 사실상 예수님의 부활이 없었다면 기독교는 존재하지 않았을 것입니다. 예수님의 부활을 보지 못했다면, 사도들이 목숨을 걸고 교회를 세우지도 않았을 것입니다.

이제 우리의 모습을 돌아봅시다. 예수님의 제자들은 부활하신 예수님을 본 후 180도 변화되었습니다. 예수님의 부활을 목도한 제자들은 예수님의 종으로 자신들을 헌신했습니다. 부활하신 예수님을 믿었던 제자들은 예수님처럼 부활하는 것을 유일한 소망으로 삼았습니다. 그런데 우리는 어떠합니까? 우리 역시 부활을 믿는다고 말하지만, 그 주제에 대해 듣는 것을 지루하게 여기지 않습니까? 이제 더 이상 배울 필요가 없다고 생각하지 않습니까? 그렇다면 우리는 부활에 대해 전혀 모르는 것이나 마찬가지입니다.

묵상과 기도

Q. "예수를 주로 시인"하는 것은 예수님을 어떤 분으로 믿는 것을 말합니까?

Q. 겁쟁이였던 제자들이 신실한 일꾼으로 변화된 이유는 무엇입니까?

prayer. 하나님, 예수님이 여호와 하나님이신 것을 믿습니다. 예수님이 삼위 하나님 가운데 제2위 하나님이신 것을 믿습니다. 그리고 예수님이 죽음에서 부활하신 것을 믿습니다. 저희가 복음이 혼탁한 세상 속에서, 바른 믿음을 가지고 살아갈 수 있도록 도와주세요.

하나님께서 그를 죽은 자 가운데서 살리신 것을

롬 10:9-10 9 네가 만일 네 입으로 예수를 주로 시인하며 또 하나님께서 그를 죽은 자 가운데서 살리신 것을 네 마음에 믿으면 구원을 받으리라 10 사람이 마음으로 믿어 의에 이르고 입으로 시인하여 구원에 이르느니라

바울은 앞에서 "올바른 지식"의 중요성을 강조했습니다. 2절 이는 유대인들의 실패를 설명하기 위해서입니다. 유대인들도 하나님을 믿었지만, 그들에게는 "올바른 지식"이 없었습니다. 유대인들은 하나님을 잘 안다고 생각했지만 사실은 전혀 알지 못했습니다. 기독교 믿음의 중추는 예수님이기 때문입니다. 하나님에 대해 아무리 많은 것을 알아도 예수님 없이 안다면 전혀 모르는 것이나 마찬가지입니다.

그렇다면 우리가 반드시 가져야 하는 "올바른 지식"은 무엇입니까? 구원받을 만한 믿음의 핵심적인 내용은 무엇입니까? 바울은 두 가지를 말합니다. 첫째, 예수님이 하나님이라는 믿음입니다. "예수를 주로 시인하며." 9절 둘째, 예수님이 부활하셨다는 믿음입니다. "하나님께서 그를 죽은 자 가운데서 살리신 것을 네 마음에 믿으면 구원을 받으리라." 9절

예수님도 공생애 기간 동안 이 두 가지 사실을 강조하셨습니다. 예수님은 여러 차례 자신이 하나님의 아들이라는 것과 자신이 죽었다가 다시 살아날 것을 가르치셨습니다. 그런데 제자들은 예수님이 부활을 말씀하실 때마다 고민에 빠졌습니다. 예수님이 하나님이라는 말씀과 예수님이 죽으셔야 한다는 말씀이 모순이라고 생각했기 때문입니다. 제자들만이 아닙니다. 십자가 아래에 있던 사람들도 동일하게 생각했습니다. 그들은 예수님을 향해 "네가 만일 하나님의 아들이어든 자기를 구원하고 십자가에서 내려오라" 마 27:40라고 말했습니다.

하나님이신 예수님이 죽으셔야 한다는 것은 받아들이기 어려운 모순입니다. 성경은 하나님이신 예수님이 반드시 죽으셔야 했던 이유를 다음과 같이 말합니다. "인자가 온 것은 섬김을 받으려 함이 아니라 도리어 섬기려 하고 자기 목숨을 많은 사람의 대속물로 주려 함이니라." 막10:45

이제 우리는 확실하게 알 수 있습니다. 왜 예수님이 죽으셔야 했습니까? 우리가 다 타락했기 때문입니다. 우리가 죄로 인해 하나님을 멀리 떠났기 때문입니다. 우리가 하나님의 정죄와 진노 아래 있기 때문입니다. 예수님은 우리를 이 비참한 현실에서 구원하기 위해 우리 대신 죽으셨던 것입니다.

성경은 예수님이 어쩌다가 죽었다고 말하지 않습니다. 어쩔 수 없이 죽었다고도 말하지 않습니다. 성경은 예수님이 죽음을 향해 나아가셨다고 말합니다. 예수님은 죽기 위해 죽으셨습니다.

"예수께서 승천하실 기약이 차가매 예루살렘을 향하여 올라가기로 굳게 결심하시고." 눅9:51

"오늘과 내일과 모레는 내가 갈 길을 가야 하리니 선지자가 예루살렘 밖에서는 죽는 법이 없느니라" 눅13:33

이처럼 예수님은 죽기 위해 오셨습니다. 죽음으로써 뜻을 이루셨습니다. 우리가 살아난 것은 예수님이 죽으셨기 때문입니다. 우리가 구원받은 것은 예수님의 죽음 때문입니다.

묵상과 기도

Q. 하나님이신 예수님이 반드시 죽으셔야 했던 이유는 무엇입니까?

prayer. 하나님, 저희를 살리기 위해 예수님이 대신 죽으신 것을 믿습니다. 저희를 구원하기 위해 예수님이 자신을 희생하신 것을 믿습니다. 그러므로 저희도 예수님처럼 살게 해주세요. 저희도 예수님처럼 다른 사람을 위해 희생하게 해주세요.

네 마음에 믿으면 구원을 받으리라(1)

롬 10:9-10 9 네가 만일 네 입으로 예수를 주로 시인하며 또 하나님께서 그를 죽은 자 가운데서 살리신 것을 네 마음에 믿으면 구원을 받으리라 10 사람이 마음으로 믿어 의에 이르고 입으로 시인하여 구원에 이르느니라

바울은 구원 얻기에 합당한 믿음에 대해서 말하고 있습니다. 구원 얻기에 합당한 믿음은 예수님의 부활을 믿는 믿음입니다. "하나님께서 그를 죽은 자 가운데서 살리신 것을 네 마음에 믿으면 구원을 받으리라."9절

그런데 예수님의 부활은 단지 예수님이 살아나셨다는 것만을 의미하지 않습니다. 거기에는 더 심오한 의미들이 있습니다. 첫째, 예수님의 부활은 예수님의 승리를 보여줍니다. 예수님은 마귀와의 싸움에서 승리하셨습니다. "죄를 짓는 자는 마귀에게 속하나니 마귀는 처음부터 범죄함이라 하나님의 아들이 나타나신 것은 마귀의 일을 멸하려 하심이라."요일3:8

마귀는 사람을 유혹하여 죄를 짓게 하고, 그로 인해 사망에 이르게 합니다. 따라서 예수님이 마귀에게 승리하셨다는 것은, 예수님이 사망을 이기셨다는 것과 예수님을 믿는 자들이 영생을 얻었다는 것을 의미합니다.

둘째, 예수님의 부활은 예수님의 지위와 권세를 보여줍니다. 부활하신 예수님은 만유의 주시요 만왕의 왕이십니다. 예수님은 부활을 통해 그토록 영광스러운 이름을 얻으셨습니다. "이러므로 하나님이 그를 지극히 높여 모든 이름 위에 뛰어난 이름을 주사 하늘에 있는 자들과 땅에 있는 자들과 땅 아래에 있는 자들로 모든 무릎을 예수의 이름에 꿇게 하시고."빌2:9-10

누구보다 이 사실을 굳게 믿었던 것은 초대 교회 신자들입니다. 그들은 로마 황제를 주님으로 부르기를 거절했습니다. 그것 때문에 많은 핍박을 받았고, 심지어 죽기도 했습니다. 하지만 그들은 예수님만을 주님으로 고백했습니다. 진실로 주님은 예수님밖에 없음을 알았기 때문입니다. 로마 황제가 대단해 보이지만, 사실 그조차도 예수님의 통치를 받는 미물에 불과함을 알았기 때문입니다. 황제의 권세조차 곧 말라버릴 잡초와 같음을 알았기 때문입니다. 그리고 실제로 그러했습니다. 로마 황제의 권세와 로마 제국의 영광은 이제는 다 사라지고 없습니다. 하지만 예수님은 영원토록 온 세상의 주님이십니다. 이천 년 전에도 그러했고, 앞으로도 그럴 것입니다.

셋째, 예수님의 부활은 심판에 대한 증거입니다. 바울은 다음과 같이 말했습니다. "천하를 공의로 심판할 날을 작정하시고 이에 그를 죽은 자 가운데서 다시 살리신 것으로 모든 사람에게 믿을 만한 증거를 주셨음이니라."행17:31 부활은 모든 사람이 최후 심판을 받을 것에 대한 확실한 증거입니다.

우리는 예수님의 부활을 믿습니다. 동시에 부활이 함축하는 여러 가지 교리도 함께 믿습니다. 우리는 예수님이 마귀와의 싸움에서 승리한 것을 믿습니다. 우리는 예수님이 온 세상의 주님이심을 믿습니다. 우리는 예수님이 장차 심판자로 오실 것을 믿습니다. 그리고 우리에게 이러한 믿음이 있기 때문에 우리의 구원이 확실할 것을 믿습니다. "예수를 주로 시인하며 또 하나님께서 그를 죽은 자 가운데서 살리신 것을 네 마음에 믿으면 구원을 받으리라." 아멘.

묵상과 기도

Q. 예수님의 부활이 의미하는 세 가지는 무엇입니까?

prayer. 하나님, 예수님이 승리하신 것을 믿습니다. 예수님이 온 세상의 왕이심을 믿습니다. 예수님이 심판하기 위해 다시 오실 것을 믿습니다. 그러므로 예수님의 이름을 전하기 위해 최선을 다하게 해주세요. 예수님의 이름을 자랑하며 살게 해주세요.

네 마음에 믿으면 구원을 받으리라(2)

롬 10:9-10 9 네가 만일 네 입으로 예수를 주로 시인하며 또 하나님께서 그를 죽은 자 가운데서 살리신 것을 네 마음에 믿으면 구원을 받으리라 10 사람이 마음으로 믿어 의에 이르고 입으로 시인하여 구원에 이르느니라

본문은 구원받을 만한 믿음의 핵심입니다. 바울은 구원에 이르기 위해 반드시 믿어야 하는 것을 두 가지로 요약해서 말합니다. 첫째는 예수님이 하나님이시라는 것이고, 둘째는 그분이 죽었다가 다시 살아나셨다는 것입니다.

그런데 바울은 단지 믿기만 하면 된다고 말하지 않습니다. 믿되 마음으로 믿어야 한다고 말합니다. "네 마음에 믿으면 구원을 받으리라."[9절] "마음"은 성경에서 가장 중요한 단어 중 하나입니다. 일반적으로 "마음"은 사람의 감정을 뜻하지만, 성경에서는 보다 심오한 의미로 사용되곤 합니다. 성경에서 마음이라는 단어는 인격의 중심, 인격의 가장 내밀한 자리를 의미합니다.[119] 본문에서 사용된 마음이라는 단어도 사람의 인격 전체를 뜻하는 것으로 보아야 합니다.

따라서 구원받을 만한 믿음이란, 확신을 가지고 믿는 것을 말합니다. 참된 믿음에는 의심의 요소가 있을 수 없습니다. "예수가 하나님일 수도 있다. 예수가 부활했을 수도 있다." 이런 믿음은 참된 믿음이 아닙니다.

그래서 불신앙은 지식의 문제인 동시에 마음의 문제입니다. 불신자들에게는 예수님이 하나님이라는 지식과 예수님이 부활하셨다는 지식이 없습니다. 동시에 그들에게는 "마음"이 없습니다. 하나님께 순종하는 마음, 예수님을 영접하는 마음이 없습니다. 성경은 불신자들의 마음을 다음과 같이 말합니다.

"육신의 생각은 하나님과 원수가 되나니 이는 하나님의 법에 굴복하지 아니할 뿐 아니라 할 수도 없음이라."[롬8:7]

"어리석은 자는 그의 마음에 이르기를 하나님이 없다 하는도다."[시14:1]

"여호와께서 사람의 죄악이 세상에 가득함과 그의 마음으로 생각하는 모든 계획이 항상 악할 뿐임을 보시고."[창6:5]

이처럼 불신은 지식의 문제인 동시에 마음의 문제입니다. 불신자들이 창조를 믿지 않고, 부활을 믿지 않는 것은 그들의 마음이 어둡기 때문입니다. 동시에 이것은 우리가 하나님을 찬양할 이유가 됩니다. 어째서 우리는 창조를 믿고 부활을 믿습니까? 우리가 다른 사람보다 지적이거나 탁월해서가 아닙니다. 하나님께서 우리의 마음을 바꾸어 주셨기 때문입니다. 따라서 구원의 근거는 행위가 아니라 은혜입니다. 우리를 하나님의 형상으로 재창조하시는 하나님의 능력입니다.

묵상과 기도

Q. 구원에 이르기 위해서 반드시 믿어야 하는 두 가지는 무엇입니까?

Q. 구원받을 만한 믿음에 반드시 있어야 하는 것과, 있어서는 안 되는 것은 무엇입니까?

prayer. 하나님, 예수님이 하나님이심을 믿게 해주세요. 예수님이 죽음에서 부활하신 것을 믿게 해주세요. 확신을 가지고 의심하지 않고 믿게 해주세요.

마음으로 믿어 의에 이르고

> **롬 10:9-10** 9 네가 만일 네 입으로 예수를 주로 시인하며 또 하나님께서 그를 죽은 자 가운데서 살리신 것을 네 마음에 믿으면 구원을 받으리라 10 사람이 마음으로 믿어 의에 이르고 입으로 시인하여 구원에 이르느니라

앞에서 우리는 지식의 중요성을 살펴보았습니다. 유대인들이 실패한 이유는 "올바른 지식"을 따르지 않았기 때문입니다. 따라서 구원받는 믿음에는 반드시 지식이 필요합니다. 특히 예수님이 하나님이시라는 것과 그분이 죽음에서 부활하셨다는 지식이 있어야 합니다. **9절**

하지만 여기서 멈추게 되면 '지성주의' 또는 '결심주의'의 오류에 빠질 위험이 있습니다. 먼저 지성주의를 살펴보겠습니다. 지성주의란, 신자가 된다는 것을 지성적인 문제라고 보는 것입니다.[120] 구원에 관한 이론을 알기만 하면 그것으로 충분하다고 보는 것입니다. 그래서 지성주의를 지지하는 사람들은 상대방을 논리적으로 설득하기만 하면 회심에 이르게 할 수 있다고 생각합니다.

하지만 지성주의는 "마음으로 믿어 의에 이르고"**10절**라는 말씀과 정면으로 충돌합니다. 참된 구원은 지식의 차원을 뛰어넘습니다. 구원은 마음에서 일어나는 일입니다. 성경에서 마음은 전 인격을 뜻합니다. 따라서 구원이란 전 인격의 변화입니다.

지식은 중요합니다. 하지만 그것으로 충분하지 않습니다. 지식은 많아도 하나님께 순종하지 않을 수 있습니다. 이론은 많아도 예수님께 진심으로 영광을 돌리지 않을 수 있습니다. 그것은 참된 신앙이 아닙니다. 우리는 마음으로 믿어야 합니다. 전 인격으로 믿어야 합니다.

다음으로 결심주의를 살펴보겠습니다. 결심주의란, 회심에 있어서 '결단'과 '고백'을 중시하는 것입니다. 예를 들어, 신앙 집회에서 예수님을 영접하기로 결심한 사람은 앞으로 나오라고 한 후에 앞으로 나오기만 하면 회심한 것으로 여긴다든지, 예수님을 믿겠다는 고백을 하도록 강요한 후에 예수님을 믿겠다고 고백만 하면 "당신은 구원받았습니다"라고 말하는 식입니다.

물론 이런 식으로 하는 것이 항상 나쁘거나 그릇되었다는 뜻은 아닙니다. 하지만 결단과 고백만으로는 상대방의 회심을 정확하게 파악할 수 없습니다. 진정한 회심은 마음에서 일어나는 일이기 때문입니다. 순간의 결심과 고백만으로는 상대방의 진심을 정확하게 파악하기 어렵습니다.

사도행전 2장에는 이 주제가 잘 진술되어 있습니다. 베드로의 설교를 들은 유대인들은 지식의 변화만이 아니라 마음의 변화를 경험했습니다. "그들이 이 말을 듣고 마음에 찔려 베드로와 다른 사도들에게 물어 이르되 형제들아 우리가 어찌할꼬 하거늘." **행2:37** 그리고 그들의 회심은 하나님을 찬양하는 데까지 나아갔습니다. "하나님을 찬미하며." **행2:47**

따라서 우리는 자신의 마음을 살펴야 합니다. 우리에게 많은 지식이 있어도 마음이 메말라 있다면 참된 신자가 아닙니다. 우리가 예수님을 주님으로 고백할지라도, 전 인격으로 예수님을 따르지 않는다면 참된 신자가 아닙니다.

묵상과 기도

Q. 지성주의란 무엇입니까?

Q. 결심주의란 무엇입니까?

prayer. 하나님, 예수님을 믿게 해주세요. 예수님을 마음을 다해 믿게 해주세요. 예수님을 인격적으로 따르면서 믿게 해주세요.

사람이 마음으로 믿어 의에 이르고

> **롬 10:9-10** 9 네가 만일 네 입으로 예수를 주로 시인하며 또 하나님께서 그를 죽은 자 가운데서 살리신 것을 네 마음에 믿으면 구원을 받으리라 10 사람이 마음으로 믿어 의에 이르고 입으로 시인하여 구원에 이르느니라

우리가 이 본문을 계속해서 살펴보는 것은 중요하기 때문입니다. 이 두 구절은 구원받는 믿음에 대해 우리에게 알려줍니다. 구원받는 믿음의 첫 번째 요소는 지식입니다. 구원을 받기 위해서는 핵심적인 진리에 대한 지식이 있어야 합니다. 바울이 소개하는 복음의 핵심은 다음과 같습니다. 예수님이 하나님이라는 것과 그분이 죽음에서 부활하셨다는 것입니다.

그런데 지식의 차원에서 끝나서는 안 됩니다. 거기서 한 걸음 더 나아가야 합니다. 구원받는 믿음의 두 번째 요소는 마음입니다. 진리에 대한 지식이 우리의 마음을 움직이는 차원으로 이어져야 합니다.

그렇다면 진리가 마음을 움직일 때 일어나는 변화는 무엇일까요? 진리가 마음을 자극할 때 일어나는 우선적인 반응은 두려움입니다.

"보라, 하나님의 뜻대로 하게 된 이 근심이 너희로 얼마나 간절하게 하며 얼마나 변증하게 하며 얼마나 분하게 하며 얼마나 두렵게 하며 얼마나 사모하게 하며 얼마나 열심 있게 하며 얼마나 벌하게 하였는가."고후7:11

"그때에 내가 말하되 화로다 나여 망하게 되었도다. 나는 입술이 부정한 사람이요 나는 입술이 부정한 백성 중에 거주하면서 만군의 여호와이신 왕을 뵈었음이로다 하였더라."사6:5

진리는 우리가 죄인임을 알려줍니다. 진리는 하나님이 심판자임을 알려줍니다. 그래서 진리는 우리를 두렵게 합니다. 진리가 마음을 자극할 때 일어나는 또 다른 변화는 평안입니다.

"평안을 너희에게 끼치노니 곧 나의 평안을 너희에게 주노라. 내가 너희에게 주는 것은 세상이 주는 것과 같지 아니하니라 너희는 마음에 근심하지도 말고 두려워하지도 말라."요14:27

"그러므로 우리가 믿음으로 의롭다 하심을 받았으니 우리 주 예수 그리스도로 말미암아 하나님과 화평을 누리자."롬5:1

진리는 예수님이 누구인지를 알려줍니다. 진리는 예수님이 우리의 중보자임을 알려줍니다. 그래서 진리는 우리에게 평안을 줍니다.

이처럼 구원이란 지식의 차원과 마음의 차원에서 동시에 일어나는 일입니다. 구원에 관한 지식은 여러 단계를 거쳐 우리의 마음에 영향을 끼칩니다. 처음에는 두렵게 하다가, 이후에는 평안하게 합니다. 따라서 구원받은 신자의 삶은 이전과 똑같을 수 없습니다. 신자는 새로운 마음을 가진 사람이기 때문입니다. 하나님께서 우리의 마음을 새롭게 하셨기 때문입니다.

묵상과 기도

Q. 진리가 마음을 자극할 때 일어나는 우선적인 반응은 무엇입니까?

prayer. 하나님, 죄짓는 것을 두려워하게 해주세요. 죄로 인해 하나님과 멀어지는 것을 두려워하게 해주세요. 동시에 기뻐하게 해주세요. 예수님으로 인해 하나님과 떨어질 수 없는 관계가 되었음을 기뻐하게 해주세요. 예수님으로 인해 하나님의 사랑을 받는 자녀가 되었음을 기뻐하게 해주세요.

입으로 시인하여 구원에 이르느니라(1)

> **롬 10:9-10** 9 네가 만일 네 입으로 예수를 주로 시인하며 또 하나님께서 그를 죽은 자 가운데서 살리신 것을 네 마음에 믿으면 구원을 받으리라 10 사람이 마음으로 믿어 의에 이르고 입으로 시인하여 구원에 이르느니라

구원받는 믿음에는 "올바른 지식"롬10:2이 필수적입니다. 하지만 지식만으로 충분하지 않습니다. 마음에도 변화가 일어나야 합니다. "마음으로 믿어 의에 이르고."10절 참된 회심은 마음의 변화를 동반합니다. 참된 회심은 전 인격의 변화입니다. 특별히 자신의 죄를 깨닫고 두려워하는 마음, 예수님을 통해 평안을 누리는 마음이 있어야 합니다.

하나님의 은혜, 예수님의 구원과 같은 진리를 접하고도 마음이 움직이지 않는다면 심각한 문제입니다. 하지만 마음도 하나님의 은혜입니다. 믿음이 하나님의 은혜인 것처럼, 마음의 변화도 하나님께서 하시는 일입니다. "또 새 영을 너희 속에 두고 새 마음을 너희에게 주되 너희 육신에서 굳은 마음을 제거하고 부드러운 마음을 줄 것이며 또 내 영을 너희 속에 두어 너희로 내 율례를 행하게 하리니 너희가 내 규례를 지켜 행할지라."겔36:26-27

바울은 구원받는 믿음에 한 가지 요소를 추가합니다. 믿음을 입으로 시인하는 것입니다. "입으로 시인하여 구원에 이르느니라."10절 여기서 '시인하다'라고 번역된 헬라어 '호몰로게오'는 '고백하다' 또는 '찬미하다'라는 뜻입니다.

우리는 하나님의 은혜를 머리로도 알고 마음으로도 알아야 합니다. 하지만 거기서 멈추어서는 안 됩니다. 하나님의 은혜를 찬양하고 고백하는 데까지 나아가야 합니다. 하나님의 은혜를 개인적으로 찬양할 뿐만 아니라 공적으로도 찬양해야 합니다. 하나님의 은혜를 교회에서 고백할 뿐만 아니라 가정과 직장과 사회에서도 고백해야 합니다. 하나님을 찬양하고 고백하는 것이 우리의 존재 이유가 되어야 합니다. 우리가 어디에서 무엇을 하든지 우리의 일차적인 사명은 하나님을 찬양하고 고백하는 것이 되어야 합니다.

"주의 인자하심이 생명보다 나으므로 내 입술이 주를 찬양할 것이라."시63:3

"내가 평생토록 여호와께 노래하며 내가 살아 있는 동안 내 하나님을 찬양하리로다."시104:33

"여호와는 위대하시니 크게 찬양할 것이라. 그의 위대하심을 측량하지 못하리로다."시145:3

"할렐루야, 우리 하나님을 찬양하는 일이 선함이여 찬송하는 일이 아름답고 마땅하도다."147:1

묵상과 기도

Q. 예수님 때문에 영원한 심판에서 건짐 받은 것을 마음으로 기뻐하고 있습니까?

Q. 예수님에 관한 복음을 입으로 시인하고 있습니까?

prayer. 하나님, 예수님에 관한 바른 지식을 가지게 해주세요. 예수님의 은혜를 찬양하게 해주세요. 예수님의 복음을 어디서나 시인하게 해주세요. 저희가 어디에 있든지 예수님을 전하는 사람이 되게 해주세요.

입으로 시인하여 구원에 이르느니라(2)

롬 10:9-10 9 네가 만일 네 입으로 예수를 주로 시인하며 또 하나님께서 그를 죽은 자 가운데서 살리신 것을 네 마음에 믿으면 구원을 받으리라 10 사람이 마음으로 믿어 의에 이르고 입으로 시인하여 구원에 이르느니라

바울은 입으로 시인하여야 구원에 이른다고 말합니다. ^{10절} 믿음을 입으로 시인한다는 말은 시대적 배경 안에서 이해해야 합니다. 바울 당시의 신자들은 크게 두 부류로 나누어졌습니다. 유대인 신자들과 이방인 신자입니다. 먼저 유대인 신자들에 대해 알아보겠습니다.

이천 년 전에 기독교인이 된다는 것은 쉬운 일이 아니었습니다. 특히 유대인들에게 그러했습니다. 유대인들은 오랫동안 하나님은 한 분이라고 고백해 왔습니다. 하나님께서 한 분이라는 것은 모세와 선지자들이 가르친 교훈의 핵심이었습니다. 그런 유대인들에게 예수님을 하나님으로 고백하는 것, "예수를 주로 시인"^{9절}하는 것은 매우 어려운 문제였습니다.

또한 유대인으로서 "예수를 주로 시인"하고, 기독교인이 되는 것은 목숨을 담보하는 일이었습니다. 대표적인 사례가 스데반 집사입니다. 그가 유대인들에게 살해당한 것은, 유대인으로서 기독교인이 되었기 때문입니다. 당시에 기독교로 개종한 유대인은 하나님을 모독한 범죄자 취급을 받았습니다. 그래서 바울도 죽을 때까지 유대인들의 핍박과 공격을 받았던 것입니다.

다음으로 이방인 신자들에 대해 알아보겠습니다. 예수를 주로 시인하기가 어려운 것은 이방인들도 마찬가지였습니다. 당시 로마 황제들은 자신들이 신이라고 주장했습니다. 로마 제국 안에 사는 사람들은 로마 황제가 신이라고 고백해야 했습니다. 따라서 로마 황제는 신이 아니며, 오직 삼위 하나님만 신이라고 고백하는 것은 지극히 어려운 난제였습니다. 경우에 따라서는 체포될 수 있었고, 심한 경우에는 목숨을 잃을 수도 있었습니다. 실제로 그런 일이 많이 일어났습니다.

이처럼 초대 교회 당시에는 예수님을 하나님으로 믿는 것, 삼위 하나님을 유일신으로 믿는 것이 쉽지 않았습니다. 고난을 감수해야 했고, 때로는 죽기를 각오해야 했습니다. 그래서 바울은 예수님을 주님이라고 시인하는 일은 사람의 힘이 아니라, 성령의 힘으로만 가능한 일이라고 말했습니다. "성령으로 아니하고는 누구든지 예수를 주시라 할 수 없느니라."^{고전12:3}

물론 과거와는 비교할 수 없지만, 오늘날에도 예수님을 주로 시인하는 것은 쉬운 일이 아닙니다. 여전히 손가락질과 편견을 각오해야 합니다. 그래서 하나님의 은혜가 필요합니다. 믿음의 고백을 하도록 도와주시는 성령님의 역사가 필요합니다.

묵상과 기도

Q. 유대인으로서 예수님을 하나님으로 고백하는 것이 왜 어려운 일이었습니까?

Q. 이방인으로서 삼위 하나님만 신이라고 고백하는 것이 왜 어려운 일이었습니까?

prayer. 하나님, 예수님이 하나님이심을 믿습니다. 삼위 하나님만 유일한 신이신 것을 믿습니다. 평생 이런 믿음을 가지고 살아가게 해주세요. 이단에 미혹되지 않게 해주세요. 바른 믿음과 바른 신앙을 가지게 해주세요. 바른 교회 안에서 신앙을 지켜가게 해주세요.

입으로 시인하여 구원에 이르느니라(3)

롬 10:9-10 9 네가 만일 네 입으로 예수를 주로 시인하며 또 하나님께서 그를 죽은 자 가운데서 살리신 것을 네 마음에 믿으면 구원을 받으리라 10 사람이 마음으로 믿어 의에 이르고 입으로 시인하여 구원에 이르느니라

구원받는 믿음은 "입으로 시인"하는 믿음입니다. 예수님이 하나님이심과 그분이 죽음에서 부활하셨음을 입으로 고백하는 믿음입니다. 대표적인 사례가 초대 교회의 순교자들입니다. 그들은 죽음의 현장에서도 예수님에 대해 시인하기를 포기하지 않았습니다.

그렇다면 한 번이라도 예수님을 부인한 사람들은 구원을 받지 못할까요? 예수님을 적극적으로 시인하지 않은 사람들은 구원에서 제외될까요? 그렇지 않습니다. 그렇게 되면 구원은 행위의 문제가 됩니다. 따라서 예수님에 대한 믿음을 입으로 시인하는 것은 구원받기 위한 조건이 아닙니다. 지금 바울은 구원을 받는 데 필요한 자격과 조건에 대해서 말하는 것이 아닙니다. 그렇다면 바울의 의도는 무엇일까요?

바울의 의도는 구원받는 믿음은 필연적으로 표현되기 마련임을 강조하는 데 있습니다.[121] 이는 성경에서 보편적으로 확인할 수 있는 사실입니다. "이는 마음에 가득한 것을 입으로 말함이라."[마12:34]

예수님은 마음에 가득한 것이 입으로 표현되기 마련이라고 말씀하셨습니다. 한 번 생각해 보십시오. 타락하고 범죄하여 심판밖에는 받을 것이 없는 우리를 하나님께서 사랑하셨다는 사실을 믿는다면, 하나님께서 우리를 사랑하셔서 자기 아들을 사람의 모습으로 이 땅에 보내셨음을 믿는다면, 성자 하나님께서 우리의 죄를 대신 뒤집어쓰시고 십자가에서 죽으셨음을 믿

는다면 어찌 우리가 침묵할 수 있겠습니까? 어떻게 우리가 그 사실을 전혀 모르는 것처럼 살 수 있겠습니까? 그것은 사실상 불가능한 일입니다. 그래서 참된 믿음은 어떤 식으로든 시인되고 표현되기 마련입니다.

사도행전 4장에는 놀라운 사건이 기록되어 있습니다. 예수님의 제자들이 예루살렘의 지도자들에게 체포되었습니다. 그들은 얼마 전에 예수님을 십자가에 못박은 자들이었습니다. 그들은 예수님을 죽인 것처럼 제자들도 죽일 수 있었습니다. 그들에게는 그런 권세가 있었습니다. 아니나 다를까 그들은 제자들을 위협했습니다. "이것이 민간에 더 퍼지지 못하게 그들을 위협하여 이 후에는 이 이름으로 아무에게도 말하지 말게 하자 하고 그들을 불러 경고하여 도무지 예수의 이름으로 말하지도 말고 가르치지도 말라 하니."[행4:17-18]

하지만 제자들은 굴복하지 않았습니다. 도리어 이렇게 말했습니다. "우리는 보고 들은 것을 말하지 아니할 수 없다."[행4:20] 제자들은 믿는 바를 시인하지 않을 수 없었습니다. 제자들은 침묵할 수 없었습니다.

이처럼 참된 믿음은 표현되기 마련입니다. 구원을 올바르게 알면서도 거기에 대해 침묵할 수는 없습니다. 만약 우리가 침묵하고 있다면 그 이유는 둘 중에 하나입니다. 우리가 받은 구원이 아무것도 아니거나, 아니면 우리의 신앙이 차갑게 식은 것입니다.

묵상과 기도

Q. 하나님께 받은 놀라운 은혜를 이웃에게 증거하고 있습니까?

Q. 구원의 감격이 살아 있습니까? 구원의 감격을 가지고 예배하고, 찬양하고, 기도하고 있습니까?

prayer. 하나님, 놀라운 은혜를 베풀어 주셔서 감사합니다. 세상 어디서도 볼 수 없는 은혜를 저희에게 베풀어 주셔서 감사합니다. 저희의 마음속에 구원의 감격이 살아 있게 해주세요. 구원의 감격 속에서 신앙생활을 하게 해주세요.

그를 믿는 자는 부끄러움을 당하지 아니하리라(1)

> **롬 10:11-13** 11 성경에 이르되 누구든지 그를 믿는 자는 부끄러움을 당하지 아니하리라 하니 12 유대인이나 헬라인이나 차별이 없음이라 한 분이신 주께서 모든 사람의 주가 되사 그를 부르는 모든 사람에게 부요하시도다 13 누구든지 주의 이름을 부르는 자는 구원을 받으리라

앞에서 언급했듯이 로마서 10장은 유대인들의 반론에 대한 바울의 답변입니다. 유대인들은 바울을 반대했습니다. 바울이 이방인들에게 복음을 전하고 있었기 때문입니다. 바울이 누구든지 예수님을 믿기만 하면 구원을 받을 수 있다고 가르쳤기 때문입니다.

우리가 주목할 부분은 바울이 유대인들을 설득하는 방식입니다. 바울은 개인적인 의견을 제시하지 않습니다. 바울은 '논리'만으로 유대인들을 설득하려고 하지 않습니다. 물론 바울의 가르침은 상당히 논리적이지만 그것이 전부는 아닙니다. 바울은 언제나 유대인들이 금과옥조처럼 여기는 성경을 인용합니다. 여기서도 마찬가지입니다. 그는 오늘 본문을 "성경에 이르되"11절라는 말로 시작합니다.

바울이 인용하는 구절은 이사야서 28장 16절입니다. "그러므로 주 여호와께서 이같이 이르시되 보라 내가 한 돌을 시온에 두어 기초를 삼았노니 곧 시험한 돌이요 귀하고 견고한 기촛돌이라. 그것을 믿는 이는 다급하게 되지 아니하리로다"

바울이 이사야 선지자의 예언을 인용한 이유는 분명합니다. 바울은 구약성경을 통해서 구원은 믿음의 문제임을 입증하려고 합니다. "내가 한 돌을 시온에 두어 기초를 삼았노니…그것을 믿는 이는 다급하게 되지 아니하리로다." 이사야 선지자는 '한 돌'을 믿는 자는 구원을 얻는다고 말했습니다. "한 돌"이 예수님을 말하는 것임은 의심의 여지가 없습니다.

"사람에게는 버린 바가 되었으나 하나님께는 택하심을 입은 보배로운 산 돌이신 예수께 나아가 너희도 산 돌 같이 신령한 집으로 세워지고 예수 그리스도로 말미암아 하나님이 기쁘게 받으실 신령한 제사를 드릴 거룩한 제사장이 될지니라. 성경에 기록되었으되 보라 내가 택한 보배로운 모퉁잇돌을 시온에 두노니 그를 믿는 자는 부끄러움을 당하지 아니하리라 하였으니."벧전2:4-6

만약 하나님께서 우리에게 "보배로운 산 돌"을 주시지 않았다면, 만약 하나님께서 우리에게 예수님을 주시지 않았다면 우리는 결코 구원을 얻지 못했을 것입니다.

아무도 자신의 능력으로는 구원을 얻을 수 없습니다. 아무도 그 일을 할 수 없습니다. 그래서 하나님께서 하십니다. 친히 자기 아들을 보내시고, 그를 믿는 자에게 구원을 주십니다. 그러므로 우리는 예수님을 믿어야 합니다. 예수님을 믿는 자는 결코 "부끄러움을 당하지" 않습니다. 결코 심판을 받지 않습니다.

묵상과 기도

Q. 이사야 선지자가 예언한 한 돌은 누구를 말하는 것입니까?

Q. 예수님을 믿고 있기에 우리의 구원은 실패하지 않을 것임을 믿습니까?

prayer. 하나님, 세상 사람들은 마지막 날 부끄러움을 당할 것입니다. 세상 사람들은 마지막 날 영원한 심판을 받을 것입니다. 하지만 저희는 부끄러움을 당하지 않을 것입니다. 저희는 영원한 심판이 아니라 영원한 생명을 선물로 받을 것입니다. 이 놀라운 은혜를 잊지 않게 해주세요. 이 놀라운 은혜를 항상 감사하고 찬양하게 해주세요.

그를 믿는 자는 부끄러움을 당하지 아니하리라(2)

> **롬 10:11-13** 11 성경에 이르되 누구든지 그를 믿는 자는 부끄러움을 당하지 아니하리라 하니 12 유대인이나 헬라인이나 차별이 없음이라 한 분이신 주께서 모든 사람의 주가 되사 그를 부르는 모든 사람에게 부요하시도다 13 누구든지 주의 이름을 부르는 자는 구원을 받으리라

유대인들은 자신들만 하나님의 백성이라고 믿어 왔습니다. 오직 유대인에게만 구원이 있다고 배워왔습니다. 그래서 유대인들은 서슴없이 이방인들을 비난했습니다. 심지어 이방인들을 '개'라고 불렀고, 이방인에게 복음을 전하는 것은 하나님을 모독하는 처사라고 말했습니다.

하지만 바울은 다음과 같이 말합니다. "누구든지 그를 믿는 자는 부끄러움을 당하지 아니하리라."11절 누구에게나 마찬가지입니다. 누구든지 동등합니다. 유대인이든 이방인이든 구별이 없습니다. 누구든지 예수님을 믿기만 하면 부끄러움을 당하지 않습니다.

그렇다면 "부끄러움을 당하지 아니하리라"는 어떤 의미일까요? 바울은 어떤 뜻으로 예수님을 믿는 자들이 부끄러움을 당하지 않는다고 말할까요? 크게 두 가지 의미가 있습니다.

첫째, 예수님을 믿는 자들은 결코 거절을 당하지 않는다는 뜻입니다.122 "너희는 나를 보고도 믿지 아니하는도다 하였느니라. 아버지께서 내게 주시는 자는 다 내게로 올 것이요 내게 오는 자는 내가 결코 내쫓지 아니하리라."요6:36-37

예수님을 믿는 자들은 하나님 나라에서 쫓겨나지 않습니다. 예수님은 그들을 거절하지 않습니다. 따라서 유대인과 이방인의 구분이 있을 수 없습니다. 누구든지 예수님을 믿으면 하나님 나라에서 영원토록 예수님과 함께할 것입니다.

둘째, 예수님께서 변호해 주신다는 뜻입니다. "누구든지 사람 앞에서 나를 시인하면 인자도 하나님의 사자들 앞에서 그를 시인할 것이요 사람 앞에서 나를 부인하는 자는 하나님의 사자들 앞에서 부인을 당하리라."눅12:8-9

불신자들은 하나님의 재판정에서 심판을 선고받을 것입니다. 예수님은 그들을 변호해 주시지 않을 것입니다. 하지만 우리는 영생을 선고받을 것입니다. 예수님이 하나님 앞에서 우리를 변호해 주실 것이기 때문입니다.

바울이 "누구든지"라고 말하는 이유가 여기에 있습니다. 구원은 자격과 조건에 달린 문제가 아닙니다. 어떤 민족이며 누구의 후손인가의 문제가 아닙니다. 구원은 예수님에게 달린 문제입니다. 우리가 구원을 받는 것은 우리가 믿는 그분이 하나님의 아들이시고 우리 대신 십자가에서 죽으셨다는 놀라운 사실 때문입니다.

묵상과 기도

Q. 예수님을 믿는 자들이 부끄러움을 당하지 않는다는 것은 어떤 의미입니까?

prayer. 하나님, 하나님께서 저희를 거절하지 않으실 것을 믿습니다. 하나님의 심판대 앞에서 예수님이 저희를 변호해 주실 것을 믿습니다. 그러므로 저희가 최후 심판의 날까지 믿음을 잘 지키게 해주세요. 예수님께서 재림하실 날을 소망하며 살게 해주세요.

그를 부르는 모든 사람에게 부요하시도다

> **롬 10:11-13** 11 성경에 이르되 누구든지 그를 믿는 자는 부끄러움을 당하지 아니하리라 하니 12 유대인이나 헬라인이나 차별이 없음이라 한 분이신 주께서 모든 사람의 주가 되사 그를 부르는 모든 사람에게 부요하시도다 13 누구든지 주의 이름을 부르는 자는 구원을 받으리라

어떻게 바울은 유대인뿐만 아니라 이방인도 구원을 받을 수 있다고 말할 수 있었습니까? 그 이유는 다음과 같습니다. "그를 부르는 모든 사람에게 부요하시도다."12절 우리 주님의 부요하심 때문입니다.

유대인들은 하나님의 구원하시는 능력을 제한했습니다. 유대인들은 자신들만 구원을 받는다고 믿었습니다. 하나님의 능력이 자신들에게만 미친다고 여겼습니다. 하지만 그것은 큰 오해였습니다. 우리 주님은 "그를 부르는 모든 사람에게 부요"하시기 때문입니다.

이 주제를 잘 보여주는 사건이 있습니다. 이 사건은 마가복음 7장에 기록되어 있습니다. 한 이방 여인이 예수님 앞에 엎드렸습니다. 그녀는 자기 딸에게서 귀신을 쫓아내 주시기를 간청했습니다. 이때 예수님은 다음과 같이 말씀하셨습니다. "자녀로 먼저 배불리 먹게 할지니 자녀의 떡을 취하여 개들에게 던짐이 마땅치 아니하니라."막7:27 예수님은 자신의 진심이 아니라 유대인들이 이방인에게 가지고 있는 선입견을 말씀하셨습니다. 그러자 이방 여인은 다음과 같이 대답했습니다. "옳소이다마는 상 아래 개들도 아이들이 먹던 부스러기를 먹나이다."막7:28 이에 예수님은 다음과 같이 말씀하셨습니다. "이 말을 하였으니 돌아가라. 귀신이 네 딸에게서 나갔느니라."막7:29

이 사건의 핵심은 "이방인도 구원을 받을 수 있는가?" 하는 것입니다. 유대인들의 생각처럼 이방인은 개와 같아서 절대로 구원을 받을 수 없는지, 아니면 이방인들도 예수님을 믿기만 하면 구원을 받을 수 있는지를 보여주는 것입니다. 그에 대한 답은 확실합니다. 이방인도 예수님을 믿으면 구원을 받을 수 있습니다. 예수님이 이방 여인의 딸을 고쳐주신 것이 그 증거입니다.

예수님은 부요하십니다. "그를 부르는 모든 사람에게 부요하시도다."12절 예수님이 구원하지 못할 사람은 없습니다. 가장 비참한 사람도, 가장 무지한 사람도, 가장 큰 범죄자도 예수님을 믿기만 하면 구원을 받습니다. 로마서의 저자인 바울이 가장 강력한 증거입니다. 한때 바울은 교회를 핍박했습니다. 바울은 신자들을 체포하고 감금했습니다. "사울이 교회를 잔멸할새 각 집에 들어가 남녀를 끌어다가 옥에 넘기니라."행8:3 하지만 하나님은 그런 바울조차도 구원해 주셨습니다.

우리 주님은 부요합니다. 우리 주님의 은혜는 지극히 풍성합니다. 따라서 하나님의 구원하시는 능력을 제한하지 말아야 합니다. 예수님의 사랑에 조건을 달지 말아야 합니다. 누구든지, 그가 어떤 사람이든지 예수님을 믿기만 하면 구원을 선물로 받습니다. 하나님의 은혜는 "지극히 풍성"한 은혜입니다. "이는 그리스도 예수 안에서 우리에게 자비하심으로써 그 은혜의 지극히 풍성함을 오는 여러 세대에 나타내려 하심이라."엡2:7

묵상과 기도

Q. 예수님은 어떤 사건을 통해 이방인도 구원받을 수 있음을 보여주셨습니까?

prayer. 하나님, 하나님의 은혜는 풍성한 은혜인 것을 믿습니다. 하나님의 구원하시는 능력은 풍성한 능력인 것을 믿습니다. 하나님은 가장 추악한 범죄자도 구원하실 수 있음을 믿습니다. 하나님은 가장 심각한 범죄도 용서하실 수 있음을 믿습니다. 그러므로 하나님의 풍성한 은혜를 세상에 전하게 해주세요. 하나님의 풍성한 사랑을 이웃들에게 전하게 해주세요.

주의 이름을 부르는 자는 구원을 받으리라

> **롬 10:11-13** 11 성경에 이르되 누구든지 그를 믿는 자는 부끄러움을 당하지 아니하리라 하니 12 유대인이나 헬라인이나 차별이 없음이라 한 분이신 주께서 모든 사람의 주가 되사 그를 부르는 모든 사람에게 부요하시도다 13 누구든지 주의 이름을 부르는 자는 구원을 받으리라

이 세상에 구원이 필요하지 않은 사람은 아무도 없습니다. 유대인뿐만 아니라 이방인에게도 구원이 필요합니다. 이 점에 있어서 유대인과 이방인 사이에 아무런 차이가 없습니다. 뿐만 아니라 자기 능력으로 구원을 받을 수 있는 사람도 아무도 없습니다. 역시 유대인과 이방인이 동일합니다. 유대인과 이방인 모두 하나님의 은혜로만 구원을 받습니다. 오늘 본문 13절이 바로 그 사실을 강조합니다. "누구든지 주의 이름을 부르는 자는 구원을 받으리라."

이 말씀은 요엘서 2장 32절을 인용한 것입니다. "누구든지 여호와의 이름을 부르는 자는 구원을 얻으리니 이는 나 여호와의 말대로 시온 산과 예루살렘에서 피할 자가 있을 것임이요 남은 자 중에 나 여호와의 부름을 받을 자가 있을 것임이니라." 이처럼 바울은 전혀 새로운 것을 주장하는 사람이 아니었습니다. 유대인들은 바울이 잘못된 것을 가르친다고 생각했지만, 바울의 가르침은 철저하게 성경에 기초하고 있었습니다.

그렇다면 주님의 이름을 부르는 것은 무엇을 의미할까요? 이것은 일반적인 부름이 아닙니다. 평범한 외침이 아닙니다. 예를 들면, 다음과 같습니다. 한 사람이 해변을 걷고 있었습니다. 갑자기 큰 파도가 밀려왔습니다. 그 사람은 균형을 잃고 깊은 바다 속으로 빠져 들었습니다. 그때 그 사람은 어떻게 반응할까요? 분명히 주위 사람들에게 도움을 요청할 것입니다. 주위 사람들을 부를 것입니다. 나지막하게 부르지 않고 온 힘을 다해 부를 것입니다. 간절하게 피를 토하는 마음으로 도와달라고 외칠 것입니다.

"누구든지 주의 이름을 부르는 자는 구원을 얻으리라"라는 말씀은 바로 그런 의미입니다. 자신의 능력으로는 구원을 받을 수 없음을 알고, 간절하게 주님만을 의지하는 사람은 반드시 구원을 받습니다. 구원받기에 필요한 모든 것이 주님께만 있음을 알고, 오직 주님만을 바라보는 사람은 반드시 구원을 얻습니다.

대표적인 사례가 누가복음 18장에 기록되어 있습니다. 본문에는 두 사람이 등장합니다. 바리새인과 세리입니다. 바리새인은 자신을 의롭다고 여겼고, 세리는 자신을 비참하게 여겼습니다. 바리새인은 뻔뻔하게 기도했고, 세리는 간절하게 기도했습니다. 결국 하나님이 긍휼히 여기신 사람은 바리새인이 아니라 세리였습니다. "이에 저 바리새인이 아니고 이 사람이 세리 의롭다 하심을 받고 그의 집으로 내려갔느니라." 눅18:14

자신의 힘으로 구원을 받을 수 있다고 생각하는 것만큼 어리석은 일은 없습니다. 예수님이 필요 없다고 생각하는 것만큼 하나님을 모독하는 일은 없습니다. 바리새인 같은 사람이 되는 것이야말로 살인자나 간음자가 되는 것보다 더 악한 일입니다.[123]

묵상과 기도

Q. 주님의 이름을 어떤 마음으로 불러야 합니까?

Q. 세리가 바리새인보다 의롭다 함을 받은 이유는 무엇입니까?

prayer. 하나님, 겸손하게 하나님만 바라보게 해주세요. 구원받기 위해 예수님만 의지하게 해주세요. 어디에 있든지 예수님만 드러내게 해주세요. 무엇을 하든지 하나님의 영광을 위해서만 하게 해주세요.

믿지 아니하는 이를 어찌 부르리요(1)

> **롬 10:14-15** 14 그런즉 그들이 믿지 아니하는 이를 어찌 부르리요 듣지도 못한 이를 어찌 믿으리요 전파하는 자가 없이 어찌 들으리요 15 보내심을 받지 아니하였으면 어찌 전파하리요 기록된 바 아름답도다 좋은 소식을 전하는 자들의 발이여 함과 같으니라

이제 우리는 새로운 대목에 들어서게 되었습니다. 새로운 주제를 살펴보기에 앞서서 문맥을 살펴보겠습니다. 바울은 9장에서 유대인의 구원이라는 주제를 거론하였습니다. 당시 이 주제는 상당히 중요했습니다. 사실상 유대인들은 가장 앞장서서 예수님을 영접했어야 합니다. 가장 오래전부터 메시아를 기다렸기 때문입니다. 하지만 현실은 전혀 그렇지 않았습니다. 오히려 대부분의 유대인들이 예수님을 거부했습니다. 반대로 수많은 이방인들은 예수님을 영접하고, 교회로 몰려오고 있었습니다.

바울은 그 이유를 두 가지로 설명했습니다. 첫째, 유대인들은 하나님의 구원 방식을 오해하고 있었습니다. 유대인들은 자신들의 행위를 통해서도 충분히 의롭게 될 수 있다고 믿었습니다. 둘째, 유대인들은 이방인이 구원에서 제외된다고 믿었습니다. 그래서 이방인이 주류가 된 기독교에 대해 더 많은 반감을 가졌습니다. 이러한 이유로 유대인들은 하나님 나라 밖에 있었습니다. 이것은 바울에게 있어 심각한 고민거리였습니다.

이어서 바울은 유대인들의 오해를 해명했습니다. 먼저 하나님의 구원은 행위의 문제가 아님을 거론했습니다. 바울은 이사야 선지자와 요엘 선지자의 예언을 통해서 구약성경 역시 믿음으로 얻는 구원에 대해서 말하고 있음을 확증했습니다.

이제 바울은 그다음 문제를 해결하고자 합니다. "누구든지 주의 이름을 부르는 자는 구원을"롬10:13 받는다고 했는데, 그렇다면 누가 주의 이름을 부를 수 있습니까? 우리가 어떻게 해야 사람들이 예수님의 이름을 부르고, 예수님을 자신의 구원자로 영접할 수 있습니까? 이 질문에 대한 바울의 대답은 다음과 같습니다. "그런즉 그들이 믿지 아니하는 이를 어찌 부르리요 듣지도 못한 이를 어찌 믿으리요 전파하는 자가 없이 어찌 들으리요"14절

사람들이 예수님의 이름을 부르기 위해서는 전파자가 있어야 합니다. 예수님의 이름을 전하는 사람이 있어야 합니다. 특별한 경우를 제외하고는 전도자가 있어야만 예수님을 영접하고 믿을 수 있습니다.

따라서 오늘 본문은 선교의 필요성을 가장 강력하게 보여주는 말씀입니다. 오늘 본문은 모든 나라와 민족 가운데 복음을 전해야 할 사명이 우리에게 있음을 보여줍니다. 우리가 복음을 전하지 않으면 사람들은 주의 이름을 부를 수 없을 것이고, 주의 이름을 부르지 않으면 구원을 받을 수도 없을 것이기 때문입니다.

Q. 사람들이 예수님의 이름을 부르기 위해서는 먼저 어떤 일이 있어야 합니까?

Q. 곁에 있는 사람들에게 예수님의 이름을 전하고 있습니까?

prayer. 하나님, 예수님의 이름을 듣게 하셔서 감사합니다. 예수님을 유일한 구원자로 믿게 하셔서 감사합니다. 이제는 저희가 예수님의 이름을 전하게 해주세요. 예수님만이 유일한 구원자임을 세상에 전하게 해주세요.

믿지 아니하는 이를 어찌 부르리요(2)

> **롬 10:14-15** 14 그런즉 그들이 믿지 아니하는 이를 어찌 부르리요 듣지도 못한 이를 어찌 믿으리요 전파하는 자가 없이 어찌 들으리요 15 보내심을 받지 아니하였으면 어찌 전파하리요 기록된 바 아름답도다 좋은 소식을 전하는 자들의 발이여 함과 같으니라

구원을 받기 위해서는 주님의 이름을 불러야 합니다. 주님의 이름을 부르기 위해서는, 주님의 이름을 들어야 합니다. 그렇다면 한 번도 주님의 이름을 들어 보지 못한 자들은 어떻게 될까요? 한 번도 주님의 이름을 듣지 못한 채 사망한 어린아이들은 어떻게 될까요? 이 심오한 질문에 대해 칼뱅은 다음과 같은 글을 남겼습니다.

"하지만 만일 어떤 사람이 이런 이유를 들어서 하나님은 전도라는 수단을 통해서가 아니면 자기 자신을 사람들에게 알게 하실 수 없다고 주장한다면, 우리는 사도의 의도는 그렇게 가르치는 것이 아니었다고 말할 수 있다. 왜냐하면 사도는 단지 하나님의 통상적인 경륜만을 언급하고자 한 것뿐이고, 하나님께서 자신의 은혜를 어떻게 베푸시는지 그 법칙을 규정하고자 하는 의도는 없었기 때문이다."[124]

여기서 칼뱅이 말하는 것은, 전도자가 복음을 전하는 것이 하나님께서 사람을 구원하시는 유일한 방식이 아니라는 것입니다. 하나님께서 원하기만 하신다면, 하나님께서 하고자 하신다면 다른 신비로운 방식으로도 충분히 구원을 이루실 수 있다는 것입니다.[125]

따라서 우리는 이렇게 추론할 수 있습니다. 전도자가 복음을 전하는 것은 일반적인 구원의 방식입니다. 하지만 하나님은 특별한 방식으로도 원하시는 자를 구원하실 수 있습니다. 설령 그가 한 번도 복음을 듣지 못한 고조선 시대 사람이라든지, 한 번도 복음을 듣지 못하고 사망한 어린아이라 할지라도 하나님은 원하시는 자를 구원하실 수 있습니다.

물론 복음을 듣고, 이해하고, 믿는 것은 필수적입니다. 하지만 그것이 절대적이라고 말하는 순간, 구원은 사람의 이해력에 달린 문제가 됩니다. 그러므로 하나님의 구원을 그런 식으로 말해서는 안 됩니다. 우리는 하나님의 주권을 믿어야 합니다.

따라서 우리는 다음과 같이 믿어야 합니다. 하나님께서 구원하기로 예정하신 자라면, 그가 고조선 시대 사람이거나 어릴 때 사망한 아이라 할지라도 하나님은 신비로운 방식으로 그들에게 구원받기에 합당할 만큼의 예수님을 아는 지식을 주실 수 있다고 말입니다.[126]

하나님께서 의식이 없는 영아에게 예수님을 아는 지식을 부어 주시는 일은, 지성이 탁월한 성인을 회심하게 하시는 일보다 어려운 일이 아닙니다. 하나님은 원하시는 일은 무엇이든 하실 수 있고, 원하시는 사람은 누구든지 구원하실 수 있습니다.

묵상과 기도

Q. 전도자가 복음을 전하는 것은 구원에 이르는 유일한 방법입니까?

prayer. 하나님, 하나님의 구원하시는 능력을 믿습니다. 구원으로 예정된 사람이라면 누구든지 구원하실 수 있음을 믿습니다. 그 능력을 믿고 세상에 나가게 해주세요. 하나님의 능력을 의지하여 누구에게나 복음을 전하게 해주세요.

듣지도 못한 이를 어찌 믿으리요
전파하는 자가 없이 어찌 들으리요(1)

> **롬 10:14-15** 14 그런즉 그들이 믿지 아니하는 이를 어찌 부르리요 듣지도 못한 이를 어찌 믿으리요 전파하는 자가 없이 어찌 들으리요 15 보내심을 받지 아니하였으면 어찌 전파하리요 기록된 바 아름답도다 좋은 소식을 전하는 자들의 발이여 함과 같으니라

우리는 앞에서 하나님께서 특별한 방식으로 누군가를 구원하실 수 있음을 알아보았습니다. 하나님은 한 번도 복음을 들어본 적이 없는 고조선 시대 사람이라든지, 지각이 없을 때 사망한 영아라 할지라도 구원하실 수 있습니다. 따라서 우리는 전도만이 구원의 유일한 방식이라고 생각하지 말아야 합니다.

그렇다면 이런 의문이 제기될 수 있습니다. "만약 하나님께서 복음 전도 없이도 누군가를 구원하실 수 있다면 왜 전도해야 하는가? 하나님께서 특별한 방식으로 누군가를 구원하실 수 있다면 왜 선교사를 파송해야 하는가?" 하는 의문이 제기될 수 있습니다. 이에 대한 답은 다음과 같습니다.

이스라엘 민족이 애굽을 탈출하여 광야 길을 걷고 있을 때, 하나님은 먹을 것을 하늘에서 내려주셨습니다. 이스라엘 민족이 배고파할 때는 만나를 내려주셨고, 고기가 먹고 싶다고 할 때는 메추라기를 내려주셨습니다. 하지만 이스라엘 민족이 가나안에 당도한 후로는 만나와 메추라기가 중단되었습니다. 왜냐하면 하늘에서 먹을 것을 내려주시는 것은 하나님께서 일하시는 특별한 방식이었기 때문입니다.

하나님은 땅에서 먹을 것이 솟아오르게 하실 수 있습니다. 하지만 하나님은 그렇게 하시지 않습니다. 하나님께서 먹을 것을 주시는 일반적인 방식은 사람들이 땅을 갈고, 씨를 뿌리고, 추수하게 하는 것입니다.

구원의 문제도 마찬가지입니다. 하나님은 전도하는 과정 없이 특별한 방식으로 누군가를 구원하실 수 있습니다. 하지만 그것은 특별한 방식입니다. 매우 예외적인 방식입니다. 하나님께서 구원하시는 일반적인 방식은 전도입니다.

이 원칙은 일상생활에도 그대로 적용됩니다. 누군가가 심각한 질병에 걸렸다고 가정해 봅시다. 우리는 하나님께서 그 사람을 특별한 방식으로 고쳐주시기를 기도할 수 있습니다. 하나님께는 그렇게 하실 수 있는 능력이 있습니다. 실제로 하나님은 불치병에 걸렸던 사람들을 고쳐주셨습니다. 하지만 그것은 특별한 방식입니다. 우리는 하나님께서 항상 그렇게 하신다고 생각하지 말아야 합니다. 기적은 하나님께서 일하시는 특별한 방식이지 일반적인 방식이 아닙니다. 질병에 걸렸다면 기도하는 동시에 병원에도 가야 합니다.

따라서 "하나님께서 누구든지 구원하실 수 있다면 왜 우리가 전도해야 합니까?"라고 묻는 자들에게 우리는 이렇게 대답해야 합니다. "하나님은 목적뿐만 아니라 방식도 정하셨다"라고 말입니다.[127] 하나님께서 먹을 것을 주시는 일반적인 방식이 땅을 갈고 씨를 뿌리는 일인 것처럼, 하나님께서 구원하시는 일반적인 방식은 복음을 전하는 일입니다.

묵상과 기도

Q. 하나님은 전도하는 과정 없이도 누군가를 구원하실 수 있습니다. 그런데 왜 전도해야 합니까?

prayer. 하나님, 저희를 복음의 일꾼으로 사용해 주세요. 저희의 이웃들이 저희를 통해 하나님께로 돌아오게 해주세요. 복음을 전하는 일이 힘들다고 해서 포기하지 않게 해주세요.

듣지도 못한 이를 어찌 믿으리요
전파하는 자가 없이 어찌 들으리요(2)

롬 10:14-15 14 그런즉 그들이 믿지 아니하는 이를 어찌 부르리요 듣지도 못한 이를 어찌 믿으리요 전파하는 자가 없이 어찌 들으리요 15 보내심을 받지 아니하였으면 어찌 전파하리요 기록된 바 아름답도다 좋은 소식을 전하는 자들의 발이여 함과 같으니라

오늘 본문은 각자 성경을 읽는 것으로 충분하다고 말하지 않습니다. 전하는 자의 중요성을 강조합니다. "듣지도 못한 이를 어찌 믿으리요 전파하는 자가 없이 어찌 들으리요."[14절] 물론 성경에는 구원을 위한 진리가 충분하게 담겨 있습니다. 하지만 개인적으로 성경을 읽는 것만으로 충분하다고 말해서는 안 됩니다.[128] 두 가지 사례를 들어 보겠습니다.

누가복음 24장에는 부활하신 예수님이 엠마오로 가던 두 제자를 찾아오신 장면이 기록되어 있습니다. 두 제자는 정기적으로 성경을 읽었지만 예수님에 대해 충분히 알지 못했습니다. 하지만 예수님이 성경을 설명해 주시자 다음과 같은 일이 일어났습니다. "이에 모세와 모든 선지자의 글로 시작하여 모든 성경에 쓴 바 자기에 관한 것을 자세히 설명하시니라……그들이 서로 말하되 길에서 우리에게 말씀하시고 우리에게 성경을 풀어 주실 때에 우리 속에서 마음이 뜨겁지 아니하더냐 하고."[눅24:27,32] 제자들이 구약성경을 제대로 이해한 것은 예수님이 구약성경을 자세히 설명해 주신 다음이었습니다.

비슷한 사건이 사도행전 8장에도 기록되어 있습니다. 에디오피아의 고위 관리가 예루살렘에서 자기 나라로 돌아가고 있었습니다. 그의 손에는 이사야가 기록한 성경이 들려 있었습니다. 하지만 그는 성경을 전혀 이해하지 못했습니다. "빌립이 달려가서 선지자 이사야의 글 읽는 것을 듣고 말하되 읽는 것을 깨닫느냐. 대답하되 지도해 주는 사람이 없으니 어찌 깨달을 수 있느냐 하고 빌립을 청하여 수레에 올라 같이 앉으라 하니라……빌립이 입을 열어 이 글에서 시작하여 예수를 가르쳐 복음을 전하니 길 가다가 물 있는 곳에 이르러 그 내시가 말하되 보라 물이 있으니 내가 세례를 받음에 무슨 거리낌이 있느냐."[행8:30-31,35-36]

바로 이것이 하나님께서 교회에 설교자를 주신 이유입니다. 각자 성경을 읽는 것만으로는 충분하지 않습니다. 설교자의 설교를 듣는 일이 필요합니다. 설교가 중요한 또 하나의 이유는, 그것이 공동체적으로 이루어진다는 데 있습니다. 혼자서 성경을 읽을 때는 쉽게 중단할 수 있습니다. 언제든 책을 덮고 일어날 수 있습니다. 하지만 함께 설교를 들을 때는 그렇지 않습니다. 계속 회중 가운데 머물러 있어야 합니다.

가정에서 설교를 듣는 것도 마찬가지입니다. 교회당에서 설교를 듣는 것과 가정에서 설교를 듣는 것은 같은 일이 아닙니다. 가정에서는 얼마든지 채널을 바꾸거나 전원을 차단할 수 있기 때문입니다. 따라서 우리는 교회당에서 함께 설교 듣는 일을 중요하게 생각해야 하고, 그 일에 최선을 다해야 합니다.

묵상과 기도

Q. 하나님께서 교회에 설교자를 주신 이유는 무엇입니까?

Q. 설교가 중요한 이유는 무엇입니까?

prayer. 하나님, 설교를 중요하게 생각하게 해주세요. 하나님께서 설교자를 통해서 주시는 말씀을 마음 깊이 새기게 해주세요. 설교 말씀을 이해하게 하시고, 설교 말씀에 순종하며 살아가게 해주세요.

그런즉 그들이 믿지 아니하는 이를 어찌 부르리요(1)

롬 10:14-15 14 그런즉 그들이 믿지 아니하는 이를 어찌 부르리요 듣지도 못한 이를 어찌 믿으리요 전파하는 자가 없이 어찌 들으리요 15 보내심을 받지 아니하였으면 어찌 전파하리요 기록된 바 아름답도다 좋은 소식을 전하는 자들의 발이여 함과 같으니라

하나님은 전도자를 통해서 일하십니다. 본문 14절에 그 사실이 강조되어 있습니다. "그런즉 그들이 믿지 아니하는 이를 어찌 부르리요. 듣지도 못한 이를 어찌 믿으리요. 전파하는 자가 없이 어찌 들으리요." 따라서 우리는 모두 전도자가 되어야 합니다. 우리는 모두 복음 전파자가 되어야 합니다. 우리는 모두 복음을 전하는 자로 부름을 받은 전도자입니다.

그런데 성경은 특별한 전도자가 있다고 말합니다. 바로 설교자입니다. 설교자는 '전도자' 중의 '전도자'입니다. 그에게 설교의 사명이 맡겨져 있기 때문입니다. 그리고 설교는 '전도' 중의 '전도'입니다. 설교를 통해서 복음이 가장 구체적이고 강력하게 전파되기 때문입니다.

설교자의 역할이 이토록 중요하기 때문에, 하나님은 설교자를 세우는 일이 교회의 공적인 사역이 되도록 하셨습니다.

"미쁘다 이 말이여, 곧 사람이 감독의 직분을 얻으려 함은 선한 일을 사모하는 것이라 함이로다."딤전3:1

"내가 너를 그레데에 남겨 둔 이유는 남은 일을 정리하고 내가 명한 대로 각 성에 장로들을 세우게 하려 함이니."딛1:5

감독과 장로는 동일한 직분입니다. 둘 다 초대 교회의 지도자를 부르는 호칭입니다. 그리고 감독과 장로는 초대 교회의 설교자였습니다.

바울은 디모데에게 보낸 편지에서 "감독의 직분을 얻으려 함은"이라고 말합니다. 전적으로 수동태입니다. 스스로 설교자가 될 수 없었습니다. 설교자는 선출되어야 했습니다. 바울이 디도에게 보낸 편지도 마찬가지입니다. "각 성에 장로들을 세우게 하려 함이니." 스스로 설교자가 될 수 없었습니다. 설교자를 세우는 권한은 교회에 있었습니다.

그러므로 우리는 "나에게는 설교의 은사가 있다. 그러니 나는 설교자가 되어야겠다"라고 생각해서는 안 됩니다. 성경에서는 그런 사례를 전혀 찾아볼 수 없습니다. 그런 경우는 거짓 선지자들과 거짓 교사들에게만 해당합니다.

따라서 설교자의 소명은 교회 안에서 검증되어야 합니다. 교회 안에서 확인되어야 합니다. 이것을 '외적 소명'이라고 합니다. 교회는 외적 소명이 없는 사람을 설교자로 세워서는 안 됩니다.

정리하자면 복음을 전하는 일은 우리 모두의 역할입니다. 하지만 설교하는 일은 모든 신자의 역할이 아닙니다. 이웃에게 복음을 전하는 일은 우리 모두의 사명이지만, 회중에게 설교하는 일은 외적 소명을 받은 사람의 사명입니다.

묵상과 기도

Q. 전도자 중의 전도자는 누구입니까?

Q. 설교를 전도 중의 전도라고 하는 이유는 무엇입니까?

prayer. 하나님, 하나님께서 설교자를 통해서 일하시는 줄 믿습니다. 하나님께서 설교자를 통해서 말씀하시는 줄 믿습니다. 그러므로 교회가 바른 설교자를 양성하게 해주세요. 교회가 설교자의 외적 소명을 잘 검증하게 해주세요.

9월

로마서 10장 14절 – 11장 27절

그런즉 그들이 믿지 아니하는 이를 어찌 부르리요(2)

롬 10:14-15 14 그런즉 그들이 믿지 아니하는 이를 어찌 부르리요 듣지도 못한 이를 어찌 믿으리요 전파하는 자가 없이 어찌 들으리요 15 보내심을 받지 아니하였으면 어찌 전파하리요 기록된 바 아름답도다 좋은 소식을 전하는 자들의 발이여 함과 같으니라

우리는 모두 전도자입니다. 하지만 우리 모두가 설교자는 아닙니다. 모든 사람이 설교자가 될 수 없고, 아무나 설교자가 될 수도 없습니다. 설교자는 반드시 외적 소명을 받아야 합니다. 교회는 설교자가 되려고 하는 사람의 자질을 검증해야 합니다. 설교란 개인적인 일이 아니라 공적인 일이기 때문입니다.

그런데 외적 소명만으로는 부족합니다. 내적 소명도 있어야 합니다. 교회가 설교자의 자질을 검증하는 것을 외적 소명이라고 한다면, 자기 스스로 설교자의 자질을 살펴보는 것을 내적 소명이라고 합니다. 하나님께서 자신을 설교자로 부르셨는지 검증하고자 한다면 첫째, 자기 안에 하나님의 영광에 대한 비상한 관심이 있는지를 살펴보아야 합니다.[129]

물론 모든 신자에게는 하나님의 영광에 대한 관심이 있어야 합니다. 하지만 설교자의 기준은 다릅니다. 평범한 관심이 아니라 비상한 관심입니다. 다른 사람들과 다른 예외적이고 특별한 관심이 있어야 합니다. 하나님의 영광에 관심을 가지는 정도가 아니라, 그것을 위해 분투하고 싸울 자세가 되어 있어야 합니다. 하나님의 영광이 훼손되는 것을 견디지 못하는 사람만이 설교자가 될 수 있습니다.

둘째, 사람들의 영혼에 대한 비상한 관심이 있는지를 살펴보아야 합니다.[130] 설교자는 설교하는 사람입니다. 하지만 가르치는 것을 좋아해서 설교하는 사람이어서는 안 됩니다. 다른 사람들에게 영향력을 행사하고 싶어서 설교하는 사람이어서도 안 됩니다. 오직 사람들의 영혼을 위해서, 그들의 영혼이 잘되는 것을 위해서 설교하는 사람이어야 합니다. 설교를 통해 사람들의 영혼을 하나님께로 인도하려는 열정을 가진 사람만이 설교자가 될 수 있습니다.

셋째, 모든 것을 하나님께 의탁하는 마음이 있는지를 살펴보아야 합니다. 구약 시대에는 레위인들이 예배를 인도하고 율법을 가르쳤습니다. 레위인들은 구약의 설교자였습니다. 그런데 하나님은 레위인들의 생계를 하나님께 전적으로 의탁하게 하셨습니다. 다른 지파에게는 땅을 주셨지만 레위 지파에게는 땅을 주지 않으셨습니다.

이 시대의 설교자도 마찬가지입니다. 설교자는 하나님께 모든 것을 의탁해야 합니다. 설교자는 다른 것을 의지해서는 안 됩니다. 설교자는 하나님만 의지해야 합니다. 하나님을 전부로 생각하는 마음이 없다면 설교자가 되어서는 안 됩니다. 하나님만 바라보지 않는 사람이 다른 사람들로 하여금 하나님만 바라보라고 말할 수 없습니다.

묵상과 기도

Q. 설교자가 되기 위해서는 외적 소명과 함께 무엇이 있어야 합니까?

Q. 내적 소명이란 무엇입니까?

prayer. 하나님, 이 땅에 바른 교회가 많아지게 해주세요. 바른 설교자가 많아지게 해주세요. 그리하여 바른 복음이 이 땅을 가득 채우고, 온 세상으로 퍼져 나가게 해주세요.

아름답도다 좋은 소식을 전하는 자들의 발이여(1)

> **롬 10:14-15** 14 그런즉 그들이 믿지 아니하는 이를 어찌 부르리요 듣지도 못한 이를 어찌 믿으리요 전파하는 자가 없이 어찌 들으리요 15 보내심을 받지 아니하였으면 어찌 전파하리요 기록된 바 아름답도다 좋은 소식을 전하는 자들의 발이여 함과 같으니라

우리는 모두 전도자가 되어야 합니다. 우리는 모두 복음을 전해야 합니다. 그렇다면 복음은 무엇입니까? 우리는 무엇을 전해야 합니까? 바울은 이사야 선지자의 말을 인용함으로써, 그 질문에 답하고 있습니다. "좋은 소식을 전하며 평화를 공포하며 복된 좋은 소식을 가져오며 구원을 공포하며 시온을 향하여 이르기를 네 하나님이 통치하신다 하는 자의 산을 넘는 발이 어찌 그리 아름다운가."사52:7 복음은 "좋은 소식"입니다. 복음은 기쁜 소식입니다. 바로 이것이 참된 복음과 거짓 복음을 구분하는 시금석입니다.[131]

많은 설교자들이 도덕과 윤리를 가르칩니다. 물론 신자는 도덕적이고 윤리적이어야 합니다. 하지만 도덕과 윤리는 복음이 아닙니다. 도덕과 윤리가 복음을 대체해서는 안 됩니다. 도덕과 윤리는 좋은 소식이거나 기쁜 소식이 아니기 때문입니다. 도덕과 윤리는 우리에게 무언가를 "하라" 또는 "하지 말라"고 말합니다. 만약 이것이 설교의 전부라면 그 설교에는 기쁨의 요소가 없습니다. 그것은 복음이 아닙니다.

아마도 마귀는 도덕과 윤리가 복음의 자리를 대신하는 것을 가장 기뻐할 것입니다. 복음이 아니라 도덕과 윤리가 선포되는 자리에는 하나님의 영광이 없기 때문입니다. 도덕과 윤리는 하나님을 영화롭게 하지 않습니다. 도덕과 윤리는 사람을 교만하게 하거나 반대로 절망하게 만들 뿐입니다.

심지어 어떤 설교자들은 정치와 사회를 가르칩니다. 물론 신자는 정치에 관심을 가져야 하고, 사회를 개선해야 합니다. 하지만 세상을 개선하는 일이 복음은 아닙니다. 어떤 체제와 제도도 이상적이지 않기 때문입니다. 타락한 세상에서 부패한 인간들이 만들어내는 어떤 이념도 완전할 수 없습니다. 어떤 체제에도 모순이 있고, 어떤 제도에도 단점이 있습니다. 모든 사람에게 기쁨을 주고, 모든 사람을 행복하게 하는 체제와 제도는 없습니다. 보수이든 진보이든 다 마찬가지입니다.

그렇다면 무엇이 복음입니까? 복음은 하나밖에 없습니다. 예수님이 복음입니다. "천사가 이르되 무서워하지 말라. 보라 내가 온 백성에게 미칠 큰 기쁨의 좋은 소식을 너희에게 전하노라. 오늘 다윗의 동네에 너희를 위하여 구주가 나셨으니 곧 그리스도 주시니라."눅2:10-11

우리는 예수님을 전해야 합니다. 우리가 전할 것은 도덕과 윤리가 아닙니다. 진보와 보수가 아닙니다. 예수님을 전해야 하고, 예수님 때문에 얻은 구원을 전해야 합니다. 거기에만 기쁨이 있습니다. 거기에만 희망이 있습니다. 예수님만이 복음입니다.

묵상과 기도

Q. 도덕과 윤리가 복음이 될 수 없는 이유는 무엇입니까?

Q. 도덕과 윤리는 사람을 어떻게 만듭니까?

prayer. 하나님, 저희가 도덕적으로 살아야 함을 믿습니다. 하지만 그것을 복음으로 생각하지 않게 해주세요. 저희가 정치에 관심을 가져야 함을 믿습니다. 하지만 정치 이념을 복음으로 생각하지 않게 해주세요. 우리가 궁극적으로 전해야 할 복음은 예수님임을 잊지 않게 해주세요.

아름답도다 좋은 소식을 전하는 자들의 발이여(2)

> **롬 10:14-15** 14 그런즉 그들이 믿지 아니하는 이를 어찌 부르리요 듣지도 못한 이를 어찌 믿으리요 전파하는 자가 없이 어찌 들으리요 15 보내심을 받지 아니하였으면 어찌 전파하리요 기록된 바 아름답도다 좋은 소식을 전하는 자들의 발이여 함과 같으니라

하나님께서 사람들을 구원하시는 방식은 전도입니다. 하나님은 전도자들을 통해서, 복음을 전하는 자들을 통해서 당신의 백성들을 구원하십니다. 그래서 우리는 반드시 전도해야 합니다. 반드시 복음을 전해야 합니다. 그렇다면 복음이란 무엇입니까? 복음이란, 우리를 기쁘게 하는 좋은 소식입니다. "아름답도다. 좋은 소식을 전하는 자들의 발이여."15절 그렇다면 무엇이 우리를 기쁘게 합니까? 소망 없는 세상에서 우리를 기쁘게 하는 좋은 소식은 무엇입니까? 우리를 기쁘게 하는 좋은 소식은 하나님께서 우리를 위해 무언가를 하셨다는 소식입니다. 타락하고 부패하여 영원한 심판을 받아야 하는 우리를 하나님께서 돌아보셨다는 소식입니다. 죄로 인해 비참해진 우리를 하나님께서 생각하셨다는 소식입니다. "찬송하리로다 주 이스라엘의 하나님이여, 그 백성을 돌보사 속량하시며."눅1:68 지금껏 사람들은 구원을 위해 할 수 있는 모든 시도를 다 했습니다. 하지만 결론은 사람의 힘으로는 구원을 이룰 수 없다는 것이었습니다. 그래서 사람과 관련된 것, 사람의 능력과 관련된 것은 복음이 아닙니다. 사람들이 해 왔고, 또 앞으로 해나갈 일들은 복음과 아무 상관이 없습니다. 복음은 하나님과 관련된 것이며, 하나님의 능력에 관한 것입니다. 하나님께서 하셨고, 또 앞으로 하실 일들만이 복음입니다. 이 세상에 처음으로 죄가 들어왔을 때, 하나님은 구원자를 약속하셨습니다. 사탄을 정복할 여자의 후손을 약속하셨습니다. "여자의 후손은 네 머리를 상하게 할 것이요."창3:15 바로 이것이 복음입니다. 때가 이르매 하나님은 약속하신 구원자를 보내셨습니다. "때가 차매 하나님이 그 아들을 보내사 여자에게서 나게 하시고."갈4:4 그리고 예수님을 믿는 자들의 죄를 용서하시고 그들을 의롭다고 하셨습니다. "모든 사람이 죄를 범하였으매 하나님의 영광에 이르지 못하더니 그리스도 예수 안에 있는 속량으로 말미암아 하나님의 은혜로 값없이 의롭다 하심을 얻은 자 되었느니라."롬3:23-24 바로 이것이 복음입니다. 그뿐만이 아닙니다. 하나님은 예수님을 믿고 의롭다 함을 받은 우리에게 성령님을 보내주셨습니다. 그리하여 성령님의 인도하심을 받도록 하셨습니다. "무릇 하나님의 영으로 인도함을 받는 사람은 곧 하나님의 아들이라."롬8:14 "만일 너희 속에 하나님의 영이 거하시면 너희가 육신에 있지 아니하고 영에 있나니 누구든지 그리스도의 영이 없으면 그리스도의 사람이 아니라."롬8:9 바로 이것이 복음입니다.

이처럼 복음이란 우리가 한 일이 아니라 하나님께서 하신 일이며, 우리의 능력에 관한 것이 아니라 하나님의 능력에 관한 것입니다. 복음에는 인본적인 요소가 조금도 없습니다. 그래서 복음은 좋은 소식입니다. 그래서 복음은 우리를 기쁘게 하고 하나님의 영광을 드러내며, 하나님을 찬양하게 합니다. 그래서 복음은 복음입니다.

묵상과 기도

Q. 복음이란 누가 하신 일을 말합니까?

Q. 복음이란 누구의 능력에 관한 것을 말합니까?

prayer. 하나님, 저희가 한 일은 복음이 아닙니다. 저희의 능력에 관한 것은 복음이 아닙니다. 복음은 하나님께서 하신 일입니다. 복음은 하나님의 능력에 관한 것입니다. 그래서 복음에는 저희를 구원할 힘이 있습니다. 이 땅의 교회가 바른 복음을 전하게 해주세요. 저희가 바른 복음을 듣게 해주세요.

우리가 전한 것을 누가 믿었나이까

> **롬 10:16-17** 16 그러나 그들이 다 복음을 순종하지 아니하였도다 이사야가 이르되 주여 우리가 전한 것을 누가 믿었나이까 하였으니 17 그러므로 믿음은 들음에서 나며 들음은 그리스도의 말씀으로 말미암았느니라

지금까지 바울은 하나님께서 택한 자들을 구원하는 방식이 '복음 전파'라고 가르쳤습니다. 하지만 유대인들 가운데 누군가는 다음과 같은 반론을 제기할 가능성이 있었습니다. "복음을 전하는 것은 하나님께서 구원하시는 방식일 수 없다. 왜냐하면 상당수의 유대인들이 그것을 거절하고 있기 때문이다. 만약 복음 전파가 구원의 방식이라면, 어떻게 대다수의 유대인들이 그것을 거절할 수 있겠는가?"

그래서 바울은 구약성경을 인용합니다. "우리가 전한 것을 누가 믿었느냐 여호와의 팔이 누구에게 나타났느냐. 그는 주 앞에서 자라나기를 연한 순 같고 마른땅에서 나온 뿌리 같아서 고운 모양도 없고 풍채도 없은즉 우리가 보기에 흠모할 만한 아름다운 것이 없도다. 그는 멸시를 받아 사람들에게 버림받았으며 간고를 많이 겪었으며 질고를 아는 자라. 마치 사람들이 그에게서 얼굴을 가리는 것 같이 멸시를 당하였고 우리도 그를 귀히 여기지 아니하였도다."^{사53:1-3}

이사야서 53장은 예수님에 대한 말씀입니다. 이사야 선지자는 예수님이 이 땅에 오시기 800년 전에 예수님이 오실 것을 전했습니다. 동시에 예수님이 거절당하실 것도 전했습니다. 따라서 유대인들이 예수님을 거절하는 것은 이상한 일이 아닙니다. 그것은 이미 성경에 기록된 일입니다. 유대인들은 800년 전에도 불순종의 죄를 지었고, 지금도 역시 불순종의 죄를 짓고 있습니다. 따라서 하나님의 구원 방식에는 아무런 문제가 없습니다. 문제가 있다면 어리석고 미련한 유대인이 문제입니다.

우리는 여기서 중요한 교리를 발견하게 됩니다. 외적 부르심과 내적 부르심의 교리입니다. 우리는 모든 사람들에게 복음을 전해야 합니다. 바로 이것이 외적 부르심입니다. 하지만 모든 사람이 복음에 반응하지는 않습니다. "우리가 전한 것을 누가 믿었나이까"^{16절}라는 말씀처럼 상당수의 사람들은 복음을 거절합니다. 그렇다면 누가 복음을 믿을 수 있습니까? 내적 부르심을 받은 사람입니다. 외적 부르심은 전도자로 부름을 받은 모든 신자들의 일이지만, 내적 부르심은 성령님의 일입니다.

"두아디라 시에 있는 자색 옷감 장사로서 하나님을 섬기는 루디아라 하는 한 여자가 말을 듣고 있을 때 주께서 그 마음을 열어 바울의 말을 따르게 하신지라."^{행 16:14}

"육에 속한 사람은 하나님의 성령의 일들을 받지 아니하나니 이는 그것들이 그에게는 어리석게 보임이요, 또 그는 그것들을 알 수도 없나니 그러한 일은 영적으로 분별되기 때문이라."^{고전2:14}

우리 역시 유대인들처럼 어리석었습니다. 그런데 어느 날 하나님의 말씀에 귀를 기울였고, 그 말씀을 믿기 시작했습니다. 어떻게 그런 일이 일어날 수 있었습니까? 성령님의 역사입니다. 성령님이 내적 부르심으로 우리를 부르셨기 때문입니다. 성령님이 우리의 마음을 열어, 영적인 것들을 이해하도록 도와주셨기 때문입니다.

묵상과 기도

Q. 외적 부르심만으로 복음을 믿을 수 있습니까?

Q. 내적 부르심은 누가 하시는 일입니까?

prayer. 하나님, 저희가 복음을 전할 때 성령님이 함께하시는 줄 믿습니다. 저희가 복음을 전할 때 성령님이 듣는 자들의 마음을 열어주시는 줄 믿습니다. 그러므로 담대하게 복음을 전하게 해주세요. 성실하게 복음을 전하게 해주세요.

그들이 다 복음을 순종하지 아니하였도다(1)

바울과 야고보가 다른 것을 가르친다고 생각하는 사람들이 있습니다. 그들은 바울은 믿음으로 얻는 구원을 주장했지만, 야고보는 행위로 얻는 구원을 주장했다고 생각합니다. 이것은 사실이 아닙니다. 바울과 야고보의 주장은 정확하게 일치합니다. 두 사람은 동일한 구원을 말했습니다.

야고보가 가르친 대상은 잘못된 믿음을 가진 자들이었습니다. 예수님을 믿는다고 말하면서도 예수님과 정반대의 삶을 사는 자들이었습니다. 그래서 야고보는 단지 믿는다고 말하는 것으로는 소용이 없다는 것을 가르쳐야 했습니다. 그래서 야고보는 다음과 같이 말했습니다. "영혼 없는 몸이 죽은 것 같이 행함이 없는 믿음은 죽은 것이니라."^{약2:26}

바울도 마찬가지입니다. 그 역시 다음과 같이 말했습니다. "그러나 그들이 다 복음을 순종하지 아니하였도다."^{16절} 바울은 복음을 듣기는 들었지만 순종하지 않은 자들에 대해 말하고 있습니다. 바울의 요점은 야고보와 같습니다. 순종이 없다면 참된 믿음이 아니라는 것입니다. 바울과 야고보 모두 참된 믿음에는 순종의 요소가 있어야 함을 강조하고 있습니다.

따라서 우리는 다음과 같이 믿음을 정의해야 합니다. 단지 지적으로 동의하는 것만 가지고는 참된 믿음이라 할 수 없습니다. 지식과 믿음을 구분해야 합니다. 야고보가 그렇게 구분했고, 바울도 마찬가지였습니다. 전혀 주님을 본받지 않고, 또 본받으려 하지도

않으면서 "나는 그리스도인이다"라고 말하는 자들이 있다면, 우리는 그들의 말을 의심해 보아야 합니다.

참된 믿음에는 반드시 순종의 요소가 있어야 합니다. 이것은 바울이 데살로니가교회에 보낸 편지에도 잘 나타납니다. "이는 우리 복음이 너희에게 말로만 이른 것이 아니라 또한 능력과 성령과 큰 확신으로 된 것임이라……또 너희는 많은 환난 가운데서 성령의 기쁨으로 말씀을 받아 우리와 주를 본받은 자가 되었으니."^{살전1:5-6} 바울이 데살로니가 교인들을 칭찬한 것은 그들이 '지식의 요소'뿐만 아니라 '순종의 요소'도 함께 받아들였기 때문입니다.

우리 주님도 순종의 요소를 강조하셨습니다. 예수님은 마태복음 21장에서 다음과 같이 가르치셨습니다. "그 둘 중의 누가 아버지의 뜻대로 하였느냐. 이르되 둘째 아들이니이다. 예수께서 그들에게 이르시되 내가 진실로 너희에게 이르노니 세리들과 창녀들이 너희보다 먼저 하나님의 나라에 들어가리라."^{마21:31}

우리는 하나님의 뜻대로 살기 위해 어떤 노력을 기울이고 있습니까? 행함으로 믿음을 증명하고, 행함으로 하나님께 영광을 돌리기 위해 무엇을 실천하고 있습니까? 물론 우리의 구원은 전적인 은혜입니다. 그러나 은혜에 대한 반응은 순종으로 나타나야 마땅합니다. 복음에 대한 지식은 순종으로 입증되어야 합니다.

묵상과 기도

Q. 야고보가 가르친 대상은 어떤 사람들입니까?

Q. 참된 믿음에는 반드시 어떤 요소가 있어야 합니까?

prayer. 하나님, 저희의 믿음이 행동으로 증명되게 해주세요. 하나님을 향한 사랑이 순종으로 입증되게 해주세요. 하나님의 은혜에 행함으로 반응하게 해주세요.

그들이 다 복음을 순종하지 아니하였도다(2)

> **롬 10:16-17** 16 그러나 그들이 다 복음을 순종하지 아니하였도다 이사야가 이르되 주여 우리가 전한 것을 누가 믿었나 이까 하였으니 17 그러므로 믿음은 들음에서 나며 들음은 그리스도의 말씀으로 말미암았느니라

참된 복음을 분별하는 시금석은 '기쁨'입니다. 복음은 말 그대로 좋은 소식입니다. 따라서 복음은 우리를 기쁘게 합니다. 반대로 '좋은 소식'이 아닌 것은 복음이 아닙니다. 도덕과 윤리가 대표적입니다. 물론 신자는 도덕적으로 살아야 하지만, 도덕과 윤리가 복음이 될 수는 없습니다. 예수님도 이것을 강조하셨습니다. 대표적인 말씀이 요한복음 16장 22절입니다.

"지금은 너희가 근심하나 내가 다시 너희를 보리니 너희 마음이 기쁠 것이요 너희 기쁨을 빼앗을 자가 없으리라."

이처럼 복음은 기쁨을 산출합니다. 복음이 선포되는 곳에는 기쁨이 있습니다. 복음을 믿는 것이야말로 기쁨으로 나아가는 길입니다.

빌립보 감옥의 간수가 대표적인 사례입니다.

"그들을 데리고 자기 집에 올라가서 음식을 차려 주고 그와 온 집안이 하나님을 믿으므로 크게 기뻐하니라." 행16:34

그가 크게 기뻐했던 것은 복음 때문입니다. 놀라운 것은 그가 얼마 전까지만 해도 자살을 시도했다는 점입니다. 행16:27 그러나 지금은 복음으로 인해 크게 기뻐하고 있습니다. 성경은 어디서나 이 주제를 강조합니다.

"근심하는 자 같으나 항상 기뻐하고 가난한 자 같으나 많은 사람을 부요하게 하고 아무것도 없는 자 같으나 모든 것을 가진 자로다." 고후6:10

"그러므로 도리어 크게 기뻐함으로 나의 여러 약한 것들에 대하여 자랑하리니." 고후12:9

"이와 같이 너희도 기뻐하고 나와 함께 기뻐하라." 빌2:18

"주 안에서 항상 기뻐하라 내가 다시 말하노니 기뻐하라." 빌4:4

"항상 기뻐하라." 살전5:16

"그러므로 너희가 이제 여러 가지 시험으로 말미암아 잠깐 근심하게 되지 않을 수 없으나 오히려 크게 기뻐하는도다." 벧전1:6

이것이 기독교입니다. 기독교는 기쁨의 종교입니다. 신자는 기뻐하는 사람입니다. 신앙이란 기뻐하는 것입니다. 순종도 마찬가지입니다. 참된 순종은 기쁨에서 나옵니다. 복음을 기뻐하기에 참으로 순종할 수 있습니다. 우리의 복종은 기쁨에 찬 복종입니다. [132]

묵상과 기도

Q. 참된 복음을 분별하는 시금석은 무엇입니까?

Q. 복음에서 비롯된 기쁨이 있습니까?

prayer. 하나님, 하나님께서 저희에게 복음을 주신 줄 믿습니다. 저희는 복음을 가진 사람입니다. 그러므로 저희가 항상 기뻐하게 해주세요. 기뻐하며 순종하게 해주세요. 기뻐하며 선을 행하게 해주세요. 기뻐하며 예배하게 해주세요.

그들이 듣지 아니하였느냐 그렇지 아니하니

롬 10:18 18 그러나 내가 말하노니 그들이 듣지 아니하였느냐 그렇지 아니하니 그 소리가 온 땅에 퍼졌고 그 말씀이 땅 끝까지 이르렀도다 하였느니라

초대 교회가 직면한 문제 중 하나는 유대인들의 불신앙이었습니다. 그들은 오래전부터 메시아를 기다렸습니다. 하지만 정작 예수님이 오셨을 때 그분을 영접하지 않았습니다. "자기 땅에 오매 자기 백성이 영접하지 아니하였으나."요1:11

이에 대해 다음과 같은 질문이 제기될 가능성이 있었습니다. "유대인 중 대다수가 복음을 믿지 않은 것은, 그들이 복음을 듣지 못해서가 아닙니까? 만약 복음이 잘 전파되었다면 유대인들도 예수님을 영접하지 않았을까요?" 그러한 가상의 질문에 대한 바울의 대답이 본문 18절입니다. "그들이 듣지 아니하였느냐. 그렇지 아니하니."

바울은 유대인들이 핑계할 수 없다고 말합니다. 그 이유는 다음과 같습니다. 첫째, 유대인들은 구약성경을 가지고 있었습니다. 그리고 구약성경 역시 복음을 말하고 있습니다. "또 이르시되 내가 너희와 함께 있을 때에 너희에게 말한 바 곧 모세의 율법과 선지자의 글과 시편에 나를 가리켜 기록된 모든 것이 이루어져야 하리라 한 말이 이것이라 하시고."눅24:44 모세오경에도 예수님이 있고, 선지서에도 예수님이 있으며, 시편에도 예수님이 있습니다. 구약성경을 들었다면 이미 복음을 들은 것입니다.

둘째, 세례 요한의 증언이 있었습니다.

"나는 너희로 회개하게 하기 위하여 물로 세례를 베풀거니와 내 뒤에 오시는 이는 나보다 능력이 많으시니 나는 그의 신을 들기도 감당하지 못하겠노라."마3:11

"이튿날 요한이 예수께서 자기에게 나아오심을 보고 이르되 보라 세상 죄를 지고 가는 하나님의 어린양이로다."요1:29

"내가 말한 바 나는 그리스도가 아니요……그는 흥하여야 하겠고 나는 쇠하여야 하리라."요3:28-30

이처럼 세례 요한의 증언만으로도 유대인들을 침묵시키기에 충분합니다. 그는 일관되게 예수님이 메시아라고 증언했습니다.

변명할 수 없는 것은 유대인만이 아닙니다. 아무도 하나님 앞에서 핑계할 수 없습니다. 바울은 이미 로마서 1장에서 이 주제를 다루었습니다. "창세로부터 그의 보이지 아니하는 것들 곧 그의 영원하신 능력과 신성이 그가 만드신 만물에 분명히 보여 알려졌나니 그러므로 그들이 핑계하지 못할지니라."롬1:20

하나님께서 천지만물을 통해 자신에 대해 설교하십니다. 하나님께서 살아 계신다는 증거는 명백합니다. 아무도 하나님께 핑계할 수 없습니다. "알지 못했다" 또는 "듣지 못했다"라고 말할 수 없습니다. "그러나 내가 말하노니 그들이 듣지 아니하였느냐. 그렇지 아니하니 그 소리가 온 땅에 퍼졌고 그 말씀이 땅 끝까지 이르렀도다 하였느니라."18절

묵상과 기도

Q. 유대인들이 자신들의 불신앙을 핑계할 수 없는 이유는 무엇입니까?

Q. 자신의 불신앙을 핑계할 수 있는 사람이 있습니까?

prayer. 하나님, 아무도 자신의 불신앙을 핑계할 수 없습니다. 예수님을 믿지 않아도 되는 사람은 없습니다. 그러므로 저희가 믿음을 잃어버리지 않게 해주세요. 저희가 예수님을 떠나지 않게 해주세요. 저희가 교회 안에서 바른 믿음을 가진 사람으로 자라나게 해주세요.

이스라엘이 알지 못하였느냐

롬 10:19 그러나 내가 말하노니 이스라엘이 알지 못하였느냐 먼저 모세가 이르되 내가 백성 아닌 자로써 너희를 시기하게 하며 미련한 백성으로써 너희를 노엽게 하리라 하였고

바울은 유대인들이 자신들의 불신앙을 전혀 핑계할 수 없다고 말합니다. 첫 번째 이유는 유대인들도 복음을 들었기 때문입니다. 유대인들은 구약성경을 통해 복음을 들었고, 세례 요한을 통해서도 복음을 들었습니다. 구약성경이 궁극적으로 말하는 것은 예수님이었고, 세례 요한 역시 자신이 아니라 예수님이 메시아라고 말했습니다. 눅3:16-17

바울이 다음으로 말하는 것은, 유대인들의 배교가 이미 구약성경에 기록되어 있었다는 점입니다. 유대인들이 가장 중요하게 생각하는 사람을 꼽으라면 아마 모세일 것입니다. 물론 아브라함도 중요하게 생각하지만 모세는 율법을 전달받은 사람이었고 하나님의 백성들을 애굽에서 가나안으로 인도한 지도자였습니다. 그래서 바울은 모세가 남긴 기록을 인용합니다. 본문 19절에서 인용하는 구절은 신명기 32장 21절입니다. "그들이 하나님이 아닌 것으로 내 질투를 일으키며 허무한 것으로 내 진노를 일으켰으니 나도 백성이 아닌 자로 그들에게 시기가 나게 하며 어리석은 민족으로 그들의 분노를 일으키리로다."

당시에 교회의 대다수를 차지한 것은 유대인이 아니라 이방인이었습니다. 유대인들은 주류의 자리에서 밀려난 것에 대해 시기심과 분노심을 가지고 있었습니다. 하지만 유대인들은 놀라지 말아야 했습니다. 이미 하나님께서 모세를 통해 그렇게 될 것이라고 말씀하셨기 때문입니다.

바울은 그다음 이사야 선지자의 말을 인용합니다. 본문 20절과 21절에서 인용하는 구절은 이사야서 65장 1절과 2절입니다. "나는 나를 구하지 아니하던 자에게 물음을 받았으며 나를 찾지 아니하던 자에게 찾아냄이 되었으며 내 이름을 부르지 아니하던 나라에 내가 여기 있노라 내가 여기 있노라 하였노라. 내가 종일 손을 펴서 자기 생각을 따라 옳지 않은 길을 걸어가는 패역한 백성들을 불렀나니."

두 개의 인용구 모두 다음의 사실들을 확증하고 있습니다. 첫째, 이방인들이 부르심을 받을 것이 이미 예언되었다는 것입니다. 둘째, 유대인들이 복음에 순종하지 않을 것도 이미 예언되었다는 것입니다. 모세와 이사야 모두 그 사실을 예고하고 있습니다.

우리는 여기서 중요한 사실을 발견하게 됩니다. 과거에 잘 믿었다고 해서 미래에도 잘 믿을 것이라 확신해서는 안 됩니다. 조상들이 신실했다고 해서 후손들도 신실할 것이라고 예단해서는 안 됩니다. 유대인들이 그 실례입니다. 신앙은 저절로 전수되지 않습니다. 사실상 모든 사람은 하나님을 거스르는 본성을 가지고 있으므로, 아무런 노력을 기울이지 않으면 저절로 자라는 것이 아니라 저절로 타락하게 됩니다. 따라서 부모들은 자녀들의 신앙을 위해 무언가를 해야 합니다. 장년 성도들은 다음 세대를 위해 무언가를 해야 합니다. 아무것도 하지 않으면 도태되는 것이 자연스러운 현상입니다.

묵상과 기도

Q. 이방인들이 부르심을 받을 것과, 유대인들이 복음에 불순종할 것이 성경 어디에 기록되어 있습니까?

prayer. 하나님, 저희가 믿음의 가정이 되게 해주세요. 믿음을 전수하는 가정이 되게 해주세요. 이 땅의 교회가 다음 세대를 잘 양육하게 하시고, 다음 세대가 부흥의 세대가 되게 해주세요.

9월 9일

찾지 않고 묻지 아니한 자들에게

> **롬 10:20-21** 20 이사야는 매우 담대하여 내가 나를 찾지 아니한 자들에게 찾은 바 되고 내게 묻지 아니한 자들에게 나타났노라 말하였고 21 이스라엘에 대하여 이르되 순종하지 아니하고 거슬러 말하는 백성에게 내가 종일 내 손을 벌렸노라 하였느니라

바울 당시에 유대인들은 실패하고 있었습니다. 상당수의 유대인들이 교회 밖에 있었습니다. 대부분의 유대인들은 하나님 나라 안에 있지 않았습니다. 그들은 스스로를 하나님의 백성이라, 할례받은 자라, 아브라함의 자손이라고 불렀지만, 실상은 사탄의 자손이요, 무할례자요, 아브라함의 자손이 아니었습니다.

"너희는 너희 아비 마귀에게서 났으니." 요8:44

"만일 율법을 범하면 네 할례는 무할례가 되느니라." 롬2:25

"회개에 합당한 열매를 맺고 속으로 아브라함이 우리 조상이라 말하지 말라." 눅3:8

유대인들이 이러한 입장에 처하게 된 가장 중요한 이유는 그들이 구원을 오해하고 있었기 때문입니다. 그들은 자신들이 유대인이기 때문에 당연히 구원을 받는다고 생각했습니다. 자신들이 아브라함의 혈통이기 때문에 저절로 구원을 받는다고 생각했습니다. 자신들이 할례를 받았기 때문에 구원받을 자격을 모두 충족했다고 여겼습니다. 하지만 이것은 사실이 아닙니다. 성경은 어디서나 구원을 하나님 중심적으로 설명합니다. 구원은 사람의 자격과 조건에 달린 문제가 아닙니다. 만약 구원이 자격과 조건의 문제라면 이방인보다 유대인에게 더 우선권이 있었을 것입니다. 사실은 그렇지 않다는 것이 유대인들이 넘어진 결정적인 이유였습니다.

이미 하나님은 이사야 선지자를 통해 말씀하셨습니다. "내가 나를 찾지 아니한 자들에게 찾은 바 되고 내게 묻지 아니한 자들에게 나타났노라." 20절 하나님께서 구원받을 자들을 찾으십니다. 구원은 근본적으로 사람의 행동이 아니라 하나님의 행동입니다. 구원은 사람 편에서 무언가를 행한 결과가 아닙니다. 사람이 어떤 자격과 조건을 취득한 결과가 아닙니다. 구원은 하나님의 행사입니다.

신약에서 이 점을 가장 분명하게 보여주는 것은 마태복음 22장에 기록된 혼인 잔치 비유입니다. 이 비유에서 왕은 손님들을 초대하고, 손님들은 왕의 초대를 거절합니다. 요점은 유대인들이 하나님의 초대를, 하나님의 복음을 거절했다는 점입니다. 혼인 잔치 비유는 다음과 같이 마무리됩니다. "청함을 받은 자는 많되 택함을 입은 자는 적으니라." 마22:14

누구나 초대를 받습니다. 하지만 모든 사람이 응답하지는 않습니다. "택함을 입은 자"만 응답합니다. 이처럼 구원의 주도권은 하나님께 있습니다. 하나님은 원하시는 자를 부르십니다. 택하신 자를 부르십니다. 유대인 중에서도 부르시고, 이방인 중에서도 부르십니다. 유대인들은 이 사실을 몰랐습니다. 바로 이것이 유대인들이 실패하고 넘어진 이유입니다. 만약 우리 역시 구원의 조건을 우리 자신에게서 찾는다면, 필시 넘어지게 될 것입니다. 우리에게 구원받을 만한 자격과 조건이 있다고 생각한다면, 그 교만이 우리를 비참하게 만들 것입니다.

묵상과 기도

Q. 어떤 사람이 복음에 반응할 수 있습니까?

Q. 우리가 복음에 반응한 것은 우리가 다른 사람보다 나은 사람이기 때문입니까?

prayer. 하나님, 저희가 복음에 반응한 것은 하나님께서 저희를 택해 주셨기 때문입니다. 따라서 구원은 전적으로 하나님의 은혜입니다. 구원은 전적으로 하나님의 행사입니다. 그러므로 저희가 항상 겸손하게 해주세요. 겸손하게 하나님만 높이게 해주세요.

순종하지 아니하고 거슬러 말하는 백성에게

> **롬 10:20-21** 20 이사야는 매우 담대하여 내가 나를 찾지 아니한 자들에게 찾은 바 되고 내게 묻지 아니한 자들에게 나타났노라 말하였고 21 이스라엘에 대하여 이르되 순종하지 아니하고 거슬러 말하는 백성에게 내가 종일 내 손을 벌렸노라 하였느니라

유대인들은 상당한 자부심을 가지고 있었습니다. 그들은 이방인들을 '개'라고 부를 정도로 민족적 자부심이 상당했습니다. 문제는 이런 자부심이 잘못된 구원관을 불러왔다는 점입니다. 유대인들은 구원의 이유를 자기 안에서 찾기 시작했습니다. 자신들이 유대인이기 때문에, 아브람의 후손이기 때문에, 할례를 행했기 때문에 구원을 받는다고 착각하기 시작했습니다.

그래서 유대인들은 이방인들이 교회 안에 들어오는 것을 참을 수 없었습니다. 바울이 이방인들도 하나님의 백성이요, 하나님의 자녀라고 가르치는 것을 참을 수 없었습니다. 바로 이것이 유대인들이 바울을 죽이려고 혈안이 되었던 이유입니다.

유대인들은 하나님께 이런 말을 듣고 싶어 했습니다. "너희들은 다른 민족들과 다르다. 너희들은 구원받을 자격이 충분하다." 반대로 이방인들에게는 이렇게 말씀하시기를 원했습니다. "너희들은 구원받을 자격이 없다."

우리 역시 유대인들처럼 생각할 때가 많습니다. 우리 역시 하나님께 이런 말 듣기를 원합니다. "너는 다른 사람들과 다르구나. 너는 구원 받을 자격이 충분하구나." 하지만 실상은 이러합니다.

"내가 나를 찾지 아니한 자들에게 찾은 바 되고 내게 묻지 아니한 자들에게 나타났노라" 20절

"순종하지 아니하고 거슬러 말하는 백성에게 내가 종일 내 손을 벌렸노라." 21절

우리가 하나님을 찾았기 때문에 하나님께서 우리를 찾아오신 것이 아닙니다. 우리가 하나님께 순종했기 때문에 하나님께서 우리를 구원하신 것도 아닙니다. 우리에게는 아무 자격이 없습니다. 모든 것은 하나님의 은혜입니다. 구원의 주도권은 우리가 아니라 하나님께 있습니다. 유대인처럼 생각하는 것은 복음을 대적하는 일입니다. 우리에게 조금이라도 구원받을 자격이 있다고 생각하는 순간, 하나님의 영광을 가리게 됩니다.

"그들에게 일어난 이런 일은 본보기가 되고 또한 말세를 만난 우리를 깨우치기 위하여 기록되었느니라 그런즉 선 줄로 생각하는 자는 넘어질까 조심하라." 고전10:11-12

하나님께서 유대인들의 교만과 패망을 기록해 두신 것은 우리를 깨우치기 위해서입니다. 교만하면 반드시 넘어집니다. 하나님의 은혜를 가리면 반드시 망합니다. 우리가 스스로 선 줄 생각하는 순간이 가장 위험한 시간입니다.

묵상과 기도

Q. 우리가 하나님을 찾았기 때문에 하나님께서 우리를 찾아오셨습니까?

Q. 우리가 더 나은 사람이라서 구원받았다는 마음을 가지고 있지는 않습니까?

prayer. 하나님, 유대인들은 교만했습니다. 교만해서 패망했습니다. 저희는 겸손하게 해주세요. 겸손하게 하나님만 높이게 해주세요. 모든 영광을 하나님께만 돌리게 해주세요.

하나님이 자기 백성을 버리셨느냐

> **롬 11:1** 그러므로 내가 말하노니 하나님이 자기 백성을 버리셨느냐 그럴 수 없느니라 나도 이스라엘인이요 아브라함의 씨에서 난 자요 베냐민 지파라

9장에서 11장까지의 주제는 같습니다. 이 장들은 유대인들의 과거, 현재, 미래를 다루고 있습니다. 과거에 유대인들은 하나님의 백성이었습니다. 그들이 하나님의 나라를 가득 채우고 있었습니다. 하나님은 유대인들을 통해서 역사하셨습니다.

그러나 현재는 다릅니다. 유대인들은 복음을 거부하고 있습니다. 유대인들은 교회 밖에 있고, 대신 이방인들이 교회 안에 있습니다. 그렇다면 유대인들의 미래는 어떠할까요? 11장이 그 질문에 대해 답하고 있습니다.

11장으로 들어가기 전에 9장과 10장의 내용을 간단하게 정리해 보겠습니다. 바울은 하나님의 뜻과 계획은 반드시 성취된다고 말하며 8장을 마무리했습니다. "내가 확신하노니 사망이나 생명이나 천사들이나 권세자들이나 현재 일이나 장래 일이나 능력이나 높음이나 깊음이나 다른 어떤 피조물이라도 우리를 우리 주 그리스도 예수 안에 있는 하나님의 사랑에서 끊을 수 없으리라."롬8:38-39

여기서 즉시 제기되는 한 가지 질문이 있습니다. "그렇다면 유대인은 어떻게 된 것입니까? 아무도 하나님의 사랑에서 끊어지지 않는다면, 왜 대다수의 유대인은 교회 밖에 있는 것입니까?" 이 질문에 대한 대답이 9장이며, 핵심은 6절입니다. "이스라엘에게서 난 그들이 다 이스라엘이 아니요."롬9:6

이스라엘 안에 또 다른 이스라엘이 있습니다. 민족 이스라엘이 있고, 그 안에 영적 이스라엘이 있습니다. 하나님의 뜻은 모든 이스라엘을 구원하는 것이 아니라, 영적 이스라엘을 구원하는 것입니다.[133] 그 뜻은 변함없이 성취되고 있습니다.

여기서 또 다른 의문이 제기됩니다. "그렇다면 대다수의 유대인들이 실패한 이유는 무엇입니까? 무엇이 그들을 넘어지게 만들었습니까?" 그 질문의 답이 10장이며, 핵심은 13절입니다. "누구든지 주의 이름을 부르는 자는 구원을 받으리라."롬10:13

유대인인가 이방인인가 하는 것은 중요하지 않습니다. 유대인이라고 해서 저절로 구원을 받거나, 이방인이라고 해서 무조건 구원에서 배제되지 않습니다. 유대인이든 이방인이든 구원을 얻기 위해서는 예수님을 믿어야 합니다. 누구든지 예수님을 믿으면 구원을 얻습니다. 대부분의 유대인들이 실패한 것은 예수님을 믿지 않았기 때문입니다.

여기서 또 하나의 의문이 제기됩니다. "그렇다면 하나님께서 자기 백성유대인을 완전히 버리셨습니까?"1절 "유대인은 계속 소외된 채로 있게 됩니까?" 바울은 그렇지 않다고 말합니다. 이것이 11장의 배경과 주제입니다.

유대인의 미래에 대해서 말하는 로마서 11장은 논쟁이 되는 본문 가운데 하나입니다. 따라서 우리는 겸손하게 본문을 보아야 합니다. 선입견을 배제하고, 경외심을 가지고 보아야 합니다. 그리할 때 하나님의 크신 영광을 보게 될 것입니다.

묵상과 기도

Q. 이스라엘에게서 난 그들이 다 이스라엘이 아니라는 것은 어떤 뜻입니까?

Q. 대부분의 유대인들이 실패한 것은 하나님의 능력이 부족해서입니까?

prayer. 하나님, 유대인들은 교만했습니다. 유대인들은 예수님을 믿지 않았습니다. 저희가 유대인들의 실패를 반복하지 않게 해주세요. 겸손하게 하시고, 겸손히 예수님만 의지하게 해주세요. 구원에 필요한 모든 것이 예수님께만 있다는 믿음을 가지게 해주세요.

하나님이 자기 백성을 버리셨느냐 그럴 수 없느니라

롬 11:1-4 1 그러므로 내가 말하노니 하나님이 자기 백성을 버리셨느냐 그럴 수 없느니라 나도 이스라엘인이요 아브라함의 씨에서 난 자요 베냐민 지파라 2 하나님이 그 미리 아신 자기 백성을 버리지 아니하셨나니 너희가 성경이 엘리야를 가리켜 말한 것을 알지 못하느냐 그가 이스라엘을 하나님께 고발하되 3 주여 그들이 주의 선지자들을 죽였으며 주의 제단들을 헐어 버렸고 나만 남았는데 내 목숨도 찾나이다 하니 4 그에게 하신 대답이 무엇이냐 내가 나를 위하여 바알에게 무릎을 꿇지 아니한 사람 칠천 명을 남겨 두었다 하셨으니

바울은 유대인들의 미래를 설명하기 위해 다음과 같이 질문합니다. "하나님이 자기 백성을 버리셨느냐?"[1절] 이것은 이런 뜻입니다. "하나님이 자기 백성과의 관계를 완전히 끊으셨습니까?" "이제 하나님은 유대인들과 아무런 관계도 갖지 않으십니까?" "하나님은 유대인들을 완전히 버리셨습니까?" 바울은 다음과 같이 대답합니다. "그럴 수 없느니라."[1절] 바울이 이런 일이 불가능하다고 말하는 근거는 바울 자신이 유대인이기 때문입니다. "나도 이스라엘인이요 아브라함의 씨에서 난 자요 베냐민 지파라."[1절] 바울은 하나님께서 유대인을 완전히 버리지 않았다고 자신 있게 말할 수 있었습니다. 바울 자신이 이스라엘인이요 아브라함의 후손이요 베냐민 지파에 속한 사람이기 때문입니다. 바울이야말로 유대인 중의 유대인이기 때문입니다. 따라서 "하나님께서 유대인을 버리셨다"라거나 "유대인은 아무도 구원을 받을 수 없다"라고 말해서는 안 됩니다. 바울은 엘리야의 사례를 제시합니다. '엘리야의 실수'를 되풀이하지 않기를 바라는 마음 때문입니다. 엘리야는 북이스라엘에서 하나님을 믿는 사람은 이제 자신밖에 없다고 생각했습니다. 왕상19:14 그러나 하나님은 엘리야 외에도 바알에게 무릎을 꿇지 않은 사람이 칠천 명이나 남아 있다고 말씀하셨습니다. 왕상19:18 바로 이것이 '엘리야의 실수'입니다. 만약 모든 유대인이 하나님께 버림받았다고 말한다면,

그것은 엘리야의 실수를 반복하는 일입니다.

대다수의 유대인들이 교회 밖에 있을지라도, 하나님께서 유대인들을 버리셨다고 생각해서는 안 됩니다. 상당수의 유대인들이 예수님을 거부하고 있을지라도, 하나님께서 유대인들과의 관계를 완전히 끊으셨다고 생각해서는 안 됩니다. 하나님께서 엘리야의 때에 칠천 명의 의로운 자들을 남겨 두신 것처럼, 지금 유대인들 중에서도 하나님께서 택하신 자들이 있습니다. 사실 유대인들은 버림받아야 마땅합니다. 하나님께서 유대인들을 버리실지라도 유대인들은 아무 말도 할 수 없습니다. 하나님의 아들을 못 박아 죽인 자들이 유대인이기 때문입니다. 예수님의 몸된 교회를 핍박한 자들이 유대인이기 때문입니다. 하지만 하나님의 사랑은 놀랍습니다. 하나님의 은혜는 우리의 상상을 초월합니다. 유대인들이 하나님께 불순종하고, 예수님을 못 박아 죽이고, 교회를 핍박했을지라도 하나님은 유대인들을 완전히 버리지 않으셨습니다. 유대인들에게도 은혜를 베풀어 주셨습니다. 유대인 중에도 남은 자들이 있게 하셨습니다. 우리도 마찬가지입니다. 유대인들의 구원이 은혜인 것처럼, 우리의 구원도 은혜입니다. 은혜가 없었다면 우리는 여전히 어둠 속을 헤매고 있었을 것입니다. 우리는 여전히 영원한 죽음을 향해 걸어가고 있었을 것입니다.

묵상과 기도

Q. 하나님이 유대인을 완전히 버리지 않았다고 바울이 자신 있게 말할 수 있었던 근거는 무엇입니까?

prayer. 하나님, 하나님은 가장 악한 사람도 구원하실 수 있습니다. 하나님은 가장 미련한 사람도 구원하실 수 있습니다. 그러므로 저희가 아무도 포기하지 않게 해주세요. 모든 사람에게 복음을 전하게 해주세요.

은혜가 은혜 되지 못하느니라

롬 11:5-6 5 그런즉 이와 같이 지금도 은혜로 택하심을 따라 남은 자가 있느니라 6 만일 은혜로 된 것이면 행위로 말미암지 않음이니 그렇지 않으면 은혜가 은혜 되지 못하느니라

로마서 11장은 크게 세 부분으로 나누어져 있습니다. 1절부터 10절까지는 그 가운데 첫 번째 단락입니다. 바울은 여기서 비록 대부분의 유대인들이 교회 밖에 있을지라도, 하나님께서 유대인들을 완전히 버린 것은 아니라는 사실을 말하고 있습니다. 바울이 그렇게 말할 수 있는 첫 번째 이유는, 바울 자신이 유대인이기 때문입니다. 바울은 스스로가 유대인이기 때문에 하나님께서 유대인들을 완전히 버리신 것은 아니라고 자신 있게 말할 수 있었습니다.

두 번째 이유는, 하나님께서 항상 이스라엘 가운데 남은 자를 보존하셨기 때문입니다. "그런즉 이와 같이 지금도 은혜로 택하심을 따라 남은 자가 있느니라"5절 바울은 지금 유대인 중에서도 남은 자가 있다고 말합니다. 비록 대부분의 유대인들이 하나님께 불순종하고 있지만, 그중에도 남은 자가 있는 것이 확실하다고 말합니다. 이것은 이사야서 1장 9절을 인용한 것입니다. "만군의 여호와께서 우리를 위하여 생존자를 조금 남겨 두지 아니하셨더면 우리가 소돔 같고 고모라 같았으리로다."

이스라엘의 불순종은 어제오늘 일이 아닙니다. 이스라엘은 항상 하나님께 불순종했습니다. 그럼에도 이스라엘은 완전히 멸망하지 않았습니다. 하나님께서 그들을 보존하셨기 때문입니다. 만약 하나님께서 특별한 섭리로 이스라엘을 보존하지 않으셨다면, 하나님께서 그들을 "남겨 두지 아니하셨더면" 이스라엘은 틀림없이 역사의 뒤편으로 사라졌을 것입니다.

바울은 지금도 마찬가지라고 말합니다. "만일 은혜로 된 것이면 행위로 말미암지 않음이니 그렇지 않으면 은혜가 은혜 되지 못하느니라."6절 하나님께서 유대인들을 보존하신 것은 그들의 행위 때문이 아니었습니다. 유대인들에게 특별한 자격과 조건이 있어서가 아니었습니다. 오직 은혜였습니다. 바로 이것이 바울이 유대인들에게 소망이 있다고 말하는 이유입니다.

인간적인 시각으로 교회를 볼 때, 과연 미래에도 교회가 생존할 수 있을지 걱정하게 됩니다. 하지만 그것은 지극히 인본주의적인 생각입니다. 교회는 하나님의 것입니다. 교회를 지탱하는 것은 하나님의 은혜입니다. 과거에도 그랬고 앞으로도 그럴 것입니다.

묵상과 기도

Q. 이스라엘은 항상 하나님께 불순종했습니다. 그럼에도 이스라엘이 완전히 멸망하지 않았던 이유는 무엇입니까?

prayer. 하나님, 하나님께서 교회를 사랑하시니 저희도 교회를 사랑하게 해주세요. 하나님께서 교회를 포기하지 않으시니 저희도 교회를 포기하지 않게 해주세요. 하나님께서 교회를 위해 일하시니 저희도 교회를 위해 헌신하게 해주세요.

이스라엘이 구하는 그것을 얻지 못하고

> **롬 11:7-10** 7 그런즉 어떠하냐 이스라엘이 구하는 그것을 얻지 못하고 오직 택하심을 입은 자가 얻었고 그 남은 자들은 우둔하여졌느니라 8 기록된 바 하나님이 오늘까지 그들에게 혼미한 심령과 보지 못할 눈과 듣지 못할 귀를 주셨다 함과 같으니라 9 또 다윗이 이르되 그들의 밥상이 올무와 덫과 거치는 것과 보응이 되게 하시옵고 10 그들의 눈은 흐려 보지 못하고 그들의 등은 항상 굽게 하옵소서 하였느니라

7절은 유대인들의 현 상태를 말합니다. 유대인들은 구하고자 했던 것을 얻지 못했습니다. 유대인들이 구했던 것이란 '의'를 말합니다. 유대인들은 율법을 통해 의롭게 되고자 했으나 결과적으로 실패했습니다. 오히려 우둔하여졌습니다. ^{7절} 본문에서 "우둔하여졌느니라"로 번역된 헬라어 '포로오'는 딱딱하게 되는 것을 말합니다. 이것은 하나님의 은혜를 의지하는 부드러운 마음과 대조되는 딱딱한 마음을 뜻합니다.

사실 유대인들의 실패는 처음이 아닙니다. 유대인들은 과거에도 하나님의 뜻을 오해했습니다. 8절에서 10절까지는 구약에서 인용한 말씀입니다. 바울은 이를 통해 유대인들이 항상 하나님께 불순종했음을 지적합니다. 8절은 이사야서와 신명기에서 인용한 것입니다.

"대저 여호와께서 깊이 잠들게 하는 영을 너희에게 부어 주사 너희의 눈을 감기셨음이니 그가 선지자들과 너희의 지도자인 선견자들을 덮으셨음이라." ^{사29:10}

"그러나 깨닫는 마음과 보는 눈과 듣는 귀는 오늘 여호와께서 너희에게 주지 아니하셨느니라." ^{신29:4}

9절과 10절은 시편에서 인용한 것입니다.

"그들의 밥상이 올무가 되게 하시며 그들의 평안이 덫이 되게 하소서 그들의 눈이 어두워 보지 못하게 하시며 그들의 허리가 항상 떨리게 하소서." ^{시69:22-23}

이처럼 유대인들의 불순종은 처음이 아닙니다. 유대인들은 자주 하나님을 거슬렀습니다. 유대인들은 닫힌 눈과 닫힌 귀를 가지고 있었습니다. 따라서 유대인들의 현 상태가 하나님의 실패를 뜻하는 것은 아닙니다. 상당수의 유대인들이 교회 밖에 있다고 해서 하나님의 목적에 차질이 생긴 것도 아닙니다.

스데반 집사는 이 점을 정확하게 지적했습니다. "너희 조상들이 선지자들 중의 누구를 박해하지 아니하였느냐 의인이 오시리라 예고한 자들을 그들이 죽였고 이제 너희는 그 의인을 잡아 준 자요 살인한 자가 되나니 너희는 천사가 전한 율법을 받고도 지키지 아니하였도다 하니라." ^{행7:52-53}

유대인들은 스스로를 하나님의 백성이며, 거룩한 민족이라고 생각했습니다. 하지만 실상은 과거부터 지금까지 변함없이 불순종한 자들이었습니다. 우리도 이처럼 큰 착각에 빠질 수 있습니다. 불순종으로 하나님을 슬프게 하면서도 자신을 의롭게 생각할 수 있습니다. 그래서 우리는 항상 겸손해야 합니다. 겸손히 하나님의 은혜를 의지해야 합니다.

묵상과 기도

Q. 유대인들이 우둔해졌다는 것은 어떤 의미입니까?

Q. 유대인들은 불순종하면서도 하나님의 백성이라고 자만했습니다. 우리도 불순종하면서 하나님의 자녀라고 자만하지 않습니까?

prayer. 하나님, 저희가 미련한 사람인 것을 잊지 않게 해주세요. 저희가 어리석은 사람인 것을 망각하지 않게 해주세요. 그리하여 항상 겸손하게 해주세요. 항상 하나님을 의지하게 해주세요.

그 남은 자들은 우둔하여졌느니라

롬 11:7-10 7 그런즉 어떠하냐 이스라엘이 구하는 그것을 얻지 못하고 오직 택하심을 입은 자가 얻었고 그 남은 자들은 우둔하여졌느니라 8 기록된 바 하나님이 오늘까지 그들에게 혼미한 심령과 보지 못할 눈과 듣지 못할 귀를 주셨다 함과 같으니라 9 또 다윗이 이르되 그들의 밥상이 올무와 덫과 거치는 것과 보응이 되게 하시옵고 10 그들의 눈은 흐려 보지 못하고 그들의 등은 항상 굽게 하옵소서 하였느니라

대다수의 유대인들이 예수님을 거절한 이유는 무엇입니까? 상당수의 유대인들이 교회 밖에 거하는 이유는 무엇입니까? 오늘 본문은 그 질문에 대한 바울의 대답입니다. 하나님께서 그들에게 "혼미한 심령과 보지 못할 눈과 듣지 못할 귀를 주셨기 때문"입니다. 8절

예수님도 정확하게 같은 것을 가르치셨습니다. "이사야의 예언이 그들에게 이루어졌으니 일렀으되 너희가 듣기는 들어도 깨닫지 못할 것이요 보기는 보아도 알지 못하리라. 이 백성들의 마음이 완악하여져서 그 귀는 듣기에 둔하고 눈은 감았으니 이는 눈으로 보고 귀로 듣고 마음으로 깨달아 돌이켜 내게 고침을 받을까 두려워함이라 하였느니라." 마13:14-15

유대인들이 완악하게 되고 어리석게 된 것은 하나님께서 그들에게 보지 못할 눈과 듣지 못할 귀를 주셨기 때문입니다. 따라서 우리는 다음과 같이 단언할 수 있습니다. 대다수의 유대인들이 예수님을 거절한 것은 하나님께서 그렇게 정하셨기 때문이라는 사실입니다. 베드로 역시 동일하게 가르쳤습니다. "그들이 말씀을 순종하지 아니하므로 넘어지나니 이는 그들을 이렇게 정하신 것이라." 벧전2:8

하지만 하나님께서 죄의 원인이라고 말해서는 안 됩니다. 하나님은 죄를 창조하실 수 없습니다. "우리가 그에게서 듣고 너희에게 전하는 소식은 이것이니 곧 하나님은 빛이시라. 그에게는 어둠이 조금도 없으시다는 것이니라." 요일1:5

이것은 다음과 같이 설명할 수 있습니다. 성경은 사람이 자신의 힘으로 구원을 받을 수 없다고 말합니다. 하나님의 은혜 없이는 아무도 구원을 받을 수 없습니다. 따라서 정죄를 받기로 정해진 사람들은 구원받기로 선택을 받지 못했기 때문입니다. 134 하나님께서 그들을 죄인으로 만드신 것이 아니라, 그들을 구원하기로 결정하지 않으셨기 때문입니다. 구원받게 하는 은혜가 그들에게 임하지 않았기 때문입니다.

이 진리는 부흥이 어디서 오는지를 보여줍니다. 사람은 부흥을 만들어 낼 수 없습니다. 사람은 스스로의 힘으로 구원을 이루어 낼 수 없습니다. 은혜로만 구원이 가능한 것처럼, 부흥도 은혜로만 가능합니다. 최적의 상황에서도 부흥이 없을 수 있고, 최악의 상황에서도 부흥이 임할 수 있습니다. 따라서 우리는 겸손하게 하나님의 은혜를 구해야 합니다. 전적으로 하나님만 의지해야 합니다.

묵상과 기도

Q. 유대인들이 완악하게 되고 어리석게 된 것은 하나님께서 그들에게 무엇을 주셨기 때문입니까?

Q. 사람이 부흥을 만들어 낼 수 있습니까?

prayer. 하나님, 저희의 구원이 하나님의 은혜임을 믿습니다. 저희가 얻은 영생이 하나님의 선물임을 믿습니다. 그러므로 항상 하나님께만 영광을 돌리게 해주세요. 조금도 저희를 자랑하지 않게 해주세요.

올무와 덫과 거치는 것과 보응

> **롬 11:7-10** 7 그런즉 어떠하냐 이스라엘이 구하는 그것을 얻지 못하고 오직 택하심을 입은 자가 얻었고 그 남은 자들은 우둔하여졌느니라 8 기록된 바 하나님이 오늘까지 그들에게 혼미한 심령과 보지 못할 눈과 듣지 못할 귀를 주셨다 함과 같으니라 9 또 다윗이 이르되 그들의 밥상이 올무와 덫과 거치는 것과 보응이 되게 하시옵고 10 그들의 눈은 흐려 보지 못하고 그들의 등은 항상 굽게 하옵소서 하였느니라

바울은 유대인들이 과거부터 지금까지 변함없이 하나님을 거슬러 왔음을 지적하면서 다윗의 시편을 인용합니다. 본문 9절과 10절은 시편 69편에서 인용한 것입니다. "그들의 밥상이 올무가 되게 하시며 그들의 평안이 덫이 되게 하소서. 그들의 눈이 어두워 보지 못하게 하시며 그들의 허리가 항상 떨리게 하소서."시69:22-23

시편 69편은 바울이 대적들을 저주한 시편입니다. 흔히 저주 시편이라고 부르는 시편 가운데 하나입니다. 시편에는 이런 종류의 시편들이 많습니다. 대표적인 것으로 58편, 109편, 137편이 있습니다. 저주 시편은 오래전부터 논란이 되었습니다. 어떤 사람들은 저주 시편은 영감받은 말씀이 아니며, 하나님의 말씀도 아니라고 주장합니다.

하지만 성경은 모든 말씀이 하나님의 감동으로 기록되었다고 말합니다. "모든 성경은 하나님의 감동으로 된 것으로."딤후3:16 결정적으로 예수님께서 시편을 하나님의 말씀으로 인정하셨습니다. "모세의 율법과 선지자의 글과 시편에 나를 가리켜 기록된 모든 것이 이루어져야 하리라."눅24:44

저주 시편을 오해하는 이유는, 그것을 개인적인 고백 정도로 생각하기 때문입니다. 하지만 저주 시편은 사사로운 고백이 아닙니다. 다윗이 기록한 저주 시편은 개인적인 복수심을 담은 것이 아닙니다. 다윗이 사울과 압살롬을 용서했던 것을 생각해 보십시오. 다윗은 절대로 복수심에 사로잡힌 사람이 아니었습니다.

다윗은 하나님의 영광에 사로잡힌 사람이었습니다. 따라서 다윗의 저주 시편은 개인적인 복수심에 사로잡힌 노래가 아닙니다. 다윗의 저주 시편은 하나님의 입장을 대변하는 노래입니다. 하나님의 입장에서 죄인들을 정죄하는 노래입니다.

저주 시편을 오해하는 또 다른 이유는, 하나님을 '사랑의 하나님'으로만 생각하기 때문입니다. 하나님께서 진노하시며 심판하신다는 사실을 망각하기 때문입니다. 하나님의 진노와 심판은 성경 전체에 담겨 있습니다. 성경은 어디서나 하나님께 불순종하면 심판을 받을 것이라고 말합니다. 범죄하고도 괜찮을 것이라고 말하는 성경은 어디에도 없습니다.

따라서 우리 역시 다윗처럼 분노해야 합니다. 세상의 부패와 타락을 미워해야 합니다. 그리고 세상과 구별되어야 합니다. 거룩하게 구별되어야 합니다. 하나님의 거룩한 진노를 생각하며 살아야 합니다.

묵상과 기도

Q. 저주 시편도 하나님의 말씀입니까?

Q. 다윗의 저주 시편은 개인적인 복수심에 사로잡힌 노래입니까?

prayer. 하나님, 다윗은 죄를 미워했습니다. 하나님께서 죄를 미워하시기 때문입니다. 다윗은 악인들을 저주했습니다. 하나님께서 악인들을 저주하시기 때문입니다. 그러므로 저희도 죄를 미워하게 해주세요. 악인들과 구별되게 해주세요. 타락한 세상에서 거룩한 사람으로 살게 해주세요.

그들이 넘어지기까지 실족하였느냐 그럴 수 없느니라

롬 11:11-12 11 그러므로 내가 말하노니 그들이 넘어지기까지 실족하였느냐 그럴 수 없느니라 그들이 넘어짐으로 구원이 이방인에게 이르러 이스라엘로 시기나게 함이니라 12 그들의 넘어짐이 세상의 풍성함이 되며 그들의 실패가 이방인의 풍성함이 되거든 하물며 그들의 충만함이리요

로마서 11장은 크게 세 부분으로 나눌 수 있습니다. 지금부터 두 번째 단락11-32절을 살펴보겠습니다. 앞에서 1-10절 다루었던 주제는 모든 유대인들이 하나님께 버림받은 것은 아니라는 점입니다. 바울은 "하나님이 자기 백성을 버리셨느냐"라고 질문한 후, "그럴 수 없느니라"라고 대답했습니다. 1절

이제 바울은 새로운 질문과 대답으로 다음 단락을 시작합니다. "그들이 넘어지기까지 실족하였느냐. 그럴 수 없느니라." 11절 이 질문과 대답의 의미는 유대인들이 궁극적으로 버림받은 것은 아니라는 점입니다. 비록 지금은 대다수의 유대인들이 교회 밖에 있고, 하나님 나라 밖에 있지만 언젠가는 다시 교회 안으로, 하나님 나라 안으로 들어올 때가 있다는 것입니다.

사실 이 주제는 교회 안에서 상당히 간과되어 왔습니다. 유대인들은 대부분의 민족에 의해 매우 혐오스러운 방식으로 박해를 받아왔습니다. [135] 그것은 사람들이 로마서 11장의 메시지를 오해했기 때문입니다. 많은 사람들이 유대인들이 메시아를 십자가에 매달아 죽였기 때문에 하나님께 영원히 버림받았다고 생각했습니다. 하지만 이것은 중대한 오류였습니다. 바울은 하나님께서 유대인들을 영원히 버리신 것이 아니라고 확실하게 선언하였습니다. "그들이 넘어지기까지 실족하였느냐. 그럴 수 없느니라." 11절

11장의 첫 번째 단락의 주제는 '모든' 유대인들이 버림받은 것은 아니라는 점입니다. 두 번째 단락의 주제는 유대인들이 '영원히' 버림받은 것은 아니라는 점입니다. 그렇다면 모든 유대인들이 영원히 버림받았다는 오해가 생길 만큼 상당수의 유대인들이 교회 밖에 있었던 이유는 무엇일까요?

첫째, 이방인의 구원을 위해서입니다. 우리는 이해하기 힘든 사실이지만, 유대인의 실패는 이방인의 구원을 촉발하는 계기가 되었습니다. "그들이 넘어짐으로 구원이 이방인에게 이르러." 11절

둘째, 유대인들의 구원을 위해서입니다. 언젠가 유대인들은 이방인의 축복을 시기하게 될 것입니다. 그리하여 상당수의 유대인들이 하나님께로 돌아오게 될 것입니다. "그들의 넘어짐이 세상의 풍성함이 되며 그들의 실패가 이방인의 풍성함이 되거든 하물며 그들의 충만함이리요." 12절 "그들의 충만함"이란 '많은 수의 유대인'을 의미합니다. [136]

이것이 하나님의 신비로운 섭리입니다. 하나님은 유대인들의 실패를 통해 이방인들을 구원하셨습니다. 그리고 언젠가는 이방인들이 받은 축복을 통해 유대인들을 구원하실 것입니다. 따라서 유대인들은 완전히 버림받지 않았습니다. 유대인들은 영원히 버림받지도 않았습니다. 언젠가 유대인들은 복음을 받아들이게 될 것입니다. 언젠가는 유대인들도 예수님을 영접하게 될 것입니다.

묵상과 기도

Q. 상당수의 유대인들이 교회 밖에 있었던 이유는 무엇입니까?

Q. 유대인들은 완전히 버림받았습니까?

prayer. 하나님, 하나님께서 유대인들을 포기하지 않으신 것처럼, 저희도 누군가를 포기하지 않게 해주세요. 한 번 복음을 거절한다고 해서 쉽게 포기하지 않게 해주세요. 포기하지 않고 계속해서 복음을 전하게 해주세요.

하물며 그들의 충만함이리요

> **롬 11:11-12** 11 그러므로 내가 말하노니 그들이 넘어지기까지 실족하였느냐 그럴 수 없느니라 그들이 넘어짐으로 구원이 이방인에게 이르러 이스라엘로 시기나게 함이니라 12 그들의 넘어짐이 세상의 풍성함이 되며 그들의 실패가 이방인의 풍성함이 되거든 하물며 그들의 충만함이리요

바울은 "그들^{유대인들}의 넘어짐이 세상의 풍성함이 되며 그들^{유대인들}의 실패가 이방인의 풍성함이" 되었다고 말합니다. ^{12절} 유대인들이 복음을 거부한 결과 구원이 이방인들에게 주어졌습니다. 유대인들이 복음을 거부한 것이 오히려 이방인들의 회심을 촉발했습니다. 여기에는 이러한 역사적 맥락이 있습니다.

"유대인들이 그 무리를 보고 시기가 가득하여 바울이 말한 것을 반박하고 비방하거늘 바울과 바나바가 담대히 말하여 이르되 하나님의 말씀을 마땅히 먼저 너희에게 전할 것이로되 너희가 그것을 버리고 영생을 얻기에 합당하지 않은 자로 자처하기로 우리가 이방인에게로 향하노라."^{행13:45-46}

유대인들은 선택받은 민족이요 하나님의 백성이었습니다. 마땅히 복음의 우선권은 유대인들에게 있었습니다. 하지만 유대인들은 복음을 버리고 영생을 얻기에 합당하지 않은 자로 자처했습니다. 그 결과 바울은 유대인들을 떠나서 이방인들에게 복음을 전할 수밖에 없었습니다.

하지만 바울은 유대인들이 완전히 버림받은 것이 아니며, 영원히 버림받은 것이 아님을 분명히 합니다. 언젠가는 유대인들이 복음을 받아들이고, 예수님을 영접하는 날이 올 것입니다. 그렇다면 한 가지 의문이 제기될 수 있습니다. 유대인들이 복음을 거부한 반작용으로 구원이 이방인들에게 임했습니다. 따라서 언젠가 유대인들이 복음을 받아들일 때 거기에 대한 반작용으로 이방인들이 교회를 떠나게 되지는 않을까 하는 의문입니다. 이에 대해 바울은 다음과 같이 말합니다. "그들의 넘어짐이 세상의 풍성함이 되며 그들의 실패가 이방인의 풍성함이 되거든 하물며 그들의 충만함이리요."^{12절} 유대인들의 실패조차 이방인들의 구원을 "풍성"하게 하였다면, 유대인들의 회심은 얼마나 더 좋은 결과를 가져오겠는가라는 뜻입니다.

따라서 우리는 선입견을 가지지 말아야 합니다. 지금 대다수의 유대인들이 복음에서 멀어져 있다고 해서 그들이 완전히 버림받은 것은 아닙니다. 영원히 버림받은 것도 아닙니다. 하나님께서 하고자 하시면 누구든지 복음을 받아들이고, 구원에 이를 수 있습니다.

"저 사람이라면 예수님을 영접할거야"라고 생각하거나, 반대로 "저 사람은 절대 예수님을 영접하지 않을거야"라고 생각하는 것은 올바르지 않습니다. 하나님은 "하고자 하시는 자를 긍휼히 여기시고 하고자 하시는 자를 완악하게."^{롬9:18} 하시기 때문입니다. 따라서 우리는 모든 사람에게 복음을 전하기 위해 노력해야 하며, 누구든지 복음을 거부할 것이라고 미리 단정 짓지 말아야 합니다.

묵상과 기도

Q. 복음을 받아들이기에 더 좋은 조건을 가졌거나, 더 나쁜 조건을 가진 사람이 있습니까?

prayer. 하나님, 하나님은 어떤 사람도 구원하실 수 있습니다. 하나님께서 하고자 하시면 누구든지 복음을 받아들일 수 있습니다. 그러므로 저희도 사람을 가리지 않게 해주세요. 구별해서 복음을 전하지 않게 해주세요. 모든 사람에게 복음을 전하게 해주세요.

그들의 충만함이리요

> **롬 11:11-12** 11 그러므로 내가 말하노니 그들이 넘어지기까지 실족하였느냐 그럴 수 없느니라 그들이 넘어짐으로 구원이 이방인에게 이르러 이스라엘로 시기나게 함이니라 12 그들의 넘어짐이 세상의 풍성함이 되며 그들의 실패가 이방인의 풍성함이 되거든 하물며 그들의 충만함이리요

로마서 11장은 유대인들과 관련이 있습니다. 특히 11절과 12절은 11장 전체를 이해하는 중요한 열쇠입니다. 두 절의 말씀은 일종의 예언입니다. 바울은 예언자로서 말하고 있습니다. 예언의 내용은 이러합니다. "그들의 충만함이리요."12절 언젠가 많은 수의 유대인들이 교회 안으로 들어오게 된다는 것입니다. 언젠가 많은 유대인들이 회개할 것이며, 복음을 받아들일 것이고, 예수님을 영접하게 된다는 것입니다.

이 예언은 일부분 성취되었습니다. 많은 민족들이, 대표적으로 게르만 민족이 유대인들을 파멸시키기 위해 전력을 다했습니다. 그럼에도 불구하고 지금까지 유대인들이 존재하는 것은 하나님께서 그들을 보호하셨기 때문입니다. 하나님께서 유대인들과의 관계를 완전히 끊지 않으시고, 그들을 영원히 버리지 않으셨기 때문입니다. 이것은 충만한 수의 유대인들이 교회로 돌아오는 날이 오고 있다는 증거입니다.[137]

우리가 여기서 발견할 수 있는 사실은, 하나님께는 불가능이 없다는 점입니다. 하나님께서 일하시면 아무리 절망적인 사람도 회복될 수 있습니다. 사실 유대인들보다 더 절망적인 경우를 찾아보기 어렵습니다.

그들은 예수님을 십자가에 못 박았으며, 교회를 핍박한 전력을 가지고 있습니다. 그들은 아직까지도 예수님을 메시아로 인정하지 않고, 다른 메시아를 기다리고 있습니다. 그럼에도 불구하고 성경은 충만한 수의 유대인들이 회복될 것이라고 말합니다.

이 말씀은 모든 사람에게 적용될 수 있습니다. 우리 주위에는 무서운 죄에 빠진 사람들이 있습니다. 도저히 변화될 것 같지 않은 사람들이 있습니다. 오랫동안 하나님을 떠난 자들이 있습니다. 그래서 우리는 그들에게 소망이 없다고 생각합니다. 하지만 하나님께는 불가능이 없습니다. 하나님께서 유대인들의 충만한 수를 회복할 수 있다면, 다른 어떤 자들도 회복할 수 있습니다. 가장 흉악하고, 가장 거짓되고, 가장 고집 센 자들도 변화될 수 있습니다.

실제로 하나님은 지난 수 세기 동안 아무 소망이 없다고 여겨지는 사람들을 변화시키셨습니다. 오랫동안 죄에 빠져 있던 사람들을 회복시키셨습니다. 그러므로 우리는 어떤 사람이라도 희망을 잃지 말아야 합니다. 그 사람의 상태가 어떠하든지 간에 끝까지 포기하지 말아야 합니다.

묵상과 기도

Q. 흉악하고 거짓되고 고집 센 사람도 구원을 얻을 수 있습니까?

prayer. 하나님, 하나님은 전능하십니다. 하나님은 하고자 하시는 일은 무엇이든 하실 수 있습니다. 그러므로 하나님은 어떤 사람도 구원하실 수 있습니다. 어떤 사람도 변화시키실 수 있습니다. 이 믿음을 가지고 모든 사람에게 복음을 전하게 해주세요. 포기하지 않고 복음을 전하게 해주세요.

이방인의 사도인 만큼

롬 11:13-15 13 내가 이방인인 너희에게 말하노라 내가 이방인의 사도인 만큼 내 직분을 영광스럽게 여기노니 14 이는 혹 내 골육을 아무쪼록 시기하게 하여 그들 중에서 얼마를 구원하려 함이라 15 그들을 버리는 것이 세상의 화목이 되거든 그 받아들이는 것이 죽은 자 가운데서 살아나는 것이 아니면 무엇이리요

11장의 핵심은 유대인입니다. 바울은 여기서 장차 유대인들에게 일어날 일에 대해 말하고 있습니다. 그런데 바울은 자신이 유대인에 대해 말하는 것이 한 가지 오해를 불러올 수 있음을 알았습니다. 바울을 유대인의 사도로 생각하는 오해입니다. 바울에게 있어 이방인 사역은 부수적인 것이고, 사실은 유대인 사역을 중점적으로 하고 있다고 생각하는 오해입니다. 그래서 바울은 다음과 같이 말합니다. "내가 이방인의 사도인 만큼 내 직분을 영광스럽게 여기노니."13절

바울은 자신이 "이방인의 사도"라고 못을 박습니다. 바울은 아무도 자신이 유대인들에게 많은 관심을 두면서 이방인들을 소홀히 여기고 있다는 식으로 오해하지 않기를 바랍니다. 바울이 가장 영광스럽게 여긴 것은, 자신이 이방인을 위해 부름을 받았다는 사실이었습니다.

그렇다면 바울이 오해를 감수하면서까지 유대인에 관해 설명하는 이유는 무엇일까요? 왜 바울은 이방인이 대다수를 차지하던 로마교회 신자들에게 유대인을 향한 하나님의 섭리에 대해 자세히 설명하고 있을까요? 그 이유는 장차 유대인들에게 일어날 일로 인해 이방인들도 큰 축복을 받을 것이기 때문입니다. 바로

그것이 15절의 내용입니다. "그들을 버리는 것이 세상의 화목이 되거든 그 받아들이는 것이 죽은 자 가운데서 살아나는 것이 아니면 무엇이리요." 이후에 자세히 설명하겠지만, 15절은 유대인의 구원이 이방인들의 구원과 밀접하게 관련되어 있음을 보여줍니다.

따라서 바울이 유대인에 대해 상세히 설명하는 것은, 자신이 "이방인의 사도"로 부름을 받은 것을 망각하는 행위가 아닙니다. 바울은 자신이 "이방인의 사도"임을 잘 알고 있습니다. 그리고 자신이 이방인의 사도이기 때문에 유대인에 대해 상세하게 설명하는 것입니다. 하나님께서 장차 유대인들에게 하실 일이, 동시에 이방인들을 위한 일이기 때문입니다. 유대인의 위치와 그들의 구원에 대해서 무지한 것은, 동시에 이방인들의 위치와 그들의 구원에 대해 무지한 일이기 때문입니다.

우리 대부분은 유대인이 아닙니다. 우리는 바울이 이방인이라고 말하는 부류의 사람들입니다. 하지만 우리는 유대인에 대해 좀 더 알아야 합니다. 하나님께서 유대인들에게 가지고 계신 목적에 대해 좀 더 관심을 가져야 합니다. 그들에게 일어날 일이 우리와도 밀접한 관련이 있기 때문입니다.

묵상과 기도

Q. '저 사람은 복음을 믿지 않을 거야'라고 생각한 적이 있습니까?

Q. 한두 번 복음을 전한 후에 포기한 적이 있습니까?

prayer. 하나님께서 일하시면 누구든지 복음을 믿을 수 있습니다. 하나님께서 일하시면 어떤 사람이든지 변화될 수 있습니다. 이 믿음을 가지고 우리 곁에 있는 모든 사람에게 복음을 전하게 해주세요. 복음을 거절하는 사람들을 포기하지 않게 해주세요.

죽은 자 가운데서 살아나는 것이 아니면 무엇이리요

롬 11:13-15 13 내가 이방인인 너희에게 말하노라 내가 이방인의 사도인 만큼 내 직분을 영광스럽게 여기노니 14 이는 혹 내 골육을 아무쪼록 시기하게 하여 그들 중에서 얼마를 구원하려 함이라 15 그들을 버리는 것이 세상의 화목이 되거든 그 받아들이는 것이 죽은 자 가운데서 살아나는 것이 아니면 무엇이리요

유대인들은 이방인들을 "무할례자"라고 불렀습니다. 문자적으로는 단순히 할례를 받지 않은 사람이라는 의미이지만, 실제로는 이방인들을 경멸하는 의미였습니다. 심지어 유대인들은 이방인들을 "개"라고까지 불렀습니다. 이방인들이 하나님 나라 밖에 있었기 때문입니다. 하나님과 아무 상관없는 사람이었기 때문입니다.

이제는 정반대가 되었습니다. 이제는 유대인들이 교회 밖에 있습니다. 이제는 유대인들이 하나님 나라 밖에 있습니다. 이제는 유대인들이 하나님과 아무 상관없는 사람처럼 되었습니다. 그래서 과거에 유대인들이 이방인들에게 했던 일을, 이제는 이방인들이 유대인들에게 행할 가능성이 있었습니다. 유대인들이 이방인들을 배척하고 조롱했던 것처럼, 이방인들이 유대인들을 배척하고 조롱할 수 있었습니다. 그래서 바울은 과거에 유대인들이 이방인들을 배척한 것이 잘못된 일이었던 것처럼, 지금 이방인들이 유대인들을 배척하는 것도 잘못된 일임을 강조합니다. 바울의 이런 심정이 14절에 잘 나타납니다. "이는 혹 내 골육을 아무쪼록 시기하게 하여 그들 중에서 얼마를 구원하려 함이라."

바울은 이방인의 사도였지만, 유대인들을 잊지 않았습니다. 바울은 여전히 유대인들을 품고 있으며, 그들의 회심을 바라고 있습니다. 그것이 하나님의 뜻이라는 것도 알고 있습니다. 이 사실은 15절에 잘 나타납니다. "그들을 버리는 것이 세상의 화목이 되거든 그 받아들이는 것이 죽은 자 가운데서 살아나는 것이 아니면 무엇이리요." 15절은 사실상 12절의 반복입니다. "그들의 넘어짐이 세상의 풍성함이 되며 그들의 실패가 이방인의 풍성함이 되거든 하물며 그들의 충만함이리요."롬11:12

바울은 12절에서 언젠가 유대인 중 많은 이들이 회심할 것을 예언했습니다. 15절도 정확하게 같은 뜻입니다. 바울은 유대인들에게 "죽은 자 가운데서 살아나는" 것처럼 놀라운 일이 일어날 것이라고 말합니다. 죽은 자가 다시 사는 것은 경이로운 일입니다. 세상에 그보다 더 신비로운 일은 없습니다. 유대인의 회심도 마찬가지입니다. 지금은 유대인들이 완전히 돌아선 것처럼 보이고, 배척받은 것처럼 보입니다. 그들은 복음을 등진 것처럼 보이고, 교회를 떠난 것처럼 보입니다. 하지만 언젠가는 유대인들이 다시 돌아오게 될 것입니다. 교회의 기존 신자들은 그 모습을 보며 경탄하게 될 것입니다. 마치 죽은 자가 다시 사는 것을 보는 것처럼 놀라게 될 것입니다.

이것이 우리에게 주는 교훈은 분명합니다. 우리는 어떤 사람도 구원받지 못할 사람으로 단정 짓지 말아야 합니다. 우리는 아무도 포기하지 말아야 합니다. 하나님은 가장 절망적인 사람과 무리도 변화시킬 수 있습니다. 언젠가 유대인들에게도 그런 일이 일어날 것입니다.

묵상과 기도

Q. "죽은 자 가운데서 살아나는 것" 같은 일은 장차 어떤 일이 있을 것을 예고하는 것입니까?

Q. 하나님은 가장 악한 사람도 변화시킬 수 있음을 믿습니까?

prayer. 하나님, 하나님은 선한 목자이십니다. 자기 양을 잃어버리지 않는 선한 목자이십니다. 지금 대다수의 유대인들이 하나님을 떠나 있지만, 그들 중에도 하나님의 양이 있음을 믿습니다. 그리고 하나님은 그들을 잃어버리지 않으실 것을 믿습니다.

제사하는 처음 익은 곡식 가루가 거룩한즉 떡덩이도 그러하고 뿌리가 거룩한즉 가지도 그러하니라

롬 11:16 제사하는 처음 익은 곡식 가루가 거룩한즉 떡덩이도 그러하고 뿌리가 거룩한즉 가지도 그러하니라

앞에서 바울은 언젠가 유대인들이 회심하게 될 것을 말했습니다. "그들의 넘어짐이 세상의 풍성함이 되며 그들의 실패가 이방인의 풍성함이 되거든 하물며 그들의 충만함이리요."롬11:12

이제부터 바울은 왜 유대인들에게 그러한 일들이 일어나야 하는지를 말합니다. 그 이유는 다음과 같습니다. "제사하는 처음 익은 곡식 가루가 거룩한즉 떡덩이도 그러하고 뿌리가 거룩한즉 가지도 그러하기 때문"입니다. 16절

바울은 16절에서 두 가지 비유를 사용하고 있습니다. 하나는 처음 익은 곡식 가루와 떡덩이의 비유이고, 또 하나는 뿌리와 가지의 비유입니다. 두 가지 비유는 정확하게 같은 의미입니다. 둘 다 부분과 전체의 관계를 의미합니다.[138] 부분이 거룩하다면 전체도 거룩하다는 뜻입니다. 첫 번째 비유는 가루가 거룩하다면 그 가루로 만든 떡덩이도 거룩하다는 뜻이고, 두 번째 비유는 뿌리가 거룩하다면 그 뿌리에서 뻗어 나온 가지도 거룩하다는 뜻입니다. 따라서 가루와 뿌리는 같은 것을 의미하고, 떡덩이와 가지도 같은 것을 의미합니다.

그렇다면 가루와 뿌리가 의미하는 것은 무엇이며, 떡덩이와 가지가 의미하는 것은 무엇일까요? 실마리는 11장의 후반부에 있습니다. "복음으로 하면 그들이 너희로 말미암아 원수 된 자요 택하심으로 하면 조상들로 말미암아 사랑을 입은 자라."롬11:28

바울은 유대인들이 조상들로 말미암아 사랑을 입은 자라고 말합니다. 따라서 가루와 뿌리가 의미하는 것은 유대인들의 조상, 특별히 유대 민족의 시조인 아브라함을 말합니다. 그리고 떡덩이와 가지는 바울 당시의 유대인들을 말합니다.[139]

우리는 여기서 유대인들이 가지는 독특한 위치를 발견할 수 있습니다. 하나님은 아브라함을 부르셨고, 유대인들은 아브라함의 후손입니다. 하나님은 아브라함과 언약을 맺으셨고, 그 언약의 혜택을 자손에게도 베풀어 주시겠다고 말씀하셨습니다. "내가 내 언약을 나와 너 및 네 대대 후손 사이에 세워서 영원한 언약을 삼고 너와 네 후손의 하나님이 되리라."창17:7

이처럼 하나님은 "조상들로 말미암아" 유대인들을 사랑하십니다. 하나님은 유대인들의 조상들, 특히 아브라함에게 하신 언약을 잊지 않고 계십니다. 따라서 하나님께서 유대인들을 완전히 잊었다거나, 그들을 영원히 버리셨다고 생각해서는 안 됩니다. 하지만 유대인들이 더 높은 위치에 있다거나, 더 유리한 위치에 있는 것은 아닙니다. 그들은 특별하지만 구별되어 있지는 않습니다.[140] 오직 믿음으로만 구원을 얻는다는 점에서 유대인과 이방인은 동등합니다. 아브라함이 유대인의 조상이며, 하나님께서 유대인들을 위해 특별한 섭리를 많이 행하셨다 할지라도, 예수님을 믿지 않는 유대인들은 더 이상 특별하지 않습니다.

묵상과 기도

Q. 가루와 뿌리는 누구를 의미합니까?

Q. 떡덩이와 가지는 누구를 의미합니까?

prayer. 하나님, 이 세상에는 예수님을 모르는 사람들이 많습니다. 유대인들처럼 완고하게 예수님을 거절하는 사람들이 많습니다. 저희가 그들에게 복음을 전하게 해주세요. 그들에게 복음을 전하는 일에 기도와 물질로 협력하게 해주세요.

돌감람나무인 네가 그들 중에 접붙임이 되어

롬 11:17 또한 가지 얼마가 꺾이었는데 돌감람나무인 네가 그들 중에 접붙임이 되어 참감람나무 뿌리의 진액을 함께 받는 자가 되었은즉

16절에 사용된 비유를 다시 생각해 봅시다. 16절의 비유에는 곡식 가루와 떡덩이, 뿌리와 가지가 등장했습니다. 여기서 곡식 가루와 뿌리가 같은 것을 의미하고, 떡덩이와 가지가 같은 것을 의미한다고 했습니다. 전자는 유대인들의 조상 특히 아브라함을 의미하고, 후자는 바울 당시의 유대인들을 의미합니다.

따라서 17절에 등장하는 "가지"는 명백히 유대인들을 의미합니다. 여기까지는 어렵지 않습니다. 문제는 이후에 등장하는 단어입니다. '돌감람나무'와 '참감람나무'가 무엇을 의미하는지에 대해 많은 이견이 있습니다. 흔히 돌감람나무를 이방인으로, 참감람나무를 유대인으로 해석하곤 합니다. 하지만 그렇게 되면 이방인이 유대인에게 접붙임을 받는다는 말이 됩니다. 바울 당시에 대부분의 유대인들은 복음을 거절했기 때문에 이런 해석은 말이 되지 않습니다. 가장 바른 해석은 참감람나무를 단순히 유대인으로 보는 것이 아니라, 하나님의 백성으로 보는 것입니다.[141] 이 해석의 열쇠는 로마서 9장 6절에 있습니다. "그러나 하나님의 말씀이 폐하여진 것 같지 않도다. 이스라엘에게서 난 그들이 다 이스라엘이 아니요." 모든 이스라엘이 다 이스라엘이 아닙니다. 유대인이라고 해서 다 하나님의 백성이 아니라는 뜻입니다.

따라서 이방인들은 유대인들에게 접붙임을 받은 것이 아닙니다. 이방인들은 구약부터 이어져 온 참된 하나님의 백성들, 다시 말해 구약의 교회에 접붙임을 받았습니다. 그리하여 신약의 교회를 이루었습니다. 바울은 에베소서에서도 동일한 사실을 강조했습니다.

"이 둘로 자기 안에서 한 새사람을 지어 화평하게 하시고."엡2:15

"십자가로 이 둘을 한 몸으로 하나님과 화목하게 하려 하심이라".엡2:16

"우리 둘이 한 성령 안에서 아버지께 나아감을 얻게 하려 하심이라."엡2:18

바울이 에베소서에서 사용하는 "둘"과 "한"이라는 표현은 모두 다 이방인과 유대인을 의미합니다. 구약 시대에는 유대인들만 교회를 이루었으나, 신약 시대에는 이방인들과 유대인들이 함께 교회를 이룬다는 뜻입니다.

중요한 것은 하나님께서 하나의 교회를 이루셨다는 점입니다. 유대인의 교회가 따로 있고, 이방인의 교회가 따로 있지 않습니다. 오직 하나의 교회만 있습니다. 따라서 교회 이기주의는 사라져야 합니다. 공교회성을 회복해야 합니다. 자신이 속한 교회만 중요하게 생각해서는 안 됩니다. 넉넉한 교회는 부족한 교회를 생각해야 하고, 파송한 교회는 선교지의 교회를 생각해야 합니다. 우리 교회만 생각하지 말고, 전체 교회를 생각해야 합니다.

묵상과 기도

Q. 참감람나무는 누구를 의미합니까?

Q. 이웃 교회를 위해 기도하고 있습니까? 흩어져 있는 교회들을 위해 기도하고 있습니까?

prayer. 하나님, 모든 교회는 하나님의 자녀입니다. 모든 교회는 예수님의 몸입니다. 따라서 모든 교회는 한 교회입니다. 그러므로 저희 교회만 생각하지 않게 해주세요. 어려운 교회와 선교지의 교회를 생각하게 해주세요.

그 가지들을 향하여 자랑하지 말라

롬 11:18-21 18 그 가지들을 향하여 자랑하지 말라 자랑할지라도 네가 뿌리를 보전하는 것이 아니요 뿌리가 너를 보전하는 것이니라 19 그러면 네 말이 가지들이 꺾인 것은 나로 접붙임을 받게 하려 함이라 하리니 20 옳도다 그들은 믿지 아니하므로 꺾이고 너는 믿으므로 섰느니라 높은 마음을 품지 말고 도리어 두려워하라 21 하나님께서 원 가지들도 아끼지 아니하셨은즉 너도 아끼지 아니하시리라

바울은 유대인과 이방인의 위치에 관해 말했습니다. 특히 오랫동안 하나님의 백성이었던 유대인들이 교회 밖에 있는 것과 반대로 하나님을 몰랐던 이방인들이 교회 안으로 들어온 특이한 현상에 대해 말했습니다.[142] 이제 바울은 이 특이한 현상이 불러올 수 있는 한 가지 사태를 경고하고자 합니다. 그것은 바로 이방인들이 지나치게 교만한 마음을 품는 일입니다.

18절에서 바울은 이방인들에게 "자랑하지 말라"고 말합니다. 아마 당시 로마교회의 신자 중 일부가 유대인들을 멸시하면서 자신들을 자랑했던 것 같습니다. 이방인인 자신들은 교회 안에 있고, 유대인들은 교회 밖에 있었기 때문에, 이방인들이 유대인들보다 더 우월하다고 생각했던 것 같습니다. 만일 실제로 그런 일이 발생했다면, 그것은 유대인들의 실패를 반복하는 일이었습니다.

유대인이라는 "가지가 꺾인 것은"19절 그들이 교만했기 때문입니다. 유대인들은 자신들이 다른 민족보다 더 우월하다고 생각했습니다. 유대인들은 자신들이 유대인이라는 이유만으로 하나님의 백성에 포함된다고 생각했습니다. 유대인들은 자신들이 아브라함의 후손이기 때문에 당연히 구원을 받는다고 생각했습니다. 그래서 그들은 예수님을 영접하지 않았고, 복음을 믿지도 않았습니다.

따라서 지금 바울은 이방인들을 향해서 다음과 같이 말하는 것이나 마찬가지입니다. "만일 너희들이 유대인들보다 더 우월하기 때문에 구원을 받았다고 생각한다면, 그것은 유대인들의 실패를 반복하는 것이다. 그러므로 겸손하라. 자랑하지 말라."

이어서 바울은 "두려워하라"고 말합니다. 20절 무엇을 두려워하라는 것일까요? 21절에서 이렇게 말합니다. "하나님께서 원 가지들도 아끼지 아니하셨은즉 너도 아끼지 아니하시리라." 이것은 이런 뜻입니다. 만일 하나님께서 유대인이라는 가지를 제거하셨다면, 이방인이라는 가지를 제거하는 것도 가능하다는 것입니다. 따라서 바울은 이렇게 말하는 것이나 마찬가지입니다. "유대인들은 교만하여 버림받았다. 그들은 예수님이 필요하지 않은 것처럼 교만하여 버림받았다. 마찬가지로 이방인들도 교만한 마음을 품는다면, 유대인들과 동일하게 버림받을 것이다."

우리가 구원받은 이유는 하나밖에 없습니다. 우리가 대단한 사람이거나, 특별한 조건을 갖추었기 때문이 아닙니다. 오직 예수님 때문입니다. 따라서 우리는 겸손해야 합니다. 우리가 다른 사람보다 더 나은 사람이기 때문에 구원받은 것처럼 생각하지 말아야 합니다. 나아가 자신을 자랑하지 말아야 합니다. 우리가 자랑할 것이 있다면 하나밖에 없습니다. 우리를 구원하신 하나님의 은혜입니다. 그것 외에는 아무 것도 자랑하지 말아야 합니다.

묵상과 기도

Q. 바울이 이방인들에게 "자랑하지 말라"고 말했던 이유는 무엇일까요?

Q. 유대인이라는 가지가 꺾인 이유는 무엇입니까?

prayer. 하나님, 저희가 하나님의 능력으로 구원받았음을 믿습니다. 저희가 오직 예수님 때문에 구원받았음을 믿습니다. 그러므로 항상 겸손하게 해주세요. 교만하지 않게 해주세요. 자랑하지 않게 해주세요.

뿌리가 너를 보전하는 것이니라

> **롬 11:18-21** 18 그 가지들을 향하여 자랑하지 말라 자랑할지라도 네가 뿌리를 보전하는 것이 아니요 뿌리가 너를 보전하는 것이니라 19 그러면 네 말이 가지들이 꺾인 것은 나로 접붙임을 받게 하려 함이라 하리니 20 옳도다 그들은 믿지 아니하므로 꺾이고 너는 믿으므로 섰느니라 높은 마음을 품지 말고 도리어 두려워하라 21 하나님께서 원 가지들도 아끼지 아니하셨은즉 너도 아끼지 아니하시리라

바울은 18절에서 "자랑하지 말라!"고 말합니다. 20절에서는 "높은 마음을 품지 말라!"고 말합니다. 두 가지 다 같은 의미입니다. "교만하지 말라!"는 것입니다. 바울은 자주 교만을 경고합니다. 바울이 기록한 모든 서신에서 교만에 대한 경고를 발견할 수 있습니다. 다른 모든 성경도 마찬가지입니다. 교만을 이토록 경계하는 이유는 인간의 원죄가 사실상 교만으로부터 시작되었기 때문입니다. 아담과 하와가 선악과를 취한 것은 하나님처럼 되고 싶은 마음 때문이었습니다. 사탄은 하나님처럼 될 수 있다는 말로 그들을 유혹했습니다. ^{창3:5}

사탄이 타락한 이유도 교만입니다. 성경은 하나님보다 높아지려는 마음이 사탄이 타락한 이유라고 말합니다. "너 아침의 아들 계명성이여, 어찌 그리 하늘에서 떨어졌으며 너 열국을 엎은 자여 어찌 그리 땅에 찍혔는고. 네가 네 마음에 이르기를 내가 하늘에 올라 하나님의 뭇 별 위에 내 자리를 높이리라. 내가 북극 집회의 산 위에 앉으리라. 가장 높은 구름에 올라가 지극히 높은 이와 같아지리라 하는도다." ^{사14:12-14}

이처럼 교만은 모든 악의 근원입니다. 교만은 하나님의 뜻에 완전히 반대되는 정신입니다. 신자의 모범은 예수님이며, 예수님은 겸손하셨습니다. "너희 안에 이 마음을 품으라. 곧 그리스도 예수의 마음이니 그는 근본 하나님의 본체시나 하나님과 동등됨을 취할 것으로 여기지 아니하시고 오히려 자기를 비워 종의 형체를 가지사 사람들과 같이 되었고 사람의 모양으로 나타나사 자기를 낮추시고 죽기까지 복종하셨으니 곧 십자가에 죽으심이라." ^{빌2:5-8}

하나님의 지위에 오르려고 했던 사단과 달리 예수님은 사람이 되기까지 낮아지셨습니다. 우리는 사탄이 아니라 예수님을 따라야 합니다. 교만하지 말고 겸손해야 합니다.

우리가 겸손해야 하는 이유는 오늘 본문 18절에 잘 나타나 있습니다. "네가 뿌리를 보전하는 것이 아니요 뿌리가 너를 보전하는 것이니라." 우리가 자신을 구원한 것이 아니라 하나님께서 우리를 구원하셨다는 뜻입니다. 우리를 접붙이신 분은 하나님입니다. 어떤 나무도 스스로 접붙일 수 없는 것처럼, 어떤 사람도 자기 자신을 구원할 수 없습니다.

모든 사람은 "허물과 죄로" 인하여 죽어 있습니다. ^{엡2:1} 죽은 자가 스스로 살아날 수 없는 것처럼, 스스로 회심할 수 있는 사람은 없습니다. 모든 사람은 구원에 있어서 철저히 무력합니다. 따라서 어떤 면으로든지 우리가 다른 사람보다 우월하다고 생각해서는 안 됩니다. 그런 생각은 기독교의 정신이 아닙니다. 우리는 자랑하지 말아야 하며, 높은 마음을 품지 말아야 합니다.

묵상과 기도

Q. 인간의 원죄는 사실상 무엇으로부터 시작되었습니까?

Q. 우리가 항상 겸손해야 하는 이유는 무엇입니까?

prayer. 하나님, 저희는 자주 자신을 자랑합니다. 저희가 더 나은 사람처럼 생각합니다. 저희는 자주 교만합니다. 부디 저희가 겸손하게 해주세요. 자신을 자랑하지 않고, 높은 마음을 품지 않게 해주세요.

너도 찍히는 바 되리라(1)

바울은 "너도 찍히는 바 되리라"라고 말합니다. 이 것은 바울이 지금까지 가르쳤던 내용들과 모순되는 것처럼 보입니다. 이제까지 바울은 하나님의 선택과 구원의 확신과 성도의 견인에 대해 가르쳤습니다. 하 나님께서 선택하신 자들을 절대로 버리지 않으시며, 믿는 자들의 구원은 확실하다고 가르쳤습니다.

모순처럼 보이는 본문을 이해하는 가장 좋은 방법 은 의미가 분명한 본문을 살펴보는 일입니다. 성경은 성도의 궁극적 구원에 대해 다음과 같이 말하고 있습 니다.

"내가 그들에게 영생을 주노니 영원히 멸망하지 아 니할 것이요 또 그들을 내 손에서 빼앗을 자가 없느니 라."요10:28

"아버지께서 아들에게 주신 모든 사람에게 영생을 주게 하시려고 만민을 다스리는 권세를 아들에게 주 셨음이로소이다."요17:2

"너희는 말세에 나타내기로 예비하신 구원을 얻기 위하여 믿음으로 말미암아 하나님의 능력으로 보호하 심을 받았느니라."벧전1:5

이처럼 선택받은 자들의 구원은 확실합니다. 하나 님은 구원하기로 예정한 자들을 잃어버리지 않습니 다. 어떤 경우에도 믿는 자들을 보호하십니다.

그렇다면 "너도 찍히는 바 되리라"라는 말씀을 어 떻게 이해해야 할까요? 핵심은 바울이 누구를 대상

으로 말하느냐에 달려 있습니다. 이스라엘이 육적 인 이스라엘과 영적인 이스라엘로 나누어지는 것처 럼, 롬9:6 교회는 가시적 교회와 비가시적 교회로 나누 어집니다. 가시적 교회는 사람의 눈에 보이는 교회이 고, 비가시적 교회는 하나님의 눈에 보이는 교회입니 다. 비가시적 교회는 참된 신자만으로 이루어져 있지 만, 가시적 교회에는 가라지 신자도 포함되어 있습니 다. 따라서 바울이 경고하는 대상은 가시적 교회입니 다.[143]

동일한 말씀을 예수님도 하셨습니다. "또 너희에게 이르노니 동 서로부터 많은 사람이 이르러 아브라함 과 이삭과 야곱과 함께 천국에 앉으려니와 그 나라의 본 자손들은 바깥 어두운 데 쫓겨나 거기서 울며 이를 갈게 되리라."마8:11-12 그리고 실제로 육적인 이스라 엘은 버림받았습니다.

바울이 궁극적으로 전하려는 메시지는 '겸손'입니 다. 앞에서 겸손할 것을 명령했던 바울은, 여기서도 그 주제를 반복하고 있습니다. 만약 하나님께서 우 리를 준엄하게 대하신다면 우리에게 구원은 없습니 다.22절 우리의 구원이 가능한 이유는 하나님께서 우 리를 인자하게 대하시기 때문입니다.22절 따라서 우리 는 모든 공로를 하나님께만 돌려야 합니다. 모든 공로 는 우리를 준엄하게 대하지 않으시고 인자하게 대하 신 하나님께 있습니다.

묵상과 기도

Q. 바울이 "너도 찍히는 바 되리라"라고 경고하는 대상은 누구 입니까?

Q. 우리에게 자신을 자랑할 자격이 있습니까?

prayer. 하나님, 저희에겐 자신을 자랑할 자격이 없습니다. 저 희는 심판을 받아야 마땅합니다. 그럼에도 불구하고 저희가 구 원을 받은 것은 하나님의 은혜 때문입니다. 그러므로 자신을 높 이는 대신 하나님을 높이게 해주세요. 자신을 자랑하는 대신 하 나님을 자랑하게 해주세요.

너도 찍히는 바 되리라 (2)

롬 11:22 그러므로 하나님의 인자하심과 준엄하심을 보라 넘어지는 자들에게는 준엄하심이 있으니 너희가 만일 하나님의 인자하심에 머물러 있으면 그 인자가 너희에게 있으리라 그렇지 않으면 너도 찍히는 바 되리라

구원은 하나님의 선택에 달려 있습니다. 하나님은 행위가 아니라 믿음을 보시고 구원하십니다. 하나님은 믿는 자들을 결코 버리지 않으십니다. 절대로 그들을 심판하지 않으십니다. "그러므로 이제 그리스도 예수 안에 있는 자에게는 결코 정죄함이 없나니."롬8:1

하지만 하나님을 믿는 자들에게 아무런 문제가 없을 것이라고 생각해서는 안 됩니다. 가시적 교회들이 언제나 견고하게 서 있을 것이라고 생각해서는 안 됩니다. 이것이 "그렇지 않으면 너도 찍히는 바 되리라"라는 말씀이 담고 있는 경고입니다.

이스라엘은 찍혀서 떨어져 나갔습니다. 이런 일은 또다시 일어날 수 있습니다. 실제로 바울의 편지를 받았던 로마교회는 어떻게 되었습니까? 몇 백 년 후에 '교황주의'의 본거지가 되었습니다. 비슷한 사례는 수없이 많습니다. 장로교회의 뿌리인 스코틀랜드는 지금 어떠합니까? 장로교회의 신앙고백서를 작성한 런던은 지금 어떠합니까? 칼뱅이 활동했던 제네바는 어떠합니까? 기독교인을 찾아보기가 힘들 지경입니다. 유럽의 기독교인 비율이 약 백 년 전과 비교할 때 절반 이하로 떨어진 것은 부인할 수 없는 사실입니다.

계시록의 일곱 교회로 불리는 교회들은 지금 어떠합니까? 바울은 소아시아 지방의 일곱 교회에 편지를 보냈습니다. 당시에 그 교회들은 상당한 교세를 가지고 있었습니다. 그들은 초기 기독교 역사에서 중대한 역할을 감당했습니다. 하지만 지금은 흔적만 겨우 찾아볼 수 있을 따름입니다. 이것은 "그렇지 않으면 너도 찍히는 바 되리라"라는 말씀의 역사적 증거입니다. 하나님은 타락한 교회를 역사 속에서 심판하셨습니다.

성경은 교회에 대해 다음과 같이 말합니다. "만일 내가 지체하면 너로 하여금 하나님의 집에서 어떻게 행하여야 할지를 알게 하려 함이니 이 집은 살아 계신 하나님의 교회요 진리의 기둥과 터니라."딤전3:15

교회는 진리의 기둥입니다. 교회는 진리를 수호하는 기둥이 되어야 합니다. 이 점에 있어서 양보하지 말아야 합니다. 그렇지 않으면 우리는 정말 찍히고 버림받을지 모릅니다.

우리는 한때 부흥했던 유럽의 교회들이 쇠퇴하는 것을 보고 있습니다. 별처럼 빛나던 교회들이 빛을 잃어가는 것을 보고 있습니다. 그러므로 우리는 두려워해야 합니다. 그리고 겸손해야 합니다. 잠잠히 하나님께 나아가 기도해야 합니다. 하나님의 도움을 구해야 합니다.

묵상과 기도

Q. 조국의 교회가 찍혀서 버림받지 않도록 우리가 해야 하는 일은 무엇일까요?

prayer. 하나님, 역사상 많은 교회가 부패하고 타락하여 하나님께 찍혀 버림을 받았습니다. 부디 조국의 교회가 부패하고 타락하지 않게 해주세요. 진리를 수호하는 교회가 되게 해주세요. 올바른 교리를 가르치는 교회가 되게 해주세요.

그들을 접붙이실 능력이 하나님께 있음이라

롬 11:23-24 23 그들도 믿지 아니하는 데 머무르지 아니하면 접붙임을 받으리니 이는 그들을 접붙이실 능력이 하나님께 있음이라 24 네가 원 돌감람나무에서 찍힘을 받고 본성을 거슬러 좋은 감람나무에 접붙임을 받았으니 원 가지인 이 사람들이야 얼마나 더 자기 감람나무에 접붙이심을 받으랴

바울은 11장에서 유대인을 향한 하나님의 섭리를 설명합니다. 여기서 바울은 하나님께서 유대인들을 완전히 버리지 않으셨으며, 유대인들을 향한 특별한 계획을 가지고 계시다고 말합니다. 바울이 그렇게 주장하는 근거는 다음과 같습니다.

첫째, 바울 자신이 유대인이기 때문입니다. "하나님이 자기 백성을 버리셨느냐 그럴 수 없느니라. 나도 이스라엘인이요 아브라함의 씨에서 난 자요 베냐민 지파라."**롬11:1** 바울은 자기 자신이 유대인이기 때문에 하나님이 유대인들을 다 버린 것이 아니라고 자신 있게 말할 수 있었습니다. 둘째, 바울 외에도 예수님을 영접한 유대인들이 있었기 때문입니다. "지금도 은혜로 택하심을 따라 남은 자가 있느니라."**롬11:5** 실제로 사도행전 전반부에는 수많은 유대인들이 회심한 장면이 기록되어 있습니다. "하나님을 찬미하며 또 온 백성에게 칭송을 받으니 주께서 구원받는 사람을 날마다 더하게 하시니라."**행2:47** 셋째, 하나님께서 아브라함과 맺은 언약을 기억하시기 때문입니다. "뿌리가 거룩한즉 가지도 그러하니라."**롬11:16** '뿌리'는 유대인의 시조 '아브라함'을, '가지'는 '유대인들'을 의미합니다. 하나님은 유대인의 뿌리인 아브라함과 맺은 언약을 잊지 않고 계십니다. 넷째, 하나님께서는 유대인을 변화시킬 능력이 있기 때문입니다. "그들을 접붙이실 능력이 하나님께 있음이라."**23절** 유대인들이 아무리 어리석고 완고하다 할지라도 그들을 변화시키는

것은 하나님께 있어 전혀 어려운 일이 아닙니다. 다섯째, 이미 하나님께서 이방인들을 변화시키셨기 때문입니다. "네가 원 돌감람나무에서 찍힘을 받고 본성을 거슬러 좋은 감람나무에 접붙임을 받았으니 원 가지인 이 사람들이야 얼마나 더 자기 감람나무에 접붙이심을 받으랴."**24절** '돌감람나무'는 이방인들을, "원 가지"는 유대인들을 의미합니다. 어떤 점에서 이방인들의 회심은 유대인들의 회심보다 더 어렵다고 볼 수 있습니다. 오랫동안 이방인들에게는 율법도, 언약도, 선지자도, 제사도, 성전도 없었기 때문입니다. 반면 유대인들은 이 모든 특권을 누리고 있었습니다. 하나님께서 모든 면에 있어서 유대인보다 불리한 입장에 있었던 이방인들을 불러 모으셨다면, 본래 하나님의 백성이었던 유대인들을 불러 모으는 일은 훨씬 더 쉬울 것입니다.[144] 따라서 우리는 하나님께서 유대인들을 완전히 버렸다거나, 유대인들이 회심할 가능성이 전혀 없다고 말해서는 안 됩니다. 하나님은 유대인들을 위한 계획을 가지고 계시고, 그 계획을 이루실 능력도 가지고 계십니다. 역사는 아무렇게나 흘러가지 않습니다. 역사를 움직이는 힘은 하나님께 있습니다. 하나님은 영원 전에 세우신 계획을 반드시 성취할 것입니다. 지금 우리가 보기에 유대인들의 회심은 불가능해 보입니다. 유대인들이 복음을 영접하는 일은 요원해 보입니다. 하지만 언젠가는 이루어질 것입니다. 그것이 하나님의 뜻이요, 계획이기 때문입니다.

묵상과 기도

Q. 하나님께서 유대인을 향한 특별한 계획을 가지고 있다고 바울이 주장한 근거는 무엇입니까?

prayer. 하나님, 하나님만이 역사의 주인이십니다. 하나님만이 역사의 주관자이십니다. 결국에는 하나님의 뜻이 성취될 것입니다. 그러한 믿음을 가지고 살아가게 해주세요. 그러한 믿음을 가지고 세상을 보게 해주세요.

이 신비를 너희가 모르기를 내가 원하지 아니하노니

> **롬 11:25-27** 25 형제들아 너희가 스스로 지혜 있다 하면서 이 신비를 너희가 모르기를 내가 원하지 아니하노니 이 신비는 이방인의 충만한 수가 들어오기까지 이스라엘의 더러는 우둔하게 된 것이라 26 그리하여 온 이스라엘이 구원을 받으리라 기록된 바 구원자가 시온에서 오사 야곱에게서 경건하지 않은 것을 돌이키시겠고 27 내가 그들의 죄를 없이 할 때에 그들에게 이루어질 내 언약이 이것이라 함과 같으니라

하나님은 바울에게 계시를 주셨습니다. 하나님께 직접 계시를 받는 일은 사도가 되기 위한 필수 조건입니다. 바울은 하나님께 계시를 받았고, 받은 계시를 다른 사람들에게 가르쳤습니다. 따라서 바울의 가르침은 신적인 권위를 가집니다. 바울의 가르침은 개인적인 사상이 아닙니다. 독창적인 이론도 아닙니다. 바울의 가르침은 하나님의 말씀입니다.

바울과 같은 권위는 아무나 가질 수 없습니다. 하나님은 특별한 사람들에게만 직접 계시를 주셨습니다. 성경은 다음과 같이 말합니다. "너희는 사도들과 선지자들의 터 위에 세우심을 입은 자라. 그리스도 예수께서 친히 모퉁잇돌이 되셨느니라."엡2:20 교회는 사도들과 선지자들의 터 위에 세우심을 입었습니다. 이 말은 하나님께서 사도들과 선지자들에게 직접 계시를 주셨다는 말입니다.

이제 이런 권위는 사라졌습니다. 더 이상 새로운 계시는 없습니다. 바울 이후로 새로운 사도는 없습니다. 사도들은 또 다른 사도를 세우지 않았고, 그럴 권한도 없습니다. 그런 점에서 자신이 하나님께 직접 계시를 받는다고 주장하거나 자신을 새로운 사도라고 주장하는 자들은 하나님의 사람이 아닙니다.

바울이 하나님께 계시를 받았다는 점은 오늘 본문에서 잘 드러납니다. 바울이 "신비"에 대해 말하기 때문입니다. 본문의 "신비"는 헬라어 '미스테리온'을 번역한 것으로, 다른 데서는 '비밀'이라고 번역되기도 합니다. 성경에서 '신비' 또는 '비밀'은 인간의 이해로는 도달할 수 없으나, 하나님께서 분명하고 명확하게 알려주신 것을 말합니다.[145] 따라서 오직 사도만이 신비에 대해 말할 수 있고, 가르칠 수 있습니다.

하지만 적지 않은 사람들이 '신비'에 대해 말합니다. 하나님께서 자기에게만 알려주신 비밀이 있다고 말합니다. 하나님께서 우리 공동체에만 알려주신 비밀이 있다고 말합니다. 그래서 자신은 다른 사람보다 특별하고, 자신들의 공동체는 다른 공동체보다 특별하다고 말합니다. 심지어는 자신들 외에는 다 잘못된 교회라고 주장하기도 합니다.

신비에 대해 말할 수 있는 권한은 사도들과 선지자들에게만 있습니다. 더 이상 새로운 계시는 없으며, 베일에 싸인 계시도 없습니다. 구원을 얻기에 필요한 계시는 신구약 66권에 충분하게 담겨 있습니다.

바울이 "이 신비를 너희가 모르기를 내가 원하지" 않는다고 말했던 것은 중요합니다. 하나님은 신비가 감추어져 있기를 원하지 않으십니다. 하나님의 뜻은 감추어졌던 비밀이 알려지는 것이지 감추어져 있는 것이 아닙니다. 그리고 그 일은 사도들을 통해서 마무리되었습니다. 더 이상 비밀은 없습니다. 비밀을 전한다고 말하는 자들에게 속지 말아야 합니다.

묵상과 기도

Q. 성경에서 '신비' 또는 '비밀'은 무엇을 의미합니까?

Q. 신비에 대해 말할 수 있는 권한은 누구에게만 있습니까?

prayer. 하나님, 역사상 많은 사람들이 자신을 사도나 선지자라고 주장했습니다. 하나님께서 자신을 통해 직접 말씀하신다고 주장했습니다. 하지만 사도나 선지자를 통한 계시는 종결되었음을 믿습니다. 저희가 거짓 사도와 거짓 선지자에게 미혹되지 않게 해주세요.

그리하여 온 이스라엘이 구원을 받으리라

> **롬 11:25-27** 25 형제들아 너희가 스스로 지혜 있다 하면서 이 신비를 너희가 모르기를 내가 원하지 아니하노니 이 신비는 이방인의 충만한 수가 들어오기까지 이스라엘의 더러는 우둔하게 된 것이라 26 그리하여 온 이스라엘이 구원을 받으리라 기록된 바 구원자가 시온에서 오사 야곱에게서 경건하지 않은 것을 돌이키시겠고 27 내가 그들의 죄를 없이 할 때에 그들에게 이루어질 내 언약이 이것이라 함과 같으니라

바울은 하나님께서 알려주신 신비로운 사실에 대해 설명하고 있습니다. 본문 26절에 기록된 말씀은 신비 중에서도 신비입니다. "그리하여 온 이스라엘이 구원을 받으리라." 로마서 11장은 해석하기가 쉽지 않은데, 26절은 그중에서도 압권입니다. 역사상 26절은 많은 논쟁을 일으켰습니다.

쟁점이 되는 부분은 "온 이스라엘"을 누구로 볼 것이냐 하는 점입니다. 여기에 대해 세 가지 중요한 견해가 있습니다. 첫 번째 견해는, "온 이스라엘"을 구원받기로 예정된 모든 사람으로 보는 것입니다. 유대인과 이방인을 포함한 모든 택함 받은 자들을 의미한다고 보는 것입니다. 아우구스티누스와 루터, 그리고 칼뱅이 이 견해를 주장했습니다.

하지만 이 견해는 받아들이기 어렵습니다. 이스라엘이라는 단어는 25절까지만 해도 유대인을 의미했습니다. 예를 들어, 1절에서 바울은 "나도 이스라엘인이요 아브라함의 씨에서 난 자요 베냐민 지파라"라고 말했습니다. 로마서 11장에서 '이스라엘'이라는 단어는 명백히 유대인을 의미합니다. 26절에 들어와서 갑자기 다른 의미를 나타내는 것으로 볼 수 없습니다. 그것은 문맥을 무시하는 해석입니다.

두 번째 견해는, "온 이스라엘"을 유대인 중에서 택함을 받은 모든 자로 보는 것입니다. 택함을 받은 유대인의 전체 숫자를 의미한다고 보는 것입니다. 헤르만 바빙크와 아브라함 카이퍼가 이 견해를 주장했습니다.

하지만 이 견해도 옳지 않습니다. 택함을 받은 유대인들 모두가 결국에는 구원을 받는 것은 "신비"에 속한 일이 아닙니다. 구원을 받기로 예정된 자들이 결국에는 구원을 받는 것은 당연한 일입니다. 거기에는 비밀스러운 요소가 전혀 없습니다.

그렇다면 "온 이스라엘"은 누구를 의미할까요? 문맥적으로 볼 때 "온 이스라엘"은 아주 많은 수의 유대인들을 의미합니다.[146] 바울은 12절에서 언젠가 유대인들 중 충만한 수가 회심할 것이라고 말했습니다. 15절에서는 죽은 자가 살아나는 것과 같은 놀라운 일이 유대인들에게 일어날 것이라고 말했습니다.

따라서 "온 이스라엘이 구원을 받으리라"라는 말씀은 유대교에 집착하고 있는 유대인들이 언젠가는 대거 회심할 것을 의미합니다. "우둔하게"[25절] 된 이스라엘 중 상당수가 복음을 받아들일 것을 의미합니다.

바로 이것이 유대인 선교를 포기하지 말아야 할 이유입니다. 그들이 완고하게 복음을 거절하고 있을지라도, 하나님은 그들을 포기하지 않으셨습니다. 하나님께서 포기하지 않으셨으므로, 우리 역시 포기해서는 안 됩니다. 땀 흘려 씨를 뿌리면 언젠가는 열매를 거두게 될 것입니다.

묵상과 기도

Q. 본문의 "온 이스라엘"은 누구를 의미하는 것으로 보아야 합니까?

Q. 왜 유대인 선교를 포기하지 말아야 합니까?

prayer. 하나님, 성실하게 복음을 전하게 해주세요. 포기하지 않고 복음을 전하게 해주세요. 하나님께서 유대인들을 포기하지 않으신 것처럼, 저희도 끝까지 포기하지 않고 복음을 전하게 해주세요.

10월

로마서 11장 26절 – 12장 11절

기록된 바 구원자가 시온에서 오사

롬 11:26-27 26 그리하여 온 이스라엘이 구원을 받으리라 기록된 바 구원자가 시온에서 오사 야곱에게서 경건하지 않은 것을 돌이키시겠고 27 내가 그들의 죄를 없이 할 때에 그들에게 이루어질 내 언약이 이것이라 함과 같으니라

바울은 11장에서 신비로운 주제를 설명합니다. 롬 11:25 신비의 절정은 26절입니다. "온 이스라엘이 구원을 받으리라."26절 지금 대다수의 유대인들은 복음을 거절하고 있습니다. 대부분의 유대인들이 교회 밖에 있습니다. 하지만 바울은 언젠가 상당수의 유대인들이 복음을 믿게 될 것이라고 말합니다. 유대 민족 대다수가 예수님을 영접할 것이라고 말합니다. 이것은 너무나 신비로운 일입니다. 하지만 바울은 우리가 이 사실을 꼭 알아야 한다고 말합니다. "이 신비를 너희가 모르기를 내가 원하지 아니하노니."롬11:25

아주 많은 유대인이 예수님을 영접할 것이라는 바울의 주장은 이해하기가 어렵습니다. 바울의 주장은 우리의 상식을 초월합니다. 그래서 바울은 구약을 인용합니다. 바울이 인용하는 구절은 이사야 59장 20절과 21절입니다.

"여호와의 말씀이니라. 구속자가 시온에 임하며 야곱의 자손 가운데에서 죄과를 떠나는 자에게 임하리라. 여호와께서 이르시되 내가 그들과 세운 나의 언약이 이러하니 곧 네 위에 있는 나의 영과 네 입에 둔 나의 말이 이제부터 영원하도록 네 입에서와 네 후손의 입에서와 네 후손의 후손의 입에서 떠나지 아니하리라 하시니라. 여호와의 말씀이니라."

여기서 이사야 선지자는 바벨론의 포로 된 이스라엘이 언젠가 구원을 얻을 것을 예언하고 있습니다. 당시 이사야 선지자의 예언은 믿기 어려웠을 것입니다. 이스라엘은 바벨론의 공격으로 완전히 멸망했고, 성전은 흔적조차 찾을 수 없을 만큼 파괴되었습니다. 가나안은 오랫동안 버려져 황폐하게 변했습니다.

하지만 이사야 선지자의 예언은 성취되었습니다. 하나님은 놀라운 일을 행하셨습니다. 하나님은 유대인들을 버리지 않으셨습니다. 하나님은 자기 백성들을 기적적인 방법으로 회복시키셨습니다. 이스라엘은 다시 재건되었습니다.

바울이 이사야서를 인용하는 목적은, 하나님께서 구약에서 유대인들에게 하셨던 일을 지금 다시 행하실 것을 말하기 위해서입니다. 하나님께서 구약에서 완전히 멸망한 유대인들을 구원하셨다면, 먼 미래에 다시 동일한 일을 행하는 것은 불가능한 일이 아닐 것입니다.

묵상과 기도

Q. 하나님께서 유대인을 회심시키는 것은 불가능한 일일까요?

Q. 하나님의 은혜가 필요한 우리 곁에 있는 사람은 누구입니까?

prayer. 하나님, 하나님께서 회심시키지 못할 사람은 없습니다. 하나님께서 변화시키지 못할 사람은 없습니다. 저희 주위에는 회심하지 못한 사람들이 많습니다. 변화되지 못한 사람들이 많습니다. 그들에게 은혜를 베풀어 주세요. 그들을 구원해 주세요.

조상들로 말미암아 사랑을 입은 자라

> **롬 11:28-29** 28 복음으로 하면 그들이 너희로 말미암아 원수 된 자요 택하심으로 하면 조상들로 말미암아 사랑을 입은 자라 29 하나님의 은사와 부르심에는 후회하심이 없느니라

앞에서 "온 이스라엘"**롬11:26**이라는 표현이 큰 논쟁거리임을 언급했습니다. 그리고 "온 이스라엘"이라는 표현은 '구원을 받기로 예정된 자들'이거나 '구원을 위해 택함을 받은 자들'로 해석할 수 없다고 말했습니다. 11장의 문맥으로 볼 때 "온 이스라엘"이라는 표현은 명백히 유대인들을 의미합니다.

오늘 본문 역시 이 사실을 증명합니다. 28절에서 바울은 "그들이 너희로 말미암아 원수"가 되었다고 말합니다. 이것은 유대인의 상태를 말하는 것입니다. 바울 당시에 유대인들은 주님의 말씀과 사도들의 복음 전파를 거부했습니다. 그들은 주님을 따르는 자들과 사도들과 교회를 적대시했습니다. 그래서 유대인들은 원수 된 자들이었습니다.

하지만 유대인들이 완전히 버림받은 것은 아닙니다. 유대인들은 "복음으로 하면" 원수 된 자들이지만, "조상들로 말미암아" 사랑을 입은 자들입니다. **28절** 복음의 관점에서는 원수로 간주되어야 마땅하지만, 조상들로 말미암아 완전히 버림받지 않았다는 뜻입니다. 지금 유대인들은 교회의 원수로 자처하고 있지만, 언젠가는 회복될 것입니다. 그 이유는 다음과 같습니다. "하나님의 은사와 부르심에는 후회하심이 없느니라."**29절**

하나님은 유대인들의 조상들과 언약을 맺으셨습니다. 대표적인 인물이 아브라함, 이삭, 야곱입니다. 하나님께서 이들과 맺은 언약은 여전히 유효합니다. 하나님께서 이들과 맺은 언약은 궁극적으로 성취될 것입니다. 하나님의 은사와 부르심에는 후회하심이 없기 때문입니다.

바울은 이미 11장의 서두에서 동일한 주제를 설명한 바 있습니다. "그러므로 내가 말하노니 하나님이 자기 백성을 버리셨느냐. 그럴 수 없느니라. 나도 이스라엘인이요 아브라함의 씨에서 난 자요 베냐민 지파라. 하나님이 그 미리 아신 자기 백성을 버리지 아니하셨나니."**롬11:1-2**

이것이 하나님께서 자기 백성을 다루시는 방식입니다. 구약에서 하나님이 자기 백성을 완전히 버리신 것처럼 보이는 구절들을 종종 볼 수 있습니다. 하지만 하나님은 자기 백성들과의 관계를 완전히 끊지 않으셨습니다.

바울은 지금도 동일하다고 말합니다. 지금 유대인들은 복음을 거부함으로써 교회의 원수를 자처하고 있습니다. 하지만 이것은 일시적인 현상입니다. 언젠가는 돌아올 것입니다. 언젠가는 복음을 받아들이고, 예수님을 영접하게 될 것입니다. 우리는 그 장면을 보며 "신비"하다고 말할 것입니다.**롬11:25** 죽은 자가 다시 살아나는 것처럼 놀라운 일이라고 말할 것입니다.**롬11:15** 그렇게 우리 하나님께서는 영광과 높임을 받으실 것입니다.

묵상과 기도

Q. 지금은 유대인들이 교회의 원수로 자처하고 있지만, 언젠가는 회복될 수 있는 근거는 무엇입니까?

prayer. 하나님, 언젠가는 유대인들도 회심하게 될 것을 믿습니다. 하나님의 전능하신 능력이 그것을 이룰 것을 믿습니다. 그 능력으로 항상 저희와 함께해주세요. 그 능력으로 항상 저희를 지켜주세요. 저희가 바르게 믿고, 바르게 살 수 있도록 도와주세요.

10월 3일

긍휼을 입었는지라

> **롬 11:30-32** 30 너희가 전에는 하나님께 순종하지 아니하더니 이스라엘이 순종하지 아니함으로 이제 긍휼을 입었는지라 31 이와 같이 이 사람들이 순종하지 아니하니 이는 너희에게 베푸시는 긍휼로 이제 그들도 긍휼을 얻게 하려 하심이라 32 하나님이 모든 사람을 순종하지 아니하는 가운데 가두어 두심은 모든 사람에게 긍휼을 베풀려 하심이로다

"너희가 전에는 하나님께 순종하지 아니하더니."20절 여기서 "너희"는 이방인들을 말합니다. 원래 이방인들은 하나님 나라 밖에 있었습니다. 에베소서 2장은 다음과 같이 말합니다. "그때에 너희는 그리스도 밖에 있었고 이스라엘 나라 밖의 사람이라. 약속의 언약들에 대하여는 외인이요 세상에서 소망이 없고 하나님도 없는 자이더니."엡2:12 간혹 개종하는 사람들이 있었지만, 일반적으로 이방인들은 하나님과 아무 상관 없는 삶을 살았습니다.

그렇다면 무엇이 이방인들을 변화시켰습니까? 어떻게 이스라엘에서 시작된 복음이 전 세계로 퍼져 나갈 수 있었습니까? 그 이유는 다음과 같습니다. "긍휼을 입었는지라."30절 하나님의 긍휼이 이방인들에게 임했습니다. 긍휼은 불쌍하고 가련하게 여기시는 하나님의 마음입니다. 하나님께서 이방인들을 불쌍하고 가련하게 여기셨습니다. 이것이 이방인들이 하나님께 속하게 된 유일한 이유입니다. 하나님의 긍휼만이 이방인들의 회심을 설명하는 유일한 방법입니다. 만약 하나님의 긍휼이 이방인들에게 임하지 않았다면, 여전히 그들은 어둠과 무지 가운데 있었을 것입니다.

이어서 바울은 다음과 같이 말합니다. "이는 너희에게 베푸시는 긍휼로 이제 그들도 긍휼을 얻게 하려 하심이라."31절 이방인들에게 임했던 하나님의 긍휼이 장차 유대인들에게도 임한다는 뜻입니다. 이방인들이 오직 하나님의 긍휼 때문에 구원을 얻은 것처럼, 장차 유대인들도 하나님의 긍휼로 말미암아 회심하게 된다는 것입니다.

이처럼 구원은 전적으로 하나님께서 긍휼히 여기신 결과입니다. 인간에게서는 구원의 조건을 찾을 수 없습니다. 이방인들도 하나님의 긍휼로 말미암아 유대인들도 하나님의 긍휼로 말미암아 구원을 얻습니다. 누구든지 하나님의 긍휼로만 구원을 얻습니다.

그렇다면 오직 하나님의 긍휼로만 구원을 얻을 수 있는 이유는 무엇입니까? 모든 사람이 처한 비참한 처지 때문입니다. 바울은 모든 인류가 다음과 같은 처지에 있다고 말합니다. "하나님이 모든 사람을 순종하지 아니하는 가운데 가두어 두심은."32절 하나님의 섭리 가운데서 모든 사람은 순종하지 못하는 처지에 있습니다. 하나님이 불순종을 강요하셨다는 말이 아닙니다. 사람들은 스스로 범죄하고 타락하였으나 그것조차 하나님의 섭리였다는 뜻입니다. 핵심은 타락한 인류의 현 상태입니다. 아무도 자신의 힘으로는 순종할 수 없습니다. 아무도 자신의 능력으로는 믿을 수 없습니다. 그것이 현재 인류가 처한 위치입니다.

그래서 하나님의 긍휼이 필요합니다. 하나님의 긍휼 없이는 아무도 순종할 수 없고, 누구도 믿을 수 없습니다. 그래서 우리는 겸손해야 합니다. 하나님의 은혜가 없었다면 죽을 수밖에 없었던 존재임을 자각하고 겸손해야 합니다. 그리고 찬양해야 합니다. 우리를 살리신 하나님의 은혜를 영원토록 찬양해야 합니다.

묵상과 기도

Q. 우리가 항상 겸손해야 하는 이유는 무엇입니까?

Q. 하나님께서 우리를 긍휼히 대하신다면, 우리는 다른 사람을 어떻게 대해야 할까요?

prayer. 하나님, 저희는 죽어 마땅한 존재입니다. 저희는 심판받아 마땅한 존재입니다. 그럼에도 구원받은 것은 하나님의 긍휼 때문입니다. 그러므로 저희가 항상 겸손하게 해주세요. 힘을 다해 하나님을 찬양하게 해주세요.

모든 사람에게 긍휼을 베풀려 하심이로다

롬 11:30-32 30 너희가 전에는 하나님께 순종하지 아니하더니 이스라엘이 순종하지 아니함으로 이제 긍휼을 입었는지라 31 이와 같이 이 사람들이 순종하지 아니하니 이는 너희에게 베푸시는 긍휼로 이제 그들도 긍휼을 얻게 하려 하심이라 32 하나님이 모든 사람을 순종하지 아니하는 가운데 가두어 두심은 모든 사람에게 긍휼을 베풀려 하심이로다

"하나님이 모든 사람을 순종하지 아니하는 가운데 가두어 두심."^{32절} 하나님은 모든 사람들을 불순종 가운데 가두어 두셨습니다. 모든 인류는 불순종이라는 감옥에 감금되어 있습니다. 가두어 두셨다는 것은, 스스로의 힘으로는 풀려날 수 없는 처지에 두셨다는 뜻입니다. 따라서 아무도 불순종의 감옥에서 탈출할 수 없습니다. 풀려나는 방법은 단 하나, 하나님의 긍휼입니다. "하나님이 모든 사람을 순종하지 아니하는 가운데 가두어 두심은 모든 사람에게 긍휼을 베풀려 하심이로다."^{32절}

하나님이 모든 사람을 불순종 가운데 가두어 두셨다는 말은, 하나님께서 죄를 창조하셨다는 말이 아닙니다. 하나님께서 죄의 원인이라는 말도 아닙니다. 이것은 하나님의 섭리를 강조하는 말입니다. 사람들의 불순종조차도 하나님의 섭리 가운데 있다는 말입니다. 사람들의 악한 행위까지도 하나님의 통제를 받는다는 말입니다.

이것은 전혀 이상한 일이 아닙니다. 만약 죄가 하나님과 전혀 상관이 없다거나 사탄의 활동이 하나님과 아무 관계가 없다면, 하나님께서 통제력을 상실하신 것이 됩니다. 그런 일은 있을 수 없습니다. 하나님은 모든 것을 다스리십니다. 모든 것이 하나님의 통제 안에 있습니다. 하나님과 상관없는 일은 없습니다. 하나님께서 간섭하지 않는 일도 없습니다.

대표적인 사례가 욥기에 등장합니다. 사탄은 악을 행합니다. 사탄은 욥에게서 모든 좋은 것들을 제거합니다. 하지만 사탄의 행동은 하나님의 통제 안에 있습니다. 사탄의 행동은 자유롭지 않습니다. 하나님께서 행동의 경계를 정하십니다. "여호와께서 사탄에게 이르시되 내가 그의 소유물을 다 네 손에 맡기노라. 다만 그의 몸에는 네 손을 대지 말지니라."^{욥1:12} "여호와께서 사탄에게 이르시되 내가 그를 네 손에 맡기노라. 다만 그의 생명은 해하지 말지니라."^{욥2:6}

이제 우리는 중요한 결론에 도달하게 되었습니다. 하나님의 섭리는 모든 대상과 모든 시간과 모든 장소를 포함한다는 것입니다. 하나님과 상관없는 존재는 없습니다. 하나님과 관련 없는 사건은 없습니다. 하나님께서 존재하지 않는 장소는 없습니다. 모든 생명이 하나님의 통제 안에 있고, 모든 사건이 하나님의 다스림을 받으며, 모든 장소에 하나님께서 거하십니다.

사람들은 이렇게 생각하곤 합니다. "하나님께서 모든 것을 통제한다 할지라도, 죄는 아닐 것이다. 죄는 하나님과 상관없이 존재할 것이다." 아닙니다. 죄조차도 하나님과 상관없이 존재할 수 없습니다. 하나님의 섭리는 그것조차 포함합니다. 결국 하나님은 모든 것이 합력하여 선을 이루도록 하실 것입니다. "우리가 알거니와 하나님을 사랑하는 자 곧 그의 뜻대로 부르심을 입은 자들에게는 모든 것이 합력하여 선을 이루느니라."^{롬8:28}

묵상과 기도

Q. 불순종의 감옥에서 풀려나는 단 하나의 방법은 무엇입니까?

Q. 죄는 하나님의 섭리와 관계 없습니까?

prayer. 하나님, 모든 일이 하나님의 섭리임을 믿습니다. 슬픈 일도 하나님의 섭리임을 믿습니다. 따라서 슬픈 일을 겪을 때도 하나님만 바라보게 해주세요. 슬픈 일을 통해서 일하시는 하나님을 신뢰하게 해주세요.

이제 그들도 긍휼을 얻게 하려 하심이라

롬 11:30-32 30 너희가 전에는 하나님께 순종하지 아니하더니 이스라엘이 순종하지 아니함으로 이제 긍휼을 입었는지라 31 이와 같이 이 사람들이 순종하지 아니하니 이는 너희에게 베푸시는 긍휼로 이제 그들도 긍휼을 얻게 하려 하심이라 32 하나님이 모든 사람을 순종하지 아니하는 가운데 가두어 두심은 모든 사람에게 긍휼을 베풀려 하심이로다

"저마다 운명이 있는지 아니면 그냥 바람 따라 떠도는 건지 모르겠어. 내 생각엔 둘 다 동시에 일어나는 것 같아." 1995년 아카데미 시상식에서 최우수 작품상을 수상한 영화 '포레스트 검프'에 나오는 대사입니다. 포레스트 검프는 자신을 괴롭히는 아이들에게서 도망가다가 우연히 자신의 재능을 발견합니다. 그는 달리기에 천부적인 재능을 가지고 있었습니다. 고등학생이 된 포레스트 검프는 우연히 미식축구 경기장에 들어가게 되고, 우연히 감독의 눈에 들게 되어 우연히 체육 특기생으로 대학교에 입학하게 됩니다. 베트남 전쟁에 참전한 포레스트 검프는 우연히 부상을 입게 되고, 부상 때문에 치료를 받던 중 우연히 탁구를 배우게 되고, 우연히 탁구 영웅이 됩니다. 이후에 새우잡이 일을 시작한 포레스트 검프는 우연히 몰아친 폭풍우 때문에 다른 배들이 망가지자 우연히 백만장자가 됩니다. 이후에 실연의 아픔을 잊기 위해 목적 없는 달리기를 시작한 포레스트 검프는 우연히 전국적인 유명인사가 됩니다.

영화 포레스트 검프의 주제는 역사를 움직이는 힘은 '우연'이라는 것입니다. 언제, 어떤 일이 일어날지 아무도 알 수 없다는 것입니다. 역사에는 목적도 방향도 없다는 것입니다. 하지만 성경은 정반대되는 사실을 말합니다. 역사를 움직이는 힘은 '우연'이 아니라, 하나님의 섭리입니다. 하나님께서는 계획과 목적이 있습니다. 역사는 하나님의 계획을 따라 하나님의 목적을 향해 흘러갑니다. 오늘 본문에서 바울은 미래에 있을 일을 말하고 있습니다. 바울은 이방인들에게 하나님의 긍휼이 임한 것처럼, 유대인들에게도 하나님의 긍휼이 임할 것이라고 말합니다. 이처럼 하나님은 미래를 아십니다. 미리 보아서 아시는 것이 아닙니다. 하나님께서 모든 것을 계획하셨기 때문에 아십니다.

성경은 자주 "두려워 말라!"라고 말합니다. 우리가 두려워 말아야 할 근거는 하나님께 있습니다. 세상에 우연이란 없으며, 모든 것이 하나님의 통제 아래 있기 때문입니다. 세상 사람들은 어떤 일이 있을지 몰라 두려워합니다. 반대로 우리는 하나님의 뜻이 이루어질 줄 알기에 담대합니다. 하나님께서 역사의 주관자라는 사실이 우리의 위로입니다. 로마 제국은 가혹하리만큼 기독교를 핍박했습니다. 로마 제국은 기독교를 뿌리 뽑으려 했습니다. 하지만 기독교는 사라지지 않았습니다. 오히려 기독교는 로마 제국이 건설한 도로를 따라 더 많은 곳으로 뻗어 나갔습니다. 결국에는 기독교가 승리했습니다. 어떻게 이런 일이 가능합니까? 하나님께서 역사에 간섭하시기 때문입니다. 하나님의 강한 손이 자기 백성을 돌보시기 때문입니다.

세상은 우연을 맹신합니다. 도박, 복권, 주식 등 많은 것들이 우연의 원리를 따라 설계되어 있습니다. 모두가 우연히 부자 될 것과 우연히 성공할 것을 기대합니다. 우리는 이런 세상의 원리를 거부하는 사람이 되어야 합니다.

묵상과 기도

Q. 불신자들은 세상을 움직이는 힘이 무엇이라고 생각합니까?

Q. 우리가 사는 동안 두려워하지 말아야 할 이유는 무엇입니까?

prayer. 하나님, 우연이란 없음을 믿게 해주세요. 모든 일이 하나님의 섭리임을 믿게 해주세요. 우연처럼 보이는 일에도 하나님께서 간섭하심을 믿게 해주세요.

깊도다 하나님의 지혜와 지식의 풍성함이여

롬 11:33-36 33 깊도다 하나님의 지혜와 지식의 풍성함이여, 그의 판단은 헤아리지 못할 것이며 그의 길은 찾지 못할 것이로다 34 누가 주의 마음을 알았느냐 누가 그의 모사가 되었느냐 35 누가 주께 먼저 드려서 갚으심을 받겠느냐 36 이는 만물이 주에게서 나오고 주로 말미암고 주에게로 돌아감이라 그에게 영광이 세세에 있을지어다 아멘

오늘 본문은 성경에서 찾아볼 수 있는 가장 위대한 찬양 가운데 하나입니다. 바울은 지금까지 복음이 무엇인지를 설명했습니다. 무려 열한 장이나 되는 대단한 작업이었습니다. 이제 바울은 위대한 찬양과 함께 그 길고 긴 여정을 마무리합니다.

처음에 바울은 우리에게 구원이 필요한 이유를 다음과 같이 설명했습니다. "하나님의 진노가 불의로 진리를 막는 사람들의 모든 경건하지 않음과 불의에 대하여 하늘로부터 나타나나니."롬1:18 우리에게 구원이 필요한 이유는 하나님의 진노 때문입니다. 구원은 받아도 그만 받지 않아도 그만이 아닙니다. 하나님의 진노를 피하기 위하여 반드시 구원을 받아야 합니다.

이어서 바울은 구원을 얻는 방법을 다음과 같이 말했습니다. "이제는 율법 외에 하나님의 한 의가 나타났으니 율법과 선지자들에게 증거를 받은 것이라. 곧 예수 그리스도를 믿음으로 말미암아 모든 믿는 자에게 미치는 하나님의 의니 차별이 없느니라."롬3:21-22 예수님을 믿는 것, 이것이 구원에 이르는 유일한 길입니다. 다른 길은 없습니다. 그리고 바울은 예수님을 믿을 때 다음과 같은 일이 일어난다고 말했습니다. "그러므로 이제 그리스도 예수 안에 있는 자에게는 결코 정죄함이 없나니 이는 그리스도 예수 안에 있는 생명의 성령의 법이 죄와 사망의 법에서 너를 해방하였음이라."롬8:1-2 믿음으로 얻은 구원은 절대 무너지지 않습니다. 성령님이 믿는 자와 함께하시기 때문입니다. 믿는 자는 더 이상 혼자가 아닙니다. 그는 성령님이 함께하는 사람입니다. 그뿐만이 아닙니다. 예수님을 믿는 자는 하나님의 자녀로 입양됩니다. "무릇 하나님의 영으로 인도함을 받는 사람은 곧 하나님의 아들이라."롬8:14 그리하여 사는 동안 하나님의 부성父性적 보호를 받습니다.

마지막으로 바울은 하나님을 찬양합니다. "깊도다. 하나님의 지혜와 지식의 풍성함이여." 이 찬양은 복음에 대한 설명이 마무리되었다는 신호이자 표시입니다. 또한 복음에 대한 이해는 찬양으로 마무리되어야 한다는 권면이기도 합니다.

구원은 실력으로 받는 것이 아닙니다. 자격과 조건으로 받는 것도 아닙니다. 구원은 오직 믿음으로 받습니다. 그런데 그 믿음조차 하나님의 선물입니다. 그래서 구원받은 자의 삶에는 감사와 찬양이 넘치지 않을 수 없습니다. 만약 구원을 받고서도 감사와 찬양이 없다면, 그 이유는 한 가지입니다. 구원이 무엇인지를 제대로 모르기 때문입니다. 구원이 하나님의 능력이라는 것과 하나님의 은혜이자 선물이라는 것을 모르기 때문입니다.

바울은 찬양으로 복음에 대한 설명을 마무리합니다. 찬양은 복음의 열매이자 결과입니다. 우리는 어떠합니까? 마땅히 있어야 할 감사와 찬양이 있습니까? 마음에서 우러나오는 기쁨의 고백이 있습니까?

묵상과 기도

Q. 우리는 어떤 마음으로 하나님을 찬양합니까?

prayer. 하나님, 저희가 형식적으로 찬양하지 않게 해주세요. 저희가 가식적으로 감사하지 않게 해주세요. 하나님의 은혜를 생각하며 진심으로 찬양하게 해주세요. 마음을 다해 감사하게 해주세요.

그의 판단은 헤아리지 못할 것이며
그의 길은 찾지 못할 것이로다

롬 11:33-36 33 깊도다 하나님의 지혜와 지식의 풍성함이여, 그의 판단은 헤아리지 못할 것이며 그의 길은 찾지 못할 것이로다 34 누가 주의 마음을 알았느냐 누가 그의 모사가 되었느냐 35 누가 주께 먼저 드려서 갚으심을 받겠느냐 36 이는 만물이 주에게서 나오고 주로 말미암고 주에게로 돌아감이라 그에게 영광이 세세에 있을지어다 아멘

바울은 찬양으로 복음에 대한 설명을 마무리합니다. 이 찬양은 크게 네 부분으로 구성되어 있습니다. 첫 번째 부분은 지난 시간에 살펴보았습니다. "깊도다. 하나님의 지혜와 지식의 풍성함이여."33절 복음이란 너무나 놀라운 것이어서 반드시 우리의 찬양을 이끌어 낸다고 했습니다.

이어지는 찬양은 다음과 같습니다. "그의 판단은 헤아리지 못할 것이며 그의 길은 찾지 못할 것이로다."33절 아무도 복음을 헤아릴 수 없고 찾을 수도 없습니다. 복음이란 인간이 상상하거나 창작할 수 있는 내용이 아닙니다.

몇 가지 예를 들어보겠습니다. 복음의 핵심은 예수님의 십자가입니다. 십자가에 달리신 예수님은 하나님의 아들입니다. 하나님은 죄인들을 살리기 위해 자기 아들을 죽이셨습니다. 누가 이런 것을 상상할 수 있겠습니까? 어느 누가 반역자들을 살리기 위해 자기 아들을 죽이는 왕을 상상할 수 있겠습니까? 아무도 생각할 수 없습니다.

선택의 교리도 마찬가지입니다. 사람들은 자격과 조건을 따집니다. 지위와 능력을 중시합니다. 그런데 하나님은 아무런 자격과 조건이 없는 우리를 선택하셨습니다. 하나님은 우리처럼 무능력한 자들을 선택하셨습니다. 왜 그렇게 하셨을까요? 왜 우리 같은 자들을 선택하셨을까요? 알 수 없습니다.

그래서 바울은 찬양합니다. "그의 판단은 헤아리지 못할 것이며 그의 길은 찾지 못할 것이로다."33절 하나님의 복음은 깊고 신비합니다. 하나님의 복음은 우리의 상식을 초월합니다.

따라서 우리는 상대방을 설득하려고 하지 말아야 합니다. 복음이란 말을 잘하기만 하면 이해시킬 수 있는 그런 것이 아닙니다. 설명을 잘하기만 하면 납득시킬 수 있는 그런 주제가 아닙니다. 복음은 은혜 없이는 이해할 수 없고, 성령의 도움 없이는 믿을 수 없습니다. 그래서 복음은 설득이 아니라 선포의 형식으로 전달되어야 합니다.

회심은 우리가 만들어 내는 것이 아닙니다. 은혜는 사람이 만들어 낼 수 없습니다. 그것은 하나님의 일입니다. "육에 속한 사람은 하나님의 성령의 일들을 받지 아니하나니 이는 그것들이 그에게는 어리석게 보임이요, 또 그는 그것들을 알 수도 없나니 그러한 일은 영적으로 분별되기 때문이라."고전2:14

사람은 결코 하나님의 판단을 헤아릴 수 없고, 하나님의 길을 찾을 수 없습니다. 그래서 겸손해야 합니다. 우리가 다른 사람보다 이해력이 좋아서 복음을 믿은 것이 아닙니다. 우리가 설명을 탁월하게 잘해서 전도한 것이 아닙니다. 우리가 준비를 열심히 해서 은혜가 임한 것이 아닙니다. 우리는 아무것도 할 수 없고, 아무것도 이해할 수 없습니다. 모든 것은 하나님께서 하신 것이며, 하나님의 은혜입니다.

묵상과 기도

Q. 설명만 잘하면 상대방에게 복음을 이해시킬 수 있습니까?

Q. 사람이 은혜를 만들어 낼 수 있습니까?

prayer. 하나님, 저희가 복음을 믿은 것은 하나님의 은혜입니다. 저희가 예수님을 영접한 것은 하나님의 은혜입니다. 저희가 지금까지 믿음을 지킨 것은 하나님의 은혜입니다. 그러므로 하나님께만 영광을 돌리게 해주세요. 하나님께만 감사하게 해주세요.

만물이 주에게서 나오고 주에게로 돌아감이라

> **롬 11:33-36** 33 깊도다 하나님의 지혜와 지식의 풍성함이여, 그의 판단은 헤아리지 못할 것이며 그의 길은 찾지 못할 것이로다 34 누가 주의 마음을 알았느냐 누가 그의 모사가 되었느냐 35 누가 주께 먼저 드려서 갚으심을 받겠느냐 36 이는 만물이 주에게서 나오고 주로 말미암고 주에게로 돌아감이라 그에게 영광이 세세에 있을지어다 아멘

바울은 찬양으로 11장을 마무리합니다. 이 찬양은 11장의 결론일 뿐만 아니라, 로마서 전반부의 결론입니다. 이 찬양은 크게 네 부분으로 구성되어 있습니다. 앞에서 첫 번째와 두 번째를 살펴보았고, 오늘은 세 번째와 네 번째를 살펴보겠습니다. 찬양의 세 번째 부분은 다음과 같습니다. "누가 주의 마음을 알았느냐. 누가 그의 모사가 되었느냐 누가 주께 먼저 드려서 갚으심을 받겠느냐."34-35절

이 내용은 이사야 40장 13절과 욥기 41장 11절에서 인용한 것입니다. 바울이 이 인용구절을 통해 말하고자 하는 것은 명백합니다. 구원은 조금도 사람에 의해 좌우되지 않는다는 것입니다. "누가 주의 마음을 알았느냐. 누가 그의 모사가 되었느냐."34절

누가 하나님의 마음을 알 수 있습니까? 누가 하나님의 지혜를 알 수 있습니까? 아무도 없습니다. "누가 주께 먼저 드려서 갚으심을 받겠느냐."35절 하나님께 무언가를 드렸기에 구원받은 사람은 없습니다. 선행의 대가로 구원받은 사람은 없습니다. 선행은 구원의 결과이지 원인이 아닙니다.

찬양의 네 번째 부분은 다음과 같습니다. "이는 만물이 주에게서 나오고 주로 말미암고 주에게로 돌아감이라. 그에게 영광이 세세에 있을지어다. 아멘."롬

11:36 바울은 구원이 하나님에게서 나왔다고 말합니다. 구원을 생각하고, 계획하고, 실행하신 것은 전적으로 하나님입니다. 우리는 아무것도 한 것이 없습니다. 하나님께서 그렇게 하신 이유는 하나님의 영광 때문입니다. "그에게 영광이 세세에 있을지어다."36절

사람이 창조된 목적도 하나님의 영광이요, 사람이 구원받은 목적도 하나님의 영광입니다. 우리는 이 목적을 위해 지음받았고, 이 목적을 위해 구원받았습니다. 이것이 우리가 살아가는 유일한 목적입니다.

참으로 모든 것이 하나님으로부터 나왔고, 하나님께로 돌아갑니다. 우리를 택하신 분도 하나님이요, 부르신 분도 하나님이요, 의롭다 하신 분도 하나님이요, 거룩하게 하신 분도 하나님입니다. 이 모든 것이 철저하게 하나님에게서 나왔습니다.

그리고 모든 것이 하나님께로 돌아갑니다. 현재 세상은 무질서합니다. 하나님의 창조 질서는 죄로 인해 무너졌습니다. 세상은 하나님께 반역하고, 하나님께 영광을 돌리지 않습니다. 하지만 하나님의 날이 다가오고 있습니다. 예수님께서 재림하시는 날에 창조 질서는 회복될 것입니다. 죄와 불순종은 사라질 것입니다. 모든 것이 제자리를 찾을 것입니다. 만물이 힘을 다해 하나님을 찬양할 것입니다.

묵상과 기도

Q. 선행은 구원의 결과입니까, 원인입니까?

Q. 구원을 생각하시고 계획하시고 실행하신 분은 누구입니까?

prayer. 하나님, 하나님께서 구원을 계획하셨습니다. 하나님께서 구원을 실행하셨습니다. 따라서 모든 영광은 하나님께만 돌려져야 합니다. 저희가 무슨 일을 하든지 하나님의 영광을 위해서만 하게 해주세요.

12장 서론

> **롬 12:1-2** 1 그러므로 형제들아 내가 하나님의 모든 자비하심으로 너희를 권하노니 너희 몸을 하나님이 기뻐하시는 거룩한 산 제물로 드리라 이는 너희가 드릴 영적 예배니라 2 너희는 이 세대를 본받지 말고 오직 마음을 새롭게 함으로 변화를 받아 하나님의 선하시고 기뻐하시고 온전하신 뜻이 무엇인지 분별하도록 하라

로마서는 다양한 주제를 다루고 있는데 각 장마다 강조점이 다릅니다. 가장 큰 차이는 11장과 12장 사이에 있습니다. 두 장의 간격은 로마서에서 가장 큽니다. 1장부터 11장까지의 주제가 '복음'이라면, 12장부터 16장까지의 주제는 '복음에 합당한 삶'입니다. 앞부분이 '교리적'이라면, 뒷부분은 '실천적'입니다.

바울이 '교리'뿐만 아니라 '실천'도 가르치는 것은 기독교가 하나의 '가르침'이 아니라 하나의 '삶'이기 때문입니다. 기독교는 사상일 뿐만 아니라 행동의 방식입니다.[147] 따라서 교리와 삶을 구분해서는 안 됩니다. 교리는 실천을 요구합니다.

그러므로 교리만 강조해서는 안 됩니다. 실천도 함께 강조해야 합니다. 교리와 실천은 언제나 함께 가야 합니다. 교리는 실천되어야 하고, 실천은 교리에 근거해야 합니다. 이 점은 바울이 디도에게 보낸 편지에 잘 나타나 있습니다. "그가 우리를 대신하여 자신을 주심은 모든 불법에서 우리를 속량하시고 우리를 깨끗하게 하사 선한 일을 열심히 하는 자기 백성이 되게 하려 하심이라."딛2:14

예수님은 우리의 구원을 위해 죽으셨습니다. 그것이 전부는 아닙니다. 예수님은 우리의 실천을 위해서도 죽으셨습니다. 예수님은 우리가 실천하는 사람이 되게 하시려고 죽으셨습니다. 예수님은 죽음은 "선한 일을 열심히 하는" 사람으로 변화시키기 위한 죽음입니다.

신자는 단순히 사상가나 철학자가 되어서는 안 됩니다. 신자는 행동하는 사람, 운동하는 사람, 실천하는 사람이 되어야 합니다. 가르치기만 하는 사람이 아니라 살아가는 사람이 되어야 합니다. 삶으로 보여주는 사람이 되어야 합니다.

불편을 느끼지 않는 사람은 참된 신자가 아닙니다. 신자는 세상의 삶에 불편함을 느껴야 합니다. 세상이 요구하는 삶과 성경이 요구하는 삶이 다르기 때문입니다. 세상의 질서와 하나님 나라의 질서는 다르기 때문입니다. 세상의 가르침과 주님의 가르침은 다르기 때문입니다. 그래서 신자는 지침이 필요합니다. 타락한 세상에서 다르게 살기 위한 안내서가 필요합니다.

로마서 후반부가 필요한 이유가 여기에 있습니다. 로마서가 11장에서 끝나지 않는 이유가 여기에 있습니다. 이제부터 우리는 구원받은 자의 삶에 대해, 하나님을 영광스럽게 하는 삶에 대해 배우게 될 것입니다. 그것은 꼭 필요한 일입니다.

묵상과 기도

Q. 12장부터 16장까지의 주제는 무엇입니까?

Q. 예수님은 우리의 구원을 위해서만 죽으셨습니까?

prayer. 하나님, 세상과 다르게 살아가게 해주세요. 세상의 질서가 아니라 하나님 나라의 질서를 따라서 살아가게 해주세요. 교리를 실천하는 삶을 살아가게 해주세요.

그러므로 형제들아

> **롬 12:1-2** 1 그러므로 형제들아 내가 하나님의 모든 자비하심으로 너희를 권하노니 너희 몸을 하나님이 기뻐하시는 거룩한 산 제물로 드리라 이는 너희가 드릴 영적 예배니라 2 너희는 이 세대를 본받지 말고 오직 마음을 새롭게 함으로 변화를 받아 하나님의 선하시고 기뻐하시고 온전하신 뜻이 무엇인지 분별하도록 하라

불신자 중에도 선한 삶을 사는 자들이 있습니다. 불신자 중에도 위대한 삶을 사는 자들이 있습니다. 불신자 중에도 정직하고 성실하며, 자비로운 자들이 있습니다. 그들은 겉으로는 아무런 문제가 없어 보입니다.

하지만 그들에게는 심각한 문제가 있습니다. '동기'의 문제입니다. 그들의 선행은 바른 동기에 근거하고 있지 않습니다. 예를 들어, 그들이 선을 행하는 동기가 자신의 명성이라면, 그들의 선행은 참된 선행이 아닙니다. 그들이 선을 행하는 동기가 인류의 더 나은 미래를 위한 것이라면, 그들의 선행은 참된 선행이 아닙니다. 그 이유는 다음과 같습니다. "그런즉 너희가 먹든지 마시든지 무엇을 하든지 다 하나님의 영광을 위하여 하라."고전10:31 우리는 무슨 일이든지 하나님의 영광을 위해서만 해야 합니다. 만약 하나님의 영광과 상관없다면, 아무리 대단한 일이라도 참된 선행이 아닙니다.

그런 점에서 오늘 본문은 선행에 관한 중요한 원리를 제공합니다. 바울은 "그러므로"라는 말로써 권면을 시작합니다. "그러므로"는 앞부분이 뒷부분의 이유나 원인이 될 때 사용하는 접속사입니다. 앞에서 바울은 하나님의 구원에 대해 설명했습니다. 하나님의 은혜와 예수님의 죽음에 대해 설명했습니다. 예수님과 신자의 신비로운 연합과 성령의 내주하심에 대해 설명했습니다. 따라서 "그러므로"라는 접속사는 우리가 선을 행해야 하는 이유를 보여줍니다.

왜 우리가 선을 행해야 합니까? 우리가 하나님께 은혜를 받았기 때문입니다. 예수님께서 우리를 위해 죽으셨기 때문입니다. 우리가 예수님과 영적으로 연합하여 있기 때문입니다. 성령님이 우리 안에 거하시기 때문입니다.

신자의 선행은 맹목적이어선 안 됩니다. 자신이 왜 선행을 행해야 하는지도 모르면서 선행을 행해서는 안 됩니다. 그런 선행은 참된 선행이 아닙니다. 신자의 선행은 지식에 근거한 선행이어야 합니다. 하나님의 구원, 하나님의 은혜, 하나님의 목적을 알기 때문에 행하는 선행이어야 합니다. 그런 선행이라야 참된 선행입니다.

우리의 행동은 "그러므로"에 근거해야 합니다. "나는 큰 은혜를 받았다. 그러므로 나는 다르게 살아야 한다." "예수님이 나를 위해 죽으셨다. 그러므로 나는 다르게 살아야 한다." "나는 예수님과 영적으로 연합하여 있다. 그러므로 나는 다르게 살아야 한다." "내 안에 성령님이 거하신다. 그러므로 나는 다르게 살아야 한다." 이것이 선행의 동기가 되어야 합니다. "그러므로"가 실천과 행동의 근거가 되어야 합니다.

묵상과 기도

Q. 참된 선행은 무엇에 근거해야 합니까?

prayer. 하나님, 하나님께서 저희를 구원해 주셨습니다. 그러므로 하나님을 위해서만 살아가게 해주세요. 하나님께서 저희를 사랑해 주셨습니다. 그러므로 하나님을 가장 사랑하는 삶을 살아가게 해주세요.

내가 하나님의 모든 자비하심으로 너희를 권하노니

롬 12:1-2 1 그러므로 형제들아 내가 하나님의 모든 자비하심으로 너희를 권하노니 너희 몸을 하나님이 기뻐하시는 거룩한 산 제물로 드리라 이는 너희가 드릴 영적 예배니라 2 너희는 이 세대를 본받지 말고 오직 마음을 새롭게 함으로 변화를 받아 하나님의 선하시고 기뻐하시고 온전하신 뜻이 무엇인지 분별하도록 하라

성경은 우리가 하나님의 자녀라고 말합니다. "영접하는 자 곧 그 이름을 믿는 자들에게는 하나님의 자녀가 되는 권세를 주셨으니."요1:12 우리는 단지 죄를 용서받기만 한 것이 아닙니다. 우리는 단지 심판을 면제받기만 한 것이 아닙니다. 우리는 새로운 신분을 소유하게 되었습니다. 새로운 존재가 되었습니다.

이것이 기독교 윤리의 시작입니다. 신자의 삶은 거기서부터 시작합니다. 자신의 구원을 확신하지 못하는 사람은 구원받은 사람답게 살 수 없습니다. 자신이 하나님의 자녀임을 믿지 못하는 사람은 하나님의 자녀답게 살 수 없습니다. 자신의 구원을 확신할 때, 자신이 하나님의 자녀임을 확신할 때 비로소 그에 합당한 삶을 시작할 수 있습니다.

바울은 오늘 본문에서 동일한 논리를 전개합니다. 바울은 가장 먼저 우리가 누구인지를 말합니다. "내가 하나님의 모든 자비하심으로 너희를 권하노니."1절 바울은 우리가 하나님께 자비를 입은 사람이라고 말합니다. 주목할 것은 바울이 하나님의 자비를 단수가 아니라 복수로 표현하고 있다는 점입니다. 바울은 단순히 '자비'라고 말하지 않고, "모든 자비"라고 말합니다.

우리를 향한 하나님의 자비는 일시적이지 않습니다. 하나님의 자비는 일평생 우리에게 임합니다. 우리를 향한 하나님의 자비는 단순하지 않습니다. 하나님의 자비는 다양한 모습으로 우리를 찾아옵니다. 그래서 바울은 '하나님의 자비'라고 쓰지 않고 "하나님의 모든 자비"라고 말합니다.

하나님의 자비는 예수님을 통해 우리에게 임했습니다. 우리가 채찍에 맞아야 하지만 예수님이 대신 채찍에 맞았습니다. 우리가 십자가에 달려야 하지만 예수님이 대신 십자가에 달렸습니다. 우리가 조롱을 받아야 하지만 예수님이 대신 조롱을 받았습니다. 예수님 때문에 죄인인 우리는 의인이 되었습니다. 반대로 예수님은 우리 때문에 죄인 취급을 당하셨습니다. 우리의 구원은 전적으로 예수님 때문입니다. 예수님은 하나님의 자비입니다.

세상은 교육을 통해 선한 사람을 만들어 내려고 합니다. 지식과 이론을 통해 도덕적인 사람을 만들어 내려고 합니다. 이 점에서 세상은 실패했습니다. 우리는 역사상 가장 교육열이 높은 시대를 살고 있습니다. 현대는 역사상 가장 문맹률이 낮은 시대입니다. 하지만 사람은 변하지 않았습니다. 사람의 죄성은 그대로입니다. 범죄율은 오히려 높아지고 있습니다.

세상이 할 수 없는 일을 하나님은 하십니다. 정치가들, 교육가들, 사상가들이 실패한 일을 하나님은 하십니다. 하나님은 우리에게 자비를 베풀어 주십니다. 우리는 자비를 입은 사람입니다. 거기서 진정한 변화가 일어납니다. 도덕적인 삶은 거기서부터 시작됩니다. 하나님의 자비야말로 우리 삶을 변화시키는 진정한 동기입니다. "하나님의 모든 자비"를 아는 것이야말로 새로운 삶을 시작할 수 있는 힘입니다.

묵상과 기도

Q. 바울이 하나님의 자비를 복수로 표현한 이유는 무엇입니까?

Q. 우리가 세상과 다르게 살아갈 수 있는 힘은 어디서 옵니까?

prayer. 하나님, 저희는 하나님의 자비를 입은 사람입니다. 저희는 말로 형언할 수 없는 큰 사랑을 받은 사람입니다. 그러므로 거룩하게 살아가게 해주세요. 그러므로 하나님의 계명을 지키며 살아가게 해주세요.

거룩한 산 제물로 드리라

> **롬 12:1-2** 1 그러므로 형제들아 내가 하나님의 모든 자비하심으로 너희를 권하노니 너희 몸을 하나님이 기뻐하시는 거룩한 산 제물로 드리라 이는 너희가 드릴 영적 예배니라 2 너희는 이 세대를 본받지 말고 오직 마음을 새롭게 함으로 변화를 받아 하나님의 선하시고 기뻐하시고 온전하신 뜻이 무엇인지 분별하도록 하라

바울이 활동하던 당시에 교회의 가장 큰 위협 중 하나는 영지주의였습니다. 영지주의는 몸과 영혼을 구분하는 사상을 가지고 있었습니다. 그들은 영혼만 구원을 받으며, 몸은 썩어서 사라진다고 믿었습니다. 몸으로 죄를 짓는 일은 영혼의 구원과 아무 상관이 없다고 믿었습니다. 영지주의를 따르는 자들은 몸으로 죄를 짓는 일을 쉽게 생각했습니다. 많은 사람들이 영지주의에 미혹되어 몸으로 죄를 지었습니다.

바울은 그러한 사상을 반박합니다. 바울은 "너희 몸을" 하나님께 드리라고 말합니다. 우리의 몸까지도 하나님께 드려야 하는 이유는, 하나님의 구원이 영혼에만 한정되지 않기 때문입니다. "그리스도 예수를 죽은 자 가운데서 살리신 이가 너희 안에 거하시는 그의 영으로 말미암아 너희 죽을 몸도 살리시리라." 롬8:11 "그는 만물을 자기에게 복종하게 하실 수 있는 자의 역사로 우리의 낮은 몸을 자기 영광의 몸의 형체와 같이 변하게 하시리라." 빌3:21 하나님은 우리의 영혼과 몸 모두를 구원하셨습니다. 하나님의 구원은 전인적인 구원입니다. 하나님의 사역에서 몸의 구원을 빼지 말아야 합니다.

몸을 "산 제물"로 드리는 것은 '인신제사'가 아닙니다. 구약의 제사는 죽은 제물을 하나님께 드렸습니다. 신약의 제사는 우리 자신을 "산 제물"로 드리는 것입니다. 우리가 살아 있는 동안 우리의 몸을 하나님께 드려야 한다는 뜻입니다. 내 인생 전체를 하나님께 바쳐야 한다는 뜻입니다. 살아 있는 내 몸의 모든 지체를 가지고 하나님께 영광을 돌리라는 뜻입니다.

하나님께서 원하시는 것은 우리의 영혼만이 아닙니다. 하나님께서 바라시는 것은 우리의 지성만이 아닙니다. 하나님은 우리가 몸으로도 영광 돌리기를 원하십니다. 머리로만 알고, 몸으로 행하지 않는 것은 하나님의 뜻이 아닙니다. "너희 몸은 너희가 하나님께로부터 받은 바 너희 가운데 계신 성령의 전인 줄을 알지 못하느냐 너희는 너희 자신의 것이 아니라 값으로 산 것이 되었으니 그런즉 너희 몸으로 하나님께 영광을 돌리라." 고전6:19-20

묵상과 기도

Q. 하나님은 우리의 영혼만 구원하셨습니까?

Q. 신약의 제사는 무엇입니까?

prayer. 하나님, 하나님께서는 저희의 영혼과 몸을 함께 구원하셨습니다. 그러므로 저희의 영혼뿐만 아니라 몸도 하나님께 드리게 해주세요. 저희가 몸으로 하나님께 영광을 돌리게 해주세요. 저희의 몸으로 선한 일을 행하게 해주세요.

이는 너희가 드릴 영적 예배니라

롬 12:1-2 1 그러므로 형제들아 내가 하나님의 모든 자비하심으로 너희를 권하노니 너희 몸을 하나님이 기뻐하시는 거룩한 산 제물로 드리라 이는 너희가 드릴 영적 예배니라 2 너희는 이 세대를 본받지 말고 오직 마음을 새롭게 함으로 변화를 받아 하나님의 선하시고 기뻐하시고 온전하신 뜻이 무엇인지 분별하도록 하라

영지주의자들은 영혼과 몸을 구분했습니다. 영적인 것과 물질적인 것을 구분했습니다. 하지만 성경은 영과 몸을 구분하지 않습니다. 바울은 다음과 같이 말합니다. "너희 몸을 하나님이 기뻐하시는 거룩한 산 제물로 드리라. 이는 너희가 드릴 영적 예배니라."1절 하나님을 위해 몸을 사용하는 것이 곧 "영적 예배"입니다. 하나님을 위해 몸을 쓰는 것과 하나님을 예배하는 것은 구분되지 않습니다.

따라서 예배는 주일 하루에 제한되지 않습니다. 예배는 예배당에 국한되지 않습니다. 우리가 살아가는 동안 예배는 계속되어야 합니다. 우리의 몸이 있는 곳이라면 어디든지 예배당이 되어야 합니다. 언제 어디서든 하나님을 위해 살아간다면, 바로 그곳이 영적 예배가 드려지는 현장입니다.

이 사실은 우리의 몸도 하나님의 소유라는 점에서 중요합니다. "너희 몸은 너희가 하나님께로부터 받은 바 너희 가운데 계신 성령의 전인 줄을 알지 못하느냐. 너희는 너희 자신의 것이 아니라 값으로 산 것이 되었으니 그런즉 너희 몸으로 하나님께 영광을 돌리라."고전6:19-20 몸은 우리의 것이 아닙니다. 몸을 마음대로 사용하는 것은, 주인이신 하나님의 뜻에 어긋납니다. 따라서 몸을 이기적으로 사용하는 것은 영적인 문제입니다.

안타깝게도 몸은 우상이 되었습니다. 사람들은 몸에 지나치게 많은 에너지와 시간을 허비하고 있습니다. 몸을 아름답게 꾸미기 위해 수많은 물질을 사용하고 있습니다. 이것은 몸을 하나님의 뜻대로 사용하는 것이 아닙니다. "영적 예배"가 아닙니다. 성경은 다음과 같이 말합니다. "너희의 단장은 머리를 꾸미고 금을 차고 아름다운 옷을 입는 외모로 하지 말고."벧전3:3

몸의 가치는 아름다움에 달려 있지 않습니다. 하나님은 외적인 아름다움으로 우리를 평가하지 않으십니다. 중요한 것은 우리가 몸으로 무슨 일을 하느냐 입니다. 우리 몸을 죄로부터 지키기 위해 어떤 노력을 하느냐 입니다.

몸으로 거룩한 일을 한다면 바로 그것이 영적 예배입니다. 몸으로 가난한 자들을 섬긴다면 바로 그것이 영적 예배입니다. 몸으로 이웃을 돕는다면 바로 그것이 영적 예배입니다.

묵상과 기도

Q. 우리의 영혼만 하나님의 소유입니까?

Q. 우리의 몸을 하나님의 영광을 위해서 사용하고 있습니까?

prayer. 하나님, 저희의 몸도 하나님의 것입니다. 그러므로 저희가 몸을 가지고 하나님께 영광을 돌리게 해주세요. 몸으로 거룩한 일을 하게 하시고, 몸으로 선한 일을 하게 해주세요.

너희는 이 세대를 본받지 말고(1)

롬 12:1-2 1 그러므로 형제들아 내가 하나님의 모든 자비하심으로 너희를 권하노니 너희 몸을 하나님이 기뻐하시는 거룩한 산 제물로 드리라 이는 너희가 드릴 영적 예배니라 2 너희는 이 세대를 본받지 말고 오직 마음을 새롭게 함으로 변화를 받아 하나님의 선하시고 기뻐하시고 온전하신 뜻이 무엇인지 분별하도록 하라

가득 차 있는 주머니에는 아무것도 넣을 수 없습니다. 무언가를 넣으려면 주머니를 비워야 합니다. 선행도 마찬가지입니다. 불신자들의 습관과 행동에 물들어 있으면 하나님께서 원하시는 선행을 행할 수 없습니다. 새로운 삶의 방식을 취하려면, 이전의 행동 양식을 버려야 합니다.

그래서 바울은 다음과 같이 말합니다. "너희는 이 세대를 본받지 말고." 하나님께서 원하시는 새로운 삶의 방식을 취하기 위해, 이전의 행동 양식을 비우라는 말입니다. 구원받은 자답게 살기 위해, 불신자들의 습관과 행동을 버리라는 말입니다. 동일한 권면이 성경 전체에서 강조됩니다.

"그리스도께서 하나님 곧 우리 아버지의 뜻을 따라 이 악한 세대에서 우리를 건지시려고 우리 죄를 대속하기 위하여 자기 몸을 주셨으니."갈1:4

"이 세상이나 세상에 있는 것들을 사랑하지 말라. 누구든지 세상을 사랑하면 아버지의 사랑이 그 안에 있지 아니하니."요일2:15

"무릇 하나님께로부터 난 자마다 세상을 이기느니라. 세상을 이기는 승리는 이것이니 우리의 믿음이니라."요일5:4

우리는 세상에 속해 있어서는 안 됩니다. 세상에 있는 것들을 사랑해서는 안 됩니다. 세상에 져서는 안 됩니다. 그렇다면 "세상"이란 무엇입니까?

첫째, "세상"이란 하나님이 없다고 믿는 삶의 양식입니다. "악인은 그의 교만한 얼굴로 말하기를 여호와께서 이를 감찰하지 아니하신다 하며 그의 모든 사상에 하나님이 없다 하나이다."시10:4

둘째, "세상"이란 사탄의 지배를 받는 삶의 양식입니다. "이 세상의 신이 믿지 아니하는 자들의 마음을 혼미하게 하여."고후4:4 "그때에 너희는 그 가운데서 행하여 이 세상 풍조를 따르고 공중의 권세 잡은 자를 따랐으니 곧 지금 불순종의 아들들 가운데서 역사하는 영이라."엡2:2

셋째, "세상"이란 육체의 욕망을 따라서 사는 삶의 양식입니다. "육신을 따르지 않고 그 영을 따라 행하는 우리에게 율법의 요구가 이루어지게 하려 하심이니라."롬8:4 "그러므로 형제들아 우리가 빚진 자로되 육신에게 져서 육신대로 살 것이 아니니라."롬8:12

따라서 우리는 첫째, 하나님을 인정하며 살아야 합니다. 하나님께서 세상을 통제하시며 다스리심을 믿으며 살아야 합니다. 둘째, 유혹과 싸우며 살아야 합니다. 아담을 유혹했던 사탄은 지금도 우리를 유혹하고 있습니다. 우리는 사탄의 시험에 맞서 싸워야 합니다. 셋째, 육체의 욕망과 싸워야 합니다. 욕망은 항상 이기적입니다. 욕망은 자기중심적입니다. 우리는 자기만을 위한 삶이 아니라 하나님을 영화롭게 하고, 이웃을 섬기는 삶을 살아야 합니다.

묵상과 기도

Q. 성경에서 세상은 주로 어떤 의미로 사용됩니까?

prayer. 하나님, 세상은 하나님을 인정하지 않습니다. 세상은 하나님께 순종하지 않습니다. 세상은 욕망을 추구합니다. 하지만 저희는 하나님을 인정하게 해주세요. 저희는 하나님께 순종하고 하나님의 영광을 추구하게 해주세요.

너희는 이 세대를 본받지 말고(2)

롬 12:1-2 1 그러므로 형제들아 내가 하나님의 모든 자비하심으로 너희를 권하노니 너희 몸을 하나님이 기뻐하시는 거룩한 산 제물로 드리라 이는 너희가 드릴 영적 예배니라 2 너희는 이 세대를 본받지 말고 오직 마음을 새롭게 함으로 변화를 받아 하나님의 선하시고 기뻐하시고 온전하신 뜻이 무엇인지 분별하도록 하라

아미시 공동체는 재세례파의 후손입니다. 그들은 미국의 펜실베니아, 오하이오, 인디애나 등지에 집단적으로 거주하고 있습니다. 아미시 공동체는 전화와 자동차를 사용하지 않습니다. 티비를 보지 않습니다. 농사를 지을 때 트랙터를 사용하지 않습니다. 심지어 전기도 사용하지 않습니다. 특별한 경우를 제외하고는 외부 세계와 교류하지 않습니다. 그 이유는 다음과 같습니다. "이 세대를 본받지" 않기 위해서입니다.

아미시 공동체가 하나님의 말씀을 무겁게 여기는 태도는 본받아야 합니다. 성경을 하나님의 말씀으로 믿고, 철저하게 순종하려는 태도는 본받아야 합니다. 하지만 그들의 신념은 예수님의 말씀과 어긋납니다.

"너희는 세상의 빛이라 산 위에 있는 동네가 숨겨지지 못할 것이요 사람이 등불을 켜서 말 아래에 두지 아니하고 등경 위에 두나니 이러므로 집 안 모든 사람에게 비치느니라. 이같이 너희 빛이 사람 앞에 비치게 하여 그들로 너희 착한 행실을 보고 하늘에 계신 너희 아버지께 영광을 돌리게 하라."마5:14-16

예수님은 교회가 "세상의 빛"이라고 하셨습니다. 교회는 세상을 밝게 비추어야 합니다. 여기서 빛은 "착한 행실"을 의미합니다. 교회는 세상 안에서 착한 행실을 실천해야 합니다. 세상 안에서 선행을 행해야 합니다. 교회는 세상을 등질 것이 아니라, 세상의 희망이 되어야 합니다. 교회는 세상을 떠날 것이 아니라, 세상을 변화시켜야 합니다.

아미시 공동체의 오류는 지금도 계속되고 있습니다. 세상을 본받지 않기 위해 모든 관계를 끊고 수도원으로 가는 사람들이 있습니다. 세상을 본받지 않기 위해 다니던 직장을 그만두고 신학교에 가는 사람들이 있습니다. 이것은 세상을 본받지 말라는 말씀에 올바르게 순종하는 것이 아닙니다.

바리새인들은 예수님을 "포도주를 즐기는 사람" 또는 "죄인의 친구"라고 비난했습니다. "인자는 와서 먹고 마시매 너희 말이 보라 먹기를 탐하고 포도주를 즐기는 사람이요 세리와 죄인의 친구로다 하니."눅7:34 "바리새인과 서기관들이 수군거려 이르되 이 사람이 죄인을 영접하고 음식을 같이 먹는다 하더라."눅15:2

예수님은 세상을 등지지 않았습니다. 예수님은 세상 사람들과 담을 쌓지 않았습니다. 예수님은 세상 사람들과 함께하셨습니다. 함께하시면서 그들을 품어주셨습니다. 함께하시면서 그들을 사랑해 주셨습니다. 함께하시면서 그들의 친구가 되어 주셨습니다. 우리도 이렇게 살아야 합니다. 세상 안에서 살되, 세상과 다르게 살아야 합니다. 이 세대를 본받지 않기 위해, 세상을 떠나서는 안 됩니다.

묵상과 기도

Q. 교회가 착한 행실을 실천해야 하는 장소는 어디입니까?

Q. 혹시 불신자들을 무조건 멀리하고 있지 않습니까?

prayer. 하나님, 저희가 예수님처럼 살아가게 해주세요. 예수님처럼 세상 사람들과 함께하게 해주세요. 예수님처럼 세상 사람들을 사랑하게 해주세요. 예수님처럼 세상 사람들의 친구가 되게 해주세요. 예수님처럼 세상 사람들을 변화시키게 해주세요.

오직 마음을 새롭게 함으로 변화를 받아(1)

> **롬 12:1-2** 1 그러므로 형제들아 내가 하나님의 모든 자비하심으로 너희를 권하노니 너희 몸을 하나님이 기뻐하시는 거룩한 산 제물로 드리라 이는 너희가 드릴 영적 예배니라 2 너희는 이 세대를 본받지 말고 오직 마음을 새롭게 함으로 변화를 받아 하나님의 선하시고 기뻐하시고 온전하신 뜻이 무엇인지 분별하도록 하라

두 사람이 있다고 가정해 봅시다. 한 사람은 신자이고 한 사람은 불신자입니다. 두 사람 다 도덕적입니다. 두 사람 다 성실하고 정직합니다. 두 사람 다 칭찬과 인정을 받습니다. 두 사람 다 이웃을 이롭게 합니다. 하지만 두 사람 사이에는 본질적인 차이가 있습니다. 겉으로 보이는 모습과 행동이 비슷할지라도, 두 사람은 전혀 다릅니다. 그 이유는 다음과 같습니다. "너희는 이 세대를 본받지 말고 오직 마음을 새롭게 함으로 변화를 받아." 2절

두 사람은 마음의 상태가 다릅니다. 신자는 마음이 변화된 사람이지만, 불신자들은 그렇지 않습니다. 불신자 중에도 도덕적인 사람들이 있지만, 겉으로 보기에만 그러할 뿐입니다. 그들의 마음은 신자와 다릅니다. 신자는 마음이 변화된 새로운 피조물이지만, 세상 사람들은 그렇지 않습니다.

"그런즉 누구든지 그리스도 안에 있으면 새로운 피조물이라. 이전 것은 지나갔으니 보라 새것이 되었도다." 고후5:17 불신자들은 아무리 대단한 사람이라도 부서진 것을 조금 수리한 것에 지나지 않습니다. 반면 그리스도인들은 완전히 새로운 제품입니다.

바로 여기에 거룩한 삶을 사는 비법이 있습니다. 세상과 구별되게 사는 비결은 "마음을 새롭게 함으로 변화를" 받는 것입니다. 겉모습과 행동을 바꾸는 것은 진정한 해결책이 아닙니다. 근본적인 해결책은 마음을 새롭게 하는 것입니다.

불신자 중에도 명석한 사람들이 있습니다. 그들이 거룩하게 살지 않는 것은 미련하기 때문이 아닙니다. 사실 그들의 문제는 명석하다는 데 있습니다. 그들은 명석한 두뇌를 죄를 짓는 데 사용합니다. 그들의 진짜 문제는 마음이 새롭게 되지 않은 데 있습니다.

변화된 삶을 살고 싶다면 가장 먼저 마음을 바꾸어 달라고 기도해야 합니다. 거룩한 행실을 가지고 싶다면 첫 번째로 해야 할 일은 마음을 새롭게 하는 일입니다. 다행히 우리 안에는 성령님이 계십니다. 그분은 우리가 마음을 새롭게 하고자 할 때 기꺼이 도와주십니다.

기독교와 도덕의 차이가 바로 여기에 있습니다. 도덕은 참된 선행을 만들어 낼 수 없습니다. 도덕은 마음을 바꾸지 못합니다. 가장 위대한 교육가와 사상가들이 실패한 이유가 바로 여기에 있습니다. 아무도 마음을 바꾸지 못합니다. 하지만 우리는 다릅니다. 우리에게는 하나님의 은혜가 있습니다. 우리는 예수님 안에서 새로운 피조물입니다. 우리 안에는 성령님이 계십니다. 우리는 혼자가 아니기에 실패하지 않을 것입니다.

묵상과 기도

Q. 신자와 불신자는 어떤 점에서 근본적으로 다릅니까?

Q. 우리가 참된 선행을 행할 수 있는 근거는 어디에 있습니까?

prayer. 하나님, 저희의 마음을 바꾸어 주세요. 하나님을 사랑하는 마음으로, 선행을 행하려는 마음으로, 악한 것을 미워하고 선한 것을 좋아하는 마음으로 바꾸어 주세요.

오직 마음을 새롭게 함으로 변화를 받아(2)

롬 12:1-2 1 그러므로 형제들아 내가 하나님의 모든 자비하심으로 너희를 권하노니 너희 몸을 하나님이 기뻐하시는 거룩한 산 제물로 드리라 이는 너희가 드릴 영적 예배니라 2 너희는 이 세대를 본받지 말고 오직 마음을 새롭게 함으로 변화를 받아 하나님의 선하시고 기뻐하시고 온전하신 뜻이 무엇인지 분별하도록 하라

하나님께서 원하시는 새로운 삶을 살기 위해서는 먼저 우리의 마음을 새롭게 해야 합니다. 마음이 변화되지 않고서는, 아무도 새로운 삶을 살 수 없습니다. 마음을 새롭게 하는 것, 바로 그것이 거룩한 삶을 사는 첫걸음입니다.

마음이 변화되어야 하는 이유는 모든 사람의 마음이 부패한 상태에 있기 때문입니다. 그리고 부패한 마음에서는 다음과 같은 열매들이 자라납니다. "마음에서 나오는 것은 악한 생각과 살인과 간음과 음란과 도둑질과 거짓 증언과 비방이니."마15:19

마음을 바꾸지 않고는 선한 삶을 살 수 없습니다. 타락하고 부패한 마음을 그대로 두고서는 참된 선행을 행할 수 없습니다. 그래서 우리는 마음을 바꾸어 달라고 기도해야 합니다. 성령님의 도움을 구해야 합니다. 성령님께서 역사하시면 다음과 같은 열매들이 자라납니다. "오직 성령의 열매는 사랑과 희락과 화평과 오래 참음과 자비와 양선과 충성과 온유와 절제니 이같은 것을 금지할 법이 없느니라."갈5:22-23

마음의 변화는 이처럼 놀라운 차이를 가져옵니다. 부패한 마음은 살인과 간음과 음란과 도둑질과 거짓 증언과 비방의 열매를 맺습니다. 변화된 마음은 사랑과 희락과 화평과 오래 참음과 자비와 양선과 충성과 온유와 절제의 열매를 맺습니다. 선행의 본질은 마음에 있습니다. 마음이 변화되는 것이 선행의 시작입니다. 아무도 마음이 바뀌지 않고서는 참된 선행을 행할 수 없고, 마음이 바뀐 사람은 반드시 참된 선행을 행하게 됩니다.

주목할 점은 성령의 열매 아홉 가지가 예수님의 성품을 나타낸다는 점입니다. 예수님은 이 땅에 계시는 동안 항상 사랑하셨습니다. 항상 오래 참으시고, 항상 자비를 베푸셨습니다. 항상 충성하셨고, 항상 절제하셨습니다. 따라서 변화된 마음을 가지는 것은, 예수님의 마음을 품는 것을 말합니다. 바울은 정확히 같은 것을 앞에서 설명한 바 있습니다. "하나님이 미리 아신 자들을 또한 그 아들의 형상을 본받게 하기 위하여 미리 정하셨으니."롬8:29

우리는 구원으로 예정되었을 뿐만 아니라, 예수님의 형상을 본받을 자로 예정되었습니다. 하나님께서 우리를 구원하신 목적은 예수님의 형상을 본받는 것입니다. 예수님을 본받는 것, 예수님의 마음을 품는 것, 예수님과 닮은 사람이 되는 것이야말로 모든 신자의 궁극적인 목표입니다. 바로 그것이 기독교 윤리입니다.

묵상과 기도

Q. 마음을 바꾸어야만 참된 선행을 행할 수 있는 이유는 무엇입니까?

Q. 성령의 열매는 누구의 성품을 나타냅니까?

prayer. 하나님, 저희의 마음을 바꾸어 주세요. 악을 사랑하는 마음에서 선을 사랑하는 마음으로 바꾸어 주세요. 타락한 성품에서 예수님의 성품으로 바꾸어 주세요. 그리하여 선을 행하는 삶을 살아가게 해주세요.

선하시고 기뻐하시고 온전하신 뜻

롬 12:1-2 1 그러므로 형제들아 내가 하나님의 모든 자비하심으로 너희를 권하노니 너희 몸을 하나님이 기뻐하시는 거룩한 산 제물로 드리라 이는 너희가 드릴 영적 예배니라 2 너희는 이 세대를 본받지 말고 오직 마음을 새롭게 함으로 변화를 받아 하나님의 선하시고 기뻐하시고 온전하신 뜻이 무엇인지 분별하도록 하라

불신자는 하나님의 뜻을 알 수 없습니다. 불신자는 하나님의 뜻을 미워합니다. 불신자는 하나님의 뜻을 행함에 있어서 전적으로 무능합니다. "육신의 생각은 하나님과 원수가 되나니 이는 하나님의 법에 굴복하지 아니할 뿐 아니라 할 수도 없음이라."롬8:7 신자는 다릅니다. 신자는 "마음을 새롭게 함으로 변화를" 받은 사람입니다. 그래서 신자는 "하나님의 선하시고 기뻐하시고 온전하신 뜻이 무엇인지 분별"할 수 있습니다.2절 바로 이 점이 불신자와 신자의 가장 큰 차이점입니다. 불신자 중에도 훌륭한 사람이 있습니다. 불신자 중에도 위대한 지도자와 스승이 있습니다. 하지만 그들에게는 거룩한 동기가 없습니다. 그들에게는 하나님의 뜻을 알고, 하나님의 뜻을 행하고, 하나님을 기쁘게 하려는 마음이 없습니다. 신자는 다릅니다. 신자에게는 바른 동기가 있습니다. 위대한 목표가 있습니다. "하나님의 선하시고 기뻐하시고 온전하신 뜻이 무엇인지 분별"하고, 그 뜻을 따라 사는 것입니다. 하나님을 위해 살고, 하나님의 영광을 위해 사는 것이 신자의 동기이며 목표입니다. "그런즉 너희가 먹든지 마시든지 무엇을 하든지 다 하나님의 영광을 위하여 하라."고전10:31 그래서 신자는 사람들의 시선에 관심을 두지 않습니다. 신자의 유일한 관심은 하나님의 시선입니다. 하나님이 자신을 어떻게 보느냐 하는 것이 가장 중요합니다. 예수님이 바리새인들을 비판하신 이유가 여기에 있습니다. 그들은 주로 사람들의 시선에 관심을 두었습니다. "예수께서 이르시되 너희는 사람 앞에서 스스로 옳다 하는 자들이나 너희 마음을 하나님께서 아시나니 사람 중에 높임을 받는 그것은 하나님 앞에 미움을 받는 것이니라."눅16:15 신자가 누구인가? 신자와 불신자는 어떻게 다른가? 그 대답은 이러합니다. 신자는 자신의 행복을 위해 살지 않고, 하나님의 영광을 위해 사는 사람입니다. 사람들의 삶이 점점 잘못되어 가는 것은 그들의 목표가 행복이기 때문입니다. 아이러니하게도 자신의 행복을 위해서만 사는 사람들은 필연적으로 불행하게 됩니다. 목표 자체가 잘못되었기 때문입니다. 사람은 자신의 행복을 위해 지음 받지 않았습니다. 사람이 지음을 받은 목적은 하나님의 영광입니다. "내 이름으로 불려지는 모든 자 곧 내가 내 영광을 위하여 창조한 자를 오게 하라 그를 내가 지었고 그를 내가 만들었느니라."사43:7 하나님의 영광을 위해 살기 위해서는 하나님의 뜻을 분별해야 합니다. 타락한 사람은 하나님의 뜻을 분별할 수 없습니다. 신자만이 하나님의 뜻을 분별할 수 있습니다. 신자는 새로운 피조물이기 때문입니다.고후5:17 이것이 신자의 영광이자 특권입니다. 그런 점에서 오직 신자만이 참으로 복된 삶을 살 수 있습니다. 어떻게 살아야 하는가? 바울은 이렇게 대답합니다. "너희는 이 세대를 본받지 말고 오직 마음을 새롭게 함으로 변화를 받아 하나님의 선하시고 기뻐하시고 온전하신 뜻이 무엇인지 분별하도록 하라."2절

묵상과 기도

Q. 신자와 불신자는 어떤 점에서 다릅니까?

Q. 자신의 행복과 하나님의 영광 중에 무엇을 더 소중하게 생각합니까?

prayer. 하나님, 하나님의 뜻을 분별하게 해주세요. 선한 것과 악한 것을 분별하게 해주세요. 그리고 하나님의 영광을 위해 살아가게 해주세요. 저희의 행복이 아니라 하나님의 영광을 위해서 살아가게 해주세요.

내게 주신 은혜로 말미암아

롬 12:3-5 3 내게 주신 은혜로 말미암아 너희 각 사람에게 말하노니 마땅히 생각할 그 이상의 생각을 품지 말고 오직 하나님께서 각 사람에게 나누어 주신 믿음의 분량대로 지혜롭게 생각하라 4 우리가 한 몸에 많은 지체를 가졌으나 모든 지체가 같은 기능을 가진 것이 아니니 5 이와 같이 우리 많은 사람이 그리스도 안에서 한 몸이 되어 서로 지체가 되었느니라

우리는 사도라는 호칭에 경외감을 가집니다. 사도들은 예수님께 직접 택함을 받았습니다. 사도들은 예수님께 직접 배웠습니다. 사도들은 성경을 기록할 권한을 가지고 있었습니다. 사도들은 초대 교회의 지도자였습니다. 하지만 1세기의 사도는 편안한 직분이 아니었습니다. 그들은 항상 순교의 위험에 직면해 있었습니다. 사도 야고보가 가장 먼저 순교했고, 나머지 사도들도 그 뒤를 따랐습니다. 로마서의 저자인 바울도 마찬가지입니다. 바울은 수도 없이 죽음의 고비를 넘겼습니다. "유대인들이 안디옥과 이고니온에서 와서 무리를 충동하니 그들이 돌로 바울을 쳐서 죽은 줄로 알고 시외로 끌어 내치니라."행14:19

바울이 죽음을 무릅쓰고 교회를 섬긴 이유는 하나입니다. '하나님의 은혜'입니다. "내게 주신 은혜로 말미암아."롬12:3 '하나님의 은혜'는 바울의 인생을 설명할 수 있는 단 하나의 원리입니다. 바울은 자신의 구원이 하나님의 은혜임을 알았습니다. "너희는 그 은혜에 의하여 믿음으로 말미암아 구원을 받았으니 이것은 너희에게서 난 것이 아니요 하나님의 선물이라."엡2:8 바울은 자신의 업적이 오직 하나님의 은혜임을 알았습니다. "내가 모든 사도보다 더 많이 수고하였으나 내가 한 것이 아니요 오직 나와 함께하신 하나님의 은혜로라."고전15:10 바울은 자신이 사도로 부름을 받은 것이 오직 하나님의 은혜임을 알았습니다. "하나님의 은혜의 선물을 따라 내가 일꾼이 되었노라."엡3:7

하나님의 은혜가 바울을 바울 되게 하였던 것처럼, 우리를 우리 되게 한 것도 하나님의 은혜입니다. 영벌을 받아 마땅한 우리가 영생을 얻은 것은 하나님의 은혜입니다. 버림받아 마땅한 우리가 하나님의 아들로 입양된 것은 하나님의 은혜입니다. 지옥이 어울리는 우리가 천국을 상속받게 된 것은 하나님의 은혜입니다. 따라서 우리는 무엇을 하든지 하나님의 은혜를 생각해야 합니다. 선한 일을 할 때는 이렇게 생각해야 합니다. '내가 이 일을 하는 것은 하나님의 은혜 때문이다.' 남몰래 누군가를 도울 때도 이렇게 생각해야 합니다. '내가 이렇게 하는 것은 하나님의 은혜 때문이다.' 아무도 하지 않는 일을 자원하여 할 때도 이렇게 생각해야 합니다. '내가 이 일을 할 수 밖에 없는 것은 내게 임한 하나님의 은혜 때문이다.'

하나님의 은혜를 생각할 때 거룩한 삶을 살 수 있습니다. 새로운 삶을 살 수 있고, 겸손하게 섬길 수 있습니다. 반대로 은혜를 망각하면 세상과 다를 바가 없어집니다. 세상처럼 살게 되고, 교만하게 됩니다.

성도의 삶은 철저하게 은혜에 기초하고 있습니다. 성도의 삶은 반드시 은혜에 기초해야 합니다. 그래야만 선을 행할 수 있고, 선을 행하면서도 겸손할 수 있습니다. 겸손하게 하나님께만 영광을 돌릴 수 있습니다.

묵상과 기도

Q. 바울의 인생을 설명할 수 있는 단 하나의 원리는 무엇입니까?

prayer. 하나님, 항상 은혜를 생각하게 해주세요. 하나님의 은혜를 생각하며 선을 행하게 해주세요. 하나님의 은혜를 생각하며 겸손하게 하시고, 하나님께 영광 돌리게 해주세요.

마땅히 생각할 그 이상의 생각을 품지 말고

> **롬 12:3-5** 3 내게 주신 은혜로 말미암아 너희 각 사람에게 말하노니 마땅히 생각할 그 이상의 생각을 품지 말고 오직 하나님께서 각 사람에게 나누어 주신 믿음의 분량대로 지혜롭게 생각하라 4 우리가 한 몸에 많은 지체를 가졌으나 모든 지체가 같은 기능을 가진 것이 아니니 5 이와 같이 우리 많은 사람이 그리스도 안에서 한 몸이 되어 서로 지체가 되었느니라

바울은 신자들이 교회에서 은사를 활용하는 방법에 대해 말하고 있습니다. 먼저 바울은 은사가 어디서 왔는지를 말합니다. "내게 주신 은혜로 말미암아"3절 바울은 자신의 은사가 은혜로 말미암았다고 말합니다. 은사는 은혜로 주어진 것입니다. 은사는 하나님께서 주신 하나님의 선물입니다. 성경은 어디서나 이 사실을 강조합니다.

"우리에게 주신 은혜대로 받은 은사가 각각 다르니."롬12:6

"그러나 각각 하나님께 받은 자기의 은사가 있으니."고전7:7

"이 모든 일은 같은 한 성령이 행하사 그의 뜻대로 각 사람에게 나누어 주시는 것이니라."고전12:11

"온갖 좋은 은사와 온전한 선물이 다 위로부터 빛들의 아버지께로부터 내려오나니 그는 변함도 없으시고 회전하는 그림자도 없으시니라."약1:17

은사를 주신 분은 하나님이십니다. 하나님께서 성령님을 통해 은사를 주십니다. 어떤 은사를 얼마만큼 주실 것인지를 결정하는 분은 하나님이십니다.

우리는 자신의 은사를 발전시킬 수 있습니다. 은사를 숙달할 수 있습니다. 하지만 은사를 만들어 낼 수는 없습니다. 은사를 창출하시고 산출해 내시는 분은

하나님이십니다.[148] 은사를 받는 특별한 방법이나 비법이 있다는 주장은 성경적이지 않습니다. 아무도 자신의 믿음 때문에 은사를 받지 못합니다. 아무도 자신의 재능 때문에 은사를 받지 못합니다. 은사는 자격 없는 자들에게 주시는 하나님의 은혜입니다. 하나님의 선물입니다.

은사를 자랑하지 말아야 합니다. 하나님께서 은혜로 주신 은사를 자신의 공로와 자격처럼 자랑하는 것은 지나친 행동입니다. 그래서 바울은 다음과 같이 말합니다. "마땅히 생각할 그 이상의 생각을 품지" 말라!3절

은사 때문에 교만한 마음을 품는 것은, 은사를 주신 하나님의 뜻에 반하는 행동입니다. 하나님의 뜻은 은사가 교회를 세우는 데 사용되는 것입니다. "은사는 여러 가지나 성령은 같고 직분은 여러 가지나 주는 같으며 또 사역은 여러 가지나 모든 것을 모든 사람 가운데서 이루시는 하나님은 같으니 각 사람에게 성령을 나타내심은 유익하게 하려 하심이라."고전12:4-7

은사는 교회를 유익하게 하는 데 사용되어야 합니다. 그래서 은사를 가진 사람은 겸손해야 합니다. 교만한 사람의 은사는 교회를 유익하게 할 수 없기 때문입니다.

묵상과 기도

Q. 은사를 주시는 분은 누구입니까?

Q. 하나님께서 은사를 주신 목적은 무엇입니까?

prayer. 하나님, 저희에게 여러 가지 은사와 재능을 주셔서 감사합니다. 하나님께서 주셨으니, 하나님을 위해서 사용하시며 자랑하지 않게 해주세요. 겸손하게 교회를 섬기는 데 사용하게 해주세요.

우리가 한 몸에 많은 지체를 가졌으나

롬 12:3-5 3 내게 주신 은혜로 말미암아 너희 각 사람에게 말하노니 마땅히 생각할 그 이상의 생각을 품지 말고 오직 하나님께서 각 사람에게 나누어 주신 믿음의 분량대로 지혜롭게 생각하라 4 우리가 한 몸에 많은 지체를 가졌으나 모든 지체가 같은 기능을 가진 것이 아니니 5 이와 같이 우리 많은 사람이 그리스도 안에서 한 몸이 되어 서로 지체가 되었느니라

우리는 교회를 섬기는 방법에 대해 살펴보고 있습니다. 교회 안에서 은사를 사용하는 방법에 대해 알아보고 있습니다. 첫 번째 원리는, 은사가 하나님의 은혜라는 점입니다. 은사는 하나님께서 각 사람에게 주신 선물입니다. 따라서 겸손한 자세로 은사를 사용해야 합니다. 자신의 은사를 자랑하지 말아야 합니다.

두 번째 원리는, 교회가 "한 몸"이라는 점입니다. 4절 교회는 손과 발 같은 여러 지체들이 한데 모인 "한 몸"입니다. 바울이 사용한 "한 몸"이라는 표현은 많은 의미를 내포하고 있습니다. "한 몸"은 여러 개의 독립적인 부품들을 한데 모아놓은 '한 기계'와 같지 않습니다. 예를 들어, 자동차는 2만 개의 부품이 모여 '한 자동차'를 이룹니다. 하지만 부품들이 모여 '한 자동차'를 이루는 것과 지체들이 모여 "한 몸"을 이루는 것은 전혀 다릅니다.

자동차는 엔진을 중심으로 여러 개의 부품들이 모여 있습니다. 부품들은 교체가 가능합니다. 특별한 경우가 아니라면 한 부분에 생긴 문제가 다른 부분에 영향을 미치지 않습니다. 핸들에 문제가 생기면 핸들만 교체하면 됩니다. 시트에 문제가 생기면 시트만 교체하면 됩니다. 심지어 자동차의 심장과 같은 엔진에 심각한 문제가 생기더라도, 엔진만 따로 수리하면 문제는 해결됩니다.

"한 몸"은 그렇지 않습니다. 한 몸은 유기적으로 결합되어 있습니다. 한 몸은 하나의 혈관체계로 되어 있습니다. 머리끝에서 발끝까지 하나의 신경조직으로 이루어져 있습니다. 한 부분에 생긴 문제는 다른 부분에 심각한 영향을 미칩니다. 발가락 끝에 박힌 작은 가시 하나가 머리의 두통을 유발합니다. 손가락에 생긴 작은 상처로 독이 유입되면, 곧바로 혈관을 타고 몸 전체에 독이 퍼져 나갑니다.

자동차는 더 중요한 부품이 있습니다. 백미러보다는 엔진이 중요합니다. 와이퍼보다는 핸들이 더 중요합니다. 신중하게 운전하기만 하면 백미러 없이도 목적지에 도착할 수 있습니다. 하지만 엔진 없이는 어디도 갈 수 없습니다. 날씨만 맑으면 와이퍼는 필요 없습니다. 하지만 핸들이 필요하지 않은 순간은 없습니다. 그러나 "한 몸"은 다릅니다. 몸의 모든 지체는 유기적으로 결합되어 있습니다. 없어도 되는 지체는 없습니다. 한 몸인 교회도 마찬가지입니다. 교회 안에 없어도 되는 지체는 없습니다. 교회 안에 더 중요한 사람도 없고 덜 중요한 사람도 없습니다. 따라서 은사를 가지고 사람을 차별해서는 안 됩니다.

주기 위해서는 받는 사람이 있어야 하고, 고치기 위해서는 아픈 사람이 있어야 합니다. 말을 걸기 위해서는 듣는 사람이 있어야 하고, 나누기 위해서는 가난한 사람이 있어야 합니다. 부족하고 아프고 외롭고 가난한 자들조차도 교회 안에서 의미가 있습니다. 교회는 그런 공동체입니다. 모두가 소중하고, 모두가 존중받는 공동체입니다.

묵상과 기도

Q. 교회 안에 더 중요한 사람이 있습니까?

prayer. 하나님. 이 땅의 교회 위에 은혜를 베풀어 주세요. 교회의 한 몸 됨을 회복하게 해주세요. 모두가 소중하고 모두가 존중받는 교회가 되게 해주세요.

우리 많은 사람이 그리스도 안에서 한 몸이 되어

> **롬 12:3-5** 3 내게 주신 은혜로 말미암아 너희 각 사람에게 말하노니 마땅히 생각할 그 이상의 생각을 품지 말고 오직 하나님께서 각 사람에게 나누어 주신 믿음의 분량대로 지혜롭게 생각하라 4 우리가 한 몸에 많은 지체를 가졌으나 모든 지체가 같은 기능을 가진 것이 아니니 5 이와 같이 우리 많은 사람이 그리스도 안에서 한 몸이 되어 서로 지체가 되었느니라

예수님을 믿는 자들은 예수님과 신비하게 연합합니다. 이것을 영적 연합이라고 합니다. 신자들은 믿음을 통해 예수님의 몸이 되고, 예수님은 신자들의 머리가 됩니다. "또 만물을 그의 발 아래에 복종하게 하시고 그를 만물 위에 교회의 머리로 삼으셨느니라." 엡1:22

따라서 모든 신자들은 한 몸입니다. 머리가 같기 때문입니다. 신자들은 머리이신 예수님을 통해 서로 연결되어 있습니다. 그래서 바울은 모든 신자들이 한 몸이라고 말합니다. "우리 많은 사람이 그리스도 안에서 한 몸이 되어." 5절

예수님을 통해서만 한 몸이 될 수 있기에, 예수님 없는 교회 연합은 불가능합니다. 예를 들어, 식사 교제를 통해 이전보다 훨씬 친밀한 관계가 될 있습니다. 하지만 한 몸이 될 수는 없습니다. 야유회를 통해 서로를 더 잘 아는 관계가 될 수 있습니다. 하지만 한 몸이 될 수는 없습니다. 깊은 대화를 통해 서로의 마음을 나눌 수 있습니다. 하지만 한 몸이 될 수는 없습니다. 교회는 예수님을 통해서만 한 몸이 될 수 있습니다.

따라서 교회 연합은 예수님 안에서 이루어져야 합니다. 우리 각자가 예수님에게 가까이 가는 것이야말로 참된 교회 연합입니다. 예수님이 우리의 구심점이기에, 예수님께 가까이 가는 것은 곧 형제자매에게 가까이 가는 길입니다. 반대로 예수님에게서 멀어지는 것은 곧 형제자매와 멀어지는 일입니다.

예수님과 가까워지는 사람은 예수님의 마음을 알아갑니다. 예수님의 마음을 아는 사람은 형제자매를 긍휼의 마음으로 바라보게 됩니다. 예수님과 가까워지는 사람은 예수님의 사랑을 닮아갑니다. 예수님처럼 사랑하는 사람은 자신과 다른 사람들을 이해하게 됩니다. 그렇게 교회는 하나가 됩니다.

하지만 예수님과 멀어진 사람들은 예수님의 마음을 알 수 없습니다. 예수님의 마음을 모르는 자들은 형제자매를 이기적인 시각으로 바라보게 됩니다. 예수님과 멀어진 사람들은 예수님의 사랑을 닮을 수 없습니다. 예수님의 사랑을 모르는 자들은 자신과 다른 사람들을 미워하게 됩니다. 그렇게 교회는 분열됩니다.

그래서 예수님을 알아가야 합니다. 예수님에 대한 지식이야말로 교회를 하나 되게 하는 자양분입니다. "내가 기도하노라. 너희 사랑을 지식과 모든 총명으로 점점 더 풍성하게 하사." 빌1:9

사랑은 지식과 함께 풍성해집니다. 이 지식은 예수님에 대한 지식을 말합니다. 예수님을 알아야만 형제자매를 사랑할 수 있습니다. 예수님을 알아야만 이웃을 사랑할 수 있습니다. 교회는 예수님 안에서만 하나입니다.

묵상과 기도

Q. 왜 모든 신자들은 한 몸입니까?

Q. 모든 신자가 한 몸이 되기 위해서는 누구에게 가까이 가야 합니까?

prayer. 하나님, 이 땅의 교회가 예수님 안에서 한 몸이 되게 해주세요. 예수님의 마음을 알게 해주세요. 서로를 사랑하는 교회, 서로를 존중하는 교회, 서로를 용서하는 교회가 되게 해주세요.

은혜대로 받은 은사

> **롬 12:6-8** 6 우리에게 주신 은혜대로 받은 은사가 각각 다르니 혹 예언이면 믿음의 분수대로, 7 혹 섬기는 일이면 섬기는 일로, 혹 가르치는 자면 가르치는 일로, 8 혹 위로하는 자면 위로하는 일로, 구제하는 자는 성실함으로, 다스리는 자는 부지런함으로, 긍휼을 베푸는 자는 즐거움으로 할 것이니라

세상은 자신의 재능을 자랑합니다. 탁월한 재능으로 자신의 이름을 높이려고 합니다. 하지만 신자는 그런 식으로 은사를 사용해서는 안 됩니다. 은사는 우리가 만들어 낸 것이 아니라 하나님께서 주신 선물이기 때문입니다. "우리에게 주신 은혜대로 받은 은사가 각각 다르니."6절

바울은 "은혜대로 받은 은사"라고 말합니다. 은사는 하나님의 은혜입니다. 은사는 자격 없는 자에게 주어진 하나님의 선물입니다. 그래서 은사를 자랑할 수 없습니다. 은사를 통해 자신의 이름을 높일 수 없습니다. 우리가 마땅히 해야 하는 일은 은사를 통해 하나님의 이름을 드러내는 것입니다. 은사를 통해 하나님의 뜻을 이루는 것입니다. 은사를 통해 하나님을 기쁘게 하는 것입니다. 이것이 은사를 사용하는 성경적인 기준입니다.

세상은 재능 자체에 주목합니다. 얼마나 특별한 재능을 가지고 있는지에 관심을 가집니다. 하지만 우리는 은사 자체에 주목하지 말아야 합니다. 얼마나 특별한 은사를 가지고 있는지에 관심을 가지지 말아야 합니다. 우리가 주목해야 하는 것은, "각 사람의 은사가 얼마나 하나님의 뜻대로 사용되고 있는가?"입니다. 우리가 관심을 가져야 하는 것은, "하나님께서 나누어 주신 은사가 얼마나 하나님을 영화롭게 하고 있는가?"입니다.

아무리 대단한 은사도 하나님의 뜻대로 사용되지 않는다면, 하나님 앞에서는 아무것도 아닙니다. 아무리 대단한 은사도 하나님의 영광을 위해 사용되지 않는다면, 하나님 앞에서는 아무런 가치가 없습니다. 하나님의 뜻대로 사용되는 은사, 하나님의 영광을 위해 사용되는 은사만이 진정 가치 있는 은사입니다.

바울은 "받은 은사가 각각" 다르다고 말합니다. 하나님은 사람들에게 저마다 다른 은사를 주셨습니다. 따라서 다른 사람이 가진 은사를 시기하지 말아야 합니다. 그것은 하나님의 섭리를 부정하는 것이나 마찬가지입니다. 받은 은사가 각각 다른 것은 하나님의 섭리입니다.

"받은 은사가 각각" 다를지라도 은사를 받은 이유는 같습니다. 그림의 은사를 받은 사람도 하나님의 영광이요, 노래의 은사를 받은 사람도 하나님의 영광입니다. 모든 은사는 하나님의 영광을 이루는 도구입니다.

"받은 은사가 각각" 다를지라도 평가하는 기준 역시 하나입니다. 운동의 은사를 받은 사람도 하나님의 영광이요, 공부의 은사를 받은 사람도 하나님의 영광입니다. 모든 은사는 하나님을 영화롭게 한 만큼만 가치를 인정받습니다. 우리가 하나님께 받은 은사는 무엇입니까? 우리는 하나님의 영광을 위해 은사를 사용하고 있습니까?

묵상과 기도

Q. 은사를 사용하는 성경적인 기준은 무엇입니까?

Q. 하나님의 영광을 위해 은사와 재능을 사용하고 있습니까?

prayer. 하나님, 저희에게 은사와 재능을 주셔서 감사합니다. 하나님께서 주셨으니, 하나님을 위해서 사용하게 해주세요. 하나님께서 주신 은사를 가지고 저희를 높이거나 자랑하지 않게 해주세요.

받은 은사가 각각 다르니

> **롬 12:6-8** 6 우리에게 주신 은혜대로 받은 은사가 각각 다르니 혹 예언이면 믿음의 분수대로, 7 혹 섬기는 일이면 섬기는 일로, 혹 가르치는 자면 가르치는 일로, 8 혹 위로하는 자면 위로하는 일로, 구제하는 자는 성실함으로, 다스리는 자는 부지런함으로, 긍휼을 베푸는 자는 즐거움으로 할 것이니라

하나님은 신자들에게 한 가지 은사만 주시지 않습니다. "받은 은사가 각각 다르니."6절 하나님은 신자들에게 각각 다른 은사를 주십니다. 어떤 사람에겐 노래의 은사를 주시는 반면, 어떤 사람에겐 그림의 은사를 주십니다. 어떤 사람에겐 운동의 은사를 주시는 반면, 어떤 사람에겐 공부의 은사를 주십니다. 이 사실은 고린도전서에 잘 나타나 있습니다. "다 사도이겠느냐 다 선지자이겠느냐 다 교사이겠느냐 다 능력을 행하는 자이겠느냐 다 병 고치는 은사를 가진 자이겠느냐 다 방언을 말하는 자이겠느냐 다 통역하는 자이겠느냐 너희는 더욱 큰 은사를 사모하라 내가 또한 가장 좋은 길을 너희에게 보이리라."고전12:29-31

모든 신자가 사도일 수 없습니다. 모든 신자가 교사일 수 없습니다. 받은 은사가 각각 다르기 때문입니다. 모든 신자가 병 고치는 은사를 가질 수 없습니다. 모든 신자가 방언의 은사를 가질 수 없습니다. 하나님께서 주신 은사가 각각 다르기 때문입니다.

그럼에도 불구하고 신자라면 누구나 한 가지 특별한 은사를 가져야 한다고 주장하는 사람들이 있습니다. 그들이 주장하는 한 가지 특별한 은사는 방언입니다. 그들은 방언의 은사를 가지고 있어야만 진정한 신자라고 주장합니다. 하지만 바울의 입장은 분명합니다. "다 방언을 말하는 자이겠느냐."고전12:30

모든 신자가 한 가지 공통된 은사를 가질 수 없습니다. 한 몸에 손만 네 개일 수 없는 것과 마찬가지 원리입니다. 한 사람이 모든 은사를 가질 수 없고, 모든 사람이 한 가지 은사를 가질 수 없습니다. 신자라면 누구나 방언을 말해야 하고, 방언으로 말하기 위해 노력해야 한다는 것은 비성경적인 주장입니다.

심지어 어떤 사람들은 자신들이 시키는 대로 하면 방언의 은사를 받을 수 있다고 주장합니다. 하지만 은사를 받는 노하우는 없습니다. 은사는 사람이 만들어낼 수 없고, 사람이 줄 수도 없습니다. 은사를 주시는 분은 하나님이십니다. 특히 제3위이신 성령님이십니다. "어떤 사람에게는 능력 행함을, 어떤 사람에게는 예언함을, 어떤 사람에게는 영들 분별함을, 다른 사람에게는 각종 방언 말함을, 어떤 사람에게는 방언들 통역함을 주시나니 이 모든 일은 같은 한 성령이 행하사 그의 뜻대로 각 사람에게 나누어 주시는 것이니라."고전12:10-11

오순절에 방언의 은사를 받았던 사람들은 특별한 방법을 사용하지 않았습니다. 그들은 자신들이 방언의 은사를 받게 될지도 몰랐습니다. 모든 은사는 하나님의 선물입니다. 우리는 다만 받을 뿐입니다. 자격 없는 자에게 베풀어진 은혜를 생각하며 기뻐하고 감사할 따름입니다.

묵상과 기도

Q. 모든 신자가 동일한 은사를 가질 수 있습니까?

Q. 다른 사람의 은사를 시기하고 질투하지는 않습니까?

prayer. 하나님, 하나님께서 주신 은사를 소중하게 여기게 해주세요. 다른 사람의 은사를 시기하거나 질투하지 않게 해주세요. 하나님께서 주신 은사로 교회를 섬기며, 하나님을 영화롭게 하게 해주세요.

우리에게 주신 은혜대로 받은 은사가 각각 다르니

롬 12:6-8 6 우리에게 주신 은혜대로 받은 은사가 각각 다르니 혹 예언이면 믿음의 분수대로, 7 혹 섬기는 일이면 섬기는 일로, 혹 가르치는 자면 가르치는 일로, 8 혹 위로하는 자면 위로하는 일로, 구제하는 자는 성실함으로, 다스리는 자는 부지런함으로, 긍휼을 베푸는 자는 즐거움으로 할 것이니라

우리는 하나님께서 선물로 주시는 은사에 대해서 알아보고 있습니다. 은사를 바르게 이해하는 것은 매우 중요합니다. 은사가 제대로 사용될 때 교회가 큰 유익을 얻을 수 있기 때문입니다. "은사는 여러 가지나 성령은 같고 직분은 여러 가지나 주는 같으며, 또 사역은 여러 가지나 모든 것을 모든 사람 가운데서 이루시는 하나님은 같으니 각 사람에게 성령을 나타내심은 유익하게 하려 하심이라."고전12:4-7

'은사 중지론'을 주장하는 자들이 있습니다. 그들은 하나님께서 은사를 주시는 일이 중단되었다고 말합니다. 이것은 성경적이지 않습니다. 오늘 본문이 그 증거입니다. 바울은 여러 가지 은사를 소개합니다. 이 중에 섬기는 은사, 가르치는 은사, 위로하는 은사, 구제하는 은사, 다스리는 은사는 지금도 교회 안에서 볼 수 있습니다. 하나님께서 은사를 주시는 일은 중단되지 않았습니다. 하나님은 교회의 유익을 위해 지금도 은사를 주십니다.

주로 문제가 되는 것은 예언과 치유의 은사입니다. 이 점은 다음과 같이 구분할 수 있습니다. 하나님께서 신자들에게 주시는 은사는 크게 두 부류로 나눌 수 있습니다.[149] 첫 번째는 정규적이고 평범한 은사입니다. 앞에서 언급한 섬기는 은사, 가르치는 은사, 위로하는 은사, 구제하는 은사 등이 여기에 포함됩니다. 이런 은사들은 특별한 경우를 제외하고는 교회 안에 꾸준하게 나타납니다.

두 번째는 비상하고 특이한 은사입니다. 예언과 치유의 은사가 여기에 해당합니다. 이런 은사들은 정규적이고 평범하게 발견할 수 없습니다. 예언과 치유처럼 비상하고 특이한 은사들은 주로 부흥의 시대에 나타납니다. 또는 선교 현장처럼 하나님의 특별한 은혜가 필요한 곳에 나타납니다.

따라서 하나님께서 은사를 주시는 일이 중단되었다고 주장해서는 안 됩니다. 하나님은 지금도 여전히 은사를 주십니다. 교회가 유지되고 부흥할 수 있는 것은 하나님께서 신자들에게 은사를 주시기 때문입니다. 교회 안에 섬기는 자들과, 가르치는 자들과, 위로하는 자들과, 구제하는 자들이 있는 것은 하나님께서 은사를 주셨기 때문입니다.

우리는 은사를 사모해야 합니다. 은사가 없다고 생각하면서 자신의 낮은 영성을 정당화해서는 안 됩니다. 바울은 데살로니가교회에 보낸 편지에서 바로 이 점을 경고했습니다. "성령을 소멸하지 말며 예언을 멸시하지 말고, 범사에 헤아려 좋은 것을 취하고 악은 어떤 모양이라도 버리라."살전5:19-22

우리는 기도해야 합니다. 하나님께서 성령님을 통해 은사 주시기를 간구해야 합니다. 성령의 역사를 기대해야 합니다. 그것이 성령을 소멸하지 않는 것입니다. 우리는 성령의 역사를 제한하는 사람이 되어서는 안 됩니다.

묵상과 기도

Q. 하나님께서 은사를 주시는 일은 중단되었습니까?

Q. 하나님께서 주시는 은사는 어떻게 나누어집니까?

prayer. 하나님, 저희는 부족합니다. 저희는 미련합니다. 그래서 저희에게는 하나님의 은사가 필요합니다. 하나님 저희에게 은사를 주세요. 그리하여 교회를 더 잘 섬기고, 하나님을 더 영화롭게 하게 해주세요.

혹 예언이면 믿음의 분수대로

> **롬 12:6-8** 6 우리에게 주신 은혜대로 받은 은사가 각각 다르니 혹 예언이면 믿음의 분수대로, 7 혹 섬기는 일이면 섬기는 일로, 혹 가르치는 자면 가르치는 일로, 8 혹 위로하는 자면 위로하는 일로, 구제하는 자는 성실함으로, 다스리는 자는 부지런함으로, 긍휼을 베푸는 자는 즐거움으로 할 것이니라

예언의 은사는 오래전부터 논쟁이 되었습니다. 주로 이단들이 예언의 은사를 강조했기 때문입니다. 따라서 예언의 의미를 제대로 아는 것은 중요합니다. 예언은 하나님의 말씀을 대언한다는 점에서 설교와 비슷합니다. 하지만 예언과 설교는 완전히 동일하지 않습니다. 일반적으로 설교는 준비가 필요합니다. 설교자는 시간을 들여 설교를 준비해야 합니다. 예언은 그렇지 않습니다. 예언은 즉각적으로 임하는 하나님의 영감입니다.[150]

설교의 은사는 하나님의 말씀을 잘 준비하여 전달하는 은사입니다. 반면 예언의 은사는 교회와 그 교회 안에 있는 어떤 사람들에게 하나님의 메시지를 즉각적으로 전달하는 은사입니다. 고린도전서는 예언의 즉각적인 성격을 잘 보여줍니다. "예언하는 자는 둘이나 셋이나 말하고 다른 이들은 분별할 것이요 만일 곁에 앉아 있는 다른 이에게 계시가 있으면 먼저 하던 자는 잠잠할지니라."고전14:29-30 한 사람이 예언을 하고 있었습니다. 그러다가 곁에 있는 사람에게 또 다른 계시가 임했습니다. 이것이 예언입니다. 예언은 즉각적입니다.

예언은 반드시 검증되어야 한다는 점에서 설교와 다릅니다. 설교는 성경에 근거하는 한 언제나 진리입니다. 성경에 근거한 설교는 언제나 하나님의 말씀입니다. 하지만 예언은 그렇지 않습니다. 예언은 설교만큼 객관적이지 않습니다. 때로는 사사로운 생각을 예언으로 착각할 수 있습니다. 실제로 그런 일이 자주 발생했습니다.

종교개혁 당시 일부 재세례파들은 종말에 관한 계시를 받았다고 주장했습니다. 하지만 착각에 불과했습니다. 한때 한국 사회를 떠들썩하게 만든 다미선교회도 마찬가지입니다. 그들은 1992년 10월 28일에 예수님이 재림하신다고 예언했습니다. 역시 착각이었습니다. 그날 아무런 일도 일어나지 않았습니다.

그래서 바울은 다음과 같이 말합니다. "혹 예언이면 믿음의 분수대로."6절 여기서 믿음은 진리를 의미합니다. 예언은 진리로 검증되어야 한다는 뜻입니다.[151] 따라서 성경과 상관없는 계시는 예언이 아닙니다. 대표적인 사례가 퀘이커 교도입니다. 그들은 하나님께 직접 계시를 받기 때문에 성경이 필요 없다고 주장했습니다. 우리는 이런 자들을 경계해야 합니다. 계시와 성경을 대치시키는 자들은 위험한 이단입니다.

계시는 성경으로 검증되어야 하지, 성경에 추가되는 것이 아닙니다. 하나님은 완성된 성경을 주셨습니다. 성경을 기록하는 권한은 선지자와 사도에게만 있습니다. 따라서 지금은 성경에 아무것도 추가할 수 없습니다. 만약 성경에 무언가가 추가되어야 한다고 주장하는 자들이 있다면, 그들은 진리를 거스르는 자들이요, 교회를 무너뜨리는 이단입니다.

묵상과 기도

Q. 설교의 은사와 예언의 은사는 어떻게 다릅니까?

Q. 예언이 반드시 검증되어야 하는 이유는 무엇입니까?

prayer. 하나님, 역사상 많은 이단들이 있었습니다. 그들 중 상당수가 예언에 대해 잘못된 생각을 가지고 있었습니다. 이 땅의 교회가 이단들에게 미혹되지 않게 해주세요. 신자들이 잘못된 예언에 미혹되지 않게 해주세요.

혹 섬기는 일이면 섬기는 일로

> **롬 12:6-8** 6 우리에게 주신 은혜대로 받은 은사가 각각 다르니 혹 예언이면 믿음의 분수대로, 7 혹 섬기는 일이면 섬기는 일로, 혹 가르치는 자면 가르치는 일로, 8 혹 위로하는 자면 위로하는 일로, 구제하는 자는 성실함으로, 다스리는 자는 부지런함으로, 긍휼을 베푸는 자는 즐거움으로 할 것이니라

우리는 계속해서 은사를 사용하는 방법을 살펴보고 있습니다. 하나님께서 선물로 주신 은사를 교회를 위해 사용하는 원칙을 알아보고 있습니다. 오늘 본문에서 바울은 다음과 같이 말합니다. "혹 섬기는 일이면 섬기는 일로, 혹 가르치는 자면 가르치는 일로, 혹 위로하는 자면 위로하는 일로"7-8절

이것은 다음과 같은 뜻입니다. 섬기는 은사를 받은 사람은 섬기는 일을 하라는 것입니다. 가르치는 은사를 받은 사람은 가르치는 일을 하라는 것입니다. 위로하는 은사를 받은 사람은 위로하는 일을 하라는 것입니다. 누구든지 하나님께서 자신에게 주신 은사를 사용하라는 것입니다. 바울이 이렇게 말하는 이유는 사람들이 자신의 은사에 만족하지 않고 다른 사람의 은사를 부러워하기 때문입니다. 다른 사람의 은사에 관심을 가지고, 자신의 은사를 개발하는 데 게으르기 때문입니다.

실제로 바울 당시에 그런 일이 있었습니다. "다 병 고치는 은사를 가진 자이겠느냐 다 방언을 말하는 자이겠느냐 다 통역하는 자이겠느냐."고전12:30 바울이 "다 병 고치는 은사를 가진 자이겠느냐"라고 말한 것은 치유의 은사를 동경하는 사람들이 많았기 때문입니다. "다 방언을 말하는 자이겠느냐"라고 말한 것도 마찬가지입니다. 많은 신자들이 자신의 은사에 만족하지 않고, 다른 사람의 은사에 관심을 가졌습니다. 특히 치유의 은사, 방언의 은사, 방언 통역의 은사에 관심을 가졌습니다.

그래서 바울은 "섬기는 은사를 받은 사람은 섬기는 일을 하라. 가르치는 은사를 받은 사람은 가르치는 일을 하라. 위로하는 은사를 받은 사람은 위로하는 일을 하라."고 말하는 것입니다. 각자 하나님께 받은 그 은사를 사용하라는 것입니다. 자신의 은사를 사용하라는 것입니다.

교회에 필요 없는 은사는 없습니다. 은사는 하나님께서 주신 선물입니다. 하나님께서 필요 없는 것을 주실 리 없습니다. 우리가 가진 은사가 무엇이든지 교회를 위한 것이고, 교회에 필요한 것입니다. 따라서 우리는 다른 사람의 은사가 아니라 자신의 은사에 관심을 가져야 합니다. 하나님께서 주신 은사를 활용해야 합니다. 자신의 은사를 가지고 교회를 섬겨야 합니다.

우리의 은사가 하찮게 보일 수 있습니다. 아무도 인정해 주지 않는 은사일 수 있습니다. 눈에 띄지 않는 은사일 수 있습니다. 하지만 묵묵히 자기 일을 성실히 할 때, 하나님만은 알아주실 것입니다. 그것이 우리의 진정한 목표가 되어야 합니다. 그것이 참된 신자의 삶입니다.

묵상과 기도

Q. 바울이 하나님께서 자신에게 주신 은사를 사용하라고 말하는 이유는 무엇입니까?

Q. 혹시 자신의 은사를 하찮게 생각하지 않습니까?

prayer. 하나님, 하나님께서 주신 은사를 발견하게 해주세요. 하나님께서 주신 은사를 가지고 교회를 섬기게 해주세요. 하나님께서 주신 은사를 가지고 이웃을 섬기게 해주세요.

구제하는 자는 성실함으로

> **롬 12:6-8** 6 우리에게 주신 은혜대로 받은 은사가 각각 다르니 혹 예언이면 믿음의 분수대로, 7 혹 섬기는 일이면 섬기는 일로, 혹 가르치는 자면 가르치는 일로, 8 혹 위로하는 자면 위로하는 일로, 구제하는 자는 성실함으로, 다스리는 자는 부지런함으로, 긍휼을 베푸는 자는 즐거움으로 할 것이니라

"구제하는 자는 성실함"으로 해야 합니다. 원어에는 "주는 자는 성실함"으로 라고 되어 있습니다. 다른 사람에게 줄 수 있는 처지에 있는 사람, 다른 사람을 도울 수 있는 처지에 있는 사람은 성실하게 그 일을 해야 합니다. 가끔 생각날 때만 다른 사람을 도울 것이 아니라, 정기적으로 꾸준하게 다른 사람을 도와주어야 합니다.

"성실함"이라고 번역된 헬라어 '하플로테스'는 '순수함'으로도 번역할 수 있습니다. 따라서 우리는 성실하게 나눌 뿐만 아니라 순수한 마음으로 나누어야 합니다. 예를 들어, 자신의 선행을 자랑하기 위해 나누는 것은 순수한 마음으로 나누는 것이 아닙니다. 예수님도 이 점을 지적하셨습니다. "너는 구제할 때에 오른손이 하는 것을 왼손이 모르게 하여 네 구제함을 은밀하게 하라. 은밀한 중에 보시는 너의 아버지께서 갚으시리라." 마6:3-4 순수한 마음으로 나누는 것은 은밀하게 나누는 것입니다. 누가 알아주기를 원해서 나누는 것이 아니라 하나님의 기쁨이 되기 위해서 나누는 것입니다.

"다스리는 자는 부지런함으로" 해야 합니다. 다스리는 자는 장로를 말합니다. 장로는 성도들을 다스리기 위해 부름을 받은 직분입니다. 그런데 '장로의 다스림'은 다른 사람을 지배하는 다스림이 아닙니다. 장로의 다스림은 큰 자가 작은 자를 돌보는 것입니다. 예를 들어, 어린아이는 부모의 돌봄이 없으면 살 수 없습니다. 가축은 목자의 돌봄이 없으면 살 수 없습니다. 화분의 꽃은 주인의 돌봄이 없으면 살 수 없습니다. 마찬가지로 교회의 장로들은 성도들이 신앙생활을 잘하고 있는지, 경제적인 어려움은 없는지, 힘들고 어려운 점은 없는지를 부지런히 살펴야 합니다. 살피고 돌봐야 합니다.

"긍휼을 베푸는 자"에게 요구되는 것은 "즐거움"입니다. 다른 사람을 도울 때는 기분 좋게 해야지 기계적으로 해서는 안 됩니다. 한 가지 예를 들어보겠습니다. 우리가 병을 고치기 위해 병원에 갔다고 가정해 봅시다. 한 의사는 우리의 상태를 진심으로 걱정해 주었습니다. 우리가 퇴원할 때 진심으로 기뻐해 주었습니다. 또 다른 의사는 우리를 돈벌이 수단으로 대했습니다. 우리가 퇴원할 때 전혀 기뻐하지 않았습니다. 두 사람 다 똑같은 의사이지만, 우리의 마음에는 전혀 다른 사람으로 기억될 것입니다.

긍휼을 베푸는 원리도 동일합니다. 어려운 사람을 도와줄 때는 자발적인 마음으로 해야 합니다. 누군가를 도와줄 수 있는 처지에 있다는 것을 기뻐하며 해야 합니다. 예수님의 사랑을 전하는 통로가 될 수 있다는 것을 감사하며 해야 합니다.

묵상과 기도

Q. 구제는 어떤 마음으로 해야 합니까?

Q. 긍휼을 베푸는 일은 어떤 마음으로 해야 합니까?

prayer. 하나님, 저희가 성실하게 구제하게 해주세요. 꾸준하게 어려운 사람들을 돕게 해주세요. 어려운 사람들을 도울 때는 즐거운 마음으로 하게 해주세요. 다른 사람을 도울 수 있다는 사실을 기뻐하며 섬기게 해주세요.

우리에게 주신 은혜대로 받은 은사가 각각 다르니

> **롬 12:6-8** 6 우리에게 주신 은혜대로 받은 은사가 각각 다르니 혹 예언이면 믿음의 분수대로, 7 혹 섬기는 일이면 섬기는 일로, 혹 가르치는 자면 가르치는 일로, 8 혹 위로하는 자면 위로하는 일로, 구제하는 자는 성실함으로, 다스리는 자는 부지런함으로, 긍휼을 베푸는 자는 즐거움으로 할 것이니라

흔히 교회를 성직자와 평신도로 나누곤 합니다. 그런 구분은 올바르지 않습니다. 바울은 모든 은사를 평등하게 취급하고 있습니다. 가르치는 은사와 다스리는 은사를 더 특별하게 대우하지 않습니다. 가르치는 은사와 다스리는 은사도 수많은 은사들 가운데 하나일 뿐입니다. 가르치는 은사와 다스리는 은사를 가진 사람들은 성직자로서 특별하며, 다른 은사를 가진 사람들은 평신도로서 평범하다고 하는 것은 성경적인 가르침이 아닙니다. 하지만 교회가 질서를 가지는 것은 중요합니다. 가르치는 일은 가르치는 은사를 받은 사람들이 해야 합니다. 다스리는 일은 다스리는 은사를 받은 사람들이 해야 합니다. 누구나 가르칠 수 없고, 누구나 다스릴 수 없습니다. 하나님은 각 사람에게 저마다 다른 은사를 주셨습니다. 따라서 하나님께서 주신 은사로 섬겨야 합니다.

은사가 질서 있게 행해지지 않은 사례로는 17세기 퀘이커 교도를 꼽을 수 있습니다. 그들은 평등을 강조했습니다. 평등을 지나치게 강조한 나머지 설교권을 모두가 공유했습니다. 퀘이커 교도들의 집회에서는 아무도 설교를 준비하지 않았습니다. 대신 성령의 영감을 받았다고 주장하는 자들이 즉석에서 설교했습니다. 때로는 성령께서 감동을 주시기까지 계속 기다렸습니다. 퀘이커 교도처럼 극단적이지는 않을지라도, 비슷한 형태의 교회를 지금도 볼 수 있습니다. 그들은 목회자만 설교권을 가지는 것은 옳지 않다고 주장합니다. 장로들만 다스리는 권한을 가지는 것은 옳지 않다고 주장합니다. 모두가 돌아가면서 설교해야 하고, 모두가 돌아가면서 다스려야 한다고 주장합니다. 하지만 성경은 이렇게 말합니다. "우리에게 주신 은혜대로 받은 은사가 각각 다르니."6절 하나님은 각 사람에게 저마다 다른 은사를 주셨습니다. 신자들은 하나님께서 주신 은사로 교회를 섬겨야 합니다. 단지 직분 자체가 마음에 든다고 해서, 은사가 없는 일을 맡으려 해서는 안 됩니다. 가르치는 은사가 없는데 가르치는 직분을 맡으려 해서는 안 됩니다. 다스리는 은사가 없는데 다스리는 직분을 맡으려 해서도 안 됩니다. 하나님께서 주신 은사로 교회를 섬겨야 합니다. 성경은 모든 은사가 동등하다고 말합니다. 성경은 그 어디에서도 어떤 은사가 더 특별하다거나, 어떤 은사가 더 열등하다고 말하지 않습니다. 따라서 하나님께서 더 특별하게 여기시는 직분은 없습니다. 하나님께서 더 열등하게 여기시는 직분도 없습니다. 하나님 앞에서는 모든 직분이 동등합니다. 다만 어떤 태도와 자세로 직분을 섬기느냐가 중요할 따름입니다. 평범해 보이는 직분도 하나님의 영광을 위해 행한다면 특별한 직분입니다. 특별해 보이는 직분도 자신의 만족과 욕망을 위해 행한다면 열등한 직분입니다. 자리가 아니라 목적입니다. 어떤 위치에 있느냐가 아니라 누구를 위해 하느냐가 중요합니다. 어떤 직분을 맡느냐가 아니라 어떤 태도로 섬기느냐가 중요합니다.

묵상과 기도

Q. 직분을 맡는 원칙은 무엇입니까?

prayer. 하나님, 저희가 받은 은사대로 교회를 섬기게 해주세요. 하나님께서 주신 은사를 가지고 교회를 섬기게 해주세요. 저희가 잘할 수 없는 일을 하려고 하지 않게 해주세요.

사랑에는 거짓이 없나니 악을 미워하고 선에 속하라

> **롬 12:9-11** 9 사랑에는 거짓이 없나니 악을 미워하고 선에 속하라 10 형제를 사랑하여 서로 우애하고 존경하기를 서로 먼저 하며 11 부지런하여 게으르지 말고 열심을 품고 주를 섬기라

신자는 어떤 사람이어야 합니까? 이것은 매우 중요한 질문입니다. 바울은 이 질문에 다음과 같이 대답합니다. "사랑에는 거짓이 없나니 악을 미워하고 선에 속하라."9절 이 말씀은 신자의 삶을 요약하고 있습니다. 이 말씀에 포함된 두 가지 원리를 지키지 않고서는, 참된 신자라 할 수 없습니다.

첫째, 신자는 사랑하는 사람입니다. '사랑'이야말로 신자를 설명하는 핵심단어입니다. '사랑'이 없는 자는 신자가 아닙니다. 그런데 그 사랑은 거짓이 없는 사랑이어야 합니다. "사랑에는 거짓이 없나니." 그렇다면 거짓 없는 사랑이란 무엇입니까? 성경은 거짓 없는 사랑에 대해 다음과 같이 말합니다. "너희가 나를 사랑하면 나의 계명을 지키리라."요14:15 "그를 아노라 하고 그의 계명을 지키지 아니하는 자는 거짓말하는 자요."요일2:4

하나님을 사랑한다면 반드시 계명을 지켜야 합니다. 하나님을 사랑한다고 하면서 계명을 지키지 않으면 거짓말하는 것입니다. 따라서 거짓 없는 사랑이란 계명을 지키는 것입니다. 입으로만 하나님을 사랑한다고 하는 것이 아니라, 하나님의 계명에 순종함으로써 사랑을 나타내야 합니다. 입으로만 이웃을 사랑한다고 하는 것이 아니라, 말씀을 실천함으로써 사랑을 나타내야 합니다.

둘째, 신자는 악을 미워하는 사람입니다. "악을 미워하고 선에 속하라."9절 우리가 하나님을 사랑한다면, 하나님을 반대하는 것들에 대해서 미온적일 수 없습니다. 만약 누군가가 적극적으로 하나님께 대항함에도 불구하고 우리가 그를 미워하지 않는다면, 우리는 하나님을 참으로 사랑하는 것이 아닙니다.

죄란 단순히 선한 것이 없는 상태가 아닙니다. 죄는 파괴력과 전파력이 있습니다. "여호와께서 사람의 죄악이 세상에 가득함과 그의 마음으로 생각하는 모든 계획이 항상 악할 뿐임을 보시고."창6:5 "그때에 온 땅이 하나님 앞에 부패하여 포악함이 땅에 가득한지라."창6:11

죄는 선한 것들을 파괴하면서 점점 영향력을 확장합니다. 죄는 한자리에 머물러 있지 않고 이 사람에게서 저 사람으로, 이 민족에게서 저 민족에게로 전파됩니다. 그렇게 한 개인을 넘어 한 공동체와 한 민족을 파괴합니다. 따라서 죄를 미워하지 않고서는 하나님을 사랑하는 것이라 할 수 없습니다. 죄를 혐오하지 않고서는 신자라 할 수 없습니다.

우리는 죄를 혐오해야 합니다. 단순히 죄를 짓지 않는 차원을 넘어서야 합니다. 적극적으로 싫어해야 하고, 반대해야 합니다. 싸워야 하고, 저항해야 합니다. 악한 것을 행하지 않는 것으로 선한 편에 서 있다고 생각해선 안 됩니다. 결론적으로 신자는 선한 것을 행하고, 악한 것을 미워하는 사람입니다.

묵상과 기도

Q. 신자는 반드시 어떤 사람이어야 합니까?

prayer. 하나님, 저희는 구원을 받은 사람입니다. 저희는 신자입니다. 그러므로 저희가 항상 사랑하며 살게 해주세요. 원수조차 사랑하며 살게 해주세요. 그리고 악을 미워하게 해주세요. 악을 멀리하고 선을 가까이하게 해주세요.

형제를 사랑하여 서로 우애하고

롬 12:9-11 9 사랑에는 거짓이 없나니 악을 미워하고 선에 속하라 10 형제를 사랑하여 서로 우애하고 존경하기를 서로 먼저 하며 11 부지런하여 게으르지 말고 열심을 품고 주를 섬기라

신자의 사랑은 특별합니다. 신자의 사랑에는 세 가지 원칙이 있습니다. 첫째, 신자의 사랑은 "우애하는" 사랑입니다. "형제를 사랑하여 서로 우애하고."10절 여기서 '우애하다'로 번역된 헬라어는 '필로스토르고스'입니다. 이 단어는 '가장 사랑하는'을 뜻하는 '필로스'와 가족 간의 사랑을 의미하는 '스트로게'가 결합되어 만들어졌습니다.

따라서 "형제를 사랑하여 서로 우애하고"라는 권면은 교회의 지체들을 사랑하되 가족을 사랑하는 것처럼 사랑하라는 뜻입니다. 부모가 자녀를 사랑하는 것처럼, 자녀가 부모를 사랑하는 것처럼 사랑하라는 것입니다. 바로 이것이 신자들 간의 사랑입니다. 신자들은 서로 사랑하되, 혈육처럼 사랑해야 합니다.

그런 점에서 교회는 또 하나의 가족입니다. 세상의 가족이 혈육으로 맺어진 가족이라면, 교회는 예수님의 피로써 맺어진 가족입니다. 예수님은 이 사실을 다음과 같이 말씀하셨습니다. "예수께서 자기의 어머니와 사랑하시는 제자가 곁에 서 있는 것을 보시고 자기 어머니께 말씀하시되 여자여 보소서 아들이니이다 하시고 또 그 제자에게 이르시되 보라 네 어머니라 하신대 그때부터 그 제자가 자기 집에 모시니라."요19:26-27

예수님은 죽음을 앞두고 육신의 어머니 마리아를 제자 요한에게 맡기셨습니다. 그때부터 제자 요한은 마리아를 친 부모처럼 모셨고, 마리아는 제자 요한

을 친아들처럼 여겼습니다. 바로 이것이 교회입니다. 이전에는 상관없던 자들이 교회를 통해 한 가족이 됩니다. 이전에는 몰랐던 사람들이 교회를 통해 밀접한 관계가 됩니다.

때로는 믿음 때문에 갈등이 생기기도 합니다. 신앙 때문에 혈육과 멀어지기도 합니다. 교회를 다닌다는 이유로 가족으로부터 버림받기도 합니다. 그것은 전혀 손해가 아닙니다. 세상에서 잃어버린 것을 교회 안에서 배나 얻을 수 있기 때문입니다. "예수께서 이르시되 내가 진실로 너희에게 이르노니 나와 복음을 위하여 집이나 형제나 자매나 어머니나 아버지나 자식이나 전토를 버린 자는 현세에 있어 집과 형제와 자매와 어머니와 자식과 전토를 백 배나 받되 박해를 겸하여 받고 내세에 영생을 받지 못할 자가 없느니라."막10:29-30

예수님은 복음을 위해 희생한 자들이 "집과 형제와 자매와 어머니와 자식과 전토를 백 배나" 얻게 될 것이라고 말씀하십니다. 이것은 교회를 뜻하는 표현입니다. 교회는 한 가족이기 때문에, 교회의 신자가 되는 순간 백 배나 되는 어머니를 얻게 됩니다. 교회의 일원이 되는 순간 백 배나 되는 자녀를 얻게 됩니다. 이것이 교회입니다. 교회는 서로를 사랑하되 혈육처럼 사랑하는 자들의 모임입니다. 우리는 가족을 대하는 마음으로 서로를 사랑해야 합니다.

묵상과 기도

Q. 신자는 서로를 어떻게 사랑해야 합니까?

Q. 우리는 교회 성도들을 가족처럼 생각하고 있습니까?

prayer. 하나님, 교회는 또 하나의 가족입니다. 교회는 예수님의 피로 맺어진 가족입니다. 교회는 하나님을 아버지로 하는 가족입니다. 그러므로 교회 성도들을 가족처럼 사랑하게 해주세요. 부모를 존경하는 것처럼, 자녀를 사랑하는 것처럼 교회 성도들을 사랑하게 해주세요.

11월

로마서 12장 9절 – 13장 14절

존경하기를 서로 먼저 하며

롬 12:9-11 9 사랑에는 거짓이 없나니 악을 미워하고 선에 속하라 10 형제를 사랑하여 서로 우애하고 존경하기를 서로 먼저 하며 11 부지런하여 게으르지 말고 열심을 품고 주를 섬기라

신자의 사랑에는 두 가지 특징이 있습니다. 첫 번째는 '서로 우애하는' 사랑입니다. 서로를 가족으로 여기는 사랑입니다. 신자는 부모가 자녀를 사랑하듯이, 자녀가 부모를 사랑하듯이 서로 사랑해야 합니다. 부모가 자녀를 위해 희생하듯이, 자녀가 부모에게 헌신하듯이 서로를 사랑해야 합니다.

두 번째는 "존경하기를 서로 먼저" 하는 사랑입니다. 신자는 존경심을 표현하는 것을 통해 서로 사랑해야 합니다. 먼저 고개를 숙이고, 먼저 손을 내밀고, 먼저 궂은일을 하고, 먼저 아래로 내려가야 합니다.

존경하는 사람 앞에서는 겸손할 수밖에 없습니다. 그래서 상대방을 존경하는 것은 곧 자신을 낮추는 것입니다. 예수님은 여러 곳에서 겸손에 대해 강조하셨습니다. 대표적인 것이 누가복음 14장에 기록된 말씀입니다. "청함을 받은 사람들이 높은 자리 택함을 보시고 그들에게 비유로 말씀하여 이르시되 네가 누구에게나 혼인 잔치에 청함을 받았을 때에 높은 자리에 앉지 말라…무릇 자기를 높이는 자는 낮아지고 자기를 낮추는 자는 높아지리라." 눅14:7-11

신자는 낮은 곳으로 향해야 합니다. 상석은 다른 누군가를 위해 비워두어야 합니다. 그것이 주님 앞에서 큰 자가 되는 방법입니다. 그것이 신자가 사랑하는 방식입니다.

교만한 사람들은 자신이 다른 사람들과 다르다고 생각합니다. 다른 사람들은 교양이 없지만 자신은 교양이 있고, 다른 사람들은 사회적 지위가 낮지만 자신은 사회적 지위가 높고, 다른 사람들은 은사와 재능이 없지만 자신은 특별한 능력을 갖추었다고 생각합니다.

그래서 교만한 자들은 상대방을 낮추어 봅니다. 상대방을 사랑하지 않습니다. 이런 자들에게 성경은 다음과 같이 말합니다. "누가 너를 남달리 구별하였느냐. 네게 있는 것 중에 받지 아니한 것이 무엇이냐. 네가 받았은즉 어찌하여 받지 아니한 것 같이 자랑하느냐." 고전4:7

우리가 가진 좋은 것 중에 하나님께 받지 않은 것은 없습니다. 좋은 것은 모두 다 하나님의 선물입니다. 우리는 누구나 미련한 사람이고, 수치스러운 사람이며, 무가치한 사람입니다. 다만 하나님의 은혜로 인하여 조금이나마 나을 뿐입니다. 이 사실을 안다면 교만할 수 없습니다. 서로 존경하지 않을 수 없습니다.

묵상과 기도

Q. 상대방에게 존경심을 표현하고 있습니까?

Q. 상대방을 자주 낮추어 보지 않습니까?

prayer. 하나님, 저희가 상대방을 존중하게 해주세요. 상대방을 배려하게 해주세요. 저희를 낮추고, 상대방을 높이게 해주세요. 항상 겸손하게 살아가게 해주세요.

부지런하여 게으르지 말고 열심을 품고 주를 섬기라

> **롬 12:9-11** 9 사랑에는 거짓이 없나니 악을 미워하고 선에 속하라 10 형제를 사랑하여 서로 우애하고 존경하기를 서로 먼저 하며 11 부지런하여 게으르지 말고 열심을 품고 주를 섬기라

신자는 '사랑하는 사람'입니다. 신자는 하나님을 사랑할 뿐만 아니라 이웃을 사랑하는 사람입니다. 마 22:37-40 신자의 사랑은 세상의 사랑과 다릅니다. 신자의 사랑에는 독특한 점이 있습니다.

첫째, 신자의 사랑은 서로를 가족으로 여기는 사랑입니다. 계산적이지 않으며, 희생적이고 헌신적입니다. 신자의 사랑은 자녀를 향한 부모의 사랑, 부모를 향한 자녀의 사랑입니다. 둘째, 신자의 사랑은 서로를 존경하는 사랑입니다. 먼저 존경심을 나타내는 사랑입니다. 신자의 사랑은 먼저 고개를 숙이고, 먼저 손을 내밀고, 먼저 궂은일을 하고, 먼저 아래로 내려가는 사랑입니다. 신자의 사랑은 상대방을 위해 가장 좋은 것을 양보하는 사랑입니다. 셋째, 신자의 사랑은 부지런한 사랑입니다. "부지런하여 게으르지 말고 열심을 품고 주를 섬기라"11절 사랑은 부지런히 표현되어야 합니다. 사랑은 섬김을 통해 드러나야 합니다. 생각에만 머무는 사랑은 참된 사랑이 아닙니다. 사랑은 표현되고 드러날 때만 의미가 있습니다. 부지런함과 게으름을 기질의 차이로 생각해서는 안 됩니다. 어떤 사람은 기질적으로 열정이 넘칩니다. 어떤 사람은 천성적으로 에너지가 넘칩니다. 그들은 무언가를 하지 않으면 무기력해집니다. 반대로 어떤 사람은 기질적으로 무기력할 수 있습니다. 천성적으로 에너지가 부족할 수 있습니다. 그들은 갑자기 많은 일을 하는 순간 탈진하고 맙니다. 성경이 요구하는 부지런함은 기질에 대한 것이 아닙니다. 바울은 영적인 차원에서 말하고 있습니다. 신자는 항상 유혹 가운데 있습니다. 타락한 본성이 신자를 유혹합니다. 타락한 세상이 신자를 유혹합니다. 악한 영들이 신자를 유혹합니다. 유혹의 주체는 달라도, 유혹의 내용은 동일합니다. 그들은 우리를 게으르게 만듭니다. 그들의 목표는 우리가 선한 일에 게으른 사람이 되는 것입니다. 성경을 읽는 일, 기도하는 일, 하나님을 예배하는 일, 어려운 이웃을 돕는 일, 복음을 전하는 일 등등 이 모든 것에 무기력하고 게으른 사람이 되게 하는 것입니다.

우리는 자주 이런 일을 겪습니다. 예를 들어, 매일 성경을 읽어 온 한 사람이 있다고 가정해 봅시다. 어느 날 불현듯 성경 읽기가 싫어졌습니다. 그래서 성경 읽기를 건너뛰었습니다. 다음 날도 동일한 마음이 들었습니다. 그래서 또 한 번 성경 읽기를 건너뛰었습니다. 그런 일은 매일 반복되었고, 점점 성경에서 멀어졌으며, 결국 영적으로 매우 비참한 처지에 이르게 되었습니다. 바로 이것이 게으름이 가져오는 비참한 결과입니다. 사탄은 우리가 중요한 일에 게으르게 만듭니다. 사탄은 우리가 하나님의 일에 열심을 내지 않도록 유혹합니다. 우리는 그때마다 단호해야 합니다. 단호하게 유혹을 물리쳐야 합니다. 신자는 게을러서는 안 됩니다. 신자는 부지런해야 합니다. 하나님을 섬기는 일에 열심을 내어야 합니다. 한 번은 두 번이 되고, 두 번은 세 번이 되며, 세 번은 습관이 됩니다. 습관적으로 게으른 사람은 절대 하나님께 영광을 돌릴 수 없습니다.

묵상과 기도

Q. 생각으로만 사랑하고 있지 않습니까?

Q. 상대방을 사랑하기 위해 실천해야 할 것들을 나누어 봅시다.

prayer. 하나님, 머리 속에서만 사랑하지 않게 해주세요. 실제 행동으로 사랑하게 해주세요. 마음으로만 사랑하는 것이 아니라, 손과 발로 사랑하게 해주세요. 사랑을 표현하며 살아가게 해주세요.

소망 중에 즐거워하며

롬 12:12 소망 중에 즐거워하며 환난 중에 참으며 기도에 항상 힘쓰며

율법을 한 단어로 요약하면 사랑입니다. 전체 율법은 하나님을 사랑하고, 이웃을 사랑하는 것으로 요약할 수 있습니다. 그래서 신자는 사랑하는 사람입니다. 신자는 사랑하도록 부름을 받은 사람입니다. 신자가 사는 목적은 하나님을 사랑하고, 이웃을 사랑하는 데 있습니다.

신자는 사랑하되 특별히 세 가지 원칙 안에서 사랑해야 합니다. 첫째, 가족을 대하는 마음으로 사랑해야 합니다. 부모가 자녀를 위해 희생하는 마음으로, 자녀가 부모를 위해 헌신하는 마음으로 사랑해야 합니다. 둘째, 먼저 존경함으로 사랑해야 합니다. 자신을 낮추고, 상대방을 높임으로써 사랑해야 합니다. 셋째, 부지런하게 사랑해야 합니다. 게으름과 싸우며 열심히 사랑해야 합니다.

이것은 쉬운 일이 아닙니다. 가족이 아닌 사람을 가족처럼 사랑하기란 쉽지 않습니다. 자신을 낮추고 상대방을 높이는 것처럼 어려운 일은 없습니다. 타락한 본성과 싸우면서 성실하고 부지런한 삶을 살기란 불가능에 가깝습니다. 그래서 바울은 어떻게 하면 신자다운 삶을 살 수 있는지를 말합니다. 어떻게 우리가 사랑하며 살 수 있는지를 말합니다.

첫째, 소망 중에 즐거워하는 것입니다. 우리는 소망 중에 즐거워함으로써, 사랑할 힘을 얻을 수 있습니다. 성경은 우리의 소망에 대해 다음과 같이 말합니다.

"생각하건대 현재의 고난은 장차 우리에게 나타날 영광과 비교할 수 없도다."롬8:18

"너희 가운데서 하늘로 올려지신 이 예수는 하늘로 가심을 본 그대로 오시리라."행1:11

"우리는 그의 약속대로 의가 있는 곳인 새 하늘과 새 땅을 바라보도다."벧후3:13

바로 이것이 우리의 소망입니다. 우리는 장차 영광스럽게 변할 것입니다. 롬8:18 우리는 장차 영광 중에 오시는 예수님을 보게 될 것입니다. 행1:11 우리는 장차 눈물과 고통이 없는 나라, 슬픔과 아픔이 없는 나라를 보게 될 것입니다. 벧후3:13

바로 이것이 우리가 사랑할 수 있는 근거입니다. 우리에게는 소망이 있습니다. 영광스러운 소망이 있습니다. 우리에게는 부활과 예수님의 재림과 천국에 대한 소망이 있습니다. 이 소망은 우리에게 힘을 줍니다. 기쁨과 감격을 줍니다. 이 소망은 우리를 일으켜 세워 하나님을 위해 살게 하고, 우리를 변화시켜 원수 같은 사람도 사랑하게 합니다. 이 소망은 우리를 희생하는 사람으로, 먼저 존경하는 사람으로, 성실하고 부지런한 사람으로 변화시킵니다.

힘들고 어려울 때마다 이 소망을 생각해야 합니다. 세상이 우리를 절망으로 이끌 때마다 이 소망을 생각하고, 사탄이 우리를 유혹할 때마다 이 소망을 생각해야 합니다. 그러면 우리는 다시 힘을 낼 수 있습니다. 다시 일어날 수 있습니다. 유혹을 뿌리치고 신자다운 삶을 살 수 있습니다.

묵상과 기도

Q. 우리가 상대방을 사랑할 수 있는 근거는 무엇입니까?

prayer. 하나님, 저희가 소망을 가지고 살아가게 해주세요. 부활에 대한 소망, 예수님을 다시 볼 것에 대한 소망, 천국에 대한 소망을 가지고 살아가게 해주세요. 그 소망 안에서 이웃을 사랑하고, 섬기게 해주세요.

11월 4일

환난 중에 참으며

롬 12:12 소망 중에 즐거워하며 환난 중에 참으며 기도에 항상 힘쓰며

신자는 사랑하는 사람입니다. 신자는 가족을 사랑하듯이 상대방을 사랑하는 사람입니다. 롬12:10 신자는 존경심을 먼저 나타냄으로써 상대방을 사랑하는 사람입니다. 롬12:10 신자는 게으르지 않고 부지런하게 상대방을 사랑하는 사람입니다. 롬12:11

이렇게 사랑하기 위해서는 세 가지가 필요합니다. 첫째, 소망이 있어야 합니다. "소망 중에 즐거워하며"12절 소망은 우리에게 즐거움을 줍니다. 소망은 우리에게 힘을 줍니다. 소망은 우리가 다시 일어나게 합니다. 소망은 우리가 신자답게 사랑하도록 합니다.

둘째, 인내가 필요합니다. "환난 중에 참으며."12절 신자의 삶은 평탄하지 않습니다. 신자의 삶은 고생 끝 행복 시작이 아닙니다. 성경은 우리에게 아무 문제가 없을 것이라고 말하지 않습니다. 오히려 신자이기 때문에 환난을 겪을 것이라고 말합니다.

"세상이 너희를 미워하면 너희보다 먼저 나를 미워한 줄을 알라."요15:18

"무릇 그리스도 예수 안에서 경건하게 살고자 하는 자는 박해를 받으리라."딤후3:12

"선을 행함으로 고난을 받고 참으면 이는 하나님 앞에 아름다우니라. 이를 위하여 너희가 부르심을 받았으니 그리스도도 너희를 위하여 고난을 받으사 너희에게 본을 끼쳐 그 자취를 따라오게 하려 하셨느니라."벧전2:20-21

"사랑하는 자들아, 너희를 연단하려고 오는 불 시험을 이상한 일 당하는 것 같이 이상히 여기지 말고 오히려 너희가 그리스도의 고난에 참여하는 것으로 즐거워하라."벧전4:12-13

우리가 사랑하면 상대방도 우리를 사랑할 것이라고 생각하지 말아야 합니다. 우리는 세상을 사랑할지라도, 세상은 우리를 미워할 수 있습니다. 요15:18 경건하면 존경받을 것이라고 생각하지 말아야 합니다. 오히려 경건하게 산 것 때문에 박해를 받을 수 있습니다. 딤후3:12 선을 행한 만큼 좋은 것으로 돌려받을 것이라고 기대하지 말아야 합니다. 선을 행하고서도 고난을 받을 수 있습니다. 벧전2:20

그래서 사랑하기 위해서는 환난 중에 참아야 합니다. 12절 미움을 참아야 하고, 박해를 참아야 하고, 고난을 참아야 합니다. 사랑하기 때문에 겪는 어려움들을 견뎌야 합니다.

성경이 말하는 사랑은 드라마에 나오는 사랑과 다릅니다. 신자의 사랑은 영화의 한 장면과 다릅니다. 만약 사랑이 드라마나 영화의 한 장면과 같다면 바울은 다음과 같이 권면하지 않았을 것입니다. "사랑은 오래 참고."고전13:4 왜 오래 참아야 합니까? 사랑은 고통이기 때문입니다. 사랑은 환난을 동반하기 때문입니다. 사랑은 미움과 박해를 동반하기 때문입니다.

그럼에도 불구하고 사랑해야 합니까? 그렇습니다. 그럼에도 불구하고 사랑할 때, 세상은 우리의 모습에서 예수님의 사랑을 볼 것이기 때문입니다. "이같이 너희 빛이 사람 앞에 비치게 하여 그들로 너희 착한 행실을 보고 하늘에 계신 너희 아버지께 영광을 돌리게 하라."마5:16

묵상과 기도

Q. 상대방을 사랑하기 위해 인내가 필요한 이유는 무엇입니까?

prayer. 하나님, 저희가 사랑하며 살아가게 해주세요. 소망을 가지고 사랑하게 해주세요. 인내하며 어려움을 견디며 사랑하게 해주세요.

기도에 항상 힘쓰며

롬 12:12 소망 중에 즐거워하며 환난 중에 참으며 기도에 항상 힘쓰며

바울은 사랑을 언급한 다음에 곧바로 환난에 대해 말합니다. 사랑한 것 때문에 오히려 고난을 겪을 때가 있기 때문입니다. 그래서 사랑하기 위해서는 인내심이 필요합니다. 환난 중에 참지 않고서는 사랑할 수 없습니다.

그러면 어떻게 환난 중에 참을 수 있습니까? 환난 중에도 참을 수 있는 비결은 무엇입니까? 그 비결은 기도입니다. "기도에 항상 힘쓰며"12절 기도하는 사람만이 환난 중에 참을 수 있습니다.

한 가지 예를 들어보겠습니다. 어린아이가 아버지와 함께 어두운 밤길을 걷고 있다고 가정해 봅시다. 만약 아버지의 인기척이 들리지 않는다면 어린아이는 계속 걷지 못할 것입니다. 곧바로 멈추어 서서 아버지의 인기척을 확인할 것입니다. 어린아이는 아버지를 부를 것이고, 아버지의 대답을 들은 다음에야 다시 앞으로 나아갈 것입니다.

기도도 이와 같습니다. 기도는 어두운 밤에 아버지의 인기척을 확인하는 어린아이의 부름과 같습니다. 아이는 아버지를 부르고, 아버지는 아이에게 "내가 여기 있다"라고 대답합니다. 그러면 아이는 힘을 얻어 계속해서 나아갑니다. 마찬가지로 우리는 고난 중에 하나님께 기도하고, 하나님은 우리에게 "내가 너와 함께하고 있다"는 확신을 주십니다. 그러면 우리는 환난을 참아낼 힘을 얻습니다.

기도는 우리를 강하게 합니다. 하나님께서 기도하는 자에게 자신의 존재를 드러내시기 때문입니다. 우리는 기도를 통해 하나님이 함께하심을 확인하고, 우리가 혼자가 아니라는 확신을 얻습니다. 그래서 기도하는 사람은 환난 중에 참을 수 있고 고난을 견딜 수 있으며, 어려움 중에도 인내할 수 있습니다.

"너희는 욕심을 내어도 얻지 못하여 살인하며 시기하여도 능히 취하지 못하므로 다투고 싸우는도다. 너희가 얻지 못함은 구하지 아니하기 때문이요 구하여도 받지 못함은 정욕으로 쓰려고 잘못 구하기 때문이라."약4:2 인내하지 못하는 것은, 인내심을 구하지 않았기 때문입니다. 견디지 못하는 것은, 견뎌낼 힘을 구하지 않았기 때문입니다. 참지 못하는 것은, 참아낼 능력을 구하지 않았기 때문입니다.

"아무것도 염려하지 말고 다만 모든 일에 기도와 간구로, 너희 구할 것을 감사함으로 하나님께 아뢰라. 그리하면 모든 지각에 뛰어난 하나님의 평강이 그리스도 예수 안에서 너희 마음과 생각을 지키시리라."빌4:6-7 우리는 사랑한 것 때문에 오히려 환난을 겪게 될 것입니다. 하지만 염려할 필요는 없습니다. 우리가 기도할 때, 모든 지각에 뛰어난 하나님께서 우리의 마음과 생각을 지켜주실 것이기 때문입니다.

묵상과 기도

Q. 환난 중에도 참을 수 있는 비결은 무엇입니까?

prayer. 하나님, 저희가 사랑하는 삶을 살아가게 해주세요. 소망을 품고 사랑하게 해주세요. 인내하며 사랑하게 해주세요. 참고 견디며 사랑하게 해주세요. 변함 없이 사랑하게 해주세요.

성도들의 쓸 것을 공급하며 손 대접하기를 힘쓰라

롬 12:13 성도들의 쓸 것을 공급하며 손 대접하기를 힘쓰라

우리는 환상에 빠지지 말아야 합니다. 사랑하기만 하면 사랑을 받을 것이라는 환상, 선을 행하기만 하면 복을 받을 것이라는 환상에 빠지지 말아야 합니다. 만약 그것이 사실이라면 세상은 예수님을 십자가에 못 박지 않았을 것입니다. 우리는 오히려 사랑한 것 때문에 미움을 받고, 선을 행한 것 때문에 환난을 당할 것입니다. 그래서 예수님은 다음과 같이 경고하셨습니다.

"세상이 너희를 미워하면 너희보다 먼저 나를 미워한 줄을 알라. 너희가 세상에 속하였으면 세상이 자기의 것을 사랑할 것이나 너희는 세상에 속한 자가 아니요 도리어 내가 너희를 세상에서 택하였기 때문에 세상이 너희를 미워하느니라." 요15:18-19

우리는 세상에 속한 자가 아닙니다. 우리는 예수님께 속한 자입니다. 그래서 세상은 우리를 미워하고 교회를 핍박합니다.

이것이 신자의 현실이요 교회가 처한 상황입니다. 참된 신자들은 필연적으로 세상에서 어려움을 겪습니다. 그래서 교회는 하나가 되어야 합니다. 서로 도와야 하고, 서로 사랑해야 합니다. 바로 이것이 오늘 본문의 메시지입니다. "성도들의 쓸 것을 공급하며 손 대접하기를 힘쓰라." 우리가 속한 처지를 인식하고, 서로를 도움으로써 함께 환난을 극복하라는 것입니다. 성경은 여러 곳에서 동일한 주제를 말하고 있습니다.

"가르침을 받는 자는 말씀을 가르치는 자와 모든 좋은 것을 함께하라." 갈6:6

"그러므로 우리는 기회 있는 대로 모든 이에게 착한 일을 하되 더욱 믿음의 가정들에게 할지니라." 갈6:10

"선을 행하고 선한 사업을 많이 하고 나누어 주기를 좋아하며 너그러운 자가 되게 하라." 딤전6:18

"오직 선을 행함과 서로 나누어 주기를 잊지 말라. 하나님은 이같은 제사를 기뻐하시느니라." 히13:16

그러므로 상대적으로 넉넉한 신자들은 상대적으로 부족한 신자들에게 나누어 주어야 합니다. 만약 교회 안에 쓸 것을 공급하는 일과 손님을 대접하는 일이 없다면, 그 교회는 참된 교회라 할 수 없습니다. 요한은 이 점을 다음과 같이 강조했습니다.

"그가 우리를 위하여 목숨을 버리셨으니 우리가 이로써 사랑을 알고 우리도 형제들을 위하여 목숨을 버리는 것이 마땅하니라. 누가 이 세상의 재물을 가지고 형제의 궁핍함을 보고도 도와줄 마음을 닫으면 하나님의 사랑이 어찌 그 속에 거하겠느냐. 자녀들아 우리가 말과 혀로만 사랑하지 말고 행함과 진실함으로 하자." 요일3:16-18

묵상과 기도

Q. 교회가 하나가 되어 서로 사랑해야 하는 이유는 무엇입니까?

prayer. 하나님, 저희는 세상과 다릅니다. 그래서 세상은 저희를 미워합니다. 저희를 핍박하고 억울하게 합니다. 그래서 교회는 하나가 되어야 합니다. 하나가 되어 서로를 돌보아야 합니다. 저희 교회가 그런 교회가 되게 해주세요. 하나가 되어 서로를 섬기는 교회가 되게 해주세요.

너희를 박해하는 자를 축복하라

롬 12:14-16 14 너희를 박해하는 자를 축복하라 축복하고 저주하지 말라 15 즐거워하는 자들과 함께 즐거워하고 우는 자들과 함께 울라 16 서로 마음을 같이하며 높은 데 마음을 두지 말고 도리어 낮은 데 처하며 스스로 지혜 있는 체하지 말라

예수님은 이 땅에 계시는 동안 악한 일을 전혀 하지 않으셨습니다. 예수님은 선한 일만 하셨습니다. 어려운 자들을 도우셨고, 병든 자들을 고치셨고, 배고픈 자들에게 먹을 것을 주셨습니다. 하나님의 말씀을 전하셨고, 구원의 길을 가르쳐 주셨습니다. 그러나 세상은 예수님을 미워했습니다. 예수님을 반대했습니다. 심지어 십자가에 못 박아 죽였습니다. 성경은 예수님에게 일어난 일이 신자에게도 일어날 것이라고 말합니다. "세상이 너희를 미워하면 너희보다 먼저 나를 미워한 줄을 알라. 너희가 세상에 속하였으면 세상이 자기의 것을 사랑할 것이나 너희는 세상에 속한 자가 아니요 도리어 내가 너희를 세상에서 택하였기 때문에 세상이 너희를 미워하느니라."요15:18-19

세상은 예수님을 미워했습니다. 지금은 우리가 예수님께 속했다는 이유만으로 우리를 미워합니다. 예수님이 겪으셨던 일이 신자에게도 일어납니다. 신자를 향한 핍박은 다양한 모양과 방식으로 일어납니다. 때로는 공개적이지만 때로는 은밀합니다. 때로는 육체적이지만 때로는 정서적입니다. 분명한 것은 예수님께 속한 자들은 모두 다 세상의 미움을 받는다는 사실입니다.

그렇다면 우리는 어떻게 살아야 합니까? 신자들을 핍박하고 미워하는 세상 사람들을 어떻게 대해야 합니까? 바울은 다음과 같이 말합니다. "너희를 박해하는 자를 축복하라. 축복하고 저주하지 말라."14절 우리는 축복해야 합니다. 저주하지 말아야 합니다. 축복하라는 것은 복을 비는 기도를 하라는 것입니다. 저주하지 말라는 것은 저주를 비는 기도를 하지 말라는 것입니다. 예수님도 동일하게 가르치셨습니다. "또 네 이웃을 사랑하고 네 원수를 미워하라 하였다는 것을 너희가 들었으나 나는 너희에게 이르노니 너희 원수를 사랑하며 너희를 박해하는 자를 위하여 기도하라."마5:43-44

하나님께서 우리에게 이런 반응을 요구하는 것은 지나친 일이 아닐까요? 그렇지 않습니다. 하나님의 요구는 정당합니다. 거기에는 크게 두 가지 이유가 있습니다. 첫째, 하나님께서 우리를 그렇게 대하셨기 때문입니다. 원래 우리는 세상에 속한 자로서, 하나님을 반대하고 미워하였습니다.엡2:2 그럼에도 불구하고 하나님은 우리를 선택해 주셨습니다. 사랑해 주셨습니다. 따라서 우리도 그렇게 행동하는 것이 마땅합니다.

둘째, 하나님께서 우리의 마음을 바꾸셨기 때문입니다. 원래 우리는 악한 일밖에 할 수 없는 전적으로 타락한 본성을 가지고 있었습니다. 하지만 지금은 다릅니다. 우리는 하나님께 순종할 수 있는 새로운 피조물이 되었습니다. "그런즉 누구든지 그리스도 안에 있으면 새로운 피조물이라. 이전 것은 지나갔으니 보라 새것이 되었도다."고후5:17

묵상과 기도

Q. 축복하고 저주하지 말라는 것은, 대신 무엇을 하라는 것입니까?

prayer. 하나님, 저희가 누군가로 인해 어려움을 당하더라도 그를 저주하지 않게 해주세요. 오히려 그를 축복하고 그를 위해 기도하게 해주세요. 그가 하나님께로 돌아오기를 기도하게 해주세요. 그가 변화되어 새사람 되기를 기도하게 해주세요.

11월 8일

함께 즐거워하고 함께 울라

> **롬 12:14-16** 14 너희를 박해하는 자를 축복하라 축복하고 저주하지 말라 15 즐거워하는 자들과 함께 즐거워하고 우는 자들과 함께 울라 16 서로 마음을 같이하며 높은 데 마음을 두지 말고 도리어 낮은 데 처하며 스스로 지혜 있는 체하지 말라

바울은 계속해서 반응의 문제를 다루고 있습니다. 우리 곁에 즐거워하는 자들과 우는 자들이 있을 때, 우리는 어떻게 반응해야 합니까? 바울은 다음과 같이 대답합니다. "즐거워하는 자들과 함께 즐거워하고 우는 자들과 함께 울라."15절

여기서 우리는 순서에 주목해야 합니다. 바울은 함께 우는 것보다 함께 즐거워하는 것을 먼저 다루고 있습니다. 그 이유는 함께 우는 것보다 함께 즐거워하는 것이 더 어렵기 때문입니다.152 언뜻 생각하기로는 함께 우는 것이 더 어려울 것 같습니다. 하지만 결코 그렇지 않습니다. 둘 중에 훨씬 어려운 일은 함께 즐거워하는 것입니다.

우는 자들과 함께 우는 것은 다소 자연스러운 감정입니다.153 특별한 경우를 제외하면 울고 있는 사람과 함께 우는 것은 어렵지 않습니다. 괴로워서 울고 있는 사람 곁에서 즐거워하는 사람은 비정상적인 사람입니다.

반대로 즐거워하는 자들과 함께 즐거워하는 것은 자연스러운 감정이 아닙니다. 우리 본성에 자리 잡은 시기심 때문입니다. 우리는 본성적으로 상대방의 성공을 시기합니다. 우리는 본성적으로 상대방의 업적을 질투합니다. 그래서 바울은 함께 즐거워하는 것을 더 앞에 두고 강조하는 것입니다.

함께 즐거워하고 함께 울기 위해서는 하나님께서 우리를 한 몸 되게 하셨음을 기억해야 합니다. "이와 같이 우리 많은 사람이 그리스도 안에서 한 몸이 되어 서로 지체가 되었느니라."롬12:5 오른손은 왼손을 시기하지 않습니다. 한 몸이기 때문입니다. 왼발은 오른발을 시기하지 않습니다. 한 몸이기 때문입니다. 오른손이 아프면 온몸의 신경이 곤두섭니다. 한 몸이기 때문입니다. 왼발이 아프면 이어서 두통이 옵니다. 한 몸이기 때문입니다.

교회도 마찬가지입니다. 신자는 서로를 시기하지 않습니다. 한 몸이기 때문입니다. 신자는 서로를 질투하지 않습니다. 한 몸이기 때문입니다. 한 신자가 즐거워하면 모든 신자가 즐거워합니다. 한 몸이기 때문입니다. 한 신자가 슬퍼하면 모든 신자가 슬퍼합니다. 한 몸이기 때문입니다.

영적 연합의 교리가 여기에 함축되어 있습니다. 우리 각자는 예수님과 연합되어 있습니다. 우리 모두는 예수님을 통해 연합되어 있습니다. 우리는 예수님과 영적으로 한 몸이고, 예수님을 통해 우리 모두가 영적으로 한 몸입니다. 우리가 영적 연합의 교리를 믿는다면 즐거워하는 자들과 함께 즐거워하고, 우는 자들과 함께 울어야 합니다.

바울은 다음과 같이 말했습니다. "평안의 매는 줄로 성령이 하나 되게 하신 것을 힘써 지키라."엡4:3 신자들은 한 몸입니다. 시기와 질투는 신자의 연합을 파괴합니다. 우리는 힘써 싸워야 합니다. 교회의 연합을 파괴하는 시기심과 싸워야 합니다.

묵상과 기도

Q. 함께 슬퍼하는 것보다 함께 즐거워하는 일이 더 어려운 이유는 무엇입니까?

prayer. 하나님, 저희가 시기하지 않게 해주세요. 저희가 질투하지 않게 해주세요. 시기하고 질투하기 보다는 함께 즐거워하게 해주세요. 저희들의 일처럼 기뻐하게 해주세요.

11월 9일

서로 마음을 같이하며

롬 12:14-16 14 너희를 박해하는 자를 축복하라 축복하고 저주하지 말라 15 즐거워하는 자들과 함께 즐거워하고 우는 자들과 함께 울라 16 서로 마음을 같이하며 높은 데 마음을 두지 말고 도리어 낮은 데 처하며 스스로 지혜 있는 체하지 말라

바울은 마음을 같이 하라고 권면합니다. "서로 마음을 같이하며."16절 하나님께서 하나 되게 하신 교회를 분열시키지 말라는 것입니다. 에베소서 4장 3절의 말씀과 정확하게 같은 의미입니다. "평안의 매는 줄로 성령이 하나 되게 하신 것을 힘써 지키라."엡4:3

교회의 하나 됨을 힘써 지키기 위해서는 두 가지를 지켜야 합니다. 첫째, 높은 자들이 아니라 낮은 자들에게 관심을 가져야 합니다. "높은 데 마음을 두지 말고 도리어 낮은 데 처하며."16절 이것의 바른 번역은 "높은 데 마음을 두지 말고 오히려 낮은 지위에 있는 사람들에게 자신이 끌리게 하라"입니다.154

사람에게는 힘과 권력과 부를 가진 자들에게 더 마음이 끌리는 본성이 있습니다. 그런 자들에게 더 관심을 가지고, 그런 사람들과 더 어울리고 싶어 하는 본성이 있습니다. 바울은 그런 태도가 교회의 하나 됨을 무너뜨린다고 말합니다. 따라서 바울은 높은 자들을 배척하라고 말하는 것이 아닙니다. 높은 자나 낮은 자나, 부유한 자나 가난한 자나, 권세 있는 자나 미약한 자나 모두 다 똑같이 대우하라는 것입니다. 판단하고 차별하지 말라는 것입니다. 야고보도 정확하게 같은 점을 경고했습니다. "내 형제들아, 영광의 주 곧 우리 주 예수 그리스도에 대한 믿음을 너희가 가졌으니 사람을 차별하여 대하지 말라. 만일 너희 회당에 금가락지를 끼고 아름다운 옷을 입은 사람이 들어오고 또 남루한 옷을 입은 가난한 사람이 들어올 때에 너희가 아름다운 옷을 입은 자를 눈여겨보고 말하되 여기 좋은

자리에 앉으소서 하고 또 가난한 자에게 말하되 너는 거기 서 있든지 내 발등상 아래에 앉으라 하면 너희끼리 서로 차별하며 악한 생각으로 판단하는 자가 되는 것이 아니냐."약2:1-4

둘째, 스스로 지혜 있는 체하지 말아야 합니다. "스스로 지혜 있는 체하지 말라."16절 이것은 자신을 과대평가하지 말라는 것입니다. 자신이 다른 사람보다 중요하다고 생각하지 말라는 것입니다.

교회 역사를 살펴보면 언제나 갈등과 분열은 스스로를 중요하게 여겼던 자들로부터 시작되었음을 알 수 있습니다. 항상 거만한 자들, 뽐내는 자들, 자랑하는 자들이 교회를 분열시켰습니다. 따라서 우리는 지혜와 지식을 구분해야 합니다. 다른 사람을 깔보게 만드는 지식은 지혜가 아닙니다. 자신을 거만하게 만드는 지식은 지혜가 아닙니다. 자랑하게 만드는 지식도 마찬가지입니다. 교회에 필요한 사람은 지식 있는 사람이 아니라 지혜로운 사람입니다. 우리는 지식의 사람 솔로몬이 하나님 나라에 얼마나 큰 해를 끼쳤는지를 잘 알고 있습니다.

지혜 있는 체하지 말아야 합니다. 자신이 다른 사람보다 더 많이 알고 있다는 생각, 자신의 생각이 항상 옳다는 생각, 자신의 주장대로 되어야 한다는 생각은 교회를 분열시킵니다. 하나님께서 하나 되게 하신 교회를 무너뜨립니다. 우리가 자랑해야 할 것은 우리의 지식이 아니라 하나님의 지혜입니다.

묵상과 기도

Q. 교회의 하나 됨을 지키기 위해서는 특별히 어떤 자들에게 더 관심을 가져야 합니까?

Q. 교회의 하나 됨을 지키기 위해서는 어떤 행동을 하지 말아야 합니까?

prayer. 하나님, 저희가 낮은 자들에게 더 관심을 가지게 해주세요. 가난한 자, 병든 자, 외로운 자들에게 더 관심을 가지게 해주세요. 그리고 저희가 교만하지 않게 해주세요. 스스로 지혜 있는 체하지 않게 해주세요. 항상 겸손한 자세로 상대방을 대하게 해주세요.

모든 사람과 더불어 화목하라

롬 12:17-18 17 아무에게도 악을 악으로 갚지 말고 모든 사람 앞에서 선한 일을 도모하라 18 할 수 있거든 너희로서는 모든 사람과 더불어 화목하라

우리는 가능한 모든 사람들과 화목하게 지내야 합니다. "할 수 있거든 너희로서는 모든 사람과 더불어 화목하라."18절 그것이 가능하기 위한 전제 조건은 다음과 같습니다.

첫째, 악을 행한 자에게 악으로 갚아서는 안 됩니다. "아무에게도 악을 악으로 갚지 말고."17절 이것은 본능대로 행동하지 말라는 뜻입니다. 둘째, 악을 행한 자에게 선으로 갚아야 합니다. "모든 사람 앞에서 선한 일을 도모하라."17절 이것은 본능이 아니라 말씀을 따라 행동하라는 뜻입니다.

예를 들어, 누군가가 우리의 뺨을 때렸다고 가정해 봅시다. 그때 우리의 본능은 똑같이 행동할 것을 요구합니다. 폭력에는 폭력으로 대항하라고 말합니다. 하지만 하나님의 말씀은 용서할 것을 요구합니다. 원수 같은 사람도 사랑하라고 말합니다. "또 눈은 눈으로, 이는 이로 갚으라 하였다는 것을 너희가 들었으나 나는 너희에게 이르노니 악한 자를 대적하지 말라. 누구든지 네 오른편 뺨을 치거든 왼편도 돌려 대며 또 너를 고발하여 속옷을 가지고자 하는 자에게 겉옷까지도 가지게 하며 또 누구든지 너로 억지로 오 리를 가게 하거든 그 사람과 십 리를 동행하고 네게 구하는 자에게 주며 네게 꾸고자 하는 자에게 거절하지 말라. 또 네 이웃을 사랑하고 네 원수를 미워하라 하였다는 것을 너희가 들었으나 나는 너희에게 이르노니 너희 원수를 사랑하며 너희를 박해하는 자를 위하여 기도하라." 마5:38-44

세상 사람들은 본능을 따라 행동합니다. 하지만 우리는 그렇게 살지 말아야 합니다. 우리는 그렇게 살도록 구원받은 사람이 아닙니다. 우리는 하나님의 영광을 위해 사는 사람이며, 하나님을 드러내기 위해 사는 사람입니다. 우리는 평범한 한 개인이 아닙니다. 우리는 하나님 나라의 시민이며, 하나님의 자녀입니다. 우리는 어떤 행동을 취하기 전에 바로 이 맥락에서 자신을 돌아보아야 합니다. 자신의 말이 하나님 나라에 합당한가를 생각해 보아야 합니다. 자신의 행동이 하나님의 자녀에게 합당한지를 생각해 보아야 합니다.

우리 각자가 어떻게 말하고, 어떻게 행동하느냐 하는 것은 우리 개인 차원의 문제가 아닙니다. 교회의 명예가 걸린 문제이며, 더 나아가 하나님의 영광과 직결되는 문제입니다. 우리가 본능대로 행동할 때 세상은 교회도 다를 바가 없다고 비난할 것입니다. 반대로 우리가 말씀대로 행동할 때 세상은 하나님께 영광을 돌릴 것입니다. "이같이 너희 빛이 사람 앞에 비치게 하여 그들로 너희 착한 행실을 보고 하늘에 계신 너희 아버지께 영광을 돌리게 하라." 마5:16

우리는 더 이상 자신을 위해 사는 사람이 아닙니다. 우리는 하나님을 위해 사는 사람입니다. 우리의 말과 행동은 우리에게만 속한 것이 아닙니다. 우리의 말과 행동이 하나님을 영화롭게 할 수도 있고, 반대로 하나님의 영광을 훼손할 수도 있습니다. 따라서 우리는 본능대로 살아서는 안 됩니다. 본능이 아니라 말씀이 우리의 기준이 되어야 합니다.

묵상과 기도

Q. 모든 사람과 화목하게 지내기 위해서 무엇을 실천해야 합니까?

prayer. 하나님, 저희가 하나님을 비추는 거울이 되게 해주세요. 예수님의 사랑을 흘려보내는 통로가 되게 해주세요. 아무에게도 악을 악으로 갚지 않고, 모든 사람과 더불어 화목하게 지내게 해주세요.

친히 원수를 갚지 말고 하나님의 진노하심에 맡기라

롬 12:19-21 19 내 사랑하는 자들아 너희가 친히 원수를 갚지 말고 하나님의 진노하심에 맡기라 기록되었으되 원수 갚는 것이 내게 있으니 내가 갚으리라고 주께서 말씀하시니라 20 네 원수가 주리거든 먹이고 목마르거든 마시게 하라 그리함으로 네가 숯불을 그 머리에 쌓아 놓으리라 21 악에게 지지 말고 선으로 악을 이기라

바울은 앞에서 "아무에게도 악을 악으로 갚지 말고 모든 사람 앞에서 선한 일을 도모하라. 할 수 있거든 너희로서는 모든 사람과 더불어 화목하라."롬12:17-18 라고 권면하였습니다. 오늘 본문은 그 권면의 연장선 상에 있습니다. 악을 악으로 갚지 않기 위해서, 모든 사람과 화목하게 지내기 위해서, 우리는 스스로 원수 갚는 일을 중단해야 합니다. "너희가 친히 원수를 갚지 말고 하나님의 진노하심에 맡기라."19절 우리가 직접 원수를 갚지 말고, 하나님께 맡겨야 하는 데는 크게 세 가지 이유가 있습니다. 첫째, 우리에게는 그럴 만한 자격이 없기 때문입니다. 예를 들어, 도둑에게는 도둑을 잡을 자격이 없습니다. 둘 다 불의하기 때문입니다. 마찬가지로 우리 역시 불의한 죄인입니다. 우리 역시 누군가에게 원수 같은 존재입니다. 그런 점에서 누군가를 판단하고 정죄하고 심판하는 것은 우리에게 합당하지 않습니다. 하지만 하나님께는 불의한 점이 전혀 없습니다. 하나님은 어둠이 조금도 없으십니다. 그래서 하나님은 죄인들을 정죄하시고 심판하실 수 있습니다. 둘째, 우리의 판단은 잘못될 수 있기 때문입니다. 우리는 죄로 인해 타락한 존재입니다. 언제나 자기중심적으로 생각하는 이기적인 존재입니다. 그래서 우리는 상대방의 의도를 잘못 파악할 수 있습니다. 상대방은 그럴 의도가 전혀 없었지만 기분 나쁘게 받아들일 수 있고, 상대방은 친절을 베풀려고 했지만 불친절하게 받아들일 수 있습니다. 하지만 하나님의

판단은 잘못될 수 없습니다. 하나님은 모든 것을 아십니다. 정확하게 아십니다. 하나님은 상대방의 의도를 오해하지 않습니다. 그래서 우리는 심판하는 일을 하나님께 맡겨야 합니다. 셋째, 우리는 공정하지 않기 때문입니다. 우리는 상대방의 잘못을 제대로 파악할 수 없습니다. 우리는 감정적으로 행동하기 쉽습니다. 상대방의 작은 실수에도 크게 반응하고, 작은 잘못도 큰 잘못처럼 여기기 쉽습니다. 하지만 하나님은 공정하십니다. 하나님은 감정에 치우쳐서 상대방의 잘못을 실제보다 부풀리지 않으십니다. 하나님은 큰 잘못을 작게 여기시거나, 작은 잘못을 크게 여기시지 않습니다. 그래서 우리는 원수 갚는 일을 하나님께 맡겨야 합니다. 만약 원수 갚는 일이 우리에게 맡겨져 있다면, 우리의 마음은 증오심과 복수심으로 가득할 것입니다. 따라서 우리의 마음은 평안하지 못할 것입니다. 그런 점에서 오늘 본문은 참으로 은혜와 위로가 되는 말씀입니다. 우리가 증오심과 복수심으로부터 해방되는 유일한 방법이 오늘 본문에 기록되어 있기 때문입니다. 하나님께서 우리 대신 원수를 갚아 주십니다. 그래서 우리는 증오심과 복수심을 내려놓을 수 있습니다. 하나님은 지혜롭고 공정한 재판장이십니다. 그래서 우리는 하나님의 심판을 신뢰할 수 있습니다. 그러므로 우리는 스스로 원수 갚으려는 시도를 중단해야 합니다. 모든 원한과 미움을 하나님 앞에 내려놓아야 합니다.

묵상과 기도

Q. 모든 사람과 화목하게 지내기 위해서 무엇을 중단해야 합니까?

Q. 우리에게 스스로 원수를 갚을 자격이 있습니까?

prayer. 하나님, 저희의 마음에는 미움이 가득합니다. 저희의 마음에는 시기심이 가득합니다. 때때로 저희는 복수하려는 마음을 가집니다. 저희가 이런 마음을 내려놓을 수 있도록 도와주세요. 모든 사람과 화평하게 해주세요. 원수같은 사람도 사랑하며 살아가게 해주세요.

악에게 지지 말고 선으로 악을 이기라

> **롬 12:19-21** 19 내 사랑하는 자들아 너희가 친히 원수를 갚지 말고 하나님의 진노하심에 맡기라 기록되었으되 원수 갚는 것이 내게 있으니 내가 갚으리라고 주께서 말씀하시니라 20 네 원수가 주리거든 먹이고 목마르거든 마시게 하라 그리함으로 네가 숯불을 그 머리에 쌓아 놓으리라 21 악에게 지지 말고 선으로 악을 이기라

우리는 친히 원수를 갚지 말아야 합니다. "너희가 친히 원수를 갚지 말고 하나님의 진노하심에 맡기라." 19절 그뿐만이 아닙니다. 우리는 거기서 더 나아가야 합니다. 신자는 단지 악을 행하지 않는 사람이 아닙니다. 신자는 거기서 더 나아갑니다. 신자는 악을 행하지 않을 뿐만 아니라 선을 행하는 사람입니다. "악에게 지지 말고 선으로 악을 이기라." 21절

그렇다면 선으로 악을 이기는 방식은 무엇일까요? 바울은 다음과 같이 말합니다. "네 원수가 주리거든 먹이고 목마르거든 마시게 하라." 20절 이 말은 원수에게 필요한 것을 제공하라는 것입니다. 원수가 배고파하거든 먹을 것을 주고, 원수가 목말라하거든 마실 것을 주라는 것입니다. 바울은 우리의 그런 행동이 원수의 머리에 숯불을 쌓는 결과를 가져올 것이라고 말합니다. "그리함으로 네가 숯불을 그 머리에 쌓아 놓으리라." 20절 상대방의 머리에 숯불을 놓으면 어떻게 될까요? 극심한 고통을 겪게 될 것입니다. 하지만 바울은 실제로 상대방의 머리에 숯불을 놓으라고 말하는 것이 아닙니다. 바울의 의도는 육체의 고통이 아니라 마음의 고통에 있습니다. 우리의 선행이 상대방으로 하여금 육체적인 고통이 아니라 양심의 고통을 느끼게 한다는 것입니다.[155] 상대방은 우리에게 악을 행했습니다. 하지만 우리는 악이 아니라 선으로 갚아 주었습니다. 먹을 것을 주었고, 마실 것을 주었습니다. 그때 상대방은 자신의 행동을 돌아볼 것입니다. 자신이

얼마나 끔찍한 사람인지를 생각할 것입니다. 바로 그것이 상대방의 머리에 숯불을 놓는 것입니다.

마지막으로 바울은 "악에게 지지 말고 선으로 악을 이기라"라고 말합니다. 여기서 주목할 점은 원수에게 지지 말라고 말하는 것이 아니라 악에게 지지 말라고 말한다는 점입니다. 이것은 우리의 궁극적인 원수가 누구인지를 보여주는 것입니다. 우리의 궁극적인 원수는 사람이 아닙니다. "우리의 씨름은 혈과 육을 상대하는 것이 아니요 통치자들과 권세들과 이 어둠의 세상 주관자들과 하늘에 있는 악의 영들을 상대함이라." 엡6:12 우리의 궁극적인 원수는 악한 영들입니다. 사탄과 마귀입니다. 우리가 악으로 악을 갚을 때 우리는 악한 영들에게 패배하는 것입니다. 우리가 배고파하는 원수에게 먹을 것을 주지 않을 때, 우리는 악한 영들에게 패배하는 것입니다. 우리가 목말라하는 원수에게 마실 것을 주지 않을 때, 우리는 악한 영들에게 패배하는 것입니다. 우리의 궁극적인 대적은 사람이 아니라 악한 영들이기 때문입니다. 우리는 악에게 지지 말아야 합니다. 선으로 악을 이겨야 합니다. 우리의 진정한 싸움이 거기에 있습니다. 원수를 용서하는 것이 진정한 승리입니다. 원수에게 선을 베푸는 것이 진정한 승리입니다. 원수에게 먹을 것과 마실 것을 주는 것이 진정한 승리입니다. 바로 이것이 악을 이기는 유일한 방법입니다. 악을 이기는 방법은 원수 갚는 것이 아닙니다. 선을 행하는 것입니다.

묵상과 기도

Q. 원수의 머리에 숯불을 놓으라는 것은, 어떤 행동을 하라는 것입니까?

Q. 우리의 궁극적인 대적은 누구입니까?

prayer. 하나님, 저희가 악으로 악을 갚지 않게 해주세요. 선으로 악을 이기게 해주세요. 심지어 원수에게도 선을 행하게 해주세요. 스스로 원수 갚으려고 하지 않게 해주세요.

각 사람은 위에 있는 권세들에게 복종하라

바울은 "위에 있는 권세들에게 복종하라"고 말합니다. 바울 당시에 "위에 있는 권세들"은 로마 정부를 의미했습니다. 바울이 이렇게 강조했던 이유가 있습니다. 유대인들은 오직 유대인 지도자에게만 복종하는 것이 정당하다고 여겼기 때문입니다. 하나님은 신명기에서 다음과 같이 말씀하셨습니다. "네 위에 왕을 세우려면 네 형제 중에서 한 사람을 할 것이요 네 형제 아닌 타국인을 네 위에 세우지 말 것이며."신17:15

그래서 유대인들은 로마 정부를 인정하지 않았습니다. 그들은 로마 정부에게 복종하는 것이 하나님께 죄를 짓는 것이라고 여겼습니다. 하지만 예수님은 다음과 같이 말씀하셨습니다. "가이사의 것은 가이사에게, 하나님의 것은 하나님께 바치라."마22:21 로마 황제에게 세금을 내는 것이 정당하다는 뜻입니다. 하나님께 헌금하는 것이 올바른 일인 것처럼, 정부에 세금을 내는 것 또한 악하지 않다는 뜻입니다.

율법은 크게 세 종류로 나눌 수 있습니다. 의식법, 시민법, 도덕법입니다. 의식법은 성전과 제사에 관한 율법입니다. 시민법은 이스라엘의 시민으로 사는 데 필요한 율법입니다. 도덕법은 하나님과 사람을 사랑하는 지침입니다. 이 중에 의식법과 시민법은 폐지되었습니다. 의식법은 예수님이 십자가에서 영원한 제사를 드리신 이후로 종결되었고, 시민법은 구약적 이스라엘이 사라지면서 종결되었습니다. 유대인만을 왕으로 세우라는 율법은 이스라엘의 시민법에 해당합니다. 따라서 지금은 폐지되었습니다.

그렇다면 "위에 있는 권세들"은 누구를 의미할까요? "권세들"이라고 번역된 헬라어 '엑수시아'는 다스리는 권한을 가진 자들을 의미합니다. 따라서 "위에 있는 권세들"은 정부와 정부로부터 권한을 위임받은 자들을 의미합니다.

그렇다면 "위에 있는 권세들"에게 복종해야 하는 이유는 무엇입니까? 그들에게 권세를 주신 분이 하나님이시기 때문입니다. "권세는 하나님으로부터 나지 않음이 없나니 모든 권세는 다 하나님께서 정하신 바라."롬13:1 동일한 사상이 다니엘서에 잘 나타나 있습니다. "그는 때와 계절을 바꾸시며 왕들을 폐하시고 왕들을 세우시며 지혜자에게 지혜를 주시고 총명한 자에게 지식을 주시는도다."단2:21 "지극히 높으신 이가 사람의 나라를 다스리시며 자기의 뜻대로 그것을 누구에게든지 주시며."단4:17

바로 이것이 정부와 신자의 관계에 대한 황금률입니다. 우리는 정부에 복종해야 합니다. 우리는 정부로부터 정당한 권한을 위임받은 자들에게 복종해야 합니다. 정부의 권한이 하나님께로부터 왔기 때문입니다.

하나님은 왕들을 폐하기도 하시고 세우기도 하십니다. 하나님은 정부가 세워지는 과정에 섭리하시고 간섭하십니다. 따라서 현 정부는 현 지도자는 하나님의 섭리입니다. 자신이 진보적이라고 해서 보수적인 지도자를 배척하거나, 보수적이라고 해서 진보적인 지도자를 배척해서는 안 됩니다.

묵상과 기도

Q. 위에 있는 권세들은 누구를 의미합니까?

Q. 위에 있는 권세들에게 복종해야 할 이유는 무엇입니까?

prayer. 하나님, 저희가 교회에서 좋은 신자일 뿐만 아니라 국가에서도 좋은 시민이 되게 해주세요. 교회에서 칭찬을 받을 뿐만 아니라, 국가에서도 칭찬받는 시민이 되게 해주세요.

권세를 거스르는 자는 하나님의 명을 거스름이니

> **롬 13:2-3** 2 그러므로 권세를 거스르는 자는 하나님의 명을 거스름이니 거스르는 자들은 심판을 자취하리라 3 다스리는 자들은 선한 일에 대하여 두려움이 되지 않고 악한 일에 대하여 되나니 네가 권세를 두려워하지 아니하려느냐 선을 행하라 그리하면 그에게 칭찬을 받으리라

바울은 "위에 있는 권세들"에 대해 말하고 있습니다. 국가와 정부에 대해, 지도자와 공직자에 대해 말하고 있습니다. 왜 우리가 이런 주제에 관심을 가져야 할까요? 왜 우리가 이런 주제를 알아야 할까요? 그 이유는 우리가 여전히 세상 안에서 살고 있으며, 이 세상 안에서 우리의 삶을 영위하고 있기 때문입니다.

어떤 사람들은 신자는 영적인 문제에만 관심을 가져야 한다고 주장합니다. 현실적인 문제, 정치적인 문제, 경제적인 문제는 신자의 관심사가 아니라고 주장합니다. 물론 우리는 영적인 의미에서는 세상에 속한 사람이 아닙니다. 하지만 실제적으로는 세상에 몸담고 있습니다. 정치적인 문제와 경제적인 문제에 관련되어 있습니다. 그래서 우리는 영적인 진보를 위해서 노력할 뿐만 아니라, 사회를 개선하기 위해서도 노력해야 합니다.

그렇게 해야 할 가장 중요한 근거는 하나님께 있습니다. 하나님께서 국가와 정부를 세우셨기 때문입니다. "각 사람은 위에 있는 권세들에게 복종하라. 권세는 하나님으로부터 나지 않음이 없나니 모든 권세는 다 하나님께서 정하신 바라."롬13:1

세상은 진화론적 관점을 가지고 있습니다. 그들은 식물과 동물이 우연히 생겨난 것처럼 국가와 정부도 우연히 생겨났다고 생각합니다. 그것은 절대로 사실이 아닙니다. 식물과 동물을 하나님께서 창조하신 것처럼, 국가와 정부도 하나님께서 세우셨습니다.

그래서 우리는 국가와 정부를 위해 기도해야 합니다. 하나님께서 세우셨으므로, 하나님의 뜻대로 운영되기를 기도해야 합니다. "그러므로 내가 첫째로 권하노니 모든 사람을 위하여 간구와 기도와 도고와 감사를 하되 임금들과 높은 지위에 있는 모든 사람을 위하여 하라. 이는 우리가 모든 경건과 단정함으로 고요하고 평안한 생활을 하려 함이라."딤전2:1-2

국가와 정부를 위해 기도하는 것은 교회의 사명입니다. 이로써 교회는 고요하고 평안한 가운데 신앙생활을 할 수 있게 됩니다. 실제로 대부분의 정부는 악을 벌하고 선을 장려합니다. 범죄를 차단하고 질서를 유지합니다. 쓰레기를 수거하고 도시를 정화합니다. 상하수도를 관리하고 수돗물을 공급합니다. 세금을 거두고 복지를 제공합니다. 난개발을 막고 환경을 보호합니다. 정부가 이런 역할을 잘 수행할수록 우리는 "경건과 단정함으로 고요하고 평안한 생활"을 할 수 있습니다.

따라서 우리는 국가와 정부에 관심을 가져야 합니다. 정치와 경제를 알아야 합니다. 영적인 진보를 위해 노력할 뿐만 아니라, 정의롭고 공평한 세상을 위해서도 노력해야 합니다. 바로 이것이 국가와 정부에 대한 신자의 태도입니다.

묵상과 기도

Q. 국가와 정부는 우연히 생겨난 것입니까?

Q. 국가와 정부를 위해 기도하고 있습니까?

prayer. 하나님, 현 정부가 하나님의 뜻대로 통치하게 해주세요. 현 정부가 하나님의 뜻을 이루는 하나님의 도구가 되게 해주세요. 현 정부가 정의롭고, 공정한 정부가 되게 해주세요.

그는 하나님의 사역자가 되어 네게 선을 베푸는 자니라

> **롬 13:4** 그는 하나님의 사역자가 되어 네게 선을 베푸는 자니라 그러나 네가 악을 행하거든 두려워하라 그가 공연히 칼을 가지지 아니하였으니 곧 하나님의 사역자가 되어 악을 행하는 자에게 진노하심을 따라 보응하는 자니라

국가의 권세는 하나님의 권세 아래에 있습니다. 국가에게 권세를 주신 분이 하나님이시기 때문입니다. 따라서 국가가 하나님의 권세를 침범하려 할 때는, 국가의 권세에 복종해서는 안 됩니다. 국가가 하나님과 우리 사이에 간섭하려 한다면, 순종이 아니라 저항을 해야 합니다. 성경은 이 점을 매우 분명하게 밝히고 있습니다.

이스라엘 정부는 사도들이 백성들에게 복음을 전하는 것을 싫어했습니다. 그래서 사도들에게 다음과 같이 명령했습니다. "도무지 예수의 이름으로 말하지도 말고 가르치지도 말라." 행4:18 이때 사도들의 반응은 다음과 같았습니다. "베드로와 요한이 대답하여 이르되 하나님 앞에서 너희의 말을 듣는 것이 하나님의 말씀을 듣는 것보다 옳은가 판단하라. 우리는 보고 들은 것을 말하지 아니할 수 없다." 행4:19-20

실제로 사도들은 계속해서 복음을 전했습니다. 더 이상 복음을 전하지 말라는 정부의 명령에 불복종했습니다. 사도들은 거듭되는 정부의 경고에 다음과 같이 대답했습니다. "베드로와 사도들이 대답하여 이르되 사람보다 하나님께 순종하는 것이 마땅하니라." 행5:29

이처럼 국가의 권세에는 한계가 있습니다. 국가는 무조건적인 충성의 대상이 아닙니다. 무조건적인 충성의 대상은 하나님 밖에 없습니다. 국가는 하나님의 도구일 뿐입니다. 국가는 하나님의 사역자에 지나지 않습니다. "그는 하나님의 사역자가 되어 네게 선을 베푸는 자니라" 4절

이후에도 교회는 그러한 입장을 지켰습니다. 로마 정부가 황제 숭배를 명령했을 때, 교회는 복종하지 않았습니다. 그들은 로마 황제를 주님이라고 부르기를 거절했습니다. 그들은 "황제가 주님이다"라고 부르는 대신 죽는 것을 선택했습니다. 실제로 많은 신자들이 황제 숭배를 거절한 것 때문에 순교했습니다.

우리는 올바른 범주 안에서만 위에 있는 권세들에게 복종해야 합니다. 우리 위에 있는 권세들이 하나님의 뜻에 어긋나는 것을 요구하거나, 신앙에 해가 되는 것을 요구할 때는 복종하지 말아야 합니다. 그때는 불복종하는 것이 하나님의 뜻입니다.

마찬가지 원리로 국가에 대한 신념 때문에 다른 신자들과 다투지 말아야 합니다. 정치적으로 보수라고 해서 진보적인 신자를 미워하거나, 정치적으로 진보라고 해서 보수적인 신자를 미워하는 것은 하나님의 뜻이 아닙니다. 그것은 국가를 교회보다 위에 두는 것이고, 국가를 하나님보다 위에 두는 것입니다.

묵상과 기도

Q. 언제 국가의 권세에 저항해야 합니까?

Q. 정치적 신념이 다른 신자들을 미워하고 있지는 않습니까?

prayer. 하나님, 저희가 좋은 시민이 되게 해주세요. 저희가 법을 준수하는 시민이 되게 해주세요. 하지만 하나님의 뜻에 반하는 법에는 저항하게 해주세요. 좋은 시민이 되는 것보다, 좋은 신자가 되는 것을 더 중요하게 여기게 해주세요.

그가 공연히 칼을 가지지 아니하였으니

롬 13:4 그는 하나님의 사역자가 되어 네게 선을 베푸는 자니라 그러나 네가 악을 행하거든 두려워하라 그가 공연히 칼을 가지지 아니하였으니 곧 하나님의 사역자가 되어 악을 행하는 자에게 진노하심을 따라 보응하는 자니라

국가는 하나님의 도구입니다. 하나님께서 국가를 통해서 하시는 일은 크게 두 가지입니다. 첫째, 국가는 선을 베푸는 일을 합니다. "그는 하나님의 사역자가 되어 네게 선을 베푸는 자니라."[4절] 예를 들어, 유대인들이 바울을 죽이려고 했을 때, 바울을 보호해 준 것은 국가였습니다. "온 성이 소동하여 백성이 달려와 모여 바울을 잡아 성전 밖으로 끌고 나가니 문들이 곧 닫히더라. 그들이 그를 죽이려 할 때에 온 예루살렘이 요란하다는 소문이 군대의 천부장에게 들리매 그가 급히 군인들과 백부장들을 거느리고 달려 내려가니 그들이 천부장과 군인들을 보고 바울 치기를 그치는 지라."[행21:30-32]

이처럼 하나님은 국가를 통해서 바울을 보호하셨습니다. 오늘날도 마찬가지입니다. 우리가 평안하게 신앙생활을 할 수 있는 것은 하나님께서 국가를 통해 교회를 보호하시기 때문입니다.

둘째, 국가는 악을 방지하는 일을 합니다. 국가는 사람들이 죄를 지었을 때, 하나님을 대신해서 심판하는 일을 합니다. "그러나 네가 악을 행하거든 두려워하라. 그가 공연히 칼을 가지지 아니하였으니 곧 하나님의 사역자가 되어 악을 행하는 자에게 진노하심을 따라 보응하는 자니라."[4절]

국가는 악을 방지하기 위해 칼의 권세를 사용할 수 있습니다. 칼의 권세는 하나님께서 합법적인 국가에게 주신 권리입니다. 칼의 권세는 공적으로 다른 사람의 생명을 취할 수 있는 권리입니다. 국가는 두 가지 경우에 칼의 권세를 사용할 수 있습니다. 하나는, 살인자를 처벌할 때입니다. "고의로 살인죄를 범한 살인자는 생명의 속전을 받지 말고 반드시 죽일 것이며."[민35:31] 국가는 국민들의 생명을 보호하고 생명의 존엄성을 알리기 위해 고의로 살인한 자들에게 칼의 권세를 행사할 수 있습니다.

다른 하나는, 정당한 이유로 전쟁을 할 때입니다. "만일 너와 화평하기를 거부하고 너를 대적하여 싸우려 하거든 너는 그 성읍을 에워쌀 것이며."[신20:12] 국가는 국민들의 생명을 보호하기 위해 정당한 전쟁을 시행할 수 있습니다. 예를 들어, 이웃 나라가 평화조약을 깨고 침략해 온다면 국가는 국민들의 생명과 안전을 위해 칼의 권세를 사용해야 합니다. 바로 이것이 국가가 군대를 보유하는 이유입니다.

묵상과 기도

Q. 하나님께서 국가를 통해서 하시는 일은 무엇입니까?

Q. 칼의 권세란 무엇입니까?

prayer. 하나님, 현 정부가 선을 베푸는 정부가 되게 해주세요. 특히 교회를 보호하는 일을 잘 수행하는 정부가 되게 해주세요. 그리고 현 정부가 악을 방지하는 정부가 되게 해주세요. 하나님을 대신해서 악한 자들을 심판하는 역할을 잘 수행하게 해주세요.

하나님의 사역자

> **롬 13:4** 그는 하나님의 사역자가 되어 네게 선을 베푸는 자니라 그러나 네가 악을 행하거든 두려워하라 그가 공연히 칼을 가지지 아니하였으니 곧 하나님의 사역자가 되어 악을 행하는 자에게 진노하심을 따라 보응하는 자니라

국가는 하나님의 도구입니다. 국가는 선을 베풀고, 악을 방지하는 하나님의 수단입니다. 그래서 바울은 국가를 "하나님의 사역자"라고 말합니다. "그는 하나님의 사역자가 되어 네게 선을 베푸는 자니라"4절

우리가 주목해야 하는 것은 어떤 형태의 국가이든지 하나님의 도구일 뿐이라는 점입니다. 국가는 신적인 존재가 아닙니다. 국가는 절대적인 존재가 아닙니다. 국가는 하나님과 같은 존재가 아닙니다. 국가는 모든 것을 할 수 없습니다. 국가는 모든 문제를 해결할 수 없습니다. 국가는 완전한 평화를 가져올 수 없습니다.

많은 사람들이 이 점을 오해합니다. 예를 들어, 진보적인 성향을 가진 사람들은 보수적인 정부가 들어서면 곧 나라가 망할 것처럼 생각합니다. 반대로 진보적인 정부가 들어서면 곧 유토피아가 될 것처럼 생각합니다. 보수적인 성향을 가진 사람들은 진보적인 정부가 들어서면 곧 나라가 망할 것처럼 생각합니다. 반대로 보수적인 정부가 들어서면 곧 파라다이스가 될 것처럼 생각합니다. 이런 생각은 옳지 않습니다. 국가는 하나님의 도구일 뿐이며, 국가에는 그런 능력이 없기 때문입니다. 따라서 신자는 어떤 형태의 국가도 자랑해서는 안 됩니다.[156] 물론 사회주의보다 민주주의가 더 나은 형태의 국가인 것은 분명합니다. 하지만 민주주의 국가도 완전하지 않습니다. 민주주의 국가에도 나름의 부족함과 허물이 있습니다. 국가가 하나님을 대신할 수 없는 것처럼, 민주주의도 하나님을 대신할 수 없습니다.

그래서 신자는 국가로부터 너무 많은 것을 기대하지 말아야 합니다.[157] 특히 투표할 때 너무 흥분하지 말아야 합니다. 물론 한 장의 투표용지가 많은 것을 바꿀 수 있다는 것은 사실입니다. 한 장의 투표용지가 그 무엇보다 강한 힘을 발휘할 수 있다는 것도 사실입니다. 하지만 어떤 정부가 들어서든지 세상이 가지고 있는 궁극적인 문제는 해결되지 않습니다. 세상의 궁극적인 문제는 죄에서 비롯된 것입니다. 정부는 죄 문제를 해결할 수 없습니다. 18세기에 유럽의 여러 나라에서 자유주의 혁명이 일어났습니다. 사람들은 이제 새로운 세상이 도래할 것이라고 생각했습니다. 모든 문제들이 사라질 것이라고 생각했습니다. 물론 많은 변화가 있었습니다. 많은 문제들이 해결되었습니다. 하지만 일시적이었습니다. 시간이 지나자 새로운 문제들이 발생했습니다. 새로운 정부가 들어서면 새로운 법을 제정합니다. 그러면 사람들은 흥분하기 시작합니다. 새로운 법이 모든 문제들을 해결할 것처럼 생각합니다. 물론 새로운 법으로 해결되는 문제들이 있기는 합니다. 하지만 일시적입니다. 시간이 지나면 새로운 문제들이 발생합니다. 신자는 하늘에 속한 사람이므로, 국가에 소망을 두지 말아야 합니다. 국가 때문에 흥분하거나, 국가 때문에 감격하지 말아야 합니다. 신자는 초연해야 합니다. 신자는 하나님께만 소망을 두어야 합니다. 세상의 한계를 직시해야 합니다.

묵상과 기도

Q. 바울이 국가를 하나님의 사역자라고 말하는 이유는 무엇입니까?

Q. 국가가 완전한 평화를 이룰 수 있을까요?

prayer. 하나님, 국가를 하나님처럼 생각하지 않게 해주세요. 국가가 모든 문제를 해결할 수 있을 것처럼 생각하지 않게 해주세요. 언제나 하나님만 의지하고 살아가게 해주세요.

악을 행하는 자에게 진노하심을 따라 보응하는 하나님

> **롬 13:4** 그는 하나님의 사역자가 되어 네게 선을 베푸는 자니라 그러나 네가 악을 행하거든 두려워하라 그가 공연히 칼을 가지지 아니하였으니 곧 하나님의 사역자가 되어 악을 행하는 자에게 진노하심을 따라 보응하는 자니라

하나님은 국가에게 칼의 권세를 주셨습니다. "칼의 권세"란 다른 사람의 생명을 합법적으로 취할 수 있는 권리입니다. 이런 권리는 오직 국가만이 가지고 있습니다. 어떤 개인도 이런 권리를 소유하지 못합니다. 하나님께서 국가에게 칼의 권세를 주신 이유는, 하나님께서 국가를 악을 징벌하는 도구로 삼으셨기 때문입니다. "그가 공연히 칼을 가지지 아니하였으니 곧 하나님의 사역자가 되어 악을 행하는 자에게 진노하심을 따라 보응하는 자니라."⁴⁴절

하나님께서 국가에게 칼의 권세를 주신 또 다른 이유는, 합법적인 전쟁을 수행하기 위해서입니다. 이스라엘의 가나안 정복 전쟁이 대표적입니다. 하지만 반론도 만만치 않습니다. 신자는 어떤 경우에도 평화주의자여야 한다고 주장하는 자들이 있습니다. 그들은 신자는 어떤 경우에도 전쟁에 참전하지 말아야 한다고 말합니다. 하지만 성경은 맹목적인 평화주의에 반대합니다. 예를 들어, 직업 군인들이 예수님을 찾아왔을 때 예수님은 그들에게 군인이기를 포기하라고 말씀하시지 않았습니다. "구원을 받으려면 군인의 일을 중단해야 한다"라거나 "군인은 복음을 받아들이기에 합당하지 않다"라고 말씀하시지 않았습니다.

반전주의를 주장하는 사람들은 산상수훈의 말씀을 근거로 삼습니다. "나는 너희에게 이르노니 악한 자를 대적하지 말라. 누구든지 네 오른편 뺨을 치거든 왼편도 돌려 대며 또 너를 고발하여 속옷을 가지고자 하는 자에게 겉옷까지도 가지게 하며 또 누구든지 너로 억지로 오 리를 가게 하거든 그 사람과 십 리를 동행하고 네게 구하는 자에게 주며 네게 꾸고자 하는 자에게 거절하지 말라."마5:39-42

물론 산상수훈의 말씀은 진리입니다. 우리는 산상수훈의 말씀대로 살아야 합니다. 하지만 산상수훈이 반전주의의 근거가 될 수는 없습니다. 산상수훈은 각 개인에게 주신 말씀이지, 국가에게 주신 말씀이 아니기 때문입니다. 예를 들어, 한 나라가 다른 나라에게 탱크와 전투기로 폭격을 가한다고 가정해 봅시다. 공격을 받는 국가가 취해야 할 성경적인 행동은 국민들을 죽음으로 내모는 것이 아닙니다. 그것은 살인하지 말라는 제6계명을 어기는 행동입니다. 국가는 국민들의 생명을 보호하기 위해 적극적으로 맞서 싸워야 합니다.

어떤 사람들은 예수님의 십자가를 반전주의의 근거로 주장합니다. 그들은 예수님이 어떤 저항도 하지 않았음을 주목하라고 말합니다. 하지만 예수님은 반전주의 때문에 저항 없이 죽으신 것이 아닙니다. 예수님은 처음부터 죽기 위해 이 세상에 오셨습니다. 예수님은 처음부터 우리 대신 죽기 위해 오셨습니다. 예수님은 반전주의를 실천하기 위해서가 아니라 우리를 구원하기 위해 아무 저항 없이 죽으셨습니다.

묵상과 기도

Q. 하나님께서 국가에게 칼의 권세를 주신 이유는 무엇입니까?

prayer. 하나님, 국가가 칼의 권세를 잘 사용하게 해주세요. 그리하여 악인들이 득세하지 않게 해주세요. 의인들이 억울한 일을 겪지 않게 해주세요. 이 세상이 보다 정의롭고 공정한 세상이 되게 해주세요.

너희가 조세를 바치는 것도 이로 말미암음이라(1)

롬 13:5-7 5 그러므로 복종하지 아니할 수 없으니 진노 때문에 할 것이 아니라 양심을 따라 할 것이라 6 너희가 조세를 바치는 것도 이로 말미암음이라 그들이 하나님의 일꾼이 되어 바로 이 일에 항상 힘쓰느니라 7 모든 자에게 줄 것을 주되 조세를 받을 자에게 조세를 바치고 관세를 받을 자에게 관세를 바치고 두려워할 자를 두려워하며 존경할 자를 존경하라

바울은 위에 있는 권세들에게 복종하라고 권면합니다. 위에 있는 권세들에게 세금을 바치고, 두려워할 자를 두려워하며, 존경할 자를 존경하라고 권면합니다. 어떤 사람들은 바울의 권면을 오해하여서 '국가교회'라는 개념을 만들었습니다. 국가교회란, 국가와 교회가 하나라는 개념입니다. 국가의 지도자가 동시에 교회의 지도자가 되거나, 교회의 지도자가 동시에 국가의 지도자가 되는 개념입니다.

예를 들어, 콘스탄틴 황제는 국가의 지도자이면서 동시에 교회의 지도자였습니다. 그는 주후 325년경에 회심하였습니다. 그리고 자신의 권세가 로마 제국만이 아니라 교회에도 미친다고 주장했습니다. 시간이 흐르자 정반대되는 현상이 발생했습니다. 로마 제국이 멸망하자 교황의 권세가 상대적으로 강해졌습니다. 그러자 교황은 자신의 권세가 교회만이 아니라 세속 국가에도 미친다고 주장했습니다.

하지만 국가와 교회는 하나가 될 수 없습니다. 교회와 국가는 목적 자체가 다릅니다.[158] 교회는 영적인 목적을 위해 존재합니다. 교회는 복음을 전파하고, 성도들을 교육하고, 성례를 집행하기 위해 존재합니다. 하지만 국가는 평화와 질서를 유지하기 위해 존재합니다. 교회의 사명은 질서 유지가 아니고, 국가의 사명은 복음 전파가 아닙니다.

교회와 국가는 가지고 있는 권세도 다릅니다.[159] 교회는 '은혜의 권세'를 가지고 있습니다. 교회는 복음을 전함으로써 천국 문을 열고 닫을 수 있습니다. 교회가 복음을 전할 때 이 복음을 믿는 자에게는 천국이 열리고 믿지 않는 자에게는 천국이 닫힙니다. 하지만 국가는 '칼의 권세'를 가지고 있습니다. 국가는 살인자를 사형에 처할 수 있고, 국민을 보호하기 위해 전쟁을 개시할 수 있습니다. 국가에는 은혜의 권세가 없고, 교회에는 칼의 권세가 없습니다.

예수님은 한 번도 교회와 국가의 연합을 가르치지 않았습니다. 사도들도 마찬가지입니다. 신약성경 어디에서도 교회와 국가가 하나라는 개념을 발견할 수 없습니다. 이런 개념은 4세기에 처음 대두된 것입니다. 콘스탄틴 황제가 교회를 로마 제국 안으로 끌어들이기 전에는 그런 개념이 전혀 없었습니다.

예수님은 본디오 빌라도에게 다음과 같이 말씀하셨습니다. "예수께서 대답하시되 내 나라는 이 세상에 속한 것이 아니라. 만일 내 나라가 이 세상에 속한 것이었더라면 내 종들이 싸워 나로 유대인들에게 넘겨지지 않게 하였으리라. 이제 내 나라는 여기에 속한 것이 아니니라."요18:36 이처럼 국가와 교회는 구분됩니다.

묵상과 기도

Q. 교회와 국가의 존재 목적은 각각 무엇입니까?

Q. 교회의 권세와 국가의 권세는 어떻게 다릅니까?

prayer. 하나님, 교회가 국가의 권세를 가지려 하지 않게 해주세요. 국가가 교회의 권세에 영향을 미치지 않게 해주세요. 교회는 교회의 일을 잘 수행하고, 국가는 국가의 일을 잘 수행하게 해주세요. 조화롭게 하나님의 영광을 위해 일하게 해주세요.

너희가 조세를 바치는 것도 이로 말미암음이라(2)

> **롬 13:5-7** 5 그러므로 복종하지 아니할 수 없으니 진노 때문에 할 것이 아니라 양심을 따라 할 것이라 6 너희가 조세를 바치는 것도 이로 말미암음이라 그들이 하나님의 일꾼이 되어 바로 이 일에 항상 힘쓰느니라 7 모든 자에게 줄 것을 주되 조세를 받을 자에게 조세를 바치고 관세를 받을 자에게 관세를 바치고 두려워할 자를 두려워하며 존경할 자를 존경하라

신자는 국가에 세금을 바쳐야 합니다. 신자는 국가 지도자들을 두려워하고 존경해야 합니다. 하지만 교회와 국가가 하나라고 생각해서는 안 됩니다. 교회와 국가가 하나이기 때문에 세금을 바치고, 교회와 국가가 하나이기 때문에 지도자들을 두려워해야 한다고 생각해서는 안 됩니다. 교회와 국가는 전혀 다른 영역에 속해 있습니다. 앞에서 설명한 것처럼 교회와 국가는 존재하는 목적이 다릅니다. 교회와 국가는 사명이 다릅니다. 하나님은 각각 다른 목적과 사명을 주셨습니다. 교회는 영적인 일을 잘해야 하고, 국가는 정치와 외교를 잘해야 합니다. 교회는 영적인 권세를 잘 사용해야 하고, 국가는 칼의 권세를 잘 사용해야 합니다. 교회는 국가를 위해 기도해야 합니다. 국가가 하나님의 뜻대로 존재하기를 기도해야 합니다. 하지만 교회가 국가처럼 되려고 해서는 안 됩니다. 교회가 국가의 권세를 가지려고 해서는 안 되며, 군사권과 조세권을 가지려고 해서는 안 됩니다.

국가는 교회를 보호해야 합니다. 세상이 교회를 핍박한다면 국가는 교회를 보호해 주어야 합니다. 하지만 국가가 교회의 일에 직접 참여해서는 안 됩니다. 설교와 성례에 간섭해서는 안 됩니다. 아무나 신자가 될 수 없습니다. 신자가 되기 위해서는 거듭나야 합니다. 예수님은 니고데모에게 이 점을 확실하게 가르쳐 주셨습니다. "예수께서 대답하여 이르시되 진실로 진실로 네게 이르노니 사람이 거듭나지 아니하면 하나님의 나라를 볼 수 없느니라."요3:3 거듭나지 않고서는 교회의 일원이 될 수 없습니다. 따라서 거듭나지 않은 세상 사람들은 교회 안에서 권세를 행사할 수 없습니다. 국가교회 개념은 이 점에서 잘못된 것입니다.

바울은 고린도교회가 교회의 문제를 세상 법정으로 가지고 간 것을 엄하게 책망했습니다. 영적인 문제는 영적으로 다루어야 하기 때문입니다. "너희 중에 누가 다른 이와 더불어 다툼이 있는데 구태여 불의한 자들 앞에서 고발하고 성도 앞에서 하지 아니하느냐."고전6:1

교회와 국가는 하나가 아닙니다. 교회는 교회의 영역이 있고, 국가는 국가의 영역이 있습니다. 교회의 지도자도 국가에서는 한 명의 시민일 뿐입니다. 국가의 지도자도 교회에서는 한 명의 성도일 뿐입니다. 만약 국가 지도자가 교회에서 특별한 지위를 요구한다면, 교회는 거절해야 합니다. 세상의 지위가 교회에서도 인정되는 교회는 세속화된 교회입니다. 그래서 야고보는 다음과 같이 말했습니다. "만일 너희 회당에 금가락지를 끼고 아름다운 옷을 입은 사람이 들어오고 또 남루한 옷을 입은 가난한 사람이 들어올 때에 너희가 아름다운 옷을 입은 자를 눈여겨보고 말하되 여기 좋은 자리에 앉으소서 하고 또 가난한 자에게 말하되 너는 거기 서 있든지 내 발등상 아래에 앉으라 하면 너희끼리 서로 차별하며 악한 생각으로 판단하는 자가 되는 것이 아니냐."약2:2-4

묵상과 기도

Q. 바울이 교회의 문제를 세상 법정에서 다툰 일을 책망한 이유는 무엇입니까?

Q. 국가 지도자이기 때문에 교회에서 특별한 지위를 가질 수 있습니까?

prayer. 하나님, 이 땅의 교회가 국가를 위해 기도하게 해주세요. 이 땅의 정부가 교회를 위해 법과 제도를 잘 정비하게 해주세요. 교회가 국가의 권세에 욕심을 내지 않게 해주세요. 정부가 하나님의 뜻에 어긋나는 법과 제도를 만들지 않게 해주세요.

두려워할 자를 두려워하며 존경할 자를 존경하라(1)

롬 13:5-7 5 그러므로 복종하지 아니할 수 없으니 진노 때문에 할 것이 아니라 양심을 따라 할 것이라 6 너희가 조세를 바치는 것도 이로 말미암음이라 그들이 하나님의 일꾼이 되어 바로 이 일에 항상 힘쓰느니라 7 모든 자에게 줄 것을 주되 조세를 받을 자에게 조세를 바치고 관세를 받을 자에게 관세를 바치고 두려워할 자를 두려워하며 존경할 자를 존경하라

국가의 역할에 대한 두 가지 견해가 있습니다. 첫 번째는 국가의 역할이 소극적이어야 한다는 견해입니다. 국가의 역할은 교회를 보호하는 정도에 그쳐야 한다는 것입니다. 국가의 역할은 선을 장려하고 악을 벌하는 정도에 그쳐야 한다는 것입니다. 이 주장은 다음의 말씀들을 근거로 합니다.

"그는 하나님의 사역자가 되어 네게 선을 베푸는 자니라. 그러나 네가 악을 행하거든 두려워하라." 롬13:4

"모든 사람을 위하여 간구와 기도와 도고와 감사를 하되 임금들과 높은 지위에 있는 모든 사람을 위하여 하라. 이는 우리가 모든 경건과 단정함으로 고요하고 평안한 생활을 하려 함이라." 딤전2:1-2

"인간의 모든 제도를 주를 위하여 순종하되 혹은 위에 있는 왕이나 혹은 그가 악행하는 자를 징벌하고 선행하는 자를 포상하기 위하여 보낸 총독에게 하라." 벧전2:13-14

국가의 역할에 대한 두 번째 견해는 국가의 역할이 적극적이어야 한다는 것입니다. 하나님은 교회의 왕이실 뿐만 아니라 모든 나라와 민족의 왕이라는 것입니다. 따라서 국가는 적극적으로 하나님의 뜻을 실현해야 한다는 것입니다. 하나님의 주권을 교회만이 아니라 세상 모든 영역에서 실현해야 한다는 것입니다.

주로 아브라함 카이퍼라는 사람이 이러한 주장을 했습니다. 이 주장은 다음의 말씀들을 근거로 합니다.

"왕권들이나 주권들이나 통치자들이나 권세들이나 만물이 다 그로 말미암고 그를 위하여 창조되었고." 골1:16

"모든 통치와 권세와 능력과 주권과 이 세상뿐 아니라 오는 세상에 일컫는 모든 이름 위에 뛰어나게 하시고." 엡1:21

두 가지 입장을 조화롭게 취하는 것이 지혜로운 행동인 것 같습니다. 첫째, 우리는 국가가 기독교 외의 종교를 탄압하도록 조장해서는 안 됩니다. 그런 점에서는 소극적 견해를 따라야 합니다. 이런 관점을 따른다면 불상을 파손하는 행동을 해서는 안 됩니다. 둘째, 우리는 국가가 반기독교적인 법안을 제정할 때 적극적으로 반대해야 합니다. 그런 점에서는 적극적 견해를 따라야 합니다. 이런 관점을 따른다면 국가가 동성혼을 합법화하려고 할 때 적극적으로 반대해야 합니다. 결론적으로 신자는 두 나라의 시민입니다. 국가의 시민인 동시에 하나님 나라의 시민입니다. 신자는 두 나라의 법을 모두 다 준수해야 합니다. 하지만 신앙 양심을 우선에 두어야 합니다. 하나님의 법을 더 위에 두고 살아야 합니다.

묵상과 기도

Q. 국가의 역할에 대한 소극적 견해는 무엇입니까?

Q. 국가의 역할에 대한 적극적 견해는 무엇입니까?

prayer. 하나님, 이 땅의 기독교인들이 국가의 권위를 존중하게 해주세요. 교회만이 아니라 세상에서도 훌륭한 시민이 되게 해주세요. 성숙한 시민의식을 가지고 선한 영향을 끼치며 살아가게 해주세요.

두려워할 자를 두려워하며 존경할 자를 존경하라(2)

> **롬 13:5-7** 5 그러므로 복종하지 아니할 수 없으니 진노 때문에 할 것이 아니라 양심을 따라 할 것이라 6 너희가 조세를 바치는 것도 이로 말미암음이라 그들이 하나님의 일꾼이 되어 바로 이 일에 항상 힘쓰느니라 7 모든 자에게 줄 것을 주되 조세를 받을 자에게 조세를 바치고 관세를 받을 자에게 관세를 바치고 두려워할 자를 두려워하며 존경할 자를 존경하라

우리는 계속해서 국가에 관한 성경적 관점을 탐구하고 있습니다. 오늘은 기독교 국가에 대해 살펴보려고 합니다. 과연 기독교 국가를 세우는 것이 가능한지를 알아보려고 합니다. 결론부터 말하자면 가능하지 않습니다. 예수님은 다음과 같이 말씀하셨습니다.

"인자가 올 때에 세상에서 믿음을 보겠느냐."눅18:8

"불법이 성하므로 많은 사람의 사랑이 식어지리라 그러나 끝까지 견디는 자는 구원을 얻으리라."마24:12-13

예수님은 시간이 지날수록 세상이 악해질 것이라고 하셨습니다. 종말이 가까울수록 믿음을 가진 자를 찾기가 힘들 것이라고 하셨습니다. 불법이 편만하고 사람들의 사랑이 식을 것이라고 하셨습니다. 따라서 기독교 국가를 세우는 것은 불가능한 시도입니다.

그것이 불가능한 더 분명한 이유가 있습니다. 신자가 아닌 사람은 신자의 삶을 살 수 없습니다. 신자의 삶은 신자에게만 가능합니다. 따라서 법이나 문화를 바꾸는 것으로는 기독교 국가를 세울 수 없습니다.

"그는 허물과 죄로 죽었던 너희를 살리셨도다."엡2:1

우리가 신자다운 삶을 살 수 있는 근거는 "허물과 죄로 죽었던" 우리를 하나님께서 살려 주셨기 때문입니다. 영적으로 죽었던 우리에게 하나님을 위해 살 수 있는 새로운 마음을 주셨기 때문입니다. 따라서 불신자들에게 신자의 삶을 요구할 수 없습니다. 불신자들을 기독교 국가의 일원으로 바꿀 수 없습니다. 그들은 여전히 영적으로 죽어 있기 때문입니다.

그렇다면 우리는 세상을 바꾸기 위한 노력을 중단해야 할까요? 그렇지 않습니다. 우리는 영혼에만 관심을 가지는 사람이 되어서는 안 됩니다. 우리는 세상의 모든 영역에서 하나님의 주권을 드러내야 합니다. 우리는 하나님의 영광을 드러내는 예술가가 되어야 하고, 하나님의 주권을 드러내는 엔지니어가 되어야 하며, 성경적 가치관을 나타내는 교사가 되어야 합니다.

하지만 균형을 지켜야 합니다. 너무 적극적으로 나가지 말아야 합니다. 우리가 할 수 있고, 우리가 해야 하는 일은 세상과 구별된 사람으로 사는 것입니다. 세상의 원리가 아니라 말씀의 원리를 따라 사는 것입니다. 비록 기독교 국가를 세울 수는 없을지라도, 저마다 자신이 속한 나라와 민족 속에서 성경적인 제도와 문화를 정착시키기 위해 노력하는 것이 우리의 사명입니다.

묵상과 기도

Q. 기독교 국가를 세우는 것이 불가능한 이유는 무엇입니까?

Q. 어디서 무엇을 하든지 하나님의 영광을 위해서 하고 있습니까?

prayer. 하나님, 저희가 세상의 모든 영역에서 하나님의 주권을 드러내게 해주세요. 저희가 어디에 있든지 하나님을 영화롭게 하게 해주세요. 저희가 무엇을 하든지 하나님의 영광을 위해서 하게 해주세요. 그리하여 이 세상을 하나님 보시기에 아름다운 곳으로 조금씩 바꾸어 가게 해주세요.

피차 사랑의 빚 외에는

> **롬 13:8-10** 8 피차 사랑의 빚 외에는 아무에게든지 아무 빚도 지지 말라 남을 사랑하는 자는 율법을 다 이루었느니라 9 간음하지 말라, 살인하지 말라, 도둑질하지 말라, 탐내지 말라 한 것과 그 외에 다른 계명이 있을지라도 네 이웃을 네 자신과 같이 사랑하라 하신 그 말씀 가운데 다 들었느니라 10 사랑은 이웃에게 악을 행하지 아니하나니 그러므로 사랑은 율법의 완성이니라

바울은 사랑의 빚 외에는 아무 빚도 지지 말라고 말합니다. "피차 사랑의 빚 외에는 아무에게든지 아무 빚도 지지 말라."8절 어떤 사람들은 이 말씀이 돈을 빌리는 행위를 금지하는 것이라고 주장합니다. 하지만 전혀 그런 의미일 수 없습니다. 성경의 다른 곳에서 돈을 빌려주는 것에 대해서 말하고 있기 때문입니다.

"네가 형제에게 꾸어 주거든 이자를 받지 말지니 곧 돈의 이자, 식물의 이자, 이자를 낼 만한 모든 것의 이자를 받지 말 것이라. 타국인에게 네가 꾸어 주면 이자를 받아도 되거니와 네 형제에게 꾸어 주거든 이자를 받지 말라. 그리하면 네 하나님 여호와께서 네가 들어가서 차지할 땅에서 네 손으로 하는 범사에 복을 내리시리라."신23:19-20

"그 주인이 대답하여 이르되 악하고 게으른 종아, 나는 심지 않은 데서 거두고 헤치지 않은 데서 모으는 줄로 네가 알았느냐. 그러면 네가 마땅히 내 돈을 취리하는 자들에게나 맡겼다가 내가 돌아와서 내 원금과 이자를 받게 하였을 것이니라 하고."마25:26-27

그렇다면 바울의 의도는 무엇일까요? 아무 빚도 지지 말라는 바울의 권면은 일차적으로 윤리적인 권면일 수 있습니다. 만약 신자들이 돈을 빌린 후에 갚지 않는다면, 개인의 명예를 훼손할 뿐만 아니라 교회의 영광을 가리고 나아가 하나님의 이름에도 먹칠을 하게 될 것입니다. 바울은 그런 경우를 경고하고 있는 것입니다.

하지만 궁극적으로는 복음 전파의 사명을 말하는 것으로 볼 수 있습니다. 바울은 앞에서 다음과 같이 말했습니다. "헬라인이나 야만인이나 지혜 있는 자나 어리석은 자에게 다 내가 빚진 자라. 그러므로 나는 할 수 있는 대로 로마에 있는 너희에게도 복음 전하기를 원하노라."롬1:14-15 바울은 자신이 다른 사람들에게 복음을 빚지고 있다고 생각했습니다. 복음이란 전해도 되고 전하지 않아도 되는 것이 아니라, 반드시 전해야 하는 것이라고 생각했습니다.

바울은 여기서도 동일한 사실을 말하고 있습니다. 신자가 빚을 졌다면 반드시 갚아야 합니다. 빚진 상태로 있어서는 안 됩니다. 하지만 사랑의 빚만은 다 갚을 수 없습니다. 복음의 빚은 다 갚을 수 없습니다. 바울은 그런 의도로 "피차 사랑의 빚 외에는 아무에게든지 아무 빚도 지지 말라"고 말하는 것입니다.

우리가 누군가에게 돈을 빌렸다면 반드시 갚아야 합니다. 우리 개인의 명예뿐만 아니라 하나님의 영광을 위해서 그렇게 해야 합니다. 마찬가지로 우리는 복음을 빚지고 있습니다. 우리에게는 복음을 전할 사명이 있습니다. 복음을 우리만 알고 전하지 않는 것은, 빚을 지고 갚지 않는 것이나 마찬가지입니다.

묵상과 기도

Q. 아무 빚도 지지 말라는 것은 궁극적으로 무엇을 의미합니까?

prayer. 하나님, 저희가 복음의 빚을 지고 있음을 잊지 않게 해주세요. 복음은 간직하고 보관하는 것이 아니라 전하는 것임을 잊지 않게 해주세요. 언제 어디서든지 복음을 전하기 위해 최선을 다하게 해주세요.

11월 24일

사랑은 율법의 완성이니라

> **롬 13:8-10** 8 피차 사랑의 빚 외에는 아무에게든지 아무 빚도 지지 말라 남을 사랑하는 자는 율법을 다 이루었느니라 9 간음하지 말라, 살인하지 말라, 도둑질하지 말라, 탐내지 말라 한 것과 그 외에 다른 계명이 있을지라도 네 이웃을 네 자신과 같이 사랑하라 하신 그 말씀 가운데 다 들었느니라 10 사랑은 이웃에게 악을 행하지 아니하나니 그러므로 사랑은 율법의 완성이니라

흔히 세 가지 헬라어 단어가 '사랑'으로 번역되곤 합니다. 첫 번째는 '에로스'입니다. 주로 연인 간의 사랑을 설명하는 데 사용됩니다. 두 번째는 '필레오'입니다. 주로 가족 간의 사랑을 설명하는 데 사용됩니다. 세 번째는 '아가페'입니다. 주로 신자들 간의 사랑을 설명하는 데 사용됩니다. '사랑 장'이라고 불리는 고린도전서 13장에서도 이 단어가 사용되었습니다.

흥미로운 사실은 고대 철학자들이나 시인들은 아가페라는 단어를 거의 사용하지 않았다는 점입니다.[160] 그들은 사랑에 관한 수많은 자료를 남겼지만, 아가페는 거의 사용하지 않았습니다. 반면에 초대 교회 신자들은 자주 아가페를 사용했습니다. 예를 들어, 바울 서신에서 필레오는 단 두 번만 발견될 뿐이지만 아가페는 서른 번이나 사용되었습니다.[161]

이것이 시사하는 점은 기독교의 사랑은 세상의 사랑과 다르다는 것입니다. 신자들의 사랑은 세상에서 찾아볼 수 없는 독특한 것입니다. 그래서 교회는 기독교의 사랑을 표현하기 위해 이전에는 거의 사용하지 않았던 아가페라는 단어를 새롭게 사용하기 시작했던 것입니다.

기독교의 사랑은 세상의 사랑과 어떤 점에서 다를까요? 크게 두 가지 점에서 다릅니다. 첫째, 기독교의 사랑은 가장 먼저 하나님 사랑에 기반하고 있습니다.

"예수께서 이르시되 네 마음을 다하고 목숨을 다하고 뜻을 다하여 주 너의 하나님을 사랑하라 하셨으니 이것이 크고 첫째 되는 계명이요 둘째도 그와 같으니 네 이웃을 네 자신 같이 사랑하라 하셨으니 이 두 계명이 온 율법과 선지자의 강령이니라."[마22:37-40]

신자는 하나님을 누구보다 사랑하는 사람입니다. 하나님 사랑을 첫째 계명으로 삼는 사람입니다. 따라서 이웃을 사랑하는 것도 하나님을 사랑하기 때문입니다. 예를 들어, 스데반 집사는 자신을 돌로 치는 자들을 용서했습니다. 스데반 집사는 원수들을 사랑했습니다. 그가 그렇게 할 수 있었던 것은 먼저 하나님을 사랑했기 때문입니다.

둘째, 기독교의 사랑은 예수님을 본보기로 삼는 사랑입니다. 신자는 다른 데서 사랑의 모범을 찾지 않습니다. 신자는 예수님을 닮아가고, 예수님을 따라가는 사람입니다. 신자는 예수님처럼 낮아지고, 예수님처럼 희생하고, 예수님처럼 섬기기 위해 노력하는 사람입니다.

바로 이 두 가지 점에서 기독교의 사랑은 세상의 사랑과 다릅니다. 기독교의 사랑은 하나님 때문에 이웃을 사랑하는 사랑이요, 사랑하되 예수님처럼 사랑하는 사랑입니다. 그래서 신자가 지나간 자리에는 하나님의 이름이 남습니다. 예수라는 이름이 남습니다.

묵상과 기도

Q. 기독교의 사랑은 어떤 점에서 세상의 사랑과 다릅니까?

prayer. 하나님, 하나님께서 저희를 사랑하셨으니 저희도 다른 사람을 사랑하게 해주세요. 예수님께서 저희를 위해 희생하셨으니 저희도 다른 사람을 위해 희생하게 해주세요. 저희가 무엇을 하든지 하나님의 이름을 드러내게 하시고, 저희가 어디에 있든지 예수님의 향기를 남기게 해주세요.

351

밤이 깊고 낮이 가까웠으니(1)

> **롬 13:11-14** 11 또한 너희가 이 시기를 알거니와 자다가 깰 때가 벌써 되었으니 이는 이제 우리의 구원이 처음 믿을 때보다 가까웠음이라 12 밤이 깊고 낮이 가까웠으니 그러므로 우리가 어둠의 일을 벗고 빛의 갑옷을 입자 13 낮에와 같이 단정히 행하고 방탕하거나 술 취하지 말며 음란하거나 호색하지 말며 다투거나 시기하지 말고 14 오직 주 예수 그리스도로 옷 입고 정욕을 위하여 육신의 일을 도모하지 말라

오늘 본문은 역사적으로 상당히 중요합니다. 그 유명한 아우구스티누스가 이 본문을 통해 회심했기 때문입니다. 전하는 바에 따르면 당시 아우구스티누스는 심각한 고통 중에 있었습니다. 그는 인생의 의미를 찾지 못한 채 방탕한 삶을 살고 있었습니다. 그러던 중 갑자기 "톨레 레게"라는 말을 들었습니다. '톨레 레게'는 "집어 들고 읽으라"라는 뜻입니다. 그래서 그는 성경을 들어서 읽었습니다. 그때 아우구스티누스의 눈에 들어온 말씀이 바로 오늘 본문입니다. 그는 "밤이 깊고 낮이 가까웠으니 그러므로 우리가 어둠의 일을 벗고 빛의 갑옷을 입자"12절라는 말씀을 읽고 회심했습니다. 이 말씀이 그의 인생에 있어서 가장 중요한 전환점이 되었습니다.

바울은 상당히 논리적인 사람입니다. 그는 반드시 원인을 말한 후 결과를 말합니다. 교리를 말한 후 실천을 말합니다. 오늘 본문도 마찬가지입니다. 그는 "어둠의 일을 벗고 빛의 갑옷을 입자"라고 말합니다. 세상과 구별된 삶을 살자는 것입니다. 악을 행하지 말고, 선을 행하는 삶을 살자는 것입니다. 우리가 주목할 점은 바울이 그렇게 말하는 근거입니다. 그 근거는 다음과 같습니다.

"자다가 깰 때가 벌써 되었으니 이는 이제 우리의 구원이 처음 믿을 때보다 가까웠음이라 밤이 깊고 낮이 가까웠으니"11-12절

바울은 우리의 구원이 처음 믿을 때보다 가까워졌다고 말합니다. 종말론 교리입니다. 종말론은 성경적 시대 구분에 근거한 교리입니다. 성경은 세상의 역사를 다음과 같이 구분합니다. 예수님이 오시기 전의 시간, 예수님이 오셔서 이 세상에서 사시고 승천하신 시간, 예수님이 다시 오실 시간입니다.

이 구분에 따라 예수님이 다시 오실 시간을 '종말'이라고 하며, 예수님의 승천부터 종말까지의 기간을 '말세'라고 합니다. 다시 말해서, 지금 우리는 종말을 바라보며 말세의 기간을 살고 있습니다.

바로 이것이 우리가 "어둠의 일을 벗고 빛의 갑옷을" 입어야 하는 이유입니다. 우리가 세상과 구별된 삶을 살아야 하는 이유, 악을 행하지 않고 선을 행해야 하는 이유입니다. 언젠가 우리가 시간의 끝에 서게 될 것이기 때문입니다. 세상 역사에는 끝이 있고, 그 끝에는 종말이 있기 때문입니다.

세상은 종말에 관심이 없습니다. 세상은 역사의 끝이 다가오고 있다는 사실을 모릅니다. 그래서 그들은 인생을 허비합니다. 선을 행하지 않습니다. 이것이 세상과 신자의 차이입니다. 세상은 시간을 낭비하는 자들이지만, 신자는 종말을 준비하는 자들입니다. 신자는 죄와 싸우면서 종말을 준비합니다. 선을 행하면서 마지막 때를 기다립니다.

묵상과 기도

Q. 밤이 깊고 낮이 가까웠다는 것은 무엇을 의미합니까?

Q. 왜 우리는 어둠의 일을 벗고 빛의 갑옷을 입어야 합니까?

prayer. 하나님, 세상에는 끝이 있음을 믿습니다. 마지막 날 최후의 심판이 있음을 믿습니다. 그러므로 저희가 현재의 삶을 거룩하게 살아가게 해주세요. 마지막 날 하나님께 칭찬받는 자가 되게 해주세요.

밤이 깊고 낮이 가까웠으니(2)

> **롬 13:11-14** 11 또한 너희가 이 시기를 알거니와 자다가 깰 때가 벌써 되었으니 이는 이제 우리의 구원이 처음 믿을 때보다 가까웠음이라 12 밤이 깊고 낮이 가까웠으니 그러므로 우리가 어둠의 일을 벗고 빛의 갑옷을 입자 13 낮에와 같이 단정히 행하고 방탕하거나 술 취하지 말며 음란하거나 호색하지 말며 다투거나 시기하지 말고 14 오직 주 예수 그리스도로 옷 입고 정욕을 위하여 육신의 일을 도모하지 말라

인간의 삶은 시간의 지배를 받습니다. 사람들은 해가 뜨면 하루를 시작하고 해가 지면 하루를 마감합니다. 시기에 따라 다르게 행동합니다. 물론 반대로 행동하는 사람들도 있습니다. 하지만 시기에 따라 행동을 다르게 한다는 점에서는 차이가 없습니다. 밤에 하는 행동과 낮에 하는 행동이 각각 다릅니다. 그래서 바울은 다음과 같이 말합니다. "밤이 깊고 낮이 가까웠으니." 12절

여기서 밤은 이 세상의 삶을 말합니다. 성경적 관점에서 볼 때 이 세상은 어두운 밤과 같습니다. 세상은 지성적으로 어두운 상태에 있습니다. 세상은 창조주 하나님을 모릅니다. 유일한 구원자이신 예수님을 모릅니다. 신자들의 마음속에 거하시는 성령님을 모릅니다. 예수님이 재림하실 것을 모르고, 최후의 심판이 있다는 것을 모릅니다.

지성적인 어둠은 도덕적인 어둠으로 연결됩니다. 세상은 창조주 하나님께서 모든 것을 지켜보신다는 것을 모릅니다. 그래서 은밀한 곳에서 부끄러운 일들을 행합니다. 세상은 마지막 심판이 있다는 것을 모릅니다. 그래서 담대하게 악을 행합니다. 서로를 속이고, 착취하고, 이용합니다.

하지만 밤이 언제까지나 계속되지는 않습니다. 밤이 깊을수록 낮이 가까워집니다. "밤이 깊고 낮이 가까웠으니." 여기서 낮은 예수님이 재림하시는 날을 말합니다. 타락한 세상과 영원히 결별하는 날을 말합니다. 영화로운 몸으로 부활하여 영원한 영광으로 들어가는 날을 말합니다.

신자는 어두운 세상에서 살고 있으나, 밝은 낮을 바라보는 사람입니다. 타락한 세상에서 살고 있으나, 거룩하게 구별된 사람입니다. 우리는 이 점을 명심해야 합니다. 우리에게 이 세상은 잠시 지나가는 곳에 불과합니다. 우리는 영원한 본향을 향해 나아가는 사람입니다.

따라서 불신자의 삶과 신자의 삶은 같을 수가 없습니다. 신자는 전혀 다른 안목으로 인생을 바라보는 사람입니다. 불신자들은 이 세상이 전부라고 생각하지만, 우리에게 이 세상은 잠시 지나가는 정거장에 지나지 않습니다. 그래서 성경은 다음과 같이 말합니다. "사랑하는 자들아, 거류민과 나그네 같은 너희를 권하노니 영혼을 거슬러 싸우는 육체의 정욕을 제어하라. 너희가 이방인 중에서 행실을 선하게 가져 너희를 악행한다고 비방하는 자들로 하여금 너희 선한 일을 보고 오시는 날에 하나님께 영광을 돌리게 하려 함이라." 벧전2:11-12

묵상과 기도

Q. 본문의 낮은 언제를 말합니까?

Q. 세상 사람들과 다르게 살기 위해 노력하고 있습니까?

prayer. 하나님, 세상 사람들은 종말이 가까워지고 있음을 모릅니다. 하지만 저희는 세상의 마지막이 다가오고 있음을 믿습니다. 세상 사람들은 최후의 심판을 믿지 않습니다. 하지만 저희는 최후의 심판을 믿습니다. 그러므로 저희가 세상 사람들과 다르게 살게 해주세요. 다음 세상을 준비하며 살게 해주세요.

밤이 깊고 낮이 가까웠으니(3)

롬 13:11-14 11 또한 너희가 이 시기를 알거니와 자다가 깰 때가 벌써 되었으니 이는 이제 우리의 구원이 처음 믿을 때보다 가까웠음이라 12 밤이 깊고 낮이 가까웠으니 그러므로 우리가 어둠의 일을 벗고 빛의 갑옷을 입자 13 낮에와 같이 단정히 행하고 방탕하거나 술 취하지 말며 음란하거나 호색하지 말며 다투거나 시기하지 말고 14 오직 주 예수 그리스도로 옷 입고 정욕을 위하여 육신의 일을 도모하지 말라

우리는 거룩하게 살아야 합니다. 어둠의 일을 벗고 빛의 갑옷을 입어야 합니다.¹²절 단정히 행하고 방탕하거나 술 취하지 말아야 합니다.¹³절 음란하거나 호색하지 말아야 합니다.¹³절 다투거나 시기하지 말아야 합니다.¹³절 왜냐하면 밤이 깊고 낮이 가까웠기 때문입니다.¹²절

밤이 깊고 낮이 가까웠다는 것은 심판의 날이 다가오고 있다는 뜻입니다. 예수님이 재림하실 날이 가까웠다는 뜻입니다. 예수님은 이 세상에 한 번 오셨습니다. 그리고 한 번 더 오실 것입니다. 초림 때는 연약한 아기의 모습으로 오셨지만, 재림 때는 권위 있는 재판장의 모습으로 오실 것입니다. 바로 이것이 우리가 세상과 구별된 거룩한 삶을 살아야 하는 이유입니다.

"아버지께서 아무도 심판하지 아니하시고 심판을 다 아들에게 맡기셨으니."요5:22

"내가 아무것도 스스로 할 수 없노라. 듣는 대로 심판하노니 나는 나의 뜻대로 하려 하지 않고 나를 보내신 이의 뜻대로 하려 하므로 내 심판은 의로우니라."요5:30

"하나님 앞과 살아 있는 자와 죽은 자를 심판하실 그리스도 예수 앞에서 그가 나타나실 것과 그의 나라를 두고 엄히 명하노니."딤후4:1

신자는 예수님이 심판하기 위해 다시 오신다는 말에 놀라지 말아야 합니다. 신자는 하나님의 심판과 상관없습니다. 신자는 예수님 때문에 의롭게 된 자들이요, 믿음으로 말미암아 하나님의 자녀로 입양된 자들입니다. 따라서 하나님의 심판은 우리와 아무 상관이 없습니다.

하지만 신자들도 '상급 심판'을 받습니다.¹⁶² 상급 심판에 대한 가르침은 고린도전서 3장에 잘 나타나 있습니다. "만일 누구든지 금이나 은이나 보석이나 나무나 풀이나 짚으로 이 터 위에 세우면 각 사람의 공적이 나타날 터인데 그날이 공적을 밝히리니 이는 불로 나타내고 그 불이 각 사람의 공적이 어떠한 것을 시험할 것임이라. 만일 누구든지 그 위에 세운 공적이 그대로 있으면 상을 받고 누구든지 그 공적이 불타면 해를 받으리니 그러나 자신은 구원을 받되 불 가운데서 받은 것 같으리라."고전3:12-15

신자는 구원을 위해서가 아니라 상급을 위해서 하나님의 심판대 앞에 서게 될 것입니다. 어떤 자들은 상을 받을 것입니다. 하지만 어떤 자들은 "불 가운데서 받은 것" 같은 구원을 받을 것입니다. 하나님께서 우리의 행실과 열매를 판단하시고, 그에 따라 판단하실 것입니다.

묵상과 기도

Q. 예수님은 재림 때 어떤 모습으로 오십니까?

Q. 신자들은 어떤 심판을 받게 됩니까?

prayer. 하나님, 마지막 날 최후의 심판이 있을 것을 믿습니다. 하나님께서 모든 사람을 재판하실 것을 믿습니다. 그날 하나님은 저희에게 열매를 요구하실 것입니다. 그때 저희가 빈손으로 서지 않게 해주세요. 사는 동안 하나님을 위한 열매를 많이 맺게 해주세요.

밤이 깊고 낮이 가까웠으니(4)

> **롬 13:11-14** 11 또한 너희가 이 시기를 알거니와 자다가 깰 때가 벌써 되었으니 이는 이제 우리의 구원이 처음 믿을 때보다 가까웠음이라 12 밤이 깊고 낮이 가까웠으니 그러므로 우리가 어둠의 일을 벗고 빛의 갑옷을 입자 13 낮에와 같이 단정히 행하고 방탕하거나 술 취하지 말며 음란하거나 호색하지 말며 다투거나 시기하지 말고 14 오직 주 예수 그리스도로 옷 입고 정욕을 위하여 육신의 일을 도모하지 말라

언젠가 예수님께서 다시 오실 것입니다. 한 번 오셨던 예수님은 한 번 더 오실 것입니다. 처음에는 아기의 모습으로 오셨지만, 다시 오실 때는 재판장의 모습으로 오실 것입니다. 온 세상을 심판할 권세를 가지고 오실 것입니다. 그날 불신자들은 영원한 형벌을 선고받을 것입니다. 그들의 행위를 따라 심판을 받을 것입니다. 따라서 그날은 크고 두려운 날입니다.

우리는 그날을 두려워할 필요가 없습니다. 우리는 이미 구원을 받았기 때문입니다. 우리는 이미 심판에서 건짐을 받았기 때문입니다. 우리는 예수님 때문에 이미 의롭게 되었고, 이미 천국 백성이 되었기 때문입니다.

하지만 우리에게는 상급의 문제가 대두될 것입니다.[163] 어떤 사람들은 상을 받을 것이지만, 어떤 사람들은 단지 구원만 받을 것입니다. 고전3:12-15 이 사실은 고린도후서에 잘 나타나 있습니다.

"이는 우리가 다 반드시 그리스도의 심판대 앞에 나타나게 되어 각각 선악간에 그 몸으로 행한 것을 따라 받으려 함이라." 고후5:10

바울은 신자들도 하나님의 심판대 앞에 서게 될 것이라고 말합니다. 그리고 각각 선악 간에 그 몸으로 행한 것을 따라 상급을 받을 것이라고 말합니다. 베드로도 동일하게 가르쳤습니다.

"하나님의 집에서 심판을 시작할 때가 되었나니." 벧전4:17

하나님의 백성들도 심판을 받습니다. 물론 이 심판은 구원을 판단하는 심판이 아니라 상급을 판단하는 심판입니다. 계시록에는 이 점이 좀 더 구체적으로 나타나 있습니다.

"보라 내가 속히 오리니 내가 줄 상이 내게 있어 각 사람에게 그가 행한 대로 갚아 주리라." 계22:12

따라서 우리 역시 경건한 두려움으로 마지막 날을 준비해야 합니다. 하나님의 상급 심판을 준비해야 합니다. 고난을 참아야 하고, 유혹을 이겨야 합니다. 게으르지 말고 성실해야 합니다. 복음의 씨를 뿌리고 영혼의 열매를 추수해야 합니다. 자신의 영광이 아니라 하나님의 영광을 위해 살아야 합니다. 이 모든 것을 하나님께서 지켜보시고, 선하게 갚아 주실 것을 믿어야 합니다.

묵상과 기도

Q. 열매 맺는 삶을 살기 위해 고쳐야 할 것은 무엇입니까?

prayer. 하나님, 한 번 뿐인 인생을 하나님을 위해 살게 해주세요. 경건한 두려움으로 마지막 날을 준비하며 살게 해주세요. 특히 복음의 열매를 많이 맺으며 살게 해주세요.

어둠의 일을 벗고 빛의 갑옷을 입자

> **롬 13:11-14** 11 또한 너희가 이 시기를 알거니와 자다가 깰 때가 벌써 되었으니 이는 이제 우리의 구원이 처음 믿을 때보다 가까웠음이라 12 밤이 깊고 낮이 가까웠으니 그러므로 우리가 어둠의 일을 벗고 빛의 갑옷을 입자 13 낮에와 같이 단정히 행하고 방탕하거나 술 취하지 말며 음란하거나 호색하지 말며 다투거나 시기하지 말고 14 오직 주 예수 그리스도로 옷 입고 정욕을 위하여 육신의 일을 도모하지 말라

착해서 구원받은 사람은 없습니다. 남달라서 구원받은 사람도 없습니다. 하지만 구원받은 사람은 착하게 살아야 합니다. 남다르게 살아야 합니다. 하나님께서 우리를 세상에서 건지셨기 때문입니다. 하나님께서 우리를 세상과 구별하셨기 때문입니다.

"그가 우리를 흑암의 권세에서 건져내사 그의 사랑의 아들의 나라로 옮기셨으니."골1:13

불신자들은 "흑암의 권세"에 속해 있습니다. 사탄의 나라에 속해 있습니다. 반면에 우리는 "그의 사랑의 아들의 나라"에 속해 있습니다. 하나님의 나라에 속해 있습니다. 세상은 악한 영의 영향을 받고, 우리는 성령의 영향을 받습니다. 이처럼 불신자들과 우리는 소속이 다르고, 본성이 다릅니다. 이 점이 오늘 본문에 잘 나타나 있습니다.

바울은 "그러므로 우리가 어둠의 일을 벗고 빛의 갑옷을 입자"라고 말합니다.12절 주목해서 보아야 할 부분은 "우리"라는 단어입니다. 바울은 불신자들에게 어둠의 일을 벗자고 말하지 않습니다. 세상을 향해서 빛의 갑옷을 입자고 말하지 않습니다. 바울이 권면하는 대상은 신자들입니다. 하나님께서 구별하신 거룩한 사람들입니다.

우리가 누구인지 아는 것, 바로 이것이 모든 선행의 기초입니다. 우리는 소속이 변화된 존재입니다. 우리는 마음이 변화된 존재입니다. 우리는 불신자들과 전혀 다른 존재입니다. 우리는 세상 사람들과 전혀 다른 본성을 가지고 있습니다. 바울은 에베소서에서도 동일한 사실을 말합니다.

"하나님의 진노가 불순종의 아들들에게 임하나니 그러므로 그들과 함께하는 자가 되지 말라."엡5:6-7

불순종의 아들들에게는 하나님의 진노가 임할 것입니다. 그러므로 우리는 그들과 함께하지 말아야 합니다. 불신자들의 악한 행위를 본받지 말아야 하고, 세상의 타락에 물들지 말아야 합니다. 예수님도 이렇게 말씀하셨습니다.

"나를 따르는 자는 어둠에 다니지 아니하고."요8:12

우리는 빛에 속한 사람입니다. 우리는 어둠에 속한 사람이 아닙니다. 따라서 우리는 어둠에 속한 일들을 멀리해야 합니다. 빛의 자녀처럼 살아야 합니다.

"너희가 전에는 어둠이더니 이제는 주 안에서 빛이라. 빛의 자녀들처럼 행하라."엡5:8

묵상과 기도

Q. 왜 구원받은 사람은 착하게, 남다르게 살아야 합니까?

Q. 우리의 말과 행동은 세상 사람들과 확연하게 다릅니까?

prayer. 하나님, 저희가 세상 사람들과 다르게 살아가게 해주세요. 하나님의 자녀답게 살아가며 저희가 불신자들과 전혀 다른 말과 행동을 하며 살아가게 해주세요.

자다가 깰 때가 벌써 되었으니

롬 13:11-14 11 또한 너희가 이 시기를 알거니와 자다가 깰 때가 벌써 되었으니 이는 이제 우리의 구원이 처음 믿을 때보다 가까웠음이라 12 밤이 깊고 낮이 가까웠으니 그러므로 우리가 어둠의 일을 벗고 빛의 갑옷을 입자 13 낮에와 같이 단정히 행하고 방탕하거나 술 취하지 말며 음란하거나 호색하지 말며 다투거나 시기하지 말고 14 오직 주 예수 그리스도로 옷 입고 정욕을 위하여 육신의 일을 도모하지 말라

지금까지 거룩한 삶을 살아야 하는 이유를 알아보았습니다. 이제부터는 거룩한 삶을 실천하는 방식을 알아보도록 하겠습니다. 첫째, 잠에서 깨어나야 합니다. "자다가 깰 때가 벌써 되었으니."11절 잠을 자는 것은 느슨한 상태를 말합니다. 무방비 상태를 말합니다. 반대로 깨어나는 것은 느슨한 상태에서 벗어나는 것을 말합니다. 적의 공격에 적극적으로 방어하는 상태를 말합니다. 성경은 여러 부분에서 동일하게 권면하고 있습니다.

"항상 기도하며 깨어 있으라."눅21:36

"그가 홀연히 와서 너희가 자는 것을 보지 않도록 하라 깨어 있으라."막13:36-37

"깨어 의를 행하고 죄를 짓지 말라."고전15:34

"잠자는 자여 깨어서 죽은 자들 가운데서 일어나라."엡5:14

성경은 잠에서 깨어나라고 말합니다. 영적인 무방비 상태에서 깨어나라는 뜻입니다. 연탄으로 난방을 하던 시절에는 잠자는 상태에서 일산화탄소에 중독되는 일들이 종종 있었습니다. 깊은 잠에 빠져서 일산화탄소가 유입되는 줄도 몰랐던 것입니다. 사탄의 유혹도 마찬가지입니다. 깨어 있지 않으면 우리도 모르는 사이에 조금씩 조금씩 미혹됩니다. 세상의 유혹에 자신을 그대로 노출하는 것은 우리가 직면하는 가장 큰 위험 가운데 하나입니다.

영적으로 깨어나기 위해서는 첫째, 성경을 읽어야 합니다. 단순히 기계적으로 읽는 것이 아니라 질문하면서 읽어야 합니다. "과연 나는 하나님의 말씀대로 살고 있는가? 나는 하나님의 말씀대로 시간과 물질을 사용하고 있는가?" 이렇게 자신에게 물어야 합니다. 이것이 영적으로 깨어나기 위한 필수 조건입니다.

둘째, 경건 서적을 읽는 것도 도움이 됩니다. 성경만 읽기보다는, 성경을 이해하도록 도와주는 책을 함께 읽는 것이 더 좋습니다. 신앙 전기를 읽는 것도 유익한 방법입니다. 하나님께 쓰임 받았던 사람들의 삶에 우리를 비추어 보는 것은, 영적인 잠에서 깨어나는 좋은 방법입니다.

셋째, 성도의 교제를 나누어야 합니다. "두 사람이 한 사람보다 나음은 그들이 수고함으로 좋은 상을 얻을 것임이라. 혹시 그들이 넘어지면 하나가 그 동무를 붙들어 일으키려니와 홀로 있어 넘어지고 붙들어 일으킬 자가 없는 자에게는 화가 있으리라. 또 두 사람이 함께 누우면 따뜻하거니와 한 사람이면 어찌 따뜻하랴. 한 사람이면 패하겠거니와 두 사람이면 맞설 수 있나니 세 겹줄은 쉽게 끊어지지 아니하느니라"전4:9-12

신앙생활을 혼자 하려고 해서는 안 됩니다. 성도의 교제를 통해 삶을 나누고, 기도 제목을 나누어야 합니다. 그래야 넘어졌을 때 다시 일어날 수 있습니다. 고난을 견딜 힘을 얻을 수 있습니다.

묵상과 기도

Q. 잠에서 깨어나라는 권면은 무엇을 의미합니까?

Q. 영적으로 깨어나기 위해 실천해야 하는 것들은 무엇입니까?

prayer. 하나님, 저희가 영적으로 깨어 있게 해주세요. 성경과 신앙 서적을 통해서 하나님을 알아가게 해주세요. 그리고 성도의 교제를 잘 나누게 해주세요. 함께 격려하며 신앙생활을 하게 해주세요.

12월

로마서 13장 11절 – 16장 27절

어둠의 일을 벗고 빛의 갑옷을 입자

> **롬 13:11-14** 11 또한 너희가 이 시기를 알거니와 자다가 깰 때가 벌써 되었으니 이는 이제 우리의 구원이 처음 믿을 때보다 가까웠음이라 12 밤이 깊고 낮이 가까웠으니 그러므로 우리가 어둠의 일을 벗고 빛의 갑옷을 입자 13 낮에와 같이 단정히 행하고 방탕하거나 술 취하지 말며 음란하거나 호색하지 말며 다투거나 시기하지 말고 14 오직 주 예수 그리스도로 옷 입고 정욕을 위하여 육신의 일을 도모하지 말라

거룩한 삶을 실천하는 첫 번째 방식은 잠에서 깨어나는 것입니다. 무방비 상태에서 깨어나, 사탄의 공격에 맞설 태세를 갖추는 것입니다. 두 번째 방식은 어둠의 일을 벗어 버리는 것입니다. "그러므로 우리가 어둠의 일을 벗고 빛의 갑옷을 입자."12절

어둠의 일은 육신의 일과 동의어입니다.14절 육신의 일은 성령의 일과 반대되는 말입니다. 따라서 "어둠의 일을 벗고 빛의 갑옷을 입자"는 것은 육체의 일을 금하고 성령의 일을 행하라는 말입니다. 성경은 육체의 일과 성령의 일을 다음과 같이 구분합니다.

[육체의 일] "육체의 일은 분명하니 곧 음행과 더러운 것과 호색과 우상 숭배와 주술과 원수 맺는 것과 분쟁과 시기와 분냄과 당 짓는 것과 분열함과 이단과 투기와 술 취함과 방탕함과 또 그와 같은 것들이라. 전에 너희에게 경계한 것 같이 경계하노니 이런 일을 하는 자들은 하나님의 나라를 유업으로 받지 못할 것이요."갈5:19-21

[성령의 일] "오직 성령의 열매는 사랑과 희락과 화평과 오래 참음과 자비와 양선과 충성과 온유와 절제니 이같은 것을 금지할 법이 없느니라."갈5:22-23

이처럼 신자는 해야 할 일과 하지 말아야 할 일이 분명하게 구분되는 사람입니다. 신자는 무절제하게 살 수 없고, 아무렇게나 살 수 없습니다. 하나님께서 금하신 것은 철저하게 멀리해야 하고, 하나님께서 하라고 하신 것은 철저하게 복종해야 합니다. 그것이 신자의 삶입니다.

어둠의 일에는 두 가지 특징이 있습니다. 열매가 없고 은밀하게 행해집니다.

"너희는 열매 없는 어둠의 일에 참여하지 말고 도리어 책망하라. 그들이 은밀히 행하는 것들은 말하기도 부끄러운 것들이라."엡5:11-12

빛의 일은 반대입니다. 열매가 있고 은밀한 것을 드러냅니다.

"그러나 책망을 받는 모든 것은 빛으로 말미암아 드러나나니 드러나는 것마다 빛이니라."엡5:13

우리가 어둠의 사람으로 살고 있는지, 빛의 사람으로 살고 있는지는 다음과 같이 구분할 수 있습니다. 열매가 없다면 어둠의 사람이요, 열매가 있다면 빛의 사람입니다. 말하기도 부끄러운 일들을 은밀히 행하고 있다면 어둠의 사람이요, 자랑스럽게 선을 행하고 있다면 빛의 사람입니다.

묵상과 기도

Q. 어둠의 일에는 어떤 특징이 있습니까?

Q. 최근에 하나님의 영광을 위해 행한 선행이 있습니까?

prayer. 하나님, 저희가 열매 맺는 삶을 살게 해주세요. 은밀하게 죄를 짓지 않게 해주세요. 해야 할 일과 하지 말아야 할 일을 잘 분별해서 살아가게 해주세요.

예수 그리스도로 옷을 입자

> **롬 13:11-14** 11 또한 너희가 이 시기를 알거니와 자다가 깰 때가 벌써 되었으니 이는 이제 우리의 구원이 처음 믿을 때보다 가까웠음이라 12 밤이 깊고 낮이 가까웠으니 그러므로 우리가 어둠의 일을 벗고 빛의 갑옷을 입자 13 낮에와 같이 단정히 행하고 방탕하거나 술 취하지 말며 음란하거나 호색하지 말며 다투거나 시기하지 말고 14 오직 주 예수 그리스도로 옷 입고 정욕을 위하여 육신의 일을 도모하지 말라

우리는 하나님의 소유입니다. 하나님께서 우리를 지으셨고, 하나님께서 우리를 구원하셨기 때문입니다. 따라서 우리는 하나님께서 원하시는 대로 살아야 합니다. 우리가 어떻게 살아야 하는지를, 우리가 아니라 하나님께서 결정하셔야 합니다. 바울은 하나님께서 원하시는 삶을 다음과 같이 설명합니다. "방탕하거나 술 취하지 말며 음란하거나 호색하지 말며 다투거나 시기하지 말고"13절

바울은 크게 세 가지 기준을 제시하고 있습니다. 첫 번째는, 술 취하여 방탕하게 행동하지 않는 것입니다. 성경은 술 자체를 금하지 않습니다. 예수님은 술을 만들기도 하셨습니다. 문제는 술 취하여 방탕하게 행동하는 것입니다. 술에 취하면 이성을 잃어버립니다. 이성을 잃어버리면 절제하지 못하고, 절제하지 못하면 범죄 하기 쉽습니다. 그래서 성경은 다음과 같이 말합니다.

"재앙이 뉘게 있느뇨 근심이 뉘게 있느뇨 분쟁이 뉘게 있느뇨 원망이 뉘게 있느뇨 까닭 없는 상처가 뉘게 있느뇨 붉은 눈이 뉘게 있느뇨. 술에 잠긴 자에게 있고 혼합한 술을 구하러 다니는 자에게 있느니라."잠 23:29-30

두 번째는, 음란하거나 호색하지 않는 것입니다. 음란과 호색은 둘 다 성적인 범죄를 말합니다. 특히 상대를 가리지 않는 성행위를 말합니다. 원래 성性은 거룩한 것입니다. 성性의 창시자가 하나님이시기 때문입니다. 성性은 하나님의 뜻대로 사용될 때, 거룩한 열매를 맺습니다. 성性을 통해 부부는 하나가 됩니다. 하지만 타락한 세상은 원하는 누구하고나 성 관계를 맺고 있습니다. 그리하여 거룩한 성을 부정한 것으로 바꾸어 버렸습니다.

세 번째는, 다투거나 시기하지 않는 것입니다. 앞의 두 가지가 몸으로 짓는 범죄라면, 세 번째는 마음으로 짓는 범죄입니다. 하나님은 몸으로 짓는 죄뿐만 아니라 마음으로 짓는 죄도 금하십니다. 어쩌면 마음으로 짓는 죄가 더 위험할 수도 있습니다. 미움과 시기처럼 마음으로 짓는 죄는 잘 드러나지 않습니다. 그래서 죄를 지으면서도 죄를 짓는 줄 모르는 경우가 많습니다. 드러나지 않기 때문에 회개하기 어렵습니다.

결론적으로 바울은 예수님으로 옷 입으라고 말합니다.14절 만약 우리가 오리 인형을 입고 있다면 사람들의 눈에는 우리가 오리처럼 보일 것입니다. 만약 우리가 호랑이 인형을 입고 있다면 사람들의 눈에는 우리가 호랑이로 보일 것입니다. 마찬가지로 우리는 예수님을 옷 입은 사람입니다. 우리는 세상이 볼 수 있는 유일한 성경입니다. 세상은 우리를 통해 예수님을 봅니다. 우리의 말과 행동에는 예수님이 걸려 있습니다. 우리는 이 사실을 염두에 두고 살아야 합니다. 우리는 세상에 예수님을 보여주는 광고판입니다.

묵상과 기도

Q. 술에 취하면 어떻게 되기 쉽습니까?

Q. 예수님으로 옷 입으라는 것은 어떤 뜻입니까?

prayer. 하나님, 저희가 술을 멀리하게 해주세요. 술에 취해서 실수하지 않게 해주세요. 저희가 성적으로 거룩하게 해주세요. 음란한 문화를 멀리하게 해주세요. 저희가 다투거나 시기하지 않게 해주세요. 깨끗한 마음을 가지고 살아가게 해주세요.

믿음이 연약한 자를 너희가 받되

롬 14:1-4 1 믿음이 연약한 자를 너희가 받되 그의 의견을 비판하지 말라 2 어떤 사람은 모든 것을 먹을 만한 믿음이 있고 믿음이 연약한 자는 채소만 먹느니라 3 먹는 자는 먹지 않는 자를 업신여기지 말고 먹지 않는 자는 먹는 자를 비판하지 말라 이는 하나님이 그를 받으셨음이라 4 남의 하인을 비판하는 너는 누구냐 그가 서 있는 것이나 넘어지는 것이 자기 주인에게 있으매 그가 세움을 받으리니 이는 그를 세우시는 권능이 주께 있음이라

바울은 14장에서 교회 안에서 일어나는 '관계의 문제'를 다루고 있습니다. 바울 당시에 '특정한 음식'과 '특정한 날'에 대한 견해 차이는 종종 교회 안에서 갈등을 일으키곤 했습니다. 바울은 여기서 그런 종류의 갈등을 해결하는 원칙을 제시하고 있습니다. 바울은 다음과 같이 말합니다. "믿음이 연약한 자를 너희가 받되 그의 의견을 비판하지 말라."1절

교회 안에서 일어나는 갈등을 해결하기 위한 근본 원칙은 믿음이 연약한 자가 있을 수 있다는 사실을 인정하는 것입니다. 어떤 사람들은 이렇게 말합니다. "우리는 모두 작은 예수가 되어야 한다. 우리는 모두 완전한 사람이 되어야 한다. 우리는 작은 흠도 찾을 수 없는 사람이 되어야 한다." 물론 우리는 작은 예수가 되기 위해 노력해야 합니다. 철저하게 죄와 싸우는 사람이 되어야 합니다. 하지만 모든 사람이 반드시 그렇게 되어야 한다고 주장해서는 안 됩니다. 우리는 한 가지 사실을 인정해야 합니다. 교회 안에는 믿음이 약한 자가 있을 수 있다는 사실입니다. 실제로 교회 안에는 여러 종류의 사람들이 있습니다. 어떤 사람들은 성숙한 믿음을 가지고 있지만, 어떤 사람들은 연약한 믿음을 가지고 있습니다. 우리는 이 사실을 인정해야 합니다. 모든 사람이 순교자가 될 수는 없습니다. 모든 사람이 루터와 칼빈이 될 수는 없습니다.

예수님을 믿기만 하면 자동적으로 성숙한 신자가 되지 않습니다. 구원받은 사람이 되는 것과 성숙한 사람이 되는 것은 다른 차원의 문제입니다. 믿는 순간 완전히 '칭의'되지만, 믿는 순간 곧바로 '성화'되지는 않습니다. '칭의'는 한순간에 일어나는 사건이지만, '성화'는 평생에 걸쳐 진행되는 과정입니다.

그래서 바울은 강한 자와 약한 자를 구분합니다. 바울은 모든 신자가 영적으로 강하기를 원하지만, 모든 신자가 동등하게 강해야 한다고 말하지는 않습니다. 바울은 교회 안에 영적으로 약한 자가 있을 수 있다는 사실을 인정합니다. 바로 이것이 교회 안의 갈등을 해결하는 실마리입니다. 서로의 약함을 인정하지 않고서는 하나가 될 수 없습니다. 강한 자들이 약한 자들을 포용하지 않고서는 갈등을 해결할 수 없습니다. 강한 자들의 역할은 약한 자들을 비난하는 것이 아닙니다. 그들을 이해하고 배려해 주는 것입니다.

예수님은 제자들과 약 3년을 동행하셨습니다. 제자들은 처음부터 끝까지 어리석게 행동했습니다. 예수님이 잡히시던 날, 한 사람도 빠짐없이 예수님을 배반했습니다. 하지만 예수님은 그들을 포용해 주셨습니다. 그들을 다시 찾아오셨고, 한 번 더 기회를 주셨습니다. 우리도 예수님과 같아야 합니다. 이해하고 포용해 주어야 합니다. 배려해 주어야 합니다. 그것이 교회를 하나 되게 하는 길입니다. 그것이 교회의 갈등을 해결하는 첫걸음입니다.

묵상과 기도

Q. 교회 안에서 일어나는 갈등을 해결하기 위한 근본 원칙은 무엇입니까?

Q. 교회가 하나가 되기 위해서는 강한 자들이 어떻게 행동해야 합니까?

prayer. 하나님, 저희가 다른 사람을 이해하게 해주세요. 다른 사람의 연약함을 이해하게 해주세요. 다른 사람의 부족함을 이해하게 해주세요. 다른 사람을 비난하기보다, 이해하고 배려하게 해주세요.

믿음이 연약한 자를 받되 그의 의견을 비판하지 말라

> **롬 14:1-4** 1 믿음이 연약한 자를 너희가 받되 그의 의견을 비판하지 말라 2 어떤 사람은 모든 것을 먹을 만한 믿음이 있고 믿음이 연약한 자는 채소만 먹느니라 3 먹는 자는 먹지 않는 자를 업신여기지 말고 먹지 않는 자는 먹는 자를 비판하지 말라 이는 하나님이 그를 받으셨음이라 4 남의 하인을 비판하는 너는 누구냐 그가 서 있는 것이나 넘어지는 것이 자기 주인에게 있으매 그가 세움을 받으리니 이는 그를 세우시는 권능이 주께 있음이라

교회는 진리의 공동체입니다. 교회는 진리를 수호해야 합니다. 예를 들어, 동정녀 마리아를 통해 하나님께 나아갈 수 있다고 주장하는 사람이 있다고 가정해 봅시다. 교회는 그런 사람을 징계해야 합니다. 끝까지 주장을 철회하지 않으면 출교해야 합니다. 교회는 명백한 진리 앞에서는 단호해야 합니다.

교회는 확실하게 금지된 사항에 대해서는 논쟁할 필요가 없습니다. 예를 들어, "부모를 공경해야 하는가?"는 논쟁할 필요가 없는 주제입니다. "도둑질을 해도 되는가?" 역시 논쟁할 필요가 없습니다. "결혼하지 않은 청년들이 동거할 수 있는가?"와 같은 주제도 마찬가지입니다. 성경에서 명백하게 금지하고 있는 일들은 금지하면 됩니다. 또 성경에서 구체적으로 요구하고 있다면 그대로 행하면 됩니다.

그러나 분명하지 않은 문제들이 있습니다. 선과 악이 명백하지 않은 주제들이 있습니다. 이런 것들을 '아디아포라'라고 합니다. '아'는 없다는 뜻이고, '디아포라'는 본질이라는 뜻입니다. '아디아포라'에 속한 문제들은 신중해야 합니다.

예를 들어, 술은 선과 악이 명백하지 않습니다. 만약 음주가 그 자체로 악하다고 주장한다면 예수님이 죄를 지었다고 말하는 셈입니다. 예수님은 자주 세리들과 포도주를 드셨습니다. 마11:19 심지어 구약성경은 술의 긍정적인 부분을 언급하기도 합니다. 잠31:6-7 그래서 술은 '아디아포라'입니다. 술은 본질이 아니라 비본질에 속한 문제입니다.

바울은 아디아포라의 문제에 대해 다음과 같이 말합니다. "믿음이 연약한 자를 너희가 받되 그의 의견을 비판하지 말라"1절 신앙이 성숙한 사람들은 술을 끊는 것이 어렵지 않습니다. 훈련을 오래 받은 사람들은 술이 해로울 수 있다는 사실을 쉽게 이해합니다. 하지만 믿음이 연약한 자들은 그렇지 않습니다. 따라서 믿음이 강한 자들은 술 때문에 믿음이 약한 자들을 조롱하고 비판하지 말아야 합니다.

만약 비행 청소년들이 교회에 왔다고 가정해 봅시다. 교회는 일차적으로 그들을 환영해야 합니다. 그들에게서 술이나 담배 냄새가 난다고 해서 조롱하는 눈빛으로 쳐다보거나 내쫓아서는 안 됩니다. "나는 오랫동안 신앙생활을 해 왔다. 나는 술과 담배를 멀리해 왔다. 그러므로 나는 당신들을 참을 수 없다. 나는 당신들이 불쾌하다"라고 말해서는 안 됩니다.

본질적인 문제들은 단호해야 하지만 비본질적인 문제들은 이해하고 받아주어야 합니다. 술과 담배는 구원을 결정짓는 문제가 아닙니다. 술과 담배가 신자와 불신자를 구분하지도 않습니다. 교회는 이런 문제들로 서로를 비판하지 말아야 합니다. 교회는 이해심을 가지고 스스로 절제할 수 있을 때까지 기다려 주어야 합니다.

묵상과 기도

Q. 아디아포라는 무엇을 의미합니까?

Q. 아디아포라의 문제로 갈등이 발생하면 강한 자들은 어떻게 행동해야 합니까?

prayer. 하나님, 저희가 본질적인 문제에는 단호하게 해주세요. 하지만 비본질적인 문제에는 유연성을 가지게 해주세요. 저희가 진리의 문제에는 단호하게 하시고, 아디아포라의 문제에는 이해심을 가지게 해주세요.

믿음이 연약한 자는 채소만 먹느니라

롬 14:1-4 1 믿음이 연약한 자를 너희가 받되 그의 의견을 비판하지 말라 2 어떤 사람은 모든 것을 먹을 만한 믿음이 있고 믿음이 연약한 자는 채소만 먹느니라 3 먹는 자는 먹지 않는 자를 업신여기지 말고 먹지 않는 자는 먹는 자를 비판하지 말라 이는 하나님이 그를 받으셨음이라 4 남의 하인을 비판하는 너는 누구냐 그가 서 있는 것이나 넘어지는 것이 자기 주인에게 있으매 그가 세움을 받으리니 이는 그를 세우시는 권능이 주께 있음이라

바울은 '아디아포라'에 속한 문제를 다루고 있습니다. 본문에서 제기되는 '아디아포라'는 고기를 먹는 일입니다.

"어떤 사람은 모든 것을 먹을 만한 믿음이 있고 믿음이 연약한 자는 채소만 먹느니라."2절

당시 로마교회는 유대인과 이방인으로 이루어져 있었습니다. 유대인 중 일부는 다음과 같은 이유로 고기를 먹지 않았습니다. 그들은 전통적으로 돼지고기를 먹지 말라는 가르침을 받으며 살았습니다. 그들은 레위기에서 금지하는 음식들을 멀리하고 자랐습니다. 그런 배경 속에서 성장한 유대인들은 신자가 된 이후에도 고기를 먹지 않았습니다.

로마교회의 이방인 중 일부는 다음과 같은 이유로 고기를 먹지 않았습니다. 당시 이교도들은 우상의 신전에 고기를 제물로 바쳤습니다. 그 고기 중 일부가 시장에서 유통되었습니다. 그래서 어떤 이방인 신자들은 우상에게 바쳐진 고기를 먹지 않기 위해 일절 고기를 먹지 않았습니다. 그들은 고기를 먹는 일을 우상숭배에 참여하는 것처럼 생각했습니다.

물론 믿음이 강한 신자들은 고기를 먹는 것이 아무렇지도 않았습니다. 믿음이 강한 유대인 신자들은 구약의 의식법이 폐하여진 것을 알았습니다. 그들은 예수님의 교훈을 제대로 이해하고 있었습니다.

"무엇이든지 밖에서 사람에게로 들어가는 것은 능히 사람을 더럽게 하지 못하되 사람 안에서 나오는 것이 사람을 더럽게 하는 것이니라"막7:15-16

믿음이 강한 이방인 신자들도 마찬가지입니다. 그들은 다른 신이 없다는 사실을 잘 알고 있었습니다. 따라서 신전에 바쳐진 제물에도 아무런 변화가 없다는 사실을 알았습니다.

이처럼 고기를 먹는 문제와 관련해서 전혀 다른 입장을 가진 두 무리가 있었습니다. 어떤 무리는 고기를 일절 먹지 않았고, 어떤 무리는 고기를 마음껏 먹었습니다. 이 차이가 갈등을 일으켰습니다. 고기를 먹는 자들은 먹지 않는 자들을 업신여겼고, 고기를 먹지 않는 자들은 먹는 자들을 비판했습니다. 3절

우리가 분명히 알아야 할 사실은 다음과 같습니다. 무언가를 하거나 무언가를 하지 않는 것이 신자를 만들지 않습니다. 그것은 율법주의입니다. 오직 믿음을 통해서만 신자가 될 수 있습니다. 따라서 교회는 '아디아포라'의 문제로 서로를 업신여기지 말아야 합니다. 서로를 비판하지도 말아야 합니다.

묵상과 기도

Q. 본문에서 제기되는 아디아포라의 문제는 무엇입니까?

Q. 혹시 나와 다르다고 하여 누군가를 업신여기거나 비판한 적이 있습니까?

prayer. 하나님, 저희와 다른 사람을 미워하지 않게 해주세요. 저희와 다른 주장을 하는 사람을 비판하지 않게 해주세요. 본질적인 문제에는 단호함을 가지게 하시고, 비본질적인 문제에는 이해심과 배려심을 가지게 해주세요.

하나님이 그를 받으셨음이라

> **롬 14:1-4** 1 믿음이 연약한 자를 너희가 받되 그의 의견을 비판하지 말라 2 어떤 사람은 모든 것을 먹을 만한 믿음이 있고 믿음이 연약한 자는 채소만 먹느니라 3 먹는 자는 먹지 않는 자를 업신여기지 말고 먹지 않는 자는 먹는 자를 비판하지 말라 이는 하나님이 그를 받으셨음이라 4 남의 하인을 비판하는 너는 누구냐 그가 서 있는 것이나 넘어지는 것이 자기 주인에게 있으매 그가 세움을 받으리니 이는 그를 세우시는 권능이 주께 있음이라

1세기의 교회는 고기를 먹는 문제로 서로를 업신여기고 비판했습니다. 지금은 그런 일들을 볼 수 없지만, 그와 유사한 일들은 어디서나 일어나고 있습니다. 상당수의 교회가 분쟁을 겪고 있습니다. 원인을 살펴보면 본질적인 것과 상관없는 '아디아포라'의 문제일 때가 많습니다. 아디아포라의 문제로 발생한 갈등을 해결하기 위해서는 다음의 사실을 기억해야 합니다. "먹는 자는 먹지 않는 자를 업신여기지 말고 먹지 않는 자는 먹는 자를 비판하지 말라. 이는 하나님이 그를 받으셨음이라."3절

아디아포라의 문제로 교회가 갈등을 겪을 때, 우리는 하나님께서 상대방을 받으셨음을 기억해야 합니다. 예를 들어, 고기를 먹는 문제는 '아디아포라'에 속한 문제입니다. 우리는 고기를 먹거나 또는 먹지 않는다고 해서 상대방을 신자가 아니라고 생각해서는 안 됩니다.

담배나 술은 대표적인 아디아포라의 문제입니다. 우리는 담배를 피거나 술을 마시는 신자에게 구원이 없다고 생각해서는 안 됩니다. 그들 역시 하나님께서 받으신 사람입니다. 하나님께서 받아주신 사람이므로 우리 역시 받아주어야 마땅합니다.

그렇다면 하나님께서 받으신 사람에게는 어떤 증거가 있을까요? 첫째, 예수님이 자신의 구원을 위해 대신 죽으셨음을 믿는 것입니다. 요3:16 이런 믿음을 가지고 있다면 우리는 그를 하나님께서 받으신 사람으로 인정해 주어야 합니다.

둘째, 교회 공동체에 속하려는 마음을 갖는 것입니다. 그가 예수님을 주로 믿을 뿐만 아니라 교회의 신자가 되기를 원하는 마음을 가지고 있다면, 우리는 그 사람을 하나님께서 받으신 사람으로 인정해 주어야 합니다. 설령 담배나 술을 끊지 못했을지라도 자원하여 교회 공동체의 일원이 되고자 한다면 하나님께서 받으신 사람으로 인정해 주어야 합니다.

셋째, 지금 당장은 완전하지 않을지라도 교회의 가르침을 따라 자신의 잘못된 습관을 수정할 마음을 가지고 있다면, 우리는 그 사람을 하나님께서 받으신 사람으로 인정해 주어야 합니다. 누구나 처음에는 완전하지 않고, 완전한 상태로 예수님을 믿는 사람도 없기 때문입니다.

이상의 세 가지 증거를 가지고 있다면 교회는 그 사람을 내치지 말아야 합니다. 우리는 그들을 하나님께서 받아주신 사람으로 여기고, 인자하고 자비롭게 대해 주어야 합니다. 교회는 아디아포라의 문제로 갈라져서는 안 됩니다.

묵상과 기도

Q. 아디아포라의 문제로 교회가 갈등을 겪을 때, 교회가 기억해야 할 사실은 무엇입니까?

Q. 하나님께서 받은 사람임을 확인하는 기준은 무엇입니까?

prayer. 하나님, 교회는 차이점보다 공통점이 많은 공동체입니다. 교회는 모두 하나의 자녀이며, 그리스도를 믿는 자들입니다. 그러므로 저희가 작은 차이 때문에 교회의 신자들을 미워하지 않게 해주세요. 작은 차이 때문에 다투지 않게 해주세요.

그를 세우시는 권능이 주께 있음이라

롬 14:1-4 1 믿음이 연약한 자를 너희가 받되 그의 의견을 비판하지 말라 2 어떤 사람은 모든 것을 먹을 만한 믿음이 있고 믿음이 연약한 자는 채소만 먹느니라 3 먹는 자는 먹지 않는 자를 업신여기지 말고 먹지 않는 자는 먹는 자를 비판하지 말라 이는 하나님이 그를 받으셨음이라 4 남의 하인을 비판하는 너는 누구냐 그가 서 있는 것이나 넘어지는 것이 자기 주인에게 있으매 그가 세움을 받으리니 이는 그를 세우시는 권능이 주께 있음이라

바울은 아디아포라의 문제를 다루고 있습니다. 비본질적인 문제를 해결하는 방법에 대해 말하고 있습니다. 바울이 제시한 첫 번째 해결책은 "하나님께서 그를 받으셨음을 인정하라!"입니다.

"먹는 자는 먹지 않는 자를 업신여기지 말고 먹지 않는 자는 먹는 자를 비판하지 말라 이는 하나님께서 그를 받으셨음이라."3절

이제 바울은 두 번째 해결책을 제시합니다. 두 번째 해결책은 "하나님께서 세우신다!"입니다.

"남의 하인을 비판하는 너는 누구냐 그가 서 있는 것이나 넘어지는 것이 자기 주인에게 있으매 그가 세움을 받으리니 이는 그를 세우시는 권능이 주께 있음이라."4절

바울이 살던 시절에는 남의 하인을 비판하는 것이 주제넘는 일이었습니다. 마치 오늘날 다른 가정의 자녀들을 비판하는 것이 주제넘은 일인 것과 같습니다. 그래서 바울은 "남의 하인을 비판하는 너는 누구냐?"라고 말합니다. 남의 하인을 비판하는 주제넘는 일을 하지 말라는 것입니다.

바울은 이 원리를 아디아포라의 문제에 적용합니다. 하인을 세우는 권한이 주인에게 있고, 자녀를 세우는 권한이 부모에게 있는 것처럼, 성도를 세우는 권한이 하나님께 있다는 점입니다. "이는 그를 세우시는 권능이 주께 있음이라."

부모가 자녀를 세우기 위해 일하는 것처럼, 하나님도 성도들을 세우기 위해 일하고 계십니다. 하나님은 침묵하시거나 지켜보기만 하시는 분이 아닙니다. 성경은 하나님의 일하심에 대해 다음과 같이 말합니다.

"그의 힘의 위력으로 역사하심을 따라 믿는 우리에게 베푸신 능력의 지극히 크심이 어떠한 것을 너희로 알게 하시기를 구하노라."엡1:19

"너희 안에서 착한 일을 시작하신 이가 그리스도 예수의 날까지 이루실 줄을 우리는 확신하노라."빌1:6

하나님은 강력한 힘으로 일하고 계십니다. 하나님은 성도들 안에서 착한 일을 하고 계십니다. 그러므로 우리는 섣불리 다른 성도들을 가르치려 들지 말아야 합니다. 특히 '아디아포라'의 문제에 있어서 섣불리 비판하려 들지 말아야 합니다.

예를 들어, 술과 담배는 대표적인 '아디아포라'입니다. 만약 교회 안에 술과 담배를 하는 사람이 있다면, 섣불리 가르치려 들어서는 안 됩니다. 하나님께서 그 사람 안에서 착한 일을 하고 계심을 믿고 기다려야 합니다. 하나님께서 그 사람을 변화시키셔서 자발적으로 속된 것들을 끊을 수 있도록 기다려 주어야 합니다.

묵상과 기도

Q. 아디아포라의 문제를 해결하는 두 번째 해결책은 무엇입니까?

Q. 교회의 신자들이 하나님의 능력으로 변화되기를 기도하고 있습니까?

prayer. 하나님, 저희는 사람을 바꿀 수 없습니다. 저희의 능력으로는 사람을 변화시킬 수 없습니다. 오직 하나님만 하실 수 있습니다. 하나님의 능력만이 사람을 변화시킬 수 있습니다. 저희가 누군가를 바꾸려고 하지 않게 해주세요. 하나님께 기도하며, 잠잠히 기다리게 해주세요.

가각 자기 마음으로 확정할지니라

롬 14:5-6 5 어떤 사람은 이 날을 저 날보다 낫게 여기고 어떤 사람은 모든 날을 같게 여기나니 각각 자기 마음으로 확정할지니라 6 날을 중히 여기는 자도 주를 위하여 중히 여기고 먹는 자도 주를 위하여 먹으니 이는 하나님께 감사함이요 먹지 않는 자도 주를 위하여 먹지 아니하며 하나님께 감사하느니라

앞에서 바울은 고기 먹는 일을 통해 아디아포라의 문제를 다루었습니다. 여기서는 특정한 날을 지키는 일을 통해 아디아포라의 문제를 다루고 있습니다. 아마 고기 먹는 일과 특정한 날을 지키는 일은 당시 로마교회 안에서 심각한 갈등요소였을 것입니다.

분명한 것은 본문에서 다루고 있는 특정한 날이 안식일은 될 수 없다는 점입니다. 안식일은 아디아포라의 문제가 아니기 때문입니다. 아디아포라는 본질적이지 않고, 중립적인 문제입니다. 하지만 안식일은 십계명에 속하는 문제입니다. 십계명은 중립적인 문제가 아닙니다. 십계명은 지켜도 되고 지키지 않아도 되는 문제가 아닙니다. 십계명은 반드시 지켜야 합니다.

그렇다면 본문에서 말하는 특정한 날들은 어떤 날을 말하는 것일까요? 이 날들은 하나님께서 정해 주신 날이 아니라 유대인들이 스스로 첨가한 날들을 말합니다.[164] 예를 들면 다음과 같습니다.

"만군의 여호와가 이같이 말하노라. 넷째 달의 금식과 다섯째 달의 금식과 일곱째 달의 금식과 열째 달의 금식이 변하여 유다 족속에게 기쁨과 즐거움과 희락의 절기들이 되리니 오직 너희는 진리와 화평을 사랑할지니라."슥8:19

스가랴 선지자는 4월, 5월, 7월, 10월의 금식일에 대해 말하고 있습니다. 이 절기들은 하나님께서 정해 주신 절기가 아닙니다. 이 절기들은 유대인들이 정한 절기입니다. 4월은 예루살렘 성벽이 무너진 달입니다. 5월은 예루살렘이 함락된 달입니다. 7월은 그다랴가 암살된 달입니다. 렘41:2 10월은 느부갓네살이 예루살렘을 포위한 달입니다. 이처럼 유대인들은 예루살렘 멸망과 관련한 달들을 금식하는 절기로 지켰습니다.

그런데 로마교회 안에서 이와 관련한 문제가 발생했던 것으로 보입니다. 어떤 신자들은 유대인들이 추가한 절기들을 지켰지만, 어떤 신자들은 지키지 않았습니다. 어떤 신자들은 다양한 절기를 지켰지만, 어떤 신자들은 안식일만 지켰습니다. 이에 대해 바울은 다음과 같이 말합니다. "어떤 사람은 이 날을 저 날보다 낫게 여기고 어떤 사람은 모든 날을 같게 여기나니 각각 자기 마음으로 확정할지니라"5절

바울은 사람이 만든 기념일을 아디아포라의 문제로 말하고 있습니다. 예를 들어, 성탄절은 예수님의 탄생을 기념하기 위해 사람이 만든 기념일입니다. 따라서 성탄절은 아디아포라입니다. 교회는 성탄절을 특별한 날로 지킬 수 있지만, 반대로 평범한 날로 보낼 수도 있습니다. 이때 성탄절을 지키는 교회는 지키지 않는 교회를 비판하지 말아야 하고, 지키지 않는 교회는 지키는 교회를 비판하지 말아야 합니다.

묵상과 기도

Q. 본문에 등장하는 아디아포라의 문제는 무엇입니까?

prayer. 하나님, 이 땅의 교회들이 하나가 되게 해주세요. 이 땅의 교회들이 작은 차이 때문에 싸우기보다, 서로가 가진 공통점을 생각하게 해주세요. 작은 차이 때문에 미워하고 갈라지지 않게 해주세요. 이 땅의 교회가 하나가 되어 하나님께 영광을 돌리게 해주세요.

살아도 주를 위하여 살고 죽어도 주를 위하여 죽나니

롬 14:7-9 7 우리 중에 누구든지 자기를 위하여 사는 자가 없고 자기를 위하여 죽는 자도 없도다 8 우리가 살아도 주를 위하여 살고 죽어도 주를 위하여 죽나니 그러므로 사나 죽으나 우리가 주의 것이로다 9 이를 위하여 그리스도께서 죽었다가 다시 살아나셨으니 곧 죽은 자와 산 자의 주가 되려 하심이라

교회는 사람이 모인 곳입니다. 회심한 사람들이 모였지만, 교회 역시 사람이 모인 곳입니다. 그래서 교회 안에서도 갈등이 발생합니다. 로마교회도 마찬가지였습니다. 로마교회는 고기를 먹는 문제와 날을 지키는 문제 때문에 갈등을 겪었습니다. 만약 로마교회의 갈등이 본질에 관한 것이었다면, 예를 들어, 십계명에 관한 것이었다면 문제는 쉽게 해결되었을 것입니다. 십계명은 본질에 속한 것이기에 선과 악의 구분이 명확하기 때문입니다. 하지만 고기를 먹는 문제와 날을 지키는 문제는 중립적인 문제였습니다. 선과 악을 명확하게 구분하기 어려운 문제였습니다.

이에 바울은 다음과 같은 해결책을 제시합니다. "우리가 살아도 주를 위하여 살고 죽어도 주를 위하여 죽나니."⁸절 바울은 성도가 사는 목적이 하나님의 영광이라고 말합니다. 하나님의 영광은 성도가 하는 모든 일의 동기動機여야 합니다. 따라서 바울은 겉으로 드러난 모습만 보고 상대방의 잘잘못을 따지지 말고, 상대방의 동기를 따져보라고 말하는 것입니다.

로마교회의 상황을 생각해 봅시다. 고기를 먹지 않는 성도들은 고기를 먹는 성도들을 우상 숭배자로 여겼을 것입니다. 반대로 고기를 먹는 성도들은 고기를 먹지 않는 성도들을 믿음이 연약한 자로 여겼을 것입니다. 이런 상태로는 갈등을 해결할 수 없습니다. 따라서 유일한 해결책은 상대방의 동기를 따져보는 것입니다.

당시 고기를 먹지 않은 성도들의 동기는 우상 숭배를 피하는 것이었습니다. 고기를 먹은 성도들의 동기는 다른 신은 없다는 믿음을 실천하는 것이었습니다. 이처럼 양측 모두 선한 동기를 가지고 있었습니다. 따라서 바울은 중립적인 문제는 동기가 선하다는 가정 하에 서로를 비판하지 말아야 한다고 말하는 것입니다. 날에 관한 문제도 마찬가지입니다. 어떤 교회는 주일만 지키는 반면 어떤 교회는 여러 가지 날들을 지킵니다. 이때 서로를 비판하는 일을 피해야 합니다. 겉으로 드러난 모습만 볼 것이 아니라, 상대방이 그렇게 하는 동기를 생각해야 합니다. 동기가 선하다면 상대방을 인정해 주어야 합니다.

물론 이것은 중립적인 문제에 한해서입니다. 상대방의 동기를 따지는 것은 아디아포라에 속한 문제를 해결하는 방식입니다. 십계명처럼 본질에 속한 문제는 동기가 선하더라도 허용할 수 없습니다. 본질에 속한 문제는 타협할 수 없습니다. 예를 들어, 동성결혼은 제7계명을 어기는 행동입니다. 동성결혼은 동기가 선하더라도 허용할 수 없습니다. 결론은 다음과 같습니다. 교회는 중립적인 문제는 동기를 가지고 잘잘못을 따져야 합니다. 반대로 본질에 속한 문제는 원칙을 따라 잘잘못을 따져야 합니다. 교회는 중립적인 문제는 차이를 인정할 수 있지만, 본질에 속한 문제는 양보할 수 없습니다.

묵상과 기도

Q. 바울은 겉으로 드러난 모습만 보지 말고, 무엇을 따져 보라고 말합니까?

prayer. 하나님, 저희가 화평을 이루는 사람이 되게 해주세요. 교회를 하나 되게 하는 사람이 되게 해주세요. 본질적이지 않은 문제 때문에 다투지 않게 해주세요. 나와 다른 사람을 이해하고, 배려하게 해주세요.

어찌하여 네 형제를 비판하느냐

> **롬 14:10-12** 10 네가 어찌하여 네 형제를 비판하느냐 어찌하여 네 형제를 업신여기느냐 우리가 다 하나님의 심판대 앞에 서리라 11 기록되었으되 주께서 이르시되 내가 살았노니 모든 무릎이 내게 꿇을 것이요 모든 혀가 하나님께 자백하리라 하였느니라 12 이러므로 우리 각 사람이 자기 일을 하나님께 직고하리라

바울은 형제를 비판하지 말라고 말합니다. "네가 어찌하여 네 형제를 비판하느냐. 어찌하여 네 형제를 업신여기느냐." 10절 주목해야 할 부분은 "형제"라는 단어입니다. 이것이 핵심입니다.

하나님께서 우리를 부르셨습니다. 우리는 하나님의 자녀로 부름을 받았습니다. "무릇 하나님의 영으로 인도함을 받는 사람은 곧 하나님의 아들이라." 롬8:14 따라서 우리는 모두 형제입니다. 우리는 하나님을 한 아버지로 하는 한 가족입니다. 교회 안에서 갈등이 발생했을 때 우리가 가장 먼저 생각해야 하는 것은 우리가 형제요 가족이라는 점입니다.

교회 안에 갈등이 발생할 수 있습니다. 문제가 없는 교회는 있을 수 없습니다. 중요한 점은 서로를 대하는 방식입니다. 서로의 견해가 다르다고 해서 다른 신자들을 원수로 여겨서는 안 됩니다. 견해가 다른 신자도 형제요 가족이라는 점을 잊어서는 안 됩니다.

가족이라고 해서 항상 견해가 일치하는 것은 아닙니다. 하지만 견해가 다르다고 해서 가족이 남남이 되지는 않습니다. 견해가 다른 그 순간에도 여전히 가족은 가족입니다. 교회도 마찬가지입니다. 서로의 견해가 다를 수 있습니다. 하지만 그 순간에도 우리는 여전히 형제요 가족입니다.

따라서 우리는 생각이 다른 신자들을 비판하지 말아야 합니다. 비본질적인 문제 때문에 다투지 말아야 합니다. 다시는 보지 않을 사람처럼 서로를 비난하지 말아야 합니다. 견해가 다른 순간에도 우리는 여전히 한 가족이기 때문입니다.

부모와 자녀 간에도 견해가 다를 수 있습니다. 그때 부모는 자녀를 공격하지 않습니다. 자녀는 부모를 비난하지 않습니다. 대신 상대방이 올바른 선택을 하기를 바랍니다. 상대방이 잘못된 선택을 하여 어려움을 겪지 않기를 바랍니다. 교회도 마찬가지여야 합니다. 서로의 견해가 다를 때는 상대방이 올바른 선택을 하도록 노력해야 합니다. 상대방이 잘못된 선택을 하여 어려움을 겪지 않도록 노력해야 합니다.

바울은 교회가 한 가족이라는 점에서 한 단계 더 나아갑니다. 바울은 우리 모두가 하나님의 심판대 앞에 설 것이라고 말합니다. "우리가 다 하나님의 심판대 앞에 서리라." 10절 이 말은 우리 중 누구도 재판관이 아니라는 뜻입니다.[165] 우리 중 누구도 비본질적인 문제로 서로를 판단하고 정죄할 권한을 가지고 있지 않습니다. 물론 본질적인 문제는 판단할 수 있습니다. 교회는 계명을 어긴 사람을 권징하고 출교할 수 있습니다.

하지만 비본질적인 문제는 다릅니다. 우리에게 비본질적인 문제로 서로를 멸시하고 판단할 권한은 없습니다. 그것은 형제끼리 가질 수 있는 마음이 아닙니다. 형제의 역할은 서로를 도우며 사랑하는 것이지 판단하고 정죄하는 것이 아닙니다.

묵상과 기도

Q. 교회 안에서 갈등이 발생했을 때 우리는 서로가 어떤 관계임을 생각해야 합니까?

prayer. 하나님, 교회는 하나님을 아버지로 하는 영적인 가족입니다. 교회는 예수님의 피로 하나가 된 영적인 가족입니다. 그러므로 저희가 교회를 사랑하게 해주세요. 교회를 섬기고, 교회를 위해 희생하며, 교회를 배려하게 해주세요.

12월 11일

우리가 다시는 서로 비판하지 말고

롬 14:13-14 13 그런즉 우리가 다시는 서로 비판하지 말고 도리어 부딪칠 것이나 거칠 것을 형제 앞에 두지 아니하도록 주의하라 14 내가 주 예수 안에서 알고 확신하노니 무엇이든지 스스로 속된 것이 없으되 다만 속되게 여기는 그 사람에게는 속되니라

바울은 "우리가 다시는 서로 비판하지" 말자고 말합니다. 이 권면은 앞에서 말한 내용의 결론입니다. 앞에서 살펴본 것처럼 우리는 한 형제요 한 가족이기 때문에 서로를 비판하지 말아야 합니다. 서로를 헐뜯거나 판단하지 말아야 합니다.

교회에는 언제나 우리와 의견이 다른 신자들이 있을 수 있습니다. 우리와 전혀 다른 생각을 가진 신자들이 있을 수 있습니다. 그들은 우리의 원수가 아닙니다. 그들은 우리의 적이 아닙니다. 그들은 우리의 형제요 가족입니다. 우리는 항상 이 사실을 염두에 두어야 합니다.

이어서 바울은 형제 앞에 무언가를 두지 말아야 한다고 말합니다. "부딪칠 것이나 거칠 것을 형제 앞에 두지 아니하도록 주의하라."13절 부딪칠 것과 거칠 것, 둘 다 상대방을 넘어지게 하는 것입니다. 이것은 다음과 같은 의미입니다. 교회 안에서 우리와 생각이 다른 신자가 있다고 해서 그 사람을 공격하거나 비난해서는 안 됩니다. 우리의 지나친 말과 행동으로 인해 그 사람이 실족할 수 있기 때문입니다.

이것은 예수님께서 여러 번 강조하신 일입니다. "내가 너희를 사랑한 것 같이 너희도 서로 사랑하라."요15:12 "새 계명을 너희에게 주노니 서로 사랑하라. 내가 너희를 사랑한 것 같이 너희도 서로 사랑하라. 너희가 서로 사랑하면 이로써 모든 사람이 너희가 내 제자인 줄 알리라."요13:34-35 우리는 서로 사랑해야

합니다. 우리는 서로 사랑하는 사이여야 합니다. 교회가 서로 사랑하는 것은 예수님의 명령입니다. 우리는 반드시 "서로 사랑하라"는 명령에 순종해야 합니다.

따라서 교회 안에서 무언가를 논의할 때, 첫 번째 규칙은 서로 사랑하는 것입니다. 우리는 형제이자 가족이므로 서로 사랑해야 한다는 생각을 하면서 무언가를 결정해야 합니다. 교회가 어떤 일을 하는 과정에서 서로의 견해가 다를 수 있습니다. 그때 자신의 의견을 관철시키는 것보다 더 중요한 것은 서로 사랑하는 것입니다.

교회 안에는 자신의 의견을 관철시키는 것을 무엇보다 중요하게 생각하는 사람들이 있습니다. 그들은 상대방의 영혼에는 관심이 없습니다. 자신의 생각만 중요합니다. 자신이 옳다고 여기는 바가 중요합니다. 만약 우리가 그런 사람이라면 오늘 본문을 보고 회개하기를 바랍니다.

"누구든지 하나님을 사랑하노라 하고 그 형제를 미워하면 이는 거짓말하는 자니 보는 바 그 형제를 사랑하지 아니하는 자는 보지 못하는 바 하나님을 사랑할 수 없느니라."요일4:20

하나님의 뜻을 이루겠다고 하면서 형제를 넘어지게 하는 사람은 하나님을 사랑하는 사람이 아닙니다. 오히려 견해가 다른 형제를 이해하고 배려해 주는 행동이 하나님의 뜻을 이루는 것이요, 하나님을 사랑하는 것입니다.

묵상과 기도

Q. "부딪칠 것이나 거칠 것을 형제 앞에 두지" 말라는 것은 어떤 의미입니까?

Q. 나와 생각이 다른 신자들을 원수처럼 생각한 적은 없습니까?

prayer. 하나님, 교회의 형제자매를 사랑하게 해주세요. 나와 비슷한 사람만이 아니라, 나와 다른 사람도 사랑하게 해주세요. 나와 다르다고 하여 미워하고 원수처럼 여기지 않게 해주세요.

이는 네가 사랑으로 행하지 아니함이라

> **롬 14:15-16** 15 만일 음식으로 말미암아 네 형제가 근심하게 되면 이는 네가 사랑으로 행하지 아니함이라 그리스도께서 대신하여 죽으신 형제를 네 음식으로 망하게 하지 말라 16 그러므로 너희의 선한 것이 비방을 받지 않게 하라

바울 당시의 로마교회는 비본질적인 문제, 즉 아디아포라의 문제로 어려움을 겪고 있었습니다. 크게 두 가지 문제가 있었습니다. 고기를 먹는 일과 날을 지키는 일이었습니다. 어떤 사람들은 고기를 먹었던 반면 어떤 사람들은 먹지 않았습니다. 어떤 사람들은 주일만 지켰던 반면 어떤 사람들은 여러 날들을 지켰습니다. 이로 인해 갈등과 분쟁이 생겼습니다.

바울은 무엇이 옳은지를 말하지 않습니다. 고기를 먹는 것이 옳다고 말하지 않고, 먹지 않는 것이 옳다고 말하지도 않습니다. 주일만 지키는 것이 옳다고 말하지 않고, 여러 날을 지키는 것이 옳다고 말하지도 않습니다. 대신 더 중요한 원칙을 말합니다. 사랑의 원칙입니다.

"만일 음식으로 말미암아 네 형제가 근심하게 되면 이는 네가 사랑으로 행하지 아니함이라" 15절

성숙한 신앙을 가진 자들은 마음껏 고기를 먹었습니다. 애초에 우상이란 없으므로, 우상에게 바쳐진 고기도 없다는 사실을 알았기 때문입니다. 그래서 그들은 고기를 먹지 않는 자들을 업신여겼습니다. 롬14:3 이런 자들을 향하여 바울은 다음과 같이 경고합니다. "네가 사랑으로 행하지 아니함이라." 15절

바울의 말은 다음과 같습니다. "당신들은 성숙한 신앙을 가지고 있습니다. 당신들은 하나님에 대해 많은 것을 알고 있습니다. 당신들은 다른 지체들보다 더 많은 지식을 가지고 있습니다. 하지만 기억하십시오. 당신들은 형제를 사랑하고 있지 않습니다."

언제나 교회 안에는 더 성숙한 사람과 덜 성숙한 사람이 있습니다. 지식이 더 많은 사람과 상대적으로 부족한 사람이 있습니다. 이때 더 성숙한 사람, 더 많은 지식을 가진 사람은 그렇지 못한 사람을 기다려 주어야 합니다. 섣불리 판단하고 비판하기보다 인내하고 참아 주어야 합니다.

"그러나 이 지식은 모든 사람에게 있는 것은 아니므로…그런즉 너희의 자유가 믿음이 약한 자들에게 걸려 넘어지게 하는 것이 되지 않도록 조심하라." 고전8:7,9

바울은 하나님에 대한 지식이 부족한 신자가 있을 수 있다고 말합니다. 실제로 그러합니다. 나이에 따라서, 신앙생활의 연수에 따라서 하나님에 대한 지식은 다 다릅니다. 이때 지식이 많은 신자들의 역할은 지식이 부족한 신자들을 판단하고 정죄하는 것이 아닙니다. 그들이 걸려 넘어지지 않도록 조심하는 것입니다. 교회는 진리의 공동체입니다. 절대적인 진리는 타협할 수 없습니다. 하지만 비본질적인 부분은 이해하고 양보해야 합니다. 그래서 바울은 다음과 같이 말합니다.

"지식은 교만하게 하며 사랑은 덕을 세우나니" 고전8:1

옳은 것보다 더 중요한 것은 사랑입니다. 우리는 판단하고 정죄하여 상대방을 근심하게 하는 사람이 아니라, 인내하고 기다림으로 상대방을 세워 주는 사람이 되어야 합니다.

묵상과 기도

Q. 교회의 갈등을 해결하는 가장 근본적인 원칙은 무엇입니까?

Q. 나보다 연약하고 부족한 사람을 기다려 주고 있습니까?

prayer. 하나님, 교회에는 저희보다 부족한 사람이 있을 수 있습니다. 저희보다 연약한 사람이 있을 수 있습니다. 저희가 그들을 배려하게 해주세요. 그들을 인내하게 해주세요. 하나님께 받은 사랑을 그들과 나누게 해주세요.

그리스도께서 대신하여 죽으신 형제

롬 14:15-16 15 만일 음식으로 말미암아 네 형제가 근심하게 되면 이는 네가 사랑으로 행하지 아니함이라 그리스도께서 대신하여 죽으신 형제를 네 음식으로 망하게 하지 말라 16 그러므로 너희의 선한 것이 비방을 받지 않게 하라

여기서 바울은 삶의 원칙을 제시하고 있습니다. 신자가 어떤 원리를 따라 살아야 하는지를 말하고 있습니다. 그것은 바로 사랑으로 행하는 것입니다. 만약 우리가 다른 사람을 사랑하는 행동을 하지 않는다면, 다른 사람을 배려하는 행동을 하지 않는다면, 다른 사람을 참고 인내하는 행동을 하지 않는다면, 우리는 하나님께 다음과 같은 책망을 듣게 될 것입니다. "이는 네가 사랑으로 행하지 아니함이라."15절

사랑으로 행하는 것, 이것이야말로 첫 번째 규칙입니다. 우리는 언제든지 이 원칙과 원리에 순종해야 합니다. 특히 교회가 갈등과 분쟁을 겪을 때 더욱 그리 해야 합니다. 아마 어떤 사람들은 이렇게 말할 것입니다. "왜 제가 양보해야 하죠? 왜 제가 저 사람을 참고 받아주어야 하죠? 왜 제가 저 어리석은 사람 때문에 한 발 뒤로 물러서야 하죠? 저에게는 제가 옳다고 믿는 바를 주장할 권리가 있습니다." 그들에게 바울은 다음과 같이 말합니다. "그리스도께서 대신하여 죽으신 형제를 네 음식으로 망하게 하지 말라."15절

우리가 주목해야 할 부분은 "그리스도께서 대신하여 죽으신"이라는 말씀입니다. 예수님은 하나님의 독생자입니다. 예수님은 온 우주의 창조주이시고, 통치자이십니다. 하지만 예수님은 그 모든 영광을 내려놓고 사람의 모습으로 이 땅에 오셨습니다. 그분은 우리를 위해 모든 특권을 내려놓으셨습니다. 그렇다면 우리 역시 다른 사람을 위해 우리의 권한을 내려놓아야 마땅합니다.

"그는 근본 하나님의 본체시나 하나님과 동등됨을 취할 것으로 여기지 아니하시고 오히려 자기를 비워 종의 형체를 가지사 사람들과 같이 되셨고 사람의 모양으로 나타나사 자기를 낮추시고 죽기까지 복종하셨으니 곧 십자가에 죽으심이라."빌2:6-8

예수님께서 죄인들을 위해 자신의 특권을 내려놓으셨다면, 우리 역시 그렇게 해야 합니다. 예수님께서 죄인들을 위해 자신을 희생하셨다면, 우리 역시 그렇게 해야 합니다. 우리가 양보하여 다른 사람을 살릴 수 있다면, 우리는 기꺼이 양보해야 합니다. 우리가 인내하여 다른 사람을 살릴 수 있다면, 우리는 기꺼이 인내해야 합니다. 그래서 바울은 다음과 같이 말했습니다. "그러므로 만일 음식이 내 형제를 실족하게 한다면 나는 영원히 고기를 먹지 아니하여 내 형제를 실족하지 않게 하리라."고전8:13 바울은 고기를 먹는 것이 아무 문제가 아니라는 것을 알았습니다. 바울은 우상은 아무것도 아니요, 우상에게 바쳐진 고기를 먹는 것도 아무 문제가 없다는 것을 알았습니다. 고전8:4 하지만 그는 연약한 형제들을 위해 고기를 먹지 않기로 결심했습니다. 생각이 다른 사람들을 배려하기 위해 고기를 먹지 않기로 결단했습니다.

우리도 그렇게 살아야 합니다. 양보하며 살아야 합니다. 인내하며 살아야 합니다. 다른 사람을 위해 자신을 희생하며 살아야 합니다. 옳다고 믿는 일이라도 한 발 물러설 수 있어야 합니다. 그것이 형제를 사랑하는 삶입니다.

묵상과 기도

Q. 예수님께서 죄인들을 위해 자신을 희생하셨음을 믿습니까? 그렇다면 우리 역시 어떻게 살아야겠습니까?

prayer. 하나님, 저희와 다른 사람에게 양보하게 해주세요. 저희보다 느린 사람을 기다리게 해주세요. 저희를 힘들게 하는 사람을 이해하게 해주세요. 예수님께서 저희를 사랑해 주셨으니, 저희 역시 다른 사람을 사랑하게 해주세요.

하나님의 나라는 먹는 것과 마시는 것이 아니요(1)

롬 14:17 (왜냐하면) 하나님의 나라는 먹는 것과 마시는 것이 아니요 오직 성령 안에 있는 의와 평강과 희락이라

바울은 17절을 '왜냐하면'이라는 말로 시작합니다. 따라서 우리는 17절을 따로 떼서 보지 말아야 합니다. 17절은 앞에서 다룬 주제와 관련되어 있습니다. 17절은 큰 부분의 일부입니다.

그렇다면 앞에서 다룬 주제는 무엇입니까? 갈등과 분쟁을 다루는 방식입니다. 교회는 비본질적인 문제 때문에 갈라져서는 안 됩니다. 교회는 비본질적인 문제 때문에 서로를 원수로 여겨서는 안 됩니다. 본질에 있어서는 타협하지 말아야 하지만, 비본질에 있어서는 이해하고 인내해야 합니다. 그 이유는 다음과 같습니다.

"하나님의 나라는 먹는 것과 마시는 것이 아니요."17절

하나님의 나라는 먹는 것과 마시는 것이 아니기 때문입니다. 하나님의 나라는 먹는 문제나 마시는 문제, 이런 사소한 것들로 나누어질 수 없기 때문입니다. 하나님의 나라는 더 크고 더 장엄한 무엇입니다.

교회는 하나님의 나라를 보여주는 거울입니다. 세상은 교회를 통해 하나님께서 어떤 분인지를 알 수 있습니다. 신자는 세상이 볼 수 있는 유일한 성경이라는 말이 있습니다. 정확한 비유입니다. 교회는 참으로 그러합니다. 세상은 일차적으로 교회를 통해 하나님을 봅니다. 그렇다면 교회는 세상을 향하여 어떤 모습을 보여주어야 합니까? 예수님은 다음과 같이 말씀하셨습니다.

"아버지여, 아버지께서 내 안에, 내가 아버지 안에 있는 것 같이 그들도 다 하나가 되어 우리 안에 있게 하사 세상으로 아버지께서 나를 보내신 것을 믿게 하옵소서."요17:21

교회의 사명은 하나가 되는 것입니다. 교회는 세상을 향하여 하나 된 모습을 보여주어야 합니다. 그러면 세상은 하나님께서 예수님을 보내신 것을 믿게 될 것입니다. 세상은 하나님의 나라가 무엇인지 이해하게 될 것입니다.

따라서 교회는 먹고 마시는 문제로 나누어질 수 없습니다. 나누어져서는 안 됩니다. 여기서 "먹고 마시는 문제"란 비본질적인 문제를 말합니다. 교회는 비본질적인 문제로 나누어져서는 안 됩니다.

하지만 현실은 어떠합니까? 교회는 분열되어 있습니다. 찢기고 나누어져 있습니다. 분열과 갈등을 겪고 있습니다. 본질적인 문제가 아니라 비본질적인 문제로 다투고 있습니다. 이것은 크게 통탄할 일입니다. 교회는 그런 문제로 나누어질 수 없기 때문입니다. 교회는 그런 협소한 것이 아니기 때문입니다. 교회는 크고 장엄하며, 높고 거대한 무엇입니다.

우리는 항상 생각해야 합니다. "이것이 그리스도의 몸을 찢어놓을 만큼 중대한 문제인가? 이것이 하나님의 교회를 분열시킬 만큼 본질적인 문제인가?" 그렇지 않다면 양보해야 합니다. 이해해야 합니다. 참아야 합니다. 교회의 하나 됨을 지켜야 합니다.

묵상과 기도

Q. 세상은 누구를 통해 하나님을 봅니까?

Q. 교회가 계속해서 다투고, 분열된다면 세상은 하나님을 어떻게 생각할까요?

prayer. 하나님, 저희는 하나님을 세상에 보여주는 거울입니다. 저희는 하나님의 사랑을 세상에 전하는 통로입니다. 그러므로 교회가 하나 되게 해주세요. 교회가 서로 사랑하게 해주세요. 그리하여 하나님을 기쁘게 하는 교회가 되게 해주세요. 사명을 잘 감당하는 교회가 되게 해주세요.

하나님의 나라는 먹는 것과 마시는 것이 아니요(2)

롬 14:17 (왜냐하면) 하나님의 나라는 먹는 것과 마시는 것이 아니요 오직 성령 안에 있는 의와 평강과 희락이라

바울 당시의 로마교회는 고기를 먹는 문제와 특정한 날을 지키는 문제로 갈등을 겪고 있었습니다. 로마교회는 고기를 먹어도 된다고 주장하는 사람들과 먹어서는 안 된다고 주장하는 사람들, 특정한 날들을 지켜야 한다고 주장하는 사람들과 주일을 지키는 것만으로 충분하다고 주장하는 사람들로 나누어져 있었습니다.

바울이 볼 때 이것들은 힘써 다툴 문제가 아니었습니다. 이런 것들은 본질적인 문제가 아니기 때문입니다. 바로 그것이 "하나님의 나라는 먹는 것과 마시는 것이 아니요."17절라는 말씀의 의미입니다. 그렇다면 하나님의 나라는 무엇일까요? 우선 하나님의 나라가 성경의 핵심 주제라는 것을 알아야 합니다. 예수님이 처음 선포하신 주제도 하나님의 나라였고, 마지막으로 가르치신 주제도 하나님의 나라였습니다.

"요한이 잡힌 후 예수께서 갈릴리에 오셔서 하나님의 복음을 전파하여 이르시되 때가 찼고 하나님의 나라가 가까이 왔으니 회개하고 복음을 믿으라 하시더라."막1:14-15

"그가 고난 받으신 후에 또한 그들에게 확실한 많은 증거로 친히 살아 계심을 나타내사 사십 일 동안 그들에게 보이시며 하나님 나라의 일을 말씀하시니라."행1:3

사도 바울이 전한 복음의 내용도 역시 하나님의 나라였습니다.

"보라 내가 여러분 중에 왕래하며 하나님의 나라를 전파하였으나 이제는 여러분이 다 내 얼굴을 다시 보지 못할 줄 아노라."행20:25

"그들이 날짜를 정하고 그가 유숙하는 집에 많이 오니 바울이 아침부터 저녁까지 강론하여 하나님의 나라를 증언하고."행28:23

하나님의 나라는 하나님의 왕 노릇, 하나님의 통치를 말합니다. 하나님께서 왕 노릇 하시고, 하나님의 통치가 미치는 곳이 하나님의 나라입니다. 바울이 하나님의 나라를 언급하는 이유는, 바로 우리가 이 나라의 백성이기 때문입니다. 우리는 하나님의 백성이요, 하나님은 우리의 왕이십니다.

따라서 우리는 우리 자신으로부터 시작해서는 안 됩니다. "무엇이 우리에게 좋은가? 무엇이 우리에게 유리한가? 무엇이 우리를 행복하게 하는가?" 이런 질문으로 시작해서는 안 됩니다. "무엇이 하나님의 뜻인가? 무엇이 하나님을 영화롭게 하는가? 무엇이 하나님을 기쁘게 하는가?"라는 질문으로 시작해야 합니다.

교회의 갈등은 하나님의 나라를 망각하는 데서 시작합니다. 우리가 하나님의 백성임을 망각하는 데서 시작합니다. 우리가 하나님의 영광을 위해 존재한다는 것을 망각하는 데서 시작합니다. 반대로 교회의 화평은 하나님의 나라를 직시하는 데서 시작합니다. 우리가 하나님의 백성임을 직시할 때, 우리가 하나님의 영광을 위해 존재한다는 사실을 직시할 때 분쟁은 사라지고 화평이 자리를 잡을 수 있습니다.

묵상과 기도

Q. 성경의 핵심 주제는 무엇입니까?

Q. 교회의 갈등은 어디서부터 시작됩니까?

prayer. 하나님, 저희는 하나님 나라의 백성입니다. 저희는 하나님의 통치를 받는 백성입니다. 그러므로 저희가 서로 다투지 않게 해주세요. 하나님의 영광을 드러내는, 하나님의 백성이 되게 해주세요.

하나님의 나라는 먹는 것과 마시는 것이 아니요(3)

> **롬 14:17** (왜냐하면) 하나님의 나라는 먹는 것과 마시는 것이 아니요 오직 성령 안에 있는 의와 평강과 희락이라

로마교회 신자들 중 일부는 이렇게 주장했습니다. 하나님의 나라는 고기를 먹거나 또는 먹지 않는 것이다. 또 다른 일부는 이렇게 주장했습니다. 하나님의 나라는 특정한 날을 지키거나 또는 지키지 않는 것이다. 하지만 바울은 다음과 같이 말합니다. "하나님의 나라는 먹는 것과 마시는 것이 아니요 오직 성령 안에 있는 의와 평강과 희락이라."[17절] 하나님의 나라는 그렇게 미세하고, 협소하고, 소극적인 것이 아니라는 뜻입니다.[166]

오늘날에도 하나님의 나라를 미세하고, 협소하고, 소극적인 것으로 생각하는 사람들이 있습니다. 어떤 사람들은 다음과 같이 말합니다. "신자는 선을 행해야 한다. 신자는 자비로운 사람이어야 한다." 사실입니다. 신자는 선을 행해야 하고, 자비를 베풀어야 합니다. 하지만 선을 행하고 자비를 베푸는 것이 기독교의 전부가 될 수는 없습니다. 그런 것들은 하나님 나라의 일부일 뿐입니다.[167]

어떤 사람들은 다음과 같이 말합니다. "신자는 방언을 해야 한다. 신자는 신령한 은사를 가지고 있어야 한다." 여기서 방언이 성경적이냐를 따지고 싶지는 않습니다. 분명한 것은 방언을 하는 것이 기독교의 전부가 될 수는 없다는 것입니다. 신령한 은사들조차 하나님 나라의 일부일 뿐입니다.[168] 어떤 사람들은 다음과 같이 말합니다. "신자는 보수적인 정당을 지지해야 한다. 신자는 정치적으로 보수적이어야 한다." 그러면 또 다른 사람들은 다음과 같이 말합니다. "아니다. 신자는 진보적인 정당을 지지해야 한다. 신자는 정치적으로 진보적이어야 한다." 하지만 보수적이냐 진보적이냐 하는 것은 기독교의 전부가 될 수 없습니다. 어떤 정치체제도 기독교를 온전히 담아내지 못합니다. 민주주의는 역사상 가장 정의로운 정치체제이지만, 민주주의가 하나님의 나라는 아닙니다.

우리는 자신이 옳다고 생각하는 것에 '기독교'라는 이름을 붙이기를 좋아합니다. 기독교적인 음식, 기독교적인 노래, 기독교적인 정치, 기독교적인 사회, 기독교적인 의복, 기독교적인 운동. 하지만 어떤 것도 기독교를 다 담아내지 못합니다. 기독교는 그렇게 미세하고, 협소하고, 소극적이지 않습니다. 기독교는 더 거대하고, 더 포괄적이고, 더 총체적인 무엇입니다.

교회 안에서 이런 사고방식은 중요합니다. 저마다 자신의 생각이 기독교적이라고 주장한다면, 교회는 어떤 점에서도 하나가 될 수 없습니다. 물론 교회는 기독교적이어야 합니다. 교회가 하는 모든 일은 기독교적이어야 합니다. 하지만 신자 개개인의 생각이 전부 기독교적일 수는 없습니다. 누구에게나 오류와 한계가 있을 수 있습니다. 그런 점에서 신자들은 서로 양보해야 합니다. 서로 이해해야 합니다. 서로를 참아주어야 합니다. 로마교회의 문제는 고기를 먹느냐 먹지 않느냐가 아니었습니다. 특정한 날을 지키느냐 지키지 않느냐가 아니었습니다. 서로를 원수처럼 여긴 것, 서로를 비난한 것, 서로를 이해하기 위해 노력하지 않은 것, 서로서로 양보하지 않은 것, 바로 그것이 로마교회의 문제였습니다. 옳은 것보다 더 중요한 것은 사랑하는 것임을 잊지 말아야 합니다.

묵상과 기도

Q. 하나님 나라를 온전히 담아내는 정치체제가 있을 수 있습니까?

Q. 우리가 생각하는 것이 전적으로 기독교적일 수 있습니까?

prayer. 하나님, 저희가 생각하는 것이 항상 옳을 수는 없습니다. 저희가 생각하는 것이 기독교의 전부일 수 없습니다. 그러므로 저희의 생각만을 옳다고 주장하지 않게 해주세요. 겸손하게 다른 사람의 주장에 귀를 기울이게 해주세요.

하나님의 나라는 의와 평강과 희락이라

> **롬 14:17-19** 17 하나님의 나라는 먹는 것과 마시는 것이 아니요 오직 성령 안에 있는 의와 평강과 희락이라 18 이로써 그리스도를 섬기는 자는 하나님을 기쁘시게 하며 사람에게도 칭찬을 받느니라 19 그러므로 우리가 화평의 일과 서로 덕을 세우는 일을 힘쓰나니

하나님의 나라는 먹는 것과 마시는 것이 아닙니다. 하나님의 나라는 고기를 먹는 문제로 나누어질 수 없습니다. 하나님의 나라는 무언가를 먹고 마시는 문제로 나누어질 수 없습니다. 하나님의 나라는 그렇게 미세하고 협소하고 소극적인 것이 아닙니다. 그렇다면 하나님의 나라는 무엇입니까? 하나님의 나라는 성령 안에 있는 의와 평강과 희락입니다. 하나님의 나라는 비본질적인 문제로 다투는 나라가 아닙니다. 대신 성령께서 주신 의와 평강과 희락이 있는 나라입니다.

어떤 신자들은 스스로를 탐정으로 생각합니다. 그들은 다른 신자들의 오류와 모순을 찾아내기 위해 혈안이 되어 있습니다. 그들은 언제든 다른 사람을 정죄할 준비가 되어 있습니다. 그리고 잘못을 찾아내면 굶주린 이리처럼 상대방을 공격합니다. 그것은 하나님의 나라가 아닙니다. 하나님의 나라는 성령 안에 있는 의와 평강과 희락이지, 정죄와 판단과 비방이 아닙니다. 교회도 마찬가지입니다. 교회는 최선을 다해 하나 됨을 지켜야 합니다. 조그만 차이에도 갈라서는 것은 올바르지 않습니다. 하지만 현실은 어떠합니까? 한국의 기독교를 대표하는 장로교회는 무려 300개가 넘는 교단으로 갈라져 있습니다. 이것은 하나님 나라의 모습이 아닙니다. 투쟁하고, 분열하고, 갈등하는 교회는 하나님의 나라가 아닙니다.

바울은 하나님 나라의 가장 큰 특징이 성령 안에 있는 의와 평강과 희락이라고 말합니다. 따라서 교회는 평강과 희락의 공동체가 되어야 합니다. 교회는 평강과 희락으로 가득 찬 공동체가 되어야 합니다. 세상은 갈등과 분쟁으로 가득하더라도 교회만은 평강과 희락으로 하나가 되어야 합니다.

교회가 평강과 희락의 공동체가 되기 위해서는 '자기 중심성'을 버려야 합니다. 자기보다 하나님을 우선해야 하고, 자기보다 상대방을 배려해야 합니다. 하나님을 위해 살고, 이웃을 위해 희생할 때 교회는 평강과 희락의 공동체가 될 수 있습니다. 그래서 예수님은 다음과 같이 말씀하셨습니다. "화평하게 하는 자는 복이 있나니 그들이 하나님의 아들이라 일컬음을 받을 것임이요."마5:9

하나님의 자녀들의 특징이 무엇입니까? 화평하게 하는 것입니다. 하나님께 속한 자들은 갈등과 분열을 초래하는 자들이 아닙니다. 갈등과 분열을 종식하고, 의와 평강과 희락을 가져오는 것이 하나님께 속한 자들의 모습입니다. 우리가 그런 사람이 될 때, 우리는 하나님뿐만 아니라 사람들에게도 칭찬을 받을 것입니다. "이로써 그리스도를 섬기는 자는 하나님을 기쁘시게 하며 사람에게도 칭찬을 받느니라."18절

그러므로 우리가 해야 할 일은 사소한 문제로 서로를 죽일 듯이 싸우는 것이 아닙니다. 화평을 추구하고 서로의 덕을 세우기 위해 노력하는 것입니다. "그러므로 우리가 화평의 일과 서로 덕을 세우는 일을 힘쓰나니."19절

묵상과 기도

Q. 교회는 무엇으로 가득찬 공동체가 되어야 합니까?

Q. 교회를 위해 '자기 중심성'을 버리고 있습니까?

prayer. 하나님, 하나님의 나라는 의와 평강과 희락입니다. 교회는 의와 평강과 희락의 공동체가 되어야 합니다. 그러므로 저희가 양보하게 해주세요. 교회의 평강을 위해 양보하게 해주세요. 저희가 희생하게 해주세요. 교회의 기쁨을 위해 양보하게 해주세요.

음식으로 말미암아 하나님의 사업을 무너지게 하지 말라

> **롬 14:20-21** 20 음식으로 말미암아 하나님의 사업을 무너지게 하지 말라 만물이 다 깨끗하되 거리낌으로 먹는 사람에게는 악한 것이라 21 고기도 먹지 아니하고 포도주도 마시지 아니하고 무엇이든지 네 형제로 거리끼게 하는 일을 아니함이 아름다우니라

로마서 14장의 배경은 강한 자와 약한 자 사이의 갈등입니다. 강한 자들은 고기를 먹지 않았고, 약한 자들은 고기를 먹었습니다. 강한 자와 약한 자의 차이에서 갈등이 시작되었습니다. 그런데 바울은 특별히 강한 자를 향해 권면합니다. "음식으로 말미암아 하나님의 사업을 무너지게 하지 말라."20절

이것은 강한 자와 약한 자 사이에 갈등이 있을 때, 그 갈등을 해결할 책임이 강한 자에게 있다는 뜻입니다. 강한 자가 주도적으로 갈등을 해결해야 한다는 뜻입니다. 그렇다면 어떤 식으로 갈등을 해결해야 합니까? 바울은 강한 자가 양보하고 배려함으로써 갈등을 해결해야 한다고 말합니다. "고기도 먹지 아니하고 포도주도 마시지 아니하고 무엇이든지 네 형제로 거리끼게 하는 일을 아니함이 아름다우니라."21절

바울은 강한 자를 향하여 고기도 먹지 말고, 포도주도 마시지 말라고 말합니다. 그것이 옳기 때문이 아닙니다. 형제를 배려하는 모습이 하나님께서 보시기에 아름답기 때문입니다. 이처럼 강한 자의 역할은 자신이 옳다고 믿는 바를 약한 자에게 주입시키는 것이 아닙니다. 강한 자의 역할은 약한 자를 배려하고 세워나가는 것입니다. 따라서 강한 자에게 요구되는 자질은 엄격함이 아닙니다. 따뜻함입니다. 강한 자는 약한 자들을 차별하고 따돌리는 사람이 아니라 기다려주고, 인내하고, 끌어주는 사람이 되어야 합니다.

그렇게 해야 하는 이유는 사람의 본질적인 변화가 하나님의 은혜로만 가능하기 때문입니다. 처음부터 강한 자는 없습니다. 누구나 처음에는 약한 자였습니다. 그런데 어떻게 강한 자가 되었습니까? 하나님께서 은혜를 베풀어 주셨기 때문입니다. "너희 안에서 착한 일을 시작하신 이가 그리스도 예수의 날까지 이루실 줄을 우리는 확신하노라."빌1:6 약한 자가 강한 자로 변화된 근거는 하나님께 있습니다. 우리 안에서 착한 일을 시작하신 이는 하나님이십니다. 만약 우리가 다른 사람보다 성숙한 신앙을 가지고 있다면 그 근거는 우리 자신에게 있지 않습니다. 오직 하나님의 은혜입니다. 그러므로 우리보다 부족한 사람을 볼 때는 우리 역시 예전에는 그 사람과 같았음을 기억해야 합니다. 그리고 하나님께서 저 사람도 나와 같은 사람으로 변화시키고 계심을 믿어야 합니다. 하나님께서 약한 자 안에서 착한 일을 하고 계심을 믿어야 합니다.

이것이 강한 자의 역할입니다. 강한 자는 약한 자를 하나님의 시각으로 보아야 합니다. 지금의 약한 모습이 아니라 하나님께서 변화시키실 미래의 모습을 보아야 합니다. 약한 자의 겉모습만 볼 것이 아니라, 그 안에서 일하고 계신 하나님도 함께 보아야 합니다.

신자의 성숙함은 "나는 옳고 너는 틀렸다"라는 것으로 입증되지 않습니다. 신자의 성숙함은 나와 다른 사람을 인내하고 참아 주는 것으로 입증됩니다. 약한 자를 배려하는 모습 속에서 신자의 성숙함이 드러납니다. 우리는 그런 사람이 되어야 합니다.

묵상과 기도

Q. 강한 자와 약한 자 사이에 갈등이 있을 때, 그 갈등을 해결할 책임은 주로 누구에게 있습니까?

Q. 강한 자에게 요구되는 자질은 무엇입니까?

prayer. 하나님, 저희가 다른 사람을 배려하게 해주세요. 다른 사람을 기다리게 해주세요. 다른 사람을 이해하게 해주세요. 저희가 먼저 손을 내밀게 하시고, 앞장서서 문제를 해결하게 해주세요.

네게 있는 믿음을 하나님 앞에서 스스로 가지고 있으라

롬 14:22-23 22 네게 있는 믿음을 하나님 앞에서 스스로 가지고 있으라 자기가 옳다 하는 바로 자기를 정죄하지 아니하는 자는 복이 있도다 23 의심하고 먹는 자는 정죄되었나니 이는 믿음을 따라 하지 아니하였기 때문이라 믿음을 따라 하지 아니하는 것은 다 죄니라

로마교회에는 두 부류의 사람들이 있었습니다. 한 부류는 고기를 먹는 것이 옳다는 믿음을 가지고 있었고, 또 다른 부류는 고기를 먹는 것이 옳지 않다는 믿음을 가지고 있었습니다. 이에 대해 바울은 다음과 같이 말합니다. "네게 있는 믿음을 하나님 앞에서 스스로 가지고 있으라."22절

이 말은 서로의 믿음을 인정하라는 뜻입니다. 고기를 먹는 것이 옳다는 믿음을 가진 자들은 고기를 먹는 것이 옳지 않다는 믿음을 가진 자들을 인정하고, 고기를 먹는 것이 옳지 않다는 믿음을 가진 자들은 고기를 먹는 것이 옳다는 믿음을 가진 자들을 인정하라는 뜻입니다.

이것은 신자들이 자기가 옳다고 믿는 바대로 살아야 한다는 뜻은 아닙니다. 교회는 진리의 공동체입니다. 신자들은 진리가 아닌 것을 믿을 수 없고, 진리에 어긋나는 행동을 해서도 안 됩니다. 본문의 적용은 본질이 아니라 비본질적인 것에 관한 것입니다.

찬양을 예로 들어보겠습니다. 어떤 사람은 앉아서 잠잠히 찬양하는 것을 선호하고, 어떤 사람은 일어서서 박수치며 찬양하는 것을 선호한다고 가정해 봅시다. 이때 두 사람은 서로를 판단하거나 비판하지 말아야 합니다. 앉아서 잠잠히 찬양하는 사람은 일어서서 박수치며 찬양하는 사람을 인정해 주어야 하고, 일어서서 박수치며 찬양하는 사람은 앉아서 잠잠히 찬양하는 사람을 인정해 주어야 합니다.

그런데 실제로는 그렇지 않은 경우가 많습니다. 앉아서 잠잠히 찬양하는 사람은 그렇지 않은 사람들을 감정적이라고 비판합니다. 일어서서 박수치며 찬양하는 사람들은 그렇지 않은 사람들을 감정이 메말랐다고 비판합니다. 이것은 옳지 않습니다. 우리는 상대방이 옳다고 믿는 바를 인정해 주어야 합니다.

세례를 예로 들어보겠습니다. 어떤 교회는 세례를 줄 때 수세자세례를 받는 사람을 물에 잠그는 형식을 취합니다. 또 어떤 교회는 세례를 줄 때 수세자에게 물을 붓거나 떨어뜨리는 형식을 취합니다. 이때 두 교회는 서로를 판단하거나 비판하지 말아야 합니다. 자기 교회의 형식만 옳다고 주장하지 말아야 합니다. 세례는 본질이지만 세례의 형식은 비본질이기 때문입니다.

기독교는 배타적입니다. 기독교는 진리에 있어서는 타협할 수 없습니다. 하지만 진리를 적용하는 방법에 있어서는 다양한 형식이 존재합니다. 찬양은 진리이지만 찬양하는 형태는 비진리입니다. 세례는 진리이지만 세례를 행하는 형태는 비진리입니다. 어떤 사람은 기도원에서 기도하는 것이 신앙에 도움이 되지만, 어떤 사람은 집에서 기도하는 것이 더 좋을 수도 있습니다. 비본질을 절대화해서는 안 됩니다. 비본질 때문에 서로를 판단하고 비판해서도 안 됩니다.

묵상과 기도

Q. 비본질적인 문제로 다투거나 싸운 적이 있습니까?

Q. 앞으로 비본질적인 문제 앞에서는 어떻게 행동하겠습니까?

prayer. 하나님, 진리는 물러서지 않게 해주세요. 하지만 비진리는 양보하고 이해하게 해주세요. 서로 이해하고 양보하며 하나 된 교회, 건강한 교회를 세워가게 해주세요.

마땅히 믿음이 약한 자의 약점을 담당하고

롬 15:1-2 1 믿음이 강한 우리는 마땅히 믿음이 약한 자의 약점을 담당하고 자기를 기쁘게 하지 아니할 것이라 2 우리 각 사람이 이웃을 기쁘게 하되 선을 이루고 덕을 세우도록 할지니라

기독교 신앙은 나 혼자 거룩한 사람이 되는 것이 아닙니다. 기독교 신앙은 더디 가도 함께 가는 것입니다. 그것이 본문에서 다음과 같이 표현되어 있습니다. "믿음이 강한 우리는 마땅히 믿음이 약한 자의 약점을 담당하고 자기를 기쁘게 하지 아니할 것이라."1절

이처럼 믿음이 강한 자에게 요구되는 것은 홀로 거룩하게 사는 것이 아닙니다. 강한 자에게는 약한 자를 도울 책임이 있습니다. 약한 자를 거룩하게 변화시킬 책임이 있습니다. 그런 점에서 다른 사람들에게 무관심하면서 홀로 거룩하게 살려고 하는 사람들의 신앙은 성경적인 신앙이 아닙니다.

이 점에 있어서 가장 모범이 되시는 분은 예수님입니다. 예수님은 "나는 너희와 다르다. 너희는 더럽지만 나는 깨끗하다. 너희는 부패했지만 나는 거룩하다"라는 말씀을 하기 위해 이 세상에 오시지 않았습니다. 예수님은 더럽고 부패한 우리를 깨끗하고 거룩하게 변화시키기 위해 오셨습니다.

신앙이란, 남과 다른 사람이 되는 것이 아닙니다. 참된 신앙은 남도 나처럼 되게 하는 것입니다. 약한 자를 변화시켜 나처럼 강한 자가 되게 하는 것입니다.

바로 그것이 십자가 정신입니다. 십자가 정신이란, 나보다 못한 자를 보면 판단하고 정죄하는 것이 아니라 용서하고 안타까워하는 마음입니다.169 상대방이 나처럼 강하지 못한 것을 슬퍼하는 마음입니다.

예수님은 십자가 위에서 다음과 같이 말씀하셨습니다. "이에 예수께서 이르시되 아버지 저들을 사하여 주옵소서. 자기들이 하는 것을 알지 못함이니이다 하시더라."눅23:34 참된 신앙은 예수님의 십자가 정신을 본받는 것입니다. 나 홀로 독야청청하는 것으로 만족하지 않고, 세리와 죄인 같은 사람들을 가까이하는 것입니다. 그들을 변화시키기 위해 노력하는 것입니다. 그들을 위해 기도하는 것입니다. 바로 그것이 강한 자들의 사명입니다.

우리는 판단하고 정죄하는 사람입니까, 아니면 용서하고 안타까워하는 사람입니까? 우리는 약한 자들에게 재판관과 같은 사람입니까, 아니면 변호인과 같은 사람입니까? 우리는 약한 자들이 피하고 싶은 사람입니까, 아니면 언제든지 찾아와 고민을 상담할 수 있는 사람입니까? 이런 질문 앞에서 우리의 신앙을 점검해 보았으면 좋겠습니다.

묵상과 기도

Q. 믿음이 강한 자에게 요구되는 것은 무엇입니까?

Q. 십자가 정신이란 무엇입니까?

prayer. 하나님, 저희가 십자가 정신을 가지고 살아가게 해주세요. 저희보다 못한 사람이 있다면, 판단하고 정죄하기보다 용서하고 안타까워하게 해주세요.

그리스도께서도 자기를 기쁘게 하지 아니하셨나니

> **롬 15:3** 그리스도께서도 자기를 기쁘게 하지 아니하셨나니 기록된 바 주를 비방하는 자들의 비방이 내게 미쳤나이다 함과 같으니라

신앙이란 혼자서 앞서 달리는 것이 아닙니다. 뒤처지는 사람들의 손을 잡고 함께 달리는 것입니다. 연약한 영혼들을 살피고, 약한 자들을 돌보고, 넘어진 자들을 일으켜 세우는 것입니다. 신앙이란 나의 강함을 드러내는 것이 아니라, 내 곁에 있는 약한 자들을 세우는 것입니다.

이것은 쉬운 일이 아닙니다. 상대방의 유익을 위해 내가 희생하고 양보한 것을 상대방이 보상하지 않기 때문입니다.[170] 만약 우리의 희생이 충분한 보답과 보상으로 돌아온다면, 우리는 기꺼이 상대방을 위해 양보할 것입니다. 하지만 현실에서는 그런 일을 보기가 어렵습니다. 대표적인 사례로 모세에게 일어났던 일을 꼽을 수 있습니다.

한 번은 모세가 동족을 돕기 위해 애굽 사람을 쳐죽여 모래 속에 감추었습니다. 그러나 동족들은 이 일을 전혀 고마워하지 않았습니다. 고마워하기는커녕 모세의 행위를 들추어내었습니다. 이로 인해 모세는 왕자에서 도망자의 신세로 전락했습니다. 이것이 현실입니다. 강한 자들이 양보하고 희생해도 약한 자들은 정당하게 보상하지 않습니다.

그래서 바울은 예수님의 십자가 사건을 재조명합니다. 바울은 예수님의 십자가를 구원의 측면이 아니라 약한 자들을 위한 희생의 차원에서 설명합니다. "그리스도께서도 자기를 기쁘게 하지 아니하셨나

니."3절

예수님은 자기를 기쁘게 하지 않으셨습니다. 예수님은 죄인들을 구원하기 위해 자신을 희생하셨습니다. 그 대가가 무엇이었습니까? 사람들은 도리어 예수님을 비방하고 조롱했습니다. 심지어 십자가에 못 박았습니다.

이것이 우리가 따라야 할 모범입니다. 신앙이란 자기를 기쁘게 하는 것이 아닙니다. 예수님처럼 아무것도 바라지 않고 다른 사람을 위해 희생하는 것입니다. 우리는 항상 이 사실을 기억해야 합니다.

우리가 다른 사람을 위해 양보해도 그들은 고마워하지 않을 것입니다. 그래도 우리는 양보해야 합니다. 그것이 예수님께서 앞서 가신 길이기 때문입니다. 우리가 다른 사람을 위해 희생해도 그들은 고마워하지 않을 것입니다. 그래도 우리는 희생해야 합니다. 그것이 예수님을 따르는 길이기 때문입니다.

신앙이란 보상과 보답이 있는 길이 아닙니다. 강한 자들은 마땅히 약한 자들을 위해 양보하고 희생하며 살아야 하지만, 그들에게서 보상과 보답을 기대하지 말아야 합니다. 신앙이란 자기를 기쁘게 하는 길이 아니라 예수님을 따라가는 길이기 때문입니다. 예수님이 우리를 위해 비방을 받으셨다면, 우리 역시 고난을 감수하고 그분의 뒤를 따라가야 합니다.

묵상과 기도

Q. 참된 신앙이란 약한 자들을 어떻게 대하는 것입니까?

Q. 참된 신앙이란 누구를 기쁘게 하는 것입니까?

prayer. 하나님, 저희보다 약한 자들을 세우는 삶을 살아가게 해주세요. 저희를 기쁘게 하기보다 다른 사람을 기쁘게 하는 삶을 살아가게 해주세요. 예수님께서 그렇게 사셨으니, 저희도 예수님의 뒤를 따라가게 해주세요.

인내와 위로의 하나님

롬 15:4-6 4 무엇이든지 전에 기록된 바는 우리의 교훈을 위하여 기록된 것이니 우리로 하여금 인내로 또는 성경의 위로로 소망을 가지게 함이니라 5 이제 인내와 위로의 하나님이 너희로 그리스도 예수를 본받아 서로 뜻이 같게 하여 주사 6 한 마음과 한 입으로 하나님 곧 우리 주 예수 그리스도의 아버지께 영광을 돌리게 하려 하노라

우리는 앞에서 강한 자가 약한 자의 약점을 담당해야 한다는 사실을 살펴보았습니다. 롬15:1 강한 자의 역할은 혼자서 앞서 가는 것이 아니라, 약한 자와 함께 약한 자의 손을 잡고 가는 것임을 알아보았습니다. 그렇다면 하나님께서 그렇게 하시는 이유는 무엇일까요? 그 이유는 강한 자가 약한 자를 섬기고 돌보는 것이 강한 자의 성장에 있어서 필수적인 과정이기 때문입니다. 예를 들어, 이렇게 기도하는 사람이 있다고 가정해 봅시다. "하나님, 사랑이 풍성한 사람이 되게 해주십시오." 그러면 하나님께서 어떻게 응답하실까요? 저절로 사랑하는 마음이 생겨나게 하실까요? 아닙니다. 일반적으로 하나님은 누군가를 사랑해야 할 상황이 생기게 하십니다. 우리는 그 상황 속에서 실제로 누군가를 사랑함으로써 사랑이 풍성한 사람으로 성장하게 됩니다. 또 이렇게 기도할 수도 있습니다. "하나님, 우리 자녀가 인내심이 풍성한 사람이 되게 해주십시오." 그러면 하나님께서 어떻게 응답하실까요? 저절로 인내심이 풍성한 사람이 되게 하실까요? 아닙니다. 일반적으로 하나님은 어려움을 인내해야 하는 상황이 생기게 하십니다. 우리 자녀들은 그 상황을 실제로 인내함으로써 인내심이 풍성한 사람으로 성장하게 됩니다. 그래서 강한 자들은 약한 자들을 섬기면서 한 가지 소망을 가질 수 있습니다. 비록 사람이 주는 위로와 보상은 없을지라도, 하나님께서 주시는 위로와 보상이 있다는 소망입니다. 하나님의 위로와 보상을 통해 더 거룩한 사람이 되고, 더 성숙한 사람이 된다는 소망입니다. 이 소망으로 인하여 강한 자들은 계속 인내하면서 약한 자들을 섬길 수 있습니다. 그래서 바울은 "인내와 위로의 하나님"이라고 말합니다. 5절 "우리가 믿는 하나님은 인내하는 자를 위로하시는 하나님이다"라는 뜻입니다. 이어서 바울은 약한 자를 섬기는 것이야말로 진정으로 하나님을 영화롭게 하는 것이라고 말합니다. "이제 인내와 위로의 하나님이 너희로 그리스도 예수를 본받아 서로 뜻이 같게 하여 주사 한마음과 한 입으로 하나님 곧 우리 주 예수 그리스도의 아버지께 영광을 돌리게 하려 하노라."5-6절

예수님은 심판받아 마땅한 우리를 내버려 두지 않으셨습니다. 예수님은 우리를 위해 사람이 되셨고, 우리를 구원하기 위해 고난을 당하셨고, 우리를 살리기 위해 대신 죽으셨습니다. 이제 하나님은 우리도 그렇게 살아야 한다고 말씀하십니다. 예수님이 우리를 위해 희생하신 것처럼 우리도 약한 자들을 위해 희생해야 한다고 말씀하십니다. 바로 그것이 하나님께 영광을 돌리는 삶입니다. 우리가 돌아보아야 할 약한 자는 누구입니까? 우리가 손을 잡아 주어야 할 약한 자는 누구입니까? 우리가 일으켜 세워야 할 약한 자는 누구입니까? 나의 섬김과 사랑이 필요한 약한 자는 누구입니까? 입으로만 사랑을 외칠 것이 아니라, 약한 자를 섬기는 행동으로 사랑을 실천하는 우리가 되었으면 좋겠습니다.

묵상과 기도

Q. 하나님께서 강한 자에게 약한 자를 배려하라고 말씀하시는 이유는 무엇입니까?

Q. 강한 자들이 약한 자들을 섬기면서 가져야 할 소망은 무엇입니까?

prayer. 하나님, 저희 곁에 있는 약한 자들을 저희가 잘 돌보게 해주세요. 저희 곁에 있는 넘어진 자들을 저희가 일으켜 세우게 해주세요. 저희 곁에 있는 가난한 자들을 저희가 섬기게 해주세요. 그리하여 저희가 더욱 성장하고 성숙하게 해주세요.

너희도 서로 받으라

> **롬 15:7** 그러므로 그리스도께서 우리를 받아 하나님께 영광을 돌리심과 같이 너희도 서로 받으라

흔히 하나님께 영광을 돌린다고 하면 제일 앞서 가는 것을 생각하기 쉽습니다. 하지만 성경은 다르게 말합니다. 성경은 강한 자가 약한 자를 섬기는 것이 하나님께 영광을 돌리는 일이라고 말합니다. "그리스도께서 우리를 받아 하나님께 영광을 돌리심과 같이 너희도 서로 받으라."7절

예수님은 자격 없는 우리를 위해 자신을 희생하셨습니다. 그렇게 하나님께 영광을 돌리셨습니다. 바로 이것이 하나님을 영화롭게 하는 삶입니다. 따라서 우리도 약한 자들을 위해 자신을 희생해야 합니다. 약한 자들을 섬겨야 합니다. 약한 자들을 일으켜 함께 걸어가야 합니다. 나 혼자 앞서 가는 것이 아니라, 손을 잡고 함께 걸어가야 합니다. 예수님께서 그렇게 하셨으니 우리도 그렇게 해야 합니다.

신앙은 경쟁이 아닙니다. 나는 상을 받고, 상대방은 벌을 받는 것을 목표로 해서는 안 됩니다. 신자의 목표는 다 함께 상을 받는 것입니다. 다 함께 칭찬을 받는 것입니다. 다 함께 한마음과 한 입으로 하나님께 영광을 돌리는 것입니다. 롬15:6

그래서 성경은 우리에게 제물이 되라고 말합니다. 예수님이 우리를 위해 죽으신 것처럼 우리도 다른 사람을 위해 죽어야 한다고 말합니다.

"그리스도께서 너희를 사랑하신 것 같이 너희도 사랑 가운데서 행하라. 그는 우리를 위하여 자신을 버리사 향기로운 제물과 희생제물로 하나님께 드리셨느니라."엡5:2

우리가 하나님을 영화롭게 하고자 한다면 제물이 되어야 합니다. 여기서 말하는 제물이란 자신을 희생하는 것을 말합니다. 다른 사람을 위해 양보하고, 다른 사람을 위해 손해 보는 것을 말합니다. 자신의 인생을 제물로 바치는 것처럼 하나님께서 기뻐하는 일은 없습니다. 그래서 성경은 어디서나 희생을 강조합니다.

"너희 중에 누구든지 으뜸이 되고자 하는 자는 너희의 종이 되어야 하리라."마20:27

"누구든지 제 목숨을 구원하고자 하면 잃을 것이요 누구든지 나를 위하여 제 목숨을 잃으면 찾으리라."마16:25

이처럼 신앙이란 누가 더 앞서 가느냐의 싸움이 아닙니다. 누가 더 많은 짐을 지느냐의 싸움입니다.171 더 많은 짐을 지고 있다는 것은, 하나님 앞에서 제대로 된 삶을 살고 있다는 증거입니다. 만약 하나님을 믿는다고 하면서 손해 볼 일이 없고, 희생할 일이 없고, 다른 사람의 짐을 대신 져야 할 일도 없다면 그 사람은 하나님의 뜻대로 사는 것이 아닙니다.

하나님은 우리를 고난 없는 삶으로 부르시지 않았습니다. 하나님께서 부르신 삶은 희생제물이 되는 삶이요, 십자가를 지는 삶입니다. 넓은 길이 아니라 좁은 길을 걷는 삶입니다.

"좁은 문으로 들어가라. 멸망으로 인도하는 문은 크고 그 길이 넓어 그리로 들어가는 자가 많고 생명으로 인도하는 문은 좁고 길이 협착하여 찾는 자가 적음이라."마7:13-14

묵상과 기도

Q. 하나님께서 우리에게 제물이 되라고 말씀하시는 것은 어떤 의미입니까?

Q. 신앙의 싸움은 무엇입니까?

prayer. 하나님, 저희가 신앙의 싸움을 잘 싸우게 해주세요. 다른 사람을 위해 희생하는 싸움, 어려운 사람을 도와주는 싸움, 약한 자를 일으켜 세우는 싸움을 잘 싸우게 해주세요.

그리스도께서 하나님의 진실하심을 위하여

롬 15:8-12 8 내가 말하노니 그리스도께서 하나님의 진실하심을 위하여 할례의 추종자가 되셨으니 이는 조상들에게 주신 약속들을 견고하게 하시고 9 이방인들도 그 긍휼하심으로 말미암아 하나님께 영광을 돌리게 하려 하심이라 기록된 바 그러므로 내가 열방 중에서 주께 감사하고 주의 이름을 찬송하리로다 함과 같으니라 10 또 이르되 열방들아 주의 백성과 함께 즐거워하라 하였으며 11 또 모든 열방들아 주를 찬양하며 모든 백성들아 그를 찬송하라 하였으며 12 또 이사야가 이르되 이새의 뿌리 곧 열방을 다스리기 위하여 일어나시는 이가 있으리니 열방이 그에게 소망을 두리라 하였느니라

로마서 15장의 주제는 강한 자가 약한 자를 섬겨야 한다는 것입니다. 신자의 강함은 앞서 가는 것으로 증명되지 않고, 약한 자를 섬기는 것으로 드러난다는 것이 15장의 핵심입니다. 바울은 예수님을 강한 자의 모범으로 제시합니다. "내가 말하노니 그리스도께서 하나님의 진실하심을 위하여 할례의 추종자가 되셨으니."8절

우리말 성경에서 "추종자"로 번역된 헬라어 '디아코노스'는 하인 또는 노예를 의미합니다. 따라서 본문은 예수님께서 사람들의 종이 되셨음을 강조하는 말씀입니다. 마가복음은 좀 더 구체적으로 말합니다. "인자가 온 것은 섬김을 받으려 함이 아니라 도리어 섬기려 하고 자기 목숨을 많은 사람의 대속물로 주려 함이니라."막10:45

예수님은 섬김을 받기 위해서가 아니라 섬기기 위해 오셨습니다. 우리 대신 죽기 위해 이 세상에 오셨습니다. 따라서 신자의 강함은 다른 사람을 섬기는 것으로 입증됩니다. 다른 사람을 위해 희생하는 것으로 입증됩니다.

강한 자들이 약한 자들을 섬기기 위해 반드시 알아야 할 사실이 있습니다. 하나님의 긍휼입니다. 바울은 하나님께서 예수님을 이 땅에 보내신 근거가 하나님의 긍휼이라고 말합니다. "이방인들도 그 긍휼하심으로 말미암아 하나님께 영광을 돌리게 하려 하심이라"9절

우리에게는 아무런 자격이 없습니다. 우리에게는 아무런 공로도 없습니다. 그런데 왜 하나님께서 예수님을 보내셨습니까? 하나님께서 우리를 긍휼히 여기셨기 때문입니다. 그것 외에 다른 이유는 없습니다. 그래서 성경은 다음과 같이 말합니다. "우리가 아직 죄인 되었을 때에 그리스도께서 우리를 위하여 죽으심으로 하나님께서 우리에 대한 자기의 사랑을 확증하셨느니라."롬5:8

우리가 아직 죄인일 때 예수님께서 우리 대신 죽으셨습니다. 우리에게 아무런 자격과 공로가 없을 때 예수님께서 우리 대신 죽으셨습니다. 따라서 우리도 아무런 자격과 공로가 없는 자들을 사랑해야 합니다. 사랑받을 자격, 도움받을 자격이 없는 자들을 위해 희생해야 합니다.

강한 자들이 약한 자들에게 마음을 열지 못하는 이유가 무엇입니까? 자격과 조건을 따지기 때문입니다. 약한 자들에게는 사랑받을 자격, 도움받을 자격이 없다고 생각하기 때문입니다. 하지만 신자들은 서로의 자격과 조건을 따지지 말아야 합니다. 하나님께서 먼저 아무 자격과 조건이 없는 우리들을 사랑해 주셨기 때문입니다. 아무런 자격과 조건이 없는 우리들을 구원해 주셨기 때문입니다.

묵상과 기도

Q. 바울은 누구를 강한 자의 모범으로 제시합니까?

Q. 하나님께서 아무 자격 없는 우리에게 예수님을 보내주신 이유는 무엇입니까?

prayer. 하나님, 저희가 예수님을 닮게 해주세요. 저희도 예수님처럼 다른 사람을 위해 희생하게 해주세요. 저희도 예수님처럼 자격과 조건을 따지지 않고, 다른 사람을 사랑하게 해주세요.

소망의 하나님

롬 15:13 소망의 하나님이 모든 기쁨과 평강을 믿음 안에서 너희에게 충만하게 하사 성령의 능력으로 소망이 넘치게 하시기를 원하노라

하나님은 강한 자에게 대단한 것을 요구하시지 않습니다. 하나님은 강한 자에게 세상을 뒤바꿀 것을 요구하시지 않습니다. 하나님께서 강한 자에게 요구하시는 것은 약한 자의 짐을 대신 들어 주는 것입니다. 약한 자의 약점을 판단하고 비판하는 것이 아니라, 이해하고 배려하는 것입니다. "믿음이 강한 우리는 마땅히 믿음이 약한 자의 약점을 담당하고 자기를 기쁘게 하지 아니할 것이라." **롬15:1**

그런데 이 일은 쉽지 않습니다. 약한 자의 짐을 대신 들어 주는 것, 약한 자의 약점을 담당하는 것은 매우 어려운 일입니다. 거기에는 여러 가지 이유가 있습니다. 첫째, 약한 자들은 감사할 줄을 모릅니다. 따라서 우리가 행한 일에 대해서 아무런 보상을 해주지 않습니다. 둘째, 약한 자들은 잘 변하지 않습니다. 따라서 약한 자들을 섬기는 것은 매우 지치는 일입니다.

본문에서도 그 사실이 잘 드러납니다. 바울은 강한 자들에게 "소망"과 "믿음"을 가지라고 말합니다. "소망의 하나님이 모든 기쁨과 평강을 믿음 안에서 너희에게 충만하게 하사 성령의 능력으로 소망이 넘치게 하시기를 원하노라." **13절** 그런데 '소망'과 '믿음'은 눈에 보이는 보상이 아닙니다. 반대로 눈에 보이는 보상이 없기 때문에 소망을 가져야 하고, 믿음을 가져야 합니다. 바로 이 점 때문에 강한 자들은 약한 자들을 섬기는 일을 주저하게 됩니다. 하지만 소망과 믿음은 참된 보상입니다. 힘들고 어려운 현실 속에서 하나님께만 소망과 믿음을 둔 자들은 다음 세상에서 합당한 선물을 받을 것이기 때문입니다. 예를 들어, 사도 바울이 로마서 14장 10절에서 말하고 있는 심판은 일반적인 심판이 아니라 상급 심판입니다. [172] "네가 어찌하여 네 형제를 비판하느냐. 어찌하여 네 형제를 업신여기느냐. 우리가 다 하나님의 심판대 앞에 서리라." 약한 자들을 위해 자신을 희생한 강한 자들은 반드시 하나님의 심판대에서 합당한 보상을 받게 될 것입니다.

고린도후서 5장도 상급 심판에 대해 말합니다. "그런즉 우리는 몸으로 있든지 떠나든지 주를 기쁘시게 하는 자가 되기를 힘쓰노라. 이는 우리가 다 반드시 그리스도의 심판대 앞에 나타나게 되어 각각 선악간에 그 몸으로 행한 것을 따라 받으려 함이라." **고후5:9-10** 우리는 하나님을 기쁘시게 하는 자가 되어야 합니다. 하나님의 뜻을 따라 살아야 합니다. 왜냐하면 우리 모두가 한 사람도 예외 없이 하나님의 심판대 앞에 서게 될 것이기 때문입니다. 그때 하나님은 우리가 행한 선에 대해 합당한 것으로 갚아 주실 것이기 때문입니다.

따라서 우리는 이 세상에서 무언가를 기대하지 말아야 합니다. 우리가 선을 베푸는 약한 자들로부터 무언가를 기대하지 말아야 합니다. 우리가 믿음과 소망을 가져야 할 분은 하나님 한 분 밖에 없습니다. 하나님은 반드시 합당한 것으로 보상해 주실 것입니다. 이 세상뿐만 아니라 다음 세상에서 좋은 것으로 갚아 주실 것입니다. 우리는 이러한 믿음과 소망을 가지고, 약한 자들을 섬기고 약한 자들을 위해 희생해야 합니다.

묵상과 기도

Q. 하나님께서 강한 자에게 요구하시는 것은 무엇입니까?

Q. 로마서 14장 10절에서 말하고 있는 심판은 어떤 심판을 말합니까?

prayer. 하나님, 마지막 날에 심판이 있을 것을 믿습니다. 불신자들은 정죄의 심판을 받지만, 저희는 상급 심판을 받게 될 것을 믿습니다. 그날 하나님께 칭찬을 받는 소망을 품고, 저희에게 주어진 삶을 거룩하게 살아가게 해주세요.

하나님께서 내게 주신 은혜로 말미암아

> **롬 15:14-18** 14 내 형제들아 너희가 스스로 선함이 가득하고 모든 지식이 차서 능히 서로 권하는 자임을 나도 확신하노라 15 그러나 내가 너희로 다시 생각나게 하려고 하나님께서 내게 주신 은혜로 말미암아 더욱 담대히 대략 너희에게 썼노니 16 이 은혜는 곧 나로 이방인을 위하여 그리스도 예수의 일꾼이 되어 하나님의 복음의 제사장 직분을 하게 하사 이방인을 제물로 드리는 것이 성령 안에서 거룩하게 되어 받으실 만하게 하려 하심이라 17 그러므로 내가 그리스도 예수 안에서 하나님의 일에 대하여 자랑하는 것이 있거니와 18 그리스도께서 이방인들을 순종하게 하기 위하여 나를 통하여 역사하신 것 외에는 내가 감히 말하지 아니하노라 그 일은 말과 행위로

이제 바울은 로마교회에 보내는 편지를 마무리합니다. 바울은 로마서를 끝내면서 무엇이 자신의 사역을 가능하게 했는지를 말합니다. 그것은 바로 하나님의 은혜입니다. 바울은 첫 번째로 자신이 로마서를 기록한 것이 하나님의 은혜라고 말합니다. "하나님께서 내게 주신 은혜로 말미암아 더욱 담대히 대략 너희에게 썼노니." 15절 두 번째로는 자신이 이방인을 대상으로 사역할 수 있었던 것이 하나님의 은혜라고 말합니다. "이 은혜는 곧 나로 이방인을 위하여 그리스도 예수의 일꾼이 되어." 16절

우리는 앞에서 약한 자를 섬기고, 약한 자를 배려하며 사는 것이 우리의 사명이라는 것을 배웠습니다. 하나님께서 우리에게 요구하시는 것은 홀로 앞서 가는 것이 아니라, 약한 자의 손을 잡고 함께 가는 것임을 배웠습니다. 이것은 참으로 어려운 일입니다. 약한 자를 섬기고 배려하는 것은 보상이 없고, 열매가 없는 일이기 때문입니다. 약한 자들은 감사할 줄을 모르고 잘 변하지도 않습니다.

하지만 우리는 섬기고 배려하며 살아야 합니다. 우리는 빛과 소금이 되어야 하며, 복의 통로가 되어야 합니다. 주님을 위해 손해 볼 줄 알아야 하며, 하나님의 영광을 위해 희생할 줄 알아야 합니다. 우리가 그렇게 살 때, 하나님께서 우리에게 은혜를 더하실 것입니다. 하나님께서 바울을 혼자 내버려 두시지 않았던 것처럼, 우리도 홀로 내버려 두지 않을 것입니다. 하나님께서 바울에게 힘과 지혜를 주셨던 것처럼 우리에게도 힘과 지혜를 주실 것입니다. 이것은 성경에 분명하게 약속되어 있는 일입니다. "예수께서 나아와 말씀하여 이르시되 하늘과 땅의 모든 권세를 내게 주셨으니 그러므로 너희는 가서 모든 민족을 제자로 삼아 아버지와 아들과 성령의 이름으로 세례를 베풀고 내가 너희에게 분부한 모든 것을 가르쳐 지키게 하라. 볼지어다. 내가 세상 끝 날까지 너희와 항상 함께 있으리라 하시니라." 마28:18-20

섬기고 배려할 때, 빛과 소금으로 살 때, 복의 통로가 되기 위해 힘쓸 때, 하늘과 땅의 모든 권세를 가지신 주님께서 우리를 도와주실 것입니다. 우리가 모든 민족을 주님의 제자 삼기 위해 노력할 때, 주님이 우리와 함께하실 것입니다. 우리는 약하지 않습니다. 우리는 혼자가 아닙니다. 하나님께서 우리를 도와주시는데 순종하지 않고 도망만 다녀서는 안 됩니다. 하나님께서 우리와 함께하시는데 희생하지 않고 이기적인 삶을 살아서는 안 됩니다. 우리가 하나님의 은혜를 체험하지 못하는 것은 하나님의 은혜가 필요 없는 삶을 살기 때문입니다. 헌신하고 희생할 때 하나님께서 찾아오실 것입니다. 은혜를 더하실 것입니다.

묵상과 기도

Q. 바울의 사역이 가능했던 근거는 무엇입니까?

Q. 최근에 하나님의 은혜를 구한 적이 있나요?

prayer. 하나님, 저희에게 맡겨진 사명은 너무나 무겁습니다. 저희가 헤쳐가야 할 길은 너무나 험난합니다. 그래서 하나님의 은혜를 구합니다. 하나님의 도움을 구합니다. 저희가 거룩하게 살 수 있도록, 저희가 사랑하며 살 수 있도록 도와주세요.

너희가 그리로 보내주기를 바람이라

> **롬 15:19-24** 19 표적과 기사의 능력으로 성령의 능력으로 이루어졌으며 그리하여 내가 예루살렘으로부터 두루 행하여 일루리곤까지 그리스도의 복음을 편만하게 전하였노라 20 또 내가 그리스도의 이름을 부르는 곳에는 복음을 전하지 않기를 힘썼노니 이는 남의 터 위에 건축하지 아니하려 함이라 21 기록된 바 주의 소식을 받지 못한 자들이 볼 것이요 듣지 못한 자들이 깨달으리라 함과 같으니라 22 그러므로 또한 내가 너희에게 가려 하던 것이 여러 번 막혔더니 23 이제는 이 지방에 일할 곳이 없고 또 여러 해 전부터 언제든지 서바나로 갈 때에 너희에게 가기를 바라고 있었으니 24 이는 지나가는 길에 너희를 보고 먼저 너희와 사귐으로 얼마간 기쁨을 가진 후에 너희가 그리로 보내주기를 바람이라

바울은 자신의 지난 사역을 다음과 같이 요약합니다. "표적과 기사의 능력으로 성령의 능력으로 이루어졌으며 그리하여 내가 예루살렘으로부터 두루 행하여 일루리곤까지 그리스도의 복음을 편만하게 전하였노라."19절 바울은 예루살렘부터 일루리곤까지 빠짐없이 복음을 전했습니다. 이미 복음이 전해진 지역을 제외하고는20절 구석구석 복음을 전했습니다. 그 과정은 순탄하지 않았습니다. 바울은 복음을 전하기 위해 여러 번 자신을 희생해야 했습니다. 죽을 고비를 수없이 넘겨야 했습니다. 바울은 자신이 겪은 고난을 다음과 같이 말합니다. "내가 수고를 넘치도록 하고 옥에 갇히기도 더 많이 하고 매도 수없이 맞고 여러 번 죽을 뻔하였으니 유대인들에게 사십에서 하나 감한 매를 다섯 번 맞았으며 세 번 태장으로 맞고 한 번 돌로 맞고 세 번 파선하고 일 주야를 깊은 바다에서 지냈으며 여러 번 여행하면서 강의 위험과 강도의 위험과 동족의 위험과 이방인의 위험과 시내의 위험과 광야의 위험과 바다의 위험과 거짓 형제 중의 위험을 당하고 또 수고하며 애쓰고 여러 번 자지 못하고 주리며 목마르고 여러 번 굶고 춥고 헐벗었노라."고후11:23-27

이처럼 바울은 주님을 위해 자신을 희생했습니다. 이방인들에게 복음을 전하기 위해 자신을 희생했습니다. 하지만 바울은 이 모든 일이 자신의 희생 때문이라고 말하지 않습니다. 대신 하나님의 능력 때문이라고 말합니다. "성령의 능력으로 이루어졌으며."19절

따라서 우리는 희생이라는 단어를 조심스럽게 사용해야 합니다. 사실 신자에게 희생은 없습니다. 불신자들의 눈에는 희생으로 보일지라도 실제로는 하나님의 도구로 사용된 것입니다. 하나님의 능력이 전달되는 통로로 사용된 것입니다. 하나님의 뜻을 이루는 동역자로 부름을 받은 것입니다. 그래서 희생이 아니라 영광입니다. 손해가 아니라 기쁨입니다. 슬퍼할 일이 아니라 감사할 일입니다.

그래서 바울은 다음과 같이 말합니다. "너희가 그리로 보내주기를 바람이라."24절 바울은 로마교회가 자신을 서바나 지역으로, 오늘날로 치면 스페인 지역으로 파송해 주기를 바랍니다. 바울은 로마교회에게 자신을 희생하라고 말하는 것이 아닙니다. 하나님의 능력의 도구로 사용되는 일에 동참하라고 말하는 것입니다. 하나님의 복의 통로가 되라고 말하는 것입니다. 영광스러운 일을 함께하자고 말하는 것입니다.

헌신은 영광입니다. 희생은 손해가 아닙니다. 섬길 수 있다는 것을 기뻐해야 합니다. 봉사할 기회가 있다는 것을 감사해야 합니다. 그때 하나님의 능력이 우리와 함께할 것이기 때문입니다. 하나님의 은혜가 우리 삶에 부어질 것이기 때문입니다.

묵상과 기도

Q. 바울이 성실하게 복음을 전할 수 있었던 것은 누구의 능력 때문입니까?

prayer. 하나님, 기쁘게 하나님을 위해 희생하게 해주세요. 즐겁게 하나님을 위해 봉사하게 해주세요. 그리고 그때마다 하나님의 능력을 저희에게 더해 주세요. 저희와 함께해주세요.

내가 성도를 섬기는 일로 예루살렘에 가노니

> **롬 15:25-29** 25 그러나 이제는 내가 성도를 섬기는 일로 예루살렘에 가노니 26 이는 마게도냐와 아가야 사람들이 예루살렘 성도 중 가난한 자들을 위하여 기쁘게 얼마를 연보하였음이라 27 저희가 기뻐서 하였거니와 또한 저희는 그들에게 빚진 자니 만일 이방인들이 그들의 영적인 것을 나눠 가졌으면 육적인 것으로 그들을 섬기는 것이 마땅하니라 28 그러므로 내가 이 일을 마치고 이 열매를 그들에게 확증한 후에 너희에게 들렀다가 서바나로 가리라 29 내가 너희에게 나아갈 때에 그리스도의 충만한 복을 가지고 갈 줄을 아노라

우리는 앞에서 상대방을 섬기는 것이 신자의 사명이자 의무임을 살펴보았습니다. 그렇다면 다른 사람을 섬기기 위해 우리가 해야 하는 일은 무엇일까요? 우리가 다른 사람을 섬기고자 한다면 그 사람이 당면한 어려움을 해결해 주어야 합니다. 예를 들어, 우리 곁에 물질적인 어려움을 겪는 사람이 있다면 물질적인 도움을 주어야 합니다.

바울은 이 점에 있어서 좋은 모범을 보여주고 있습니다. 바울은 성도를 섬기기 위해 예루살렘으로 간다고 말합니다. "이제는 내가 성도를 섬기는 일로 예루살렘에 가노니."²⁵절 바울이 말하는 섬김은 물질을 나누는 섬김입니다. "이는 마게도냐와 아가야 사람들이 예루살렘 성도 중 가난한 자들을 위하여 기쁘게 얼마를 연보하였음이라."²⁶절 마게도냐와 아가야 신자들은 예루살렘 신자들을 돕기 위해 물질을 모았습니다. 이제 바울은 그 물질로 예루살렘 신자들을 섬기고자 합니다. 바울이 물질의 나눔을 섬김의 예로 제시하는 이유는, 물질을 나누는 일이 상대방을 섬기는 데 있어서 필수적이고 중요한 요소이기 때문입니다. 이 점은 성경 전체에서 강조되는 주제입니다. 예를 들어, 어려서부터 계명을 충실하게 지켰던 사람에게 예수님은 다음과 같이 말씀하셨습니다. "네게 아직도 한 가지 부족한 것이 있으니 네게 있는 것을 다 팔아 가난한 자들에게 나눠 주라. 그리하면 하늘에서 네게 보화가 있으리라. 그리고 와서 나를 따르라."눅18:22

이 사람은 대부분의 계명을 지켰습니다. 하지만 한 가지 부족한 것이 있었는데, 물질을 나누지 않는다는 것이었습니다. 그 사람을 향한 예수님의 최종 판단은 다음과 같았습니다. "재물이 있는 자는 하나님의 나라에 들어가기가 얼마나 어려운지 낙타가 바늘귀로 들어가는 것이 부자가 하나님의 나라에 들어가는 것보다 쉬우니라."눅18:24-25

그는 자신이 하나님의 나라와 가깝다고 믿었을 것입니다. 하지만 예수님이 보시기에 그 사람은 아직 하나님 나라에 들어가지도 못한 사람이었습니다. 하나님의 나라와 멀고도 먼 사람이었습니다. 이처럼 어려운 사람을 위해 물질을 나누느냐 그렇지 않느냐 하는 것은 신자의 경건을 판단하는 중요한 기준이 됩니다. 그래서 성경은 참된 경건에 대해 다음과 같이 말합니다. "하나님 아버지 앞에서 정결하고 더러움이 없는 경건은 곧 고아와 과부를 그 환난 중에 돌보고 또 자기를 지켜 세속에 물들지 아니하는 그것이니라."약1:27

하나님께서 우리의 경건을 측정하는 기준은 어려운 사람을 대하는 태도입니다. 만약 우리가 입으로만 사랑을 외치고 실제로는 어려운 사람에게 무관심하다면, 우리는 하나님께서 보시기에 경건한 사람이 아닙니다. 하나님은 우리의 사랑이 물질의 나눔으로 증명되기를 원하십니다.

묵상과 기도

Q. 바울이 물질의 나눔을 섬김의 예로 제시하는 이유는 무엇입니까?

Q. 어려운 사람과 물질을 나눈 적이 있습니까?

prayer. 하나님, 저희가 입으로만 사랑하지 않게 해주세요. 저희가 마음으로만 사랑하지 않게 해주세요. 물질을 나누고, 돈을 나누면서 사랑하게 해주세요. 저희가 소중하게 생각하는 것을 나누어 주면서 사랑하게 해주세요.

12월 29일

나를 위하여 하나님께 빌어

롬 15:30-33 30 형제들아 내가 우리 주 예수 그리스도와 성령의 사랑으로 말미암아 너희를 권하노니 너희 기도에 나와 힘을 같이하여 나를 위하여 하나님께 빌어 31 나로 유대에서 순종하지 아니하는 자들로부터 건짐을 받게 하고 또 예루살렘에 대하여 내가 섬기는 일을 성도들이 받을 만하게 하고 32 나로 하나님의 뜻을 따라 기쁨으로 너희에게 나아가 너희와 함께 편히 쉬게 하라 33 평강의 하나님께서 너희 모든 사람과 함께 계실지어다 아멘

이제 바울은 예루살렘으로 가야 합니다. 이방인 신자들이 유대인 신자들을 위해 헌금한 것을 전달해야 하기 때문입니다. 이것은 쉬운 일이 아니었습니다. 첫째, 극렬한 유대주의자들이 바울을 반대하고 있었습니다. 둘째, 거금을 전달하는 일은 자칫하면 오해를 살 수 있었습니다. 이러한 이유로 바울은 로마교회 신자들에게 기도를 부탁합니다. 그런데 이것은 이상한 일입니다. 바울은 초대 교회의 지도자인 반면, 로마교회 신자들은 회심한 지 얼마 되지 않은 초신자이기 때문입니다. 지금도 초신자들이 직분자들에게 기도를 부탁하는 경우는 있어도, 직분자들이 초신자들에게 기도를 부탁하는 경우는 없습니다. 그렇다면 왜 바울은 로마교회 신자들에게 기도를 부탁했을까요?

초대 교회에서 바울의 위상은 대단했습니다. 대부분의 이방인 교회는 바울이 목숨을 걸고 선교한 결과로 세워졌습니다. 이방인 교회의 지도자들도 바울이 직접 전도하고 가르친 사람들이 대부분이었습니다. 그러다 보니 바울이 신격화될 가능성이 있었습니다. 신격화는 아니더라도 영웅화될 우려가 있었습니다. 바울이 기도를 부탁하는 이유가 여기에 있습니다. 교회는 하나님께서 다스리시고, 하나님께서 돌보시고, 하나님께서 이끄시는 공동체입니다. 아무리 대단한 사람도 자신의 힘으로는 교회를 세울 수 없습니다. 교회는 한 명의 영웅 때문에 존재하지 않습니다. 바울은

로마교회 신자들이 이 점을 망각하지 않기를 바랍니다. 기도란 하나님의 도움을 구하는 행위입니다. 나의 힘으로 할 수 없다는 것을 나타내는 행위입니다. 그래서 기도한 일이 이루어져도 자신의 공로가 될 수 없습니다. 기도는 모든 영광을 하나님께만 돌리는 행위입니다. 바로 이것이 바울이 기도를 부탁하는 이유입니다. 바울은 자신이 하는 일들이 자신의 능력이 아니라 하나님의 은혜로만 가능하다는 것을 로마교회 신자들이 알기를 바라는 것입니다. 신앙생활에 있어서 가장 중요한 점은 하나님의 주권을 인정하는 것입니다. 하나님의 주권을 인정하는 사람은 자신의 이름을 높이지 않습니다. 자신의 이름을 자랑하지 않습니다. 하나님의 이름만을 높이고, 하나님의 이름만을 자랑합니다. 자신의 능력이 아니라 하나님의 은혜로만 가능하다는 것을 알기 때문입니다.

우리는 영웅이 되려고 하지 말아야 합니다. 우리는 도구가 되어야 합니다. 영웅이 되어서 자신을 영화롭게 하는 것이 아니라 도구가 되어서 하나님을 영화롭게 해야 합니다. 그러기 위해서는 기도가 우리 삶의 중심에 있어야 합니다. 기도란 우리의 힘으로 할 수 없다는 고백입니다. 하나님께서 필요하다는 고백이며, 자신을 낮추는 겸손입니다. 그래서 우리는 무슨 일을 하든지 기도부터 해야 합니다. 어떤 일이든지 함께 기도함으로 시작해야 합니다.

묵상과 기도

Q. 이 세상에 하나님의 도움이 필요 없는 사람이 있습니까?

Q. 최근에 하나님의 도움을 간절하게 구한 적이 있나요?

prayer. 하나님, 저희는 부족합니다. 저희는 미련합니다. 그래서 하나님의 도움이 필요합니다. 저희가 어떤 일을 하든지 항상 하나님의 도움을 구하게 해주세요. 아무리 작은 일이라도 하나님과 함께하게 해주세요.

너희가 거룩하게 입맞춤으로 서로 문안하라

> **롬 16:1-16** 1 내가 겐그레아 교회의 일꾼으로 있는 우리 자매 뵈뵈를 너희에게 추천하노니 2 너희는 주 안에서 성도들의 합당한 예절로 그를 영접하고 무엇이든지 그에게 소용되는 바를 도와 줄지니 이는 그가 여러 사람과 나의 보호자가 되었음이라…16 너희가 거룩하게 입맞춤으로 서로 문안하라 그리스도의 모든 교회가 다 너희에게 문안하느니라

바울은 로마교회를 방문하기 원했습니다. 하지만 지금 당장은 갈 수가 없었습니다. 로마에 가는 것보다 예루살렘에 가는 것이 더 시급했기 때문입니다. 당시 바울은 이방인 신자들이 유대인 신자들을 위해 헌금한 거액의 현금을 가지고 있었습니다. 바울은 이 헌금을 어서 빨리 전달해야 했습니다. 그것이 무엇보다 중요했습니다. 그래서 바울은 자신을 대신할 사람으로 뵈뵈를 추천하고 있습니다. 뵈뵈는 겐그레아교회의 일꾼이며, 바울의 보호자였습니다. 그런데 바울은 의미심장한 말을 덧붙이고 있습니다. "주 안에서 성도들의 합당한 예절로 그를 영접하고."2절 이 말은 뵈뵈를 무례하게 대하지 말고 예의 바르게 대해 달라는 뜻입니다. 왜 바울은 이렇게 권면했을까요? 그것은 뵈뵈가 자매이기 때문입니다.1절 지금도 여성의 인권이 무시되는 경우가 많은데 이천 년 전에는 더 심각했습니다. 여성은 온전한 사람으로 인정받지 못했습니다.

따라서 로마교회 신자들은 바울 대신 뵈뵈가 온 것을 기분 나쁘게 받아들일 수 있었습니다. 바울이 자신들을 무시하는 것이라고 생각할 수 있었습니다. 그래서 바울은 최대한 예의 바르게 뵈뵈를 영접해 달라고 부탁하는 것입니다. 아마 바울은 뵈뵈 외에 다른 사람을 보낼 수도 있었을 것입니다. 남자 사역자를 보낼 수도 있었을 것입니다. 그럼에도 불구하고 바울이 자매 사역자를 보낸 것은, 교회의 본질 때문입니다. 교회는 인종과 성별에 따라 차별하는 세상과 다릅니다.

교회 안에서는 누구나 하나가 됩니다. 교회 안에서는 모두가 동등합니다. 예수님을 믿는 자들은 누구나 하나님의 자녀요, 그리스도의 몸입니다. 이 점을 망각하고 다른 신자들을 무시하거나 차별해서는 안 됩니다.

이 점은 이어지는 본문에서 잘 드러납니다. 바울은 동역자들의 이름을 거론하면서 이들에게 문안한다고 말합니다. 문안이란 인사하고 환영한다는 뜻입니다. 로마교회 신자들이 바울의 동역자들을 환영해야 하는 이유는 하나님을 아버지로 하는 한 가족이 되었기 때문입니다. 예수님을 머리로 하는 한 몸이 되었기 때문입니다. 가족은 세상에서 가장 끈끈한 공동체입니다. 가족만큼 단단한 관계는 없습니다. 교회도 이와 같습니다. 교회는 하나님을 아버지로 모시는 가족으로서 무엇보다 끈끈하고 단단한 관계가 되어야 합니다. 몸은 긴밀하게 연결되어 있습니다. 오른손에 상처가 나면 곧 머리에 두통이 생깁니다. 왼발을 다치면 온몸이 불편함을 겪습니다. 손톱에 작은 가시 하나만 박혀 온 신경이 곤두섭니다. 교회도 그와 같습니다. 교회는 예수님을 머리로 하는 한 몸입니다.

그렇기에 교회는 서로 문안해야 합니다. 서로를 반기고 환영해야 합니다. 교회에서 서로를 차별한다거나 무시하는 일은 있을 수 없습니다. 누구든지 교회 안에서는 환영받아야 합니다. 어떤 사람이든지 교회 안에서는 사랑받아야 합니다. 그것이 교회입니다. 우리는 이런 교회를 세우기 위해 노력해야 합니다.

묵상과 기도

Q. 교회가 서로 문안해야 하는 것은 교회가 어떤 공동체이기 때문입니까?

prayer. 하나님, 교회는 한 가족입니다. 교회는 한 몸입니다. 그러므로 교회는 서로 사랑해야 합니다. 교회 안에서 어떤 사람도 차별받아서는 안 됩니다. 누구든지 교회에서는 특별하고 중요한 사람이 되어야 합니다. 저희가 그런 교회를 세우게 해주세요.

그들에게서 떠나라

> **롬 16:17-27** 17 형제들아 내가 너희를 권하노니 너희가 배운 교훈을 거슬러 분쟁을 일으키거나 거치게 하는 자들을 살피고 그들에게서 떠나라 18 이같은 자들은 우리 주 그리스도를 섬기지 아니하고 다만 자기들의 배만 섬기나니 교활한 말과 아첨하는 말로 순진한 자들의 마음을 미혹하느니라 19 너희의 순종함이 모든 사람에게 들리는지라 그러므로 내가 너희로 말미암아 기뻐하노니 너희가 선한 데 지혜롭고 악한 데 미련하기를 원하노라 20 평강의 하나님께서 속히 사탄을 너희 발 아래에서 상하게 하시리라 우리 주 예수의 은혜가 너희에게 있을지어다…25 나의 복음과 예수 그리스도를 전파함은 영세 전부터 감추어졌다가 26 이제는 나타내신 바 되었으며 영원하신 하나님의 명을 따라 선지자들의 글로 말미암아 모든 민족이 믿어 순종하게 하시려고 알게 하신 바 그 신비의 계시를 따라 된 것이니 이 복음으로 너희를 능히 견고하게 하실 27 지혜로우신 하나님께 예수 그리스도로 말미암아 영광이 세세무궁하도록 있을지어다 아멘

드디어 로마서 묵상이 마무리됩니다. 마지막 부분은 바울의 최종 권면과 인사말입니다. 바울의 마지막 권면은 참된 복음을 거슬러 분쟁을 일으키는 자들을 조심하라는 것입니다. "형제들아 내가 너희를 권하노니 너희가 배운 교훈을 거슬러 분쟁을 일으키거나 거치게 하는 자들을 살피고 그들에게서 떠나라."17절 이 당시 교회를 공격하고 분쟁을 일으켰던 자들은 주로 유대주의자였습니다. 교회를 향한 유대주의자들의 공격은 사도행전 15장에 잘 나타나 있습니다. "어떤 사람들이 유대로부터 내려와서 형제들을 가르치되 너희가 모세의 법대로 할례를 받지 아니하면 능히 구원을 받지 못하리라 하니."행15:1

유대주의자들은 예수님을 믿기로 결단한 이후에도 여전히 유대교의 관습을 지키고 있었습니다. 그들은 모세의 법대로 할례를 받지 않으면 구원을 얻지 못한다고 믿었습니다. 할례란 정통 유대인이 되는 의식입니다. 따라서 할례를 받아야만 구원을 얻는다는 것은, 유대인이 되어야만 구원을 얻는다는 뜻입니다. 이것은 참된 복음이 아닙니다. 하나님은 유대인과 이방인을 차별하지 않으십니다. 구원을 얻기 위해서 필요한 것은 예수님을 믿는 믿음이지 유대인이라는 신분이

아닙니다. 자격과 조건을 가지고 있어서 구원받은 사람은 없습니다. 구원받은 사람은 누구든지 예수님 때문에 구원받은 것입니다. 유대인이라서 구원을 받거나, 이방인이라서 버림을 받는 경우는 없습니다. "누구든지"입니다. 누구든지 예수님을 믿으면 구원을 얻습니다. 그래서 복음을 제대로 아는 사람은 자신을 자랑하지 않습니다. 자기 이름을 높이지 않습니다. 오직 예수님만을 자랑하고, 예수님의 이름만을 높입니다. 이것이 복음의 열매입니다.

구원이 개개인의 자격과 조건에 달린 문제라면 아무도 구원을 확신할 수 없습니다. 그러면 아무도 참된 평안을 누릴 수 없습니다. 죽는 순간까지 지옥에 대한 두려움을 안고 살아야 합니다. 감사하게도 구원은 자격과 조건의 문제가 아닙니다. 구원은 은혜입니다. 우리가 하나님을 찾고 붙드는 것이 아니라 하나님께서 우리를 찾고 붙잡는 것입니다. 우리가 하나님께 매달려 있는 것이 아니라, 하나님께서 우리를 잡고서 놓아주지 않는 것입니다. 그래서 우리는 안전합니다. 그래서 우리는 존귀합니다. 그래서 우리는 복 있는 사람입니다. 그래서 우리는 영원토록 하나님만 찬양해야 합니다.

묵상과 기도

Q. 바울이 유대인들을 조심하라고 한 이유는 무엇입니까?

Q. 구원이 자격과 조건의 문제라면 어떤 일이 발생할까요?

prayer. 하나님, 한 해 동안 로마서를 공부하게 하신 것 감사합니다. 로마서에서 배운 복음을 평생 간직하게 해주세요. 이 귀한 복음을 힘써 전하게 해주세요.

미주

미주

1   D. M. 로이드 존스, 『로마서 강해 7』, (서울: CLC, 2002), p.17.
2   D. M. 로이드 존스, 『로마서 강해 7』, (서울: CLC, 2002), p.42.
3   D. M. 로이드 존스, 『로마서 강해 7』, (서울: CLC, 2002), p.69.
4   D. M. 로이드 존스, 『로마서 강해 7』, (서울: CLC, 2002), p.76.
5   D. M. 로이드 존스, 『로마서 강해 7』, (서울: CLC, 2002), p.98.
6   박영선, 『로마든 강해 1』, (파주: 세움, 2010), p.30.
7   D. M. 로이드 존스, 『로마서 강해 7』, (서울: CLC, 2002), p.110.
8   D. M. 로이드 존스, 『로마서 강해 7』, (서울: CLC, 2002), p.127.
9   존 칼빈, 『기독교강요(상)』, (고양: 크리스챤 다이제스트, 2003), p.573.
10 D. M. 로이드 존스, 『로마서 강해 7』, (서울: CLC, 2002), p.163.
11 D. M. 로이드 존스, 『로마서 강해 7』, (서울: CLC, 2002), p.170.
12 존 스토트, 『로마서 강해』, (서울: IVP, 1996), p.58.
13 D. M. 로이드 존스, 『로마서 강해 7』, (서울: CLC, 2002), p.194.
14 D. M. 로이드 존스, 『로마서 강해 7』, (서울: CLC, 2002), p.258.
15 D. M. 로이드 존스, 『로마서 강해 7』, (서울: CLC, 2002), p.226.
16 D. M. 로이드 존스, 『로마서 강해 7』, (서울: CLC, 2002), p.280.
17 칼빈, 『칼빈주석: 로마서』, (고양: 크리스챤다이제스트, 2013), p.35.
18 칼빈, 『칼빈주석: 로마서』, (고양: 크리스챤다이제스트, 2013), p.36.
19 칼빈, 『칼빈주석: 로마서』, (고양: 크리스챤다이제스트, 2013), p.36.
20 존 스토트, 『로마서 강해』, (서울: IVP, 1996), p.66.
21 존 스토트, 『로마서 강해』, (서울: IVP, 1996), p.67.
22 칼빈, 『칼빈주석: 로마서』, (고양: 크리스챤다이제스트, 2013), p.39.
23 D. M. 로이드 존스, 『로마서 강해 7』, (서울: CLC, 2002), p.338.
24 D. M. 로이드 존스, 『로마서 강해 7』, (서울: CLC, 2002), p.366-367에서 재인용.
25 D. M. 로이드 존스, 『로마서 강해 7』, (서울: CLC, 2002), p.373.
26 D. M. 로이드 존스, 『로마서 강해 8』, (서울: CLC, 2002), p.97.
27 D. M. 로이드 존스, 『로마서 강해 8』, (서울: CLC, 2002), p.121.
28 D. M. 로이드 존스, 『로마서 강해 8』, (서울: CLC, 2002), p.162.
29 D. M. 로이드 존스, 『로마서 강해 8』, (서울: CLC, 2002), p.227.
30 D. M. 로이드 존스, 『로마서 강해 1』, (서울: CLC, 2002), p.117.
31 D. M. 로이드 존스, 『로마서 강해 1』, (서울: CLC, 2002), p.134.
32 D. M. 로이드 존스, 『로마서 강해 1』, (서울: CLC, 2002), p.153.
33 D. M. 로이드 존스, 『로마서 강해 1』, (서울: CLC, 2002), p.183.
34 D. M. 로이드 존스, 『로마서 강해 1』, (서울: CLC, 2002), p.184.
35 D. M. 로이드 존스, 『로마서 강해 1』, (서울: CLC, 2002), p.201.
36 웨인 그루뎀 외 다수, 『ESV 스터디 바이블』, (서울: 부흥과개혁사, 2012), p.12208.
37 D. M. 로이드 존스, 『로마서 강해 2』, (서울: CLC, 2002), p.47.
38 웨인 그루뎀 외 다수, 『ESV STUDY BIBLE』, (서울: 부흥과 개혁사, 2014), p.12209.
39 칼빈, 『칼빈주석: 로마서』, (고양: 크리스챤다이제스트, 2013), p.159.
40 D. M. 로이드 존스, 『로마서 강해 2』, (서울: CLC, 2002), p.188.
41 D. M. 로이드 존스, 『로마서 강해 2』, (서울: CLC, 2002), p.200.
42 D. M. 로이드 존스, 『로마서 강해 2』, (서울: CLC, 2002), p.243.
43 D. M. 로이드 존스, 『로마서 강해 2』, (서울: CLC, 2002), p.243.
44 D. M. 로이드 존스, 『로마서 강해 2』, (서울: CLC, 2002), p.256.
45 D. M. 로이드 존스, 『로마서 강해 2』, (서울: CLC, 2002), p.259.
46 D. M. 로이드 존스, 『로마서 강해 2』, (서울: CLC, 2002), p.271.
47 칼빈, 『칼빈주석: 로마서』, (고양: 크리스챤다이제스트, 2013), p.167.
48 D. M. 로이드 존스, 『로마서 강해 2』, (서울: CLC, 2002), p.334.
49 D. M. 로이드 존스, 『로마서 강해 2』, (서울: CLC, 2002), p.355.
50 D. M. 로이드 존스, 『로마서 강해 2』, (서울: CLC, 2002), p.377.
51 D. M. 로이드 존스, 『로마서 강해 2』, (서울: CLC, 2002), p.437.
52 D. M. 로이드 존스, 『로마서 강해 2』, (서울: CLC, 2002), p.435.
53 D. M. 로이드 존스, 『로마서 강해 3』, (서울: CLC, 2002), p.19.
54 D. M. 로이드 존스, 『로마서 강해 3』, (서울: CLC, 2002), p.59.
55 D. M. 로이드 존스, 『로마서 강해 3』, (서울: CLC, 2002), p.81.
56 D. M. 로이드 존스, 『로마서 강해 3』, (서울: CLC, 2002), p.97.
57 D. M. 로이드 존스, 『로마서 강해 3』, (서울: CLC, 2002), p.107.
58 D. M. 로이드 존스, 『로마서 강해 3』, (서울: CLC, 2002), p.133.
59 D. M. 로이드 존스, 『로마서 강해 3』, (서울: CLC, 2002), p.151.
60 D. M. 로이드 존스, 『로마서 강해 3』, (서울: CLC, 2002), p.174.
61 D. M. 로이드 존스, 『로마서 강해 3』, (서울: CLC, 2002), p.195.
62 존 스토트, 『로마서 강해3』, (서울: IVP, 1996), p.235.
63 로이드 존스, 『로마서 강해3』, (서울: CLC, 2002), p.438.
64 로이드 존스, 『로마서 강해3』, (서울: CLC, 2002), p.463.
65 로이드 존스, 『로마서 강해4』, (서울: CLC, 2002), p.71.
66 로이드 존스, 『로마서 강해4』, (서울: CLC, 2002), p.93.
67 칼빈, 『칼빈주석: 로마서』, (고양: 크리스챤다이제스트, 2013), p.201.
68 로이드 존스, 『로마서 강해4』, (서울: CLC, 2002), p.117.
69 로이드 존스, 『로마서 강해4』, (서울: CLC, 2002), p.162.
70 로이드 존스, 『로마서 강해4』, (서울: CLC, 2002), p.263.
71 로이드 존스, 『로마서 강해4』, (서울: CLC, 2002), p.276.
72 로이드 존스, 『로마서 강해4』, (서울: CLC, 2002), p.439.
73 로이드 존스, 『로마서 강해5』, (서울: CLC, 2002), p.12.
74 로이드 존스, 『로마서 강해5』, (서울: CLC, 2002), p.33.
75 변종길, 『로마서』, (서울: 대한예수교장로회 고신 총회출판국, 2014), p.253.
76 로이드 존스, 『로마서 강해5』, (서울: CLC, 2002), p.33.
77 변종길, 『로마서』, (서울: 대한예수교장로회 고신 총회출판국, 2014), p.254.
78 로이드 존스, 『로마서 강해5』, (서울: CLC, 2002), p.214.
79 로이드 존스, 『로마서 강해5』, (서울: CLC, 2002), p.227.
80 박영선, 『양자의 영광』, (파주: 세움, 2011), p.247
81 로이드 존스, 『로마서 강해5』, (서울: CLC, 2002), p.272
82 칼빈, 『칼빈주석: 로마서』, (고양: 크리스챤다이제스트, 2013), p.239.
83 칼빈, 『칼빈주석: 로마서』, (고양: 크리스챤다이제스트, 2013), p.239.
84 로이드 존스, 『로마서 강해5』, (서울: CLC, 2002), p.280.
85 로이드 존스, 『로마서 강해5』, (서울: CLC, 2002), p.296.
86 로이드 존스, 『로마서 강해5』, (서울: CLC, 2002), p.325.
87 로이드 존스, 『로마서 강해5』, (서울: CLC, 2002), p.361.
88 로이드 존스, 『로마서 강해5』, (서울: CLC, 2002), p.572.
89 로이드 존스, 『로마서 강해5』, (서울: CLC, 2002), p.574.
90 로이드 존스, 『로마서 강해5』, (서울: CLC, 2002), p.581.
91 웨인 그루뎀, 『웨인 그루뎀의 조직신학(중)』, (서울: 은성, 2009), p.531.
92 로이드 존스, 『로마서 강해6』, (서울: CLC, 2000), p.15.

93   로이드 존스, 『로마서 강해6』, (서울: CLC, 2000), p.69.
94   로이드 존스, 『로마서 강해6』, (서울: CLC, 2000), p.69.
95   로이드 존스, 『로마서 강해6』, (서울: CLC, 2000), p.79.
96   변종길, 『로마서』, (서울: 대한예수교장로회 고신 총회출판국, 2014), p.269.
97   로이드 존스, 『로마서 강해6』, (서울: CLC, 2000), p.122.
98   로이드 존스, 『로마서 강해6』, (서울: CLC, 2000), p.123.
99   변종길, 『로마서』, (서울: 대한예수교장로회 고신 총회출판국, 2014), p.274.
100   로이드 존스, 『로마서 강해6』, (서울: CLC, 2000), p.224.
101   로이드 존스, 『로마서 강해6』, (서울: CLC, 2000), p.256.
102   로이드 존스, 『로마서 강해6』, (서울: CLC, 2000), p.301.
103   로이드 존스, 『로마서 강해6』, (서울: CLC, 2000), p.347.
104   로이드 존스, 『로마서 강해6』, (서울: CLC, 2000), p.435.
105   로이드 존스, 『로마서 강해6』, (서울: CLC, 2000), p.488.
106   로이드 존스, 『로마서 강해6』, (서울: CLC, 2000), p.501.
107   로이드 존스, 『로마서 강해6』, (서울: CLC, 2000), p.502.
108   로이드 존스, 『로마서 강해6』, (서울: CLC, 2000), p.569.
109   로이드 존스, 『로마서 강해6』, (서울: CLC, 2000), p.569.
110   로이드 존스, 『로마서 강해7』, (서울: CLC, 2000), p.80.
111   로이드 존스, 『로마서 강해7』, (서울: CLC, 2000), p.99.
112   로이드 존스, 『로마서 강해7』, (서울: CLC, 2000), p.178.
113   로이드 존스, 『로마서 강해7』, (서울: CLC, 2000), p.331.
114   로이드 존스, 『로마서 강해7』, (서울: CLC, 2000), p.405.
115   로이드 존스, 『로마서 강해10』, (서울: CLC, 2000), p.43.
116   로이드 존스, 『로마서 강해10』, (서울: CLC, 2000), p.65.
117   로이드 존스, 『로마서 강해10』, (서울: CLC, 2000), p.97.
118   칼빈, 『칼빈주석: 로마서』, (고양: 크리스챤다이제스트, 2013), p.321.
119   로이드 존스, 『로마서 강해10』, (서울: CLC, 2000), p.224.
120   로이드 존스, 『로마서 강해10』, (서울: CLC, 2000), p.239.
121   로이드 존스, 『로마서 강해10』, (서울: CLC, 2000), p.301.
122   로이드 존스, 『로마서 강해10』, (서울: CLC, 2000), p.332.
123   로이드 존스, 『로마서 강해10』, (서울: CLC, 2000), p.369.
124   존 칼빈, 『기독교강요(상)』, (고양: 크리스챤 다이제스트, 2003), p.573.
125   로이드 존스, 『로마서 강해10』, (서울: CLC, 2000), p.396.
126   로이드 존스, 『로마서 강해10』, (서울: CLC, 2000), p.397.
127   로이드 존스, 『로마서 강해10』, (서울: CLC, 2000), p.401.
128   로이드 존스, 『로마서 강해10』, (서울: CLC, 2000), p.403.
129   로이드 존스, 『로마서 강해10』, (서울: CLC, 2000), p.433.
130   로이드 존스, 『로마서 강해10』, (서울: CLC, 2000), p.434.
131   로이드 존스, 『로마서 강해10』, (서울: CLC, 2000), p.449.
132   로이드 존스, 『로마서 강해10』, (서울: CLC, 2000), p.521.
133   로이드 존스, 『로마서 강해11』, (서울: CLC, 2000), p.18.
134   로이드 존스, 『로마서 강해11』, (서울: CLC, 2000), p.70.
135   로이드 존스, 『로마서 강해11』, (서울: CLC, 2000), p.92.
136   로이드 존스, 『로마서 강해11』, (서울: CLC, 2000), p.100.
137   로이드 존스, 『로마서 강해11』, (서울: CLC, 2000), p.115.
138   로이드 존스, 『로마서 강해11』, (서울: CLC, 2000), p.149.
139   로이드 존스, 『로마서 강해11』, (서울: CLC, 2000), p.115.
140   로이드 존스, 『로마서 강해11』, (서울: CLC, 2000), p.167.
141   로이드 존스, 『로마서 강해11』, (서울: CLC, 2000), p.159.
142   로이드 존스, 『로마서 강해11』, (서울: CLC, 2000), p.169.
143   로이드 존스, 『로마서 강해11』, (서울: CLC, 2000), p.219.
144   로이드 존스, 『로마서 강해11』, (서울: CLC, 2000), p.249.
145   로이드 존스, 『로마서 강해11』, (서울: CLC, 2000), p.258.
146   로이드 존스, 『로마서 강해11』, (서울: CLC, 2000), p.275.
147   로이드 존스, 『로마서 강해12』, (서울: CLC, 2000), p.19.
148   로이드 존스, 『로마서 강해12』, (서울: CLC, 2000), p.224.
149   로이드 존스, 『로마서 강해12』, (서울: CLC, 2000), p.313.
150   로이드 존스, 『로마서 강해12』, (서울: CLC, 2000), p.323.
151   로이드 존스, 『로마서 강해12』, (서울: CLC, 2000), p.331.
152   로이드 존스, 『로마서 강해12』, (서울: CLC, 2000), p.590.
153   로이드 존스, 『로마서 강해12』, (서울: CLC, 2000), p.591.
154   로이드 존스, 『로마서 강해12』, (서울: CLC, 2000), p.602.
155   칼빈, 『칼빈주석: 로마서』, (고양: 크리스챤다이제스트, 2013), p.397.
156   로이드 존스, 『로마서 강해13』, (서울: CLC, 2003), p.84.
157   로이드 존스, 『로마서 강해13』, (서울: CLC, 2003), p.85.
158   로이드 존스, 『로마서 강해13』, (서울: CLC, 2003), p.130.
159   로이드 존스, 『로마서 강해13』, (서울: CLC, 2003), p.130.
160   로이드 존스, 『로마서 강해13』, (서울: CLC, 2003), p.253.
161   로이드 존스, 『로마서 강해13』, (서울: CLC, 2003), p.253.
162   로이드 존스, 『로마서 강해13』, (서울: CLC, 2003), p.345.
163   로이드 존스, 『로마서 강해13』, (서울: CLC, 2003), p.346.
164   칼빈, 『칼빈주석: 로마서』, (고양: 크리스챤다이제스트, 2013), p.415.
165   칼빈, 『칼빈주석: 로마서』, (고양: 크리스챤다이제스트, 2013), p.420.
166   로이드 존스, 『로마서 강해14』, (서울: CLC, 2005), 331.
167   로이드 존스, 『로마서 강해14』, (서울: CLC, 2005), 333.
168   로이드 존스, 『로마서 강해14』, (서울: CLC, 2005), 334.
169   박영선, 『강한 자의 영광』, (파주: 세움, 2014), p.135.
170   박영선, 『강한 자의 영광』, (파주: 세움, 2014), p.155.
171   박영선, 『강한 자의 영광』, (파주: 세움, 2014), p.194.
172   로이드 존스, 『로마서 강해14』, (서울: CLC, 2005), p.200.